修訂三版

西洋教育思想史

History of Western Educational Thoughts

林玉体 編著

三民書局

Education

國家圖書館出版品預行編目資料

西洋教育思想史 / 林玉体編著.－－修訂三版三刷.－－臺北市：三民，2018
面；　公分

ISBN 978－957－14－5009－4　(平裝)

1. 教育哲學 2. 教育史 3. 西洋史

520.194　　　　　　　　　　　　　　97001822

ⓒ　西洋教育思想史

編 著 者	林玉体
發 行 人	劉振強
著作財產權人	三民書局股份有限公司
發 行 所	三民書局股份有限公司
	地址　臺北市復興北路386號
	電話　(02)25006600
	郵撥帳號　0009998-5
門 市 部	(復北店) 臺北市復興北路386號
	(重南店) 臺北市重慶南路一段61號
出版日期	初版一刷　1995年1月
	修訂三版一刷　2011年10月
	修訂三版三刷　2018年1月
編　　號	S 520640

行政院新聞局登記證局版臺業字第○二○○號

有著作權‧不准侵害

ISBN　978-957-14-5009-4　(平裝)

http://www.sanmin.com.tw　三民網路書店

修訂三版序

　　本書屬教育學術性作品，在當前學術市場及研究方向的風潮之下，不太可能暢銷，但頗堪安慰的是購買閱讀的數量還算穩定，且十幾年來，銷路還不惡。此次再予小幅度修正或補缺，對「後現代」教育思想稍加引介，希望能幫助中文讀者更進一步領會西洋教育思想的發展。

　　此外，近年來有關西洋教育思想家的研究論文及著作，其中可供參閱與增補之處，也趁此修訂版機會，融入本書之中；尤其有必要一提的是2001年英國倫敦的Routledge公司出版兩本教育思想家的書，分別名為《五十位主要教育思想家》(*Fifty Major Thinkers on Education*)及《五十位現代教育思想家》(*Fifty Modern Thinkers on Education*)，共100位，其中只孔子為中國人，佔一百分之一。前者所指的人皆已過世，後者則還活著；內容不是很豐富，但也可供參考。

　　教育「思想家」有別於「教育家」或「教育哲學家」。凡「教育」活動著有成績者，皆屬「教育家」；若「教育家」具有某些較深度及廣度「想法」者，則夠資格列為「教育思想家」；假如後者對「哲學」中的知識論、倫理學，及形上學這三大傳統「哲學」地盤下過功夫而受哲學界肯定者，則可以稱之為「教育哲學家」。當然，這種標準的「底線」何在，是比較無客觀性的，因之甄選上述三種人時，上榜與名落者，皆易引起不滿之聲。

　　漢文界「教育哲學」權威北京大學教育系主任、留學法國專攻

孔德(Auguste Comte, 1789～1857)及涂爾幹(Émile Durkheim, 1858～1917)的社會學而獲博士學位的吳俊升，於1935年出版《教育哲學大綱》，隻字不提中國人——吳教授似乎認定中國歷史上無一人可列名為「教育哲學家」。這種「見仁見智」的問題，無法輕易獲致定論；只是不管漢文或外文，「教育哲學」的寫作者每以艱深難懂的哲學語彙出入無間，阻礙了閱讀者領會其宏旨奧義，已失「教育」作用與價值。本書的內容，「教育家」、「教育思想家」、「教育哲學家」可以三合一，若有心人要擴大「西洋」範圍，喜愛以「本國」人物來作為寫作對象，則也可取本書作參照座標。但記取吳俊升教授的榜樣，別強辭奪理、硬拗、或誇大式的言過其實，而應謹慎為之，勿孤芳自賞、敝帚自珍，若流入「我族中心主義」(ethnocentrism)，則是為學求知的大忌，也違反「教育」旨趣了！

　　西洋（歐美）思想或教育思想中有一股「批判」及「懷疑」的思潮，江山代有才人出，一代新人「勝」舊人；這是最足以領袖全球的最佳學術風貌。去世於1900年的尼采(Friedrich W. Niet-zsche, 1844～1900)留給世人的最響亮口號，是「重新估定一切價值」(transvaluation or revaluation of all values)，更說：「一個始終聽話的學生是最對不起老師的」(引自余英時《中國近代思想史上的胡適》，臺北聯經，1986，54，註75)。本書介紹的學者幾乎都是前後有師生情誼的，尼采的話，不知持「儒學」為「至道」者作何感想？「至聖先師」還特別表揚最得意的門生顏回，因為這位及門弟子「始終聽話」，「不違如愚，於吾言無所不悅！」還以「賢哉回也」誇讚之。

　　師生在年歲上有先後，利用「理性思考」為工具，把前世思想家的理念、主張、想法，重新「估定」一番，擇優汰劣，進步乃是必然結局。西洋教育史頗具此種特色，不是原地踏步，或走回

頭路，這是我國師生特別應予注意之處！臺灣「教改」喊了十幾年，「教改」成員鮮少具有西洋教育思想史背景者，甚至鄙棄之、忽視之，未具此方面的「知識」，卻享有「權力」，培根地下有知，也當感慨萬千！

林玉体

2011年於臺北青田街寓所

再版序

　　筆者花了數十年功夫，整理寫作了《西洋教育思想史》，1994年由臺北三民書局出版；該書付梓後，筆者又繼續研讀教育史上的名著，發現可以增補之處甚多，乃將原書加以改寫，期望給國內對教育學術研究感到興趣者，在了解歐美教育思想之發展上，能有更進一步深度及廣度的領會。學海無涯，今後江山代有才人出，一代新人勝舊人；淡水河後浪推前浪！這才是學術社會中的常態！

　　教育學術之研究，教育思想是不可或缺的一環；教育思想家之所以搏得巨著作者之名，是因為他（她）們的教育理念較為高遠，見解較為廣博。教育學術界要能贏得學術界之尊重，有必要在教育思想中下功夫，如此才有學術根底，千萬別急功近利，但求速成，這是為學者之大忌！臺灣談教育改革者甚夥，但多半只是常識之見或經驗之談，禁不起時空的考驗，這是臺灣教育界的不幸與悲哀。本書之出版，如能轉移教改人士之注意焦點，深思熟慮，筆者則深感榮幸，也為臺灣教育祝福！

林玉体

序於臺灣國立師範大學教育學系

2002年3月

自 序

　　羅馬大詩人賀瑞斯(Horace)說，一本作品「不經過九年是無法問世的。」❶筆者有意撰述並評論西洋教育思想史，時間早已超過這位古代大文豪所提的年限。西洋著名的教育思想家為數甚多，他們的著作又多得指不可勝屈，要讀遍所有著作，實在要耗費不少歲月；加上「一手資料」得來不易，吾人不敢奢想國內貧瘠的圖書館能夠提供起碼的動筆內容；並且歐美具有影響力的教育思想家，著述用語有希臘、拉丁、德文、法文，及英文數種，在筆者外文能力僅能稍通英文的情況之下，只好完全取用英文的著作。其次，如何從浩瀚如汪洋的文字論著中濃縮成具有意義、連貫性、且又有創新性的一整本「西洋教育思想史」，的確大費周章，因此曠日廢時，在所難免。所以出版商雖早已與作者商訂出版計畫，但拖延至今始能付梓，箇中原委，非局外人能知。筆者對三民書局劉振強先生之耐心及寬厚，謹誌謝意！

　　在資料搜集方面，筆者有幸二度在美國愛荷華大學(University of Iowa)及哥倫比亞大學(Columbia University)進修，尤其後者的教育學院(Teachers College)號稱擁有世界最豐富的教育藏書，使筆者獲益匪淺；1989年夏筆者又負笈英倫，在牛津(Oxford)坐擁書城，也對本書之寫作不無小補。不過，由於兩千多年來的教育思想之演變甚為複雜，要通觀其中要旨，遠超出筆者心智能力範圍之外。本書之取材及評述論點，無法面面俱到，謹請方家海涵。

　　思想家之萌生引人注意的觀念，除了自身才華之外，時代背景亦是要素之一。本書描述的教育思想家，多半以生平及環境之說明開始，俾使讀

---

❶ *Quintilian on Education*, selected and translated by William M. Smail, N.Y.: Teachers College Press, Columbia University. Originally published by Oxford University Press, 1938, 2.

者領會思想絕非憑空而來；而思想家都有其深奧的哲學根底，因此輪廓性的介紹教育思想家之哲學思想，亦屬不可或缺。不過，筆者並不臚列全部傳統的哲學分類，只選擇與教育思想有關的哲學領域作為前提，因之知識論與倫理學（道德哲學）的重要性遂突顯出來，前者與智育關係密切，後者則是德育的主幹。至於形上學中本體論或宇宙論等與教育關係疏遠，則略而不談。

在挑選教育思想家的考慮上，筆者採用兩項標準。首先，他們的著作中必須含有較深奧的教育學術成分，如果只是常識之見，未能發人深省，缺乏「智慧之言」，則割捨不取。中國荀子說：言之成理，持之有故。這兩句話似乎可以作為教育作品是否達到「思想家」程度的檢驗尺寸。如此一來，西洋哲學史上的重要哲學家都可名列其中；但並非所有著名哲學家都是教育思想家。雖然杜威(John Dewey, 1859～1952)說，哲學是教育的指導原理，教育是哲學的實驗室❷。但是不少一流的哲學家對教育問題卻興趣缺缺，他們的作品中，即令擴大教育的廣義解釋，也很難牽強附會的說他們就是教育思想家。倒是在哲學史上並無顯赫地位者，卻對教育理念具有深遠的影響，如裴斯塔洛齊、福祿貝爾、或蒙特梭利等。哲學與教育自有分際，二者不能混為一談。其次，教育思想家的觀念如只是重述前人說法，而未見自己主張，則也難望上榜。一來是為了節省篇幅，二來是僅僅把古聖先賢的立論再說一次，了無新義，無甚價值。如能見人之所未見，或批判他人學說而拓展教育眼界者，當然就能雀屏中選了。

讀者如擬加深領會西洋教育思想之演變，得先具有普通教育學的概念，還須研讀西洋文化史、西洋教育史、及西洋哲學史。借用笛卡兒(Descartes, 1596～1650)之「清晰與明辨」(clear and distinct)要求，如能明確了解教育思想家的意旨，獲得清晰的概念，然後將思想家與思想家之間作觀念的異同比較，以掌握明辨觀念，則印象將更為深刻。不過這種工程甚為鉅大，非輕易可為。此外，筆者在行文的字裡行間，也對教育思想家作一些評論；不過，吾人應該醒悟的是，褒貶教育思想家，必須非常謹慎，一來褒貶者本身的才華是否優於被褒貶者，二來評價的角度是否偏頗，是否中肯持平；

---

❷　John Dewey, *Democracy and Education*, N.Y.: The Free Press, 1966, 329.

而對教育思想家之著作是否遍覽無遺，因之優劣得失之評，極不可掉以輕心。其實，讀者如早已養成獨立及懷疑的為學態度，可以自作評論。筆者倘在本書中有任何揚抑之辭，那也只是給讀者作參考而已。

「太陽底下沒有新東西」。當較深入的研讀教育思想家的作品之後，發現幾乎所有現在吾人深覺困惑的教育問題，都早已為以前的教育思想家討論過。為了解決這些問題，在發表己見之前，如能先知悉先人主張，則有事半功倍作用；尤其在與傑出教育思想家神交之時，可能冒出智慧的火花，對於敏銳思考，效用甚大。此外，不少教育問題並無時空性，既無國界，也無時代性；存在於西方的教育問題，照樣也存在於我國；發生在古代的教育現象，也發生在現代。吾人如能擷取西洋教育思想家的結晶，在拯救我國教育的沈痾之餘，又能提出新穎的教育觀念，則可以在教育思想的圈內立一足之地。

本書之撰述，得力於師長同道之啟迪；筆者三次遊學於英美兩國的著名大學，歸功於教育部公費留學考及國科會的出國進修計畫。而長期的在臺灣國立師範大學教育系任教，又主授「西洋教育史」課程，使得筆者專注於西洋教育思想之研究，得感謝教育系的同仁及學生。三民書局三番兩次為出版本書而費心，筆者特致敬意。尤令筆者深銘五內的是內人的體諒與孩子獨立又成功的求學，使得筆者無後顧之憂。長期的教學及寫作，筆者雖累積了不少的經驗，在力求完美之餘，仍難免瑕疵屢現，這些都是筆者時時刻刻自我反省及自責之處。筆者一本寫作初衷，以平易又清楚的文字作表達工具，絕不故弄玄虛，或作似懂非懂之交代。書中取材，皆是筆者親自涉獵過，這種為學之誠實，筆者奉行不渝。讀者方家如對本書內容有任何指教，希望不要遲疑，筆者願在此先致感激之忱。

林玉体

序於臺灣國立師範大學教育系

1994年秋

西洋教育思想史

目　次

第一章　教育理論的孕育期
──希臘時代（上）

　　希臘人好沈思，重理論，喜新奇，愛冒險，完全顯示出海島文化的特色。加上紀元前五世紀時間的雅典盛行在歷史上曇花一現般的民主政治，乃孕育出西方社會中最早出現的一批專業性教師──辯士。由於辯士對教學相當熱衷，他們引發的教育及文化問題，遂匯聚成一股學界爭論不休的問題。為尋求答案，更有希臘三大哲學家兼教育家接踵而至，種下了西方文化園地裡的奇葩，文化搖籃地之封號非希臘莫屬。西方第一位哲學家是希臘人泰列士(Thales)，西方第一位(批)專業教師是希臘的辯士(Sophists)，而西方第一位(批)教育理論家正是希臘三哲。

第一節　第一批專業性的教師
──辯士(Sophists)

　　教育的活動，隨人生以俱來，因此在人類非常早期的時代裡，就出現了教學人員（教師），教學機構（學校），及教學材料（教科書）。但是歷史上被學者公認為最早的「專業性教師」(professional educators)，卻是在紀元前五世紀左右出現在希臘雅典地區的「辯士」(Sophists)。辯士以教學為業，他們又有一套教學理念，不只在當時廣為許多學生所喜愛，且也是日後教育界所熱衷爭論的問題。他們並非孤軍奮戰，卻是見聞廣博，遊歷四方且以授徒開業為糊口的一群人。這種行徑，一直延續了將近七個世紀之久。辯士所提出的教育主張，不只在十四世紀的文藝復興期間是學者舊話重提

的對象，即令在當今教育學術界的論著裡，仍有部分不脫他們的範圍❶。

在教育上所謂「辯士」，顧名思義，就是以言詞辯論為教育方法。他們希望透過口舌之爭，來說服他人。「說服」本身，就具教育功能；尤其符合「民主式」的教育意涵。因為民主社會反對「訴諸武力」(appeal to force)來改變學生（或對方）的想法或觀念。辯士「動口不動手」，是紳士與文明的表現。其次，辯士所「教導」的教材，限定在「人」這個「主体」(subject)，而不似傳統純思想家之專注於自然界之「客体」(object)上。此外，辯士之與「教育」產生直接密切關係的，是他們以收學費為生，並認定收費教學，效果高於無酬教學。辯士之所以如此，有其時代背景。他們的主張，也引發了許多批評。

一、時代背景

1. 城邦(City-states)政治的民主風尚：雅典自貝里克(Pericles, 495～427 B.C.)執政以來，盛行全民（女人及奴隸除外）問政式的城邦政治，言論自由乃是它的特色。公共事務的討論，是非的釐清，價值高下的辨明，及紛爭的解決等，彼此爭相發表卓見。所以在廣場或法院裡，都可聽到不少人高聲演說或相互駁難。這種民主氣息，使得許多才學之士聞風而至，能言善辯之徒因之脫穎而出。他們以舌燦蓮花之功、犀利言詞之能，贏得了眾人的推崇與愛戴。辯士在社會上的地位，已取代了以往在奧林匹克運動會上大顯競技身手的運動員。木訥寡言已被斥為愚蠢及無用，只有滔滔雄辯才具做人的意義。許多年輕學子趨之若鶩，成群結隊請求辯士教導辯術。辯士又自詡只要「求教者」繳交足夠的「束脩」，則他們就有能力教導任何人任何技巧，以便武裝自己而擊敗對手❷。辯士之出現，乃是時代的產物，也迎合了社會的需求。教育史家貝克(F. A. G. Beck)說：「如果認為辯士乃是來自於外太空而突然降臨於這個世界的彗星，因而引起人們的震驚，這是錯誤的。希臘早就歡迎這批人進來了。」❸

---

❶ James L. Jarrett, *The Educational Theories of the Sophists*, N.Y.: Teachers College Press, Columbia University, 1969, 1–2.

❷ J. B. Bury, *A History of Greece*, N.Y.: The Modern Library, 1977, 335, 368f.

　　貝里克在那篇被政治學界恭稱為民主政治最古老的文獻「國殤演說」
(Funeral Oration)中，特別強調「行政權置於全民手中，而非少數人可以把
持；解決私人問題時，人人在法律上平等；而那一個人較他人更能享有公
共職務，處理此一問題時，並不考慮到他是否屬於那一特殊階級的份子，
而只考慮到他所擁有的能力。任何人只要他擬服公職，絕不因他的貧窮而
在政治上默默無聞。公共政治生活既公開且自由，人人日常生活的私下關
係亦然。吾人絕不介入於鄰居他們獨自享受的生活方式，也不給他們壞臉
色，雖然這種臉色對他們並不構成傷害，但卻損及他們的感受。……

　　我們與對手最大的不同，尤其顯示在戰爭安全的態度上。這裡有些例
子：我們的城市向世界開放，並無定期作驅逐工作，以免被人發現秘密而
有利於敵人。之所以如此，乃是我們並不是寄賴武器，而是靠我們的勇氣
及忠誠。在教育上我們的制度也不同。斯巴達人從小就極端重視勇敢的訓
練，我們則不如此限制的度過一生，但在遭遇與他們相同的危險時，仍能
與他們一般的準備與面對。一項事實足以證明，當斯巴達人入侵我領土時，
他們不是自己來，卻帶了聯軍，而我們呢！當我們發動在外作戰時，我們
獨個兒承擔，雖在外境作戰，也能擊敗敵人，如同在祖國保鄉衛邦一般。

　　財富並不在於誇耀，而卻要正當使用，承認貧窮並不丟臉，真正丟臉
的是不採取實際措施來阻止貧窮。……雅典公民並不因關心自家事而忽略
了政事。即使我們當中有人忙於生意，他仍然有良好的政治觀念。只有我
們才認為，假如一個人對公共事務不感興趣，這種性格雖非無害，卻是無
用的，假如我們當中只有少數人是制訂法律者，我們眾人仍是政策的健全
判官。我們認為，行動的最大阻礙並不在於討論，而是不經討論就付諸行
動。我們有能力冒個險，且事先預估結果，其他民族勇而無謀，當他們停
止行動而開始思考時，懼怕就開始了。一個真正能稱為勇敢者，乃是他最
能夠了解生命甜美之意義，以及什麼是該懼怕之事，然後不猶疑的去面對
它的來臨。」❹貝里克在這篇精彩絕倫的演說裡，已經扼要的點出民主政治

---

❸　F. A. G. Beck, *Greek Education, 450～350 B.C.*, London: Methuen & Co., Ltd., 1964,
　　340. 林玉体，〈斯巴達及雅典的教育〉，收於《西洋教育史專題研究論文集》，台北，
　　文景，1984, 49。

的骨髓。既然「討論」是構成民主社會的要素，因此鼓舞了眾人參與討論的興趣。討論的過程是費時曠日的，但這並不礙事，因為未經討論就訴諸行動，這才是危險之舉；並且未經眾人討論就形成公共政策，這就是專制與霸道的作風了。貝里克上任後採用這種史上難得一見的民主政治，乃為辯士之登台鋪好了路。善於言辭爭辯而口才傑出者，就如同眾星拱月般的被人擁為英雄好漢了！

2.討論焦點之轉移：辯士是一群最早的教師，而泰列士(Thales, 640～546 B.C.)則是西方公認為第一位哲學家。自泰列士以來的一堆思想人物，他們所考慮的問題，都集中在「宇宙」的構成因素上。比如說，泰列士以為「水」是宇宙的「第一因」——萬物皆為水所組成。因為他首度提出「探源溯本」的哲學問題，遂引發其後繼起的思想家紛紛發表見解，有的人認為構成宇宙的最基本元素，不是水，而是氣，或是土，或是火，或是水火土氣四者等等，不一而足。不過，這些學者都以宇宙為討論焦點，以冥思自然為要務。泰列士還因為經常仰觀天象不慎掉進水溝而為其僕人所調侃，認為這位史上第一位哲學家只觀天上而不顧人間❺。思想界一窩蜂的對宇宙生成問題發生興趣，是當時的思想特色。

「自然」相應於「人」而言，是一種「客体」(object)。人用人的眼光來研究自然，把自然當成自外於人的對象。思想家因見於潮汐之漲落，四時之更替，星球之運轉，日月之變換，山川之奇形怪狀，乃因好奇而擬探幽解秘，答案遂紛至沓來，蔚為西方早期哲學界大觀。不過，一來由於人類思考的對象，並不只限定在「客体」上，二來也感嘆於大家對於「客体」之研究所得是眾說不一，未有共識，因此乃改弦更轍，擬轉移「客体」而為「主体」(subject)。換句話說，人的研究本務，原來就是「人」本身，而非遠在天邊的「自然」。與其求遠，不如謀近。「從天上掉到人間」，乃是哲學界在辯士時代的重要轉變❻。他們放棄了爭執不休的有關「在天之上或

❹ Thucydides, *The Funeral Oration of Pericles*, translated by B. Jowett, in F. Mayer, *Bases of Ancient Education*, New Haven: College & University Press, 1966, 149–150.

❺ Frederick Copleston, *A History of Philosophy*, vol. I, 台灣翻印，台北雙葉，1967, 23.

❻ Ibid., 81.

在地之下」❼的問題。

辯士使人終於找到了人自己。在徬徨於自然之妙而久思不得其解的狀況下，「迷途知返」般的擬研究人本身。人的神奇度，不在自然之下。「宇宙的神奇很多，但沒有一樣比人更為神奇。」❽因此，「研究自己」(I searched into myself)❾逐漸的變為風尚。舉凡人的知識是有限還是無窮，真理係絕對抑或相對，風俗習尚之所由來，語言如何產生，人的命運掌握於自己手中抑或早已註定，行為善惡之判斷以何為準則等，這些實際與日常生活直接有關的問題，遂成為學界的辯論所在。

3.社經(Social-economic)狀況的改變：雅典自提洛聯盟(Confederacy of Delos, 497～450 B.C.)打敗強敵波斯之後，變成為地中海的通道，儼然是希臘各城邦的盟主。從此經濟大為繁榮，「有閒階級」(leisure class)增多，農工商發達，貿易頻繁。這些都是有利於推展教育的因素。本來從事知識活動者，就不可能是寅吃卯糧之輩，或是終日勞動肌体之徒，卻必須先「衣食足」與「倉廩實」。當一般人民財富增加之後，就可能想到讀書識字以充實心靈的生活，高談闊論褒貶時政，或舞文弄墨以自娛或款待嘉賓。不少新一代的年輕人希冀在法庭中展其雄辯的言辭，不惜重資禮聘辯士來擔此重任，類似中國春秋時代的「養士」之風已漸流行。而辯士待價而沽，他們受巨室雇用，也屬常事。根據柏拉圖之記載，雅典最富有者Gallias一家，就有辯士出入其間❿。辯士處此環境，他們乃以教學為業，有些還收費高昂。如果辯士傑出者，更門庭若市，收入頗豐，其中最有名的辯士普洛塔格拉斯(Protagoras, 481～411 B.C.)因精於辯術，門徒絡繹不絕而來，且皆傾囊以獻。柏拉圖在他的《對話錄》(Dialogues)的〈美諾篇〉(Meno)一文中記載，普氏教學四十年後，所賺的學費遠比十八位名雕刻師的收入總和為高⓫。要不是多數人有空求教，並且有錢求教，否則辯士也只能安貧樂道

---

❼　Jarrett, op. cit., 15.

❽　這是悲劇作家Sophocles之言。See B. Russell, *A History of Western Philosophy,* N.Y.: Simon & Schuster, 1945, 77.

❾　Jarrett, op. cit., 7. 這是Heraclitus的說法。 Cf. Socrates' "know thyself."

❿　Plato, "Apology," *Dialogues of Plato*, 台灣翻印，台北馬陵，1975, 20a.

而無法作大量的傳道解惑工作了。

　　其次，由於社會的安定及經濟的繁榮，不只文教興盛，且人們的觀念也受到大幅度的震盪。傳統嚴肅又權威型的社會結構開始解體，恆久固定又習以為常的作法面臨了挑戰。雅典已從過去的小城邦變成為遼闊版圖的盟主，眼界自然大開。由於各地風土人情不盡相同，舊有的價值系統開始動搖，新標準還未建立，辯士乃乘虛而入，大彈其道德倫理及宗教觀等論調，且知識論、政治學、及經濟學等與日常生活息息相關的科目都是他們津津發表高見的範圍。加上當時文學題材由悲劇轉為喜劇，並且直接探討人生，如兩性關係、男女私情、政治寫實、及社會動態等，這些都是文化轉型期的特徵。

二、辯士的教育思想

　　辯士的人數很多，主張有異有同；在當時雖然是「顯學」，但他們的著作大多失傳，僅留下「斷簡殘篇」(fragments)；由於許多與他們同時代或其後的思想家之作品提到辯士論點而引述辯士的說詞時，多半是斷章取義，或只針對辯士之弱點而大加撻伐，辯士又死無對證，因此要還他們的本來面目，並非輕而易舉之事。他們在西方歷史上的處境，猶如中國古代的名家（他們的論點也類似名家）。好比二十世紀的存在主義(Existentialism)一般，他們很難說是一種「學派」(School)。在教育學說上，彼此的見解也出入懸殊，頂多只是一種「運動」(Movement)而已❷。不過，異中有同。下述是辯士在教育上的共同見解：

　　1.主張動態的教育觀：辯士首先對保守式的傳統教育觀提出非難。傳統教育認定既存事實含有高度價值，甚至是絕對價值，因此舊有文化的傳遞與保存，就是教育的目的。這種觀念乃是「方法論」(Methodology)所言的「存在即正當」(To be is to be right, whatever is, is right)。引申言之，既然任何一種「事實」(is)，它本身就是「價值」(value)，則早已制訂下來的法令或流傳下來的習俗（事實），都應該予以維護或保留。因為既然存在了那

---

❶　Ibid., "Meno", 91e.

❷　Copleston, op. cit., 82, footnote.

麼久，就「必然」有其存在的理由（價值）；新生的一代絕不可予以更動或修正，卻須全盤的且毫無疑問的接受。這種教育方式，導致於社會上的保守作風。在孤立或沈靜的環境裡，這種「靜態的」(static)教育觀，容或有存在的可能；但在類似上述雅典的城邦裡，還要維繫此種一成不變的教育觀，就相當困難了。

辯士以「理性」——說出一番道理來——的方式，採「動態的」(dynamic)教育觀，認定價值取捨的相對性，分析「事實」與「價值」是不同的範疇。過去存在的事實，並不必然是正當的，都應該經過理性的考驗，如果能「言之成理，持之有故」才可以作為大家奉行的準則；而此時代或此地區的準則，也不可能保證為絕對或永恆，它還得接受另外地區或另一時間的批判。只有如此，才是「民主式」的教育看法；也唯有如此，才能適應新時代及新環境的需要。並且在舊傳統或習俗已遭破壞之餘，新社會秩序亟待建立，而新社會秩序的建立，卻須經過大家共同討論與爭辯後產生，並非少數人、寡人或獨夫所能專斷❸。

2.個人主義(Individualism)：普洛塔格拉斯最為膾炙人口的一句話，就是「個人為萬物的尺度」，並且個人是「是萬物為是」也是「非萬物為非」的尺度(Man is the measure of all things, of things that are that they are, and of things that are not they are not.)❹。

亞里士多德指出，普洛塔格拉斯上述語句之主詞——man，是individual man，即「個人」，而非群体。傳統社會注重「集體」(organization)，新社會則強調「個體」(individual)。萬物之是非、善惡、美醜，標準都由「個人」自定。「同樣的一件事可以是正，也可以是反；可以是好，也可以是壞；其他相反的敘述內容也都為真。因為經常某物對某人而言不美，對他人而言卻不然，標準為各個人抉擇。」❺

❸　John S. Brubacher, *A History of the Problems of Education*, N.Y.: McGraw-Hill, 1966, 99. 林玉体譯，《西洋教育史》，台北教育文物，1980, 126–127。

❹　Copleston, op. cit., 89.

❺　Aristotle, *The Basic Works of Aristotle*, edited by Richard McKeon, N.Y.: Random House, 1941, 858. In "Metaphysics," 1062b (12).

個人主義與「相對論」(Relativism)是一体之兩面。是非、善惡、美醜之相對論調,是司空見慣之事,不足為奇,辯士只是把它們搬到學術檯面上來公開的討論。原先主張「變」的哲學家赫拉克里特斯(Heracleitus, 544～484 B.C.)早就說過:「海水是最純淨也是最混濁的,對魚而言,海水是可飲的,也是提供生命的;但對人而言,海水是不可喝的,且具破壞性。」❶其實這也是常識之見,不具新意。普洛塔格拉斯也說:「一個人之認定為正義,乃是對他本人而言才是正義;一個城邦之認定為正義,也只是對該城邦而言才是正義。」❼至於說一種食物對某人而言是補品,但對他人來說則是毒藥❶,那更是經驗談了。

　　3.懸疑(Suspend decision)而不妄下決定:上述論點如繼續引申,則「懷疑主義」(Scepticism)乃呼之欲出,這就令守舊之士大為驚恐了。堅定不疑的信念早有瓦解現象,辯士又推波助瀾;單元的社會秩序已轉移為多元的体系。「兩面論」(Twofold arguments)大行其道;為了周延與完整,總不能以「一面」或「單面」來看整体,否則就犯了以偏概全之弊。每一個論題,都有正反雙方說詞;絕不能對某一面情有獨鍾或存偏見。就以上述「海水」為例,利於動物者,則不利於人;反之亦然。此種現象不勝枚舉。淫蕩行為對淫蕩者有害,卻是老鴇的賺錢之道;病對病人痛苦,卻是醫生收入的財源;死對生人是件傷心的事,卻是棺材店的好消息。普洛塔格拉斯的教學目的之一,就是要學生考慮雙方面的利弊得失,絕不能只站在單方面的角度去看問題而已。出席法庭辯論,就是如何把有利於己方之處,發揮得淋漓盡致,無懈可擊;也無所不用其極的駁斥對方論點之弊,如此攻防有序,必能贏得公眾的喝采與擁戴。如能將一般人以為的「缺點」說成為「優點」,或「弱點」變為「強點」,那就能一改庸俗之見,而能在集會廣場上大放異彩而穩操勝券了。

---

❶　Reginald E. Allen, *Greek Philosophy: Thales to Aristotle*, N.Y.: The Free Press, 1966, 42.

❼　Dagobert D. Runes (ed.), *Treasury of World Philosophy*, Paterson, N.J.: Littlefield, Adams, 1959, 976.

❶　Jarrett, op. cit., 13.

　　辯士希望人們了解，「一種行動，一件事物，或一個對象，沒有所謂的絕對有利或有害。利害是相對的，要看衡量利害的效標是什麼而定。辯士提出兩面論，有增廣吾人見聞兼擴大吾人視野之功效。在人人盡量挖掘某一行動、某一事件、或某一對象之利的面或害的面時，可以使它的真正利害呈現在吾人的比以往的為多。」❶不少人囿於一隅之見，陷入「洞穴」（Plato之比喻）或「種族、市場、劇場」等偶像中（F. Bacon之說明）而無法自拔。辯士之言論，喚醒人們在知識之研究中不要掉入此等泥淖中或「網羅」（清譚嗣同語）裡，不應被單面主張「牽著鼻子走」（胡適之口頭禪），卻應「解蔽」（荀子之呼籲）。眾人有機會聆聽辯士之說法，也許能夠茅塞頓開，豁然領悟。

　　但是，既然「個人」都是「萬物的尺度」，則每個人都是其所是，而非其所非，那不就是學術界的戰國時代了嗎？並且，每個人都堅持己見，則每個人都是自己的教師，則辯士又怎能「為人師表」呢？這種社會難道不會造成分崩離析，各以為是的結局嗎？幸而雅典的民主社會提供言論自由的管道，辯士也深信判斷之取決應根據理性而非習俗權威，因此每個人在參與政事討論中，他除了發表他的意見，還得傾聽他人之「異」見；一方面挖空心思去為自己辯護，一方面也能擷取對方論點之優長，如能「服眾」，則少數人自當甘拜下風。取決於多數，本是貝里克演說中的要旨，也是當今民主社會奉行不渝的金科玉律。處在「善未易明，理未易察」（宋呂伯恭之名言）的人類困境中，如一廂情願的認為有個絕對真理作為吾人的「尺度」，則可能演變成文明史上的禍害。因此吾人只能「無奈」的以多數人的主張為主張；但是在形成多數人的主張之前，卻必先准許並鼓勵每個人都能以每個人的尺度公開而毫無顧忌的予以表達，然後眾人經過理性的深思明辨後，某些較「高明」（wise）的「尺度」就有可能為眾人所接受。「辯士」一辭的英文Sophists係經Sophia而來，Sophia含有「明智」之意。

　　公共事務之決定如能經由此種程序，這就符合貝里克在「國殤演說」中所提及的「決策之前必先討論」的要旨。歷史昭告我們，當時或當地的

---

❶　林玉体，〈希臘辯者及其教學〉，《西洋教育史專題研究論文集》，台北文景，1988，67。

「個人尺度」，經由一段時間的「自由」宣揚後，有可能匯聚成一股眾人之
見；所以少數人之主張，也有形成為多數人的主張的一天。民主社會不只
注重多數決，更保障少數人的言論自由，絕不可以視少數人之言行為「邪
說」、「異端」或「詖行」（孟子的話），必欲去之而後快。不幸，東西歷史
上此種慘劇頻頻上演，層出不窮。即令當今時代裡，這種醜事還時有所聞，
實在令人唏噓！

　　辯士注重辯論，希望以言辭來使他人放棄個人之見，而心甘情願的追
隨辯士看法，這種過程，就具有深厚的教育意味。民主本身就是一種教育，
難怪貝里克在演說中認為雅典整個城市可以變成為「希臘人的學校」
(School of Hellas)❷。廣義的教育（社會教育）已因辯士之投入而如火如荼
的展開。

　　不盲目也不匆忙的妄下決定，是知識研究最起碼的要求，著名的辯士
都有這種看法。

　　①普洛塔格拉斯說：「許多因素阻止吾人認知，其一是主題曖昧不明；
其二是吾人生也有涯，且人生短暫。」❹這句話實在發人深省，且具教育涵
意。雖然上述引言乃係針對「神」的討論而發，但在認知的態度上，卻應
該作如是觀。許多爭論不休的問題，在未明定義之先，不可斬釘截鐵般的
自以為是；必先弄清語意，以免在模糊的文字中翻來覆去，耍文字遊戲，
使得許多學術問題落入烏煙瘴氣的迷霧中。普氏此種先見，二十世紀的解
析哲學家才大力呼應，實在是為時太晚；但仍有不少思想家偏愛以隱晦不
明的文字或語句來故弄玄虛，視表達之幽暗為高深，讀者深受摸索之苦，
的確已失作品的「教育功能」。其次，知識浩瀚無邊，但人生不滿百；而在
有限的年齡中又常蹉跎時光，充分運用認知的歲月益發減少。在此種狀況
下，人們還想對類似「神」這麼奇妙莫測的主題提出「定論」，那真是狂妄
無知之徒了。據說，普氏此種信念，冒犯了神，在他提出「我不知道神是
否存在……神像什麼?」❷後不久，他的懸疑論點為其後雅典人所不喜，在

❷　Thucydides, op. cit., 151. Kenneth J. Freeman, *Schools of Hellas*, N.Y.: Teachers Col-
lege Press, Columbia University, 1969, 275 ff.

❹　Runes, op. cit., 976.

流亡期間雖然能逃過「人」的浩劫，卻躲不開「神」的天譴，他因坐船沈沒而溺斃。

　　②另一名重要辯士哥寄亞(Gorgias, 483～375 B.C.)更直言無隱的道出他的「不可知論」(Agnosticism)。他說：

　　　　a.萬物皆不存在(nothing exists)；

　　　　b.萬物即使存在，吾人也不可知(if there were anything, it could not be known)；

　　　　c.即使吾人知悉萬物，吾人也無法傳達此種知識(even if there were knowledge of being, this knowledge could not be imparted)❷❸。

　　這種口吻就是十足的懷疑論了。哥寄亞「不可知論」的三個層次，否定了為學認知的可能性，對「教育」大有殺傷作用。他的理由是萬物皆空無，存在只是虛幻，並非真實。而即令宇宙為「有」(being)，則憑感官才能認知的人類，無法徹底了解「有」的「本質」(essence)❷❹，頂多只能抵達「有」的「膚面」(phenomena)或「偶相」(accidents)而已。比如說，「桌子」是什麼，如果答以木頭作的器具，則只就它的質料面而言；若答以供作寫字用，則僅涉及它的功能面罷了，這些都不是「桌子」的「本質」。到底什麼是桌子的本質，似乎已溢出人類認知的領域。最後，即令吾人已能認知「真相」，但要將此真相告訴別人，則困難多多，因為要傳遞知識，就必須使用語言、文字、或姿勢，但這些都與「真相」有多多少少的出入。一位教師如果懂得百分之百的教學知識，但在教導學生該項知識時，就會打了折扣，學生所獲悉的，已經不是原封不動的本來教師所想要傳授的知識了。

　　4.因「財」施教：辯士收費教學，並以教學為正業，這是辯士在教育史上的特色。他們並不忌諱的向學生表明「自行束脩以上」則誨焉的要求，理由是收費教學的功效非免費教學可比；尤其收費越高，學生的勤勉度更為增加，而教師的責任感也更重。學生既有求而來，他們自會珍惜成本，一分錢一分貨；尤其在比較教師教學優劣之後，自會選擇一流教師任教。

---

❷❷　Ibid.

❷❸　Runes, op. cit., 440.

❷❹　Cf. I. Kant's "thing-in-itself."

而教師自恃教法高人一等者，也可提高學費，好讓眾人覺得知識並非廉價品。加上辯士既無其他兼差，收取學費甚至較高學費也可以安定其家計，以便有餘暇從事思考及教學工作。在工商普遍發達的社會裡，經濟收入是社會地位的一項指標，提高教師薪津，也是尊重教師的表示。相反的，無償教學時，多數教師在心中認為既不享權利，則何必盡義務，而學生也會覺得求學可有可無，反正對自己又無金錢損失。當師生雙方都簽了「契約」，則教師要履行認真教學的義務，而學生也得遵守繳費的諾言，責任意識萌生，教學成效自是可期。

辯士這種說辭，頗具實際意義。證之於經驗，辯士的理由可以獲得相當大的支持。吾人如花大鈔購買的一本書籍或雜誌，就會仔細的詳加閱讀；但對別人免費寄贈的著作，則有時就不屑一顧。並且前者係經過慎重考慮之下的行為，後者則多半非出之於自由意志。

5.善用教學方法：辯士擅長於教學，這是他們成功的地方。哥寄亞在407 B.C.的奧林匹克運動會上的演說，眾人如醉如癡，如瘋如狂；而普洛塔格拉斯一到雅典，馬上變成大新聞，不少學生早就準備好學費以便作為普氏的及門弟子❷❺。辯士的教學方法到底有何奇特，實在值得研究教學法者密切注意。

①注重文法的分析：為了使語意明晰，普洛塔格拉斯乃解剖語句為祈使句(request or prayer)、問句(question)、答句(answer)、及命令句(command)四種；將名詞分為陽性(masculine)、陰性(feminine)、及中性(neuter)三類。這是西方文法研究的濫觴，對於文句結構之嚴謹甚有幫助；而對於學習之了解，更獲益匪淺。

如能精研「關係詞」(relative term)——如A是B之父——的用法，則可以避免下述對話所產生的荒謬結果：

「你有狗嗎?」
「有，不過很壞。」
「生有小狗嗎?」

---

❷❺　Plato, "Protagoras," *Dialogues of Plato*, op. cit., 310a、b.

「是的，與大狗一般。」

「狗是小狗之父了。」

「是的。」

「狗是你的嗎?」

「當然!」

「狗是你的，又是父親，那麼它就是你的父親，而你就是小狗的兄弟了。」❷❻

②善用比喻：「能博喻，然後能為師。」辯士常用淺顯及與日常生活經驗有關的例子來解釋複雜或深奧的道理。哥寄亞在說明口才之重要價值時，乃以辯說與醫生治病為例，強調醫生技術如何高超，若病人不願接受其治療，則即令神醫再世也無能為力；而說服病人與醫生合作，卻是辯士之功；一套政策多完善，可是議會多數成員不採納，則良法美意也會落空。他又將辯士喻為拳擊手，只要辯術精良即可，不必過問到底為正義而辯還是為邪惡而爭；猶如拳擊手出拳是擊倒雙親抑或打敗敵人。醫學之父希波克拉底(Hippocrates, 527～414 B.C.)更以醫學之學習比喻生長，他說：「醫學學習就類似植物生長一般，我們的天然能力就是土壤，教師的觀念就是種子，從小開始的學習就好比種子下種在準備好的土壤裡一般，教學地點就像能帶給種子營養料的環境，勤勉如同努力耕耘土壤。時間強化這些工作，使之滋長達到完美境界。」❷❼

教育上這種將生長喻為學習的，後繼有人，且多屬名教育家。另一名辯士安第風(Antiphon)也用植物生長來闡釋教育的重要性。他說：「人事當中我認為教育第一，因為善於始者就善於終，要怎麼收穫先要怎麼栽。假如給年輕人植下良好的教育根基，則它會終生長葉結子，旱濕都無法消滅它。」❷❽

安第風也說了一個令人深思的比喻：「一位守財奴將錢藏在一個隱蔽

❷❻　Ibid., "Euthydemus," 298d. 另同❶❾，75–76.

❷❼　W. K. C. Guthrie, *A History of Greek Philosophy*, vol. III, London: Cambridge University Press, 1969, 168–169.

❷❽　Freeman, op. cit., 172–173.

處，不借也不用。不久那些錢遭竊，一位以前向這位守財奴借錢不成功的人告訴這個吝嗇鬼，不如放一塊石頭在藏錢的地方，而想像那裡面就是金錢，這不也是相當有用的嗎?」❷

善用比喻可以使教學生動有趣，且印象深刻。有一位辯士辯論本金不得生利息的說法如下:

> 「什麼是利息?」
> 「每月增加的錢數。」
> 「今年的海水比去年多嗎?」
> 「不。」
> 「河水每月都流進海裡，但海水並不增加;因此本金也不能生息。」❸

只有見識廣博、遊歷四方、反應靈敏、且思想開放又想像力豐富的人，才能在教學時運用比喻得恰到好處。(古人怎知河水入海必增加海水容量?)

③兩難式(Dilemma)的教學:相傳普洛塔格拉斯的教學辯論方式，就是預下陷阱讓對方落入左右為難的困境而無法自拔。有一名學生(Enathlas)向他請教，如何在法庭辯論成功的訣竅，普氏答應只要學生交夠學費則允諾教導該種技巧;但學生也提出相對條件，即當他第一次在法庭辯論勝利時才會如數奉上學費。雙方談妥了條件之後，乃簽了合同。一段時日過後，普氏自認該名學生已然學成，但卻還未有繳學費動靜，他乃向法院提起訴訟要求學生履行合同義務。普氏認為，在法庭訴訟，結果非贏即輸;但不管輸贏，對方都得付學費。因為告贏了，學生當然必須繳交學費;告輸了，則依據合同，學生已在法庭上辯論得逞，更應繳交學費。這叫做「兩難式」——讓對方進退維谷。

普氏此種兩難式論調，與前述兩面論相互呼應，即站在不同角度來看問題。然而，可能是普氏的教學相當成功，他這種如意的算盤，卻反而中了他的學生之計。據說這名學生「以子之矛攻子之盾」，青出於藍的用相同的兩難式回擊其師，認定訴訟之輸贏都不必繳交學費。二者半斤八兩，旗

---

❷　Ibid., 173.

❸　Guthrie, op. cit., 367–368.

鼓相當。有徒如是，大概也是普氏始料所未及。然而，兩難困境如不慎重使用，則可能兩難非但令對方落入圈套，而己方也會自投其羅網。

6.懲罰旨在阻止再度犯過：辯士的教育主張，非常注重實用。即以懲罰為例，懲罰之有必要，旨在防止做錯事的學生一錯再錯，而非在於「報復」(retribution)。相傳普洛塔格拉斯一入雅典後，就變成貝里克的密友，一天他們兩個人竟花了終日討論一項設想的案件，假定有人設計一種射箭比賽，但某位無辜的觀眾竟因參賽者誤射而死亡，則到底是主辦單位、射手還是箭本身要負責❸。普氏間接的說：「在懲罰為惡者的措施上，沒有人把注意焦點放在該為惡者因為過去為惡而應受罰，或犯錯本身就應懲罰上，除非施罰者像野獸般的向為惡者施加相同的報復。不，對一位講求理性的人而言，他並不持惡者因過去犯惡而應受罰的觀點——因為過去的事，人們已無能為力；而是為了將來，目的在於阻止同一個人或目睹受罰的旁觀者重蹈覆轍。有這種觀念的人，也就是主張德行可教之人。總之，懲罰乃在於制止。」❷換句話說，體罰一名學生，不要因體罰而體罰，如果因他過去犯過而體罰，則該種體罰對於已經造成的錯誤，已無法補救；倒是希望藉此種體罰來使他遷善改過，記取教訓。

在處罰場合中，第三者也因此心生警惕，引為戒鑑，不得效尤。把眼光放在未來，這種前瞻性的懲罰論，也符應了辯士不滿傳統反觀式的體罰說（報復理論）。重點擺在其後行為之中規中矩上，與其爭辯上述射箭例子中何者應擔負責任問題，不如思考如何防患於未然，可能才是正確的務本之道。

三、辯士的功過

因為「文獻不足徵」，因此評論辯士的功過十分不易。下述數點，僅供參考：

1.辯士具有啟蒙之功：首先，辯士開啟了哲學界探討人文社會問題的先河，而非如以往的只研究天文現象。這種研究對象的轉移，引發了後繼

---

❸　Jarrett, op. cit., 26–27.

❷　Plato, "Protagoras," op. cit., 324b.

者無窮的興趣。其次，由於辯士大唱相對的真理觀，主張個人主義，乃激起衛道之士的反擊。在新舊交替時刻，激盪出偉大思想家的出世。德國哲學家將辯士時代比喻為歐洲十八世紀的「啟蒙時代」(Age of Enlighten-ment)，「我們德國人如果沒有啟蒙時代，就產生不出一個康德；好比希臘人如果沒有辯士，也就產生不出一個蘇格拉底及蘇式哲學一般。」[33]辯士是希臘三大哲學家的催生婆，更是西方文明史上放出芬芳撲鼻的花朵蕾苞。並且他們對於啟迪民智及教育普及，都有貢獻。

2.雄辯在學校課程上的地位從此奠下根底：辯士既重辯論，辯論就得仰賴口才，這就與教學發生密切關係。教師教學，除非對象是聾啞學生，否則說話技巧之良窳，的確決定了教學的成敗。而生活在民主社會裡，意見表達的交流又是不可或缺，因此「雄辯」乃為必修課程。「雄辯家」(Orators)為羅馬時代的教育理想人物，與雄辯有關的課程，如文法(Grammar)、修辭(Rhetoric)、及辯證(Dialectic)遂形成為教育史上「七藝」(Seven liberal arts)的「前三藝」(Trivium)。西方人在語言學(linguistics)和語意學(semantics)之造詣高過東方，辯士早就認為辯術在課程中所扮演的角色有以致之。

3.部分辯士以巧言取勝，為了獲取高額學費，不惜以「詭」辯來顛倒是非，過去史家乃以「詭辯家」稱之。他們見錢眼開，利欲薰心，終至顧利忘義。「好辯論、喜爭執、倔強、饒口舌、且巧取豪奪」，是「智慧的妓娼」(Prostitutors of wisdom)[34]。為了辯論成功，只求目的達到而不計手段(aims justify means)，自為正義之士所齒冷。

4.真理的相對說受到絕對論者的指斥：希臘三大哲學家以永恆、絕對、不變等觀念來抨擊辯士的懷疑論調。他們不滿辯士之相對論及變的哲學，認為那只是膚面或短暫的「現象」(phenomena)，非「實体」(reality)的「本

---

[33]　Guthrie, op. cit., 48.

[34]　Jarrett, op. cit., 20. 前者是Plato的指斥，後者是Xenophon的批評，關於收費教學一事，在辯士之前，希臘公私學校教師早已收費，因此不能因收費來譴責辯士。既有的教師因教學效果差，而辯士吸引了大批學生，難免令人眼紅。辯士之遭受誣控為「騙徒」，是相當可以理解的。Edward J. Power, *Main Currents in the History of Education*, N.Y.: McGraw-Hill, 1962, 71–72.

體」(noumena)，所以辯士的說法並不完美，無法取之作為「放諸四海而皆準，俟之百世而不惑」的準則，效用不高**❸❺**。

在教學上，辯士又以收費高昂聞名，此種作風也大受議論，唯恐此舉將把神聖的知識討論淪為低俗的金錢交易，並且也可能造成師生關係的變質。清純的教育環境如被物質污染，則不利於教育目標的達成。並且，學費無法購買知識，教師也不應因「財」施教，否則就格調太低而自貶身價了。

史上第一批教師的登台，褒貶不一。他們所爭論不休的問題，並不因他們在教育舞台上謝幕而消失，卻是其後教育家熱烈討論的問題。

四、一股清流——艾蘇格拉底(Isocrates, 436～338 B.C.) 的教育學說

《反擊辯士》(*Against the Sophists*)是艾蘇格拉底的代表作，從書名中就可以知悉，艾氏並不完全認同辯士的主張。雖然他也是辯士群中的一員，認為「口才」就是人異於禽獸之處，對於雅典過去太專注於体育競賽而不注重能言善辯，頗不以為然。認為前者重力而後者重智，只有智慧才能給城邦帶來福祉。「假如所有的運動健將都擁有兩倍目前所擁有的体力，則其餘的世人也不見得過較好的日子。」**❸❻**雅典人的偉大並不在此，而在於雄辯滔滔的口才。加上他也收學費教學，門徒聚眾而來。西塞洛說艾氏住屋，乃是希臘的學校及辯士的製造廠**❸❼**。這些行徑，與典型的辯士無異。但是艾蘇格拉底卻有下述論點糾正了部分辯士不合宜的主張，在議論大海中冒出一股清流，為其後的柏拉圖（二者輩分相同）及羅馬的辯士家所認同。

---

❸❺ Aristotle, "Metaphysics," op. cit., 1026b (14).

❸❻ E. B. Castle, *Ancient Education and Today*, Penguin Books, 1969, 73.

❸❼ Freeman, op. cit., 186, 190, 191. Beck, op. cit., 260. H. I. Marrow, *A History of Education in Antiquity*, translated by George Lamb, N.Y.: A Mentor Book, 1964, 124. 據說 Isocrates要求學費1000 drachmae，一個門徒Demosthenes願意出200 drachmae，以便獲得1/5的教學。Isocrates說：「我不能把我的課分段，最好的魚是整條賣的。」J. F. Dobson, *Ancient Education and Its Meaning to Us*, N.Y.: Cooper Square, 1963, 48. 荷蘭人來台時曾讚賞台灣酋長說話能力之強，不輸給 Demosthenes.

1.口才的訓練應注重品德：不少辯士為求辯論求勝，不擇手段的施以巧言誹語，失去了人格的高超，不足為訓。艾氏自訂的教育目的是：

> 首先，他善於處理日常事務，遇到討論場合，判斷正確，行動得宜，失誤極少。
>
> 其次，在社會上一舉一動都能適度而正確。假如他同一群持有異見者或喜冒犯別人者相處，也能和顏悅色的予以款待。
>
> 第三，不因快樂而失去節制，不因厄運痛苦而沮喪，卻能表現出勇敢及吾人稟賦上的良好天性。
>
> 第四（最重要之點），不驕矜不誇張，不因成功而失掉自我，卻能像智者一般，持之以恆。因機運而得的愉快，其價值比不上因運用才智而得的收穫。 ❸❽

品德的色彩在教育中相當濃厚，一位有德之人所說出來的話，比一名聲名狼藉者更具說服別人之功。

2.口才是一種藝術，非人人可就：辯士誇大其辭的說「無事不可教」，包括辯術在內。這是樂觀主義，環境萬能說的口吻。當然有不少例子證明後天的勤練可以克服先天的說話缺陷，如有一名辯士(Demosthenes, b. 384 B.C.)以口含石頭苦練演說，為了矯正姿態，乃攬鏡自照；面對波濤洶湧的大海練習嗓音及膽識 ❸❾。但妄想單依靠這種方式就可以變成一流的辯士，那就是癡人說夢了。「忽略了自然天分，也不顧及經驗，……以為它像ABC那麼簡單可以毫無差異的教給任何人，其實那是一門相當前進的藝術。同樣的語句不可重述兩次，且規則也因境遇不同而有別。」 ❹❶ 有些辯士太看重「努力」(nurture)而罔顧「天分」(nature)，其實公允之道是二者缺一不可 ❹❶。

艾蘇格拉底的看法，是認為辯術不應該只是純工具，講求論說技巧之精而已，還要注意到底為什麼而辯。換言之，辯說的目的更應考慮在內。

---

❸❽ Freeman, op. cit., 192–193. James L. Jarrett (ed.), op. cit., 231.

❸❾ J. B. Bury, op. cit., 690.

❹❶ Freeman, op. cit., 182.

❹❶ Beck, op. cit., 266.

設若為真理而爭，則辯士應傾全力為它而辯；如果是邪惡之人竟然靠辯得勝，則辯士就是為虎作倀、助紂為虐的幫凶了。

普洛塔格拉斯提出「人」是萬物的尺度，後繼者更深入去追問「何者才是人的尺度」(What is the measure of man)❷，這個頗富價值的問題，有賴希臘三哲及後代學人費神去探討。

第二節　知你自己的蘇格拉底
(Socrates, 469～399 B.C.)

辯士並不談天說地，既不研究自然，也不過問超自然，而純粹以「人」為思索的對象。這種行徑，蘇格拉底也步其後塵。人包括你我，知你必先知我。「知你自己」(Know Thyself)變成蘇氏學說的標誌❸。

一、生平

蘇格拉底在牢裡被判死刑的那一年是西元前399年，他說死不足惜，其中一個理由是「人生七十古來稀」，自稱已屆古稀之年。據此史家乃斷定他生於西元前469年。當時並無戶口名簿，蘇氏之母為助產士，但助產士也沒發出生證明，所以他的出生年月至今仍是個謎。不過，這個問題並不重要。

重要的倒是這位東西學界公認為西方孔子的大教育家，並不如同中國至聖先師般的在與世長辭時那麼風光。蘇氏一生追求真理，自認無知；他與辯士一般的喜愛辯論，也許他也有類似孟子的苦衷——予豈好辯哉，不得已也。在舉世言論紛歧之際，於過去一言堂被辯士擾亂之餘，蘇格拉底遭逢時會，稟其優異天分及過人毅力，力唱知識研究之可貴。在雅典民主

---

❷ James Bryant Conant, *Two Modes of Thought*, in Ruth Nanda Anshen (ed.), N.Y.: Pocket Book, 1965, XIII.

❸ 蘇氏此種抱負，可以與中國民族的人生觀作一對比。魯迅曾在《馬上支日記》中沈痛的說「中國人偏不肯研究自己」。而絕大多數中國人也都知道：「每個人和他自己之間的距離是最遠的。」何博傳，《山坳上的中國》，台北國文天地，1990代序，6。

政治的真正理念時過境遷之後，蘇氏終於因堅持自己想法，不妥協於權貴及同道，乃在獄裡飲了一杯壽鴆(hemlock)而告別人世。

蘇格拉底之父是雕刻師，其母是助產士，家道小康。雙親這種職業，乃被他引喻為教學方法。一方面藉雕刻師之層層雕剝，使教學之材料更為鮮明，從粗糙不堪又渾渾一團中漸漸型模出輪廓，最後乃有精緻與完美的產品。一方面也將知識之獲得比為嬰兒之降生，在二者相互對應的情境裡，產婦就是學生，助產士就是老師，產房就是教室，而嬰孩就是觀念。「產婆術」(Maieutics)之名乃與蘇格拉底同在。

醜陋的相貌，寬厚的鼻子，凸出的肚皮，稍垂的嘴唇，這是時人對他的描述。有人說蘇格拉底如天神，另有人則以為他的走路像水鳥，笑他眼睛有經常轉動的毛病；但蘇氏雙目炯炯發光，常自豪的相信可以看透別人內心深處。有健壯的身軀及逾越常人的耐力，不管冬夏皆穿同一服裝❹，他慣以赤足走路，即令冬天行軍（蘇氏曾從軍）亦然；喜愛杯中物，且酒量奇大，不曾酗酒。為沈思問題，常有入定或出神狀況。除了自我冥想外，還喜歡詰問他人，並追根究底，終種下了殉道之因。

作為影響深遠的希臘三大哲學家的宗師，自在觀念及作風上有異於常人之處，俗人以為蘇氏娶了個悍婦(名為Xanthippe)，英國哲學家羅素(B. Russell, 1872～1970)並不以為然❺。不過蘇氏卻能忍受其妻之脾氣發作，在她大肆咆哮時，蘇氏不為所動；當其妻以一桶水往蘇氏頭上潑下時，這位哲學家竟然風趣且幽默的說，打雷之後的大雨乃是勢所必然。如果連配偶都無法對付的丈夫，還有資格處理紛雜的人世間問題嗎？

與孔子一樣，蘇格拉底也是「述而不作」。有關蘇氏的主張，都由向他請益的弟子登錄下來。其中最有名的是柏拉圖(Plato, 427～347 B.C.)，柏拉圖的代表作是《對話錄》(*Dialogues*)，書中對話的主角，經常是他的啟蒙師蘇格拉底。這種寫作法，導致許多學者分不清師徒二人學說的歸屬。真的蘇格拉底（即歷史上的蘇格拉底）與假蘇格拉底（即柏拉圖思想的代言

❹　十七世紀英國名物理學家牛頓(I. Newton) 也有此種習性。

❺　Bertrand Russell, *A History of Western Philosophy*, N.Y.: Simon & Schuster, 1945, 135.

人）混淆，實是學界奇事。不過，比較可信的是柏拉圖《對話錄》中，〈辯解篇〉(Apology)、〈美諾篇〉(Meno)、及〈特亞特陀篇〉(Theaetetos)可能是蘇氏的看法；其他則是柏拉圖的見解了。

二、蘇格拉底的為學態度

1.自我反省與沈思：觀念之獲得，並非來自於外鑠、而是自我形成。任何知識，如果透過自我的思索，則可能會頓然領悟、融會貫通。這種收穫，比別人告訴答案來得可貴。蘇格拉底堅信，只要人們能夠時時傾聽發自心靈深處而來的「內在聲音」(inner voice)，把握住稍縱即逝的「靈感」，透過層層思考步驟，自可形成一套穩固的觀念体系。而知識的多寡，就靠自我沈思的努力程度而定。勤勉與怠惰，就是評斷學問好壞的效標。

偉大思想家多半都有自我沈思的習慣，泰列士之失足掉進水溝，是史有前例。蘇格拉底並有記載較詳細的沈思文獻：「一早，他左思右想一個難以解決的問題，他並不放棄，乃聚精會神的從天亮站到中午──直立不動去思考。下午時分，有人注意到了此種情況，乃風傳四處。──終於在晚飯後，一群同伴由於好奇，都帶了草蓆露天而睡，以便觀看蘇氏是否可熬夜。但見他整晚的站著，直到隔日早上晨曦出現時，才向太陽祈禱而後自行離開。」❹

知識不賴他求，卻要仰靠自己。自己的內心就是知識的寶藏，盡力去挖掘，就會有金玉出現，何必捨近求遠呢？時時反省自己，也是作人的基本要求。「沒有經過省察的人生，是不值得活的」❹。因此，肯定自我沈思與反省的態度，知識就會源源而來，並且品德也會步步趨向於善。不少人坐失良機，蹉跎歲月，無法充分發揮本有的資產，實在可惜。只有向自己使力，才能獲取效益。這種主動、自發、且自主的為學作風，帶有極為強

---

❹ Plato, "Symposium," *Dialogues of Plato*, translated into English by B. Jowett, 3rd ed., London: Oxford University Press, 1892, 220c、d. 羅素說，該種情景可能是在夏天，否則蘇氏雖有耐寒本事，眾人卻無法忍受隆冬的溫度。B. Russell, *A History of Western Philosophy*, op. cit., 90.

❹ Plato, "Apology," 38a.

烈的樂觀色彩。

2. 虛心求教，不恥下問：柏拉圖記載蘇格拉底的教學，都採用討論或對話方式，蘇格拉底既深信自我沈思的功能，本不必經由與他人討論或對話來尋求真知。但是與他人討論或對話，也是自我沈思的一種。將自己及別人的沈思過程作一種公開的陳述，由此而刺激自我的沈思範圍與性質。討論或對話並非單方面所壟斷，卻是一問一答，且一問一答的深淺度，前後有別。

蘇氏向眾人宣告，他的自我沈思或向別人討教，用意無他，在道出真相而已。他這種用意，不只希望他的朋友或共同論道的人能体會，還深盼法官能諒解。至於在沈思中的表情，討論裡的氣氛，那都是節外生枝，與真相之水落石出無關。他說：「不必顧及我用什麼語言，擺什麼姿勢，以什麼方式說話；那可能是善言，也可能不是好話。但只考慮我的話之真實性，請注意這點。讓說話者講出真心話由法官作公正的判決。」❹換句話說，問答時之大聲或小聲，多次或一次，輕快或緩慢等，都不影響為學的主要訴求——虛心求教以得真正的事實。不要影射為學者是否傲慢或自視過高——不幸，蘇氏就是因此而遭殺身之禍。

蘇氏一本初衷，以真理之發現自居；因沈思出神而令大眾嘖嘖稱奇，怪人之稱呼已不脛而走；他又喜愛與別人一同進行反省思考，讓不好此道者深惡痛絕。蘇氏形容他當時所扮演的角色，猶如「牛虻」(gadfly)一般（Apology篇），時時刻刻都要找昏睡的懶牛叮一叮，試圖喚醒群眾。無奈作夢的俗人耽於夢鄉中，自然要撲殺牛虻以便安枕無憂了；他又以「電魚」(cramp-fish)來戲謔自己（Meno篇），那些自以為是而疏於自我反省的人經此電魚一擊（反問），就陷入思想的混沌狀態或麻木境界了。蘇格拉底崇尚自我反省與冥思，又不想孤芳自賞，卻要「拖人下水」，共同來進行理念的澄清與探測重任，註定了他要以悲劇人生作結局的命運。雖然蘇氏表明他的意向不是要讓別人難堪、尷尬、羞愧、丟臉，但在絕大多數人愛面子的狀況下，是無法就是非而論是非，卻要「對人不對事」(against the man)了。蘇格拉底這種只問是非而不講情面的態度，不用說在紀元前四世紀左右的

---

❹　Ibid.

希臘人無法忍受，即令他處在當今社會，也會格格不入。眾人皆睡唯蘇格拉底獨醒，這位獨醒的哲人，不只孤單，還有生命之虞！

3.求知若渴，殉道也不悔：蘇格拉底愛好哲學思考，又熱切的反問別人，終變成「人民公敵」；許多浮誇不實的權貴痛恨蘇格拉底掀起底牌而怒不可遏，乃到法院告他「敗壞青年」。經過一番訴訟後，蘇氏本可逃亡，但條件是要放棄蘇氏的為學作風。蘇氏卻寧死不屈，因為哲學思考重於生命。雅典法庭這種宣告，等於是要放逐蘇格拉底，只要他答應流亡在外，或沈默餘生，則安全無處。這種安排，類似當今不少專制政府之對待反對派異議人士的方式。但苟且偷生，這種生活又有何意義可言？閉住別人的嘴巴，消滅異己的言論，都是極權霸道的把戲；而學者如甘願就範，則人格已受蹂躪，尊嚴又遭摧殘，學術活動就響起喪鐘，而知識分子雖生猶死了。

蘇格拉底此種為真理而殉道之精神，開奏了西方學術自由奮鬥史轟轟烈烈的序曲。由於他這種死法，益增他的偉大。模仿他而以他為楷模的後繼者，不計其數。西方政治、學術、及教育上之能漸漸走向民主獨立之路，是多少類似蘇格拉底的學者血淚所鋪蓋而成。中國的孔子受到中國師生的崇敬，如也為真理而犧牲生命，或許中國的文化面貌會改觀。

蘇氏一方面斷然拒絕雅典法院之妥協，另方面也勸告市民在飽食逸居之後，應興起一股求知若渴之心。「在我有生之年，我從不中斷對哲學的教學，向任何我能遇到的人，以我過去的質問方式向他求教。你們啊！我的朋友，偉大崇高的雅典城市公民，你們積聚了最大量的金錢、榮華、與名氣，但是卻很少注意智識、真理、及心靈的改善，這些你們不屑為之，難道不覺可恥嗎？」蘇氏還在臨終前囑咐門生故舊要告誡他的三個孩子，要是其子不能為正義及真理而奮鬥，就予以譴責，如同蘇氏譴責其同胞一般❹。

4.有教無類的態度：蘇格拉底的愛好質問與辯駁，作風與辯士並無兩樣。但是在教學該不該收取費用上，二者卻涇渭分明。蘇格拉底因自認無知，因此沒有本事教人。「假如一個人有本事教導他人，則他收取費用來教學，我個人以為，這對他而言，是一種榮譽。」❺蘇氏無論在家中、街上、

---

❹　Ibid., 29c–30b, 42.

❺　Ibid., 33a, b.

市場裡、或牢獄中，他都毫不猶豫的與他人討論，不計任何條件，更罔論收取學費了。當有人誤以為他靠收費謀生而作為指控他有罪之一時，他不客氣的說那個指控者「在說謊」。並且認為師生之間若有學費存在，則會破壞二者的良好關係。知識交流是純粹心靈的事，最好不要有物質介入，以免芥蒂橫梗，污染了美好的教學畫面。

蘇氏教學的對象既是全民，所以無分男女老幼及貧富，他都一視同仁。尤其值得一提的是，蘇氏的門徒中也有女生，他並不以為「女子」與小人同列，都屬「難養」之輩。此外還力言不可因年齡太老而失去求知的興趣，他引用了希臘大文豪荷馬(Homer)在《奧德塞》(*Odyssey*)劇中的一句話：「當我們感到需要時，不必謙虛，卻應當仁不讓」來建議上了年紀之人也要發憤向學❺。並且教學相長，蘇格拉底絕無歧視的對待學生，他也從學生處得到不少收穫。證之於他的虛懷若谷、「每事問」的胸襟，他經常扮演門徒的身分，「問他、考他、分析他的話」，以便「改善我自己」❺，到底誰是誰之師，誰是誰之徒，也難分辨了。「三人行，則必有我師焉!」任何人皆有可教性，任何人都是討教的對象，絕不可心存差等待遇。「教育大眾化」(Education for all)首為辯士開風氣之先，蘇氏也承此旨意，這才是作為偉大教育家最起碼的要件。

在古代未有「強迫」及「義務」教育的時候，蘇格拉底的教學為何會吸引不少學生環繞在他四周，這個問題的答案，應在他的教學態度上去尋求。蘇氏喜愛「戲謔」他人，但如學生反駁其論點，他非但不以為忤，還「張大了眼睛」，笑了出來，且說批判得有道理。師生要一心以真理為念，真理之價高過教師。他諄諄告誡門徒：「你們不必太顧慮到我，而更應想到真理，假如你們認為我所說的為真，你們就同意我的說法；否則，儘可以提出辯駁，勿因我之熱心而欺騙了你們自己及我自己。」❺在真理面前，沒有師高生低的現象，大家一律平等。學生既免於恐懼，又暢所欲言，自然就樂意與教師切磋琢磨了。

---

❺ Ibid., "Laches," 201a、b、c.

❺ Ibid., "Lesser Hippias," 369d、e, 372c.

❺ Ibid., "Phaedo," 86d, 91c. "Laches," 189b.

　　茲引述蘇格拉底對學生所說有關於師生平起平坐的討論如下：

　　「假如你能夠對我的論點提出挑戰，那麼就盡情的去挑戰吧！我會側耳傾聽的。」❺❹

　　「你們感到我的觀點不足嗎？當然！我的論點是開放的，會引起許多懷疑與反對。……假如你們對我的論點有任何疑難，不要猶豫的提出你們的主張，並指出我的論點應該改善的途徑。」❺❺

　　兩位學生(Simmias及Cebes)聽到蘇格拉底言及死後靈魂仍存之說法後，對其師說：「你的理論有嚴重的瑕疵。」蘇氏回答道：「你們有這種感覺，那是對的！……不過告訴我，瑕疵在那裡？」❺❻

三、教育理念

　　1.「知你自己」——無知之知：羅馬大文豪西塞洛(Cicero, 106～43 B.C.)認為「蘇格拉底是第一位將哲學從天上摘下來的人，他將哲學置於城市甚至於家事的討論中，重心放在人生、道德、善、及惡上。」❺❼這種說法雖未見正確，但蘇格拉底認為哲學之當務之急，在於「知你自己」。而「知你自己」這句話的主詞「知」，是研究人生、自然、及超自然的基本前提。為了能夠「有知」，卻必先抱持「無知」。如果一個人早就認定他已有了知，就會自滿而不會繼續「求知」。知是無止境的，只有凡事先認定自己無知，然後透過自我反省冥想及向他人虛心求教兩種管道，則知就能滾滾而出。一般人自認知識豐富，其實卻是無知之徒；只有自認無知，才是最聰明的人。因為自認無知之人，至少還有「無知之知」，別人卻連無知也不知。兩相比較，自認無知之人比自認有知之人知得多，因為至少前者比後者多了一項知識——即知道自己無知❺❽。

---

❺❹　Ibid., "Crito," 48e.

❺❺　Ibid., "Phaedo," 84c–d.

❺❻　Ibid., 85d、e.

❺❼　W. K. C. Guthrie, *A History of Greek Philosophy*, vol. II, London: Cambridge University Press, 1969, 419. Cicero, *On the Good Life*, translated by Michael Grant, Penguin Books, 1979, 57.

❺❽　Plato, "Apology," op. cit., 21a、b、c、d.

常人乍聽之下，認為這似乎與辯士之行徑無異，學界也不少人把蘇氏歸類為辯士之輩。蘇氏之自認無知，而後證明自己的確比別人的知識高明，是經過一番有趣的程序的。蘇氏畢生奉行不渝的「神諭」(Oracle of Delphi)有一次告訴他的好友(Chaerephon)，蘇氏是舉世最聰明之人。蘇氏一聽覺得甚為詫異，他早就宣稱自認無知，那能獲此封號？但又不能懷疑神的啟示。為了證明神諭非虛，乃無時無刻不去向人請教各種問題，上自達官顯要，下至販夫走卒，他都不放過。他所討教的問題，不是控告他的人所說的「上窮碧落下黃泉」之事，而是近在眼前且與人生密不可分的問題，諸如「什麼是勇敢?」「什麼是正義?」之類。不少被他一問的人，先是信心十足的提出肯定的答案，還洋洋得意的侃侃而談；可是經過蘇格拉底鍥而不捨的反面質問（仿他爸爸的雕刻術），對方即開始動搖信心，發現問題沒有那麼簡單，卻棘手萬分；不少人最後支吾其詞，或發現自己的答話前後不一，矛盾叢生。他發現「最有名氣的人，原來是最愚蠢的傢伙。」❺⁹

這種問話氣氛，會鬧得不歡而散。有地位的人當然不甘罷休，他們並不檢討自己，反而怪罪蘇格拉底。加上蘇氏所教門徒也以相同的質問方式大肆向各方人士討教，導致「敗壞青年」之名乃跟隨而來，而「敗壞青年」的元凶禍首就惹來遭受剷除的厄運了。蘇氏寄望人人「知你自己」，或許他也自知宣揚此種理念，必有悲慘下場出現，但這是他的人生十字架，他必須勇敢的揹下去。

這種過程就是典型的認知過程。不少人不明就裡的堅持自己的信念，沒有經過大腦的仔細思索，就將習俗、傳統、權威、風尚、輿論、經驗上所得的答案當作正確無誤的答案。可是經過蘇格拉底的敏銳思辨力，像解剖刀的分析答案內容，卻發現錯誤很多。原先的答案暴露了無法防衛的盲點，終於無法自圓其說，不是棄甲曳兵而去，就是滿懷不悅的悻悻然而走。「知你自己」的目的，一方面是要把人類自己這種狂妄的醜陋畫面展現出來，讓人類自己攬鏡自照，看出自己的真正面目。一方面則提醒學者要建立穩固的知識，就需通過檢驗的手續。擾亂思想並不足惜，也不可畏。開始時是「見山是山，見水是水」；但經過一番質疑問難後，可能就會「見山

---

❺⁹　Ibid.

不是山，見水不是水」了。不過，果真山就是山，水就是水，則仍然會有
第三次的結局出現，即「見山是山，見水是水。」最後一次雖與首次相同，
但肯定度卻大有差異。人類許多知識，是「見山是水，見水是山」，又不准
別人非難。這種無知，就無藥可救了。

　　知識的第一步，必先放棄未經懷疑過的信念；如果自信滿滿，則新知
就無隙可入，不只知識貧乏，頂多只能維持舊有的水平，更不用說自信滿
滿的知識，多半是禁不起考驗的。杜威(John Dewey, 1859～1952)說：「蘇格
拉底宣稱自認無知，這乃是積極喜愛智慧的開端。」❻這種解釋道出了蘇氏
的真意。

　　2.少數人的精英之見，勝於多數人的陳腐言論：雅典雖實行民主，但
民主的兩大要件，即如貝里克之所言──少數服從多數，但多數應尊重少
數──在實際作為中，多半是前者易而後者難。蘇格拉底大聲疾呼，屬於
真理的層次，是不可用多數來表決的。如果在2＋3等於多少的時刻，彼此
意見紛歧，有人認為是5，有人認為是6；此時如進行表決，那不是絕頂可
笑嗎？要是表決的結果，贊成6者居多，那實在是侮辱了真理。

　　蘇氏對於眾人之見，並不以為必然是正確之見；他倒十分注重少數專
業的看法。為了要「提升」文化水平，總不應該只停留在一般眾人的主張
中，那是庸俗之論。公共事務如注重品質，絕對不能迎合大眾的口味。社
會要進步，只有仰賴知識；而全民中知識最豐富的人，是少數的精英(elite)。
因此專家政治(monarchy or aristocracy)優於民主政治(democracy)。蘇氏這種
看法，他的兩位傑出門徒柏拉圖及亞里士多德都深表贊同。「一種良好的判
斷，是根據知識，而非取決於數量。」❼

　　許多證據支持蘇氏這種看法，他舉出無數的例子來說明少數人之主張
應優先為大眾所尊重並採納的理由。体育競賽的健將，得委請教練負責訓
練，卻不能依「公意」來操演。皮鞋壞了，就要央請皮鞋匠來修理；馴馬
師才有資格把一匹兇悍的野馬調教得順從人意；彈奏七弦琴要能出神入化，
是樂師指點之功 ❻ 。政府職位絕不能用抽籤方式由人民輪流擔任，雅典實

❻　John Dewey, *Democracy and Education*, N.Y.: The Free Press, 1944, 189.

❼　Plato, "Laches," 184e. "Politicus," 297b (7)–c (2).

施此種方式，蘇氏指斥為荒謬。

辯士揭示「人為萬物之尺度」的主詞「人」，應該是個有知識及善良的人，這個人所作的決定，應該勝過「他人的總和」❻。大多數人泰半以情感為主，少依理性，但理性應居主宰。蘇格拉底這種理性的呼籲，變成一種逆耳之言。在「多數暴力」之下，類似蘇氏的主張被斥為異類，蘇氏的難逃「法」網，早就種下了禍根。「我的案件，就類似廚師在一群小孩當陪審員之前控告醫生一般。……『陪審的兒童啊！這位郎中為害你們太過分了。他把你們置於手術台上，還餓壞你們，窒息你們，給你們苦藥，讓你們飢渴；而我卻能給你們煮最美味可口的食物！』」❻蘇氏不願同流合污，又想盡辦法超升他們，請求他們要見賢思齊。賢者及智者又皆是先知先覺者的少數，這些是瑰寶，敬重都來不及，怎可將他們置之於死地呢？

「教育」本帶有改善現狀之義，而人群中帶領大眾向上提升的，就是那少數的秀異分子。只要大家都能平心靜氣，共同追求理性與知識，則曲高和寡可能只是短暫，在經過一番共同討論與爭辯之後，或許可以為全民所接受。多數人應該容忍甚至尊重少數人的奇特想法。蘇格拉底的論調，在於強調貝里克「國殤演說」中所說的民主政治之第二層意義——多數尊重少數。

3.知即德，知行合一(knowledge is virtue)：將「事實上的認知」與「價值上的判斷」二者合而為一，是蘇格拉底的重要主張，也是學術界爭辯不休的話題。知本身就是一種善（德），而知善者必然行善。一個人會行惡，乃因他無知；真正有知之人，是必然會有善行的。蘇格拉底強調知行合一，恰與中國的王陽明學說相合，但蘇氏學說較為精緻。

一生以求知為務的蘇格拉底，認為徹底的知，就會身体力行；知而不行，不是知得淺，就是知得不完整。行包括在知之內，知也在行之中。一位知道如何補鞋之人，必然是優秀的鞋匠，其他狀況亦然。分析並引申此種論點，會有下述兩組的比較：

❻ Ibid., "Apology," 20a、b, 25b、c.

❻ Ibid., "Crito," 47d.

❻ Ibid., "Gorgias," 522.

①「知善而行善」與「不知善而行善」：蘇格拉底和一位辯士(Hippias)在同意「善跑者」必然跑得快，「不善跑者」必然跑得慢後，開始爭辯「善跑者跑得快」，但「不善跑者也跑得快」時，到底那一位才是「真正的善跑者」❻❺，蘇氏堅信「善跑者」才是「真正」的善跑者。至於「不善跑者」也能跑得如同「善跑者」那麼快，那是碰巧的，或是另有原因，而該原因絕非他是善跑者。在「知」即「善」的前提之下，「知善」本身就是善，而知善者又行善，則善上加善，所以這個人的「善」，大過於「不知善而行善」者。因為「不知」已經是一種惡了，雖然也行了善，但善卻打了折扣，所以善小。一個知道慈善事業是善事的人，他必然慷慨施捨，這種行為才是真正的善舉。一個不知道慈善事業是善的人，如也出錢濟助需要的人，則可能碰巧他心情好，或發了橫財，或受了逼迫。換句話說，前者的行為來自於「自覺」(consciousness)，後者則出之於「無意」(unconsciousness)。有意之善當然大過於無意之善。

②「知惡而行惡」與「不知惡而行惡」：套上「知即德」及「無知即惡」(ignorance is evil)的公式，則「知惡」屬善，但這種人卻行了惡，所以善有缺失；而「不知惡」屬惡，這種人又行惡，所以「惡上加惡」，惡比前者還大。知惡而行惡者，至少他還知道該種行為是惡行，本不應該去做，但是竟然還「明知故犯」，可能是有隱情或苦衷，去除這種隱情或苦衷，他就會行善而去惡。一個人知道殺人是罪行（知惡），但卻也殺了人（行惡），也許是他在受威脅之狀況下違反了自由意志之所為，這種人還有行善的可能。但是一個無知於殺人是不該有的行為之人（不知惡），在殺了人（行惡）之後，那就無可救藥了，因為他不知殺人是錯的，還有可能以為殺人是好事呢！即令教導他，他也無法領會，有時還為他自己的行為辯護！而處在無知狀態而殺人者，可能越殺越過癮，殺人的數目可能越多！

蘇格拉底也用彈琴及摔跤作例。一位摔跤高手故意跌倒，與一位平常路人之跌倒，二者相較，自然是前者才是「真正」的摔跤高手。同理，故意彈錯琴者總比非故意彈錯琴者技藝較高❻❻。一位明知「愛國裁判」是不

---

❻❺　Ibid., "Lesser Hippias," 373d.

❻❻　Ibid., 374a、c. Guthrie, op. cit., 460–461.

該發生的人如果也執行愛國判決，那是情非得已，或受迫於「愛國觀眾」之威脅不得不然，這種人還有改邪歸正的希望；只要大家都按照理性行事，則明知不可作「愛國裁判」的人，一定會無偏無私的公正執法；相反的，一位不知「愛國裁判」為錯誤之人，他甚至還會「義正辭嚴」的為他的「正當」行為力辯不已呢！

常言道，不知者無罪，但是經再三告知之後，仍然還是無知，則這種人就無法挽回他不犯罪的念頭及行為了。而一般人也以為明知故犯者較為可惡，事實上，這種人的「知」是有問題的，他不一定「明知」，他可能對該種知存有許多懷疑。對「明知」搶銀行一百萬台幣是罪行的人而言，當社會上發生經濟罪犯捲巨款數十億而逍遙法外之時，他會振振有辭的為他的行為「理由化」；對於「搶銀行是罪行」這種認知，他是存保留態度的。特權橫行、陋規甚夥、公信力欠缺、而公權力又不彰的狀況下，認知有了差距。所謂「明知故犯」的惡較大或「不知者無罪」等觀念，就大有商榷餘地了。

知即德的另外一層含義，即是行為以知識作基礎，才是真正的善行，否則愚行、蠢行、笨行就會紛紛出籠。「知其不可」就不要為之了，如果還蠻幹，則除了「精神可嘉（憐）」之外，就是「行為愚蠢」❻❼。行為如經過知的解析，則行的成功就大有可期，否則「有勇無謀（知）」，就令人「不足畏也！」無知之孝，就是愚孝；無知之忠，就是愚忠，這種史例，實在罄竹難書，尤其中國人為然。

既然品德建立在知識上，而知識是可教的，所以品德也是可教的。「品德可教嗎？」(Can virtue be taught?)這個由辯士掀起的問題，在蘇格拉底的觀念裡，他贊同了辯士的主張，認為品德可以教導。「觀念」指導「行為」，雖然這種看法太注重行為的「理性面」而少顧及「情感面」，而不為蘇氏再傳弟子亞里士多德所同意，但至少品德是可以透過教育而有所改變的，否則如果「德行不可教」，那又何必稱呼「品德教育」呢？

四、教學方法

---

❻❼　Ibid., "Laches," 193b、c、d.

　　1.產婆術：蘇格拉底之產婆術，源於他的「先天觀念」(innate ideas)說❻❽。蘇氏認為，人一出生，就稟有觀念，這些觀念是天生的，並非後天才擁有。用現代的術語來說，先天觀念類似於潛能，如推理、判斷、思考、分析、記憶、想像等。這些「官能」(faculties)本由上天所賦，猶如胎兒早存於產婦子宮中。教師之教學，類似產婆將胎兒「引出」(elicit)而已，產婆絕對無法「由外往內」的賜給產婦嬰兒，卻只能「由內往外」將嬰兒接生下來。辯士自詡能夠教導任何人任何技巧，蘇格拉底則認為教師之職責，只能幫助學生「自己」重新「發現」早已存在的觀念，或「回憶」遺忘但未曾消失（也絕不消失）的記憶。

　　蘇氏的「產婆術」意義豐富無比。產婦產子，必有陣痛，如同追求知識的辛勤；但陣痛後之喜悅，益顯拾獲知識時之興奮。有些人可以自行分娩，猶如不少名家也無師自通；現代醫學發達，產科醫院林立，也與教育普及，學校四處興建一般。婦產期逼近或臨盆時多半在產科醫院待產，好比學童赴學校就讀的狀況一樣。碰到難產時就得動手術剖腹，也形同問題學生需要特別處置，二者無甚差異。產婆術的重點，是希望在為學求知的過程中，即令教學設備再怎麼充實，師資再如何優秀，教學環境是何等完善，但到頭來仍然要仰賴自己，他人幫不上什麼大忙❻❾。

　　從先天觀念的角度來說，人人既有先天觀念，又基於人人平等的立場，則人人之知識水平應該相同。但證之經驗，卻智愚懸殊。蘇氏認為人在呱呱墜地時刻，因為遭逢巨大變局，痛苦太多，所以觀念遺忘了。其後經常反省思考來進行重新發現或回復記憶者，知識就比懶於冥想者多。因此知識是一種「回憶」(recollection)，也是一種「發現」(discovery)。「吾人所謂的學習，就是知識的發現。知識就是回憶，這種說法是正確的」❼❿。在柏拉圖對話錄的〈美諾篇〉裡，蘇氏與一位未受教育的奴隸一問一答的討論幾何問題，經過蘇氏的循循善誘，按部就班的一步一步「引出」該奴隸早就潛存的先天觀念，終於讓這名奴隸也能夠領會出如何畫一個四方形使它

❻❽　Ibid., "Theaetetos," 151c.

❻❾　Ibid., "Meno," 81d. "Phaedo," 72e.

❼❿　Ibid., "Phaedo," 75e.

的面積等於原來四方形的兩倍。按照蘇格拉底的說法，有關幾何學觀念，這名奴隸本已知悉，只是他不知道而已。教師的任務，在於點醒他，猶如牛虻或電魚之刺激一般。知識好比美洲新大陸，早就存在，哥倫布只是「發現」了它而已，哥倫布是不能「發明」新大陸的。

「引出」式的產婆術，道出了西方「教育」一字的原始義。「教育」一辭的英法文是education，德文是erziehung，開頭字母都是e，那是elicit（引出）的意思。與此彷彿的字眼就是「啟發教學法」(heuristic)、「開展說」(unfolding)、或「一問一答教學法」(answer & question)等。這些教學法的確是最為緊要的教學法，但卻非唯一的教學法。蘇格拉底既主張先天觀念說，當然就會順理成章的認為教學只是引出而已。如果在哲學理念上唱導經驗論，則在教學方法的應用上，就注重「由外往內」的「注入」(instill)式教學了。「引出」與「注入」都是重要的教學方法，在思考層面較多的學科（如數學）教學上，當然以「引出」為主；但在教學地理、歷史、文法等科目上，不用「注入」而光談「引出」，就非常不當了 ❼❶。在史地教學上，一味的要求學生「引出」有關台灣民主國成立於何年，英國的首都在何處，或university如何拼音，則即令I.Q.兩百，也無濟於事。有些問題是「想」不出來的，卻需要別人「教」。不過，「想」出來的知識比較可貴，「教」出來的材料比較細節與瑣碎。產婆術仍然高居其優越的地位。

2.歸納法以尋求定義：亞里士多德說：「有兩件事歸功於蘇格拉底是恰當的，一是歸納論證(inductive argument)，一是普遍性的定義(general definition)。」 ❼❷ 蘇格拉底與人對話喜歡用“What do you mean?”（「你的意思是……」）來質問對方，這就涉及到「定義」問題。因為討論問題，先要「開宗明義」，否則討論主題之意義不明，雙方只好打混仗，徒費時間與口舌。在界定討論主題之語意時，蘇氏乃尋找許多與該主題有關的例子予以反駁，

---

❼❶　Frederick A. G. Beck, *Greek Education, 450~350 B.C.*, London: Methuen & Co., Ltd., 1964, 196–197. Gabriel Compayré, *The History of Pedagogy*, translated by W. H. Payne, London: Swan Sonnenschein & Co., 1900, 24.

❼❷　Aristotle, *The Basic Works of Aristotle*, Richard McKeon (ed.), "Metaphysics," N.Y.: Random House, 1941, 1078b (27).

希望對方不能只考慮一面，卻應周延顧及全貌。經過此種程序之後才下結論，比較穩當；如果經此手續之後，仍然無法取得雙方共識，那就只好等待來日繼續探討。這種「由特殊到一般」的過程，也是由「殊相」(particulars)到「共相」(universal)的步驟，就是「歸納法」(induction)。

　　下面舉出一例，說明蘇格拉底運用歸納的方式：（與哥寄亞討論「修辭」之定義）

　　哥（哥寄亞）：修辭乃是透過語言文字而產生效果之術。

　　蘇（蘇格拉底）：數學、幾何、算術等也全由文字而產生效果，難道這些科目也是修辭術嗎？

哥寄亞聽此反例(counterexamples)，乃修正為：修辭乃是說服人之術。

　　蘇：是否除了修辭是說服人之術外，沒有一種學科或技巧能達此功能？數學家及幾何學家在教學時也在說服學生了解數學及幾何。因此，如果說修辭乃是說服術，應該還要探討說服術使用在何種範圍？它是何種性質？

　　哥：說服力表現在法庭或公眾集合處，並且涉及到正義或非義。

　　蘇：說服術有兩種，一是對「信念」(belief)上的說服，一是對「知識」(knowledge)上的說服。你所說的說服指的是那一種？

　　哥：修辭只能在「信念」上說服大眾。

　　蘇：在大庭廣眾之前，時間甚短，無法向公眾教導對錯等當不當的問題。❼❸

　　原來蘇格拉底想要知道的是「普遍的定義」，定義具有普遍性，就不受時空的限制❼❹。但是該種定義也要能適用在個別的狀況而無差錯。蘇格拉底的一名學生(Laches)對「勇敢」的定義是：「不逃跑，站在原地與敵人作戰之行為。」但是蘇氏向他說：「我不僅要問你有關於戰場上的勇敢，還要問你在海上遇到危險、生病或貧窮時的勇敢，以及政治上所謂的勇敢是什

---

❼❸　Plato, op. cit., "Gorgias."

❼❹　Ibid., "Laches," 199d.

麼？不只要在忍受痛苦或懼怕時的勇敢，並且在失望或愉快時的勇敢又是什麼？」❼「勇敢」的定義一下，則應涵蓋任何時間與任何地點或任何情境的行為。如果「勇敢」只適用在戰場上，而不適用於其他場合，則這種勇敢就不具普遍性了。

蘇格拉底及其門徒皆認定，名詞之界定相當重要，是進行討論的基本要件。定義猶如「名」，下恰當的定義就是「正名」，這種主張又與東方的孔子聲氣相投。孔子說名不正則言不順……，蘇氏門徒也言「名之學習乃是教育的基礎。」❼不過，正名並非易事。蘇氏及門徒在界定「虔誠」（於Enthyphron篇）、「節制」（於Charmides篇）、及「友誼」（於Lysis篇）等時，雙方討論了老半天，都無法獲得結論。這種懸疑的作風，的確富有學術探討精神❼。

蘇格拉底居希臘三哲之冠，門徒異常傑出。由於後繼者對蘇氏之稱讚無以復加，又受到他的人格感召，「每當我聆聽他說話時，我的心跳都比任何一種宗教狂熱時為快，熱淚滾滾而下；而我觀察同伴，也都有類似經驗。當我出席貝里克及其他善於演說者的場合時，這種情況並未發生過，我承認他們都說得很精彩，但卻未在心湖裡生陣陣漣漪！」「在世上，只有蘇格拉底才令我覺得羞恥……如果他死了，我將感到高興；但是假定他真的死了，我將傷心莫名。」❼蘇氏門生這種尊師重道之言辭，並不下於顏回之對孔子。西方人之禮遇蘇格拉底，猶如支那人之崇拜孔子一般。

蘇格拉底一生以追求真理為務,也身体力行且不畏艱險的去追求真理,力除障礙。這種知行合一的典範，是古今第一人❼。他又不像孔子棲棲遑

---

❼　Ibid., 190c, d.

❼　這是Antisthenes說的。見Guthrie, op. cit., 209.

❼　這種態度與精神就與孔子及其門徒之作風大異其趣。一來孔子與學生之問答，幾乎都一問一答就結束，少有繼續辯駁下去的；此外，孔子對學子所提的問題，多半就立下結論。

❼　Plato, "Symposium," 216b、c, 221d.

❼　中國宋朝時的程伊川說:「知之深則行之必然。無有知之而不能行者,知而不能行,只是知得淺。」「人為不善，只是不知」以及「人知不善而猶為不善，是亦未嘗真知；若真知則決不為矣!」伊川這些話簡直是「盜用」蘇格拉底的主張。明代王陽

遑的周遊列國以便封官進爵，卻認為從政易養成說謊習慣，有違良心，知行相悖，所以棄絕仕途。在學問的追求上只重過程而不計結論，"How do you know" 變成師生坐以論道的相互要求。作為西方第一位影響最為深遠的教育家，他所留給後代的文字資料，是厚達一千多頁的《對話錄》，書中記載師生之交談，彰顯出思考之細膩與論辯之尖銳❽，每每撼人心坎，跳躍出智慧的靈光。

　　知識掛帥，但知行卻不能分離，學問也就成為淑世之本，這種「主智主義」(intellectualism)對教育及文化的影響太大。西方以知識為本位的觀念從此根基初立，這就與幾乎是蘇氏同輩的中國孔子特別專注的「泛道德主義」(Pan-moralism)大異其趣了，導致於東西民族性之顯著差異。只有理性的充分運作，才能在知識上大放異彩，也才能在品德上表現人格的明智與崇高。在蘇氏的口述對話錄中，知德二者相互輝映，是西方學子一兩千年以來必讀的教材。令今人深感訝異的是兩千多年前的雅典地區，竟然有那麼多人以及那麼長的時間，在討論或對話諸如「正義」、「德」、「公平」等議題，不知現代的社會裡能否有此種「盛況」。不過，二十一世紀時，《蘇格拉底大哉問》及《蘇格拉底咖啡屋》等書，也成為暢銷書。時隔兩千多年了，現代人仍要咀嚼這位教育先賢的至理名言！

附　錄

　　柏拉圖《對話錄》中，蘇格拉底與學生的問答裡有關本節的部分，詳載如下：

　　1. 關於「德」的定義——〈美諾篇〉(Meno)

　　米：「德」是先天的，還是後天培養的？靠學習還是靠習慣？

明也說：「若會得時，只說一個知，已自有行在；只說一個行，已自有知在。」又說：「知之真切篤實處即是行，行之明覺精察處即是知。」不過，在中國那麼專制極權的國家中，這兩位「知行合一」的學者都沒有「知道」而「殉（行）道」。

❽　比較一下孔子的《論語》，如果刪除朱熹的註釋，則《論語》一書也只不過數十頁而已，而讀者是否能夠在閱讀論語中敏銳腦筋，閃耀出智慧的光芒，或產生幽默的微笑，則由讀者自行評定。林語堂曾有《論孔子的幽默》一書，不妨參考。

蘇：任何人都不知「德」是什麼，我也不知。

米：哥寄亞說他知道。難道你未嘗聽過哥氏的演講嗎？

蘇：忘了。不過，你的觀點是否同於哥寄亞？現在哥已不在場，何妨由你說出「德」是什麼？

米：任何人都解釋不同。一個人要知道如何治理國家，治國之「德」就是對國人有利，對敵人有害，更要小心不要傷害自己。而婦人之「德」就是把家事治理妥善，東西收拾整齊，並遵從其夫。任何年齡、狀況、性別、身分等，都有不同的「德」。因此「德」無法勝數，且是相對的。

蘇：「德」本身會有所不同嗎？蜜蜂的種類及數量眾多，但蜜蜂的「本質」有差別嗎？

米：沒有差別。

蘇：「德」也如此。既然你說，男女老幼的「德」不同，男女老幼的健康、身材、及力量也異，但作為健康的性質，是否男女皆同？

米：我想就健康的性質而言，是相同的。

蘇：「德」也一樣了。

米：不，有差別。

蘇：為什麼？你不是說過男人之德就是治理國事，女人之德就是理家嗎？

米：我的確如此說過。

蘇：國及家治理良好，不需要節制及正義嗎？

米：不可以沒有正義及節制。

蘇：所以，以節制及正義治國及理家的人，就是正義及節制之人。凡是節制及正義者，皆善，也皆「德」。

（在此，米諾遂將「德」定義為「一種力量，用以管制人類」。）

蘇：這種定義包括「德」的全部嗎？對兒童及奴隸也適用嗎？兒童能否管制其父，而奴隸也節制其主人？管制的人還算是奴隸嗎？

米：我想不是。

蘇：「德」如果是「一種力量，用以管制人類」，為何不加上「公正而非不義」呢？

米：是的，我同意。所以「公正」是「德」。

蘇：你是說「德」還是「一種德」？

米：你這是什麼意思？

蘇：我要強調的是我在任何方面都要作如此區分。比如說「圓」是「一種圖形」而非「圖形」。我採用這種語法，因為還有其他圖形。

米：十分正確，我討論「德」也是如此。除了正義之外，還有許多「德」。

蘇：那是什麼？告訴我名稱吧！就如同你問我其他圖形名稱，我會告訴你一般。

米：勇敢、節制、智慧、慷慨等，都是「德」，還有其他呢！

蘇：是了，我們又再一次回到原來的情況了。

（上述的對話，兩人終於有了共識。「定義」要注重「共相」(universal)面，而不能取部分或殊相(particulars)為依據。

2. 知即德，沒有人有意為惡──〈美諾篇〉

蘇：是否有人有意為善，有人有意為惡，眾人都有意為善嗎？

米：不。

蘇：有人有意為惡嗎？

米：是的。

蘇：那些有意為惡的人，認為他們之所為也是善的，還是他們明知是惡，但還有意為之呢？

米：我想兩者兼有！

蘇：那麼，一個人知惡但會行惡嗎？

米：我想是的。

蘇：「欲求」是想「擁有」？

米：是的！

蘇：你以為「惡」對擁有者有害還是有益？

米：有些人以為「惡」對他有害，有些人則以為有益。

蘇：你以為那些行惡結果對自己有益的人，知道那是惡的嗎？

米：不。

蘇：這不是很明顯了。凡是無知者，就不會去追求。他們若有追求，也只是追求他們以為是善的，雖然事實上卻是惡的。假如他們發現錯了，以惡為善，則他們還是希望追求善。

米：是的！

3.先天觀念，知識是一種「回憶」──〈美諾篇〉

米：你能夠探討你所不知的嗎？你如何視「不知」為探討的對象呢？如果你已找到你所想要的答案，你如何知道這是你本來不知道的？

蘇：我知你意。你以為一個人不能探討他所不知道的，也不能探討他所知道的。因為若是後者，則他已不必費力去探討；若是前者，則他是無法探討的，因為他不知道他所要探討的是什麼。

米：好啊！難道這種說法不是頗為健全嗎？

蘇：我不以為然。

米：為什麼？

蘇：靈魂不朽，靈魂可再生，它既存在於過去，也可降生於來世。……如果予以回憶，則可以記起來。所有研究或探討的活動，只不過是一種回憶。不要聽信辯士之說法，以為研究是不可能的，那是懶蟲的論調，只有懶蟲才認為這種說法多甜蜜。

米：你像一條雷魚(torpedo fish)一般，自己懷疑，還要使人懷疑；任何人碰到你，就如同中了魔或著了迷一般。靈魂及舌頭真是癱瘓了，我不知如何回答你。我雖然曾經向許多人提到「德」是什麼，但此時此刻，我確實不知道「德」是什麼。我想現在你如果不遠遊，也不離開家鄉，那是很明智的。因為一旦你在外地也像在雅典一樣的重施故技，你必有鐵窗之苦……

蘇：假如雷魚真會令人神暈目眩，那的確我像條雷魚，……我如果使人思想複雜或混亂了，乃是由於我的思想本來就是如此……現在我不知「德」是什麼，其實你也一樣；只是你在遇到我以前，也許以為自己知道。不過，我倒樂意與你共同來探討這個問題──「德」到底是什麼？

4.未明真相以前，別任意栽贓──為辯士辯護

阿(Anytus)：辯士敗壞青年。我的朋友，我的親戚，以及我所認識的，不管是本地人還是外來客，最好不要為其所敗壞。

蘇：你認為辯士都如此壞嗎？據我所知，普洛塔格拉斯死時七十歲，他從事教學四十年，收費多，家財勝過富豪。假如他敗壞了全部希臘人，他應該在三十天內被發現才對，但他的名聲好得很呢！還有門徒四下宣傳他的說法。你若以為他敗壞青年，則你認為他是有意的還是無心的？難道所有希臘人都瘋了嗎？

阿：是的都瘋了，政府允許他們入內也不將他們趕出去，更是瘋了。

蘇：有一位辯士對你不利嗎？你為何這麼生氣？

阿：倒沒有。我從不與他們接觸，我無法忍受同他們交往。

蘇：那你與他們一無認識了。

阿：我也不希望認識他們。

蘇：你對他們一無所知，怎能說他們如此壞呢？

阿：我倒確知他們的行徑，不管我認識他們與否。

蘇：你倒像個神了！從你的話中我看不出你對他們不認識還會知道他們的行徑。

（先辯明是非──先「知」然後才訴諸行動；否則道聽塗說，難免真相不明；扭曲、污蔑、栽贓遂紛紛出籠。）

「對話」的方式是「一問一答」，問者大部分都這麼發問：

「這是何意？」(What does this mean?)

「你為何這麼想？」(Why do you think that?)

「你這麼說，然後呢？」(What follows from this?)

「這麼說是否與你以前的說話吻合？」(How does that fit with what you said before?)

蘇格拉底此種「對話」──師生或師友之間的「意見交換」或「互詰」，透露出當時的「教」及「學」之氛圍。其後著名學者之著作，尤其是懺悔錄，則只是「獨白」、自言自語，如尼采(F. W. Nietzsche, 1844～1900)，尤其是二十世紀著名邏輯解析家維根斯坦(Ludwig Wittgenstein, 1889～1951)。「所有我的寫作，皆是我私底下的自我告白。我所說的事，都是我私底下(*tête-a-tête*)的事」。**⑧**蘇氏的「對話」是「教」及「學」，也是「師」及「生」雙方之間最活生生的關係。真義慕能作為他授課的當場對話者，有疑可以立即提出，有不同理念更可以馬上表明，不像日後讀其著作時的處境。不過當年的「對話」，並沒窮盡所有的論點，導致於許多思想家踵事增華，接續那種未完成的「使命」，該使命或許未有完成之日！

其次「師生」或「師友」二者之間的地位，也是其後不少思想家致力的題目，其中尤以二十世紀存在主義學者布巴(Martin Buber, 1878～1965)之名著《我

一汝》(*I and Thou*, 1958)、《人與人之間》(*Between Man and Man*, 1947)及《人的知識》(*The Knowledge of Man*, 1965)，注意的是主體的「我」(I)及客體的「汝」(Thou)，皆是主格，各有「主體性」(subjectivity)，不視對方為「It」(它)。「I」與「Thou」都有生命尊嚴、價值、意義，本身就是目的；至於「It」，是無生命的，可當工具用，是附屬的、被指揮的、受壓抑的、非自由身。這位出生於維也納(Vienna)多瑙河(The Danube River)畔綺麗風光的孩童，3歲時母親失蹤，與祖父母同居時，一次聽到祖母對他說，生母永不再現身時，嗅到了「人際之間的實際面對，註定無法實現。」❷或許在他求學時，此種缺憾可以藉其老師的「我一汝」對話關係予以補足。布巴於1904年獲柏林大學(University of Berlin)哲學博士學位，1924～1933年在法蘭克福大學(University of Frankfurt)講學，希特勒(Adolf Hitler, 1889～1945)掌權時不許他公開授課，1938年他移民耶路撒冷(Jerusalem)，在希伯來大學(Hebrew University)教授人類學與社會學。蘇氏的「對話」式講學方式，也為其後教育思想家開啟了不少饒富意義的教育論題。

參考書目

1. Allen, R. E. *Greek Philosophy: Thales to Aristotle*. N.Y.: The Free Press, 1966.

2. Aristotle. *The Basic Works of Aristotle*. Richard McKeon (ed.). N.Y.: Random House, 1941.

3. Beck, F. A. G. *Greek Education, 450～350 B.C.* London: Methuen & Co., Ltd., 1964.

4. Brubacher, J. S. *A History of the Problems of Education*. N.Y.: McGraw-Hill, 1966.

5. Bury, J. B. *A History of Greece*. N.Y.: The Modern Library, 1977.

6. Castle, E. B. *Ancient Education and Today*. Penguin Books, 1969.

7. Compayré, G. *The History of Pedagogy*. W. H. Payne (tr.). London: Swan Sonen-schein & Co., 1900.

8. Conant, J. B. *Two Modes of Thought*. Ruth Nanda Anshen (ed.). N.Y.: Pocket Book, 1965.

---

❷　引自*Fifty Modern Thinkers on Education*, 239

9. Copleston, F. *A History of Philosophy*. 台灣翻印，台北雙葉，1967.

10. Freeman, K. J. *Schools of Hellas*. N.Y.: Teachers College Press, Columbia University, 1969.

11. Guthrie, W. K. C. *A History of Greek Philosophy*. London: Cambridge University Press, 1969.

12. Jarrett, J. L. *The Educational Theories of the Sophists*. N.Y.: Teachers College Press, Columbia University, 1969.

13. Marrow, H. I. *A History of Education in Antiquity*. George Lamb (tr.). N.Y.: A Mentor Book, 1964.

14. Plato. *Dialogues of Plato*. 台灣翻印，台北馬陵，1975.

15. Power, E. J. *Main Currents in the History of Education*. N.Y.: McGraw-Hill, 1962.

16. Runes, D. D. (ed.). *Treasury of World Philosophy*. Paterson, N.J.: Littlefield, Adams, 1959.

17. Russell, B. *A History of Western Philosophy*. N.Y.: Simon & Schuster, 1945.

18. Thucydides. *The Funeral Oration of Pericles*. B. Jowett (tr.). In Mayer, F. *Bases of Ancient Education*. New Haven: College & University Press, 1966.

第二章　教育理論的孕育期
——希臘時代（下）

第一節　革命型的教育思想家——柏拉圖
(Plato, 427～347 B.C.)

　　柏拉圖是西方第一位注重超越，高懸理想作為追求鵠的，並主張以哲人當政的教育思想家。他不只著作豐富，且開帳教學，是教育理論與教育實際並重的學者。因為他對改變現狀採取「全盤更動」的翻新，學界乃認為他是一位激進的革命教育家。早歲由於親自經驗到令他敬愛萬分的業師蘇格拉底身處囹圄，遂十分不滿民主政治的「多數暴力」，在先期作品《共和國》(Republic)一書中，力陳「精英政治」之重要性。設若舉國特別強調政治人物的教育培養，俟「哲學王」(Philosopher-King)栽培成功，則可以立下完美無缺的法律為萬民及萬代所遵守；這種理念，在他晚年作品《法律》(Laws)一書中表露無遺。前者激進，後者保守。有人批評他是「開放社會的敵人」❶；但其傑出門徒亞里士多德卻以下述詩句來歌頌其師：

> 一提那位獨特的人，
> 他的名字不是從邪惡者的嘴唇說出；
> 壞人無權讚美。
> 他是第一位清晰的
> 用行為，用言辭
> 來表達——有德者才能幸福。
> 啊！吾儕無人可以與之同列。❷

---

❶　Karl Popper, *The Open Society and Its Enemies*, 台灣翻印，台北馬陵，1977.

❷　Frederick Copleston, *A History of Philosophy*, vol. I, 台灣翻印，台北雙葉，1967, 261.

一、生平

　　柏拉圖與蘇格拉底一般，都是土生土長的雅典在地人，而非如同辯士之為異鄉客。柏拉圖之身世較其師顯赫，出生後因身軀圓壯，乃改Aristocles之名而為Plato。不過這種說法也因去古太遠，可信度頗值懷疑。柏氏之母曾改嫁，繼父是貝里克之友，柏氏日後對政治所持的立場，並不因早年受「國殤演說」之影響，而是痛心於其師犧牲於多數表決中；加上從軍作戰時，發現民主政治很難出現有效率且統率能力卓絕的指揮官，領袖只擬迎合眾人口味。他繼承蘇格拉底的意見，認為政治如同航海一般，必須由受過專業訓練的舵手來導航。本來醉心於政治的柏氏，也因蘇格拉底之悲劇，轉變了心意，而以哲學思考及教學來發揮他的學術及教育之影響力。

　　原先就教於力主「不變」的哲學家赫拉克里特斯，認為感官印象是一種流動狀態，本身並非真理，知識應該屬於概念的層次。不過，柏拉圖為了增廣見聞，曾周遊各地，到達西西里島，意大利或埃及，看過火山爆發，就商於畢達格拉斯學派(Pythagorean School)討論數學問題；還在外地(Syracuse)被俘出賣為奴甚至有生命危險，幸經友人出贖金而救回故鄉。西元前388年，柏氏年屆四十，乃在桑梓創辦了「學苑」(Academy)，除了教導政治人物之外，特注重純學理的研究，以便養成一個追求永恆真理的政治家，而非投機取巧的政客。哲學家應當被推為國王，而國王也應該是個哲學家，這是柏拉圖畢生的宗旨。不過該校創立不久(367 B.C.)，柏氏遠赴他曾經被俘的舊地負責教導一位已戴皇冠的國王(30歲的Dionysius II)，卻功敗垂成。柏氏該種抱負，不只在古代無法實現，即令二十一世紀的現代，也絕無僅有。柏拉圖的理想，十足的是一種「烏托邦」(Utopia)——沒有那種邦。

　　《柏拉圖對話錄》(*Dialogues of Plato*)是柏氏所流傳下來的著作總名。該書不僅是哲學作品，且含文學意味；筆調之優美，說理之清楚，想像力之豐富，十足的顯示出柏氏驚人的才華，絕非一般哲學書之冷僻艱深可比。不過，據說柏氏有兩套著作，一是寫給學苑之外的眾人閱讀，一是專為學苑之內的教學討論之用。但後者失傳而前者留世。設若後者也出現在讀者眼前，恐怕眾人也會掩卷嘆息，就猶如研讀其徒亞里士多德、康德、或存

在主義思想家的著作一般，也未可知。柏拉圖認為有能力研讀哲學者，並
非多數大眾，只有精英才能体會哲學意旨。即令較大眾化的《對話錄》，也
有不少部分讀來不知所云。

二、哲學理念

1.心性及社會組織的三分說：柏拉圖的思想，建立在他的心理學中心
性三分說的基礎上❸。他認為心性有上中下三層部分，屬於下層的是「欲
望」(appetitive)，此層部分與人身之肚子（腹部）相同；餓了想吃，渴了想
喝。較上層的第二部分是「意性」(spirited)部分，類似人身之胸部，是「情」
的發動所；最上層的第三部分則是「理性」(reason)部分，猶如人身的頭部，
是睿智、思考、判斷的所在。這三部分顯示出來的具体行為，在「欲望」
上就是進行各種「欲求」(desires)；在「情性」上就出現各種「意志」行為，
而在「理性」上就是「推理」行動。這三種心性都有各自朝向的目標，「欲
求」應該以「節制」(temperance)為其「德」，「意志」乃以「勇敢」(courage)之
德為效標，至於「推理」則是以「智慧」(wisdom)為宗旨。三者各發揮其
所應發揮之功能，如此才屬最完美無缺。不過顯然在價值層次上，三者有
高下之分。其中「欲性」最低，應接受最高層理性的節制；屬於中層的意
性居次，但好比車夫之駕馬一般，不可讓馬之勇任由馳騁；而位於上層的
理性是最高主宰，頭部又是圓的，代表圓滿。柏氏又以礦物價值之多寡來
形容這三層心性的人，他說欲性之人是鐵做的，意性之人是銀做的，而理
性之人則是金做的。金的價位最高，這是眾人都知道的，而鐵的「量」雖
最多，但「質」卻最差❹。

相應於上述的心性三分說，柏拉圖也將社會組織的成員分成三類。充
滿「欲性」層的人民應該從事農工商等生產技藝的職業；胸懷「意情」者，
負有保家衛國之重責，軍官或士兵就是最適合他們心性的選擇；至於充分

---

❸　Richard Lewis Nettleship, *The Theory of Education in the Republic of Plato*, N.Y.: Teachers College Press, Columbia University, 1968, 25–26.

❹　Plato, *Republic*, 415, translated by Francis MacDonald Cornford, London: Oxford University Press, 1964, 106–107.

運用理性的人士，則擔任治者職務。人類心性有「欲、情、理」三種，如與其他動物相比，只有「理性」才是人所特有。動物之欲性與情性與人類相似，但動物卻無理性，即令有之，也無法望人之項背。而所謂理性，就是追求知識與探索真理的能力。但知識種類甚多，最具價值與最完美的知識，就是永恆及不變的真理。哲學家號稱是「喜愛智慧」(love of wisdom)之人，他們所喜愛的智慧，性質是萬世不變的❺。國家要長治久安，人民希望快樂幸福，則治理政事的人就不應該是汲汲於營取經濟利益的「欲」求之人；農工商階級的人如作為統治者，他們已為生產事業忙得焦頭爛額，並且心目中只計及眼前利害關係，不可能有遠大抱負。此種人當政，顯然不會有明「智」之政績。其次，若由軍人擔任政治領袖，則可能「意氣用事」，成事不足，敗事有餘。並且如果窮兵黷武，則人民必然生活在戰爭恐懼當中；若以侵人領土、佔別國城池為職志，則國家將永無寧日，這絕非理想國家應有的現象。只有哲學家以其高瞻遠矚的智慧靈光來引領眾人從黑暗步向光明，指出一條正確的正義大道，則人間天堂就早日降臨。「在我們的國度裡，除非哲學家當國王，或國王（統治者）嚴肅而充分的探討哲學，使得政治權力與哲學智慧二者合一，……否則國家及人類的煩惱問題，將無有已時。」❻政治是一種「權力」(power)，哲學是一種「知識」(knowledge)，十七世紀英哲培根的名言：「知識即權力」(knowledge is power)，就是柏拉圖「哲學家當國王」這句話的最佳闡釋。

令人深覺悲傷的是，歷史上政治舞台的表演，並非「知識即權力」，而是「權力即知識」。柏氏及培根的主張，還十足的停留在「理想國」的階段。

2.知識四層論：柏拉圖極端反對辯士所主張的真理相對論，大力抨擊知識來自於感官的說法。在「知識論」(Epistemology)上，柏拉圖強烈的表明唯有理性思考所得的知識，才是真正的知識，其餘都是不可信賴的俗見而已。依知識之準確度與明晰度而言，共有四層結構：

①幻影(images)：幻影是具体實物的影子，如燭光照射之下的人影；或是具体實物的「模本」(copies)，如鏡中之花或水裡的月。這種知覺對象，

---

❺　Plato, *Republic*, 484b.

❻　Ibid., 473d、e.

離真實度最為遙遠。不幸，許多人竟然視虛為實，以假當真；捕風捉影，混淆是非。柏拉圖在著作中就認為繪畫就是典型的幻影。繪畫的對象本身已非「真實体」（reality, 詳②），卻是一種「模仿」（imitation），而圖像本身就是「模本的模本」，價值最低。柏氏貶斥美術在教育上的功能，乃是根據他的知識論而來。他如雕刻及建築等亦屬此類，即令模仿得唯妙唯肖，但到底不是實物。追逐幻影，猶如貓追逐畫中之魚一般的落空。

②具体實物(sensible objects)：經由五官所接觸到的「實」物，因為變動不居，因時空而無法保持其恆一性，所以不是真理的對象。辯者執著於這一層，其實識見甚為膚淺。憑感官所得，或眼見為憑，則大失真相面目。相同的氣溫，來之於寒帶的人覺得暖和；但剛從赤道而至的過客就深覺冰涼❼；感官所得印象之不可靠，是盡人皆知的事實。即令是正常的感官，也會有錯覺出現，如水杯中的直筷子變歪，同樣寬度的街道越遠越窄，這些例子，俯拾即是。

柏拉圖認為具体實物本身就是一種「抄本」，它是模仿「實体」而來。具體的「床」只是「真正」床的化身。而床的幻影，或畫家筆下的床，更是二度模仿的結果。

由感官所接觸到的對象，只不過是該對象的「表徵」（appearance）——即呈現出來的外觀而已，未及實質。比如說，眼睛看紅色玫瑰或皮膚接觸重物等，都只是玫瑰或重物顯現出來的一種特質而已——如顏色、輕重、粗糙或平滑。以小部分就代替全部，顯然掛一漏萬，非常不妥。不只同一種「表徵」在不同時間及不同地點有別，並且感官的功能限制太多。比如說，相同的顏色在光線強度有異的情況下所顯示的顏色就有不同，而眼睛只能對顏色起作用，卻對聲音無能為力。至於「海市蜃樓」現象，更可見感官知覺之令人起疑了。

③抽象觀念(intelligible ideas)：把具體實物的所有表徵抽離，就變成「觀念」（idea）。觀念只存在於心中，它並不現身於感官世界裡。床的表徵多得無法勝數，如大小、軟硬、色彩、質料、高度、輕重等，但床的「觀念」只有一個，並且是永恆如一。先有床的觀念，然後工匠才按心中那種「床

---

❼　Plato, "Theaetetus," 151e, 152a.

觀」而製作了一張具體而感官可接觸的床（即上述的②），畫家如繪一床的圖，那就是床的幻影了（即上述的①）。試看下面一段對話：

「床有三種，一種是上天就存在的床，那種床是神造的。我想我們可以如此說，因為沒有人是造物主。」

「是的!」

「另一種床是工匠作出來的床。」

「是。」

「畫家所繪的床是第三種床了。」

「是。」

「因此，床有三種。三種床分別由三個主宰所管制，即神、工匠、及畫家。」

「是的，有三種。」

「神，不管出之於必然或偶然，只造出一床。如果有兩種或兩種以上的理想之床，那不是神所造，也不存在。」

「為什麼呢?」

「因為假定神造兩種床，則在兩床之間一定呈現出二者之間的共有理念，這共有理念所形成的床是理想的床，那是第三床了，而非那兩張床。」

「的確是如此!」

「神才是真正的造床者，神不是造出一張個別的床，而是本質的床，這種床只有一個。」

「我相信是如此!」

「那麼工匠呢? 他不是也造床嗎?」

「是的!」

「但是我們可以說工匠是造物主或創物主嗎?」

「顯然不可以。」

「那麼假如他不是造物主，則他是什麼呢?」

「我想我們可以認定他是模仿者。」 ❽

　　上述引話，是柏拉圖知識論中非常顯明的比喻論點。所有觀念都是先天的，他承襲其師的主張，認為觀念只有一個，而經驗世界中出現許多的具體實物，其實都是觀念的「抄本」。人憑肉眼可以看到馬(horse)，但卻不能看到「馬」(horseness)。「馬」是觀念，它不在感官世界中，卻存在於睿智領域裡。當一名學生(Antisthenes, 445～365 B.C.)對柏氏說：「我看到一頭馬，但我看不到馬」時，柏氏回以：「你有眼睛可以看到馬，但你還沒有眼睛可以看到『馬』。」❾

　　「觀念」是一種抽象，並且「觀念」(idea)又是具体物的「原本」(original)，因此它代表完美無缺，所以「觀念」又等於「理想」(ideal)。柏氏之「觀念主義」與「理想主義」(idealism)，二者異名而同實。

　　④形式(form)：觀念是「原本」，猶如數學「觀念」一般，點、線、面、圓等都不在經驗界中，但感官所知的點、線、面、圓等卻都是模仿這些而來的「抄本」。不過，數學上的這些觀念，還只是「假設上的」(hypothetical)而已，它的存在，多半附隨感官界而來。比如說，證明畢氏定理的直角三角形斜邊之平方等於兩邊的平方和時，還得畫出感官界的直角三角形，並且「假設」某一角是直角，某一邊是斜邊等。柏拉圖提出獨立自存毫無依傍的知識最高層次，就是「形式」。試看下面三個圖：

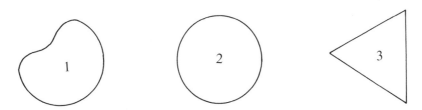

　　如果要讀者判斷上面三個圖形中何者最接近「圓」，則正常人都將以2作答案❿。之所以如此，必然是早有了個圓的「形式」存在於心中，拿它

---

❽　Plato, *Republic*, 597.

❾　W. K. C. Guthrie, *A History of Greek Philosophy*, vol. III, London: Cambridge University Press, 1969, 214.

❿　Robert Ackermann, *Theories of Knowledge: A Critical Introduction*, N.Y.: McGraw-Hill, 1965, 21–22.

作標準，然後看那一個圖形最符合此標準。心中之圓是最圓者，絕無凸凹；
但實際畫出來的圓則多多少少有欠缺。要是有人用最精密的圓規來畫，看
起來似天衣無縫，但設若也取最新穎的顯微鏡一照，則將是曲線畢露而未
必是圓形了。此外，圓的形式也可以獨立在文字界定之外，如果「圓」的
形式不是圓而是方，這也不打緊，因為語言是約定俗成，但形式卻是萬世
恆一，且必先有形式在。

這四個知識層次(hierarchy)，彼此關係緊密❶。首先的「形式」是一種
純符號，數量是一，好比是邏輯。其次的「觀念」則如同數學，靠圖形或
數目字來表達。這兩層都是抽象的。第三種的「具体實物」則是形形色色
的五花世界之對象，也是自然科學所關注的對象；最後的「幻影」則有文
學美術建築與雕刻諸科。在價值上，形式最高，幻影最低；形式是一整体，
其餘則是部分，係從整体「分受」(participation)而來。換下述方式予以說明，
或許較簡單明瞭：

$$A \; + \; B \; \cdots\cdots 形式$$
$$2 \; + \; 3 \; \cdots\cdots 觀念$$

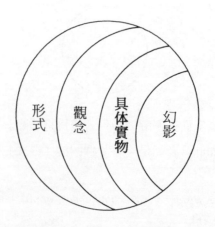

下層是從上層「分受」而來，但分受得再多，總不可能等同上層。猶

---

❶ Nettleship, op. cit., 94–102.

如畢業證書的真本只有一張，但可以影印數百張。影印的畢業證書絕不會
比原本的畢業證書清楚。吾人如果學柏拉圖的口吻，也可以說，上帝只造
了一個人，那是人的「形式」或「觀念」，而千千萬萬的人乃是「人」的形
式或觀念之模本，「人」的形式或觀念最像人的樣，不過有些人「分受」了
「人」的形式或觀念較多，所以看起來比較像人，有些人則「分受」了「人」
的形式或觀念較少，因此比較不具人形。同理，造物主也只造一隻豬，那
是豬的「觀念」或「形式」，有些豬因從中分受得較多或較寡，比較像隻豬
或比較不像隻豬。不過，實際經驗世界中，吾人永遠找不到完美的人或豬，
頂多是「逼近」完美而已。

　　3.超越(transcendence)：抱持理念至上的柏拉圖，在知識上既不屑於辯
士之以感官相對知識為已足，在心性分析上較重視理性功能之崇高，在社
會分工上又力唱哲學家當統治者，他一心一意要超越現實，突破舊有限制。
這種過程，「非如同牡蠣外殼之轉向而已，卻是靈魂從黑夜轉到白天，從下
升到上。」❷不滿五官知覺之束縛，不囿於現象世界之拘限性，衝破「變化
地域而遊歷到真理及本質王國。」❸向形而下挑戰，務必一躍沖天而抵達形
上天地。柏拉圖對公共輿論(opinion)相當鄙夷，卻視眾人如生活於暗無日光
的「洞穴」(cave)中一般，哲學家（國王）有必要拯救生靈，教導全民不要
只看眼前的膚面事實，卻應深究底蘊。他說，許多人的舉動與狗類似，只
會對丟來的石頭咆哮，而無視於拋擲石頭者❹。目光如豆，鼠目寸耳，又
無遠慮，則絕非理性人物所應有。

　　柏拉圖的「洞穴」寓言，含義深遠，更發人深省。大多數民眾如同「囚
犯」般的住在一個洞穴中，因為受自己的偏見及熱情所俘，也遭別人的成
見及謬見所惑，固執又不知變通；其住處之上有一層布簾，置有蠟燭數支，
昏暗的人影晃動，久而久之，他們習以為常，且視幻影為真實。如此的生
活，數十年如一日。

　　但是突然因偶發事件而其中有人掙脫了傳統給予的「枷鎖」，他不甘願

---

❷　Plato, *Republic*, 518–519, 521. "Laws," 957.

❸　Plato, *Republic*, 525c.

❹　Ibid., 469e.

安於現狀，奮力往上爬升，終於重見洞穴外的陽光，發現了真理之所在。
但他並不獨享此收穫與幸福，卻又再入洞穴，勸告同胞勿因「幻影」而你
爭我奪；他的識見已比眾人高上千百倍❺。大家只用「肉眼」(bodily eyes)，
而不具「心（慧）眼」(mind's eyes)，看不到真理靈光。這位重返洞穴的先
知先覺者抱定喚醒群眾的任務，他的行徑猶如蘇格拉底的牛虻或電魚一般，
不為大家所喜，極可能演變成類似蘇格拉底的結局。他似乎進入一個陌生
的環境中，鶴立雞群般的廣受猜忌與攻擊，眾人必欲去除這個眼中釘❻。
如果他幸運的說服同僚，大家擺脫現時處境，奮力上爬，但在他們抵達洞
口突見陽光的一剎那，卻痛苦異常；因強光之耀眼令他們習以黑暗為常者
無法忍受，頓時瞳孔還未能適應劇烈的變化，此刻他們之所見，遠比在洞
裡為黑暗，遂暴發出憤怒無比的反擊，這位帶頭領隊者首當其衝，罹難當
場是意料中事。俟事過境遷，眾人才醒覺，原來被他們洩憤的人，卻是真
正的導師。此時雖然如喪考妣的痛哭流涕，無奈禍事已肇，悔之晚矣❼！

　　哲人心懷共患難與共安樂的胸襟，在眾人不領情的狀況下，多半抑鬱
而死，或不得善終。蘇格拉底一生的事跡，就是柏拉圖洞穴比喻的最好說
明。少數精英必須與多數平庸之輩作戰；前者以「理想」的追求為職志，
後者則耽溺於現實，即令費盡九牛二虎之力，在巨大的眾口鑠金狀況下，
前者處境堪虞。可見民主政治中「尊重少數」這項條件多麼的不可或缺，
而容忍異己的雅量，更是「教育」的指導原則了。不少人誤用了民主，導
致只具民主之名而行專制之實❽。

　　衝破黑暗，迎向光明，這種激進式的主張，就是柏拉圖哲學思想的「一

---

❺　Ibid., 520.

❻　Ibid., 491, 519.

❼　Ibid., 516, 517.

❽　柏拉圖之反對民主，乃係反對民主之容易遭受誤用(abuses of democracy)，見R. C.
Lodge, *Plato's Theory of Education*, N.Y.: Russell & Russell, 1970, 241.此外，他的教
育理念，也非民主式的強調大眾教育的重要性，而是注重「精英」（少數）的培育。
Amy Gutman, "Undemocratic Education," in Paul H. Hirst and Patricia White, *Philos-
ophy of Education, Major Themes in the Analytic Tradition*, vol. III, *Society and Edu-
cation*. London and New York, 1998, 28.

以貫之」之道。難怪學界認定柏拉圖的思想乃是全盤更動式的革命(revolutionary approach)。換句話說，柏拉圖不是個「溫和」的學者。

三、教育學說

　　柏拉圖的教育主張，乃是哲學理論的反映，他處心積慮的為哲學王的栽培提出了他的一套教育想法。首先，他指出治國者必須是具有專業知識的人，猶如教師也必聞道比別人先，及術業有專攻之士，才有資格作人之師。其次，柏拉圖設計了一系列的哲學王之教育歷程，十八世紀亦屬革命型的教育思想家盧梭(J. J. Rousseau, 1712～1778)推崇柏氏作品是討論公共教育的最佳讀物 [19]。在思想史上，哲學家的著作中如此明顯的關心教育問題，柏拉圖是第一人。

　　1.民主政治必須配合精英教育：雅典盛行民主政治的結果，因為實施民主政治的條件未臻成熟，所以個人主義甚為猖獗，彼此都以自我為最大；濫用民主的人士胡言亂語，以謊言假話來煽動無知的群眾；邪惡之徒大為囂張，溫良謙讓之士頻頻遭受欺壓 [20]。其中尤以蘇格拉底的牢獄之災為最高潮。柏拉圖對這種被扭曲的眾人政治深惡痛絕，力陳像政治這麼重要的事，絕不能輕易的委諸於無知無識的全民手中。政治家好比醫生，治國如治病，必須接受過專門訓練才能稱職。而夠資格接受醫術或治術訓練者，並非多數。醫生之診療病人，應憑其素養而決定動刀手術或開其他處方，病人是無置喙餘地的。同理，治國者也可以不理會眾人之意願，而作出明智的政策決定 [21]。只要醫生是道地的精於醫術者，病人及其家屬就應信賴之，絕不可七嘴八舌的議論紛紛；國王之頒布法律或命令亦同，只要他是個哲學王，則「理想的法律制訂之後，沒有人敢反抗法律。如有人犯法，則以處死或最嚴厲的罰責對待之。」 [22]不稍寬恕。民主必重法治，柏拉圖晚

[19]　J. J. Rousseau, *Emile or on Education*, translated by Allan Bloom, N.Y.: Basic Books, 1979, Introduction, 4.

[20]　E. B. Castle, *Ancient Education and Today*, Penguin Books, 1969, 80–81.

[21]　Plato, "Statesman," 292e–293c.

[22]　Ibid., 297e.

年作品《法律》(*Laws*)一書，更充滿了法律的權威色彩。而法律的制訂，必須借仗於精英的腦筋。

不過，統治者與眾民之間應有意見溝通的管道。眾人應將民間疾苦據實以告，不得隱瞞，否則是一大罪惡，也是一大錯誤。好比病人應向醫生報告病情，運動健將向教練陳述体能狀況，或船夫向船長說明行船情形一般❷。治者通盤了解實情，據此而下的決策比較正確。

不少人誤以為民主就是自由的放縱，因而無大無小，大家一律平等。成人深怕被誣指為暴虐，不敢對小孩約束；教師也唯恐遭指摘為不尊重學生，因而降格以求，學生肆無忌憚，目中無尊長，做出許多可笑滑稽的舉動❷；不禁令人興起世風日下，人心不古之嘆！知識的尊嚴，教師的權威喪失殆盡。柏拉圖目睹雅典教育的此種演變，憂心忡忡。這種現象，也發生在二十世紀時許多力唱「兒童中心」的學校及家庭裡。教育結果，沒有「見賢思齊」的效果，反而「自比下流」；若純讓兒童任性的活動，則已失去教育的本意。教師必須讓學生体認真善美的觀念，不要沈淪於現階段的水平中，卻應追隨有智有勇之人。而教師更應「教導眾人，告訴他們真相。」❷

2.教育的重要性：柏拉圖同意其師的「先天觀念」說法，但先天觀念在善惡上是中性的。換句話說，有的心靈能力可以發展為有益有利，有些則轉為無用又有害。不少人心思敏銳，辨別力特強，但卻應用在為惡上，結果造成的傷害更為嚴重❷。柏拉圖對人性雖有三分說，但卻未明言人性本善或本惡。他只說：「人，我們已說過，是個馴服又有教養的動物。不過，他需要恰當的教育及良好的天性，才可以在眾多動物中，成為最崇高又最文明的動物。但如果教育不夠，或接受壞的教育，則他就成為地球上所有生物中最野蠻的動物了。」❷一個無知之人，不會做出窮凶惡極的大壞事；

---

❷　Plato, *Republic*, 388.

❷　Ibid., 562–563.

❷　Ibid., "Laws," II, 659a, b, c.

❷　Ibid., *Republic*, 518c–e, 519a.「梭子如壞了，作梭子的人想要另作一個新梭子，到底他是根據已壞的那個梭子而新作一個呢？還是根據他心中早已有的梭子形式而新作一個梭子？」Plato, "Cratytus," 389b.

❷　Ibid., "Laws," VI, 766.

但一個人如果知識豐富但卻沒有教養，那才是致命的罪惡。動物之咬傷同類或人類，其殘忍度不會高於人類；而人類計謀之奸詐，絕非動物可比❷。柏氏大弟子亞里士多德也說，人是政治動物，當完美時，「人是最好的動物；但一旦無正義，則變成最壞的動物。」❷

　　中國的孟子亦有「逸居而無教」，則人近於禽獸之論。柏拉圖認為所有政治措施中，教育位居首位。立法者不可置教育於次要地位，教育部長應是首席部長。「國家的大政方針當中，教育居冠。」❸柏拉圖如此以「教育」掛帥，實在是高瞻遠矚，因為教育是建國之基礎，長治久安非賴良好教育不為功。「只要年輕的一代，目前有良好的教養，且今後也繼續有良好的教養，則我們這隻國家之船將可以一帆風順，否則後果是不說自明的。」❸教育在政府施政中，絕對不是可有可無，或只是小角色，卻是舉足輕重的。目光短淺的政客才會忽略或無視於教育的重要性，理想的政治家才知教育之良窳，攸關國家的興衰。

　　柏拉圖與其師蘇格拉底同，冶知於德中。觀念（知）與理想（德）是一体的兩面。「真正教育只有指向德行，使學童竭盡其能的成為善良公民，精於治人也習於治於人。至於技藝性的教學或任何純以賺取錢財的教學，都屬庸俗不堪，不配稱為教育。」❸因「才」施教，絕非見「財」眼開；而國家之精英與棟樑，必須是造福人群者而非害群之馬。柏氏指斥部分辯士之藉教學牟財，實非教育正途。

　　3.存理去情：柏拉圖在人之心性三分說中，高舉理性的重要地位；他希望舉國上下都以「理」行事，而不因情來左右判斷。「訴諸理性」(appeal to reason)而非「訴諸情感」(appeal to feeling)正是理想國度的人們所應為；所以「大義滅親」值得歌頌；而「父為子隱，子為父隱」誠屬不該。在《對

❷　Ibid., *Republic*, 491d.

❷　Aristotle, *The Basic Works of Aristotle*, edited by Richard Mckeon, N.Y.: Random House, 1941. "Politica," 1, 2.

❸　Plato, "Laws," 765–766.

❸　Ibid. 柏拉圖對教育部長的人選，規定必須年滿50歲，男女不拘，但一定要已婚，並有子也有女。

❸　Ibid., 643e.

話錄》中，有人(Enthyphro)要控告自己的父親犯了謀殺罪，蘇格拉底訝異的說，一般人有如此行徑是不當的，只有智慧過人者才能如此。「你認為被害者是家中一員或者不是親戚，有很大差別嗎？我們要注意的只有一件事，即是問殺人到底是應該抑或不應該，假如應該，則讓他去吧！假如不應該，則提起訴訟，而不必考慮那位被殺之人是否為同室或同桌之人。」❸❸ 不顧情面而完全聽從理性的指揮，才能鐵面無私，獲得公正。六親不認，正是弊絕風清的不二法門，也是哲學家及統治者的基本素養❸❹。

在克制基本欲望方面，柏拉圖舉了睡眠為例。一個睡覺時間過多的人，是成不了大事業的，他也不可能有什麼「理想」。「太多的睡眠，對身心，對吾人所執行的活動，都不是天性所需要的，因為人在睡眠狀態中毫無價值，只不過像死了一般；人如果儘可能的常處於醒覺與活生生的情況中，則睡眠只是作為健康之用而已。此時如有適時的睡眠習慣，則多餘的睡眠是不必要的。國家官員如在夜裡還是醒著的，則惡人將驚怖不已。……此種官員接受公正及節制者的崇敬。他們對本身有益，對國家也有益。」❸❺

理性運作時，一定是醒覺而非入眠狀態。睡眠太多，晚上睡，白天也睡，下課睡，上課也睡，那是屆臨死亡的徵兆，絕不能成大器。

柏氏的存理去情理論中，還提出他的共產共妻理想。基於人種優生之觀點，「屬於治者層的女人要為屬於治者層的男人所共有，而非私產。生的子女為國家所公有，父親不認自己的兒女，兒女也不認自己的父親。初生嬰兒由乳水足的婦女去餵奶，但不應讓她認出何者係自己所生。」❸❻ 在治者群中，男女共處，共住又共食。性的結合也屬自然，而所謂的自然，是指在性能力的顛峰情況下方可媾合，此時才能生出最佳的兒女。柏拉圖認定男30歲女20歲就是兩性性行為的理想年齡，不在此時生育，更待何時，否則就是不當、不敬、與不義。此段年齡中的男治者若與非治者之女性發生

---

❸❸　Ibid., "Enthyphro," 4a、b.

❸❹　柏拉圖甚至說「狗見生人則怒，遇熟人則迎」，僅用「知與不知來分辨友敵之臉孔」，這種「有趣的狗性」，也具「哲學家」資格。Plato, *Republic*, 376a.

❸❺　Ibid., "Laws," 808b、c.

❸❻　Ibid., *Republic*, 457d, 459, 460c.

性行為或因此而生子女，也是不當的 ❸。但男人不應與自己母親或女兒性結合；女人也不應與自己父親或兒子交媾 ❸。如果男子在30～35歲時不結婚，則應接受諸如罰金並剝奪地位與身分的處分 ❸。理想的安排，甚至希望男女在指定的時間進行性行為，交配的對象也經指定。「新郎及新娘都應該知道他們正在為國家生產最佳及最公正的後代」 ❹，此種設計之目的無他，改善人種品質而已。優生如能經過此種工程，人類往理想邁進，將前程似錦。

柏氏此種構想，真是駭人聽聞。理論雖佳，實施卻窒礙難行。柏氏也有先見之明，他說：「這種論點並不易於發揮……，有人懷疑，此種提議是否能夠實施。並且即令其為可能，仍然會有人猶豫的認為此種構想是否為最佳的構想。」 ❹ 至於「共產」觀念，類似「共妻」（及「共夫」）。良好統治者要心無旁鶩的專注於理性思考上，不可因「子女之情、男女之愛、及財務之誘惑」而分散了靈智上的哲學工夫。

4.教育計畫：為了培育哲學王，柏拉圖提出史上第一次比較完整的教育計畫，配合他的心性及社會組織的三分說，加上知識層次的四分論，柏氏的教育計畫是與他的哲學二者互相連貫且前後一致的。

①童年期：教育一位未來的理想統治者，是一項浩大的工程，各種細節都疏忽不得。孕婦應經常散步，嬰孩出生後，則要撫慰按摩，睡前聆聽音樂，以免除恐懼，而生心境祥和的情緒 ❹。年幼時由於好奇心特強，求知心尤烈，因此有必要教導有關算術，幾何及其他可以導致辯證的學科。不過在「知識學習」上，不應採取強力方式，原因有二：一來「自由民絕

❸　Ibid., 460e, 461a. "Timaeus," 18d、e.

❸　Ibid., *Republic*, 461c.

❸　Ibid., "Laws," 721b. 亞里士多德說男女的適婚年齡男生是37歲，女生則為18歲，而男生之生育年齡極限為70歲，女生則為50歲。

❹　Ibid., 783e.

❹　Ibid., *Republic*, 450d, 457d. 但是基督教王國裡對於神職人員之要求獨身，以及當今共黨國家之實施共產制度，似乎也證明了柏拉圖思想對世界文明發展的影響，See Robert Ulich, *History of Educational Thought*, N.Y.: American Book Company, 1968, 9.

❹　Ibid., "Laws," 791.

不在逼迫之下學習任何東西」，否則就像個奴隸了。二來「在威嚇之下學習，也不能牢記心頭。」❸ 如能在遊戲中學習，使兒童視知識研究是一種「趣味」(amusement)活動，更能啟發兒童的稟賦。

　　但是品德教育則不然，如果孩子不就範，則可採取体罰。「小孩了解別人說話的意思之後，傭人、母親、教僕及父親自己，都各自盡力教導孩童改善品德。在言行上指出何者為正義，何者為不正義；何者為美，何者為醜；何者神聖，何者非神聖。讓孩子聽到作這而不可作那的指令，假如孩子不聽話，則以恐嚇或鞭打糾正之。」❹ 因為小時惡習不改，則有如養癰遺患，不可收拾。孩童理性未萌 ❺，而「開始是最重要的，尤其在處理年幼又嫩弱的對象上，那正是塑造品格並鑲進印象的時辰。」❻ 破曉時分，學童就得入學。在所有的動物當中，小孩是最難管理的。他有理性根基，但卻未經培育；小孩是最狡猾、最機伶、也最不馴服的動物。當他離開母親及女僕之後，就應該接受教師的管教，以免流於孩子氣而變成愚蠢。小孩有錯，任何人都可以處分之 ❼。三歲到六歲階段，要去除兒童的自我意志。在《法律》一書中更說，小孩不守秩序是一種內在的惡，成人如果不能適時根絕此種惡，則任何公民都可用各種方式來處罰越軌的學生，甚至負教導之責的老師也不能倖免 ❽。「假如學童服從命令，那最好不過，如否，則對待他就如同對待一棵彎曲的幼樹一般，以恐嚇及鞭打使之伸直。」❾ 柏拉圖所設「學苑」之兒童，行為必須中規中矩，穿著整齊劃一，看起來像個少年老成模樣。時人的描述可供參考：

　　　　一群標緻的學童從柏拉圖的學苑走出，

　　　　頭髮梳得整齊不紊，足上穿著緞帶拖鞋。

❸　Ibid., *Republic*, 536, 537a.

❹　Ibid., "Protagoras," 325c–e.

❺　Ibid., *Republic*, 441b.

❻　Ibid., 377.

❼　Ibid., "Laws," 808d.

❽　Ibid., 808d–809a.

❾　Ibid., "Protagoras," 325d.

鞋帶長短一致，纏繞到腳踝；

佩有清淨的胸甲及厚重的斗篷。

×　　　×　　　×　　　×　　　×

那邊來的老傢伙是誰，你知悉否？

他好像是希臘人，穿了白色斗篷，

純灰長袍，戴著輕而小的帽子。

另有調好的樂器，事實上是為了攜帶方便。

這就是學苑的縮影。❺⓿

②男女平等：柏拉圖相信，在理性能力上，男女兩性並無差異。因此在作為統治者的資格上，女生的機會也不應少於男生。「男人與女人相同，都賦有作為統治者的本質，他們在能力上只有些微的不同。」❺❶因此政府的職務，不專屬於男人，也不專屬於女人。只問能力，不問性別。男女兩性之先天稟賦，也都無甚懸殊的分配在彼此之中，不分軒輊。雖然柏拉圖提出這些意見之後，直率的說，在才華上還是男生稍勝一籌❺❷。不過，柏拉圖以男人的立場，並無「沙文主義」(chauvinism)作風。「我們不要忘了婦女，她們的天性應該和男性一般的接受訓練而獲得和諧的發展。」❺❸並且，對於婦女，如果她們的德行相當傑出，則對她們的讚美也如同對男子一般❺❹。柏拉圖基於純粹依理性為出發點而提出男女平等看法，那是順「理」成章之事；不過，這種論調，在古代重男輕女的社會裡，也是一種烏托邦

---

❺⓿　Kenneth J. Freeman, *Schools of Hellas*, N.Y.: Teachers College Press, Columbia University, 1969, 200.

❺❶　Plato, *Republic*, 455–456.柏拉圖出色的門生中至少有兩位是女性，一名為Axiothea of Philius，一名為Lasthenia of Mantinea。見Debra Nails（密西根大學哲學教授），The Life of Plato of Athens, in Hugh H. Benson（奧克拉荷馬大學，University of Oklahoma，哲學系主任）主編, *A Companion to Plato*, Blackwell Publishing, 2006, 11. 在*Symposium*一書中，蘇格拉底也與一貴夫人Diotima對談。

❺❷　Ibid., "Cratytus," 392c. *Republic*, 451e, 456.

❺❸　Ibid., "Timaeus," 18c.

❺❹　Ibid., "Laws."

的理念了。柏拉圖也自知「要女子赤身裸体的在角力學校中與男生作練習」，將是「不合習俗」的事❺。至於男女兩性若要區分，那就如同「長髮與禿頂的差異一般。如果說禿頂者可做鐵匠而長髮者不能，那不是相當滑稽嗎?」❻

總而言之，對於治者之教育，男女皆同❼。

男女能力相埒，素質不相上下，這種「事實」在歷史上卻久未能出現。女性受盡歧視，教育及參政機會也廣受剝奪，社會地位更微不足道。柏拉圖在兩千多年前，即為女性打抱不平，婦女界應豎碑以敬。就好比「哲學王」教育完畢之後，功成身退的到「幸福之島」(Islands of the Blest)而受國人立像膜拜一般。

③教育年限及課程安排：柏拉圖對治者教育的腹案是早年的教育從六歲開始，注重音樂及体育的訓練，其中還有數學及天文等科的學習。十七、八歲左右入軍營接受兵役鍛練或參與作戰演習。在心性三分說上，屬於多數人所擁有的「欲」性教育，柏拉圖所說的不多，這些人是不堪「造就」之人。音樂、体育、天文、及數學等的研討，是要試探學童有無知識四層分法中的上兩層資質（即抽象觀念及形式），如否，則學童註定屬於農工商等生產階級。經過兩三年的軍事教育及十年的軍旅生活，青年學生若勇於征戰（勇德）而缺乏形上冥思能力（智德），則從戎當兵乃是最佳選擇。年過三十歲之後，就應專研數學及辯證，依能力之高下而分配為大小不同的官吏。歷練一二十年之後，好比重入「洞穴」去教導眾人一般，哲學王即出類拔萃般的凸顯於全民之中。柏拉圖之教學安排，與他的哲學理念，二者若合符節，彼此如影之隨形。

初等階段的教育以音樂及体育為主，知識教學並不重要。只要發展健全的身心，培養良好的習慣，則孩童時期的教育目的就已達到。体育旨在強健身体，音樂則意在陶冶性情❽，柏拉圖這種說法並非首創。不過，他

---

❺　Ibid., *Republic*, 457b.

❻　Ibid., 454c.

❼　Ibid., 456d. "Laws," 844d、e.

❽　Ibid., *Republic*, 376e. "Laws," 521d、e.

認為在健心可以健身，但健身則不一定能健心的理由下，斷定音樂的重要
性大過於体育❺❾。並且体育之力如能配合音樂之美與柔和，才是身心二者
結合的方式❻⓿。体育受音樂所節制，含有道德的規範作用。

　　文學詩詞若取之作為兒童教學之用，必須注重事實真相的提供。「兒童
第一次聽到的故事，應該是那些最能影響學童品格的故事。」❻❶騙人的情節
以及違反倫常的詩詞，亟應刪除在教材之外。一些神話式或寓言式的描述，
也不適合於兒童閱讀。因為兒童還沒有能力分辨何者是文字的意義，何者
是比喻上的影射；萬一二者相混，卻根深蒂固的埋植於學童心靈中，則以
後要清除，就事倍功不及半。荷馬(Homer)史詩中記載的英雄及神祇之言行，
頗不合常理；因為英雄及神祇本是完美的象徵，但在荷馬筆下，卻是缺點
不少，所以皆非良好的教材。

　　特重抽象思考的柏拉圖，對於數學之重視，無以復加。在學苑門外掛
一牌子：不懂幾何者勿入内❻❷。不以經驗事實及感覺印象作根據，而純就
先驗推理(a priori reasoning)，則幾何之價值就無與倫比了。數學也是超越感
官界而上達睿智界的途徑❻❸，是百工技藝之所依。「在這方面有天分的人，
學習其他都相當迅速；即令在這方面比較遲鈍者，在學習它之後，一般知
識都會大大增加。」❻❹哲學王的教育學科是以它作基幹的。「對於準備理家
治國者而言，沒有一種教育比這一種更具價值的了。所有學藝、科技、及
專門職業，都只是算術而已，算術是最佳的學科。這是一門神聖的藝術，
可以喚醒遲鈍及昏睡的頭腦，使之勤奮，心志集中，思考犀利。」❻❺作為一
個人，而不是像養著為市場需要的豬，至少都應該學習一些數學❻❻。不過，

---

❺❾　Ibid., *Republic*, 403.

❻⓿　Ibid., 412.

❻❶　Ibid., 377.

❻❷　Freeman, op. cit., 196.

❻❸　Plato, *Republic*, 525.

❻❹　Ibid., 522c, 526b.

❻❺　Ibid., "Laws," 747.

❻❻　H. I. Marrou, *A History of Education in Antiquity*, translated by George Lamb, N.Y.:
　　A Mentor Book, 1964, 111.

證之事實，並非人人皆喜愛且有能力徹底的學習數學；這就好比並非人人可以成為統治者或哲學家一般。二者之劃分界線，就以數學測驗作為取捨的標準。

　　天文學也是數學的一種，而非觀測星象之學。柏拉圖認為星球有序的運轉或華麗的景象，只不過是一種感覺幻像而已。技術最高明的天文畫家可以精確的描繪星球位置及軌道圖，但這種才華並不重要。天文「現象」也是「形式」的摹本，應探討天文構造的形式而捨棄變化莫測的天文外觀❻❼，並從中体認宇宙主宰之存在❻❽。

　　最高級的學科，就是辯證(dialectic)。柏拉圖對辯證的說明不多，那是哲學的精華所在，也是「形式」思考的終極處，更是絕對真理的源泉。柏拉圖取蘇格拉底的問答法，在心靈冥思以及形上辯說上，將殊相統括為共相，把部分擴充為整体，變殊名為共名❻❾。各種名詞之定義，遂變成柏拉圖門生在學苑裡的重要課業。由於此層知識境界，非常深奧，非平庸之輩可以企及，柏拉圖乃設計要年過三十且又有社會歷練的人，並經過數理淘汰過的精英，方有資格進行這方面的探討，才不致於有些資質低劣之徒將「人」定義為「二足而無毛」(featherless biped)後還歡欣若狂的慶賀辯證之成就。

　　④除異求同的教育政策：國家的教育措施，如經由至善至美至真的哲學王所制訂，則屬最完美也最理想的教育政策，更改不得，全体國民一律無條件遵守，不可踰越。文人所作的詩詞，音樂家所譜的曲調，雕刻師或建築師所製作的藝術品，都應嚴格予以審查，若不合乎規定，則悉數禁止，違者驅逐出境，以免「害蟲日日啃食花草」❼❶。既經最高領袖以其巨靈構思而得的法規，芸芸眾生只有聽從的分，不得妄思改變❼❶。即令小至於兒童的遊戲規則及運動方式，也應永世不改，絕不允許有新花樣出現。否則

---

❻❼　Plato, *Republic*, 529d、e.

❻❽　Ibid., "Laws," 967a–c.

❻❾　Nettleship, op. cit., 122–123.

❼⓿　Plato, *Republic*, 376c–377e, 401b. "Laws," 698–701c.

❼❶　Plato, "Laws," 656e.

從早就刺激學童浮動焦躁性格，將造成國家社會的動盪不安❼。

　　為避免新奇與混亂，騷擾了既有完美的價值判斷体系，不經政府允許，人民不得出國旅遊；經准許赴異邦者須年過四十，當兵遠征者除外。返回故里後還應「教導本國人，外國法律劣於本國。」❼換句話說，別國的法律未經理想的哲學王所訂，當然無法與本國的法律相比。純就「理論」上說，人間如能出現或成功的培育一位哲學王，他的看法與主張是萬人莫及，則國人命運都付託在他的決定之下，毫無異議的照單全收，以免耽擱了行動的效率，大家都在「正確」的方向上大力邁進，這也是「理想」的境界。

　　問題是在「實際」上，這種哲學王似乎從未出現過。如一些野心政客自封為哲學王，或一些無恥又卑鄙的官僚努力塑造某一特定人物為哲學王，又強行逼迫全民要向他效忠，這就是極權專制的來由了。柏氏變成開放社會的敵人，自非空穴來風。並且柏拉圖的教育計畫中如此殫精竭慮的教育哲學王，在不完美的情境之下如何不受惡劣環境的污染而能產生毫無瑕疵的理想人物，的確也不無疑義。此外，這一代的哲學王代表完美，他所栽培的下一代哲學王亦將是完美的化身。則除非二者之規定是蕭規曹隨，否則如有參差，則「理想」觀念又生混亂，又將如何使萬民信賴另一位哲學王出來化解彼此之不合，而這第三者如作出判斷，則敗者又如何服輸？這些問題，都非輕易可解。

　　柏拉圖的心性三分及社會組織之分工說，為後來學者繼續討論該兩項問題開了先河；而他的知識論，更是學界熱衷爭辯的對象。他的教育思想中，男女教育能力平等，以及能力本位的說法，都為後世學者津津樂道。一位哲學史家(Guthrie，劍橋學者)說柏拉圖是一位更為深沈、思想更為成熟、見解更為高遠、討論範圍更為廣闊的哲學家。在面臨辯士爭論法律與道德係後天制訂還是天然生成、變與不變的關係、真知(knowledge)與俗見(opinion)之區別、語言及其所指等，柏拉圖都有獨特的見解❼。此種說法，也不失為無偏之論。

---

❼　Ibid., 797. *Republic*, 424.

❼　Plato, "Laws," 951a.

❼　Guthrie, op. cit., 325.

　　柏拉圖哲學之焦點──本質界的觀念或形式與現象界之抄本或幻影二者之間的關係，變成哲學界批評的對象。依柏氏見解，前者範圍大於後者，價值也高於後者。但超出的部分到底是什麼？並且前者既是完美，而後者既仿前者而來，為何會有缺陷？缺陷因何而來？這些棘手問題，留給他的大弟子亞里士多德去思考！

　　柏拉圖首揭教育在國家施政中的重要地位，此舉不但是正確的主張，還給從事教育工作者無比的振奮。雖然西方其後的政治領袖多半置柏拉圖的說法於罔聞，棄之如耳邊風，但也就是如此才使得人類之進步遲延了一兩千年之久，而東方更瞠乎其後了。即令當今世界吾人也很難找出一位真正的教育總統。柏拉圖的理想國，似乎現在才有起步跡象。只有全民教育，並以能力為依歸來挑選資質優異者，使之在真理的探討之後作為治國平天下的資源，則和平與幸福世界才可望來臨。世人每多依財力、性別、種族、或膚色來決定教育的有無與多寡，不少人才乃埋沒在歷史的無知洪流中。理想與現實之差距，竟然如此遙遠，「人」之缺失如此嚴重，「知你自己」如此困難，這都是橫在教育工作者眼前的課題。

　　其次，柏拉圖以理駁情的見解，使得西方在理、法、情三者之中，理位居首位。這就與東方人之以「情」來左右理與法之傳統大相逕庭了。理是人類最珍貴的稟賦，法不出理之外，且動情但不逾理，這才是文明社會的基本要求，如此公理才能大行其道，「有理走遍天下，無理寸步難行。」中國人不在這方面下功夫，卻以五倫為品德要旨。而五倫又只限定為私倫，公德非在計較之列。所以中國人公德心奇差，雖具同情感，但也以狹隘的自家人為度。因正義不彰，公理不存，遂導致於生民之塗炭與社會之黑暗。品德又未經知識洗禮與過濾，因之效果不佳，且無知之愚勇、愚孝、及愚忠等屢見不鮮。

　　最後，吾人在探討柏拉圖教育計畫時，不應斤斤於他所提教育年齡的明確歲數。不錯，柏拉圖的著作中明白指出何種年齡應接受何種學科的教育，甚至他也明白的告訴讀者何種年齡該結婚。但一來這是細節，不必一字不差的認定他這種說法在全部學說中佔有重要地位；二來他有時也前後說法不一，可見他並不堅持一定在幾歲時才進行什麼性質的學習❼❺。一些

學者不明就裡，不少讀者也費時爭辯何種年齡接受何種教育才屬正確，這些都是本末倒置。因為個別差異相當明顯，相差一兩歲或五六歲都不足以大驚小怪。柏拉圖即令是「天縱英明」，以當時的知識水平，在欠缺客觀及精確的實驗儀器以作為研究心理發展階段的狀況下，他若提出學校制度及學齡分配的說法，那也只是他的私人見解而已，可靠性如何，還需經過後來科學研究的檢驗。吾人與其將注意焦點放在此種無關宏旨的枝節問題上，不如深究其教育學理的核心要義，比較有價值。柏拉圖的《理想國》之構想，以及晚年作品《法律》一書中對哲學王之造就所提出的教育設計，即令再如何面面俱到，但他也並無明確的提出諸如當今世界各國學校教育中鉅細靡遺的規劃課程科目或上課進度表。何種年齡應接受何種學科的教育才最理想，這個問題似乎還未見答案，其後也不太可能有終結性的答案！只是柏拉圖既認定教育是全國最重要的工作，因為人如不受教育，則是地球上最兇惡的動物；因此教育部長是首席部長，要年滿五十歲，有合法性子女，任期五年，且是所有部長中最優秀者❼❻。這種要求，實在令人感慨良多。

第二節　演進型的教育思想家──亞里士多德 (Aristotle, 384～322 B.C.)

　　柏拉圖對現狀不滿，要進行激烈的革命，全部翻新，俟培養哲學王之後，就力持安定，革命一次之後，絕不允許革命。他的及門弟子卻與此說相反，認為現狀還未到徹底否定的地步，只要漸進式的改善，照樣也可抵達完美之境。吾愛吾師甚於一切，但吾愛真理尤甚於吾師。這種自蘇格拉底以還就以「真理」高過一切的抱負，再度在希臘三哲之中的最後一位出現。不過首位希臘三哲為真理而犧牲生命，末位希臘三哲則為了真理不惜與愛師作對，這在西方文化史上都傳為千古佳話！

　　德國哲學家尼采(Friedrich Wilhelm Nietzsche, 1844～1900)說柏拉圖只

---

❼❺ Ulich, op. cit., 14–15.

❼❻ Plato, "Laws," VI, 766.

以理想世界為念，對現實社會有敵意；亞里士多德則不忘情於此一世界，即令要追求理想世界，也應該以現實世界為基石。大文豪歌德(Johann Wolfgang von Goethe, 1749～1832)說亞氏學說是建立在大地上的金字塔，而柏拉圖的學說則猶如火舌，一吐就衝天❼❼。柏氏是革命型的人物，而亞氏則屬改良型(evolutionary)的學者。師徒二者雖然見解諸多相同，但差別處仍然不少。不過，二者同是西方影響力非常深遠的哲學家。柏氏創建力奇強，而亞氏組織力特佳，是歐美第一位最具系統性的思想人物❼❽。柏拉圖以數學家出身，而亞氏則注重自然科學，彼此造詣難分高下。

一、生平

亞里士多德之父是馬其頓王的宮廷御醫，他本人又是亞力山大大帝(Alexander the Great)年幼十三歲時的御前教師，可見亞里士多德家族與皇室之間的親密關係。亞力山大東征西討，所向無敵，雖然英年早逝，去世時年僅三十三歲，但為表示對亞里士多德的崇敬，乃下令軍士在遠征時看到的奇花異草及珍禽怪獸，悉數交由喜愛研究自然科學的亞里士多德收藏❼❾。亞里士多德未必能把亞力山大這位「勇德」突出的軍事英雄調教成哲學王，但是由於亞里士多德這個土生土長的雅典人竟然與外來的侵略者有師徒關係，導致於當馬其頓王朝隨著亞力山大大帝之駕崩(323 B.C.)而潰敗時，雅典人想控告亞里士多德通敵之罪，亞里士多德為了不讓故鄉人士有第二次迫害哲學家的機會，乃伺機逃走，遠避他鄉而倖免於難。不過，他也在亞力山大去世隔年遠離人間。

亞氏於十七歲時入柏拉圖所設的學苑求教，直到其師辭世為止(348 B.C.)，共計停留二十年左右，深受柏拉圖思想的影響。本其批判精神，據說

---

❼❼ Frederick Copleston, *A History of Philosophy*, vol. I, 台灣翻印，台北雙葉，1967, 276.

❼❽ H. I. Marrow, *A History of Education in Antiquity*, translated by George Lamb, N.Y.: A Mentor Book, 1964, 499, footnote 2.

Gabriel Compayré, *The History of Pedagogy*, translated by W. H. Payne, London: Swan Sonnenschein & Co., 1900, 36.

❼❾ S. C. Easton, *The Heritage of the Past*, N.Y.: Holt, Rinehart & Winston, 1964, 272.

時與其師辯駁，柏拉圖曾有一次當面告訴他：小駒未離母駒之前就可以踢母駒嗎？幸而柏拉圖並未將亞氏開除。柏拉圖離開人世後，由於學苑門徒熱衷於爭辯定義問題，討論範圍太過侷限，且組成分子之素質又不高，亞氏乃決定自立門戶，於335 B.C.時創設「學園」(Lyceum)於雅典城郊一處靜謐的森林地帶，聚眾講學。由於教學活動相當自由，經常在林蔭蔽天或花草樹叢中師生相互的激盪腦力，學園之勢力乃成為「逍遙學派」(Peripatetic)。

　　亞氏也為學園的學子準備討論的哲學材料，據說他也為學園外的民眾寫了較通俗的學術作品，但情況恰好與柏拉圖的相反，亞氏的前者著作流傳下來，後者卻不見蹤跡。後人展閱亞氏著作，倍覺其作品之艱深難讀，每多望而卻步，不經名師之闡釋與說明，實難窺其堂奧。要是亞氏大眾化的著作能重現於世人面前，則他的學說可能更為多數人所了解。

　　由於亞里士多德是古典邏輯的建構者，邏輯又為中世紀的神學家取之作為支持宗教教義的工具，使得亞氏地位在基督教勢力籠罩的時代裡如日中天，被尊為哲學第一人，受尊崇度凌駕於其師之上。亞氏涉獵範圍非常廣泛，幾乎是百科全書的化身。他的作品與教育直接有關的有二，一是《政治學》(Politics)，一是《倫理學》(Ethics)。

二、哲學理念

　　1.心性三分說：柏拉圖以心理學的立場提出他的心性三分說，亞里士多德則用自然科學的觀點解析人性的三種成分：

　　①營養或植物性(the nutritive or vegetative soul)：具同化、生殖、消化、排泄、及營養等功能，此為植物界的共有現象，是生命之所必需。

　　②動物性(sensible soul)：具想像、記憶、活動、感官印象等功能。植物性與動物性都屬「肉体」(body)，肉体並非阻礙心靈運作的墳墓，如同柏拉圖所說，而卻是心靈寄託的場所。不過，動物性的功能產生了價值之紛歧及感受之差異。對某人為甜的東西，對別人則為苦；反之亦然。視覺之快樂有別於聽覺之悅耳；而動物之追求也異於人之追求，如狗喜歡有食物的垃圾而不喜愛黃金❽。辯士之相對知識論，即停留在心性的動物性上。

③人性(human soul)，即理性之運作：理性之運作，是一種判斷。感官印象所呈現出來的，本身並無錯誤；但是如果缺乏理性功能，則判斷就遠離事實或真理了。人眼所觀之日，小於地球；這不能怪罪肉眼有毛病，而卻應該發揮理性的靈光，否則人與動物無別。當人的肉眼視日小於地球，其他的動物也得此印象，如果人類因此「判斷」太陽小於地球，那人就與狗一般見識了。人必須提升一層，人心還有理性這一層次，那才是智慧之所在。「感官知覺，盡人皆有。所以得來相當容易；但卻無智慧標籤。」❽一不過，能夠提升到這一層的人不多，許多人停留在動物性階段，與牛馬無別。

動物性猶如柏拉圖所說的欲性與情性。亞里士多德也知道多數人依情行事，判斷時多半感情用事。「當我們處於愉悅及友善的氣氛下所作的判斷，與面臨痛苦及敵對的環境中所作的決定，二者是不一樣的。」❽二不少人靠情緒來取捨是非、善惡及美醜，他們容易隨波逐流，完全以公共輿情為依歸。在大家還無法冷靜的動用理性之時，說理是無法左右群眾的。

亞里士多德又將理性分析為兩層。一是實踐理性(practical reason)，即在身體力行中体驗真理。這層理性不是光「談」而已，卻是在實際活動裡來進行知。好比說，因練習技藝而變成技藝匠，因建築而成為建築師，因彈豎琴而成為豎琴家，因有公正行為而成為公正人士，因執行勇敢與節制，而得勇敢與節制之名❽三只說而不行，不訴諸實踐，則如同蘇格拉底所說，並非真知，只是知得淺。在實際行動中才能洞悉肯綮，此時知與行即二而合一，在行中增加知，而真知之時更迫不及待的要力行。「真正了解科學的人，難道不為追求真理之熱情、證據、及清楚而動心嗎？懂得數學的人不介意於證明之有力與徹底嗎？領會哲學的人會喜愛矛盾或熱衷含糊嗎？會認為辯論之犀利乃是庸俗行為嗎？而真正高爾夫球手難道不也是球一進洞

---

❽ Aristotle, "Nicomachean Ethics," in *The Basic Works of Aristotle*, edited by Richard Mckeon, N.Y.: Random House, bk. X, ch. 5, 1176a.

❽ Ibid., "Metaphysics," 982a.

❽ Ibid., "Rhetoric," 1356a.

❽ Ibid., "Nicomachean Ethics," bk. II, ch. 1.

就雀躍不已嗎?」❽現代學者也支持此說。知行二者不分離,是實踐理性的特徵。理性是知,實踐是行,彼此缺一不可。「知」道什麼才是勇敢,只有在真正表現出勇敢「行」為中才能獲得。行為必有成果,就是實踐理性的目的。

其次的理性稱為「理論理性」(theoretical reason)。理論理性是純粹因知而知,本身是一種超越實體的冥思,除了知之外別無目的,也一無所求。亞氏認為此種境界,最是幸福,此種心靈,終將不朽。它不依傍時空,超越自我,絕無欲念,猶如出神入化一般❽。「思考」本身就是理論理性的要素。

2.「潛能性」(potentialities)到「實現性」(actualization)的「過程」(process):亞里士多德不滿意柏拉圖之「二分法」(dichotomy),將形上的「形式」或「觀念」與形下的「幻影」或「感官實物」作截然二分,二者壁壘分明;亞氏卻認為二者只是一種「連續性」(continuum)的「過程」,並非敵對。現實界與理想界很難劃清界線,卻經常二者重疊或融合為一,只有數量上或程度上的差異,卻無性質上的分別。亞氏乃更換柏拉圖的哲學用語,另以潛能性與實現性來表示。現實世界好比是潛能性,而理想世界則為實現性,二者如同一條線的兩端,並無分割或間隙。什麼狀況之下才屬實現性或潛能性,卻應視各種狀況而定。這種說法,可以解決哲學上許多困難的問題。比如說,幾何上的線是由點所組成的,如認為線可以分割成無數的點,這就不悉「線」本身的連續性質所致。數目字亦然。昔名家所言,一尺之棰,日取其半,萬世不竭;猶如 $1 = 1/2 + 1/4 + 1/8 + \cdots$。如果斷定 1

❽　R. S. Peters, *Ethics and Education*, American edition: Scott, Foresman and Company, 1967, 73.

❽　Plato, "De Anima," 402a. 中國古代的荀子也有類似說法。荀子在〈王制篇〉中說:「水火有氣而無生,草木有生而無知,禽獸有知而無義,人有氣有生有知亦且有義,故為天下貴也。」依荀子的說法,人性有下述四種:
1. 礦物性: 水火,有氣而無生。
2. 植物性: 草木,有生而無知。
3. 動物性: 禽獸,有知而無義。
4. 人性: 人,有氣、有生、有知,且有義。

或1/2等都是孤立的數字單位，而無連續性，則1/2＋1/4＋…，永遠也不能等於1。依亞氏觀點，1/2等數目字是一種潛能性，有連續性質，不能用孤立的單位予以解剖。孤立的單位只是觀念上或作法上的方便之計而已，本身並非實在。當時間以年、月、日、時、分、秒計算，而空間以里、尺、寸、分來測量時，本身都屬連續性質。而大力士不能勝過烏龜賽跑的說法，也就不攻自破了。

現實與理想，潛能性與實現性，的確是兩極；但中間卻有無數的地帶，如果以為非此即彼，非彼即此(either-or)，則犯了「二分法的謬誤」(fallacy of dichotomy)。不如兩端兼而有之(both-and)，則可以迎刃而解的排除思想上的紛爭。亞氏這種看法，二十世紀教育思想家杜威(John Dewey, 1859～1952)發揮得淋漓盡致。

專心於自然科學研究的亞里士多德，在觀察自然現象之餘，提出潛能性與實現性的主張，並不令人訝異。兒童是成人的潛能性，成人則是兒童的實現性；雞是蛋的實現性，蛋是雞的潛能性。大理石是雕像的潛能性，雕像則是大理石的實現性。這類例子，不勝枚舉。

從時間及邏輯順序來說，似乎潛能性居先，而實現性殿後，但事實上並不然。二者並無時間上或邏輯上的先後。與其視二者如同線上之兩端，不如將它們看成一個螺旋形狀較符合亞氏學說之實情。舉例言之，孩子成為大人後，大人（實現性）以另一種形式（如生兒育女）又變成小孩（潛能性）。大理石相對於雕像而言，它是潛能性；但雕像本身也可化解為大理石，或變成另一種形式的潛能性（如構成了整個庭園設計的材料）。

亞氏因此提出了他有名的「四因」說。四因是質料因、動力因、形式因、與目的因。茲簡述如下：

①質料因(materialcause)：在蘇格拉底以前的哲學家提出以水(Thales)、氣(Anaximenes)、火(Heracleitus)、水火土氣(Empedocles)等，或如上述所舉種子、木頭、大理石、雞蛋、小孩等，都是「質料因」。

②動力因(efficient cause)：古代哲學家以「友愛」(friendship)及「衝突」(strife)（如Empedocles），「心」(mind)（如Anaxagoras）為推動萬有改變的原因。他如工匠、鞋匠、園丁等，也都是將潛能性變為實現性的動力因。

③形式因(formal cause)：如柏拉圖之以「形式」作為萬有的「原本」。或如上述所舉的雕像、橡樹、成人、雞等，就是實現性的「形式」（模式）。

④目的因(final cause)：亞里士多德自認上述三因都已有哲學家提出，只有此因為自己所創。目的因乃在於追求從潛能性過渡到實現性之目的何在，也就是說，將潛能性改變為實現性的理想是什麼？

依柏拉圖的「形式觀念」就等於「理想」的看法，柏氏的「形式因」等於「目的因」。以建房子為例，木材石頭等建材是「質料因」，建築師是「動力因」，已建成的房子是「形式因」，作為居家用途的住屋是「目的因」。亞里士多德將前人學說納入其系統之內，而提出較完整也較周延的理論，涵蓋面無所不包，的確是較具組織天才。這四因又彼此息息相關。比如說，蓋一間理想的房子（目的因），與實際上蓋出來的房子（形式因）到底有多大差別，就得因建材（質料因）質料之好壞，地點天候等條件之影響，及建築師技術之優劣（動力因）而定。

3.中庸的道德哲學：「勿走極端」(nothing too much)這個「中庸金律」(golden mean)，是亞里士多德倫理學說的中心主張，也是注重「過程」論的必然結果。那就是說，良好的品德，不是停留在兩個極「點」上，而是不會太過(excess)，也不會不及(deficiency)，恰到好處。

介於「過」與「不及」之間的「中庸」，絕非數量上的中。若「過」是起點，「不及」是終點，而行為猶如從起點到終點的拋物線，最高點代表善，則「中庸」就有如下圖所顯示的狀況❽：

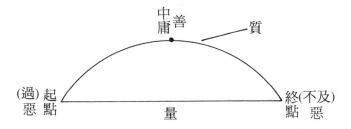

處於「過」與「不及」兩極連續性的「中」，位置如何，絕難用算術方式加以測量。個別差異應列入考慮，比如說，一般人吃十磅食物太多，二

---

❽ Copleston, op. cit., 337.

磅則太少，二者皆不當，正確的分配是六磅；但是對体育競技者而言，就不能作這種安排❽。「善」於分配食物給体育系的學生與音樂系的學生，不會二者等量齊觀。至於判斷一種行為為惡，還應確認三件事。一是該行為的性質及行為的次數，二是行為者當時的心境，三是受害者是什麼對象，當時的狀態又是什麼❽❽。如何執兩用中，就更費思量了！

學者(Sir David Rose)試圖採亞里士多德所說各種不同的行為，其過、不及、及中庸，列出下面的表❽❽：

過 (excess)	中庸 (mean)	不及 (defect)
懦弱 (cowardice)	勇敢 (courage)	魯莽 (rashness)
放縱 (profligacy)	節制 (temperance)	冷淡 (insensibility)
揮霍 (prodigality)	慷慨 (liberality)	吝嗇 (illiberality)
放肆 (vulgality)	端莊（闊綽） (magnificence)	拘謹 (meanness)
自負 (vanity)	自尊 (self-respect)	卑怯 (humility)
暴躁 (irascibility)	溫和 (gentleness)	抑鬱 (unirascibility)
自吹自擂 (boastfulness)	誠實 (truthfulness)	自暴自棄 (self-depreciation)
滑稽 (buffoonery)	機智 (wittiness)	粗俗 (boorishness)

---

❽ Aristotle, "Nicomachean Ethics," 1106a.

❽❽ Aristotle, "Rhetoric," 1368b.

❽❽ Quoted in Copleston, op. cit., 341.

逢迎	友誼	忍氣吞聲
(obsequiousness)	(friendliness)	(sulkiness)
害羞	謙遜	厚顏
(bashfulness)	(modesty)	(shamelessness)
忌妒	憤慨	敵意
(envy)	(righteous indignation)	(malevolence)

量可以有「中」，質則無「中」。考試成績（成就）屬「質」，非量，品德屬質，也非量。

而如何表現出諸如「勇敢」、「慷慨」、或「端莊」，就得實地身体力行——實踐理性了。上述所言之「過」與「不及」，都非良善的行為，二者之「過」或「不及」可以互換。並非「過」就是太強，而「不及」就是太弱。其實，太強或太弱也要視狀況而定。比如說，付錢時的「太過」就是「揮霍」，「不及」就是「吝嗇」；但在取錢時的「太過」就是「吝嗇」，而「不及」卻是「揮霍」了。至於「雄心勃勃」(ambition)——「太過」，與「少無大志」(un-ambition)之間的中庸，就不知用什麼名詞來說明較為妥切，那只是名詞有時而窮而已。

4.知識的十個「範疇」(categories)：亞里士多德用十個範疇來涵蓋所有知識上的陳述。這十個範疇又各有所指，皆具經驗內容，絕非如同柏拉圖所述「形式」或「觀念」之超越現實界一般。

①本質(substance)：如「蘇格拉底是人」。

②量(quantity)：如「蘇格拉底身高五呎七吋」。

③質(quality)：如「蘇格拉底是聰明的」。

④關係(relation)：如「蘇格拉底是Xanthippe之夫」。

⑤空間(place)：如「蘇格拉底住在雅典」。

⑥時間(time)：如「蘇格拉底在321 B.C.還活著」。

⑦處境(situation)：如「蘇格拉底四周圍著學生」。

⑧狀態(state)如：「蘇格拉底打著赤腳」。

⑨主動(action)：如「蘇格拉底正在跑步」。

⑩被動(passion)：如「蘇格拉底被擊敗」。❾⓿

上述十個範疇，其實也可以說只是兩大類而已，即「本有性」(essential)及「偶有性」(accidental)。「本質」是「本有性」，第二範疇到第十範疇都是「偶有性」。偶有性變化非常之多，但都附屬在本有性上。「偶有性」類似「車禍」，是偶發現象，但一般人對知識之認識，卻大半經由偶有性這條途徑；而「本有性」也經過「偶有性」，才「存在」於經驗世界中。當吾人說「本有性」時，如「蘇格拉底是一個人」，這句話形同「套套詞句」(tautology)，了無新意；但我們如果說及「偶有性」時，如「蘇格拉底是雅典人」，則吾人對蘇格拉底就多了解一層。作為「本有性」的主詞只有一個，但作為「偶有性」的述詞就無窮。亞氏認為無窮的偶有性都可納入上述的九個範疇中。

三、教育思想

亞里士多德首揭「所有的人，天性上都有求知慾」❾①，開始他對教育的重視。又認為這些追求，都朝向於善❾②。因之，品德教育遂變成所有教育的核心。除了定義人為理性動物之外，又說人「在天性上是政治動物。」❾③所以政治之首務在教育，這種主張與其師是異口同聲。除非一個人是「高於人之上」(即神)，或「低於人之下」(即動物)，否則個人都無法自給自足，社會生活應運而生。

1.實施教育的中庸之道：亞里士多德發現教育問題相當複雜，絕非三言兩語或單一的措施就保證能獲得最良好的教育效果。比如說，學校教育應該要公家辦理，還是由私人來進行；教學科目以何者最為恰當；而教育之目的，智力之培育與品德之陶冶上，何者居有優先地位？即令品德教育

---

❾⓿　Robert Ackermann, *Theories of Knowledge, A Critical Introduction,* N.Y.: McGraw-Hill, 1965, 64.

❾①　Aristotle, "Metaphysics," bk. A, 980a.

❾②　Ibid., "Nicomachean Ethics," 1094a.

❾③　Ibid., "Politics," 1253a.

為教育首要，應以何種方式來達成此項目的❾。教育方式之所以不同，乃因各種方式優劣互見，頗難取捨。比如說，學校裡收容貧富兩種學童，容易使富家子弟只知命令而不知服從，而貧窮學童反是，只知服從而不知指揮。「那些有錢有力及幸運者，不情願也不能服從權威。惡習早就從家庭裡出現，他們在小孩時期，由於過慣了奢侈日子，即令在學校裡也不能培養服從習性。而貧苦兒童卻因身分低，只好屈居富者之下。因此，某階級的學生不會服從而只會專斷的治人；另一階級的學生則好像奴隸般的被統治而無指揮機會。」❾

　亞里士多德此種觀察，的確是教育的實情。既然辯士早就知道，宇宙中沒有一樣比人更為神秘與奧妙，因此教育「人」，就不是輕易的工程了。舉凡教育目的、教育方法、課程科目、行政管理、學校制度等問題，都有束手無策之感。許多教育上的對立措施，如個性與群性、兒童與課程、學校與社會、紀律與自由、權威與主動、中央集權制與地方分權制、課程的邏輯排列或心理排列、文雅教育與職業教育、聯合招生或單獨招生、男女分校或合校、何種年齡入學、高學費政策或低學費政策、教師聘任制或委任制、大班教學或小班授課……這千百種教育問題，彼此之間各自處於兩極，依亞氏中庸論，都是「過與不及」。但是如何不偏不倚的選擇「中庸」之道，卻大傷教育學者的腦筋。若採亞氏的生理學論點，上述的對立如以「過程」(process)的角度去看，則問題或能獲得解決❾。

　可見教育問題，多麼迫切的亟需作科學的研究。經過一兩千年來的研究所得，有些對立問題，已經獲得了滿意與可靠的解答，比如說朗讀效果較佳還是默讀；但有些問題卻照樣無法得到大家都可信賴的答案。只是教育活動不可一日停止，所以大家都在摸索當中。為了不冒大危險，所以教育先進國家都採取多元的教育措施以及開放式的教育作風，彼此各顯本事，相互競爭比較，以便截長補短。只有專制的國家才進行統一教科書、統一教材、統一命題的勾當，在教育宗旨上更以單一思想及唯一主義為準繩，

❾　Ibid., 1337a.

❾　Ibid., 1295b.

❾　John Burnet, *Aristotle on Education*, Cambridge: Cambridge University Press, 1980, 2.

實是「偏激」作風，與「中庸」之論相悖。這是一種教育罪惡，亟待拯救與糾正。

2.心靈的文雅教育(liberal education)優於肉体的職業教育(vocational education)：在文雅教育與職業教育上，亞里士多德並不認為應採折衷之說，二者也非兩極，而是文雅教育本身就是中庸，是最美好的教育方式。他接受柏拉圖的影響，認為心優於身，自由民的教育重於奴隸的教育，頭部的思考非手腳的活動可以比擬。前者旨在培養治人者，後者則是治於人者。前者勞心，後者勞力❼。社會結構上存在這兩種階級的規劃，是必然且美好的設計。

人生本來就不平等，尤其在能力上；由於人的心性組織互異，理性較少的人，就無法進行抽象思考；植物性及動物性的人，就如同在柏拉圖的哲學中所說的欲性與情性之人一般，只能作生產勞動方面的工作或保衛社稷的職責。二者所共稱的理性的人，就專注於知識之探討並以之作為治國依據。社會上分出勞心與勞力，這本屬應該，且屬天性的必然，都是社會所以能夠存在的條件。其次，勞力者忙於肢体動作，絕少心靈運作，實有害於精神品質的提升；相反的，勞心者終日有閒暇作心靈冥思默想，那才是自由民的特徵。自由民就是擺脫物慾及手腳活動的人，並且不以外表的技藝及金錢的酬勞為代價，卻在追求永恆真理與完美的善境。所以自由民之經濟生活，有賴勞力者提供；而終生勞動之人則需受勞心者指導。勞力者所進行的活動，就是吾人今日所說的「職業教育」(vocational education)；勞心者所從事的活動，就是吾人今日所說的「文雅教育」(liberal education)。文雅教育之語根(liberal)源之於「自由」(liberty)，即不囿於肉体，不束於体力，而任由心思馳騁，向真善美的無際蒼穹翱翔。勞力者受「奴」於有形的肉体與技藝，形同奴隸；只有勞心者才能解除物慾的枷鎖，重拾人性的光輝與尊嚴。

亞里士多德認為奴隸是主人賴以維生的工具，二者之存在，都依據能力；「自降生之剎那，有人就註定是治人者，有人是治於人者。」❽各人如

---

❼ 中國的孟子亦有此論調：「勞心者治人，勞力者治於人。」

❽ Aristotle, "Politics," 1254a, 1255a.

能「知你自己」，按自己天賦來進行最適合的工作，則了無怨言。但奴隸與主人之區分，不能依賴武力，或以戰爭勝敗作為準繩❾❾。天性上理性之人，不能淪為奴隸；而稟賦上動物性及植物性之人則不能成為主人。靠威權而非賴智力使他人為奴，這是不該的；因此，只有智奴而無戰奴。並且天性上是奴隸之子，也不一定成為奴隸，他如稟有理性，也應該成為主人；相反的，天性上是理性者之後代，也不一定必然成為主人，如果理性絕少，則淪為奴隸❿。如果把勞心者與主人、勞力者與奴隸互換，則亞里士多德這種主張「社會流動」(social mobility)乃依能力而非賴世襲的說法，就與柏拉圖之主張大同小異了，且也很公平。取得主人或治人地位者，並不保證子子孫孫都屬社會的上層階級；而現在降為治於人者或奴隸，也不必感嘆後代都屈居人之下。只要各憑本事，都有力爭上游的機會。

　　亞氏貶低職業勞動而高揚閒暇教育價值之論調，最為人所詬病之處，即認為勞力活動中絕無勞心成分，而勞心活動中也不參雜勞力活動，這種主張顯非事實。許多證據證明，勞心與勞力並非簡單得可作「二分」，彼此相互排斥；卻是勞心中有勞力，而勞力中也有勞心，二者很難劃清界線，卻應相輔相成，互為補足⓫。技藝要上臻純熟階段，不是單靠機械式的肢体動作而已，卻應全副精神的貫注，還得動用心思，才能有「熟能生巧」的結局。而極其精緻與完美的心靈構思，也應訴諸實際運作才能印證其準確度。此外，太重勞心而輕視勞力，易造成「四体不勤」的後果，類似中國文人之「手無縛雞之力」的病夫模樣，將非教育之常態！要是治人者高高在上的蔑視勞力者，則他就無法深悉下層人民的疾苦，二者鴻溝日深，亦非為政之道。不過吾人如果体認亞氏注重「閒暇時間」(leisure time)之運用於心靈提升，倒是改善社會習俗的良方。

　　3.教育計畫：

　　①生育的考慮：亞里士多德主張為政者應該考慮男女適合結婚的年齡，男生以37歲，女生以18歲為佳；又說男性在70歲而女性在50歲是生育年齡

---

❾❾　Ibid., 1253b.

❿　Ibid., 1330a.

⓫　John Dewey, *Democracy and Education*, N.Y.: The Free Press, 1944, 252.

的極限。因此在上述年齡中男女兩性結合，可以與生育年齡相搭配；太早結婚，則男人會妨礙体形上完全的發展；女生變成脾氣暴躁而不節制。早婚生子，体能及智力即每況愈下。其次，子女出生之間隔時間不應太長，也不應太短，應取「中庸之道」。子女年齡不可與父母相差太大，否則雙親得不到孩子的情愛，子女享受不到父母的保護。父母與子女之年齡若所差無幾，則形同兄弟或姊妹，而非父子或母女了，孩子會誤以為自己可以與長輩平起平坐，失去尊敬的態度。結婚季節選在冬天優於選在夏天，北風比南風較易懷孕。婦女懷孕期間必須心情平靜，生下的嬰孩若畸型或怪胎，則不應予以扶養；此外，為了防止人口過剩，應行節育；在胎兒還未有感覺之前，就應墮胎。為了維持愛情的純潔，男女雙方訂親之後，不可偷情或有第三者介入，不管原因如何，都屬不當；而婚禮完成後，如不守夫婦之道，都屬罪惡，政府應繩之以法❿。

孩子出生後，應提供充足的奶水，注重自然天性的活動，防止手足彎曲；全身浸入冷水，有益健康；但不可含有酒精，以避免刺激肌膚，不必穿太多的衣服，兒童喜愛冬天，「屁股自有三斗火。」❿小孩漸長後，因安靜不下來所以給他們玩類似陀螺的玩具，實在是值得讚美的設計，不但可以激發幻想力，且可以轉移孩子的注意力而不打擾大人❿。孩子的喊叫，有益身體發展，不應予以禁止。

不過，亞里士多德認為孩子只不過是發展為大人的潛能性，智力還在萌芽階段，不成熟及幼稚乃為必然現象，卻非幸福生活之所寄託，「沒有人願意拿小孩的智力過一生」❿，甚至「沒有人願意回到童年時刻，小孩生活是可厭的。」❿此外，他對女人的看法似乎沒有柏拉圖的氣度，認為女人服從男人是天性使然，「沈默是婦女的光榮」(Silence is a woman's glory)❿，

---

❿　Aristotle, "Politics," 1335.

❿　Ibid., 1336.

❿　Ibid., 1340.

❿　Aristotle, "Nicomachean Ethics," 1174.

❿　Ibid., 1095. 1096.

❿　Ibid., "Politics," 1260.

女人與小孩同列，這種論調，與中國的孔子是聲氣相投。

　　亞氏對男婚女嫁的年齡及生育提出他的構想，不無參考價值。只是他似乎認為男女之結合，純以養兒育女為念，把婚姻簡單化，大概無法為一般青年所接受。

　　②反對共產與共妻：亞里士多德不願領教其師柏拉圖那種奇幻式的異想，他反對家庭中無財產及無情愛的生活方式。「有兩件事，實質上可以激起人心之興趣與執著，此即財產與情愛。」孩子若變成眾人之子，那等於是無人之子，「寧可作一個真正別人的堂兄弟，也不願作一名柏拉圖的孩子。」❿並且以幸福之追求為人生最高旨趣的亞里士多德，也認為共產制度剝奪了人生的樂趣，若治者無私人恆產，即失去了樂趣，無樂趣即無幸福❿。加上共產社會的生活方式，會降低行政效率，因為「個人」的行為誘因已失，所以並非理想的政治制度。柏拉圖終生單身，亞里士多德卻結婚生子，是否處境不同而影響其家庭及財產觀念，亦未可知。

　　亞氏「不趨極端」的認為共產或共妻（共夫）措施，在人類社會中行不通。愛總有差等，情也有高下，總不可能使全民皆能博愛為懷，大公無私。除盡了人間情愛，只留僵冷的理性，則人的存在意義也蕩然消失。只具理性軀殼，而無情愛血肉，人將不復為人了。如果男女之間只有性而無愛，且又「昇華」愛為純理性的愛，則毫無情趣可言。依柏拉圖觀點，「情」屬第二層次的心性，應受「理」性所約束；但「性」屬於「欲」性，更應受「理性」所「節制」，而「節制」之極致，應該是「滅人欲」或「剷除」性慾，並且要剷除淨盡，以便六根清淨，如此結果，又何必有個共夫或共妻之需要呢？至於財產上的物慾，也等同於性慾一般。亞氏的論點，是想糾正其師過激主張，如能「適可而止」或「嚴守分寸」，則仍不失為理想的為政之道。柏氏之說法，曲高和寡；亞氏之主張，則較為平實。前者採「革進」，後者步「演進」，學者對這兩位大師在政治見解上的差異封上這兩個形容詞，也是由來有自。

　　亞氏反對共產及共有夫妻制，反應於學童教育上的，就是孩子應該自

---

❿　Ibid., 1262.

❿　Ibid., 1264.

己擁有自己的玩具，並珍惜的予以保護，過「家庭」生活，接受父母親人的照料；而非從小即斷離「親情」。尤其在童年時刻，「愛」的感受，尤重於「理」的運作。「小我」及「個人」之關懷，大於「大我」及「群性」的陶冶。

③音樂及体育：兒童時期的教育，以音樂及体育為主，目的同於柏拉圖，在於健全身心。音樂有平抑暴戾之氣的功能，且是淨化心靈的必要科目。樂器的選擇，應能提供學童作多方面潛能的實現，而非單方面的技巧嫻熟而已。所以以七弦琴(lyre)優於笛子(flute)。因為前者可以邊唱邊彈，除了音樂之外還融有文學詩詞；但後者只能作單項表演。加上吹笛子時嘴巴變型，又血脈賁張，欠缺優雅氣息。体育活動也應介於粗暴及文靜之間；太過劇烈則体型變樣，有失美感；並且年幼時更不可過分運動，亞氏說在奧林匹克競技賽中得獎者，絕少是小孩獲勝後到了大人時又得標者，因為孩童時代耗盡了体力，年長後已衰竭而無以為繼了 ❿。

4.教育目的：以生物學起家的亞里士多德，認為教育猶如植物的生長，生長是一種程序，似乎沒有終點。不過，教育也附屬於政治之下，而政治並非理論理性的一種學科，卻是實踐理性的科目，所以必有「成果」作為行動的結局。因此教育與政治一般，都應有終極目的，二者之終極目的無他，「幸福」(happiness)是也。幸福的性質，就猶如「第一因」(First cause)，本身自為原因，而非其他事件的原因。換句話說，教育與政治，如能造成人類幸福，則無一種目的高於幸福之上。此種幸福，並非近代英美功利主義學派(Utilitarianism)所言之幸福。亞里士多德贊同其師柏拉圖所說的幸福，幸福形同至善的生活。不過，二者對幸福的解釋亦有差別。柏拉圖指的幸福，是一種狀態，一種情境，或是一種靜態的擁有；而亞里士多德則強調幸福本身是一種活動 ⓫。其實二者所見略同，二者都認為「冥思」(speculation或contemplation)乃是幸福的象徵。在人生哲學上，冥思型的人旨趣最為超越，猶如奧林匹克運動會上畢達格拉斯所言之「欣賞型的觀眾」，而非在田徑場上奮力想爭奪后冠或錦標的運動健將，更不是那種靠群眾集合

---

❿　Ibid., 1338.

⓫　John Burnet (ed.), op. cit., 6–8, 18, footnote.

而趕來賣零食維生的小販了。教育如能造成人民用欣賞的眼光來看人生，則人生自有樂趣，而幸福亦在其中矣！

　　亞里士多德認為教育是政治的一部分，因此在《政治學》一書中討論實際上的教育問題最多，但卻沒能如同其師柏拉圖般的提出比較完整的教育計畫，這是美中不足的。不過亞氏贊同柏拉圖的主張，認為教育工作是政治當中最重要的一環，不可等閒視之。又將人定義為「政治動物」，其意即指對政治漠不關心者，無資格配稱為「人」。如果大家不對政治採取疏離感，而認定政治是「眾人之事」，則整個政治氣氛的改善，將是最良好的教育了。如果政治變成少數特定人的私孌，而非大家所能過問，則公共事務之清明自無法可期。在亞氏的學說裡，他並不認為人人皆有關懷或從政的資格，只限定「自由民」有閒工夫來研究及處理政治問題，勞力者及奴隸不得問津；這種看法，是古代希臘社會階級的產物，不容情於當今社會。但是，人本不平等，hares（野兔）及rabbits可以向lions要求相同的權力嗎？(Pol., iii, 13, 1283a, 3sqq) 最好的政治型態：

　　1. Monarchy——一人，君主政治。

　　2. Aristocracy——數人，貴族政治。

　　3. Constitutional republic，共和憲政，全民政治。

最壞的政治型態：

　　1. Tyranny——暴君治國。

　　2. Oligarchy——富人治國。

　　3. Democracy——窮人治國。

好壞的分級：

　　1. Monarchy

　　2. Aristocracy

　　3. Constitutional republic

　　4. Democracy

　　5. Oligarchy

　　6. Tyranny

國家為人而存，這是好政治的效標⓬。

　　在為學態度上，亞氏為真理而批駁其師，使蘇格拉底無法專美於前。
亞氏有一句發人深省的話為學界所樂意引用，他說：

> To say of what is that it is not, or of what is not that it is, is false;
> while to say of what is that it is, and of what is not that it is not, is
> true. [113]

　　當「非」(that it is not)時說「是」(what is)，或「是」(that it is)時說「非」
(what is not)，則是謬誤的；只有「是」說「是」，「非」說「非」，才是真的。
遍觀亞氏著作，要求是非分明，真假釐清之意甚明。而所謂的真假及是非，
標準又何在？熱愛自然科學的亞里士多德，乃以「經驗事實」作為標準之
一；而精研邏輯的亞氏，又以「三段論法」(syllogism)之演繹論證(deductive
argument)作為標準之二。從此，經驗科學及形式的數理邏輯，變成學術兩
大園地。加上自辯士以來方興未艾的人文學科（如政治學及倫理學），學術
研究的領域已規模初具。亞氏創設許多學術用語，是古典邏輯的開宗師。
在教育學說上，雖揚文雅教育而抑職業教育而為其後歐洲教育樹立雙軌楷
模，卻為晚近教育思想家所非難，但亞氏作品與柏拉圖對話錄一般，都是
歐美教育界百讀不懈的知識寶藏。二者之著作，幾乎主控中等教育以上的
教材。闡釋與譯述，多如汗牛充棟，目不暇給，是個活生生的教育科目 [114]。
　　柏拉圖及亞里士多德皆是西方頂尖的哲學家，二者學說之異同，常被
後來學者誇大其詞的予以渲染，而二者造詣之高下評價，也因評者之角度
或愛好有異而有懸殊差別。有人認為柏拉圖注重永恆不變的宇宙，亞里士
多德則較關心變化不盡的塵世。三世紀時的哲人(Plotinus)區分柏拉圖的範
疇為「睿智」，亞氏的範疇則為感官界。六世紀的學者（如Boethius）則認
定二者之論並無軒輊。十九世紀的思想家（如Coleridge)則將歷來哲學派別
劃歸兩派，一屬柏拉圖，一屬亞里士多德；猶如中國古代哲學「不歸楊即

---

[112]　Thomas Davidson, *The Education of the Greek People*, N.Y.: Ams Press, 1971, 155.

[113]　Aristotle, "Metaphysics," 1011b.

[114]　Burnet, op. cit., 130. 西塞洛說，亞氏之文章及演講相當動人，好比「黃金水流一般」
　　　　(golden stream)，比柏拉圖的更為燦爛。

歸墨」一般。對心儀柏拉圖者而言，亞氏主張是膚淺且錯誤的；而崇拜亞氏者，則反唇相譏的認為柏拉圖只是一名詩人而非哲學家。亞里士多德在中世紀教父哲學(Scholasticism)成為顯學時，被尊奉為「大哲學家」（唯一哲學家，The Philosopher），但緊接而至的文藝復興及宗教改革時期，柏拉圖的地位又重新抬頭；而十七世紀以後唯實論及自然科學的勃興，亞氏學說又領袖群倫。從思想史的演變來看，二者各領風騷，互有起伏❶。要客觀又公正的評論二者之優劣，絕非易如反掌之舉。

參考書目

1. Ackermann, R. *Theories of Knowledge: A Critical Introduction.* N.Y.: McGraw-Hill, 1965.

2. Aristotle. *The Basic Works of Aristotle.* Richard McKeon (ed.). N.Y.: Random House, 1941.

3. Burnet, J. *Aristotle on Education.* Cambridge: Cambridge University Press, 1980.

4. Castle, E. B. *Ancient Education and Today.* Penguin Books, 1969.

5. Compayré, G. *The History of Pedagogy.* W. H. Payne (tr.). London: Swan Sonnenschein & Co., 1900.

6. Dewey, J. *Democracy and Education.* N.Y.: The Free Press, 1944.

7. Easton, S. C. *The Heritage of the Past.* N.Y.: Holt, Rinehart & Winston, 1964.

8. Freeman, K. J. *Schools of Hellas.* N.Y.: Teachers College Press, Columbia University, 1969.

9. Guthrie, W. K. C. *A History of Greek Philosophy.* London: Cambridge University Press, 1969.

10. Lodge, R. C. *Plato's Theory of Education.* N.Y.: Russell & Russell, 1970.

11. Marrow, H. I. *A History of Education in Antiquity.* George Lamb (tr.). N.Y.: A Mentor Book, 1964.

12. Nettleship, R. L. *The Theory of Education in the Republic of Plato.* N.Y.: Teachers College Press, Columbia University, 1968.

---

❶　Aristotle, "Metaphysics," Introduction, XII–XIII.

13.Peters, R. S. *Ethics and Education*. Scott, Foresman and Company, 1967.

14.Plato. *Republic*. F. M. Cornford (tr.). London: Oxford University Press, 1964.

15.Popper, K. *The Open Society and Its Enemies*. 台灣翻印，台北馬陵， 1977.

16.Rousseau, J. J. *Emile or on Education*. Allan Bloom (tr.). N.Y.: Basic Books, 1979.

17.Ulich, R. *History of Educational Thought*. N.Y.: American Book Company, 1968.

第三章　實用為主旨的教育思想家
——羅馬時代

　　希臘的民族氣質，喜愛沈思，注重理論，因之哲學家輩出；但羅馬人擅長於實際，所以法政人才甚夥；而道路建築，橋樑搭蓋，與羅馬式宮殿等，都是羅馬民族留下來的文化遺產。羅馬在共和時期（27 B.C.以前）就挑選了希臘辯士及艾蘇格拉底所著重的雄辯學說，一來比較實用，二來也適合於共和政体之下人民的口味。雄辯家(orator)遂成為羅馬人夢寐以求的教育理想人物。而生活教育也變成教育重點。

第一節　雄辯之重要性——西塞洛
(Marcus Tullius Cicero, 106～43 B.C.)

　　著名的雄辯哲學家是西塞洛，而出色的雄辯教育思想家則是坤体良(Marcus Fabius Quintilian, 35～95 A.D.)。前者著有《辯學》(*De Oratore*)一書，後者則有《雄辯教育》(*Institutes of Oratory*——the Schooling of the Orator)的著作。西塞洛的拉丁文學寫作，無論就体材格式、或用字遣詞，都已臻爐火純青地步。時人一再的說：「只有類似西塞洛的作者之作品，才予以研究。」❶在文藝復興的古文學重現光輝之時，還被十四及十五世紀的師生取之作為模仿的典型，因之「西塞洛主義」(Ciceronianism)蔚然成風；而坤体良的教育主張，更為文藝復興時期的人文學者(Humanists)所頂禮膜拜。在拉丁文學領域中，二人互別苗頭。

　　西塞洛的詳細生平已不可考。他一生為世界公義及人類和平而努力，高唱理性的重要價值，視人如己，猶如康德之名言：「把別人當成目的而非手段」❷一般。作為一個雄辯政治家，卻以不妥協聞名，也因不妥協而招

---

❶　H. I. Marrow, *A History of Education in Antiquity*, translated by George Lamb, N.Y.: A Mentor Book, The New American Library, 1964, 374.

來橫禍。凱撒執政後，共和政体轉為帝國，他乃退隱山林，從事雄辯的著作，在短短二十個月之間，完成了他的全部作品。西塞洛一生坎坷，先與元配夫人仳離，又與其弟口角。在喪失了愛女之後，痛不欲生，且因再婚夫人對此種意外並不十分同情，遂又雙方決裂❸。不過，他深受斯多以噶派(Stoicism)的哲學影響，以獨立自主為善良生活的鵠的，不為塵俗所惑，並以心靈提升為尚。「擴充心靈境界，遠比拓展國界為佳。」❹這種精神修為，大受其後的基督教虔誠人士所激賞，不少傑出教士熱愛西塞洛的著作，甘願作個「西塞洛的人」(Ciceronians)；幸而，在宗教權威至上以及仇視世俗文化的中世紀時代，學者之「進入敵方陣營，並非背叛，而是作刺探。」❺西塞洛作品變成了輔助基督教義的主要內容。

一、雄辯家高過哲學家

西塞洛是第一位公開承認羅馬人不是哲學家而是法學家，而法學家注重雄辯。羅馬元老院是政治人物的言論廣場，口才之笨拙與優越，可以左右時局及政治重大案件的判決。當凱撒(Caesar)被殺時，謀害者的主將布魯特斯(Brutus)向滿腹狐疑及驚心未定的群眾發表其堂皇的演說，說明廣受萬民擁戴的領袖有傾向獨裁專制之嫌，為了維護國家共和政体於不墜，只有忍痛拔除障礙。群眾遂從原先死心塌地的支持凱撒，變成對布魯特斯的英勇明智之行刺行為歡聲雷動。但另一名凱撒陣營中的愛將安東尼(Antony)也鼓其如簧之舌，配合其動聽的語調，強有力的證據，以及妮妮感人的表情，慢慢地，又把群眾從另外一極端倒反過來，不旋踵，大家又被一個如魔般的雄辯大家說得如醉如癡，終於暴發出如吼的憤怒聲，要討伐布魯特斯的叛逆惡行。可見羅馬人多麼的希望精於雄辯，而雄辯術在羅馬政治舞台上的重要地位，也由此可見一斑。難怪西塞洛說：「我早就這麼想，有能力把最重要的題目演說得舌燦蓮花且廣徵博引，乃是最完美的哲學家。」❻

---

❷　Cicero, *On the Good Life*, translated by Michael Grant, Penguin Books, 1979, 10.

❸　Ibid., 12.

❹　Ibid., 32.

❺　Ibid., 35.

希臘人認為哲學家是好學深思之徒，西塞洛則界定雄辯家是擅長口才之士，並且認為後者成就及能力高過前者，因為雄辯家一定是哲學家，而哲學家則未必是雄辯家。雄辯家「具備廣博知識，而非只是玩弄語言文字而已；要有獨特風格，用字遣詞獨樹一幟，且了解人性以便煽發其情愫；還要擁有幽默感、機智、領會過去歷史、儲存各種資料；且身體姿勢，面容表情，音調抑揚頓挫……」都是不可或缺的要件❼。他更說，不懂歷史者，永遠是個孩子。除非熟悉祖先生活，記憶過去言行，否則還算是人的生活嗎？而歷史的首要規則是不可故意說謊話，第二規則是不可故意壓抑事實真相❽。簡言之，哲學家只作思想的內在表達或文字闡釋而已，但雄辯家還得訴諸於語言且向大庭廣眾發表。而發表成功，顯示出他對哲學內容無所不通，還盡了傳播及說服之責。從教育的眼光來看，雄辯家比較具有教育的動態作用，而哲學家則較屬靜態性質。哲學家的條件少於雄辯家，而哲學家所擁有的，雄辯家也從無一缺；既能言之有物，而非無的放矢，無病呻吟，雄辯家自較哲學家高出一籌。就如同希臘的辯士所言，光有哲學思考，也許頂多是獨善其身而已，不如雄辯家之能將知識普及大眾，因而兼善天下，則不更具備真理的普及作用嗎？所以羅馬的雄辯家將少數人才能領會的希臘哲學予以多數化，為教育的擴充作了貢獻。

二、雄辯與教學的關係

雄辯家必須通曉百科知識，才能在辯說中論點滾滾而來；見識遼闊，才不會囿於地域之見而限定其格局；為了要有清脆悅耳的聲調，必須研究音樂；而体育鍛鍊更是充沛体力的資源，可以支持雄辯家終日作有力的辯駁；文學閱讀及詩詞朗誦，更增加想像力及叫座力；爭取自由的政治環境，

---

❻ Quoted in *Quintilian on Education*, selected and translated by William M. Smail, N.Y.: Teachers College Press, Columbia University, XXI.

❼ Cicero, *De Oratore*, translated by E. W. Sutton & H. Rackham, The Loeb Classical Library, Cambridge, Mass.: Harvard University Press, 1942, I, 11. Also in Cicero, *On the Good Life*, op. cit., 241.

❽ Aubrey Gwynn, S. J., *Roman Education from Cicero to Quintilian*, Teachers College, Columbia University, 1926, 105–106.

以利言談舌鋒之奔放與幽默；至於邏輯之演練，更是爭辯中攻守雙方必修
的課程。哲學家可以關在斗室，雄辯家必須面對群眾；哲學家是學術研究
者，雄辯家則是教學工作者。一個人如果拙於口才，則他的知識只能與他
同其長久，在印刷術未發明之前，書籍閱讀僅限於絕少的少數，觀念之普
及多半靠言語表達來進行，要是學者說話不流暢，言不及義，或毫無組織
與系統，而雜亂無章，聽者如墜五里霧中，或如催眠曲般的進入夢鄉；或
不知所云，或誤導訊息，則對真理構成傷害，這些都是令人惋惜之事。

　　西塞洛支持艾蘇格拉底對辯士的要求，必須佐以心地善良這一先決條
件，才是完美無瑕的雄辯家❾。一位為真理與正義而發揮雄辯的公共輿論
制裁效果的學者，更能贏得大眾的景仰與崇敬。若汲汲於營利，而置公理
於不顧，終難免受社會的指責。西塞洛自己身體力行，處在希臘羅馬文化
與教育之接觸時刻，並不排斥外來文化與教育，卻能綜合的說，「從羅馬中
取品德，從希臘文裡借取學問。」❿這是他對教育見解的總結。不幸，在羅
馬於共和與帝制轉型期間，終因政爭而遭髮針刺舌之凌遲而告別人世。去
世後不久，奧古斯都(Augustus)之孫讀一本西塞洛作品，可能是*Philippics*。
王取而閱之，說：「一位大學者，我的孩子，一位大學者兼大愛國者！」⓫

　　西方自希臘之辯士強調「說話」的重要性之後，羅馬於共和時期又注
重「口才」之特有價值，這在教育上的意義非同小可，尤其對教師之條件
要求及教學效果之提高，都應寄予高度的注意！除了極少數學生（如聾啞
生）之外，絕大多數的教學是要用言語來表達的。教師也靠那一張嘴巴吃
飯，所以師資訓練應特別加強辯說能力的培養；此外，民主社會是「發言
盈庭」的社會，也是「動口不動手」的君子與淑女社會，貝里克所言決定
之前的充分「討論」，也足以說明「說話」在民主社會中的必要性。除非禁
止說話的專制屬政，或唱言「巧言令色鮮矣仁」的論調，或提出「美言不
善，善言不美；知者不言，言者不知；言多必失，禍從口出」等謬論，否
則，使人有別於動物的「說話」功能，將喪失殆盡，辜負了造物主賜給人

---

❾　*Quintilian on Education*, op. cit., 20.

❿　Gwynn, op. cit., 120.

⓫　Ibid., 126.

類的稀有稟賦，也是暴殄天物的例證。一些國家的人民深中此種毒害，人民及師生噤若寒蟬，敢怒不敢言，說話唯唯諾諾，欲語還休，半吞半吐；或轉移說話而儘用在吃喝上以免惹禍上身，以致變成「沒有聲音」的國家，實在令吾人深思！

　　古代希臘也有「小孩只能看到，不能被聽到」的傳統，所以「舌短」❷；台灣人更有「囝仔人有耳無嘴」以及「歹瓜多子，歹人多言語」的俚語，中國人尤說人類只長一個嘴巴，卻生兩個眼睛，目的在於多看少說。這些習俗，導致於口才之訓練不受重視；在師資培養上，如果忽略了教師對說話的重要性，則註定了教學之失敗。而訓練口若懸河及辯才無礙的教師、學生、或新一代的年輕人，並非如「挾泰山以超北海」般的困難。教育上雄辯之價值，實在有必要取得應有的地位。

第二節　雄辯教育思想家──坤体良
(Marcus Fabius Quintilian, 35～95 A.D.)

一、生平

　　坤体良生於西班牙，其父是修辭學教師，坤体良在此種書香世家的文化陶冶之下，漸漸習染羅馬的雄辯教育氣息。早歲負笈羅馬接受教育，後返回桑梓繼承父業。紀元後68年，以33歲的青年才俊，榮獲羅馬皇帝(Vespasian)親授第一位國家修辭學講座（設於羅馬）席位，該講座的酬勞頗高，是帝國之內教育及學術界聲望最隆之人。一邊執教，一邊還參與公共事務的決策，歷經三朝帝王(Vespasian, Titus, 及Domitian)，因之理論與實務相互搭配，並親自督陣於法庭中當辯護律師（為猶太女皇Berenice之案件而出庭），名重一時。當時一般教師地位及收入甚為卑微，唯獨坤体良例外。

　　但坤体良並不戀棧高官厚爵，在地位如日中天時卻智慧十足的急流勇退，此舉令時人倍覺懷念。紀元後90年，他毅然決然的退休而從事寫作，

---

❷　Aristophanes, *Clouds*, 960 ff. Quoted in K. J. Freeman, *Schools of Hellas*, N.Y.: Teachers College Press, Columbia University, 1969, 73.

終於完成十二本的《雄辯教育》，還以餘暇教皇室之子侄。一生享盡榮華富貴，不過美中不足的是其妻在坤体良退休時以年不及二十之荳蔻年華而早逝，二子也夭折，使他擬將雄辯教育印證在其子的計畫告吹。

坤体良的《雄辯教育》一書，是史上第一本完全討論教育的著作。在他之前，辯士的作品只是稍提教育問題而已，而柏拉圖及亞里士多德的《共和國》、《法律》、《政治學》及《倫理學》，也只部分涉及課程、教學、及教育目的。唯有坤体良的《雄辯教育》比較具體又詳盡的探索教育實際問題，在眾說紛紜中，他的觀念有許多獨到之處，值得吾人關注。

二、教育理念

1.教育目的——雄辯家的培養：坤体良首先信心十足的說，雄辯家的價值高過哲學家，因為哲學家只在私底下討論正義、真理、或公平，而雄辯家則論辯這些題目在大庭廣眾面前❸。他重述西塞洛的主張，認為哲學應分為三部分，即自然哲學(natural philosophy)、道德哲學(moral philosophy)、及辯證(dialectic)。這三部分的知識，並非哲學家所獨具，雄辯家更須擁有。大演說家貝里克曾研究過自然哲學（受教於Anaxagoras），著名雄辯大師如Demosthenes也在柏拉圖處接受辯證及數學之教學。他如語言文字之精確定義，曖昧及歧義詞句之釐清，真假是非之辨明，證明及反駁之根據等，都與雄辯有關。知識豐富使雄辯家有本錢又有勇氣誠實的道出真相；不可猶豫寡斷，如同懷疑論者(Pyrrhon)連自己為誰辯護或向那一位法官陳述，都不敢信以為真一般❹。不少哲學家不但拙於言詞，且對知識或觀念採取懸疑態度，立場搖擺不定，這是雄辯時的大忌。除此之外，雄辯家也異於修辭學家(rhetorician)，二者之有別，猶如二股不同的水流一般。「前者如同兩岸高聳而水量充沛的急流所激起的巨大漩渦」，後者則只是「淺灘上的細流在衝擊小石塊時濺起的浪花」而已❺。

艾蘇格拉底、西塞洛、及加圖(Marcus Cato)都定義雄辯家是個「善良

---

❸　*Quintilian on Education*, op. cit., bk. XII, ch. 2, (7), 121–122.

❹　Ibid., bk. XII, ch. 2, (24), 126.〔(24)是編號，126是頁數，下同。〕

❺　Ibid., (11), 123.

而又精於說話者」(a good man, skilled in speaking) ❶。坤体良深有同感，雄辯家不只口才傑出，且要心地無瑕。「讓我們認定雄辯家是一個可稱為聰明之人，不只品德完美無缺，並且還要精於口才及知識。」❶哲學家只需知識即夠，完善的哲學家則包括充足的知識與善良的心性，但雄辯家除了二者兼備之外，還加上口才流暢，所以非前二者所可相提並論。

雄辯的主要內容，都應限定在公正及善良上，這才與人生有密不可分的關係。「試問一位邪惡及不公不義之人辯論起這些論題時，還能站在嚴肅的立場去辯論嗎？」❶既然雄辯家在以言語取勝時仍不忘懷品德，因此視雄辯家高過哲學家，自是必然的結論。依西塞洛及坤体良的看法，知識、品德與口才三者合一，就是完美的雄辯家。即：

雄辯家＝知識＋品德＋口才

2.孩童教育的重點：為了注重品德教養，所以孩子縱容不得；為了要培育孩子成為優秀的雄辯家，因之趁孩子記憶力特佳的時刻背誦許多知識。這是孩童教育的兩大要項。

首先，坤体良對於當時家長遷就孩子之習尚，提出嚴厲的指責。不少孩子因此嬌生慣養，被家長寵壞。他說：「我們自己沒有敗壞孩童的品德嗎？在嬰兒早期，我們縱容孩子，採用軟弱的教養方式，還稱之為仁慈，其實卻枯竭了孩子的身心。……不訓練他們開口說話，卻滿足他們開口要吃的所有口味。他們在轎床上長大，如果跌倒在地，則大人馬上伸出雙手予以扶持。假如他們口出穢言，我們還稱心快意呢！有些話，即令出之於吾人最疼愛的女性（愛人）之口，吾人都忍無可忍了，但如發自孩子的小嘴，卻莞爾一笑，還賜予一吻呢！孩子之產生這些行徑，不必驚異，那是我們教導他們的，他們從我們這裡學習的。」❶不少孩子，尤其是富貴人家，養尊處優；要什麼就有什麼。而貧苦子弟也因家長誤解愛的真諦，為滿足孩

---

❶　Ibid., bk. XII, ch. 1, (1), (3), 108–109.

❶　Ibid., bk. I, Introduction, (9), (18), 5, 7–8.

❶　Ibid., bk. XII, ch. 1, (8), 110.

❶　Ibid., bk. XII, ch. 2, (6), (7), 22–23. Also quoted in Gabriel Compayré, *The History of Pedagogy*, translated by W. H. Payne, London: Swan Sonnenschein & Co., 1900, 50.

子的需求而四處張羅，孩子貪得無厭。此外，孩子言行怪異，惡劣的對大人無禮，大人非但不以為忤，還沾沾自喜。罵人的髒話一出口，長輩還認定是無邪的童真表現。一有跌傷或走路不穩，立即有巨掌依靠。

這種幼童養育風尚，不只見於古代羅馬，即令在現代的東西社會，仍不時出現此種畫面。

其次，記憶力特強，是孩童階段的象徵，也是知識的基礎。坤体良感嘆的說，孩子的記憶不善加利用，猶如童年時期荒廢於嬉戲一般的可惜。普通人只看表面，「如同建築物一般，人們所見的是外牆，而地基則隱藏未現。」[20]孩童教育是整個教育的根，根不穩，則上層教育有倒塌之虞。背誦偉人詩詞或其嘉言懿行，不只作為日後回憶的資料，且也是一種適當的休閒活動。兒童時期還不是創造性思考時期，卻是記憶力最好的時刻，多加練習與利用，是雄辯的基本要件[21]。記憶能力的好壞，也最能夠從兒童的學習中顯現出來[22]。

第三，語言之學習，應希臘文與拉丁文並重。在坤体良時代，「雙語教學」(bilingual instruction)已甚為普遍，因為希臘語文已勢不可擋的為羅馬人所接受，而羅馬人也自尊心甚強的堅持「母語」(mother tongue)的學習。坤体良在雙語教學上一反常人之見，主張孩童應先學「外語」(即希臘文)，而後才學本地話。理由有二，一是希臘文乃拉丁文之源，二是拉丁語文在家就可學習，且隨時聽聞，不愁沒有機會練習母語[23]。學習字母時，可以用諸如象牙做的字母玩具讓孩童遊樂，以增加學習的樂趣[24]。這些職務，不只父親要執行，母親也責無旁貸。坤体良舉出數位有雄辯教養的媽媽也能在語文的流暢上給予孩子很大的幫助。可見當時羅馬的上層社會裡，男

---

[20] Ibid., bk. XI, ch. 1, (4), 4.

[21] Ibid., (36), 20.「一位不願教低年級者，不是個教師。」Aubrey Gwynn, S. J., *Roman Education from Cicero to Quintilian,* Teachers College, Columbia University, 1926, 194.

[22] James Bowen, *A History of Western Education,* vol. I, London: Methuen & Co., Ltd., 1972, 202.

[23] *Quintilian on Education*, op. cit., bk. I, ch. I, (12), 14.

[24] Ibid., (26), 18.

女普受教育，大概也不是稀罕之事❷。

　　第四，家長或負責教導的人應悉心照料孩子：「讓我們假想我們所看顧的是亞力山大，他坐在我的膝蓋上。」❷成人如果都以教育這位未來的大帝之心情去教育自己的孩子，則孩子的發展可能改觀。「望子成龍，望女成鳳」也是父母的一番心意，無可厚非。只不過兒女是否皆屬人間鳳凰，倒應充分考慮。

　　3.學校教育優於家庭教育：約六七歲時，孩童應該入校接受教育。坤体良堅信學校教育的長處非家庭教育或私人教育可比，尤其對培養雄辯家而言，公眾式的學校教育更非個人式的私人教育所可頡頏。「一位雄辯家面對只有一名聽眾時，他還在那裡講究手勢、表情、腔調、或發音等，那不是形同瘋子嗎？」❷

　　對一位聽眾說話，與面臨萬人演講，情況相差懸殊；雄辯家是能夠在千萬民眾之前口若懸河般又能保持鎮定不慌張之人，讓他從小就習於這種場合，正是雄辯教育的用意所在。並且大家競相發表演說，彼此也能顯出優劣短長，取之作為改善的借鏡，本身也是一種教育。

　　坤体良也冷靜的分析家庭教育或私人教育的優點，他說家庭教育或私人教育的對象少，照顧比較周全，師生關係比較和諧，工作負擔也較輕。這些優點正是公眾教育的缺點。至於家庭教育有縱容孩子之跡象，如同上述所言，卻也會發生在學校教育上。不過，坤体良的重點放在雄辯者的培養上，因此學校教育的優勢可以掩蓋其缺失❷。

　　二十世紀的教育思想家杜威也對此論題加以剖析，學校教育是「有形的教育」(formal education)，家庭教育是「無形的教育」(informal educa-

---

❷　Ibid., (6), 12.

❷　Ibid., (24), 17.

❷　Ibid., bk. I, ch. 2, (31), 28–29.

❷　Ibid., bk. I, ch. 2, 21–29. Quintilian說：「沒有什麼作為比較的標準來判斷自己的力量時，就很有可能把自己的力量估價太高」，所以不可以獨處，卻應在社會中生活。*The Institute Oratoria of Quintilian*, translated by H. E. Bulter, Cambridge, Mass.: Harvard University Press, 18, in Kingsley Price, *Education and Philosophical Thought*, Boston: Allyn & Bacon, Inc., 1965, 96.

tion)❷。二者優劣互現，卻應相輔相成，且缺一不可。

　　4.師資素質與條件：初等學校的教師應該是所有學校中最優秀者。先
有好的基礎，則其後的教學就比較容易進行。當時有些人認為教導小孩的
教師，能力普通即可，因為師生能力相差不大，學生模仿起來比較容易，
而平庸的教師也比較能夠忍受辛苦又令人厭倦的工作。坤体良對此種看法，
深不以為然。因為錯誤觀念如早植於孩童心靈，又根深蒂固，則以後要改
變過來，可能要花多倍功夫。教師承受了雙重責任，一是糾正錯誤，二是
進行正常循序性的教學。難怪有音樂名家(Timotheus)要求學生若曾經在別
人處學習，則須付雙倍學費。

　　如果有人能力優秀，但卻不屬於作孩童的教師，或對孩童教育深感厭
倦，坤体良則認為這種人不配稱為教師。一位傑出的雄辯家，遠比拙於言
談者，更能了解口才訓練的基本要素。「健跑如飛者若與小孩並駕齊驅，他
也會伸出他的手，放緩他的步伐，不會因跑得太快而讓小孩窮追不上。」❸
並且，能力最高強的人，教學方法也較佳。至少，他深切領會他所教的材
料，而雄辯家又以表達清晰為首務。講解透徹，又講解正確，這難道不是
最優秀的教師嗎❸？

　　小學教師是否應該是所有學校教師──中學及大學教師──當中最優
秀者，或小學低年級學生是否應該分配小學中最好的教師擔任教學，這種
問題一直都是教育界的熱門話題。依坤体良的意見，答案是肯定的。而坤
体良也認為凡是一流的雄辯家皆是一流的教師，證之於他所提雄辯家的資
格，此言也非屬子虛。雖然時下有人爭議知識好的學者，不見得是優秀教
師，但坤体良卻認為雄辯家不只是知識好而已，他還得兼品德高超與口才
傑出，這正是教學優良的重要條件。

　　其次，教師必須自我檢點。生活起居定時，行善事，有榮譽感；隨時
吸取新知，豐富學識，以作為學生楷模。對學生則採取「父權」方式來管
教，態度要嚴肅，不容學生撒野放肆，但卻帶有友情而不隨便；絕不因生

---

❷　John Dewey, *Democracy and Education*, N.Y.: The Free Press, 1966, 4–9.

❸　*Quintilian on Education*, op. cit., bk. II, ch. 3, (7), 78.

❸　Ibid., bk. II, ch. 3, 77–79.

氣過度而失去節制；立場堅毅不拔，不屈不撓；獎勵學生既不吝嗇，也不取媚；糾正缺失時則不辱罵、也不粗暴 ㉜。謹守中庸之道不趨極端，似乎亞里士多德的主張為坤体良所認可。

5.教學方法：不少教師不思教學方法的改善，只是懶惰的率由舊章，要求學生作生吞活剝的死記 ㉝，逼使學童視讀書為畏途。坤体良首先要教師注意，「學習要出之於學童的善意自願，這種特質不能由強迫得來。」㉞所以他極力反對体罰。

①鼓勵與競爭：鼓勵與競爭是學習的最大動機。「爭不過同儕，自己覺得丟臉；鬥過年長者，則是快事。雖然雄心本身是惡，但同時也是善事之源。」㉟坤体良自己說他的老師使用過一種方法，讓說話流暢者坐在前排，名列前茅，那是眾人嚮往的榮譽。座位應不固定，一個月調整一次，使大家都不敢掉以輕心，必須隨時警惕自己，以免被他人趕過 ㊱。

一些學者認為學習的動機最為純正的，應該是來自於「內在興趣」(intrinsic interest)，而非受「外在興趣」(extrinsic interest)所左右。前者即自我競爭，為讀書而讀書；後者則靠獎懲的引誘或逼迫、或擬發財升官、或為榮宗耀祖而奮力為學。坤体良用同學之間的競爭來激勵向學，並非上上之策；但是以「實用」立場而言，競爭不失為維持高度為學熱忱之策略。

因為學生在人數較多的公共學校就讀,同學之間的模仿自是平常之事，教師鼓勵學生「見賢思齊」，而人往高處爬也是天性。學生與學生之間的競爭，遠比學生擬凌駕教師之上的機會為多，如同「攀藤的葡萄枝一般，先從近處及底下樹幹纏起，然後才環繞而升至高處。」㊲

競爭與獎勵方式，是極為普遍的教學方法。這種方法為以後的耶穌社所使用。但因弊病不少，大受「小學校」的創辦者所指斥，也為二十世紀

㉜　Ibid., bk. II, ch. 2, 73–76. bk. XII, ch. 10, (80), 136.

㉝　Bowen, op. cit., 213.

㉞　*Quintilian on Education*, op. cit., bk. I, (8), 31.

㉟　Ibid., bk. I, ch. 2, (22), 26.

㊱　Ibid., (23), (24), 27.

㊲　Ibid., (26), 27.

幼兒教育家蒙特梭利所攻擊。

②禁用体罰：体罰是負面的，獎勵與競爭則具積極性。坤体良認為体罰令人噁心，頂多只能對奴隸行之，自由民不該接受此種侮辱的舉動，因為有傷人格尊嚴。其次，体罰不只未能根除惡源，還帶來仇恨，被罰者深覺丟臉，生活失去樂趣、坐立不安、心神不寧、避人眼光，還會加深執拗性，倔強之氣有增無減；並且大人向小孩施暴，不只以大欺小，嫩弱的心靈遭此摧殘，無助的身軀橫受凌虐，則種下了報復或兇殘的心性；俟長大成人，則以怨報怨，社會將形成乖戾之氣。此外，小時學的學科較易，都要挨打了，則大了以後學習更為複雜與困難的學科時，是否應變本加厲的大打一番呢？何況如果教師沈不住氣，「濫用体罰權」(abuse their privilege)，極有可能造成身心的傷害，更是罪惡了 ❸。

③承認個別差異的事實：教師應了解兒童的學習能力，不可用大人的標準去衡量學童學習的成效。「小嘴的容器如一下子灌注大量的水，則將四處溢出；如以涓涓細流、或一點一滴的注入，則能注滿。」 ❸

個別差異非常明顯，稍有教學經驗者都清楚此種現象，其實這並非很重要的發現。只是有些教師似乎無視於此種差異事實，導致於扦格不入，教學成效大打折扣。在体能上，有的人擅長於跑跳，有些學童則在摔跤上表現出色。在心智上，則喜愛歷史的人不必然有興趣研究法律或詩詞，反之亦然。在態度上，有些學生非予以督促則舉步不前；有些則沈不住氣，無法聽人指使；有些因恐懼而拘謹躊躇；有些則陷入精神恍惚，不一而足 ❹。因材施教，並依差異而調適，正是成功教學的重要方法。

④數種學科同時進行教學：坤体良贊成學生可以同時學習多種學科，不會增加學生負擔，更不必操心會造成科目混亂的結局。他相信心靈能力的容受度極富彈性。以彈琴為例，彈琴者一心有數用，他不只記住樂譜、聽出聲調、熟悉各種音量，右手指彈壓著數種不同頻率的弦，左手指也視音符不同而跳動，腳也沒閒著，正打著節拍！同時進行各種身心活動，並

❸　Ibid., bk. I, ch. 3, (14), (15), (16), 32–33.

❸　Ibid., bk. I, ch. 2, (28), 28.

❹　ibid., bk. I, ch. 3, (6), 31.

不礙事，還有整体感。他還建議各種學科或活動可以分段實施，由於學習活動的轉換，本身對心智而言都具有清爽與復原功能，不感疲倦。如寫字之後讀書，或讀書變換科目，就可以解除單調的毛病。如果整天聽同一教師講解同一科目，不管任教者多麼精於講課，講的科目多引人，但聽者不厭煩才怪。如同食物一般，就是山珍海味，吃久了也膩，不如換換口味。不必耽心更動學科之後，先前的收穫會丟失。農夫耕稼，也是一下子播了數種穀物啊❹！

雄辯家不可只精於單科知識，卻必須具備廣博的「文雅教育」(liberal education)基礎，只知其一而不懂其餘，是不配作為理想人物的！

學科的轉換學習，本身就是一種休息；除了有形的休息之外，更有無形的休息，不可忽略❷。如果要「專精」一門學科然後再開始研究其他學科，則何時才算「專精」？且學科之領會是否有「專精」（窮盡）時刻，都不無疑問。加上各種學科都有彼此的連貫與銜接性，同時學習不只不相衝突，且互有補益。

6.雄辯活動就是教育的全部：在知識方面，柏拉圖以哲學包括一切，並且他還認為哲學家當國王，坤体良則堅信雄辯家超越哲學家，治理公私事務最為恰當。經過雄辯家的明智決斷，城邦可以變成理想之境❸。換句話說，雄辯家應該作為國君(orator-king)。而如何栽培雄辯家，坤体良非常實際的提出他的教育理念。無論課程設計，師資考慮，及教學方法等，都朝向雄辯教育為鵠的。他雖然沒有柏拉圖及亞里士多德那麼精深的哲學素養，但討論教育問題的詳細，卻非兩位先哲所可比擬。只是，「教育」在學者著作中凸顯出獨特的地位，還要等候數世紀時光！

首先，雄辯家必通曉文法(grammar)。坤体良說的文法有兩種，一是發言正確，一是詩詞的闡釋。有些人認為雄辯家係天生，不必經由後天教養，坤体良則旨在培養毫無瑕疵——零故障的雄辯家。有些人如果生來面目姣好引人好感，音調悅耳，体力充沛，當然是居有利地位。但是文法詩詞的

---

❹　Ibid., bk. I, ch. 12, (1)–(7), 64–65.

❷　Ibid., bk. I, ch. 3, (8), 31.

❸　Ibid., bk. I, Introduction, 5.

探討，可以在知識上減少錯誤到最低的地步。天生的雄辯家是多種因素湊合而成，不見得完美無缺，好比解毒劑有時如含有抵消解毒的成分時，則效果大減。或如同採蜜昆蟲未加選擇的集各種花粉於一身的狀況一般❹，經過提煉與釀造，去蕪存菁結果，產品必然醇美。文法是教育的基本要素，雄辯家非精通不可。

其次，音樂的學習不可小視。其實詩詞早就與音樂如影之隨形。說話流暢動聽，更得借助於音樂訓練。蘇格拉底、柏拉圖、及亞里士多德都非常重視音樂的重要性。而發明畢氏定理的數學家畢達格拉斯(Pythagoras)更認為宇宙之運行本身就是一種頻率的律動；蘇格拉底直到晚年，仍勤習七弦琴不輟。斯巴達人則聞戰鼓、聽戰歌而奮勇作戰，羅馬的兵士更樂此不疲，所以所向無敵。大自然本身也賜給人類這種音樂禮物以減輕人生的苦悶，使航海的舵手在掌槳時哼聲以自娛，作單調苦工的勞動人士也以唱歌當消遣，即令其歌聲如何走調。雄辯者之練習嗓音，以及手勢動作之和諧，可以從音樂教育下手。坤体良舉出一位名演說家(Gaius Gracchus)向大眾演講時，背後請來一名樂師置一座音質管以便調整其發音之用❺。雄辯家之腔調，猶如樂聲或樂器演奏般的能夠震撼人心，以發揮言語說服效果。眾人也隨演講者之聲調變幻而轉移情緒的起伏。

第三種科目是幾何。幾何有兩種，一是代數或算術，屬於數目性質(numbers)，一是圖形(figures)。雄辯家如連簡單的數目字也不會運算，顯然是未經過教育的人；而圖形設計或測量，因常與法律訴訟有關，雄辯家更不可不知。而口才之流暢，必遵循邏輯程序，這又與幾何有關了。幾何是從已知到未知，從先前資料來證明某結論，這就類似演說中之陳述理由或原因了，也是亞里士多德三段論式的運用。「幾何演算」(geometrical demonstrations)是最嚴謹的推論方式，還可以偵測出對方的謬誤，指陳似是而非的詭辭狡辯。幾何更與天文有關，星球之運行猶如數字與圖形。太陽日蝕或月球月蝕，皆可依幾何公理予以解釋，雄辯家在眾人目睹「天變」時如能據幾何知識予以闡釋，則可以讓大家去疑解惑，安定人心❻。這種平服動亂

❹　Ibid., bk. I, ch. 10, (6), (7), 48–49.

❺　Ibid., (27), 54.

之手法，難道是政治人物所可比擬？遠征的軍士也不致於驚慌失措的逃遁，而無法負起保家衛國的重任或推翻專制暴政的職責了。

至於手勢與姿態或儀表，則與体育有關，但都不可失之美感。因此舞蹈是雄辯家應學習的技巧。西塞洛也說：「身体的強壯有力及圓熟的動作，非取之於舞台上的明星演員，卻是從摔跤學校或運動營中模仿而來。」❹ 不過，學生最好的模仿對象，不是遠在天邊卻是近在眼前的教師。教師之教學，就如同雄辯家之演說。除了不可作個「乏味教師」(barren teacher)❹ 之外，他的一舉足，一投手，都看在學生眼裡。

知識應付諸實踐，有了上述雄辯的知識，還應在實際辯論中表現出來。在學校中，應安排一些非常實際但卻頗富爭議的問題，供學生採正反雙方辯論，如「城市生活與鄉下生活，二者孰優？」「律師職務之重要性是否大於軍人？」「人應該結婚嗎？」「是否應該在政府中謀取一官半職？」❹ 或設計一些法律上的棘手案件供大家思索對策，先檢驗用字遣詞有無曖昧，然後又查看內容上是否前後一致，最後作文法上的解剖。至於雙方論點之攻防戰，則在實際上台後見真章。「知識上的格言遠不如實際上的實驗具備價值。」❺

坤体良在《雄辯教育》的最後一冊（第十二冊）一再強調雄辯家的道德素養，他知道一位完美的雄辯家或許還未產生，即如他所推崇的西塞洛，也有瑕疵，但猶如哲學之定義為「喜愛智慧」而非已經擁有智慧一般，吾人都應熱切的追求，希望能「逼近」完美境地。而完美的雄辯家，品德是最不可或缺的因素。一位能言善道之徒，如不能為公理挺身，卻儘為惡徒效力，則為害之烈將超過任何人 ❺。坤体良之雄辯教育主張，比希臘哲學家之強調哲學家培養，較富人情味。坤体良不但認為雄辯家的知行範圍大

❹ Ibid., (47), 59.

❹ Ibid., ch. 11, (18), 63.

❹ Ibid., bk. II, ch. 4, (8), 82.

❹ Ibid., (24), (25), (26), 86.

❺ Ibid., bk. II, ch. 5, (15), 94.

❺ Ibid., bk. XII, ch. 1, 108–115.

過於哲學家，還一再的說，哲學家只是以理服人而已，但雄辯家則不只要以理服人，還要動之以情，使對方服服貼貼的贊同其主張，打從內心裡歡喜甘願的接受雄辯家的看法[52]。這一點對教育工作者而言，是應銘記在心的。換句話說，坤体良的雄辯家優於希臘的辯士，批評者每對辯士之只能「勝人之口而不能服人之心」而有微詞，雄辯家卻要「勝人之口，服人之心」二者得兼。教師如能作到此種地步，堪稱完美矣！

　　史上第一本完全討論教育的著作，尤其都環繞著雄辯家的培養為其焦點，自有其教育史上應有的意義及定位。坤体良的作品，由於包羅萬象，但卻以人文教育為重心，因此在十五世紀當西方又重新發現其久失的作品時，遂在「人文主義」的浪潮下，扮演舉足輕重的角色。

　　讓我們引一段坤体良的話——有關教師與學生之間的關係——作為本節的結束：

　　「採取父親的態度對待他的學生，並作為付託管教的代表人。自身無瑕疵，也不容許別人為惡。端莊但不嚴厲，和藹但不隨便；因為嚴厲則別人不敢親近，隨便則滋生輕蔑。討論主題持續的以善及榮譽為主；婉轉的警告，就可以減少用刑。情緒必須控制，但卻不可無視於該改正的錯誤。教學免於矯飾，勤於進修，對學童的要求不可鬆懈，但也不可過分。」[53]

第三節　生活教育的理念——辛尼加與普魯塔克

　　以農業起家的羅馬人，在心態上與以商業發皇的希臘民族大異其趣。羅馬人認為作為莊稼漢的品德遠優於商人之重利忘義[54]。不過，由於農業生產必須靠勤奮的勞力工作，生活比較清苦，不少人也因之非常現實。在

---

[52]　Ibid., ch. 2, (11), 122–123.

[53]　Quoted in Robert Ulich, *History of Educational Thought*, N.Y.: American Book Company, 1968, 58.

[54]　Cato, De Re Rustica, I, in E. B. Castle, *Ancient Education and Today*, Penguin Books, 1969, 107.

提倡節儉為美德的同時，不容糟蹋任何可資利用的對象。比如說，奴隸如果生病，則少供應飲食；冬天夜裡或下雨天，也不可荒廢作活。奴隸太老或有痼疾，則予以變賣。但「奴隸如能教學，則蓄養奴隸是一種有利的投資。」❺

接受希臘哲學理論的薰陶之後，羅馬人的實用觀念，也就具有比較遠大的輪廓。純為思考而思考的希臘式論點，並不為羅馬民族所喜愛；他們認為許多希臘哲學學派所提出的「幸福」，乃是最實用的生活目標。

一、辛尼加(Seneca, 4 B.C.～65 A.D.)

㈠幸福的追求

辛尼加著有《幸福生活》(*Of a Happy Life*)一書。他首先指出一般人所追求的活動，並非真正指向幸福的活動，卻只在滿足耳目之欲而已。幸福生活所要求的是心靈的寧靜(tranquility)。達到此種境界的人，「機運都無法揚抑」❺。換句話說，獲得心靈寧靜的人，已是自我實現者，他自己掌握自己，不為外欲所動，即令機運上的好壞，都不會干擾他的心靈幸福狀態！這種修養，是既沈著又節制。首先需要明辨善惡、分清是非、判斷價值高下。擁有此種智慧，就一無所懼，一無所求，內心和平與滿足；所以心神上的愉快，大過於肉体上的舒服。其次，無德即無福。品德不佳，良心不安，幸福即遠離而去。品德並非某些人的專利品，卻是公有物，「它可以屬於奴隸，屬於逃亡者，或屬於王公貴族。」❺辛尼加服膺斯多以噶派(Sto-icism)的主張，家庭雖富裕，但生活卻簡樸。自我控制及道德的真誠，才是教育哲學的基本概念，所以孩子從小不可溺愛。「經常被母親擦乾眼淚的小孩，難以應付艱難困苦的外在世界情境。」❺面對各種橫逆，就如同斯多以

❺　H. I. Marrow, *A History of Education in Antiquity*, translated by George Lamb, N.Y.: A Mentor Book, 1964, 320–321, 331.

❺　Seneca, *Of a Happy Life*, translated by Sir Roger L'Estrange, 1729, in F. Mayer, *Bases of Ancient Education*, New Haven, Conn.: College and University Press, 1966, 265.

❺　Ibid., 274.

❺　E. B. Castle, op. cit., 143.

噶哲人(Epictetus of Hierapolis, 50～138 A.D.)所言,要認清何者屬於吾人能力範圍之內可以解決者;假定超出自己能力範圍之外,就如同無可避免的死亡,則只好採取承受態度,因為態度是操之在己的。

盡其在我,是幸福生活的要旨,也是教育的主要用意。「為生活而學習,非為學校而唸書」,「由教學中學習,是最好的方式」,「以身作則的教學,效用高於教訓。」❺❾ 這些都是辛尼加的教育座右銘。

(二)修辭與雄辯

其次,辛尼加也附和雄辯教育的主張,雄辯家必講究修辭。因為說話的意境,表明了心靈的意境;「說話乃是心的索引。」比如說,「生氣的人說話短而快,女性化的男人,腔調則鬆軟柔情。」❻⓿ 人們只要一開口,就被別人識破其內心的底蘊。觀念與說話,二者裡外一致;而說話的堅決與肯定,論點之清楚有力,正足以表明說話者內心的狀態。不可裝腔作勢,矯揉做作,花言巧語,卻應注重品德的高超。「語言敗壞,就是心地敗壞。」❻❶

為了要敏銳學生的思考,教學時應提供正反雙方的意見,使贊成與反對都有充分發展的空間。比如說: 一個人應該追求財富而避免貧窮嗎? 從政與否,何者為是? 婚嫁或維持獨身? 漢尼拔(Hannibal, 247～183 B.C.)是否應該攻打羅馬? 凱撒應該進兵日耳曼嗎? 當今政要是否應該辭職? 西塞洛如果焚燬他的著作,是否可以取得他的政敵之諾言而無生命之虞❻❷? 諸如此類有關歷史、戰爭、政治等人生問題,都是教育不可逃避的討論對象。

更為史家所熟知的是「強盜首領之女」案件(Case of the "Daughter of the pirate chief")。案情是: 一位年輕人被強盜擄走,乃寫信請求父親取款來贖身,但在其父籌不出錢時,強盜首領之女愛上了這位年輕男子。匪酋之女向年輕人說,只要他發誓娶她,她就有辦法使他獲得釋放。這位年輕男子答應之後,遂獲得自由身。但此事卻不獲其父諒解,不久,一位富有的女

---

❺❾ Paul Monroe, *A TextBook in the History of Education*, N.Y.: Ams Press, 1970, 207.

❻⓿ Seneca, in Mayer, op. cit., 277–278.

❻❶ Ibid., 280–282.

❻❷ S. F. Bonner, *The Education of a Roman, A Lecture for Schools*, Virginibus Puerisque: Liverpool University Press, 1950, 16–18.

人要求這位年輕男人放棄強盜首領之女而與她成婚。由於這位年輕男人不願意，其父乃剝奪了他的繼承權。此種虛擬的法律案件，猶如希臘時代辯士之法庭辯論一般了。辛尼加之辯護理由，可供吾人參考：

1. 為年輕人辯護：

①嚴肅的遵守諾言，為羅馬人所尊重。

②對救命人感恩，是應該的行為。

③用嘲弄的方式諷刺其父無法營救自己的孩子。

④娶一個私產極大之女為妻，並不妥適。

2. 為父親辯護：

①父權大於一切，在羅馬社會中普受肯定。

②與強盜之家結親，是一種恥辱。

③誓言在逼迫及偶發狀態下發生，並非正常，也非真意，雙方可以毀約。

④強盜乃公眾之敵，不可與之為伍。 ❻❸

依上所述，辛尼加相當鍾情於希臘的辯士作風。

二、普魯塔克(Plutarch, 45～125 A.D.)

普魯塔克與坤体良一般，直接探討教育的實際問題。他在西方文明史上最引人注意的是《傳記》(*Lives*)一書，以道德的立場去評述希臘及羅馬的著名人士 ❻❹，是莎士比亞寫作戲劇的主要材料，更是盧梭愛不忍釋手的閱讀讀本。不過，他更有一本《兒童教育》(*On the Education of Children*)的教育專著，涉及一般性的教育問題，非常實用。

首先，普魯塔克取希臘數學家畢達格拉斯(Pythagoras)的禁律，換上與實際生活有關的箴言。

1. 勿摸黑尾巴——勿結交壞人。

2. 勿超出平衡點之外——不可違反正義。

3. 勿坐吃山空——未雨應綢繆。

---

❻❸ Ibid., 18–19.

❻❹ Plutarch, *Plutarch's Lives*, N.Y.: The Modern Library.

4. 勿伸右手——不輕易結交朋友。

5. 勿戴太緊的戒指——不受束縛。

6. 勿用劍挑火——不要激怒他人。

7. 勿傷心——不要太激動。

8. 勿吃豆——不要干預政事。（政治是數人頭之事，豆猶如人頭）

9. 勿置食物於泥淖中——不要把珍珠放在豬前，不要對牛彈琴。

10. 旅遊抵終點，勿返顧——從容就死。 ❻

歷史越久的國家，難免會出現越多的人生座右銘。普魯塔克轉換神秘意味的畢達格拉斯宗教派別之禁令而成為人生行為的指標，豐富了人生哲學的內容。

㈠教育的重要性

完美的教育，應該考慮三種要素。一是要有優秀的天分，二是要有適當的教學，三是要經常的練習。三者缺一不可，遺傳與環境，在普魯塔克的心目中，都佔同等重要的地位。「就如同耕種一般，首先要有肥沃的土壤，其次要有勤奮的農夫，最後是要有良好的種子。土地比喻為天分，農夫好似教學，而種子就是練習了。」「天分不加以訓練，則是盲目的；只管訓練而不顧及天分，則是有缺陷的；光注意習慣的培養，而未計及教學及天分，則是有瑕疵的。」 ❻❻ 普魯塔克把種子比喻為「練習」或「習慣的培養」，實在含有深意。這說明了追求知識或涵養德性，主動性操之在己。即令天分再好（土壤），環境再優（師資），但種子（學童）自身不爭氣，不奮發向上，則仍然一事無成。尤其在人的教育上，勤能補拙，早已是共知的事實。他說：「長期不斷的努力，會產生神奇的效果。這種案例天天發生在我們四周。滴水可穿石，鋼鐵可磨成針，木可成輪。」 ❻❼ 由此證明兒童時期教育的重要地位。

天分的優劣，是人們無能為力的，但是找到良好的教師，並充分自我要求，這兩大因素倒是人們可以控制的。如果一個人把活動的重點放在知

---

❻ Plutarch, *Morals*, translated by A. R. Shilleto, in F. Mayer, op. cit., 309.

❻❻ Ibid., *The Education of Children*, 300.

❻❼ Ibid.

德二者的提升上，則世上無任何價值可以與之匹敵。「其他人類的福祉與此
相比，都相形見絀。出身高貴，當然名聲好，但那是祖先的庇蔭。財富多，
大部分是運氣所造成，厄運臨頭時，則人去財空。聲名遠播，並不安全。
美麗是大家所想要的，但時間不長；健康是人們所要的，但不久也將消失。
至於力氣大，當生病或年老体衰時就消失不見了，並且人力也比不過動物。
只有教育的價值才永恆且神聖。」❻❽世人懵懂無知，放棄教育的重要性，的
確可惜。斯巴達的立法者里克爾格斯(Lycurgus)曾養兩隻小狗，因施以不同
方式的訓練，結果一隻貪婪無比，另一隻則盡責狩獵❻❾。同理，兒童接受
教育與否，也會有截然不同的表現。

　　既然教育如此重要，任何家長再怎麼窮困，也應該不吝惜金錢來教導
孩子。普魯塔克舉出一個有趣的對話，說明部分家長之愚昧：

　　　　「教導一位孩子，需要多少錢?」

　　　　「大約一千元(drachrae)。」

　　　　「怎麼那麼貴，我也可以用同樣的價錢買一個奴隸。」

　　　　「那麼你可以有兩個奴隸了，一個是你兒子，一個是你買來的。」❼⓿

㈡兒童教育的重點

　　初期教育是教育的基礎，而家庭就是初期教育的場所，母親更是兒童
教育的指導者。因為婦女較有輕快的舉止，甜蜜的語言，豐富的情感，及
高度的容受性，可以增加兒童內心的溫柔。在生理上，「上天很聰明的要婦
女有雙乳，所以如果有了雙胞胎，她們也備有兩個滋養的泉源。」❼❶母親教
育子女，比父親更居優越角色。

　　其次，家長應該要以兒童的立場來衡量兒童，絕不可用大人的標準來

---

❻❽　Ibid., 302.

❻❾　R. Ulich, *Three Thousand Years of Educational Wisdom, Selections from Great Documents*, Harvard University Press, 1968, 92.

❼⓿　Plutarch, *Morals*, in F. Mayer, op. cit., 301–302.

❼❶　Plutarch, *Of the Training of Children*, in G. Compayré, *The History of Pedagogy*, translated by W. H. Payne, London: Swan Sonnenschein & Co., 1900, 55–56.

要求兒童。普魯塔克很具現代兒童本位學者的口吻說:「家長……應常常原諒孩子的過錯。要記住,他們以前也是孩子呢!」「既能容忍朋友的過錯,為何不能寬諒兒童的蠢行呢!」[72]對於兒童的言行,如不滿意,則充耳不聞,或視而不見。

引發動機與興趣,是教學的重點。學習可能是苦差事,但想辦法讓學童興致勃勃的一心向學,這就是教育的成功。「如同醫生以糖衣包住苦藥,味道可以入口,因而有利治病一般。因此家長也要寬嚴並濟,有時准許他們輕鬆一下,讓兒童滿足自己欲望;有時則拉緊一些。」[73]如能引發學習的動機,則心靈的主動性就開始運作。普魯塔克非常正確的指出「心靈不是個注入的器皿,而是會燃燒的火爐。」只要提供恰當的燃料及滋養物,心靈就積極的追求真理,探討知識。在此種狀況下,學習就變成完全自動自發而不必靠外力逼迫了。就如同亞里士多德所言,人人皆有天生的求知欲,在鼓勵有加的教學環境中,學童嘗到了教育的益處,無不持續以赴,永不休止;絕不會半途而廢,或只作壁上觀。「就如同一個人在向他人求教時,並沒有燃燒起自己求知的火焰,變化氣質,而只是繼續留在教師處作個喜愛聆聽的配角。這種情形,就如同一個人到鄰居處借火,發現鄰居的火又旺又熱,乃坐下來取暖而忘了回家一般。」[74]到鄰居處取暖,不如自己生火;盼望教師教學,不如養成自學習慣。

最後,普魯塔克希望家長找一位無瑕疵的教師,既有純淨的品格,又經驗豐富。這種對教師的要求,實在是懸的過高,即令在當今教育發達的國家,都無法實現,更不用說在古代的羅馬社會了。不過,普魯塔克對於羅馬人不慎重選擇教師,卻有不容情的指責。尤為荒謬的是,不少家長明知教師毫無教學經驗,教學效果也不彰,卻以為只要聘了教師來教其子弟,則責任已了。換句話說,家長熱衷找教師,卻不認真考慮孩子教育的成效,「這種行徑,就好比身体病了,不請良醫來診病,卻招來庸醫來斷送生命

[72] Plutarch, *Morals, on Education*, in F. Mayer, op. cit., 310.

[73] Plutarch, *The Education of Children*, I, 18, in E. B. Castle, *Ancient Education and Today*, Penguin Books, 1969, 145–146.

[74] In Compayré, op. cit., 57–58.

一般。……這種人也猶如只會照顧鞋子但卻不會照顧腳一樣的可笑。」❼❺

　　上述普魯塔克的教育說法，不少是歷史上的第一遭。一般而言，羅馬教育著作所談的教育哲理，與希臘哲學家的作品相比，較無深邃的系統架構；不過，教育本是一門實用科學，對教師或家長而言，實際性及生活性的教育討論，價值及功用甚大，因此他們的作品也為後世所取法。

參考書目

1. Bonner, S. F. *The Education of a Roman. A Lecture for Schools*. Virginibus Puerisque: Liverpool University Press, 1950.

2. Cicero. *On the Good Life*. Michael Grant (tr.). Penguin Books, 1979.

3. Cicero. *De Oratore*. E. W. Sutton & H. Rackham (tr.). The Loeb Classical Library. Cambridge, Mass.: Harvard University Press, 1942.

4. Mayer, F. *Bases of Ancient Education*. New Haven, Conn.: College and University Press, 1966.

5. Monroe, P. *A Textbook in the History of Education*. N.Y.: Ams Press, 1970.

6. Plutarch. *Plutarch's Lives*. N.Y.: The Modern Library.

7. Price, K. *Education and Philosophical Thought*. Boston: Allyn & Bacon, Inc., 1965.

8. Quintilian. *The Institute Oratoric of Quintilian*. H. E. Butler (tr.). Cambridge, Mass.: Harvard University Press.

9. *Quintilian on Education*. William M. Smail (tr.). N.Y.: Teachers College Press, Columbia University, 1938.

10. Ulich, R. *Three Thousand Years of Educational Wisdom, Selections from Great Documents*. Harvard University Press, 1968.

---

❼❺　Plutarch, *Morals*, in F. Mayer, op. cit., 301.

第四章　一心向神的基督教教育觀點

　　希臘思想注重哲學理論，羅馬則強調實用；這兩種不同的發展方向，對於西方文化及教育的影響甚大，希臘文及拉丁文變成眾所熟知的「古典語文」(Classical languages)，也是西方人在追求知識或探索真理的教育過程中，所必須研讀的兩種課程。在希臘學者用希臘文所寫作的論著中，以及羅馬人用拉丁文所描述的觀念裡，都有一種共同的特徵，即這兩個時期的學者都傾心於關注現世生活，而絕少涉及宗教層面。自耶穌基督及其門徒宣揚基督教(Christianity)以來，人們漸知除了「自然」(nature)世界及「人文」(humanity)世界是人的興趣範圍之外，另有「超自然」(super-nature)世界更是甚為迫切的思考地盤❶。而後者的重要性，在神學家及羅馬帝國時期的絕大多數人之心目中，更凌駕於前二者之上。雖然宗教觀念也是與人生以俱來，希臘羅馬人也有他們傳統的神祇信仰，但是基督教卻與此大異其趣，甚至水火不容。信仰是情感的產物，信仰過於執著，則滋生狂熱。因此，不同信仰的人，每因信仰的理念不一，而發生嚴重的衝突。基督教創教之初，殉道者絡繹不絕，而基督教一擁有勢力之後，也對「異教徒」(pagans)不容情的打擊與殺戮，這都是信仰者不明上帝旨意所製造的人生悲劇。不過，這種悲劇，卻頗富有教訓意義。

　　基督教興起之前，西方人大半崇拜的是多神教，甚至是「人神同体」(anthropomorphism)──神與人無異。基督教主張一神，即耶和華(Jehovah)，祂至真、至善、至美，萬有為其所創造，人永無法與祂相比。且人性墮落，人性弱點甚多，只有一心向神，才能得救，時時懺悔，方得永生。換句話說，教徒只要虔誠，心中自有明燈；精神生活的安寧，勝過塵世的榮華富貴。人的生命有限，上帝卻永恆；世事多變且痛苦層出不窮，但是幸福卻

---

❶　人的「好奇面」有三，一是蘇格拉底以前的學者所探討的「自然世界」，二是辯士以還的哲學家所研究的「人文世界」，三是宗教神學家所專注的「超自然世界」。

能在皈依天主中尋覓。簡言之，基督教提供給世人一個明顯的人生指示標，在汪洋大海及波濤洶湧的狂浪裡，凸顯出一塊安身立命的磐石。在世雖遭逢不公與不義的慘劇，如果有堅毅的鬥志與永不遲疑的禱告，就能享受神寵(grace)。並且上帝擁有無比的愛心，即令作惡多端者有自動悔過跡象，則天主就以慈悲胸懷擁抱匪徒 ❷。這種觀念，的確具有深遠的教育意涵。在追求知識的園地裡，教徒對於希臘羅馬學術採取兩種態度。

一是不屑於「人」在真理上的造詣，認為希臘及羅馬的著作不只觀念彼此不一，且錯誤連連；二是即令希臘羅馬學術有其可取之處，但價值頂多只能附屬於宗教聖典之下；二者相合固然可喜，二者衝突則祭出聖經言詞作為最後的裁判。當教士排拒希臘羅馬學術時，史家即評此作風為「黑暗時代」(Dark Ages)的重要理由；當神父們提議希臘羅馬學術得經宗教信仰洗禮而二者仍然可以共存時，則是「教父哲學」(Scholasticism)時代的來臨。

第一節　教會領袖對希臘羅馬文教的態度

基督教建立之初，教徒輒遭放逐與迫害，他們在生命堪虞之際，實在無暇顧及希臘及羅馬學術之研究。當時最緊要的工作，不是知識的獲得，而是品德的涵養；他們所注重的不是能言善辯的口才，卻是歸屬上帝的純淨心靈。即令到了基督教得勢之後，不少教會領袖認為希臘羅馬著作中與聖經牴觸者不少，凡與聖經不合者，不是異端就是邪說，不只誤導人們的觀念，還是危害學子的毒源。他們雖然在早歲接受教育時期也研讀過希臘的哲學及羅馬的文學，但卻心生反感。這些異教學術，如果與聖經相比，簡直不能同日而語。不只相形見絀，還破綻百出。

---

❷　奧古斯汀(St. Augustine, 354～430)就是最典型的人物。這位基督教早期最具影響力的教士在年輕時，犯過累累，直到32歲才悔過。見其所著《懺悔錄》(*Confessions*)一書。Translated by R. S. Pin-Coffin, Penguin Books, 1971.

一、教會領袖排斥希臘羅馬學術

教會領袖攻擊希臘及羅馬學術的理由，不外下述數端：

1.哲學是理性的產物，但理性是不可信賴的：基督教堅信人性本墮落，因而人性之一的理性也不完美。理性既有缺失，則由理性推論出的學術体系就不足恃了。希臘哲學家高唱理性的尊崇地位，但理性的運作，並不能保證獲得至高無上的真理。除了不少哲學家持懷疑論調之外，更見為數眾多的哲學理論彼此攻訐，相互出入。哲學派別林立，各擁山頭；柏拉圖擬激進的走革命路線，亞里士多德則持溫和的修正立場，蘇格拉底認為觀念來自先天，但辯士則主張知識係環境所造成。此種五花八門的學派，各是其所是，各非其所非，卻無一個大家共同承認的是非，徒使人陷入眾說紛紜，了無最後答案的迷霧中，可見理性是多麼的擾亂人們的思緒。研讀哲學，非但觀念無法清晰，反而更為模糊；翻閱希臘羅馬著作，不僅未能解決問題，卻新添了更多的問題。而哲學術語之充斥，更為人所詬病。這種現象，容易使本來極為簡單的答案變成複雜。「多不快樂的亞里士多德啊！發明了辯證術……，從中產生了毫無意義的問題及癌症式的語言擴張。」❸

希臘及羅馬的作家不自量力，以為人的理性可以窺透萬有之奧秘。柏拉圖及亞里士多德在分析人性時，都以理性為人性的最高層，但他們卻不知人乃是造物主所創，且人在宇宙中相當渺小，他們更罕論及人性之上還有個「神性」。單靠理性，則思想變成分殊，由哲學學派之不只一家可為明證；而各家都能言之成理，持之有故。但也就基於此種理由，足見依理性而生的各種哲學論調，都只是一偏之見，而未及全貌。嚴格來說，一偏之見就是一種錯誤。相反的，只要一心向神，幸福則立在眼前。這種說詞，即令到了十二世紀時名寺院(the Clugny House)的住持聖者彼得(Peter the Venerable)還是堅信不移。他向友人說：

---

❸ Quoted in Frederick Eby and Charles Flinn Arrowood, *The History and Philosophy of Education: Ancient and Medieval*, Englewood Cliffs: Prentice-Hall, Inc., 1949, 595. Also in P. Monroe, *A TextBook in the History of Education*, N.Y.: Ams Press, 1970, 241.

> 看吧！不必研究柏拉圖，也不需學苑式的爭辯，也不要亞里士
> 多德之精明，更不要有哲學訓練，幸福之路與幸福的場所就能顯現
> 出來。你何必奔走於學府之間勞力於教學呢？……你何必徒勞於喜
> 劇的背誦，感嘆於悲劇之情，被韻律家所煩擾、詩人所欺騙、哲學
> 家所左右呢？你為什麼沈溺於事實上並非哲學而是糊塗之學裡面
> 呢？❹

　　教會領袖認為植基於理性的哲學導致吾人「糊塗」。這種非難，與文藝
復興時期的大文豪伊拉斯莫之明指「哲學家」(philosopher)為「蠢學家」
(foolosopher)，實在相互輝映。

　　其次，不少學者還膽大妄為，企圖將異教提升到與聖經相埒的地位。
教皇曾嚴厲斥責一位遠在法蘭西的主教，警告他「同一張口不能唱出對耶
穌基督的讚美詞，同時又對周比德（異教主神）予以歌頌的。」❺更令教會
人士憤慨的是「將天上神諭的文字納入文法規則裡」的這種想法❻，那才
是褻瀆神明了。文法規則正是人的理性之產物，但文法規則並非毫無瑕疵，
因此怎可用具有漏洞的文法規則來分析研究甚至評斷上帝所啟示的無缺點
語言文字呢？設若聖經的文字不合乎文法，則該修改的不是聖經，而是人
所發明的文法。

　　簡言之，希臘及羅馬學術絕無法與聖經同列。「雅典究竟如何與耶路撒
冷相處？學苑如何與教會調和？異教徒如何與基督徒比較？不要徒勞於塑
造一個融合斯多以噶派、柏拉圖派、及辯證派等學說的基督教吧！……單
用我們的信仰，我們不需更多的信念。……」❼理性既不可靠，怎能提升
它到至高無上的層次呢？

　　2.聖經是所有知識的寶庫：教徒如需探討知識，則一部聖經就足夠他

---

❹　P. Monroe, ibid., 273.

❺　W. Boyd, *The History of Western Education*, London: Adam & Charles Black, 1964,
　　104.

❻　Ibid.

❼　Robert Ulich, *History of Educational Thought*, N.Y.: American Book Company, 1968,
　　78.

耗費終生也無法窮究其奧秘了。聖經非但包括了全部的知識範圍，且是最
正確的知識源泉，教徒擁有一部聖經，就可心滿意足，何必尋求其他異教
作品呢？況且哲學家的主張還是從神學經典中導引而出。因此，聖經是本，
其他哲學著作是末；捨本逐末，則是為學的大忌。哲學研究，如缺乏基督
教義之指導，則易增紛擾。有「基督教哲學之父」(Father of Christian Philos-
ophy)之稱的奧古斯汀(St. Augustine, 354～430)就持這種觀點，他說：

> 　　哲學家的著作或討論，任何時代或任何地方的國家法律，能夠
> 有資格與基督教會中的兩句箴言「全心全力信主神」、「愛鄰如己」
> 作智慧的比較嗎？全部的哲學都包括在裡面了——物理、倫理、論
> 理等無一例外。因為第一，神是創物主，祂是所有存在物之因。第
> 二，善及誠實生活，非由其他所生，其根源處是愛，因此人人要互
> 愛。而吾人愛的正確對象就是神及鄰居。第三，神是唯一真理及理
> 性靈魂之光……。❽

三世紀時的《使徒法典》(*Didascalia Apostorum-Apostolic Constitutions*)
更明確的指出：

> 　　去除所有異教書吧！你能從這些外來的學術、法律、錯誤的斷
> 言及顯露不穩定的說法中獲得什麼嗎？你到底在神的律法中發現有
> 毛病嗎？否則為何要涉及這些外來的典籍呢？假如你要唸歷史，那
> 麼就拿預言書(Prophets)、約伯(Job)、及箴言篇(Proverbs)來唸吧！在
> 這些篇章中，你可以發現比外教的詩人及雄辯家更有根底的東西，
> 因為這些都是主的語言，主是聰明之神。假如你想唱什麼，就可以
> 唱詩篇(Psalms)啊！假如你想探究物体始源，翻一翻創世紀(Genesis)
> 吧！甚至研究法律規章，都可以從神主的榮耀法中獲得，因此，千
> 萬要與邪書隔離。❾

---

❽　Eby and Arrowood, op. cit., 595–596.

❾　Ibid., 593. St. Basil曾是古典知識的友人，但晚年則認為他全心全力研究聖經而已。
　　「假如我已讀過什麼古典，我早已忘得一乾二淨。」E. J. Power, *Main Currents in the*
　　History of Education, N.Y.: McGraw-Hill, 1962, 156.

聖經等於是百科全書，應有盡有；且取之不盡，用之不竭，學子即令窮畢生之力，也不一定可以分享一些聖經那麼浩瀚無際的知識，那來餘暇旁鶩及異教書籍呢❿？何況異教書籍又充滿錯誤。

3.哲學家不自檢點，除了熱衷爭執之外，行為還鄙夷可笑：教會領袖中對希臘哲學予以熱諷冷嘲的，其中以二世紀的塔提安(Tatian，120～173)為最。他在《致希臘人》(*Address of Tatian to the Greeks*)一書中將過去哲學家的糗事毫無保留的披露出來，與教徒之純樸、潔淨、忠誠、服從、靜默諸美德相比，實在無法匹配。他將希臘時代的哲學家，一一點名批判，連柏拉圖及亞里士多德都不能倖免。原因無他，哲學家仍停留在塵世寰宇中，未能超拔提升至天國使然。下述摘取數段，以便知悉他挖苦哲學家之能事：

> 追求哲學，到底產生那些光彩之事呢？你們當中最傑出者能免於虛誇嗎？以住在桶裡遊行來顯示自己逍遙自在的戴阿金尼斯(Diogenes)因吃了生薑而瀉腹，也因暴飲暴食而失去了生命。穿一身紫色袍遊走四方的亞里士提普(Aristippus)過著恣意揮霍的日子，以遂行其主張。哲學家柏拉圖因有狼吞虎嚥的天性而被戴阿尼舍(Dionysius)出賣。而亞里士多德荒謬的認定蒼穹是有限的，且以為幸福就是享受快樂之事，更違反了自己身為教師之責任，竟然奉承其門徒亞力山大，忘了後者還只是一個年輕人。

> 赫拉克里特斯(Heraclitus)學哲學也學醫術，但因得水腫病，乃以牛糞貼身，牛糞乾時卻與身上之肉黏在一起，撕下牛糞的同時，全身也被撕成一片一片，因而死亡。芝諾(Zeno)更認為大火之後，人人復起而重複以前所做的事❶，比如說阿尼特(Anytus)及米勒特(Miletus)有控告之舉；Busiris謀殺客人，Hercules又做勞工；而惡人將比善人多。

---

❿　這種論調，在十九世紀及二十世紀之交的中西文化論戰中也出現過。不少中國學者仇視西洋文化，卻高揚傳統經典的價值。「半部論語治天下」以及易經中隱藏有「核子分裂學說」等，就是典型的代表。

❶　這兩位是控告蘇格拉底的主角。

　　哲學家彼此之間相互攻伐，獨斷自以為是；其實大家相互摩擦，心生仇恨，樂於提出衝突論點，而虛榮心又促使他們霸佔高位。

　　你們哲學家中到底產生什麼偉大又令人讚賞的事嗎？你們的肩膀不遮掩，蓄長髮、留長鬚、指甲堪與獸爪比。雖然你們說不需什麼，但像Protens(即Cynic Peregrinus)的小皮袋裡裝著刷洗用具，一個紡織器以便修護他的斗篷，一把木刻刀以便切材料，喜愛被富者邀宴，還帶一位廚師來大快朵頤。人竟然與狗相爭，不知神，卻仿非理性動物之行徑，在公眾面前大喊，以為你是權威，自己報復自己。……你們跟隨柏拉圖，但伊比鳩魯(Epicurus)之門生立即起而反對；你們擬成為亞里士多德的徒弟，但德莫克里特(Democritus)之隨從馬上予以攻擊。……你們從先人中獲得各種彼此相互挑釁的教條，諧和與不諧和之間相互爭戰。你們之中有人說上帝是肉體，但我肯定祂不是肉体；世界是不毀的，但我說世界會有末日；大火發生在各種時代，但我說一次即完成；Minos及Rhadamanthus是判官，但我說上帝才是仲裁；只有靈魂才能永生，但我說肉体也能不朽。我們傷害了你們嗎？希臘人啊！為什麼你們懷恨那些聽從上帝語言之人，以為他們是最邪惡之徒呢？

　　張開大口注視天空，你們卻顛覆的掉進水溝，閱讀你們的書好比陷入迷宮。為何你們把時間分開，說一部分是過去，一部分是現在，另一部分則是未來。如是現在存在的話，則未來又如何能過來呢？

　　你們自誇的說，只有你們才有權利討論，但你們的討論猶如瞎眼人對上聾子一般。❷

教會領袖對早期哲人的撻伐，其中所指的事實，稍涉西洋哲學史者，當知梗概。不過，這種正面且冷酷的責難，卻產生了不少嚴重的後遺症。

---

❷　*Address of Tatian to the Greeks*, quoted in H. C. Black, K. V. Lottich & D. S. Seakinger (ed.), *Great Educators*, Chicago: Nelson-Hall, 1972, 278–281.

一來是象徵希臘哲學思潮大本營的雅典大學，至529年關閉；二是絕大多數的使徒及高級教士變成無知，在堅信「無知者擁有天堂」❸的口號下，「愚民」的教育政策遂大行其道，大家率以無知自豪。希臘羅馬學術因而中斷了一段為期不短的時間，要不是十四世紀之後的文藝復興，則古典文化將長埋地下，實在可惜。

二、教會領袖有條件的接受希臘羅馬學術

同為信仰基督的宗教領袖，也有不少認同於希臘羅馬學術者。原先基督徒指斥哲學派別對立，但基督教徒本身對異教文化的態度也不一致。不少教會領袖認為涉獵希臘及羅馬人的著作，非但無害於信仰之奠立，還有助於對上帝之瞭解。

1.二者目的相同；聖經如果是真理的全部，則哲學著作中也有不少觀念與聖經相合。二者皆勸告世人行善，二者皆認定靈魂高於肉体。亞力山大里亞教會問答學校(the Catechetical School of Alexandria)的主持人克里門(Clement, c.160～215)說：「柏拉圖乃是摩西雅典化身的」(Plato was Moses Atticized)，希臘哲學家是「將全世界的人變成為基督徒的教師。」❹柏拉圖的著作中，如改了幾個字眼，幾乎就與教會領袖的說法如出一轍了。哲學與宗教雖屬殊途，但卻同歸，二者途徑不一，如同真理之河有二支流一般，但卻都匯眾於福音這個大海裡。哲學是上帝賜給人類最珍貴的禮物，二者皆是智慧的結晶。至少，哲學也可作為神學的預備，二者並不矛盾或衝突。二世紀早期的哲學家馬特(Justin Martyr)在改信基督後，仍不忘哲學探討，他身著哲學裝，是道地的柏拉圖主義者。他認為柏拉圖等哲學家乃是耶穌之前的基督徒，他們如果誕生在耶穌之後，必定是個十足的福音傳播師。不少教徒相信哲學家的名言嘉句乃是竊取舊約(*Old Testament*)而來，可見

---

❸　G. Compayré, *The History of Pedagogy*, Michigan: Scholarly Press, 1900, 68. 有些教會領袖（如Clement）因擔心著作引起信仰的忠貞問題，乃以晦澀及曖昧的詞句來表達，以避免被人批判。Kingsley Price, *Education and Philosophical Thought*, Boston: Allyn & Bacon, Inc., 1965, 167.

❹　P. Monroe, op. cit., 238.

二者本源相同。

　　基督教並非希臘哲學發展的結果，但基督教教義擬哲學化時，教徒馬上發現希臘哲學正是將原始的宗教信仰轉變為理論性的神學時的最佳工具。不少教徒在面臨敵對者對基督教義的質疑問難，以及在闡釋聖經本意時，不得不借用哲學來將教義予以系統化並提出一套可以自圓其說的論點。如此，基督教不只可以發揚光大，使更多的迷途羔羊歸隊，還使得基督教義成為深邃無比的神學學說。

　　除了希臘哲學之外，希臘及羅馬之文學或文藝等科目之研讀，亦有助於對教義的了解。教會領袖奧力岡(Origen, c. 185～254)及聖貝斯爾(St. Basil, 331～379)都希望年輕人要多翻閱文學作品，後者還明白指出荷馬的詩如果充分使用，正是訓練年輕人獲得古代智慧的無窮寶藏。在《致年輕人閱讀希臘文學》(*Address to Young Men on Reading Greek Literature*)一書中的第二章，還用蜜蜂釀蜜的隱喻來說明教徒應該吸取古代文學：「採所有的花朵，吮不同的花粉，乃形成蜂蜜。」❶❺文學若與教義有關，則透過文學之研讀，也可加速教徒對真理的領悟。如果二者有別，則相互衡量，更加強信徒對信仰的認知。當然，他向讀者警告，在研讀異教文學時要特別謹慎，否則就如同飲上了含蜜的毒物一般。比如說詩人描繪淫穢的行徑、嘲罵或攻擊、亂倫、豪飲等，都應摒棄，尤其提到多神觀念，更需剷除❶❻。這種看法，他的同輩格列哥里(Gregory of Nazianzus, c. 330～390)完全贊同：「由於我們可從某些爬蟲類中製造出有益健康的藥物，因此我們也可以在世俗文學中掌握探討知識及思考學問的原則，同時我們刪去他們的偶像崇拜。……甚至這些，都有助於我們的宗教。」❶❼

　　以宗教為本位，依此來選擇適合於信仰的哲學及文學，正是這批教會

❶❺ James Bowen, *A History of Western Education*, vol. II, London: Methuen & Co., Ltd., 1975, 220. 甚至蜜蜂都可以在有毒的花粉中釀出芬芳的蜂蜜，這是文藝復興時代的文學家之論點。see W. H. Woodward, *Vittorino da Feltre and Other Humanist Educators*, N.Y.: Teachers College Press, Columbia University, 1963, 214.

❶❻ R. Ulich, *Three Thousand Years of Educational Wisdom, Selections from Great Documents*, Harvard University Press, 1968, 154.

❶❼ Eby and Arrowood, op. cit., 592.

領袖的心意。

　　2.希臘及羅馬之文化教育本身也具優點，令教會領袖稱讚：接觸過希臘羅馬學術者，都嚮往希臘羅馬的哲學及修辭。雖然悚於最後審判，懍於良心譴責，不得不聲聲句句斷言自己是虔誠的教徒，但在內心及背地裡無不對柏拉圖及西塞洛等人的作品喜愛不已。

　　最足以反映這種兩難困境的，莫過於聖經的正統翻譯學者聖傑倫(St. Jerome, 331～420)，他一生都生活在這種對文學之熱衷與對上帝之忠誠的困擾中，口中雖說：「光與暗如何交流呢？……我們不該同時喝一杯基督與一杯惡魔。」幸而文學與哲學並不全是惡魔，只是他於374年作了一場惡夢而深感不安。「忽然我被精靈抓著而置於審判官的座位之前。這裡，光線從審判官的坐處四下照射，明亮耀眼，我匍匐於地，不敢抬頭仰望，我被詢及我的身分，我答以是個基督徒，但主審官厲聲向我說：『你說謊，你是個西塞洛的人而非基督徒，你的知識寶藏就是你的心之所在。』頓然我大驚而醒。」❸ 雖然他如此自責先前對世俗學問追求之不當，並希望他人以此為殷鑒，但這些悔過卻是相當滑稽的，因為他立即又引了柏拉圖的著作於其中。十二年後，他自創一所修道院，以文法及古典作品為教材，並以為先前的那場夢，也只不過是一場「夢」而已，他仍然沈醉在希臘及羅馬人的學術中。「當我年輕時，雖然內心以孤寂作為堡壘來防範邪思侵入，但仍難免心性激動而有犯罪念頭，為了要擊退這種念頭，我數次絕食但心潮仍滾動不已。我不得不將自己置於一位改宗以前是希伯來的朋友手中來降服我的邪念，並請求他教導我希伯來語。如此，又研究了坤体良的精美体裁，西塞洛的雄辯滔滔，福隆托(Fronto)的穩重，及普來尼(Pliny)的溫順。目前，我開始學習字母並練習發粗糙的喉頭音。我的奮力，我所面臨的困難，我所遭遇的失意，以及我如何想放棄但又百折不撓，都可以經由我私人的經驗及我的同輩予以證明，我增加了不少知識。感謝主，從學習的痛苦種子中，我正在摘取甜美的果實。」❹

---

❸　Ibid., 596. Also in P. Monroe, op. cit., 242.

❹　J. Bowen, *A History of Western Education*, vol. I, London: Methuen & Co., Ltd., 1972, 266.

看聖傑倫的教育觀念，更道地的反映了坤体良的見解（當然更有極深的宗教意味）。在一封討論小女孩教育(To Laeta, Concerning the Education of Her Daughter)的書信中，呼應了坤体良的獎懲及競爭主張。「拼字正確，則給以獎賞，小禮物她就高興了，就像小孩子喜歡小禮物一般。唸書時應該有伴，如此可以相互競賽來爭取勝利。進步遲緩時不應予以譴責，獎勵則是磨利機智的最佳方式，當她名列前茅時，應讓她高興；當她落後時，則使她傷心。最重要的是，不要讓她對功課乏味。十歲時養成的童稚厭倦感，將會延續到兒童期結束之後。」❷⓿可見他多麼心儀坤体良的教育說法。

甚至奧古斯汀都著魔於拉丁文學裡，他不懂希臘文，在皈依基督教之前，認為異教文化在文學方面的造詣高過於基督教先輩。童年時閱讀羅馬詩人威吉爾(Virgil)的詩(Aeneid)，無不淚流滿襟。其後即令警告時人在研究異教書籍時應格外小心，但也說文法與修辭對於心靈之陶冶及頭腦之清新大有用處。奧古斯汀在哲學方面的力作《上帝之城》(*The City of God*)，將世界分為醜惡的世俗世界(earthly and man made)與上帝之城二種，正是柏拉圖現象世界與理念世界學說的翻版。

宗教學者對於希臘羅馬教育中的「七藝」，也寫作不斷，探討七藝內容而著書闡釋者更代有傳人。至於心靈的慰藉，除了期望上帝之寬諒與仁慈之外，直接求助於哲學者，更可以六世紀時研究亞里士多德邏輯的權威學者伯伊修士(Boethius, 475～524)為例，他的《哲學之慰藉》(*Consolations of Philosophy*)是膾炙人口的世俗作品。

其實，哲學家中不乏為真理而犧牲者，蘇格拉底就是其中之一。哲學家這種行徑，與基督教教主耶穌之背上十字架，二者境遇相同，都是引起世人頂禮膜拜的對象。而蘇氏以各種比喻向其門徒解釋人生及宇宙的各種問題，也與耶穌之傳道播種福音類似，二者同是偉大的教師。教會四布於歐洲各地時，教堂建築之雄偉、彩色玻璃之裝飾、聖者及使徒雕像之陳設、加上宗教故事之引人，也與哲學家之創設學府討論學問之舉不謀而合。但是作為教會領袖的身分，他們毫無疑問的是以聖經教義作最優先考慮，哲學只能作為神學的奠基，卻絕不能凌駕其上。神學來自天啟(revelation)，層

---

❷⓿　Ibid., 270.

次高於來自理性的哲學。神學的代言人聖奧古斯汀的巨大畫像底下，匍匐著象徵哲學的亞里士多德❷。這種教會布置，恰足以說明哲學在宗教領袖心目中的地位。換句話說，哲學變成神學的奴婢。哲學為宗教理論提供服務，在哲學及文學的題材中，如符合基督教義，自然就獲得教會領袖的垂青。如二者不合，則教會領袖就異口同聲的指出哲學的荒謬。處在這種宗教氣氛濃厚的中世紀時期，學者之思考，絕不敢溢出聖經教義之外，他們以聖經之是非為是非，以教義之好惡為好惡。難怪哲學史家說，「古代及現代的哲學家都是自由人，中世紀的哲學家則是奴隸。」❷

　　宗教以信仰為本務，非以知識為要旨。信仰高於知識，正是一心向神的教會領袖奉行不渝的座右銘。教徒既然相信上帝是全知全能，且完美無缺，則上帝的教義自不能懷疑，卻要全心全力去遵守。在哲學家各自紛爭不斷的當兒，如果有個大家承認完全正確的教義呈現在世人面前，則教徒就可以去疑解惑。因為上帝之智慧絕非渺小的人類所敢抗衡，哲學家即令發揮理性至極致，也只是邁向真理之途的一小步而已。因此歷代學者之主張，彼此出入者不計其數，如果放棄這些紛擾的學說，而完全仰賴上帝的單一啟示，恰是為學的正途。一方面尋覓到了可靠的信念，另方面也節省了許多枉費的時間與精力。

　　但是問題在於是否吾人皆能接受現有的聖經教義乃是真正的來自上帝的啟示。這個基本前提若開始動搖，則一切從此而生的推論，都有被推翻的可能。上帝的啟示，為了要昭告世人，因此仍需以語言文字書寫下來。而使用語言文字予以書寫下來的卻是頗不完美的「人」。上帝所使用的文字應該超越於人類自訂的文法規範之外，但經手撰寫聖經者，卻也是平凡的俗人；此外，原本聖經是以希伯來文寫作，在歷經希臘文及拉丁文的翻譯後，則是否啟示的本意有所增刪、扭曲、或竄改，都是學者所關注的焦點。加上聖經的言簡意賅，到底那些應作「文字上的」(literal)了解，那些該作「譬喻式的」(allegorical)說明，也就為難了許多一流的教會領袖了。

---

❷　Eby and Arrowood, op. cit., 643.

❷　Frederick Copleston, *A History of Philosophy*, vol. II, Westminster: The Newman Press, 1960, 2.

第二節　奧古斯汀及多瑪斯的教育見解

——教師是好人，不是壞人；壞人絕不可成為教師——(Augustine, *The Free Will*, i, 3) ❷

時序運轉到中世紀時代，歐洲社會的文教活動及思想觀念，幾乎都以基督教信仰為主體。在近一千年的演變中，基督教已牢固在西方人的心目中，而早期的奧古斯汀及晚期的多瑪斯正是基督教會最具權威的宗教領袖。尤其是後者的著作，不只是當時基督教會最傑出的神學家，他的影響力，直到二十世紀的歐美天主教陣營裡，都未嘗稍衰。本節將扼要評述二者的教育觀點。

一、奧古斯汀(St. Aurelius Augustine, 354～430)

小時即發現蜥蜴(lizard)或蚯蚓(worm)切斷數段後，仍各自活動。靈魂是否可分的問題，困擾他很久。也覺得身材大小與智力高下無關，因為大象不比人聰明，ass也不比bee的天份高。在体育競賽中，不是力大者必勝，「毅力」及「腦力」才是決定勝負因素。奧古斯汀之一生，充滿傳奇性。根據他的《懺悔錄》(*Confessions*)，他在三十二歲之前，犯了知識上及行為上的重大過錯，在蒙上帝之慈悲及主教（即St. Ambrose）之感召下，他乃痛改前非，一心向主。從此著書立說，宏揚教義，為基督教徒樹立了浪子回頭的楷模，實在具有極深遠的教育價值；他的神學作品中，也含有一些教育上的理念，足供吾人研究。

386年，寫一本*Against the Academic*，批評懷疑論斷，當時他才只33歲，認為人生還存有無數歲月，足夠研究出「肯定」的真理，不應存有先前之懷疑態度，只要以理性及權威來衡量，就可得真理，基督就是權威的代表。

1.人生的目的，是堅信上帝，以求「天福」(beatitude)：人類自有好奇

---

❷　Quoted in George Howie, *Educational Theory and Practice in St. Augustine*, London: Routledge & Kegan Paul, 1969, 316.

心，求知乃是天性本能。求知可以獲得真理，獲取真理，才能擁有幸福。而心靈上的滿足更是幸福之極致，這只有與上帝同在才有可能。此種狀態，就如同生活於天國世界一般快樂，這就是「天福」的境界，包括了基督的睿智與神靈之美。

　　不少哲學家持懷疑論調，這就與「天福」之途背道而馳了。懷疑令人不安，怎能在內心上得到寧靜呢？其實，懷疑論者本身的主張就是一種「詭論」(paradox)，因為至少吾人已知某些事實是肯定不疑的，而最肯定不移的對象，就是上帝。如果有人「堅信」懷疑，則這種「堅信」不就是一種肯定嗎？那就與他自己的「懷疑」論調自相矛盾了，難道連「懷疑」本身，也需懷疑嗎？懷疑既然發生，就表示懷疑者也存在。若懷疑者不存在，則就不會有懷疑產生，也不會有受騙的情事。奧古斯汀這種說法，與其後理性主義健將的笛卡兒之「我思，故我在」名言，先後輝映。不過奧古斯汀先肯定「存在」，然後才肯定「思考」之存在，恰與笛卡兒的先肯定「思考」然後才找到「存在」的過程相反 ❷。並且奧古斯汀支持亞里士多德的說法，一切皆有因，絕無「偶然」或「意外」(chance of accident)。偶然或意外，只是吾人還未知其因而已。存在主義以「存在」為優先，「存在」是「本質」，有了「存在」，然後才有「思考」，「思考」是「偶有」的；因此聖奧古斯汀是存在主義的先驅。理性主義的笛卡兒則以「思考」為優先，有了「思考」之後，才肯定了「存在」。「思考」是「本質」，「存在」則為「偶有」，與存在主義恰好相反。虔誠的基督徒，是絕不容懷疑者提出各種「謬論」的。因為上帝之存在，是絕對勿庸置疑的。既定義上帝是永恆、不變、至大、最完美、……，則感官世界中之有變化、久暫渺小、及缺陷，正足以彰顯並證明上帝的存在。因為人類作判斷時，是依賴一個完美的理念來作指標，如衡量某物或某人為美，就會產生永恆美的概念，如此才能據之以道出「這個人比較漂亮」或「那個東西比較美」的評語。他如「直」、「圓」等觀念，也類此。這種觀念(ideas)，絕非主觀，卻是一種客觀的實体。而客觀實体的存在，就是上帝。與上帝長相左右，就是「天福」。

　　Augustine的排斥懷疑論，論證如下：

---

❷ Ibid., 296–297.

1. 如有人以"disjunctive proposition"（選言命題）來反駁——即「是A……或不是A」（「這個世界是一個或不是一個」），則這種人也有個「確信」，即確信「這個世界不是自然的運作結果，就是上帝所造」。

2. 數學：1＋6＝7, 3×3＝9，絕對的圓，不在具体實物中。

3. 「三位一体」——will, remember, understand（意志、記憶、領悟）皆存在於「靈魂」(soul)中。一個人如不存在，他就不會受騙，他之被騙，證明他存在。

一個人如懷疑他的生存，則證明他活著。

一個人如懷疑他的記憶，則證明他記住懷疑之源。

一個人如懷疑他的了解，則證明他了解他的懷疑。

一個人如懷疑他的意願，則證明他想確信不疑。

一個人如懷疑他的思想，則證明他正在想。

一個人如懷疑他的知識，則證明他知道自己的無知。

一個人如懷疑他的判斷，則證明他不可輕率同意他人說法❷⑤。

一個人會忘，表示他有記憶"the memory of forgetfulness"。

奧古斯汀這種說法，幾乎與柏拉圖之主張相合。唯一不同的是，奧古斯汀在永恆的「觀念」上，將它等同於上帝，實在不失神學家的本色。這也就是希臘哲學與基督教教義之有差異的主因之一。此外，柏拉圖堅信現象世界與理念世界之間有不可跨越的鴻溝存在，奧古斯汀倒不以為然，他認為耶穌恰好介於二者中間，猶如天堂與人世之間的橋樑一般。人無法直接進入天堂的極樂世界，上帝遣下祂的獨生子耶穌降臨於世。經由耶穌的牽引，人也可以享受天福生活。耶穌的一言一行，以及作為信仰媒体的聖經之一字一句，教徒必先信，然後才能知。柏拉圖以「理性」(reason)為認知及幸福生活之所必需，奧古斯汀則強調「信仰」(faith)為先決條件。既然耶穌及聖經是來自於上帝的代言人，上帝又是最高的權威，則即使耶穌的行徑（如神跡）或聖經的敘述（如三位一體），遠超出人類理性之外，但只要「相信」其絕對無誤，就能心理愉快而得幸福。奧古斯汀說：「我領會的，我一定信；但我信的，我不一定知。」❷⑥其意即言，先要「信」，才有「知」

---

❷⑤　Ibid., 135.

的可能。因為大多數的事情，人們是不知的，但只要「可靠」之人予以告訴，吾人即信以為真。許多歷史上的事件，吾人都未能親歷其境，但只要經由「可信賴」的史家筆之於史書，吾人即相信該事件真正發生過。上帝是最可信賴者，吾人怎能對聖經之言詞心生懷疑呢？設若有不少「不可思議」的內容記載於聖經當中，非吾人理性能力所能体會，那更表示人類理性之所窮與卑微。簡言之，上帝絕對不會欺騙，教徒只信即可。深究其底蘊，如能查看得水落石出，那當然有助於信仰之信心；如果仍然無功而返，則更應以謙恭胸懷來面臨造物主之偉大、崇高、與深不可測。

　　人與上帝相比，自然高下立判，尊卑立顯。人之「理性」是有缺陷的，怎可依既含缺陷的理性來領會上帝的神奇呢？因此中世紀教義哲學家們爭論不休且又屬「矛盾」的議題，如「上帝能不能造兩座山而中間沒有山谷？」「一根針尖上能站著多少天使？」等，在上帝的天國境界裡，是毫無問題的。耶穌的媽媽聖瑪利亞未婚即懷孕，此種聖經故事，人尤其是「凡」人，是大表懷疑的，但在信徒心中卻是斬釘截鐵的事實。

　　先相信師長的話，然後才運用理性去印證師長的話。

　　2.「學習」(learning)就是一種「照明」(illumination)：奧古斯汀深受柏拉圖的先天觀念說所影響，稱柏拉圖為「幾乎是個基督徒」 **㉗**。也服膺蘇格拉底產婆術教學法之比喻，認為學習只不過是一種「重新發現」的歷程 **㉘**。因此在這種說法之下，奧古斯汀對學習理論，並無新的「發現」。但是值得一提的是，第一，奧古斯汀又不忘其宗教家的立場，進一步將學習理論予以宗教化。並修正「靈魂先存」(pre-existence of soul)的說法，甚至以「神靈的照射」(divine illumination)來取代「回憶說」。他以上帝猶如太陽向大地普照日光為例，來說明兒童由無知而獲得了知識，二者狀況雷同。本來兒童心性並非純然無知，卻有知的潛能，只是被覆蓋著，掀開覆蓋，則知識就可凸顯出來。這好比陽光四射之下，卻仍有陰影，去除陰影，就可重

㉖　Augustine, *The Teacher*, ch. X, 37, in J. L. Jarrett, *Philosophy for the Study of Education*, Boston: Houghton Mifflin Company, 1969, 133.

㉗　Ibid., 15.

㉘　Augustine, *Confessions*, op. cit., bk. X, ch. 18, 224–225.

現光明。至於覆蓋與陰影之所由來，這就涉及神學及哲學研究者長期爭論人性惡源問題了。奧古斯汀認為「惡」(evil)，只是由於「喪失」(privation)，如果失而復得，就可以為「善」。至於何種因素才造成人性之「喪失」，奧古斯汀認為那是由於上帝賦予了人類「自由意志」(free will)所造成。自由意志使人可以違反上帝旨意(詳後)。在為學上，自由意志也可能使人懶散，懶散就擴大了心靈的陰影，擋住了陽光。教師之教學，並不需給學童陽光，因為陽光早已存在，只要學童發自內心的自省，主動的改善自由意志，則心靈就可由暗轉明。仰賴自己，自己就是個「內在教師」(interior, divine, internal teacher)❷❾。

　　其次，照明有兩種光源，一是精神的，一是肉體的。前者是心靈之光，可以透視永恆，即上帝。後者是眼睛之光，可以看見生成變化之萬物，二者之所見，皆屬真實。上帝之真實存在，前已述及；就是感官印象之真實，也不容否認。奧古斯汀不似柏拉圖那麼的貶低感官知覺的價值，認為感官所報告的訊息，也屬正確無誤。假定眼睛目睹水中筷子是直的，則「我應該控告我的視覺在作弄我」。吾人的責任，卻應該研究為何水中筷子變歪。如果有人看到水中的筷子是直的，那一定是他的眼睛有毛病。換句話說，充分運用感官，也可學得寶貴的知識，因為感官之光，也是上帝所恩賜。如果有人堅持說「我知道這個東西是白的，這種聲音是快樂的，這種味道是可口的，這種東西摸起來是冷的」，則別人可以懷疑而拒絕他人此種感官報告嗎？簡言之，兩種照明皆為學童所具有，學童依此而「看到」了「感官印象界」及「心靈實体界」，都是自己的運作結果，教師無法代「看」。

　　3.愛（慈悲）的教化作用：「基於愛的教學，才是完全的」❸⓪。人類雖屬至善至美至真的上帝所創，照理來說，人應該不會行惡。但是造物主卻又賜予人類自由意志，使人類可以選擇背叛上帝，所以不少人作惡多端，奧古斯汀就是其中之一。他在三十二歲徹底悔過之前，在知識上及品德上都步入邪途。在信仰的認知上，他無法了解精神世界的存在。他只認知肉体，且正值年輕氣盛、色慾豐沛無法控制，少年時代即迫不及待的違反母

---

❷❾　Howie, op. cit., 128–129.

❸⓪　Ibid., 139.

命而與女子名為Adeodatus同居十二年，生一子。但是「她對我的婚姻是一種障礙，一方面她傷心欲碎，另方面我傾愛她的心也在滴血」❸。此外，他醉心於善惡二元論的宗教教派（即Manichaeans）中九年，該宗教深信善惡皆屬永恆，彼此相互鬥爭，永無休止。雖經其母日日以淚洗面，向上帝禱告其子能回心轉意，同她一般的獻身於基督教會，但奧古斯汀仍無動於衷。童年時還與友伴以偷摘別人果實為樂。並非梨子正值成熟，也非他正覺飢腸轆轆，他們只是想摘下來投給豬吃，或是衝破成規而得快慰之感❸。這種荒唐歲月共費了數十個寒暑，時間不可謂不長。雖然其母說這位逆子未嘗對她說過一句硬話或不敬的言詞❸，但她的失望及痛心之情，卻可想而知。終於因上帝的愛心及耐性，在主教祥和及仁慈的對待之下，奧古斯汀才領悟了基督教義的底蘊，並痛改前非，一心向神。

這種体驗，告訴了世人一些重要事實。第一，有些人從生到死，即在循規蹈矩的環境中生長，他沒有為非作歹的經歷，但是這種人除了難以保證在接受外來引誘之餘是否仍能心如止水般的屹立不搖，並且他也無法領會那些步入迷途者的心境。第二，自由意志使人有充分選擇權，他自己決定進行什麼活動，他就得自己負起行為之後的責任。當他憬然醒悟之後的遷善改過，乃是發自他的內心，此時即令邪惡的唆使力捲土重來，甚至力道有增無已，他也有足夠毅力與恆心予以抗拒。並且為了彌補先前的錯誤，他必盡全力去行善，以免良心不安。這種人在過去既行一般人所做不出來的壞事，則也會幹出常人所難以想像的善舉。第三，重新做人之源來自於心甘情願，非由外力逼迫。他大受主教之感召，「我的心感到溫馨，開始的時候，並不認為他是真理的教師，因為我發現教會在這方面很令我失望，我之所以愛他，純粹是因為他對我太仁慈了」❸。求知與行善，都要仰賴自己，他人之脅迫或毆打，雖小有成效，但心生反感。奧古斯汀回憶童年就學生涯之痛苦，使他久久不能釋懷。「我不愛讀書，並且恨人家逼我讀書，

---

❸　Augustine, *Confessions*, op. cit., vi, 15, 25.

❸　Ibid., bk. II, ch. 4, 47.

❸　Ibid., bk. IX, ch. 12, 200.

❸　Ibid., bk. V, ch. 13, 107.

即令我功課好，但那不是我自己的功勞，因為要不是被逼，我是不讀書的。一個人如非按己意行事，雖也行善，但卻不值稱頌」❸。第四，迷途知返，回頭是岸，需要時間；三十二年的心術不正，但換來了基督教天地裡早期最偉大的神父這個頭銜，在某些人的心目中，也許這種代價太過高昂。只是豐碩的收穫，也必得經過一番長期的耕耘。教育工作者與傳道士一般，都要有耐性予以等待。因為所有制裁(sanctions)中，最為有效也最徹底的，莫過於良心的譴責。奧古斯汀先是在迦太基(Carthage)執教，但學生態度不佳，遂轉往羅馬另謀發展，但該地學童在繳交學費之前，就擬轉校，這種敗壞的教育風氣，必有一天發自學生內心而後悔不已。教育家必須向宗教家看齊的是，要有慈悲為懷的胸襟，不必猴急而擬收立竿見影之效。只有寬恕才會使敗家子涕泗橫流，而苦盡甘來的美味，也最引人稱述與品嘗。

4.文字只是一種符號，實体的價值高於表象：神的語言若是曖昧，那不是上帝有意造成，目的卻在測驗人的智力❸。奧古斯汀仿柏拉圖對話錄方式來教導他十五歲的兒子（名為Adeodatus）而寫成一本《教師》(*The Teacher*)之書。粗看書名，以為是一部與教育最有直接關係的作品，但卻以討論「名」「實」問題為內容。「唯名論」(Nominalism)及「唯實論」(Realism)之爭，早就蘊藏在這位神父心中。奧古斯汀強調，「字意」（實体）比「字」本身（符號）價值為高，認識time這個字並不難，寫time這個字也相當容易，但到底time是什麼，就大費思量了。「如果沒人問我time是什麼，我還以為知道得頗為清楚，但當有人問我time是什麼並設法予以說明，我就相當困惑了！」❸別以為了解time是相當簡易之事，其實簡易的是認識time這個文字本身。但time的實体意義就甚為深奧，像time這個眾所熟知的字眼以及大家交談時都會提及的文字，卻是最令人難懂的符號；「教育」一辭的性質也類似於此。教育上只讓學童會寫或會說一些文字，這僅是粗淺的工作，要緊的是要探討這些文字所代表的實質意義。

根據奧古斯汀的分析，知識分成兩類，一是感官知識，以實物為主，

---

❸　Ibid., bk. I, ch. 12, 32–33.

❸　Howie, op. cit., 214.

❸　Augustiue, *Confessions*, op. cit., bk. XI, ch. 14, 264.

而佐以記憶；二是理性知識，那是既存的觀念。可見二者都不需文字。希臘羅馬哲學之注重辯論，文學之強調修辭，這都是本末倒置的教育措施。且有耍文字遊戲的危險，去實而務名，非教育之正途。

　　文字本身並不含有善惡，實体才有善惡。如果吾人厭惡「卑鄙下流」，因而也對filth（英文卑鄙下流之意）存有惡感，那filth這個字本身真是太無辜了❸。看到「聖經」字眼就高興，但是一見「神經」就蹙眉，其實二者都是上帝的語言，只是用字遣詞有別罷了。不過，「情緒語言」的存在，卻是不可忽視的事實。強調「無知者擁有天堂」的奧古斯汀，並不期求信徒擅長於文字的表達，只要心中有個神在，就是拙於口才，也並不礙事。教士所應牢記於心的，是道道地地的純樸生活，卻不必華麗的文字裝飾。在講求信仰第一的時代裡，這是順理成章的主張。

　　不過，實体的傳播，卻有必要借助於表象，文字或符號工具有時更不可或缺。名與實之辯論，是中世紀後期的熱門話題，也是哲學及神學界的時代思潮。

　　奧古斯汀親自在學校教書的時間很長，「人們讀他的神學著作，收穫必多，但我想得利最多的是曾經親自聆聽他且看他在教堂內講道，尤其是有過與他交談經驗的人。」❸查理曼大帝(Charlemagne)吃飯時習慣於聽聽音樂或看看書，尤其是聖奧古斯汀(St. Augustine)的《上帝之城》(*The City of God*)。其後但丁(Dante)，路德(Luther)，當代的齊克果(Kierkegaard)都深受聖奧古斯汀之影響，即令是實用主義的大師詹姆斯(W. James)亦然❹。

❸　Augustine, *The Teacher*, in J. L. Jarrett, *Philosophy for the Study of Education*, op. cit., 124–133.

❸　Howie, op. cit., 38.

❹　James說：

　①以實證方式來證明God存在，「經驗顯示出，無法作此證明」。

　②在The Will to Believe (1897)一書中，先有充分證據才予以證明，此種科學態度在處理重要人生課題時，顯有不足。反而「相信生活具有意義與價值，則此種信念，就會創造出該種事實」。

　③肯定God存在，此種科學假設，是live hypothesis（活生生的假設）。W. James, *The Will to Believe*, N. Y. Longmans Green, 1905, 1–3, 62.

二、多瑪斯(St. Thomas Aquinas, 1225～1274)

如果奧古斯汀的學說含有柏拉圖哲學的色彩，則吾人更可以嗅出多瑪斯的觀念，就染有亞里士多德思想的風味。多瑪斯之尊崇亞里士多德，認為亞氏是最偉大的哲學家，每次一提到亞氏，都不敢直接指名，而以大寫字母冠上「這位哲學家」(The Philosopher)以示欽敬。多瑪斯借用亞里士多德的邏輯，奠定了基督教教義的哲學基礎。同時，多瑪斯也劃清哲學與神學的界線，認為哲學是理性的運作，但神學則賴上帝的啟示。前者時而有錯，後者則絕對正確。前者的領域，吾人可用思考予以領會，那是三段推論(syllogism)的結論(consequence)；但後者則非人類悟性所能及，由於那是純然的無誤，吾人必須毫無保留的相信，以便作為三段推論的前提(premise)。多瑪斯吸取希臘哲學的精華，站在不完全排斥古代學術的立場，冶哲學與宗教於一爐，同時又明確的指出神學高於哲學，使得基督教不只在信仰上為眾多西洋人所追求，還在學理上興築高聳入雲且無與倫比的殿堂。多瑪斯之為基督教最具權威的神學家，自有其必然的理由。

多瑪斯生於意大利的那不勒斯(Naples)，年近半百即與世長辭，但卻著作頗豐。曾就學於巴黎大學及波隆尼亞(Bologna)大學，並在巴黎大學任教，使得這所世界最早的母大學(mother university)因神學之講授而名震寰宇。

多瑪斯的作品中直接與教育有關者不多，但下述觀念卻頗具參考價值：

1.教學如同醫術：就好比奧古斯汀對「time」一字所經驗的困擾一般，「教學」一詞的意涵如何，很難直截了當的用「是什麼」(is)來回答，只好用類比的「似什麼」(as)來說明。多瑪斯根據亞里士多德的學說，主張學習者的心靈具有主動性，因此自我活動是兒童的天性，並且自我活動也才是學習的真正性質。教師之進行教學，猶如醫生對病人之診療一般，而學生之學習，也似乎如同經過藥方處理後自行痊癒一樣。人體來自於造物主的賜予生命，他是十分健全的，生病只是健康的「喪失」(privation)，復原是人體的本錢。上帝創造人類時，並非鑄造一個有缺陷的個體，這個個體卻具活生生且精力旺盛的有機生命。人体殘缺（如失明），必然是人為的不慎或外力的破壞所造成；但人體有恢復健康的潛力。教及學的現象亦復如此。

人類的求知欲，顯示出自發主動的學習，教師不能代勞。如果學生早已喪失了自我活動的學習動機，則學習活動自然停止，教師之教學將徒勞無功。病人如無求生慾望，即令神醫轉世，也無能使他起死回生。因此在教育上應該掌握的原則，是教育絕不能單靠外力的灌輸，卻要誘引兒童內在潛能的向外發展，如此而已。

多瑪斯這種見解，似乎與二十世紀的教育哲學家杜威之提倡「進步式、演化式、及發展式」的教育學說有異曲同工之妙。但二者之學術背景不同。一來多瑪斯是根據亞里士多德的學說而闡揚此種教育觀點，而杜威則取達爾文的進化論為論據基礎；二來多瑪斯在採用亞氏說法之餘，也加上自己的神學看法；而杜威則在步達爾文之後，發展成實驗主義的教育學說❹。

取醫術來比喻教學，意義相當豐富。在《論教師》(Of the Teacher)一書中，取亞里士多德「潛能性」及「實現性」觀念，認定學習活動乃是將「先存」(pre-exist)的「潛力」(potency)，透過自由活動，以求「實現」(actuality)。多瑪斯又分析潛力有二，一是主動的潛力(active potency)，如病自癒的狀況；二是被動的潛力(passive potency)，如由氣生火，氣本身不能生火，卻需點燃才能生。用在教育上，前者是「自我發現」(discovery)，是內在的(inwardly)；後者則是「教導」(instruction)，是外在的(outwardly)❷。基本上而言，「自學」居最大的成分，「他教」只能作輔佐之用，猶如奧古斯汀所言，教師只是個「推動者」(prompter)而已。學生如果恆久的要依靠教師來推動，那就是學習上的病態了；就如同人體一般，要經常與藥罐為伍，則那裡又像正常的人呢？「推動者」偶一使力驅使也未可厚非；如果要推動一生，就應另謀對策而得改弦更張了。

2.抽象的文字符號之教學，重要性大過於個別的實物之認識：多瑪斯支持亞里士多德的看法，認為感官經驗乃是知識的來源，也是內在潛力得

❹　F. A. Fitzpatrick在介紹M. H. Mayer的《聖多瑪斯教學哲學》(Philosophy of Teaching of St. Thomas Aquinas)一書的序言上，稱許多瑪斯比杜威有先見之明，其實二者之言論仍有別。見J. S. Brubacher, A History of the Problems of Education, N.Y.: McGraw-Hill, 1966, 109. 林玉体譯，《西洋教育史》，台北教育文物，1978, 173。

❷　Aquinas, Of the Teacher, in Jarrett, op. cit., 135–150.

以充分發展的起步。感官所接觸的，是個別的、具体的、特殊的、及偶有的，這些印象相當深刻。不過，心靈在接收這些感覺報告時，卻有潛力予以概念化，使「殊相」(particulars)變成「共相」(universals)。共同的最高極致，即是《永恆哲學》(*Philosophia Perennis*)所指稱的上帝。能抵達這個頂尖的「共相」，就是知識的最後目的。

經由感官的具体經驗，吾人可以認識到「本質」(substance)及其九個「偶有性」(accidents)，如此組成十個「範疇」(categories)，這完全採自亞里士多德的說法。多瑪斯舉例說，放眼窗外，夏天時之果樹，葉色青翠；秋冬時即枯萎或發黃；今年的樹木只是長芽，來年卻茁壯成長，枝葉扶疏。作為「樹木」本身相同，形狀卻異。田地裡的牛，大小不一，膚色也有別，但同屬「牛」種。

上述狀況，只是量變而已，另有質變。牛吃草，不只長草變成短草（量變），且草入牛身，卻變成牛的肉（質變）。不過，這些外在的經驗，在透過內心的反省思考之後，都能使感官上枝節且繁多的印象，變成為整体且單一的概念。前者是具体的，後者則是抽象。異中有同，殊中有共；這種學習結果，才算大功告成。

文字是一種符號，文字本身也是依抽象而來，它代表了共相（如「牛」乃代表數不清且不受時空限制的個別牛隻）。既然文字植基於感覺印象——共相建立在殊相上——當然它的價值就特別受到重視了。多瑪斯說：「教師的言語文字比單單外在於心靈的可感覺物，更能在獲得知識上有較密切的關係，因為文字及語言乃是領會內容的符號。」❸文字及語言之組成，絕非無中生有，或只是玩遊戲的「空詞」(empty terms，如「我的舅舅是女生」)，卻是有所指謂。因此文字之了解，可以整合分殊又雜亂的感官經驗，價值當然高於具体實物之認識。多瑪斯之強調此點，多半也是來自於他的神學考慮而來。既然聖經是最高無上的教學權威，更是信仰資料的最終媒体，其意義也最為神聖。因此了解聖經文字，体會教會領袖之言語，這些都是有感而發，且是最佳的智慧，所以它的教學重要性，就不言可喻了。聖經上說：「起始是聖言(Word)，聖言與神同，聖言就是上帝。」通過語言文字

---

❸　林玉体譯，《西洋教育史》，同❶，140。

這種高度抽象化的教學，知識層次一定可以加深。

　　精於語言文字本身的教師，一定可以將語言文字所代表的具體意涵作廣泛的應用與解釋。學童接受此種教學，也比較能夠在有涯之年獲得較多的知識，而不會只停留在具體的感官經驗界為已足。奧古斯汀的孩子反問他的爸爸，如有人問起「走」是如何時，假定必須要實地走看看時學習者才能領會，則學習者的認知範圍將極其有限，他可能只了解當時當地表演者的那種走法與速度才是真的走，其他的走法與速度就非屬正確的走❹。具體實物之教學固然重要，但那也只是認知的底層，學習者應該往上提升，抽象的概念是學習諸如「上帝」等共相觀念所不可或缺。多瑪斯注重概念的價值，難免課以教師重大的責任。可惜的是，不少教師非僅共相觀念相當薄弱，連建立共相觀念的殊相也相對闕如，導致教及學雙方痛苦不堪、乏味單調，這並非多瑪斯的本意！

　　一般說來，奧古斯汀的觀念傾向柏拉圖，而多瑪斯則比較偏愛亞里士多德。四、五世紀時，歐洲步入動盪不安的狀況中，全盤更動的柏拉圖理念，較容易獲得宗教領袖的認同。「當建築物的地基已倒塌，我們就應該尋找工匠來重建整個大廈，而非招募藝師來裝飾牆壁了。」❺十一、二世紀時的歐洲，社會上大抵安定，除了神學大行其道之外，其他學科之研究也頗為熱門。以當時所成立的大學而論，文、法、神、醫已四分鼎立。為了奠定信仰的理論基礎，亞里士多德的邏輯，遂成為學界重要科目。奧古斯汀是早期教會的最高領袖，多瑪斯則是天主教「最高權威」，兩人在教會園地裡都享有令人崇敬的地位。

參考書目

1. Augustine, *Confessions*. R. S. Pin-Coffin (tr.). Penguin Books, 1971.

2. Black, H. C., Lottich, K. V., & Seakinger, D. S. (ed.). *Great Educators*. Chicago: Nelson-Hall, 1972.

---

❹　Augustine, *The Teacher*, in Jarrett, 124–133.

❺　這是St. John Chrysostom (344～407)的說法。K. Price, op. cit., 179.

3. Bowen, J. *A History of Western Education*. vol. I. London: Methuen & Co., Ltd., 1972.

4. Bowen, J. *A History of Western Education*. vol. II. London: Methuen & Co., Ltd., 1975.

5. Boyd, W. *The History of Western Education*. London: Adam & Charles Black, 1964.

6. Eby, F., & Arrowood, C. F. *The History and Philosophy of Education: Ancient and Medieval*. Englewood Cliffs: Prentice-Hall, 1949.

7. Howie, George. *Educational Theory and Practice in St. Augustine*, London: Routledge & Kegan Paul, 1969.

8. Monroe, P. *A Textbook in the History of Education*. N.Y.: Ams Press, 1970.

9. Price, K. *Education and Philosophical Thought*. Boston: Allyn & Bacon, Inc., 1965.

10. Woodward, W. H. *Vittorino da Feltre and Other Humanist Educators*. N.Y.: Teachers College Press, Columbia University, 1963.

11. Ulich, R. *Three Thousand Years of Educational Wisdom, Selections from Great Documents*. Harvard University Press, 1968.

12. Ulich, R. *History of Educational Thought*. N.Y.: American Book Company, 1968.

第五章　人文教育思潮──文藝復興及教會改革時代

Dante：宮廷裡「喇叭、鐘聲、號角、笛音，什麼意思呢？只不過是，來啊！劊子手，來啊！兀鷹？」(What mean their trumpets and their bells, their horns and their flutes; but came, hangman─come, vultures？) Castles（碉堡）裡盡是地窖(dungeons)。

Jacob Burckhardt, The Civilization of the Renaissance in Italy. in Karl H. Dannenfeldt (ed). The Renaissance, Medieval or Modern? Lexington, Mass, D. C. Heath, 1959, 5.

把全班的小朋友嚇倒，總比正確的教導一名學童，容易得多。

──William H. Woodward, *Desiderius Erasmus, Concerning the Aim and Method of Education*, N.Y.: Columbia University Press, 1904, 206.

　　在西洋文化及教育的發展史上，「文藝復興」(Renaissance)佔有舉足輕重的地位。如果知識乃是促進社會進步的主力，則文藝復興恰好喚醒了西洋人重新体認知識的重要性。當中世紀漫長的歲月是在強調「無知」及歌頌「信仰」高於「理性」中渡過時，則教育活動及文化成長就乏善可陳。文藝復興再度找回了古代希臘的哲學及羅馬的文學，使久屈於宗教之下的世俗學科「再生」(rebirth)。一方面將過度偏於來世生活的傾向扭轉而為注重今生，一方面也解除了層層儀式及組織嚴密的教會束縛而使個人找到了自我。從此，西洋人在追求肅穆的道德生活外，更擬崇尚多采多姿的美術畫面，詼諧、幽默、諷刺等文學作品紛紛出籠，而一流的美術家更陸續登場。簡言之，文藝復興一反中世紀之神本思想，而大唱「人文」主義(Humanism)；當「小我」(individual)從「大我」(organization)中解放時，潛能及才華就能在無邊無際的文化天空中奔馳。中世紀一千多年來的沈悶氣氛注入了展現生機的活力，西洋文化及教育史上開始了嶄新的紀元。如果說，

東西文明在初期的歷史發展上，彼此難分優劣，但十五世紀之後的西洋世界，則因為文藝復興的這股新興勢力之加入，使西洋人在人性尊嚴、人生意義、及生活幸福上，都超前於東方甚多。因此，此段時期的教育理念，尤值得吾人注意與借鏡。

第一節　意大利人文學者對教育的要求

意大利是文藝復興的發源地，人文學者輩出。自佩脫拉克(Francis Petrarch, 1304～1374)狂熱的提倡古文以來，加上坤体良著作之重新被挖掘（1410年），人文氣氛即異常濃厚，人文學校因之成立，人文教育學說也隨即問世，學術界的面貌也跟著改觀。意大利人文學者之教育觀念，重要者有下述數項：

一、人文學者強調人性尊嚴，注重自由抉擇，提升人文氣息

意大利地區最具代表性的人文學校，就是維多利諾(Vittorino da Feltre, 1378～1446)所主持的「宮廷學校」(Palace School，位於Mandua)，該校創始於1415年。斥資興學者（侯爵，即the Marquis Gonzaga）禮聘而經維氏首肯之時，後者說：「我接受此種職位，但只有在一種了解上我才同意，即：你不能有求於我去做任何對你我二人皆不值得做的事情；並且，當你個人的一生還能令我尊敬時，我才會繼續替你服務。」❶幸而該貴族欣然同意，且全力支持維氏的辦校措施，從不干預。維氏也就在他四十六歲的英年負責該校校務達二十二年之久(1423～1446)直到他謝世為止。人要有生存的價值，就要有個性、有骨氣。維多利諾受過良好的古文學教育，遇上主政者也喜好古文；一個發揮教學理念，一個籌劃興學經費，二者合作，相得益彰。這種教育景觀，最為文雅，也最具人的氣質。如果有志不得伸，還忍辱吞氣，甚至逆來順受，一副卑躬屈膝模樣，則顯然已失人文的特色。

❶　William Harrison Woodward, *Vittorino da Feltre and Other Humanist Educators*, N. Y.: Teachers College Press, Columbia University, 1963, 24.

一位十足表現人文精神的教育工作者，在自由快樂抉擇之後，就全神貫注的認真辦學；若創校者心術不正，要藉機斂財，或品德難為人所景仰時，即應拂袖而去，不可戀棧職位，享受虛名。

意大利不少宮廷顯要，為了提高自己領邑之文化水平，紛紛有「養士」之風。但人文學者只有在對方以禮相待且言行懇切時，才會甘願與之相處。其後這種習氣遍及歐陸及英倫。荷蘭大文豪伊拉斯莫數度進出英格蘭，西班牙學者威夫斯也渡海抵達倫敦，都是王室或同道相邀而群聚一堂的結果。人文學者雖然獨來獨往，但在趣味相投之下，仍然樂意結合共為貴族效勞，他們志不在求高官，也不希罕厚爵，卻以人文之宣揚為重，並且以此為堅守不渝的信念，教育風氣自然改善不少。

其次，人文教育重視師生之間的親愛關係。教師散發出關懷及親切的氣息，以取代壓抑及專斷的作風，這種方式，最能達到教育效果。維多利諾抵達宮廷學校之後，馬上樹立他的權威，要求宮廷及家居應以和樂來消除父子之間的敵對；在他人束手無策之際，維氏以他的教育愛感召，使執拗的父親及其子（名為Ludovico）放棄水火不容的心態❷。嚴厲的管教，只是一種手段，且也不應無時無刻都採用此一手段，卻應時有溫煦的暖流吹拂其間，如此的教育活動才比較賞心悅目。如果師生或父子是天天怒目以向，則非人文性質的現象了。

所以維多利諾把宮廷學校易名為「快樂之屋」(Joyful House)❸，這是有歷史背景的。古代羅馬的學校稱為「遊戲場」(Ludus，是「遊戲」的意思)。讀書識字，猶如遊戲一般的快活，絕非苦差事。學校的外觀環境，有一大片運動場草地，不只地點風景宜人，空氣清新，且有花園，陽光普照，河流環繞，校園寬闊，乾淨又清潔❹。師生一踏入校園，有怡然自得且煥然一新之感。這種「境教」是潛移默化師生性靈最不可抗拒的因素。學校絕非如地獄，教室更非像囚室，教師亦不是令人驚怖的魔王。如果學校、

---

❷　W. H. Woodward, *Studies in Education During the Age of the Renaissance, 1400~1600*, N.Y.: Teachers College Press, Columbia University, 1976, 23.

❸　本名為La Zoyosa, Vittorino 易名為 La casa Giocosa. Woodward, ibid., 11.

❹　Woodward, *Vittorino da Feltre and Other Humanist Educators*, op. cit., 31–32.

教室及教師都具人文氣息，則學生自然就樂意入學，洋溢人性的教育就能蓬勃展開了。

在所有影響學生人文性格的因素當中，教師的態度最居領導地位。仁慈是教師永遠的臉容，体罰應該絕少使用，只能作「最後一招」(final re-source)❺。這是意大利另一名人文教育學家瓜利諾(Battista Guarino, 1374～1460)對維多利諾的呼應。簡言之，人文教師應起帶頭作用，率先扮演人文教育的角色。

二、古文學對治者的重要價值──宮臣的理想目標

希臘羅馬文學作品之研讀最具人文教育之功。不只是知識範圍最為廣泛，且辭藻之豐富與典雅，也舉世無與倫比。佩脫拉克寧願生在古代，他譏諷中世紀傳留下來的教父哲學(Scholasticism)形同蒼蠅的糞斑(fly-specks)，可以棄之如敝屣；他希望與西塞洛通信，以紓解他的欽慕情懷❻。佩氏的此種看法，幾乎所有人文學者都有共識。擬與古人交，尤其與最偉大及傑出的過去聖賢認識，就只有透過古書的閱讀來獲得機會❼。今人的表現不如古人，與有名的古人長相左右，不是人生一大樂趣與享受嗎?

基於此種觀點，人文學者瓦吉留(P. P. Vergenius, 1349～1420)在提到父親對子女的任務中，除了為子女取個不覺羞辱的名字及選擇適當居所外，特別指出讀古書以接受人文教育的價值。充實知識，引發靈感，都可以在想像力豐富的古代文學著作中汲取。尤其身為貴族或統治階層，雖然世襲制度維持其名位，但未具人文氣質者，絕無法贏得被統治者的擁護或愛戴。

治者皆有不少的休閒時間，有些貴族閒來無事，卻以撲殺蒼蠅作消遣，這真是太無意義的舉動了。「這裡所傳達給我們的教訓，是後人怎麼用批評的眼光來判斷這些王公貴戚。」❽拍蒼蠅而不讀書，後人是會恥笑的。並且

---

❺ B. Guarino to Maffeo Gambara of Brescia, in Woodward, ibid., 163.

❻ A. E. Meyer, *An Educational History of the Western World*, N.Y.: McGraw-Hill, 1972, 140.

❼ Woodward, *Vittorino da Feltre and Other Humanist Educators*, op. cit., 176. 這是 B. Guarino 的說法。

養成讀書習慣，可以在獨處時找到可以交心的伴侶。其實，讀書（古書）才最不辜負人的稟賦。瓜利諾說：「每一種存在的東西都有它獨特及天生的本能。馬會跳躍，鳥會翱翔，這都是極其自然的現象。只有人才有求知欲望。」❾每個人都能時時一卷在手作為知識來源，正是善盡了人的本分。治者是人群中之精英，更應以身作則。當整個國邦的人都坐擁書城——西塞洛曾說，家中有書，是多麼的明亮啊❿！——那的確是文化水平高升的例證。並且由於只有人類才渴切求知，要是人類（尤其是上層階級）放棄此種本能，那就與二足猿無別了。人文學者強調讀古書，就是希望能恢復古希臘羅馬的「文雅教育」(liberal education)。

　　中國古人說，三日不讀書，就面目可憎。人文學者指出優雅的儀態舉止及言語(courtesy)，正是治者最重要的素養。具備這些素養者才夠資格稱為「宮臣」(Courtiers)。意大利人文學者遂以「宮臣」來類比羅馬的「雄辯家」(orators)。西塞洛及坤体良等人既定義雄辯家乃是心地善良又擅長於口才之人，意大利的人文學者對宮臣的要求，也不出這兩種範圍。

　　在体態儀表上，舉手投足都能顯示溫文有禮的氣質。節制(*temperantia*)加穩重(*prudentia*)，身体發展与稱和協，動作自然。舉例來說：「想想我們的雙手，透過雙手，傳遞了多麼多的訊息。那是一種表達，本身就是一種語言。雙手的動作告訴我們集合或解散，快樂或憂傷，沈默或說話，威脅或哀求，顯示勇氣抑或接受警告；肯定、否決、爭辯、列入考慮、拒絕、接受。手的正確訓練都要配合心意，充滿優雅；讓他人獲得印象——意志堅定，千萬不可雙手萎頓、緊張、像個女人般的懶散……」❶。而服飾的講究，也不可掉以輕心；首先必須要合身，其次衣料品質必須良好，而以朝氣、活力、雅緻為目的。外觀上相當順眼(harmony)，比例恰到好處(pro-

---

❽　Ibid., 104–105，那是指 Vespasian 皇帝之子，Domitian.

❾　Ibid., x.

❿　Ibid., 105.

⓫　Baldassare Castiglione, *Il Cortegiano*, or the *Book of the Courtier*, in Woodward, *Studies in Education During the Age of the Renaissance, 1400～1600*, op. cit., 247–248.

portion)❶。人文學者此種細膩的描述，乃是對希臘雅典時代那種優美的体型及外表所作的憧憬。

雅典時代之廣博及優雅之教育，為人文學者所欽慕。為了達此宗旨，孩子自出生，就應鍛鍊身体，習慣於武器的操作，以發洩過剩的精力，培養勇氣，但更不可或忘的是要注重姿態的美妙。所以四肢或全身的活動項目，較受重視；如射獵、馬術、游泳、網球等。至於靜態時間太多的下棋，則受排斥。其次，學拉丁文或希臘文時，說話要急徐有度，表情手勢富於莊重及威嚴，音調清晰悅耳，不可細弱顫抖如女人音；提出己見或反駁他人，皆有受人欽敬的風範，不用陳腐及過時字眼。為了治理國事之需要，部分人文學者鼓勵治者王子或宮臣練習當地語文(vernaculars)，不可只因愛古而說古語、用古文，而無其他理由。此外，音樂、繪畫、雕刻更是文雅教育的重要一環，喜愛品嘗音樂，懂得如何演奏樂器，除了提升性靈之外，還可解除公務之煩悶，心理有舒暢感。亞力山大、蘇格拉底、柏拉圖、亞里士多德、及斯巴達的立法者里克爾格斯(Lycurgus)等人皆提倡音樂。「不喜歡音樂者，吾人可以正確的說，他們的心靈有一種不合群的因子。」❸而繪畫及雕刻除了本身就是美的化身之外，還具有作戰時的實用性。他如旅行，也是希臘人的活動之一；參加四年一度的奧林匹克運動會而從事外地遊樂，也是文人氣質中的一部分；除了增廣見聞、擴大視野之外，更能知悉各地不同的人文風情，鑑賞碉堡城池之美感。總而言之，体力的磨鍊(arms)配合知識的學習(learning)，身心二者兼顧，就是一位理想的「宮臣」了❹。宮臣要機智，以強壯又優雅的体態，用外交口才，在恰當時候向恰當的人說恰當的事。

可見人文學者一反中世紀尤其是寺院活動之貶低肉体價值。維多利諾直截了當的指出，肉体並非心靈之敵。解除了此種体力活動的障礙，教育也比較能夠活潑與輕鬆，不似寺院之陰沈與嚴厲了。身體發展要優雅，就需要嘗試練習多方面的體育項目，好比一個人的胃腸要健康，就得品味各

---

❶　Ibid., 248.

❸　Ibid., 258.

❹　Ibid., 247–258.

種不同的食物一般。同理，心理之均衡發展，更應取法古代希臘羅馬之七藝教學了。這種多樣化的身心活動，才是人文教育的旨趣。傳統七藝，在當時社會裡，猶如百科，不可偏廢。体態不能畸型，心態亦然。所以人文學者都認為博的教育(erudition)，價值重於精(specialization)。体育、美術、音樂、文學等學習，都不是要造就專業性的技師。廣泛的興趣，才是人生追求的目標❶。

中世紀的教父們過度誇張信仰的價值，虔誠的人性第一，品德至上，因此有重德輕知的弊病；文藝復興的學者則在一心向神之餘，注入了体魄的訓練及知識的陶冶；文學（尤其是古文學）的研讀成為時尚。從古文學的學習中，可以萌生智慧的火花，以知識作為品德及信仰的根底。宮臣的任務，就在於發揮豐富又紮實的文學實用知識，配合能言善道的口才，「指導並說服治者往善途邁進而遠離邪惡，讓治者明辨二者之區別，喜愛前者而厭惡後者，這是宮臣努力的真正果實。」❶正確又合理的解決政務問題，又能在優雅的氣氛中進行，實在有賴治者高度的人文造詣。而古代社會裡，早就有先例，柏拉圖之對西拉庫斯(Syracuse)王(Dion)，亞里士多德之對亞力山大大帝，都存有此種心意。雖然二者之企圖並未達成，但以入世為出發點的人文學者，在碰到贊助人文活動的治者時，無不強調古文學為濟世之本。

三、教育方法的改善

人文學者在發現坤体良的教學著作時，都無條件的服膺這位羅馬大教育家的教育理念及教育方法。維多利諾就自認他自己不能溢出坤体良的學說之外，所欠缺的只有將坤体良的主張訴諸行動；所以他無成文作品流傳於世，卻辛勤的應用坤体良的看法於他負責的宮廷學校中。即令是人文學者中極富批判精神的荷蘭籍作家伊拉斯莫，也不覺羞恥的為自己未敘述教育方法及教學目的作辯解，「因為坤体良已經在這個領域中下了最後的結

---

❶　Woodward, *Vittorino da Feltre and Other Humanist Educators*, op. cit., 36–43.

❶　Woodward, *Studies in Education During the Age of the Renaissance, 1400~1600*, op. cit., 253.

語。」❶並且幾乎全歐的人文學者都恭維成風，意大利的人文學者崇拜坤体良，而英倫及北歐人文學者也未對意大利人文學者之主張妄加評論。大体上而言，坤体良是所有人文教育學者的最大宗師，他舉出的教學技術例子（如製作文字形狀的餅干），悉數為人文教師所取法。文藝復興時代以仿古為主，並不注重創新。

比較值得一提的是，人文教育學者在教學方法上卻道出坤体良所未說盡的部分。

(一)選擇優良的教師，則教育方法就保證可以改善

如馬其頓王菲力浦(Philip)之招募亞里士多德負責其子之教學一般，因為孩子之模仿性特別強烈，人文學者都認清孩子模仿對象之素質對孩子身心發展之影響。正確的模仿是學習的初步，開始時若誤入歧途，學習方法有錯，則以後要糾正就得費加倍的苦功。斯巴達一名音樂教師（名為Timotheus）所收的學生若早已有彈奏樂器技巧，他就要求收加倍的學費，因為他在教導新技巧之前，必須教導他們忘記已有的技巧，此種教學費時加倍，當然就要雙倍收費❶。其實，在「先入為主」的現象上，去除原先的錯誤觀念或方法，比學習新法或新觀念費時費力更多。作家長的人應該去尋覓一位良師來指導孩子，不可以事業繁忙作藉口，難道有一種任務比教導子弟更迫切的嗎❶？

「慎於始」，「好的開始，就是成功的一半」。不過，問題是誰的技術才屬最正確，若有樂師的技巧比Timotheus高明，則這位樂師就有權要求更高的學費了。

(二)為了增加學習效果，應該大聲閱讀並當眾表達閱讀內容

背誦及記憶古文學，朗讀是要方，除了增加印象，練習文學押韻、理解文學內涵之外❷，維多利諾還說大聲閱讀，另有驅寒並有助於消化之

---

❶　Ibid., 10. 人文學者 Matteo Palmieri (1406～1475)也如是說，ibid., 73.

❶　這是人文學者P. P. Vergenus 所舉的例子。Woodward, *Vittorino da Feltre and Other Humanist Educators*, op. cit., 110.

❶　這是Leo Battista Alberti (1404～1472)的警告。Woodward, *Studies in Education*, op. cit., 59.

功❷。為了徹底考驗自己是否真正了解研讀或記憶的材料，維多利諾還提供一法，即讓學生變成老師，當眾說明或解釋或重述所閱讀的內容。中世紀大學所盛行的「論辯」(disputation)，為人文學者的「演說」(declamation)所取代❷。學生一登上講壇，才能体會教學之辛勞，一方面必須知識豐富，一方面也要考慮如何表達。從語氣、手勢、姿態、表情等運作中，更能測量學生的學習效果。維氏此種方法，得到瓜利諾(B. Guarino)的支持，瓜氏更追述此法於坤体良。一位學生在學習某學科時，如知悉日後他將擔任此科的教學，則他的細心與努力將有增無已❷。讓學生有實地演練的機會，就可以「學教相長」。

朗讀背誦時，不要背誦太多或太長的資料，胃腸大量吞食會消化不良。而背誦的學科也不能頻頻轉換，「不得靜止的酒，會變酸。」❷背誦或朗讀，不可違離人文教育的目標。精於文學格式，如不佐以事實及真理的廣博內容，則是貧瘠的。但資料或學識淵博，如無法恰當及優雅的表達，則猶如丟棄或深鎖於書房一般❷。

第二節　英吉利人文學者對教育的看法

受到意大利振興文學的刺激，英吉利也有不少人文學者發表許多教育理念，充實了人文教育的內涵。

英國自1485年建立都鐸王朝(Tudor Monarchy)以來，禁止私人組織封建軍隊，國家的穩定倚靠在士紳(gentry)手中。社會上寄望著彬彬有禮的紳士(gentlemen)來取代玫瑰戰爭(the Wars of the Rose)而失勢的傳統貴族。與意大利相同，兩地人民與統治階層都省悟了唯有受過良好教養之士，才能擔

❷　這是Gurarino da Verona (1374～1460)的說法，ibid., 38.
❷　Woodward, *Vittorino da Feltre*, op. cit., 39. B. Guarino更舉Plutarch的說法來支持其論點，認為新陳代謝系統可因大聲朗讀而強化其組織功能，ibid., 174.
❷　Woodward, *Studies in Education*, op. cit., 16.
❷　Woodward, *Vittorino da Feltre*, op. cit., 172.
❷　Ibid., 110 –111.
❷　Ibid., 132. 這是L. Bruni d'Arezzo 的看法。

當治理公共事務之責；揮動「筆」(pen)之士總比操弄「劍」(sword)之徒具有文化氣息❷⁶。英人踏著意大利人文學者後塵，認為雅典之文學美藝及奧古斯都帝國(Augustus Empire)之和平及正義為理想國邦❷⁷，以柏拉圖之培養哲學王為職志，英國之「公學」(public school)遂乘興而起，而人文之薈萃，也不下於羅馬的老家意大利。首先值得一提的是人文學界中影響力最大的伊拉斯莫。伊拉斯莫是荷蘭人，但是他的教學及著作卻在英吉利大行其道。哲學家莫爾(Thomas More, 1478～1535)是他的知己好友；伊拉斯莫在牛津認識的柯烈(John Colet, 1467～1519)更受到伊氏鼓勵，而籌辦頗富盛名的聖保羅(Saint Paul's)公學。伊拉斯莫可以說是英吉利人文學者中的靈魂人物，而後繼者也指不勝屈。

一、伊拉斯莫(Desiderius Erasmus, 1466～1536)

伊拉斯莫早歲在故鄉（荷蘭）受過富有人文色彩的「共生兄弟會」(the Brethren of the Common Life)之教學，又經由當時歐洲最出色的古希臘大師亞力柯拉(Rudolph Agricola, 1443～1485)之啟迪，古學根底相當深厚，他是一位不折不扣的典型人文學者，喜愛古代典籍，為了獲取希臘文讀本，當掉大衣都在所不惜❷⁸。亞力柯拉曾感性十足的說出如下懷古的話：「對於所教的都抱懷疑態度，直到目前為止，所學的任何稱之為知識的，都予以拋棄，那都是欺騙；除非吾人有信心知悉這些書的作者是古代的名作家。」❷⁹這種「今不如古」的心態，自佩脫拉克以還，幾乎所有文藝復興的學者都是如此。不過伊拉斯莫的著作卻不少，他在不敢增減古人說法之餘，卻也有不少新見，其中涉及教育者，有如下數端：

㈠稱頌人文教育的功能

伊拉斯莫認為古代希臘及羅馬的著作，是人類最主要也是全部的知識。

---

❷⁶　Fritz Caspari, *Humanism and the Social Order in Tudor England,* N.Y.: Teachers College Press, Columbia University, 1968, 13.

❷⁷　Woodward, *Studies in Education*, op. cit., 111.

❷⁸　Ibid., 108.

❷⁹　Ibid., 101.

系統的研究古學，才能「溫故知新」，獲取純正及進步的知識。當時歐洲都浸浴於古學浪潮中，晚伊拉斯莫約一代的宗教教育改革家梅蘭克吞(Philip Melanchthon, 1497～1560)更宣言不知希臘學術者，還處於童稚時期而已，還在盲霧中摸索方向。如有人擬獲取醫學文憑，但無法閱讀原版的亞里士多德及格倫（Galen, 200～130 B.C.古希臘名醫）之希臘文著作，則拒絕其申請。放著無窮的文化寶庫而不去挖掘，著實可惜。其次，伊拉斯莫更認為正確的古代知識之研究，可以掃除迷信，堅定信仰，免於敗壞。希臘羅馬的學術中，包含有不少的道德教訓，這也是宗教之一；其實，基督教的先知也經常引用古希臘羅馬學者的話。並且，伊拉斯莫對於歐洲社會之有崩潰傾向，憂心忡忡。因馬丁路德之宗教革命，不只教會解体，各國政治獨立，且語言文字也無法再全由拉丁文所壟斷。這種現象，伊拉斯莫期期以為不可。他發現古代世界是和平及法治的社會，如此才有利於教育及知識之普及，且人民之福祉也較能增進。伊氏大聲疾呼要統一歐洲，統一語言，統一教會，統一文化；他極端厭惡戰爭，因為如此會造成分裂及敵對。對於好友路德等人之大張革命大旗，不惜反目以對。最後，伊氏還認為人文素養與品德行為息息相關，痛斥當時統治階層之無知及自負，只有進行人文教育，才能成為完人❸。

伊拉斯莫對古文之教育功能如此信心不渝,乃基於他的人性本善論點。除了非難路德等人之人性罪惡觀之外,更不齒政治學說上馬基維里(Niccolo Machiavelli, 1469～1527)所著《君王論》(*Prince*)所言之陰險詭詐技倆。相反的，君王如接受人文教育，則會朝向善、德、智、無私、及正義邁進。伊拉斯莫認為，第一個也是首先的教育目的，在於使童稚的心靈吸取虔誠的因子；其次是喜愛並通徹領會文雅科目；第三、履行生活義務；第四、從孩提開始，就「習於溫文有禮的習慣」❸。治者如變成「虔誠又有知識」

<hr>

❸ Ibid., 112–116. 伊拉斯莫是統派，而路德是獨派。前者兩次被邀作瑞士蘇黎世(Zurich)公民，卻予以拒絕，他希望作個「世界公民，而非單一城市的市民」。G. H. Bantock, *Studies in the History of Educational Theory, vol. I, 1350～1765*, London: George Allen & Unwin, 1980, 54.

❸ W. H. Woodward, *Erasmus Concerning Education*, Cambridge University Press, 1904,

(Pietas Litterata)，則能發揮人性光輝的一面；而非如馬氏之所言要運用醜惡的人性才能支撐政局了。伊拉斯莫之文學觀，是含有道德意味的 ❷。

(二)理想教育的三大因素——天性、訓練、練習

伊拉斯莫清楚的指出，教育的成功必須仰賴三種條件，缺一不可。一是「天性」(nature)，二是「訓練」(training)，三是「練習」(practice)。天性是吾人無法左右的地帶，但訓練及練習卻在吾人的掌握中。

1.天性：孩童從小就應接受教育，因為兒童心智嫩弱，彈性大，可塑性高。一來記憶力特強，非成人可比；二來求知慾旺，如及早提供文字、文法、寓言、故事等，則可作為日後為學的準備。看到兒童忙於學習，總比目睹兒童無所事事或做些毫無意義的舉動，價值為高。雖然有人反對向小孩進行知識教學，以為他們程度還太過膚淺，但萬丈高樓平地起；兒童時代的知識乃是奠定學術殿堂的地基。另有人擔心小時唸書有害健康，但伊氏認為如果心靈敏捷，則可彌補身体缺陷。並且人生快如雲煙，而天性賦予兒童強烈的好奇，教育不能逆乎天性而行。眾人皆知模仿及好動，是兒童時期較明顯的天性，而這種天性，正是求知的最好本錢。羅馬作家辛尼加(Seneca)說得好：「年齡太早因而不能學習，沒這回事。」同理，以年齡太老而無法求學作理由，亦站不住腳。如果仿效古羅馬及維多利諾之教學措施，學習與遊戲無別，則非但不妨礙兒童健康，還是幸福及快樂之所寄呢！

天性所表現出來的，是個別差異的事實，坤体良老早就告誡家長或教師不可忽略學童的不同性向或興趣。因材施教，才不會造成人才的泯滅及教育上的痛苦。伊拉斯莫的教學經驗中遇到許多這種例子。一名學生精於拉丁及希臘文，或文雅科目，但家長卻逼他去唸法律，這名學生說此種逼迫方式，「好比一把劍穿透我心坎一般」。吾人可以訓練牛打拳擊、或驢子拉提琴嗎？

2.訓練：良好的訓練，必須方法妥當。而訓練者之素質，更是決定訓

---

in S. J. Curtis and M. E. A. Boultwood, *A Short History of Educational Ideas*, London: University Tutorial Press, Ltd., 1970, 125–126.

❷ Caspari, op. cit., 70.

練方法良窳的最佳標準。換句話說，師資條件的好壞，攸關教育的成敗。

①教師之重要性：伊拉斯莫很感嘆當時社會不注重子女教育，更忽略教師之地位。他發現古代的家長較關心兒童之成長，現代的父母則只顧自己玩樂，有些家長是讓孩子在家虛擲時光，有些則送子弟入校學習無用的邏輯，教師的教學方法相當拙劣。一方面是家長隨便交付子弟給教師，不慎重考慮人選。一方面也是教師之薪酬太低，比馬夫收入少。一般人寧願花大筆鈔票去飲酒作樂或尋花問柳，卻對教師相當吝嗇。「教育是最廉價的活動」這句諷刺話，可以作為當時教育的寫照。雇用廚師費用遠比聘請教師優厚數十倍。一頓宴會或賭博的開銷，許多人面不改色，但稍支分文來募請教師，卻埋怨萬分。在此種狀況下，怎能期求有優異教法之教師出現？

教師對國家的貢獻，不下於軍人。伊拉斯莫此種說法，路德特加發揮。但是當時的教師並無高明的教學法，在知識教學上，只會要求學生背誦；品德教學上，又屬行体罰；難怪學校變成痛苦與折磨的場所，叫罵聲與責打聲不停，哭泣與哀號盈耳。兒童之痛恨讀書，就不言可喻了。

②絕少使用体罰：体罰令兒童懼怕，非教學良方，更無人文氣息。只有奴隸性格的人才有必要用懼怕予以威嚇，自由之民是不該如此的。但即令是奴隸，也是人。在接受好主人的教養下，也可以掃除奴顏卑膝作風。惡劣的教師純以体罰來作為逼迫學童求學及做事的動機。「令全班恐懼，遠比正確的教導一名兒童容易。」這就如同專制的暴君只擬用武力來使全國人民就範一般的失去高尚的品質。「最壞的教師，就是最會打人的教師，因為他除此之外，別無它法。」「他們不會教書，所以就打人。」不少教師不問青紅皂白，也不管學童無辜抑或有意行惡，就鞭打孩子到死去活來的地步，實在慘不忍睹。即令對待幼獅或小象，都應用耐性及仁慈的態度，難道兒童不如野獸嗎？殘酷只會激起兇性大作。

以羞恥感及希求讚美欲來代替体罰，向兒童舉實例說明讀書的用途可以帶來榮譽、尊嚴、名聲、及地位；否則無知即養成自負、貧窮、聲名狼藉、生活塗炭之後果。如果有人問：「連這些方法都用盡了，且也無效時，又當如何？」伊拉斯莫反問道：「假如一頭牛或一匹驢子迷失了而走入你的教室，你將如何處置？」碰到此種狀況，只好把牠牽去犁田或裝上馬鞍。當

然，有些孩子只適合種田或作苦工。教師如擔心如此減少學費收入的話，那是視教學如營利行為了，「那才是問題的根本癥結所在」。

③學習趣味化：人文學科理應趣味十足，如此才合乎人性要求(Humanitas)。古代羅馬的學校設計出餅干字母，讀對者就賞以該餅干；英國人用字母作箭標，射中者獎以櫻桃。一般而言，「不必操之過急，時間到了，自然就可迎刃而解；其次，有些困難問題可以不必理會或延遲其出現。第三，當問題不能逃避時，就持漸進方法或儘可能的以趣味方式待之，如同藥劑師用蜂蜜使苦藥變甜，鼓舞學生信心，堅毅不拔的向困難挑戰或進攻。伊拉斯莫也發現文字學習若附上圖畫，如犀牛、象、印地安驢、樹木、花朵等，則效果大增。將一些格言佳句寫在練習本首頁，或刻在戒指、茶杯、門窗上」，則有利於記憶。

3.練習：伊拉斯莫樂觀的說，只要方法得宜，又注重練習，則任何成就皆有可能。「吾人能說大象走繩是超過牠的能力嗎?」有了良好的訓練之後，若不經常練習，則一曝十寒，功虧一簣。只有長期的浸浴，變成習慣，才是人文教育水到渠成之時。練習寫作的方法，第一是「寫」，第二是「寫」，第三仍然是「寫」。

因此，文法規則之熟練，修辭技巧之達於上乘，一定要在經年累月的一流作品之研讀中領會，絕對不是硬性的記住於腦海中而已。多讀、多寫、多說、多發表、以及實地的演講，正是獲得「真理知識」(truths)及「文字知識」(words)的不二法門。

其次，練習即是將知識予以實用。知識作為實用的指導原則，知而後行，而非行中得知。人文知識啟迪人類心智者，不知凡幾，並且人文知識皆是人類知識的結晶。哲學教導吾人一年，就比吾人從三十年的自己經驗中所學得的還多；且個人經驗常帶危險，哲學知識則無此毛病。「舉例來說，假如你要你的兒子知悉藥的神秘性，你允許你的孩子依靠經驗方法來區別毒藥及解病藥嗎? 還是送他去研讀論文吧! 了解航海的基本技巧，如是靠翻船來獲得，這是不幸的教育。一位王子之統治技巧，如是仰賴革命、侵略、及謀殺而來，難道這是真正的治國之方嗎?」❸伊拉斯莫要求學童在練

❸　W. H. Woodward, *Desiderius Erasmus Concerning the Aim and Method of Education,*

習時，應按照訓練時所獲得的方法，不可別出心裁，自以為是。否則將錯就錯，就失之毫釐，差之千里了。換句話說，醫生並非嚐百草以治病，船夫也非得自沈船經驗而變成好舵手。

(三)諷刺時弊，表現人文的純真精神

伊拉斯莫以挖苦、諷刺、又風趣的文章，對於臉皮很厚的哲學家及言行不一的教徒口誅筆伐，他的《蠢者之讚》(*The Praise of Folly*, 1509)及《交談》(*Colloquies*, 1526)都是頗受歡迎的作品。伊拉斯莫以戲謔的文筆，道出人生百態，抖出各行各業的人之真正面目，揭開面紗。比如說，在一篇〈船難〉(The Shipwreck)中，船員及乘客在瀕臨死亡關頭時，眾人無不發願如能生還，必將奉獻其一生所有；有的人大聲（唯恐別人聽不到）許諾要在巴黎最高的教堂裝蠟燭芯，大如人身。當同伴懷疑這是他傾家蕩產也無法搜羅該筆資金之時，他即降低音調（唯恐別人聽到）說：「閉嘴！你這位傻瓜，你以為我是當真的嗎？倘若我一登陸，我也不會捐一根小蠟燭。」❸❹有人則極力稱頌大海，名之為「最仁慈的」、「最寬宏的」、「最美妙的」、「最可愛的」、「最富同情心的」，卻不知大海本身是個聾子，它聽不懂人的禱告❸❺。伊氏也指出一些教徒在教堂中身手矯捷的偷取桌上供品❸❻。還自我解嘲的說，當代的時弊是：「國王從事戰爭，牧師渴切添加財富，神學家發明三段論式，僧侶漫遊各地，平民暴動，伊拉斯莫寫《交談》。」❸❼不只捉弄他人，還開自己玩笑，這種玩世不恭的態度與作風，也顯出人文學者純真的一面。

在現實生活裡，「蠢」有許多實用價值，它可以減輕嚴肅性，比較不會掛意於每日的不幸。比如說，婚姻的結局如不美滿，但若採取阿諛、取笑、妥協、無知、以及口是心非來建立彼此關係，仍可以維持夫妻關係於不墜。

---

in H. C. Black, K. V. Lottich & D. S. Seakinger (ed.), *Great Educators*, Chicago: Nelson-Hall, 1972, 340–380.

❸❹　Erasmus, *Ten Colloquies*, N.Y.: The Library of Liberal Arts, 1957, 7.

❸❺　Ibid., 6.

❸❻　Ibid., 65.

❸❼　Ibid., 128.

伊拉斯莫筆鋒一轉，指出社會中最愚蠢者莫過於學者，他們誤用自己身分與地位，大言不慚，自吹自擂的讚美自己，自詡為「哲學家」(philosopher)，其實卻連「蠢學家」(foolosopher)都不如。文法學家的罪惡及呆笨也大，文法師造成語言的紛歧，產生好多種文法規則，令人痛苦不堪。「他們還在污穢及挨餓的學校內，或說好聽一些，在他的思想店鋪或屠宰場地，與一群孩童為伍。因費力而日漸衰老，因吵聲而耳聾，因惡臭不潔而致病。」❸

　　似乎是私生子的伊拉斯莫，於荷蘭的鹿特丹(Rotterdam)出世，1495年求學於巴黎大學，1511年在英國劍橋講課。他相信幼童有「類似猴子的模仿本能」，但卻不希望人文學者變成「西塞洛的猿猴」(Apes of Cicero)。在文字知識與感官經驗孰輕孰重的爭論中，他偏愛前者，這是人文學者的通有立場。有人(Bernard of Clairraux)說：「樹木及岩石可以教導你，不需教師指導。」伊拉斯莫反駁道：「你能從樹木中學得什麼呢？」❸

二、莫爾(Sir Thomas More, 1478～1535)

　　莫爾是伊拉斯莫的莫逆之交，伊拉斯莫到倫敦，大半都受莫爾接待，兩人交換人文理念，相得益彰。不過，伊拉斯莫是個純文人，莫爾則從政，卻因有文人的風骨，而遭殺身之禍。知識要能應用，才是活知識，這本是人文學者奉行不渝的原則，而最好的實踐園地，就是政治。柏拉圖及亞里士多德的哲學著作，都關心政治領袖之教育（孔子周遊列國，棲棲遑遑推銷自己的學說，亦有相同的抱負）。

　　羅馬人說，空有滿腹經綸，但拙於表達，則無甚用處。文藝復興的人文學者則認為知識豐富又品德清純之人，若不能為社會或人類做一番實際的應用，則猶如劍未出鞘一般，或好比不能發動的機器，因之與廢鐵並無兩樣❹。現今的學者不能躲在寺院裡冥想沈思或打坐祈禱了，卻應走入社

---

❸　James Bowen, *A History of Western Education*, vol. II, London: Methuen & Co., Ltd., 1975, 336.

❸　G. H. Bantock, 1980, op. cit., 66.

❹　這是負責法蘭西人文學校的學者Guillaume Bude的看法。Woodward, *Studies in Education*, op. cit., 134.

會，踏入人群❹。看看歷史上偉人的貢獻吧！「可以刺激還在沈睡中的高貴胚芽，長出既勇敢又豐碩果實的行動。」❷莫爾之從政，也只是研讀古代學術不得不如此的自然結果。

　　莫爾最為人所熟知的作品，就是那部幾乎模仿柏拉圖《共和國》(*Republic*)一書的《烏托邦》(*Utopia*, 1516)。柏拉圖的《共和國》是柏拉圖教育思想的代表作，莫爾的《烏托邦》亦然。該書中的主要教育理念與柏拉圖的《共和國》無甚差別，不過莫爾的治者教育有平民化傾向，不似柏拉圖之只從少數貴族中選拔；因此不只治者應共產及共妻，全民皆應如此。在大家皆無私有財物觀念的經濟制度下，更可以掃除私心，為公共利益獻身。遵照柏拉圖的看法，哲學家應該當國王，或國王變成一位哲學家，這才是理想的治者。在英國及歐洲各地，國王早就在位，哲學家已無機會當國王，因此只好努力使國王成為哲學家。不少人悲觀的指出，這是辦不到的事。哲學家一過問政治，則「未能救治他人，本身就如同他人一般的有病。」❸哲學家出仕任官，或作為國王之顧問，極有可能習慣於那些如同「瘟疫似的政令」(Pestilent decrees)，漸漸失去自己的理想。甚至違反當時踏入仕途的初衷，從而助紂為虐，沆瀣一氣，狼狽為奸，下場遠比奸細及叛國者為差❹。但莫爾不取馬基維里那種「現實」(practical)的政治角度，卻以「理想國邦」(ideal state)為追求目標，哲學家扮演監督與教化者的任務，至少可以減少或降低國君的錯誤政策。亞里士多德早說，人是政治動物，眾人關心政治，是分內的職責；大家同舟共濟，絕不能在狂風暴雨中因無法使之風平浪靜而棄船不顧❺。

　　莫爾說，好國王如同牧羊狗(sheepdogs)，壞國王則形同狐狸(wolves)❻。不幸，莫爾積極參與政事時都碰到狐狸。在英王亨利八世(Henry VIII)因婚

---

❹　這是意大利人文學者Leo Battista Alberti的主張，ibid., 54–55.

❷　這是G. Bude對歷史教學的意見，ibid., 135.

❸　Caspari, op. cit., 95.

❹　Sir Thomas More, *Utopia*, in Edward Surtz, S. J. (ed.), New Haven: Yale University Press, 1964, 51–52.

❺　Sir Thomas More, *Utopia*, op. cit., 49–50.

❻　Caspari, op. cit., 104.

姻事而與羅馬教會決裂時，莫爾大為不滿，乃以行動表示他的憤怒，終於遭受生命威脅，在倫敦塔被控造反而殉道，應了他在《烏托邦》一書中的預言❹。

在「無有之島」(the Island of No Where)這種舉世找不到的「烏托邦」中，最好的島民教育，是將基督教的虔誠(Christian piety)與古典的智慧(classical wisdom)二者合一。治理國家的知識，可以從詩人、雄辯家、歷史學者、及哲學家當中獲得，所以希臘文的重要性首屈一指。他指責牛津不如劍橋，因後者較早開設希臘文的研究。烏托邦的邦民，人人每天工作六小時，剩餘時間則應從事知識研究或聆聽公共演講。整個國邦如同家庭，國君似家長，教師好比父親，以堅定、溫和、及耐性來對待子弟或學童❹，充滿人文及祥和的氣息。在致好友(Peter Giles)的信時說，他自己非常忙碌，但一回到家，「我一定與太太談話，與孩子聊天，並就商於僕人。這些行為我都把它看成是必須做的正事，除非你想在家裡當一個陌生客」❹。莫爾這種性格，正是人文精神在日常生活中的表現。個人是如此，家庭、國家、世界如也能如此，那才是「烏托邦」的正常現象。

《烏托邦》一書中，有不少是莫爾的「異想天開」之論。如選擇配偶，因為是一項人生中頂重要的行為，所以要慎重其事。莫爾建議男女雙方都應赤身裸體供對方瞧個一清二楚，不得隱瞞生理或心理上的缺陷來欺騙對方，以免造成「夫妻」是「互欺」的結果，才能達成圓滿的婚姻❺。這種呼籲，即令在現在，許多人聽了都會咋舌。書中也有一些先見，如母雞不用自己孵蛋，而是農夫將蛋放在固定的熱度裡，就能孵出小雞；當小雞出了殼，就「跟定了人，並以人為其母」❺。此種說法，為人工孵雞鋪了路。在宗教上大唱信仰自由及容忍，並且平實的道出當時信仰的真情。他說：「真正耶穌基督的教會，乃是基督徒所共知的場所，不得去除與毀滅。基

---

❹　該書中的旅行家Hythlodaye所說的警語。

❹　T. More, op. cit., 120. More的家是個大家庭，家人數十個，如同Plato的Academy.

❹　Sir Thomas More, *Utopia*, op. cit., 4.

❺　Ibid., 110.

❺　Ibid., 62.

督天主教會的整体，好人壞人都會在一起。在目前的世界裡，是百病叢生，有許多令人頭痛的教徒在裡邊，就好比人的身体（有時也會有病）一般……。如同大海不曾全部包圍或淹蓋了陸地，但也曾經吞沒了許多地方與國家，使桑田變成滄海，但同時也使滄海變成桑田。同理，基督信仰並未全部改宗異教徒，地獄之門也未收盡所有反基督教會的人士。不過，在某些地方，基督教贏得了新朋友，同時卻由於疏忽，在某些地方失掉了老朋友。」❷坦誠，是人文教育的指標。莫爾對於當時教會之敵對與廝殺，極為痛心，他自己也因此而遭殃。

　　人文學者在柏拉圖與亞里士多德的喜愛上，比較傾心於較富文學才氣的前者；莫爾之《烏托邦》非常類似於柏拉圖的《理想國》，而晚他十二歲出生的艾略特更拜柏拉圖為「哲學之神」(the God of Philosophers)❸。

三、艾略特(Sir Thomas Elyot, 1490～1546)

　　艾略特只小莫爾十二歲，是莫爾的朋友，其夫人（名為Margaret）還是莫爾教過的學生，但在莫爾涉及英王婚事糾紛時，卻為求自保，與莫爾劃清界線，屢次向皇室及權要表明忠誠心跡。當亨利八世與教皇爭取最高主權時，艾略特傾向於支持前者，認可英王應享有獨立的教會控制權，不應統一在羅馬教會之下，這是與莫爾大異其趣的。「統」「獨」爭辯，在當時歐洲社會裡，正是熱鬧的議題❹。

　　不過莫爾的代表作《烏托邦》，及意大利人文學者卡斯提(Baldassare Castiglione, 1478～1529)之教育成名作《宮臣》(*The Courtier*, 1528)，卻對艾略特之寫作《郡守之書》(*The Book Named the Governor*, 1531)有巨大的影響力。意大利的宮臣及英國的郡守，都是國家中的治者階級，教育對這

---

❷　Sir Thomas More, *On Church*, quoted in Joseph R. Strayer and Others, *The Course of Civilization*, vol. I, N.Y.: Harcourt, Brace and World., 1961, 533.

❸　Caspari, op. cit., 166.《共和國》及《理想國》皆是*Republic*的中譯。

❹　John M. Mayor (ed.), *Sir Thomas Elyot's The Book Named the Governor*, N.Y.: Teachers College Press, Columbia University, 1969, 14. Elyot是英王的「手、足、眼睛、及耳朵」。Bantock, op. cit., 96.

些人士的重要性大增，尤其是古典文學對培養一位彬彬有禮的紳士，更舉足輕重。莫爾希望在烏托邦那裡建設一個無社會階級的國家，但艾略特卻体認柏拉圖的真正理想國精神，認為人之資質互異，經由適性教育的結果，精英者成為治者（郡守即是治者之代名）❺，這是順理成章之事。當然，貧家子弟只要稟賦優異，也有出頭天的機會❻。艾略特將《郡守之書》獻給英皇，一方面表明自己的讀書成果，一方面也描述一個完美的國邦，在政治改革及行政重組時，治者階級子弟需受人文教育，才能克盡職責。而人文教育在教育的實用上，價值最高。治者有溫文優雅的氣質，最能彰顯一個國家的文化品質。

　　首先，初生到七歲時的幼童教育，由女性負責。因為女性具有溫柔的心性，不似男人之粗暴；仁慈的環境，才能產生善良的言行。好比園丁謹慎的防止毒汁浸入嫩苗一般，卻應享以甘露；須知愉快的童年乃為其後一生事業奠下根基。坤体良在這方面的見解，艾略特持百分之百的肯定❼。父親的任務，就是教導孩子說純正的拉丁語，這種工作，總比讓孩子沈迷於玩骰子或打牌較具意義❽。艾略特譴責當時家長對知識之忽視，一位無知之人，猶如一塊石頭。沒唸過書的人坐在石頭上，與「一塊石頭疊在另一塊石頭上」，毫無兩樣❾。照顧的女傭如不能說標準的拉丁話，也應該能夠說「優美」的英語❿。艾略特比伊拉斯莫及莫爾較不同的地方，即是他除了重視古典語文之外，也強調本國語文的重要性。他的著作，是以英文為工具，孩子自小如熟悉於拉丁及英語，就有了繼續探討文學知識的本錢。小孩記性強，模仿力又高，兒童期正是學習母語（英語）及外來語（拉丁）的最佳時刻。在當時，英語的詞彙不及拉丁之豐富，但是只要學者去研究

---

❺　Woodward, *Studies in Education*, op. cit., 271. Castiglione 記述四個晚上在宮廷中的對話，「既有理想國，理想王及完美雄辯家的觀念，則也應該有理想宮臣的想法。」Bantock, op. cit., 75.

❻　Mayor, *Sir Thomas Elyot's*, op. cit., 16.

❼　Ibid., 62.

❽　Ibid., 105.

❾　Ibid., 106.

❿　Caspari, op. cit., 200, footnote 61.

與發揚，英語也可順利的將拉丁及希臘語文翻譯過來❻。拉丁文的演變，
就是最好的借鏡。

　　七歲以後，就應離開母親及女傭的照顧，家長有義務為子女物色一位
稱職的教師。艾略特對英國社會在聘請教師上的隨隨便便態度，很不能諒
解，特列專章（第十三章）討論。不只信仰虔誠，且應精通古文；舉止端
莊且具威嚴，教學時應了解兒童天性，這才是教師必備的條件。初期的正
式教育最為重要，要是教導錯誤，日後要糾正，就須費加倍的功夫。艾略
特又再度舉一位樂師（名為Timothy或Timotheus）為例，這名樂師招收的學
生當中，如果前來受教之先，未嘗接受過他人之教誨，則繳費較低。其實，
這個例子是坤体良所早已說過的❻。文藝復興時代的人文學者，幾乎人人
都知曉此例，因為他們都服膺坤体良的見解。如果聘請的教師中，能夠有
如同馬其頓王朝菲力浦王(King Philip)所雇請的亞里士多德，那就是國家的
大幸了。亞力山大經過這位名哲學家的教導，除了感謝其父之外，更懷念
其師；因為前者賜給他生命，而後者教他理性，並且指導他如何生活❻。

　　除了希臘羅馬文學家之著作，必須詳加研讀之外，還得進行數項休閒
活動，這些都是治者涵育人文氣息所不可或缺。原先柏拉圖要求治者發揮
理性，其中的要件之一，即經常保持清醒，不可睡眠過多；這種警告，人
文學者銘記在心。既要研讀古書，又得做課餘活動，「太多的睡眠，是讀書
之敵」❻。莫爾也說過，他都向吃飯及睡眠去借取寶貴的光陰。在學科上，
除了古代文學之外，艾略特指出歷史的重要性；因為過去歷史之了解，可
以增強正確的判斷力，提升智慧；許多歷史事件都具有教訓作用，引發當
代人深沈的思考，指出理國治事的明確方針。其次，舞蹈也是紳士教育中
頂重要的一環，雖然聖奧古斯汀說：與其週日去跳舞，不如去挖地或犁田❻。
但舞蹈是一種國際語言，艾略特舉出一名擬周遊各國但語言不通的治者，

---

❻　Woodward, *Studies in Education*, op. cit., 270.

❻　Mayor, op. cit., 131.

❻　Ibid., 83–84.

❻　Ibid., 102.

❻　Ibid., 150.

如能有個善舞者隨侍在旁，則可依舞者之舉動及表情，傳達內心的意念；善舞者姿態之美妙，實在是極為賞心悅目的景象；尤其男女共舞，是陰陽諧合的最佳安排❻。此外，希臘時代的摔跤、跑跳、游泳、騎射、打獵等体育及音樂、繪畫活動，不只可鍛鍊身心，追求美感，還有「清新心智」(the refreshing of wit)之功❼。

艾略特雖然也主張下層階級的人，如果稟賦秀異，也應該上升為治者；但他偏愛貴族家庭所累聚的「家風」(manners)，貴族不是一種特權(privilege)，卻是一項責任(responsibility)，他們是人民的模範，一舉一動盡在大眾眼簾之下無所遁其形，所以貴族階級早應具備「端莊」(majesty)品質，這是「眾德之泉源」(fountain of all excellent manners)。此種條件，貧窮子弟相當缺乏，擁有此種氣質，絕非一朝一夕可竟其功。治者不只能力高強而已，還應在儀態及談吐上，顯示出一股優雅之風。艾略特不太希望下層階級者佔據比較重要的政府職位，當然，他更不願意出身寒微者用馬基維里式的靈巧來攫取政權了❽。理想的治者，只好在貴族中去尋覓，難道眾多的上層階級子弟中，找不出適合的郡守嗎？對艾略特而言，「人文主義」(humanism)加上「愛國情操」(patriotism)，英格蘭就可以媲美希臘及羅馬了❾。淘汰貴族階級中缺乏教養者(gentle ungentle)，選拔彬彬風範的士紳(gentle gentle)，並提供給非貴族但靠品德、機智、策略、勤勉、知識等而贏得別人尊敬的力爭上游者(ungentle gentle)，則可以發生「上所施，下所效」的教育功能❿。總而言之，由文學的研讀來培養治者的氣質，乃是人文學者最重要的討論題材。經過此階段特重氣質的教育，歐洲人的面貌看起來似乎比較斯文了，這也是英國廣設「公學」(public school)，歐陸普遍成立古文學校(gymnasium)的主要教育目標⓫。

---

❻ Ibid., 158–163.

❼ Woodward, *Studies in Education*, op. cit., 278. Elyot用七章（第一冊，19章–25章）討論dancing。

❽ Caspari, op. cit., 191–192.

❾ Ibid., 173.

❿ Woodward, *Studies in Education*, op. cit., 298–299.

⓫ 光是英國，在1600年時就有文法學校360所之多。Caspari, op. cit., 254.

　　總而言之，文藝復興的大本營意大利及宣揚人文教育理念的英國，兩地學者都認為教育的最佳模範，早為古代希臘及羅馬所樹立，「典型在夙昔」。詩詞❼❷、小說、散文、及戲劇等，在課程上的重要性大增；而音樂、体育、騎射、劍術、舞蹈、及口才上的表現，更是塑造高雅氣質的基本條件；人文學者期望社會中的統治階層具備這些素養，則文化水平自會提升。為了研究及了解古文學，則古文學的語文——拉丁及希臘——就必先通曉。人文學者強調治者階層的教育，又過分注重古代語文，理由無他；他們認為人人資質不可能完全平等，就猶如上帝造物一般，宇宙中存有山丘及深谷，妄想雙方剷平，已失自然天性❼❸。這種說詞，也是柏拉圖的翻版。人文學者以尚古為樂，並法古代完人為尚。蘇格拉底之玩樂人生，並以身殉道，莫爾亦然。莫爾不屈服於英皇之下，拒絕宣誓認同亨利八世為教會最高權威，在慷慨就義時，據說他要劊子手稍候片刻，讓他先處理他的鬍鬚，因為「這些鬍鬚並無犯判逆罪」❼❹。人格尊嚴的價值，在人文學者的心目中，如同生命一般。

　　不過，人文學者由於太過分尊古，導致末流形成一片模仿之風。「守成不易，創業維艱」，正是人文思潮的寫照。當代教育史家難免慨嘆原先坤体良的作品如果無法重現人世，可能歐洲的高等教育就會改觀❼❺。此外，人文學者在重視人的尊嚴時，雖然有不少教育家認定女性也具有人文教育的

---

❼❷　英國學者 Sir Philip Sidney 更強調詩詞的教育功能。Ibid., 304.

❼❸　這是英國學者 Edmund Spencer 的比喻，雖然山丘及深谷都應相互尊重，但雙方之存在事實，卻無法否認。參看他的詩：

　　　　山丘不可蔑視深谷，

　　　　深谷也不可嫉妒山丘。

　　　　既已皇君高居治者位，

　　　　臣民遵從不可違。

　　Ibid., 363.

❼❹　Thomas More, *Utopia*, edited by H. V. S. Ogden, N.Y.: Appleton-Century-Crofts, 1949, vii.

❼❺　Robert Ulich, *History of Educational Thought*, N.Y.: American Book Company, 1968, 111. 人文學者Andrea Poggio 在 St. Gall 修道院中挖出 Quintilian的*Ars Oratoria*.

可能性，莫爾的三個女兒都在拉丁、希臘、及希伯來文的能力上不下於男生❼，也有許多人文學者著有女子教育之書，但女子教育並不蔚成風氣；並且仍有些人文學者在認識社會階級的既存事實時，對平民教育及下層人民之活動缺乏信心，認定眾人之意見猶如飄飛四方的蒼蠅或穀糠❼。甚至在取法於坤体良的戒言——勿体罰孩子——時，卻認為此種戒律只適用於上層子弟，而不及於奴僕。在怒不可遏時，一位出名的人文學者(Maffeo Vegio)之解決辦法，是鞭打侍者好讓自己「高貴的子女」(noble offspring)有所警惕❼。「仁道」無法普濟眾生，是人文學者在教育學說中的致命傷。人文學者又過分仰賴書本知識，貶抑實物及生活經驗的價值，終於遭受其後教育學者的反彈。「唯實論」(Realism)的興起，就代表了這股反彈的思潮。

第三節　教會改革運動中的教育主張

　　歐洲自十一世紀開始，社會上即隱約出現一股浪漫的自由獨立風氣；在長期教會權威的籠罩之下，人們漸感不耐；一批放蕩形骸或不拘小節的詩人墨客，紛紛以吟詠來讚美大自然及人生；加上巴黎大學的靈魂人物亞培拉(Peter Abelard, 1079～1142)之倡導懷疑批判精神，培根(Roger Bacon, 1214～1294)之攻擊權威心態，個人慢慢醒覺，發現自我能力並非渺小，絕不應完全接受組織之宰制；對來生之憧憬或悚怖，不如改以歡樂今世來取代。南方的「抒情詩人」(troubadours)加上北方的「敘事詩人」(trouveres)與日耳曼地區的「吟遊詩人」(minnesingers)共同以「小鳥般的歌唱」來歡度人生❼。他們企圖一改中世紀的人以慚疚、禱告、及悔過為心思，卻要以愉悅的情懷來作為一生的陪伴。下面一首詩詞，最足以說明人們期望著遠離中世紀的沈悶：

---

❼　Woodward, *Studies in Education*, op. cit., 264–265.

❼　以 flies 及 chaff 來喻眾人之見，這是 Edmund Spencer 之說。Caspari, op. cit., 370.

❼　Ulich, op. cit., 112.

❼　Ellwood P. Cubberley, *The History of Education*, Boston: Houghton Mifflin Company, 1920, 242–243.

四月微風輕拂真甜蜜，

五月漸進風更柔；

靜謐的暗夜裡，

歡愉的歌聲入耳。

百鳥吱吱的叫，

齊在朝晨中展歌喉。

歡天喜地奏心曲，

身旁常伴快樂的情侶。

　　×　　　×　　　×　　　×

微笑環繞四周，

幼鳥跳躍顯新生；

情愛念頭豈能阻，

來啊！我的心房已在鼓動，

本性，習慣，二者齊匯聚；

喜悅與我不可分，

樂聲四溢，飄揚四方；

憂戚或悲情，何能貯存我胸膛。❽⓪

　　「解放」，本是人性的基本需求。文藝復興就是從「神本」解放為「人本」；「解放」的引擎既經發動，歐洲社會即陸續產生各種「革命」。首先遭受革命家抗爭的，就是教會，而延續數百年來的統一天主教會也因此產生分裂。「抗議者」(protestants)與羅馬社會分庭抗禮，自成「新教」，且派別林立，歐洲也從此四分五裂了。「統」「獨」的紛爭，最後以「獨」收場，但各國的獨立卻造成歐洲現代的文明。

一、新教教派領袖之教育主張

　　文藝復興的醒覺精神，促使人文學者擬解放中世紀制度的鐐銬，此種認識，滋生了宗教改革運動的幼苗。二者的目的，其實是一脈相承❽①。復

---

❽⓪　Ibid., 243.

古運動，使教會人士及俗人了解，原先的宗教信仰極其純樸與簡單，不似教會行政之有繁複的組織体系及瑣碎的儀式朝拜；而早期教徒之虔敬，恰與當前神父之惡行昭彰成為強烈對比。酒鬼、文盲、搶劫者、殺人犯等，竟然可以肆無忌憚的站在神壇上執行教會職務。教會腐敗，已到了不堪入目的地步；醜聞四布，又從未糾正。教會之有必要改革或重建，已是刻不容緩之事了 ❷。而教會發號施令的大本營──羅馬，更是集罪惡之所在。伊拉斯莫於1509年到羅馬，路德(Martin Luther, 1483～1546)於1511年，也到該地，二者都對基督教的重鎮無好感。歷任教皇之淫靡奢侈，也是駭人聽聞的。路德還說：「即令花了數以千百計的金錢，我也不應該錯過機會去看羅馬，否則我對教皇的評論就不算公道。」❸人文學者提倡溯本探原，有良心的教士才發現初期的教會與當前的教會，形同「黃金」(gold)與「糞便」(muck)之別 ❹。他們希望恢復黃金面目。教會興革，已醞釀多時；一遇有人登高一呼，則擁護之眾就如排山倒海而來。

　　人文學者伊拉斯莫雖不主張教會分裂，但也早已為教會改革生了蛋，這個蛋卻由路德孵出一隻好鬥的公雞。伊拉斯莫其後說，他若早知如此，就不會寫有關批評教會腐敗的文章。他以諷刺的筆調來挖苦時人的迷信，朝聖之旅、及買賣贖罪券(indulgence)。「你可能以為用一張小紙、一件封緘的羊皮文件，施以小錢奉獻，或塗蠟的肖像，或作一些進香舉動，就可以洗刷所有的罪惡。其實你是徹底的被騙了。」「沒有任何儀式，或許你不會是個基督徒；但光是儀式，你也不是個基督徒。」❺而中世紀大學裡的著名神學家，畢生都在「共相」(universal)與「殊相」(particulars)中爭論何者為「實体」(reality)。雖然有人嘲笑那些大神學博士在計算多少天使可以在針尖上跳舞，此種諷刺似乎言過其實，但多瑪斯卻也費神思考到底天使是否佔據空間這個問題 ❻。莫爾就曾經說過，與其閱讀教父們的作品來吸取精

❽①　Robert Ulich, op. cit., 115.

❽②　Owen Chadwick, *The Reformation*, Penguin Books, 1968, 14.

❽③　Ibid., 19.

❽④　Ibid.

❽⑤　Ibid., 38–39.

神食糧，不如去擠一頭雄山羊的奶，更能快速的獲得肉体上的滋養❽。人文學者之厭惡中世紀學究，由此可見一斑。神學家以為光是犀利的辯論及文字的細膩分析，就可以息邪說，禁詖行。其實這些都是末端細節，無關信仰宏旨，卻使宗教脫離正軌，表裡不一了。

伊拉斯莫早就坦率的指出，眾人喜歡「表象」(appearance)，而非「實体」(reality)，這種現象表現在教堂的活動上。當講到嚴肅的內容時，信徒多半打盹或坐立不安，但當神父談及荒誕及愚昧的怪譚時，大家則側耳傾聽且聚精會神。其次，「對神學家，吾人採取沈默，可能是明智的。」「因為他們會召來六百名三段論大軍來攻擊我，我如果不悔過，他們就宣布我為異端。用這種霹靂來嚇壞那批他們所不喜愛的人們。」❽掌宗教改革大旗的路德就親歷其境的遭受此種命運。

(一)路德(Martin Luther, 1483～1546)的教育理念

路德原先並不主張與羅馬的教會決裂，他倒十分同情教皇的處境，以為教皇是受教會之蒙蔽與掩蓋，而不知教徒肆無忌憚的公然為非作歹，其中尤以販賣贖罪券為最。設若教皇知悉該種惡行，他必定制止教徒之橫行霸道。但是教宗形同「羔羊坐在狼群之中」❽，教會腐敗之事實，已是陳年沈病，非得動大手術不可。路德本是鄉野礦工之子，卒業於耳福(Erfurt)大學，先後在威丁堡(Wittenberg)大學及母校執教，深受當時奧古斯汀神學觀念之影響，終於在思想上傾向於柏拉圖革命型的主張。1517年，在威丁堡大學布告欄上大膽的公布教會犯了九十五條罪過，以反擊「捐款箱，銅幣響叮噹；煉獄門，靈魂已飛離」的論調❾。因為教會之積弊早為北方人所深惡痛絕，眾人一聽有大學教授勇於在大庭廣眾之前指斥教會之錯誤，就如同大旱之望雲霓一般。路德以一位籍籍無名的小大學神學家，卻一舉成

---

❽　Ibid., 35. 伊拉斯莫最先提出此種戲謔。Richard H. Popkin (ed.), *The Philosophy of the 16th and 17th Centuries*, N.Y.: The Free Press, 1966, 4.

❽　Chadwick, ibid., 36.

❽　Erasmus, *In Praise of Folly*, in Richard H. Popkin, op. cit., 32–33.

❽　Williston Walker, *History of the Christian Church*, 謝受靈、趙毅之譯，《基督教會史》，香港，基督教文藝出版社，1979, 537。

❾　Chadwick, op. cit., 42.

名而為「抗議者」(protestants)之領袖。加上教宗本人及羅馬教會本身之強硬態度，逼得路德從一個原擬進行學術辯論的溫和立場，不得不壯士斷腕，毅然決然的與意大利之全歐統一的天主教會(Catholic Church)分離而出，而高唱日耳曼應予獨立之論調。歐洲信仰之士也因此流風所及，基督教王國(Christendom)從此分成兩大陣營，依附羅馬者為「舊教」，即「天主教」(Catholic)；而贊同路德者為「新教」，即「抗議者」(Protestants)。由於新教主張個人有解釋聖經的權利，所以派別很多。天主教不准「教內有派，教外有教」，但新教則教會團體林立，這種現象，乃為歐洲現代國家描繪了輪廓。現代的英國、德國、法國等，在教會未改革前，都只是地理名稱而已；經過教會改革運動之後，加上神聖羅馬帝國已名存實亡，國家的雛型粗具，這種由「統」而「獨」的局面，卻造成歐洲文明之興盛。

路德是道道地地的神學理論家，基於他的教義研究及虔誠的原典信仰，他倒有一些看法與教育有密切關係，重要者如下：

1. 信徒有闡釋聖經的權利與資格：路德深受人文主義教育思想的影響，個人的重要性抬頭。羅馬教會堅持闡釋聖經之權屬於教皇，路德大表反對。他在1520年發表〈致德國基督徒貴族書〉(To the Christian Nobility of German Nation)，首度破天荒的用「德國」這個國號，認為教會「組織」，或教會領袖，不能取代「個人」來了解聖經並解釋聖經；「個人」與「上帝」之交往，是直接與立即的，不必假手他人或團体。該書列舉羅馬人為了保障教會制度，興築了三道城垣，但這三道城垣，都不堪一擊。第一道牆，「屬靈的權位」(spiritual power)凌駕於「屬世的權位」(temporal power)。教會及教宗可以「目空一切」，任何權力都不能予以約束。第二道牆，聖經教義可以訓誡教皇及教會，但是除了教皇之外，任何人不得解釋聖經教義。第三道牆，如有人擬以開會來檢討教會事務，召集權也非教皇莫屬。面對這三道城垣，路德明白的指出「教皇及其從者已是犯罪累累而非純正的基督徒了，他們也非經過上帝的教導，且對教義並無真正的領會，一位普通百姓可能才有真知。為什麼吾人不能跟隨他呢？難道教皇永無錯誤？」❾❶ 路德信心十足的問道：「在信仰方面，吾人無權力來分辨並批判何者為對何者為錯嗎？」❾❷

❾❶　Martin Luther, *Address to the Nobility*, in Popkin (ed.), op. cit., 39–41.

教皇及教會之敗德劣行，已是盡人皆知的事實，那有資格作為聖經的發言人呢？

　　路德本來唸法律，在1505年7月從家返回學校途中，遇強烈暴風雨，自認已沒命，乃呼叫神明(St. Anne)幫助，且發誓如能倖獲安全，則要成為僧侶。終於在1505年7月17日入奧古斯汀寺院(Augustianian monastery)修行。這種体驗，證實了上帝隨時與個人同在。親近上帝或領會上帝，不需透過中間媒介，否則迂迴拖延。「在緊急狀況下，任何人都能夠採取行動，並且必須快速採取行動。撲火，要等到市長下令才開始嗎？即令在市長官邸失火，也要如此嗎？」❸信仰的唯一因素，是誠心誠意，這是每個人的事，那有必要教會或教皇來介入？信仰的最終來源是聖經，而非教皇的言論或教會的法規。新教與舊教的最大分野，就在這裡，「個人」要從「組織」中解放出來。

　　2.接受教育是解釋聖經的基本條件：既然人人可以解釋聖經，則人人必先了解聖經。路德在奉召接受教皇審問後，保護他的政治領袖（即the Elector Frederick of Saxony）設計把他「囚禁」起來；路德在大家公認失蹤但卻也相信他安全的幽室裡，決心把聖經予以大眾化，讓婦孺老少都能朗朗上口。他乃以平白淺易的「國文」（德文）來譯新約，好作為全國人民的重要教材。這種抱負正回應著伊拉斯莫的呼籲，使牽牛犁田的農夫，坐在織布機旁穿梭的村婦，都能背誦聖經的章節及內容。路德的德文聖經，發揮了普及宗教知識的教育功能。據估計，1534～1584年的半世紀中，共印有十萬本之多，變成家曉戶喻的人民讀物❹。

　　其次，教育不只是念聖經而已，否則就形同狹隘的寺院教育了。因為接受教育之後，除了有人擔任教會職責之外，還應為社會人群服務。寺院教育與世隔絕，無法培育世俗人才❺。「假如我們應該且必須要有學校，那麼教學拉丁、希臘、希伯來文，以及其他文雅科目，用意何在呢？用母語

❷　Ibid., 41.

❸　Chadwick, op. cit., 53.

❹　Ibid., 73.

❺　Paul Monroe, *A Textbook in the History of Education*, N.Y.: Ams Press, 1970, 411.

教導聖經教義不就夠了，那是擬獲超度者所必要的。對於這種問題，我的答覆是：果真如此，則我知道我們德意志人永遠要作非理性的畜牲了，鄰國的人民這樣子稱呼我們，似乎也是理所當然。」❾⑥逸居而無教，則近於禽獸；文藝復興的人文學者也如是說。路德不願德人在其他民族的印象中是蠻人，只會打架或吃喝❾⑦。文學素養是提升民族品質的基本成因，所以文法及修辭科目不可或缺，那也是培養傳道師、律師及醫生的科目❾⑧。並且，人文學科的精深研究，更能維持真正宗教的建立，這是路德在1523年致信給一位人文學者(Eobanus Hessus, 1488～1540)所堅持的❾⑨。一位有豐富人文知識的公民，就比較能夠判別是非與善惡，如此才有助於信仰的純正。買贖罪券者，其實不是得到了教皇的赦免，卻換來了上帝的憤怒❿。所以疏忽了孩子的教育，將是對弱者的最大傷害。「我們老年人活著要幹什麼？還不是為了照顧、教導、並養育子女。」❿①

「在我的判斷中，沒有一樣有形的觸犯上帝比這更重、更應處分的，即家長對兒童的教育漠不關心。」路德分析其原因，有下列數端：

①家長不虔誠、不正直，認為子女教育無足輕重，這種作法猶如鴕鳥。「鴕鳥下蛋於地，用塵土予以覆蓋，對幼鳥也無視其存在，似乎不是她所生的一般。」

②大部分家長沒資格教養子女，不知如何教養兒童。

③即令家長夠條件足以教養子女，但由於家事及職業纏身，也無暇親自負起教養子女的責任。❿②

---

❾⑥　F. V. N. Painter, *Luther on Education*, St. Louis: Concordia Publishing House, 1928, 183.

❾⑦　H. C. Black, K. V. Lottich, & D. S. Seakinger (ed.), *Great Educators*, Chicago: Nelson-Hall, 1972, 389–391.

❾⑧　Frederick Eby, *Early Protestant Educators*, N.Y.: McGraw-Hill, 1931, 144.

❾⑨　J. Bowen, *A History of Western Education*, vol. II, London: Methuen & Co., Ltd., 1975, 361.

❿　Robert Ulich, 1968, op. cit., 117.

❿①　Luther, Letters to the Mayors of Aldermen, in R. Ulich, *Three Thousand Years of Educational Wisdom*, Harvard University Press, 1968, 222.

所以專業教師的重要性，就明顯可知了。

3.教師地位的提升：路德不遺餘力的歌頌教師的身分與價值，認為是僅次於神父而最具人生意義的職業頭銜。「我用一句話告訴你，一位勤勉且奉獻的教師、師傅，或不管他的名分叫什麼，只要他忠誠的訓練與教導小孩，則不太可能獲有足夠的補償，金錢無法支付你欠他的債。異教的亞里士多德也如此說。但是，竟然我們蔑視他們，認為他們不在吾人的考慮之內，我們還配稱為基督徒嗎？對我而言，設若我辭去或被逼辭去神父職而另覓工作時，我覺得沒有一種職業比作教師更令我欣喜的，我堅信除了傳播福音之外，這是最有用處也是在世上最應賣力的行業。……好友啊！在地球上你能夠找到比教書的意義更崇高的嗎？與你陌生的教師虔心的指導你的小孩，這種行徑即令是家長對自己的子女都極少盡責的。」⑬

良師興國，古有明訓；而師資的好歹，也影響了國政的興衰。柏拉圖早就建議教育乃是最重要的施政要點。主政者別圖短利，更不應只顧眼前。路德說：「人們懼怕土耳其人、戰爭、及水災，因為那是可以明顯看出傷害或幸福的，但如果惡魔藏在心中，則無人自覺，也不會引起恐慌。吾人花一塊錢來防止土耳其人，卻需費100元才能阻止無知。」政府花錢買軍火、蓋橋樑、修道路，更應撥經費聘請教師來啟迪新生一代的子女。一個具有水準的國家，不是城牆堅固，屋宇華麗，卻應人民知書達禮，判斷明智，行為正直，這些都有賴良師之指導。與其費心力在整頓治安，不如普及教育，孩童才不會耽溺於玩牌或涉足不良場所，這才是長治久安之計。而教師正是社會欣欣向榮，人民獲取幸福所不可或缺的人才⑭。打擊心中魔鬼，比驅逐有形的敵人，重要性大得多；握筆的教師，比操槍的軍人，更具有保家衛國的重責大任。「雖然筆很輕，這是真的，僅需三根手指頭用力即可寫字，但卻需動員全部身心。」⑮「筆比劍的力道更強」(The pen is mightier

---

⑩ Black, *Great Educators*, op. cit., 383–384.

⑬ Frederick Eby, op. cit., 144–145.

⑭ Black, *Great Educators*, op. cit., 383–388.

⑮ Luther, *Duty of Sending Children to School*, in Ulich, *Three Thousand Years of Educational Wisdom*, op. cit., 245.

than the sword)是一句西方的成語。

　　4.學校教育的設計：路德不是實行家，但在書信中也提到一些設置教育機構的藍圖。

　　①在基本教育上，實施德語教學。「孩子每天花一兩小時在校即可，其他時間則在家工作，學某些技藝或做其他該做之事，如此可以知行合一；同理，女孩也可每天入校一小時，然後在家作家事。她睡覺、跳舞、及遊玩的時間比這還多。」⑩

　　②高等教育的學生必須經過挑選，「適合於大學教育，可以為桑梓及人民服務」。並且地方應該提供給資質優異的學生獎助學金，他們畢業後能夠返鄉擔任教會神職或作其他公務，如此可以激起其他學生入學的願望⑩。

　　大學對於亞里士多德的著作，不可照單全收，悉數奉為權威。路德認為亞氏學說有不少「異端」。「我的建議是，亞氏所著的書籍中，《物理學》(*Physics*)、《形上學》(*Metaphysics*)、《靈魂論》(*Of the Soul*)及《倫理學》(*Ethics*)，都應徹底廢除，大家還以為是最佳讀本呢！其他討論自然的文章亦然，因為在自然方面及精神方面，都無法從中學得什麼。此外，沒有人知道他的意思，許多時間就因此浪費了，不少心神徒勞於此，盡瘁於斯。我敢說，任何一位製陶工人對自然事物方面的知識，都比這些書還多。……上帝派他來，好比是吾人原罪上的瘟疫。」⑩路德根據基督教的觀點，譴責亞里士多德有關宇宙及自然界的知識。但路德並非全盤否定亞氏著作，在亞氏作品中的邏輯、修辭、及詩詞上，他同意應取作為大學教育的題材。

　　③各地廣設圖書館：一方面保存有價值的圖書，一方面提供學者研讀的材料。所以藏書必經挑選，卻不須清一色的屬於宗教作品，它應包括：

　　　　a.用拉丁、希臘、希伯來及德文或其他語文所撰寫的聖經教義；或用上述古典語文所作的最佳註解。

　　　　b.研究語言的書籍，如詩詞及雄辯家的著作，不必考慮作者是異教

---

⑩　Black, *Great Educators*, op. cit., 388.

⑩　*Luther's Correspondence and Other Contemporary Letters*, in Ulich, *History of Educational Thought*, op. cit., 122–123.

⑩　Popkin, op. cit., 42.

徒或耶教徒。

　　c.有關藝術及科學之書。

　　d.法學及醫藥著作。

　　另外設立專欄擺設史書及紀年史籍，不管用什麼文寫作皆可，如此才有助於了解世界及上帝的神秘性 ❿。

　　當路德與羅馬教會處於危急狀態時，教皇派駐日耳曼的代表打回報告說：「整個德國都在革命中，十分之九的人高喊『路德』當作作戰口號；十分之一並不擔心路德，叫著：『羅馬法庭死亡』。」威丁堡附近的農民，碰到任何一位路上的旅客都會問道：「你支持路德嗎?」如果對方答不的話，就會挨打 ⓾。可是1524～1525年的農民革命時，路德卻支持貴族採取屠殺農民的措施。路德自己選擇激進的手段對付羅馬教會，卻要求農民應依漸進及溫和的態度來改善現有的体制。「你不能用理性來對待農民，最佳的回應是迎面痛擊直到他鼻孔流血為止。」⓫早年的路德以為理性至上，且理性與上帝為伍；但晚年則認定理性常與上帝作對。妄想用理性來支持信仰，就如同「以暗淡的燈火來照太陽，或以一根蘆葦來支撐一塊大基石一般」⓬。尤其是一般平民之理性，更不可信。信仰高居一切的路德也指斥科學研究，用非常不屑的口吻說科學是「那個愚蠢的小傻瓜，那個惡魔的新娘，媼婦的理性，上帝最惡劣的仇敵」⓭。路德的功過如何，的確是教育史家爭議的對象!

(二)新教的其他領袖

　　新教與舊教分庭抗禮以來，由於路德主張人人可以解釋聖經，所以新教世界中的教派林立。路德本人反對宗教儀式(sacraments)及洗禮(baptism)；但流行於瑞士地區的其他新教（如Huldreich Zwingli, 1484～1531）則認為

❿　Black, *Great Educators*, op. cit., 390.

⓾　Chadwick, op. cit., 55.

⓫　Ibid., 61.

⓬　Bowen, op. cit., 370.

⓭　R. Freeman Butts, *A Cultural History of Western Education*, N.Y.: McGraw-Hill, 1955, 217.

洗禮乃是允許信徒入會的象徵；主的聖餐(Lord's supper)也是信徒彼此之間內心精神交流的符號；至於洗禮時間，有些教派（如Anabaptists）反對嬰孩受洗，卻贊同成人受洗。

在教育的影響勢力上，喀爾文(John Calvin, 1509～1564)更擴大了新教的地盤。喀爾文是法學家，精於組織，他的實際影響力，遠超過神學家的路德。二者在教義解釋上，也不盡相同。喀爾文步奧古斯汀後塵，堅信上帝早已選擇某些人可以得救，某些人則註定無此佳運，這叫做「宿命論」(predestination)。得救是神的恩賜，那是上帝的慈悲；不得救，則表示上帝之懲罰，那是上帝的正義⓬。路德認為只要聖經未曾禁止的，信徒皆能按己意行事；但喀爾文雖也崇奉聖經，卻取法更嚴；他要求信徒只准依聖經所明文的規定行事。因此教會不可陳設管風琴(pipe organs)及彩色玻璃(stained-glass windows)⓭。在「教會」(church)及「政府」(state)的優先考慮上，路德認為教會應作為政府的武力，喀爾文則希望政府應該作為教會的武力。二者雖皆主張政教合一，但路德心目中的重點是政府，政治統治者有權改革教會，並辦理有益於政府的工作，其中之一項即是教育；喀爾文則偏重於教會，政府隸屬於教會之下，所有施政，必要符合教會的宗旨；政府所辦理的教育，必須根據教會的指令。至於英國新教（即安立甘教，Anglican），則因英王是世俗政府及教會的最高領袖，政府及社會皆在英王(Crown)之下，各自辦理教育活動。新教地區政府與教會負責教育的位階，有如下表所述⓮：

路德教派	喀爾文教派	英國國教
政府	教會	國王

⓬　Martin Bucer (1491～1551)在Strasburg組成新教教會，即已宣揚此種見解。Calvin於1538～1541年時在該地教會當助手，深受此學說所左右。「選民」有機會得救，其餘則註定下地獄，陷入沈淪境界。上帝之挑選，純是上帝之事，俗民無法變更，也不能藉「善工」(good works)——即行善事來改變命運。買贖罪券並不能使「非選民」變成「選民」。

⓭　R. F. Butts, op. cit., 215.

⓮　Ibid., 190.

教會	政府	政府　教會
教育	教育	教育　教育

　　從宗教的立場而言，路德認為個人直接與上帝建立關係，乃是信仰的最佳途徑；這種過程，不必假手他人（如教會或教宗）。得救乃是全心依靠上帝，信賴基督乃是一切善功中最高的善功；而一切正當的手藝，以及人生各種職業，都有善的成分在內，非只限於至教堂中作禱告、禁食、或施捨賙濟而已。這種論點，幾乎全為新教領袖所贊同。路德本要研究法律，但因處在盛年(1505)時卻有同輩好友暴病而死，自己又險遭雷電擊斃，遂大受刺激，乃專意追求靈魂赦免之道。這種体驗，與奧古斯汀的遭遇類似。不少宗教界的領導人物（新教及舊教皆同），每多有雷同的經歷。路德認為日常生活乃是侍奉上帝的最佳場所，而非把自己禁錮在寺院作絕慾的行徑，這種對「新教倫理」(Protestant ethics)的剴切說明，改變了歐洲人的面貌。此種精神，一方面與人文主義相契合，一方面也遠離了中世紀作風，新時代已曙光可見了。

　　喀爾文與路德一樣，非常重視教育及信教的本土化，路德的德文聖經，是新教的重大貢獻。而喀爾文教派以後發展的長老教徒(Presbyterians)更要求教士每到一地，就必須認同該地。台灣的馬偕，就是長老會最先到本島傳教的教徒，他是加拿大人，但一抵台灣後，即自認是台灣人，學台灣話，用筷子，娶台灣姑娘為妻，且死後埋在台灣，與台灣人相處至為愉快。地球之內，無處不是祖國，各地都是故鄉，人人都是兄弟、父叔、或姊妹；既以入境問俗，隨遇而安為人生觀，因此他們的足跡遍布世界，傳教勢力也就無遠弗屆了。這種教派，對於母語教學及鄉土教育之注重，都付出不少心血。

二、舊教團体對教育之要求

　　路德以「聖經」作為信仰的最高權威，但羅馬教會則堅信「教會」才

是宗教的無上殿堂。前者的世界成為「新教」(Protestants)，後者的地盤則是「舊教」(Catholics)。新舊教在日常生活上有顯然的差別，新教教徒可以娶妻生子，舊教則一生要保持獨身。「統一」的西歐，從此正式分裂，造成各國的「獨立」，也為西歐現代文明鋪路。西歐在「統一」時，社會進步緩慢，在「獨立」之後，變遷特多。在路德等人高唱「改革」之際，舊教人士也思改善的途徑。可見在大一統的籠罩之下，好壞無從比較，人心自會墮落。新教地區既廢除了許多傳統不合理的習俗，尤其在提高教士及教徒之教育水準方面，出力不少；舊教人士只好急起直追，在教育之注重上，也不遺餘力。其中最值得稱述的是羅耀拉(Ignatius of Loyola, 1491～1556)。

羅耀拉本是個軍人，因作戰而受傷，在醫院養病期間無法閱讀士兵所喜愛看的武士奇情小說，卻有機會流覽《耶穌傳》(*The Life of Christ*，為Ludolf of Saxony所著)及《聖者之花》(*Flowers of the Saints*)等等著作，一股強烈無比的內心衝突，迫使他幾乎打算自殺以了卻一生。此時卻有靈光呈現腦際，終於使他幡然醒悟，一心向神，企圖為基督作最大的奉獻。除了不畏艱辛萬苦，千里跋涉的去改宗土耳其人外，還勤奮向學，1535年獲取巴黎大學的碩士學位；更在1539年與志同道合之士組成「耶穌社」(Society of Jesus)，努力改造舊教的教育。不只鞏固了天主教的舊有地盤，更冀圖阻止新教的擴充勢力。耶穌社之與新教對立，是時勢所逼。原先六人小組在巴黎籌組的耶穌社，並不知有路德存在。該社宗旨是*Omnia ad maiorem Dei gloriam*──All for the greater glory of God，即掃除教徒之無知，發揚上帝的靈光 ❶。他們一心一意的希望教徒能模仿耶穌的言行，才能重振天主的榮耀。羅耀拉本人有過人的忍痛毅力，年屆三十所受的戰場腿傷，異常嚴重，接骨又不佳，終成跛腳，一根骨頭突出於膝下，他不願面對此種事實，要求醫生將突出之骨鋸掉，不用麻醉藥；並且為使兩腳等長，乃在那隻短腳上懸掛重物 ❷。由於他出身軍旅，所以組織力及支配力又勝過研究法律

❶ S. J. Curtis, & M. E. A. Boultwood, *A Short History of Educational Ideas*, London: University Tutorial Press, Ltd., 1970, 149.

❷ Luella Cole, *A History of Education, Socrates to Montessori*, N.Y.: Holt, Rinehart & Winston, 1950, 297–298.

的喀爾文一籌。耶穌社之影響力，就是仰賴這種特色。

耶穌社放棄過去寺院隱遁式的教育型態，而採軍人戰鬥式的教育方法，社員充滿高昂的士氣。堅信教學工作乃是上帝的「徵召」(Calling)，不可不從。耶穌社雖費時多年且累積史上各種優良的教學而編成《教學大全》(*Ratio Studiorum*，簡稱*Ratio*)，是社員進行實地教學使用的「聖經」，但書中的理念不多，只是紀律嚴明，注重競爭，教室形同戰場。這雖是激勵學生用功的途徑，但卻滋生許多不良的後遺症，為時人及後代教育家所詬病。

耶穌社認為上帝的恩寵(grace)普施全民，沒有偏愛；但聖西蘭(St. Cyran, 1581～1643)所主持的「小學校」(Little School)卻基於人性本惡的立場，進行「全天候」式的教育關照；所以學生數甚少。這種學校有了嶄新的作風，除了講求和藹所以不注重競爭之外，還以法語教學，有別於傳統之拉丁教學。從世俗的眼光來看，以古文作教學媒介，稱為「大」(great)學校，即拉丁學校；以法語教學，則屬小學校⓳。孩子唸書，純粹是「目的」而非「手段」，因此連獎勵(emulation)都在禁止之列；此種觀點大為盧梭及蒙特梭利所贊同⓴。另外在舊教地區由拉薩爾(La Salle, 1651～1719)所創辦的「兄弟會」(Society of Brothers)也林立於法、德、意等地；為了耽心孩童遊蕩，且要讓孩子有所事事，因此廣設小學，並以手藝、木頭雕刻等為活動項目㉑。

舊教的宗教領袖，多半著重於教育實務，如体罰或學校經營，他們在教育思想上則無足稱述。

參考書目

1. Black, H. C., Lottich, K. V., & Seakinger, D. S. (ed.). *Great Educators. Chicago*: Nelson-Hall, 1972.

2. Bantock, G. H. *Studies in the History of Educational Theory. vol.* I. *1350～1765.*

⓳　Curtis and Boultwood, op. cit., 162–164.

⓴　Ibid., 167.

㉑　Ibid., 169.

London: George Allen & Unwin, 1980.

3. Butts, R. F. *A Cultural History of Western Education*. N.Y.: McGraw-Hill, 1955.

4. Caspari, F. *Humanism and the Social Order in Tudor England*. N.Y.: Teachers College Press, Columbia University, 1968.

5. Chadwick, O. *The Reformation*. Penguin Books, 1968.

6. Cole, L. *A History of Education, Socrates to Montessori*. N.Y.: Holt, Rinehart & Winston, 1950.

7. Curtis, S. J., & Boultwood, M. E. A. *A Short History of Educational Ideas*. London: University Tutorial Press, Ltd., 1970.

8. Eby, F. *Early Protestant Educators*. N.Y.: McGraw-Hill, 1931.

9. Erasmus, *Ten Colloquies*. N.Y.: The Library of Liberal Arts, 1957.

10. Mayor, J. M. (ed.), *Sir Thomas Elyot's The Book Named the Governor*. N.Y.: Teachers College Press, Columbia University, 1969.

11. Meyer, A. E. *An Educational History of the Western World*. N.Y.: McGraw-Hill, 1972.

12. More, T. *Utopia*. H. V. S. Ogden (ed.). N.Y.: Appleton-Century-Crofts, 1949.

13. _____. *Utopia*. Edward Surtz, S. J. (ed.). New Haven: Yale University Press, 1964.

14. Painter, F. V. N. *Luther on Education*. St. Louis: Concordia Publishing House, 1928.

15. Popkin, R. H. (ed.). *The Philosophy of the 16th and 17th Centuries*. N.Y.: The Free Press, 1966.

16. Woodward, W. H. *Vittorino da Feltre and Other Humanist Educators*. N.Y.: Teachers College Press, Columbia University, 1963.

17. _____. *Studies in Education During the Age of the Renaissance, 1400~1600*. N.Y.: Teachers College Press, Columbia University, 1976.

18. _____. *Erasmus Concerning Education*. Cambridge University Press, 1904.

19. _____. *Desiderius Erasmus, Concerning the Aim and Method of Education*. N.Y.: Columbia University Press, 1904.

第六章　唯實論的教育思潮（上）

生活中無一天假期，猶如長程旅行中無一間旅館一般。

Democrites: "A life without a holiday, like a long journey without an inn."

——John Burnet, *Aristotle on Education*. CUP, 1980, 140.

　　注重感官及具體經驗來獲取知識，本是極為平常之見。這在過去的歷史裡，早就有不少人提倡；即令在人文主義以復古為口號的時代要求下，古典文學（拉丁、希臘及希伯來）之教學位居要津時，但1449年，戲劇作家(Feo Beleari of Florence)就譜下了如下的詩句：

> 眼睛是第一道門窗，
>
> (The eye is called the first of all the gates.)
>
> 經由它，智力才能得知與品嘗！
>
> (Through which the intellect may learn and taste.)
>
> 耳朵是第二道，注意傾聽；
>
> (The ear is second, with the attentive word.)
>
> 才能武裝並充實心靈。
>
> (That arms and nourishes the mind.) ❶

　　對一般平民而言，唸古書、寫古字，實在是苦差事；印象最深刻的莫如具體實物，基督教徒也深具此種庸俗看法。中世紀以來，為了加強眾人對宗教信仰的堅定，各地都興建氣象萬千且規模宏偉的教堂，其用意有三：第一，教堂本身猶如書本，觀看教堂總比閱讀聖經來得容易；第二，出神入化之聖者典範，透過視覺，更有活生生的記憶；第三，藉教堂之肅穆莊

---

❶ G. H. Bantock, *Studies in the History of Educational Theory*, vol. I, *Artifice and Nature*, 1350～1765, London: George Allen & Unwin, 1980, 39.

嚴，以煽發百姓虔誠的火苗❷。去除教堂，只在內心中有基督，則基督教將無法普遍化。「實」與「名」的爭論，不能太偏。

上述那種婦孺皆知的見解，在文藝復興覺醒時代之後，個人的地位與價值重新恢復；宗教改革又順勢推倒教會的桎梏，歐洲人的思考空間乃大為擴展，求知態度也膽大氣壯。連教皇的教諭都不放在眼裡，學術界上的權威也不值得盲目崇拜了。突破傳統窠臼最具歷史意義的，莫過於德籍牧師哥白尼(Niklas Koppernigk, 或Nicolaus Copernicus, 1473～1543)，他於臨終那年發表的《天体運行論》(*De revolutionibus orbium coelestium*)，震驚了天文學界及宗教界。「太陽中心說」(heliocentricism)取代了自希臘以來且為羅馬社會所堅守不渝的「地球中心說」(geocentricism)。天文學家開普勒(Johannes Kepler, 1571～1630)更發揚哥白尼的學說，數學家伽利略(Galileo Galilei, 1564～1642)取望遠鏡長年觀察的結果，證明太陽中心說才屬正確之論。大家沿襲已久的固有宇宙觀開始徹底的改變，這種從根拔起的革命，衝擊了人心的深處，價值之重新評估，已是刻不容緩之事了。

新大陸及新航線之發現，更火上加油的助長唯實論的火焰。在為學態度上，笛卡兒(Rene Descartes, 1596～1650)的懷疑及培根(Francis Bacon, 1561～1626)之注重實驗，使得舊哲學及舊科學改觀；在求知方法上，培根新工具（歸納法）之提出，及笛卡兒解析幾何之發現，都是功不可沒；在普及知識及獲取正確知識上，印刷術之發明，望遠鏡及顯微鏡之製作，都是石破天驚之事。世界史上從無一時代像歐洲十六世紀開始所展現出來讓人眼花撩亂的變動面貌。

伽利略說得好:「在涉及物理問題時，吾人不應該訴諸聖經上的字句權威，倒應該根據感覺經驗(sense experiences)及必然的演算(necessary demonstrations)。」❸「感覺經驗」即是五官印象，「必然的演算」就是數學。前者即感官知識，後者即理性知識，二者不可或缺。真理之水落石出，必須人們去除偏見，向事實低頭，承認演算的結果，否則就是「光禿禿的拒絕了

---

❷　Ibid., 40.

❸　G. Galileo, *Letter to the Grand Duchess Christina*, in Richard H. Popkin, *The Philosophy of the 16th and 17th Centuries*, N.Y.: The Free Press, 1966, 62.

真理」❹。歐洲近代「科學」之突飛猛進，唯實論的教育態度與方法，最具關鍵性。

　　唯實論的教育理念面非常廣泛，教學之注重兒童心理，教學語言之偏重母語，教學內容之傾向感官經驗，教學氣氛之崇尚自由，及教育範圍之溢出學校而邁向自然等，都是其中犖犖大者。至於學生健康之維護，學校環境之改善，師生關係之親密，也是唯實論者在教育上的呼籲。唯實論的教育學者為數頗眾，獨木無法成林，唯實論已成為十六、七世紀的歐洲顯學。

第一節　現代心理學之父——威夫斯
(Juan Luis Vives, 1492～1540)

　　西班牙地區在羅馬時代出了一位大教育家，即坤体良；哥侖布(Christopher Columbus, 1449～1506)抵達美洲新大陸的那一年——1492年誕生的威夫斯，就是坤体良的同胞。威夫斯步坤体良後塵，在教育理念上有承先啟後的貢獻。傳統的教育，重點放在課程，那是以成人的觀點所集聚的文化結晶；學童應遷就教材。威夫斯卻反其道而行，主張教學的起點，應先注意學童的心理需求。教育史家給威夫斯一個封號——「現代心理學之父」(Father of Modern Psychology)❺，具有實至名歸的意義。

　　威夫斯與他的長輩兼師友伊拉斯莫一般，是國際性的知名人物。他出生於西班牙，求學於法境巴黎大學，講學於英倫牛津大學的CCC學寮(Corpus Christi College 簡稱CCC)，基於同胞之情誼，在英皇亨利八世之婚變事件中，他支持皇后凱撒琳(Catherine)，終遭英皇室列為不受歡迎之士而遭驅逐出境。1531年，他寫給西班牙友人(Juan Vergara)的信上說道：「英倫有了大變……，我自己加入皇后陣營，我給她最大的幫忙，不只用口說，還用筆寫，因此惹了國王的討厭，拘留了我六週，釋放了我的條件是不可介入

---

❹　G. Galileo, *The Assayer*, ibid., 64.

❺　Foster Watson, "Father of Modern Psychology," in *Psychological Review*, XXII (1915), 333–353.

皇室論辯中。當我重獲自由時，我想最好還是回家，皇后也用密函勸我如此。」❻伊拉斯莫是明哲保身，對皇室婚變不置一辭；威夫斯則「仗義執言」，與莫爾一般。坤体良在世時備受禮遇，威夫斯無此殊榮。學者之遭受政治或宗教迫害，又多了一椿。

　　威夫斯雖然活不過五十歲，但卻通覽群書，遍讀古籍；著有《教育論》(*De Tradendis Disciplinis*, 1531)及《心靈論》(*De anima et vita*, 1538)等作品；前者是一般性的教育著作，後者則是史上第一本系統的心理學書籍，銷路極佳。為英皇后撰述《女教徒之教育》(*De institutione feminie Christianne*, 1523)，受伊拉斯莫之交代，也作《評論聖奧古斯汀的上帝之城》(*Commentaries on St. Augustine's Cinitas Dei*, 1531)卻久久乏人問津，伊拉斯莫頗有怨言，但威夫斯認為，有價值的作品不一定迎合大眾口味。「一個柏拉圖對我來說，比整個雅典人更來得有意義。」❼名聲及流行並非追求的目標，卻要以提升他人品德並為群眾作真正的服務才是宗旨。伊拉斯莫給莫爾的信件中，也同意莫爾對威夫斯的評價，認為「在所有能夠掩蓋過伊拉斯莫的名人當中，威夫斯就是其中一個。」❽伊拉斯莫於1528年出版《西塞洛主義》(*Ciceronianus*)，列舉當代開明的作家時，卻獨缺威夫斯。其後伊拉斯莫曾向威夫斯解釋此種疏忽乃由於年紀大記性不佳的緣故，威夫斯回答道，他並不介意，因為伊拉斯莫所知的人及事太多，遺忘了威夫斯，是可理解的；即令有意，他也不埋怨，「我發現你從來不是以一種惡毒之心來對待我。」❾由於威夫斯為唯實論作開路先鋒，史家稱他是個「破土者」(Way-breaker)❿；而教育史學者則認為威夫斯將教育的重點，由課程中心扭轉為兒童中心，扮演了哥白尼式教育革命的角色⓫。

---

❻　Foster Watson, *Vives: On Education*, Totowa, N.J.: Rowman & Littlefield, 1971, lxxx.

❼　Ibid., lxxxvii. 值得一提的是，Vives於1538年所撰述的*De Anima et vita*，獻給the Duke of Bejar，而1605年Cervantes也將《唐吉訶德》(*Don Quixote*)獻給同一人，Ibid., xcv.

❽　Ibid., xxiii.

❾　Ibid., lxxxix–xc.

❿　1887年《唯物論史》(*History of Materialism*)的作者A. Lange之稱呼，ibid., xcix.

⓫　H. G. Good, & J. D. Teller, *A History of Western Education*, London: The Macmillan

感官經驗對知識的重要性，以及地方語言的教育價值，是威夫斯的教育理念中最應予以重視的要點。

一、知識的兩個層次——絕對的真與相對的真

威夫斯是虔誠的天主教徒，他認為在宗教信仰上，上帝是絕對無誤的，聖經是不可侵犯的；而羅馬教皇既是天主在地球的發言人，所以也是完美無疵的。一生服膺理性的威夫斯，由於這種誠摯的信仰背景，所以在英皇亨利八世與羅馬教皇決裂時，不惜生命之危險，公然站在教會這一邊。「我宣布服從教會的判斷，即令教會的判斷對我而言，已與最堅強的理性抵觸，因為我可能是錯的，而教會在信仰上是絕不會出錯。」 ⓬

但是威夫斯卻毫不遲疑的指出，自然知識的可靠度，並非準確無比。因為最後真理不易得，許多真理實有賴後人繼續挖掘 ⓭。所以教育的目的，不要求有「絕對的宗旨」(ultimate ends)，頂多只是「逼近」(proximate)而已 ⓮。威夫斯這種態度，就頗合乎科學精神了。他不厭其煩的說：「吾人所獲有的知識，只不過是可能的真而已，不可確信是絕對的正確。」「在所有的自然哲學上，吾人必須告訴學生，他所聽到的，僅是他認為真罷了；那就是說，經由研究者的智力、判斷力、經驗、及審慎的思考所得的結論。此種結論，吾人能夠肯定的保證為絕對的正確，那是很少的。」 ⓯基於此種理由，他奉勸為學者應該：

> 1 不可輕信自己的發現而懷疑別人的努力，尤其在自己的研究缺乏證據時。
> 2 不可盲從權威。
> 3 自然研究,應本諸純正的宗教信念,依「基督的火炬」(the torch

Company, 1969, 142–143.

⓬　Foster Watson, *Vives: On Education*, op. cit., xcvii–xcviii.

⓭　Ibid., 9. Also in Marian Leona Tobriner (ed.), *Vives' Introduction to Wisdom*, N.Y.: Teachers College Press, Columbia University, 1968, 51–52.

⓮　Tobriner, ibid., 66–67.

⓯　Watson, *Vives: On Education*, op. cit., 166.

of Christ)，而非仰賴「異教作者的弱光」(poorlight of heathen au-
thors)。❻

二、批判性思考的重要性

　　有一份證據才能說一份話；沒有證據時，就應保持沈默，不可強詞奪
理。而證據或事實之呈現，都屬「本質」(essence)之「偶有性」(accidents)，
變化很多，且無法窮盡，有賴時空之考驗。如果以當前之證據或事實，就
認為已涵蓋本質之全部，那就犯了以偏概全的弊病了。基於此種態度，也
引申出為學者應謙虛並具有容納異己的雅量。威夫斯說：「任何人如果自傲
於自己的知識，或譴責他人提出異議，或指斥他人有別於自己的想法，這
都是沒道理的。」❼消除心中賊，接納來自四面八方的人之見解，不要固執
己見，這才是為學之方。之所以必須如此的理由，乃因許多知識之準確度，
並不十分有把握。威夫斯勸告為學者「在讀書中，對大作家的著作，形成
一種批評性的判斷，總比單是接受他們的權威，盡信別人的話，獲益較多。
但在形成自己的判斷時，要免除敵意、仇恨、草率、疏忽、謾罵或俏皮話，
吾人有能力批判得比亞里士多德、柏拉圖、或任何古人為佳。」❽

　　在威夫斯時代，傳統的權威漸受挑戰。新大陸之發現，是人類經驗上
石破天驚的事件，該事件發生之時，就是他誕生之年。「從此大變化接踵而
至，這些變化對我們的後代而言都相當神奇，但卻絕對是真實的。」❾古代
的權威也不可能預見此種現象發生，過去所認為絕對的真，現在都一一被
攻破。吾人不應自我作賤，自我矮化，劃地自牢，自暴自棄，卻應對自己
有信心。「與古代名人相比，他們是巨人，我們是侏儒；其實，我們不是侏
儒，他們也非巨人。我們都同一種身材，只不過我們可以因他們的成就稍
微提高一點點我們的見識。只要我們有他們的勤勉、注意力及觀察力，喜
愛真理，如此就是了。要是這些條件都缺乏，則我們也不是侏儒，沒有站

❻　Ibid., cxiii.

❼　Ibid., 214.

❽　Ibid., 8–9.

❾　Ibid., civ, 246.

在巨人的肩膀上，只是一個有能力的身軀卻爬在地上而已。」❷

　　幸而真理的相對性，領域非常寬廣；並非早已由古人所獨佔，而是人人都有機會。「我沒有想要任何人讓出他的主張而來支持我，我也不想作為新領域的創造者，或慫恿他人來贊同我的結論。朋友！你如果認為我所說的是正確的判斷，那麼就請你來呼應。理由是那種判斷是真的，而非那種判斷是我的……。追求真理之後，要有你自己的立足點，無論何處，都要考慮到真理在何方。」❷「對事不對人」這種為學宗旨，早為威夫斯所道出。

三、知識以實用為主

　　首先，威夫斯極端厭惡中世紀學校教育沈迷於冗長又乏味的辯論。「孩童一入學，學校就規定要作辯論的學習。從第一天開始，立即教導孩童如何爭吵，其實孩子還不太會說話呢！此種現象也出現在文法課、詩詞課、歷史課、邏輯課、及修辭課當中，幾乎所有科目皆如此。有人會奇怪，為什麼連最明顯、簡單、基本的事實，也得進行爭辯？初學者已習於不可沈默，卻要信心十足的將他們口中的話和盤托出，無論任何時刻，他們絕少不作聲的，不只一兩天的爭辯就已足夠，而是如同吃飯一般，早餐時爭辯、飯後爭辯、晚餐爭辯、飯後也爭辯；屋內爭辯，屋外爭辯。餐廳、洗澡間、運動房、屋宇內、城市中、鄉野裡、公共場合或私底下，任何地點與任何時間，他們都在爭辯。」❷重視口舌之爭，這種嘮叨式教學，正是中世紀教育的典型寫照。

　　威夫斯講得對，「與其說得技巧高明，但卻空無一物，不如說得魯鈍，不加修飾，但卻道出真理。」❷人文學者的通病，就是只知模仿而不知創新。威夫斯認為取西塞洛當範本是可以的，但更要知道西塞洛之所以傑出，乃因他掌握事實證據，不管是古代的還是當代的；又精於分析對方心理、動

❷　Ibid., cv–cvi.

❷　Ibid., 9.

❷　Ibid., lix–lx.

❷　W. H. Woodward, *Studies in Education During the Age of the Renaissance. 1400～1600*, N.Y.: Teachers College Press, Columbia University, 1967, 201.

機、及性格,「不可只作抄本,卻要進入他的精神。」❷泥古是不對的,因為古代社會所創造出來的文化條件,已不適合於現代社會。原來教育之無法走上實用之途,根本癥結,就是大家停留在過去的崇拜裡而無法跳出傳統的框框。

接受教育不是只「課本學習」(book-learning)而已❷,卻要與實際生活發生密切的關聯,否則就變成書蠹了。威夫斯為婦女及貧者之教育著想,認為知識之探討,並非單是心靈之運作,或只是個人學問的增長,而應回饋社會,造福人群。所以知識分子應該挺身而出,不可對社會之不義沈默不作聲。他大膽的寫信給亨利八世,要求他重新思考離婚的案子;並致力於國際和平上,1529年也著書——書名為《人類和睦與紛爭》(*Concord and Discord amongst Mankind*)獻給西班牙王查理五世(Charles V),主張各地休戰,爭辯停止,大家虔誠相處,盼望他成為柏拉圖所夢想的哲學王,實現莫爾的烏托邦。

教學時,應當讓學童了解許多實用性的器皿,吃、穿、住、交通工具之發明、演進、保存等,以及對人生之實用及益處。孩子「不應羞於入商店或工廠請教技師有關工藝的細節。以往,讀書人蔑視此種知識之探討,所以許多知識因他們瞧不起,以至於全然無知。」❷女性教育以刺繡、針紡、織布、裁衣、家計、手工、烹飪、醫療、看護(處方與用藥)為主;不應太炫耀衣著,不可過分化妝,不應當在大庭廣眾之前露面,不賭、不博、不舞。不管男女,都應注重「智慧」(wisdom)的培育。威夫斯在《智慧入門》(*Introduction to Wisdom*)一書中開宗明義定義「智慧」為:「正確的判斷事務,並且合乎實情。智慧既不在貴重物上貪圖便宜,也不因廉價而認為不值一文;該讚美時不應批評,該指斥時不稱頌。」❷如能告訴學生為人處世的「智慧」,則最具實用價值。

總括言之,教育的目的有三:

---

❷　Ibid.

❷　Watson, *Vives: On Education*, op. cit., cxi.

❷　Ibid., 209.

❷　Tobriner, *Vives' Introduction to Wisdom*, op. cit., 85.

　　1.獲得健全的智慧。

　　2.正確的表達健全的智慧。

　　3.將健全的智慧付諸健全的行動。　❷❽

實用的知識，就是知識的果實，「既已獲有了學問，吾人必須把它轉換為應用，應用於公共的好處上。」❷❾「將自己的燭光，點燃別人心中的燭光。」❸⓪威夫斯此種「行動哲學」，一改中世紀以來的靜態人生觀。

四、兒童心理的研究

　　知識研究，是從「已知」(known)到「未知」(unknown)，經由「感官」(senses)，才到「心靈判斷」(mind judgment)❸❶。威夫斯用感官經驗及實際的歸納方法來探索心靈現象，用觀察及分析方法來了解實情；重點不是放在本體的「內在神秘」(inner mysteries)上，那是不可知的；而是著眼於「外在表象」(external phenomena)上，因此排除了許多形上的預設立場，是心理學上功能論(Functionalism)的健將❸❷。

㈠自然的觀察（感官教學）

　　經由感官來辨別異同，集中注意於研究對象上，「自然之光」(light of nature)就照射出來。「年輕人將會發現，自然觀察比抽象學習更為客觀，因為他只需敏捷的感官即可。但在倫理學上，他就需要生活体驗，歷史知識，且需記性良好。」❸❸學習活動應該著重於仰頭望天，不管晴空萬里抑是烏雲密布。注意草原、山嶺、森林，學生即可知悉許多事情。與園丁、農夫、牧羊人及獵者交談，都是好主意❸❹。放著如此活生生的知識資源不用，委實可惜。感官印象是獲取知識的第一個管道。具體實物呈現在眼前，則透

---

❷❽　Watson, *Vives: On Education*, op. cit., cliv.

❷❾　Ibid., 283.

❸⓪　Ibid., 288.

❸❶　Ibid., lx.

❸❷　Ibid. Also in Woodward, op. cit., 184. S. J. Curtis, & M. E. A. Boultwood, *A Short History of Educational Ideas*, London: University Tutorial Press, Ltd., 1970, 132.

❸❸　Watson, *Vives: On Education*, op. cit., cxii.

❸❹　Ibid., 169.

過感官的實際接觸，此種知識的可靠度最高❸。感官是第一位教師，首先是視感官，但看多之後，就得仰賴聽覺，比較不費時❸。兒童在認知過程中，如能多與自然接觸，也比較能引發學生的學習興趣，滿足學生的求知慾。讓孩子在自然界中盡情的去看、去聽、去聞、去觸、去嚐，則學習動機一定相當高，不會視求知為苦差事了！

㈡分析心理現象，勿虐待學生

威夫斯希望將教學建立在心理學的基礎上，而心理學則與生理學息息相關。比如說，「遺忘」影響了學習成果，而遺忘的原因有三，一是生理原因，如生病；二是情緒因素，如分心，旁鶩，恐嚇等；三是不常使用而失去印象。各種觀念，彼此之間有聯合關係；如部分與整体、時空、相似性等。教材編製，如能依此按部就班，則有利學習❸。

愛是學童渴切的心理需求，教師應以父愛對待學生，學童雖非其所生，但父母只給子女肉体生命，教師卻給學生心靈生命，而後者之價值遠高於前者，所以亞力山大認為他之負於亞里士多德者多於菲力浦。教師應認清學童的心理狀況，勿以大人標準來衡量小孩，勿貪近功，勿求速成。「剛在早春萌芽的果樹，就期望能生出成熟的水果，沒有比這更愚蠢的了。假定孩子學習一段時間之後，仍然不如教師所預想，教師也不應該對孩子生氣。不少教師以殘酷的威脅、毆打、及皮鞭來要求小孩做大人應做的事，此種教師最應挨打。」❸威夫斯之反對体罰，就如同坤体良一般。

威夫斯更提議教師應定期座談，交換心得，並分配學童到適合於學生性情的教師處接受教育。家長及鄰居、家長及教師、教師與教師，一年四次，以教師為中心，大家討論學生的學習反應及教學成果❸。

㈢個別差異

---

❸ Vives 認為知識有7個層次，即perception, imagination, consideration, reason, intelligence, contemplation, 及wisdom。見Tobriner, op. cit., 67.

❸ Watson, *Vives: On Education*, op. cit., cxxii.

❸ Woodward, op. cit., 185–186.

❸ Watson, *Vives: On Education*, op. cit., 86, 118.

❸ Ibid., 82.

學童最顯著的心理現象，就是個別差異。坤体良早就明白的指出，教學應顧及學童個別差異的事實，威夫斯在這個領域，也有詳實的描述。在心智的表現上，有的人精於觀察，有的人了解力強，有的人精力較盛，有的人則富於判斷力。學習能力有遲速、有銳鈍，而能力及分析力也不同。有些學生心不在焉，有些則聚精會神；有些人的學習速度緩慢，但卻收穫多；有些則速度雖快，但卻也遺忘多。有的學生做事及讀書可以費時長久，但也需長時間休息；有的人則反是。有些學生小時了了，大未必佳；有些人則否。一部分人的心靈飛翔在事物的頂尖，可以察辨別人不易看出的細微末節，但卻無法洞悉事物的深層及核心。此種心智是精銳的，其銳度就如同針尖，可以將髮毛寬度削劈成四或五個纖維片斷；但卻不似刀劍的鋒利，刀劍可以劈開堅硬的巨物。在學習上，有些學童很適合於唸某些學科，有些人則頂不適合。一些學生可以立即跟上教師，不只天分好，還恭敬有禮；有些人則較笨，易導入無用的臆測中，卻自以為是；有些人則只想記住教師的訓誨，然後自找理由去支持；有些人則只想聽取別人的結論，而毫無己見；光會模仿，卻拙於創新；有些人則忽略別人的發現，卻很有自己的看法。

在品德方面，有的人易於動怒，有的人則心靜如水；有些學生完全感情用事，好比胃一旦有病，就把全部進入胃的東西都注入有毒的胃液一般。有些人不承認事實與真相，卻大受驕傲、自大、及狂妄所扭曲，將真理丟在一旁❹。人之不同，各如其面。此種差異，真是數說不盡。所以家長及教師必須謹慎的注意兒童的個別狀況，然後才小心的進行管教，不可「從籃子裡取出一個蛋，就決定要煮還是要烤。」❹

五、認同當地，注重母語

威夫斯四處為家，認同當地。「這個城市與我的關係是陌生的，這種想法對我而言，真是太痛苦了。……我並不認為本城市與我的故鄉有何差別。我在此地已住了十四年之久，我把它看成我的家。」❹1526年1月6日，威夫

---

❹ Ibid., 73–80.

❹ Ibid., 83.

斯在離開故鄉的Bruges如此說道，他在該地娶妻，自認為是當地公民，且把他人當兄弟看待。只會懷念古羅馬，一心一意只說拉丁語，卻不認同當代，也不學習當地母語，這種人只不過是要朝聖而已，天天是過客，把住家當旅店；與鄰居有隔閡，跟時人不相聞問，自我孤立，無法納入當地社會生活，這已違反了唯實論的基本主張。

　　既強調個別差異的事實，則個人是如此，各鄉土也相差懸殊，而價值高下也互有出入。承認不同的鄉土人情，且予以認同，不只充實了心靈內容，且表現了虛懷若谷的雅量，生活自然較愉快，社會之和平也較可預期。

　　首先，威夫斯贊成拉丁作為統一語言的工具。因為拉丁的使用歷史最久，語彙最精緻，傳播最廣，著作也最多，因此在經商及學術研究上相當方便。他異想天開的說，如果回教徒與基督徒使用相同的語言，他相信「他們將支持我們」❹。有人(Laurentius Valla)傷感的說：意大利人已丟了羅馬，丟了帝國，丟了統治權，幸而拉丁語還主宰著地球的大半部❹。拉丁語作為國際用語，彼此互通信息，這是有必要的，否則各地的人民說話無法了解，就如同奧古斯汀指出，大家寧可對狗說話，也不願與外來人聊天了 ❹。

　　可是語言只是工具，獲得知識才是目的。「讓學生記住，如果學習語言的結果，並不能增加知識，則他們僅抵達知識之門檻而已，或只在入口處遊蕩。需知光記住學術用語，而不懂學術用語的知識內容，則學拉丁及希臘，並不比學法文西班牙文來得有價值。」❹換句話說，僅有語言形式，而無語言實質，這是空的知識，也是本末倒置。學習文法亦然，「並非文法規則規定吾人應如此說話，而是因為羅馬人如此說話，文法才如此規定。」❹這真是一針見血之論。

　　其次，拉丁或希臘等古典語言只是少數學者的用語，多數人以母語(ver-

---

❷　Ibid., lxiv–lxv.

❸　Ibid., 92.

❹　Ibid., cxxvii.

❺　Ibid., 92.

❻　Ibid., 163.

❼　Ibid., cxxxiii.

naculars)作為交談工具。「教師及家長有責任努力促使子女正確的說母語。」**❹**伊拉斯莫除了拉丁之外，不懂其他語言，威夫斯則會說英語及西班牙語。以母語來教拉丁，學童的學習效果會大增。教師必須研究母語之歷史發展及變遷，語辭的使用及消失，語意的更改及增刪，如此就可以使母語之表達度達到清晰又雅緻的地步，非但不輸於古典語文，且有凌駕其上的可能。

　　上述是威夫斯環繞著唯實論的教育主旨。除此之外，他對設校地點的環境考慮亦有見地。校園如同蜂巢，若要讓蜜蜂釀出蜂蜜**❹**，則空氣要潔淨，以免受傳染病侵襲；勿因綠油油的遊樂草地而分心；不可設在邊界，以免戰爭破壞。其次，學生人數不必多，但卻要熱心向學，求知若渴，意願十足，動機強烈。「味道可口但少量的鹽總比大量但乏味的鹽來得好。」**❺**上帝救世，最先也只差遣十二個門人而已**❺**。教師應向政府領薪，不可由學費支付。學生如果變成教師收入的財源主人，教師即很難管教學生**❺**。在課程方面，歷史不可或缺。但歷史內容絕不可重視戰爭史及戰場上的英雄，這與教育應培養的目標——愛——相抵觸。戰爭是一群盜匪(brig-andage)的行動而已，倒應關心有價值的民間史(civil history)**❺**。「沒有歷史，老人就如同小孩」**❺**。歷史是開啟智慧之門，缺之不可。威夫斯支持坤体良偏愛學校教育的論點，讓年齡相差不大的學童聚在一起，彼此的模仿比較容易，成就感較高。如果師生是一對一，則教師之學識因為高出學生甚多，彼此差距大，學童高不可攀，因而常有挫折感**❺**。這種看法，二十世

---

❹　Woodward, op. cit., 197.

❹　Watson, *Vives: On Education*, op. cit., 55. Vives以蜂蜜作比喻，得自他在牛津大學CCC學寮的教育靈感，牛津的CCC是蜜蜂的所在，ibid., cxlix.

❺　Ibid., 83. Zeno知悉Theophrastus有二千門徒時說：「他合唱團人多數眾，但我的合唱團卻唱得較悅耳。」ibid., 82.

❺　Ibid., 288.

❺　Ibid., 57. 此種現象發生在當前的台灣私立學校上，學生再如何不適合教學，校方還是不敢開除學生。

❺　Ibid., 199.

❺　"Where history is absent, old men are as children." ibid., 231.

紀的羅素(Bertrand Russell, 1872～1970)也大有同感。

第二節　提倡全人教育的教育家──拉伯雷與孟登

全人教育，也是唯實教育最具体的一面。在這個領域中，法蘭西的拉伯雷(Francois Rabelais, 1483～1553)❺❻及孟登(Michel de Montaigne, 1533～1592)鼓吹得最不遺餘力。前者是醫生，後者還擔任過市長。從現在的教育術語來說，全人教育，就是智德体群美五育並重的教育。

一、拉伯雷(Francois Rabelais, 1483～1553)

拉伯雷的代表作《父與子》(*Gargantua and Pantagruel*, 1550)共有五冊，他抨擊傳統中世紀的學風，諷刺強記及死守教科書之弊病，卻被巴黎大學及巴黎教會下令為禁書。在該書中提出教育理念的是父親(Gargantua)給兒子(Pantagruel)之信。該信的重點如下：第一，要精曉古典經文；第二，要勤於研究古聖先賢的名著，七藝尤不可疏忽；第三，自然知識更需注意；第四，應注重保健與品德，及虔誠的宗教信仰。茲擇要摘述如下：

> 現在，人們之心靈裡都有資格接受各種學科之陶冶，遺忘好久的舊知識也復活了。目前，學術界所使用的語文，也重新恢復到原有清純的地步，那種語文就是希臘文(不懂希臘文，是恥為學者的)。希伯來、阿拉伯、拉丁、及Chaldaean文亦然。同樣的，印刷術廣為流傳，既精緻又正確，實令人不敢想像。在我的時代裡，如有人想出此主意，那不是由上帝所激發，就是惡魔在作怪。大炮的發明更是如此，整個世界都充斥著有知識的人，塞滿最有學問的教師，並

---

❺　Ibid., 189.

❻　15或16世紀的歐洲人對數目字馬馬虎虎，不清楚自己的年齡。Rabelais的生年，有些書記載為1495，有些則寫為1483，相差甚大。1582年教皇頒布新曆來取代舊曆，年代的計算才步上精確之途。

且到處有廣大的圖書館。柏拉圖、西塞洛、或Papinian時代，都沒有如同現在一般的方便於求知。對我來說，這是絕對正確的事實，我們眼前的日子就是如此。今後任何一個探險家若在大庭廣眾之前亮相，則從來沒有不在Minerva（書店名）加以修飾一番。我看到竊賊、劊子手、海盜、酒保、客棧馬夫等最下賤的人，都會比我這一代的醫生及牧師更有學問。

　　我要說的是什麼呢？即令是婦女及小孩，都渴想有這種讚美，能獲得良好的學問所賜的天國食糧。我到現在這個年齡才勉強學希臘文，無法說得像Cato所說的那麼美好而感自慚。只因我早年無暇予以研究❺❼。不過，我閱讀普魯塔克的《道德》，柏拉圖的《對話錄》等古書時，覺得好生愉快，等待著吾主上帝召喚我，命令我離開此世，也離開此片刻的朝聖旅途。我兒！我勸告你在年輕時勿荒廢時光，趕緊在學問及品德上下功夫。你在巴黎，許多勇士的良好模範激起你的心去幹英勇行徑；你的教師，那位知識豐富的Epistemon，經由他活潑又響亮的文獻資料，指導你在學科及技藝上有所精進。

　　我希望你把語文學好，第一是希臘文，就如同坤体良所達到的程度；第二是拉丁，其次是希伯來，那是為了研究聖經的緣故；再來是Chaldee及阿拉伯文。仿柏拉圖方式來寫好希臘文体，拉丁則取西塞洛為模範。沒有一樣歷史你沒有記住。他如幾何、算術、音樂等文雅科目也應在幼年時學好。其後你仍應繼續探討此種學科。此外，天文、民法、哲學等，也應知悉。

　　至於有關大自然的各種知識，我要你去作精確的研究。沒有一種魚在海洋、河裡、或泉水裡，你不認識。空中之飛鳥、花草樹木，不管在森林裡或在果園內，地上的草木花枝，地底下的礦藏，各色各樣的寶石，不管它分布在地球上的南方或北方，凡是吾人看到的，都應知悉，沒有一樣可以隱藏。此外還應細心鑽研希臘文、阿拉伯文、及拉丁文的醫學著作，不可小看Talmudists及Cabalists（猶太律法家），常常探討解剖，才能徹底了解另一世界，即宇宙的微觀，那

---

❺❼　台灣在二十世紀的六十年代左右，父與子兩代之教育差距仍有此種類似現象。

就是人。一天還應分配部分時間來研讀聖經書籍，首先用希臘文讀新約的使徒書信，然後用希伯來文讀舊約。簡言之，讓我看你如同深淵，探測知識的無底洞。從此，你漸漸長大成人，必能分享這種研究所獲得的寧靜生涯。還須精於騎術、戰術、及田野運動，則越能保衛我們的家及我們的朋友，盡力依他們之需予以防護，以抵抗惡人之侵襲與攻擊。

　　如同名士索羅門所說，智慧入不了邪惡的心靈。有知識而無良心，簡直是毀滅心靈。因此應該敬神、愛神、為神服務，為神奉獻你的理念與全部希望。……想想這個世界上的弊端，不要把心放在虛榮上，此生只短暫，而吾主之聖言卻恆久。為鄰居服務，愛鄰居如同自己；敬重你的教師，避開那些你不想交談之人，勿以為上帝所賞賜於你之恩寵是徒勞。

　　拉伯雷在結尾時說：「收到這封信，孩子開了心胸，鼓起清新的勇氣，心中如同一團火，亟欲從研究中獲取好處，此種需求較前尤殷，……好比烈火遇上乾柴一般。」❺❽

　　上面引述中，值得特別注意的，是拉伯雷強調自然方面的知識亦是寶貴知識中的一環。他希望學生「玩、唱、舞，翻滾於草原，找尋鳥巢、抓取鶵鳥，網捕魚、蛙或蟹，雖然無唸書，但卻獲益良多。」❺❾而健康的身体，就是學問研究的本錢。與其看書傷了眼睛，不如跳跳舞，打打網球❻⓪。求知慾是兒童天性，不想唸書時就不必強迫非唸書不可。「依願行事」(Do what thou wilt.)變成口頭禪：「他們的所有生活都不是依法行事、或依規定或律則行事，而是靠自由意願及高興行事。在他們認為該起床的時候起床，當他們想吃、喝、工作、睡眠時，他們就進行這些事情，沒有人喚醒他們，沒有人約束他們吃喝、或限制他們做事。」❻❶這種原則，就是十九世紀以來的

---

❺❽　F. Rabelais, *The Lives, Heroic Deeds & Sayings of Gargantua & His Son Pantagruel,* translated by Thomas Urguhart & Peter Le Motteux, N.Y.: Simon & Schuster, Inc., 1928, 222–225.

❺❾　Ibid., 77.

❻⓪　Ibid., 208.

教育「新潮流」。

　　成天讀書，不是變成書呆子，就是累壞了身体。利用假日去遊山玩水，一方面調劑身心，另方面也可在自然界中取材。古希臘哲人(Demokritos)說：「生活中無假日，猶如長途旅程中無酒店一般。」❷

二、孟　　登(Michel de Montaigne, 1533～1592)

　　孟登生於歐洲宗教上的「統」、「獨」紛爭中，其父是天主教徒（統派），但他母親、弟弟及妹妹則有些信奉喀爾文主義（獨派）。（孟登本人，其父，二個妹妹及三個弟弟都是天主教徒。）孟登常持懷疑論調，其名著《我知道什麼？》(Que sais-je?──What do I know?)代表了他的求知心態。昔蘇格拉底奉勸世人要「知你自己」，孟登說「你甚至無法知你本身」。所以美國名小說家愛默生(Ralph Waldo Emerson, 1803～1882)乃稱呼「孟登，懷疑論者」(Montaigne, the skeptic)❸。孟登富有批判性格，在啟蒙時代之前，他非難知識上的權威；在心理分析未昌明之時，他對人類的性行為採取冷靜的觀察態度；在社會人類學未勃興之際，他對別種文化作不慍不火的探討❹。難得的是，孟登此種性格，卻當了市長(Bordeaux)13年(1557～1570)，而令他最足以自豪的是他沒有冒犯任何人，也無別人視他為仇敵。在當時政治及宗教衝突極為嚴重時代，孟登有此政績，實在是異數（1581～1585，又重任市長）❺。

　　在出賣其市長官位（在當時，這是常事）後，孟登自願退隱至其父所遺留給他的鄉村別墅，「花大部分的日子，也花大部分的鐘頭」在圓塔的三樓圖書室裡，與其案牘勞形的過官僚生活，目睹司法審判之不公，以及政治人物之矯飾偽善，不如坐擁書城來自我沈思，寧靜的追尋如何生又如何

❻　Ibid., 175.

❷　John Burnet, *Aristotle on Education*, Cambridge University Press, 1980, 140.

❸　Robert Ulich, *History of Educational Thought*, N.Y.: American Book Company, 1968, 156.

❹　Peter Burke, *Montaigne*, Oxford: Oxford University Press, 1981, 1.

❺　Ulich, op. cit., 157. Montaigne, "Of Vanity," in *Selected Essays*, 272, see ❻.

死的日子 ❻。「懶洋洋的時光，可以孕育新奇的想法。」❻ 悠遊自在的獨處，正是幸福之所寄。孟登說：「我們會有太太、孩子、物品，尤其是健康，如果我們能夠的話；但我們不必如此緊緊的與這些連在一塊，好像幸福非仰賴這些不可的樣子。我們必須保留一間後房完全屬於我們本身，徹底的自由，在那兒建立真正的自由自在，作為吾人主要的休憩及獨處的場所。」❻ 他還引用古代希臘數學家兼哲學家畢達格拉斯(Pythagoras)的比喻，說人生舞台類似奧林匹克運動會，有些人以競技為主，旨在奪取錦標；有些人則趁機販賣零食以賺取利益；有些人則作壁上觀，用第三者立場來評斷眾人的表現 ❻。不用說，孟登希望自己是屬於運動場上的「觀眾」。培養看得開，並不為他人而活的人，正是教育的最崇高目的。

㈠教育的旨趣──知識要能活用

　　孟登與拉伯雷同聲指斥當時教育只注重背誦死資料，而沒有強調心靈的提升。心靈的提升在知識上就是使人較為聰明(wise)，在品德上較為良善(good)，而非知道得較多(learned)。與其告訴學生「品德的定義，分類，與區別，就如同家譜的分枝或別名一般」，不如使我們之間「更加親密，更具有友誼之德。」❼ 人是整個，不需分割；過去不少思想家把人劈開成兩部分，即心靈與肉体，孟登大不以為然。他說：「不是陶冶心靈，也非訓練肉体，而是人本身，吾人切勿將整体的人切成兩塊。」❼

　　雖然孟登酷愛讀書，「如果以孟登是讀書的仇敵，那是大錯特錯。」❼ 在他的著作中，他不厭其煩的引用古代名學者的名言嘉句，可見他博覽群

---

❻　Michel de Montaigne, *Selected Essays*, translated by Donald M. Frame, N.Y.: Walter J. Black, 1943, xvii.

❻　Ibid., 4. Montaigne 引用 Lucan 的話，"Of Idleness."

❻　Michel de Montaigne, Of Solitude, ibid., 97.

❻　Montaigne, Of the Education of Children, ibid., 22–23.

❼　Montaigne, Of Presumption, ibid., 165–166.

❼　Montaigne, Of the Education of Children, op. cit., 32.

❼　Ulich, op. cit., 160. Montaigne在「三種友伴」(of three kinds of association)中以友誼、女人及書本為不可或缺的友伴，但皆不如書本之可以陪伴終生。知己朋友不可多得，紅粉則與年俱衰，只有書本可除心中之怨並獲靈感。*Essays*, op. cit., 208.

書。但是如果不能從書中獲取智慧，從而對生活之意義充滿認識，則已遠離教育的旨趣了。「我之所以看書或研究，乃是在尋求那種可以處理我自己的知識，並教導我如何善於生也善於死。」❼❸視看書為享樂而非受苦，如此就可以体驗出生既是上帝的賜與，死也是自然的歸趨；生既無所選擇，死亦不能避免；所以要安然無懼的接受此安排。換句話說，教育的內容，應以人為主，這個人不是支離破碎的，卻是整体不可分；而人要果敢面對的課題，就是如何生與如何死。

不幸，中世紀時代及文藝復興人文教育的結果，卻造就了一些「冬烘先生」(Pedants)。這些老學究，迂腐又拘泥，看似博學，其實肚中無墨。書唸得好，並不等於知識豐富或智慧高；當時的風氣，是冬烘先生以艱澀冷僻的文字為尚，舞文弄墨，莫測高深，咬文嚼字，形成「文字吹噓」(letter-puffed)，以「文字敲擊」(letter-struck)為務。為下一代子弟之幸福著想，孩子最好不要與他們為伍，不為他們所惑，不如打打網球還比較良好。

> 整個社會(世界)都在喋喋不休，而我從未聽過有人埋怨說得太多而非太少，可是大半人生就這樣過了。花了四、五年學寫字母，然後把字母聯成詞句，再組織為段落，又花五年學習如何寫作具有修辭及整合性的文章。倒不如放棄這些工作，去作生意吧！❼❹

讀書不是人生的全部，尤其是讀那些不求甚解或囫圇吞棗的老書或古文。如此的「教育」，孩子註定要多災多難了。体罰雖然歷經不少教育學者的指斥，卻仍然相當風行，因為學童只在學習光是文字的知識，因而興趣索然。「冬烘先生」只好用威逼或武力方式要孩子就範。「攞著棍子或手銬圈，既恐怖又殘忍」，此種教學方式易使「一個善良的心變成愚蠢又敗壞」。「學校好比監牢，兒童在作什麼事之先，就被處分了，這樣子的青少年不

---

❼❸　Montaigne, "Of Books," *Essays*, bk. II, *The Complete Works of Montaigne*, Donald M. Frame (tr.), Stanford University Press, 1948. Quoted in J.L. Jarrett, *Philosophy for the Study of Education*, Boston: Houghton Mifflin Company, 1969, 151.

❼❹　Montaigne, Of the Education of Children, L. E. Rector (tr.), N.Y.: D. Appleton & Co., 1899, in Jarrett, ibid., 166.

會步入歧途嗎？走進一所學校機構，只要是上課時間，你就可以聽到孩子被体罰的嚎哭聲，教師的如雷吼叫，似乎在暴怒與瘋狂……。擺出一臉兇相的模樣，棍子在手呢！多有害多有毒的學校措施啊！……如果我們使教室洋溢著綠葉，覆蓋著花朵，充滿著愉悅及快樂的圖畫，總比放置著染有血跡斑斑的籐條來得好！」❼❺假設入學所得的教育經驗是嘗受皮肉之苦，這種生活不過也罷！而如此的教育，又有多少人會喜歡呢？

　　教育的目的，就是要將孩童教養成自己的主人。孟登發現，應該如何教育或訓練孩子，乃是人類知識中最重要也最大的困難❼❻。自己成為自己的主人，並不容易。人文學者取西塞洛作主人，孟登相當反對❼❼。其實人必須要有自信，不必仰人鼻息，卻應該要有主見及獨立判斷。原封不動的模仿別人，就失去了自己，自己又有存在的必要與價值嗎？將吞下去的東西一成不變的放出來，這種人的胃腸一定有病。同理，嘴巴只會記住古聖先賢的辭句，這種教育也非正常，「光是記憶，不是知識」。「教師要讓學生經由篩子來選擇知識，不可只因權威或相信就儲存起來。讓各種觀念呈現在眼前，假如他有能力抉擇，他就從中去選取；否則就保持懷疑。只有蠢蛋才堅信不疑。」就如同但丁(Dante)所說，「我高興於存疑，不亞於認知。」❼❽其實，只會跟在人家屁股後面的人，是沒什麼好跟的，到頭來，他將一無所有。如果自己的想法同於柏拉圖，則那種想法已不能由柏拉圖所獨享了。他不必引柏拉圖如何說，卻可以宣稱自己如何說。如果一個人都沒有一種概念是他自己的，則他又何必生存在世界呢？多一個他與少一個他都毫無區別。將他人的觀念變成自己的，就得充分了解該觀念的意義。腦中背誦著別人如何說，但卻無一句是自己說，則全然是別人的寄生蟲了。認識自己知道多少，總比認識別人知道多少，較具優先地位吧！

　　所有知識或品德都顯現在生活中，並不是藏在書本裡，因此從實際行動中就可以鑑別教育的成效。「承擔了任務，就可以看出他的謹慎；舉止中

---

❼❺　Montaigne, "Of the Education of Children," *Essays*, op. cit., 33.

❼❻　Ibid., 9.

❼❼　Montaigne, "Of Experience." *Essays*, ibid., 303.

❼❽　Montaigne, "Of the Education of Children," *Essays*, op. cit., 13–14.

觀察他的善良與公正；說話中辨別他的優雅與判斷；疾病時体認出他的毅力與堅忍；快樂中是否節制；處理事務是否有條不紊，品嘗口味中是否挑剔，不管是呷魚還是吃肉，喝水還是飲酒。」❼❾記住！生活本身就是一面最好的鏡子。接受教育的結果，如果只是過目不忘，倒背如流，或一目十行，腦筋塞滿文字及語言，但卻非學以致用，則只不過是書蠹一個而已。多數人都認為人比動物較有知識，但是如果知識不能活用，不能增加品德及幸福，則不如像動物一般的保持無知。

(二)懷疑的心態

孟登是出名的懷疑論者，但是他不是絕對的懷疑論者。絕對的懷疑論者是懷疑一切的，甚至連懷疑一切，這個基本前提也在懷疑之中。孟登倒沒有如此極端，他在懷疑之中有所肯定，即肯定他在懷疑。這種態度為其後的笛卡兒所取法。首先他說：「從我的經驗中，我肯定人類之無知，我認為這是最確定的事實。」❽❶人，不可如同希臘辯士之所言，是「萬物的尺度」，這是太自狂與虛妄的。根據觀察與比較，人是所有動物中最脆弱(the frailest)，也是最易受傷害的(the most vulnerable)❽❶。在教育的過程中，如沒有千真萬確之事，則不可以強迫學童接受，更不可有「獨斷」(dogmatism)作風。在過去認為「是」的，其後變成「非」，而現在之所「是」，難保日後不為「非」。這種現象，在孟登時代已相當明顯。數千年來，人們都認為星球及天空在運轉，但Cleanthes of Samos或Nicetas of Syracuse卻堅持地球在轉動；現在哥白尼也以天文學的演繹方式作系統的解說。這兩種說法不知誰對誰錯；千年之後可能有第三種學說來推翻前二者❽❷。自然科學是如此，法律規定亦不例外。「法律就如同我們的衣服一般，不可能長保固有形式。譴責政府不完美，這是易事，因為所有的人類都充滿不完美；人們蔑視祖先的遺訓，這也不難；從事此項工作的人，沒有不成功的。」❽❸政治理論更

---

❼❾　In Jarrett, op. cit., 166.

❽⓪　Montaigne, "Of Experience," *Essays*, op. cit., 307.

❽❶　Montaigne, *The Apology for Raimond Sebond*, in Popkin, op. cit., 71.

❽❷　Ibid., 75–76.

❽❸　Montaigne, "Of Presumption," *Essays*, op. cit., 160. 在這裡，Montaigne感嘆的認為不

是變易頻繁，馬基維里(Niccolo Machiavelli, 1469～1527)之論據很穩固，但遭受攻擊也很容易，正反雙方都能言之成理。當一個學派主張什麼時，支持的理由很多，但反之亦然。「所以我維持懷疑及抉擇的自由」。處在眾說紛紜當中，既不肯定，也不否定。「說是或說否，那是我內心深處的語言。」**❽④**而喜歡旅行並強調旅行價值的孟登，更發現各地風土人情不同，令人目不暇給，莫衷一是了。處在此種境遇下，還要堅持「我族中心主義」(Ethno-centrism)，那不是井底之蛙嗎？地理大發現之後，歐洲人眼界大開，固有的判斷標準及價值衡量体系開始鬆動或崩潰。保守的「文明人」目睹「土著」以獵人頭掛在腰間為「野蠻」，並斥責後者為「吃人肉者」(Cannibals)；孟登以其較廣闊的胸襟對歐洲人之歧見予以批判。他說：「吃活生生的人比吃已去世的人更為野蠻；用酷刑使一個還有感覺的人之肉体，一片一片的烤，由豬或狗來咬，來撕裂。」**❽⑤**更不用說「文明人」之戰爭，一殺就是數千或數萬生靈；而禁錮人心之「制度」或「典章」，又比過自然草原生活的「野人」文明到多少呢！「禮教吃人」更甚於自然死亡。

在知識起源上，孟登不信理性，倒重感官經驗。「我只依實際感覺來作判斷，而非憑推理」**❽⑥**。可是人類的感官只有五個，如果有八個或十個，則獲得正確的知識，或者還有希望**❽⑦**。許多人認定知識來自感官，感官是吾人的主人。孟登也說：「如果我們不知有聲音、味道、光線、氣味、量度、重量、軟硬、粗細、顏色、廣度、深度，則人類不會比一塊石頭更具知識；這些是吾人知識大廈的基石及原則。感官是人類知識的起源，也是人類知識的盡頭。」**❽⑧**天生盲者，沒有色彩觀念，這是盡人皆知的事實。五官皆無者，觀念是一片空白。

可是知識只仰賴感官，這是相當危險的。因為感官知識的缺點甚多，

穩定乃是最壞的事。破壞容易但建設難，「建設一個新國家以取代已毀滅的國家，經常費力而無成。」ibid.

❽④　Montaigne, "Of Presumption," *Essays*, ibid. 157–159.

❽⑤　Montaigne, "Of Cannibals," *Essays*, ibid., 85.

❽⑥　Montaigne, "Of Experience," *Essays*, 335.

❽⑦　Montaigne, *Essays*, xxiii.

❽⑧　Montaigne, *The Apology for Raimond Sebond*, op. cit., 77.

因此經由感官所供應的訊息，吾人也要存疑。孟登在這方面，有詳盡的分析與舉例。第一，感官如不正常，則感官印象就有差異，如色盲或音盲。第二，即令感官正常，但也會造成錯覺；水杯中直筷子變彎，童叟皆知。「山谷中的回音，以為喇叭聲來自前方，其實卻發自後山。」第三，心情好壞，亦影響感官知覺。高興時醜小鴨變成美女；煩惱時，大白天也覺得昏暗無光。第四，人類的感官敏銳度不如動物，有些動物在視覺、聽覺、或嗅覺上，非人類可以比擬。第五，真理的判斷者必須超出所有感官之外，無私無偏。比如說，老年人不能憑老年人的感官來判斷老年人，因為自身即在其中。這猶如「不識廬山真面目，只緣身在此山中」一般，當局者迷；年輕人或他種狀況的人亦如是。第六，感官只能接受事物的印象，但事物的印象卻非事物本身，二者並非同一，如果有人以蘇格拉底的肖像為蘇格拉底本人，這不是相當荒謬嗎？並且事物的印象不可能全部呈現在感官之前，所以必須有所選擇，也必然會有所遺漏。但選擇必須有標準，而標準又得由另一標準來認定，而認定此一標準的標準，又必須有另一標準來認定，這就永無止境的是一種迴歸圓圈了。

　　孟登作了一個結論：「沒有一種存在是恆常的；所有有生命的東西，全部吾人的判斷，皆在流動中，皆為無休止的變化。判斷者及被判斷者都持續在更改。」❽孟登與中國的莊子相同，即令他本人相信與貓共玩，他也懷疑到底是他在玩弄貓，還是貓在玩弄他❾。

　　既然感官無法提供正確的知識，無法平息吾人的爭論，則是否應該訴諸理性？孟登也對理性持疑。因為理性之建立，必須來自於另一理性，而評估此一理性的理性，又需另一理性，則結局與感官相同，都是永無止境的迴歸圓圈。那麼是否吾人皆處於此種不確定的狀態中呢？此種心境是不安的，孟登提出兩種解決辦法。第一是憑機運冒個險，尤其在緊急狀況下。當吾人在「懸疑」中卻不得不作抉擇時，則「擲著一根羽毛在空中，任憑命運來安排了」；或者下個賭注吧！信賴那些似乎比我更為肯定的人所下的判斷❶。第二，「仰賴純天堂的方式來掌握真理」，即相信天啟信念❷。在

---

❽　Ibid., 81.

❾　Ibid., 71.

宗教派別中，孟登沒有超越他所執著的天主教教義的至高無上性，自信教
會及教皇的永無錯誤地位。人既不完美，則由人所產生的理性及感覺皆有
缺陷，只有上帝的啟示，才是毫無瑕疵。啟示凌駕於理性及感覺之上，他
贊同羅耀拉之所言：「假定最高的教會決定那是黑的，則即令我們所看到的
是白的，我也要相信那是黑的。」❽聖經或神啟，乃是知識迷宮中的定向明
燈。

㈢旅行又面對大自然的價值

　　旅行本身就是一種教育，且是一種極具珍貴價值的教育，孟登為文強
調旅行與生活教育的關係，實在值得今人參考。

　　孟登說，旅行的益處是「一石兩鳥」(to kill two birds with one stone)❾。
其實，旅行的功能是「一石數鳥」。首先，旅行可以使心靈持續運作於觀察
新又前所未知的事物上，提供孩童認識許多不同的人民、觀念、習俗；並
從相互作比較中敏銳學生的腦筋。在增廣見聞，擴大視野下，才不會拘限
知識於一隅❾。「每種風俗皆有其理由，有的地方用錫作盤子，有的地方用
木頭，有的用陶器，有些地方喜烤肉，有些地方則用煮的；冷吃或熱食，
各地皆異；油的使用也多種，有牛油、果子油或橄欖油。」❾其次，學習外
語有事半功倍之效，語言是一種習慣，旅行外地，就能常常練習外語。第
三，旅行可以充實歷史、地理、人文、社會、及自然等具體知識，在認識
天候、特產、古蹟、地形、自然景觀、奇花異草、珍禽奇獸上，旅行者可
以獲得第一手的資料。第四，旅行時可以培養吃苦、耐勞、獨立、且自主
的性格，不仰賴他人，有困難，自己謀求解決。第五，旅行教育本身就是

---

❾ Ibid., 157–158.

❾ Ibid., 81.

❾ Peter Burke, *Montaigne*, op. cit., 22.

❾ G. E. Hodgson, *The Teacher's Montaigne*, Blackie, 1915, 110. See S. J. Curtis, & M.
E. A. Boultwood, *A Short History of Educational Ideas*, London: University Tutorial
Press, Ltd., 1970, 140. Also in Montaigne, "Of the Education of Children," *Essays*, op.
cit., 15.

❾ Montaigne, "Of Vanity," *Essays*, ibid., 251, 268.

❾ Montaigne, ibid., 268.

一種動態教育，比較活潑生動，不會如同在室內的沈悶及乏味。所以學童的學習心情及氣氛較佳，師生感情也較為甜蜜，孟登所譴責的体罰醜行，至少就不會出現在旅行中。教師再如何惡劣，總不會在旅途中一邊欣賞湖光水色，一邊拿起籤條來棒打學童。至於塑造成一個泱泱大度及以宇宙為家的性格，則又是旅行所隱藏的重要價值了。喜愛旅行的人，不輕易褒貶，也不會炫耀自己，因為他的眼界不停止在鼻端。當蘇格拉底被詢以來自何方時，他不說是雅典，而答以「世界」❼。旅行除了對老幼都能增強健康之外，對已婚成人亦有增加配偶感情之功，俗云小別勝新婚。孟登說，雙方長期在一起，會降低愛情熱度，偶而單獨出外旅行，回家後更能重燃愛火。「任何一位陌生女人對我都具有吸引力，而別後的重逢就可以使愛情之味如同再生。」❽最後，孟登用一種哲學的眼光去看旅行，他說人生如旅途 ❾，既無起始點，也無終點，所以隨遇而安乃是上策；旅行本身既是過程，也是目的。

　　旅行就是面對大自然，旅行者將會發現人之渺小，因為自然之美，巧奪天工，即如鳥巢或蛛網，也非人力可及 ❿；至於山川秀麗，星雲日月變化，更讓人覺得造物主之神奇。此外，投入大自然者比較勇於接受現實及真理（事實），在面對現實中，孟登舉出兩例頗具意義，一是死亡，一是缺陷，二者都不應逃避。「假如你不擁抱死亡，至少你也要一個月與它握一次手，如此有朝一日死亡降臨你身上，才不會有威脅感。」⓫孟登舉一位哲人(Bion)為榜樣，歌頌他的坦白。「有人追問他的出身來譏笑他，他立即予以打斷。說：『我是奴隸、屠夫、盜賊之子；我父親娶一位妓女；因為我父親身分低賤，雙親都曾作過不當作為，應予以懲罰。一位雄辯家在我年幼時發現我很可愛，他去世時遺留給我一切產物。我將這些財產轉移到雅典，虔心於哲學研究。史家不必遺漏任何一些有關我的資料，我要告訴他們我

---

❼　Montaigne, "Of the Education of Children," *Essays*, ibid., 21.

❽　Montaigne, "Of Vanity," *Essays*, ibid., 253.

❾　Ibid., 257.

❿　Montaigne, "Of Cannibals," *Essays*, 78.

⓫　Montaigne, "Of Experience," *Essays*, 330.

的全部真相。」」❿在大自然界裡，沒有什麼好隱瞞的。只有自卑或自妄的
人，才會扭曲真相。孟登說：「自然將我們置於一個無拘無束的自由世界，
人卻將自己牢禁於狹隘的地域裡。」❿依循自然，乃是重要的人生指標。有
人問亞力山大，他如何執行善事，他的回答是「征服世界」；但蘇格拉底卻
說：「引導人們的生活來符合自然條件。」❿孟登描述他自己，絕不矯飾；
他的自傳不是有意留給後人看的，卻是自己的剖白❿。至於孟登了解自己
多少，他也在懷疑當中，因為今日之孟登，已不同於昨日的孟登；而來日
之孟登，誰又能保證前後會永遠一致呢？只是可以請讀者放心的是，絕無
外力的干擾來左右他的陳述。

　　實物經驗重於文字記憶，而自然界就是獲取實物經驗的最基本來源。
孟登引用古羅馬學者（即Seneca）的話說：「只要心中知，文字自然出。」❿
心中如有清晰又生動的觀念，就可以用各種方式表達出來，啞巴也會比手
勢。而最後的表達，就是將實物呈現在眾人面前。「不可像一名城市廣播員
一般向眾人宣稱你丟掉的一匹馬或一條狗是如此如此的外表，如此如此的
高度，如此如此的耳朵；但當呈現在眼前時，他竟然不知原來就是他所描
繪的那隻迷失的狗或馬。」❿

　　孟登的興趣範圍頗廣，他還分析夢，開啟心理分析之先河；對各種族
之研究，也有獨到見解，他是一名「人種誌學者」(ethnographer)。他對女
人的期望，是婦女應熟稔於「家事」(house keeping)，認為這是女人最光榮
的工作。「當先生午時時分回家，太太卻還在忙著梳理她的頭髮，在化妝台
上摸東摸西，這種家庭，我是會生氣的。」❿此種說法，是否有大男人沙文
主義的意味在內，殊有討論之必要。至於他呼應只要有具体体驗，就自然
流露出恰當的文字表達，這種主張是有待商榷的。除非是文字的製造者，

❿　Montaigne, "Of Vanity", *Essays*, 260–261.

❿　Ibid., 250.

❿　Montaigne, "Of Repentance," *Essays*, 184.

❿　Montaigne, "To the Reader," *Essays*, xxxi. Bantock, op. cit., 116.

❿　Montaigne, "Of the Education of Children," *Essays*, op. cit., 38.

❿　Montaigne, "Of Experience," *Essays*, ibid., 325.

❿　Montaigne, "Of Vanity," ibid., 252–253.

否則在文字語言已約定俗成之後，如果無法運用已廣被使用的語言文字，則彼此之間將甚難相互領會。初學外國語言或文字者，皆了解無法用外語（文）來表達內心的清晰概念，因為詞彙有限，如果自己是文字或語言的製造者，在製造文字語言但還未能廣為流傳之際，則自創的語言文字，仍然只是孤芳自賞而已。

第七章　唯實論的教育思潮（下）

第一節　注重母語教育的教育家

提倡旅行及戶外生活教育的學者不少，英國大詩人米爾頓(John Milton, 1608～1674)在他的《論教育》(*Of Education*, 1644)中也大力譴責時下「花七八年光陰只在剪貼那種令人痛苦的拉丁及希臘文，其實用其他方式可在一年內輕易又愉快的獲得」。如果三五成群，「春天不是讀書天」，在「寧靜又舒服的空氣裡，不外出去面對大自然，這是既有害又愚蠢的。」❶但唯實論的另一重要趨勢，是在大眾注意古典語文之同時，強調「母語」(mother tongues)之價值。古典語文，尤其是拉丁文，是學界及國際語言，地位非常崇高。母語即指英語、德語、法語、意大利語或西班牙語，這些語言為當地人所使用。從語言使用的地理分布來說，拉丁語的範圍當然大過於母語；但拉丁語是古代語言，比較遙遠，並且使用日久，難免有陌生感，且文法或詞彙之演變，每與生活脫節。因之拉丁語比較抽象難懂，而母語則具体又親切。從使用人數而論，二者不相上下（雖未曾統計過）。因為拉丁語是學者用語，學者數量少；而母語是各地居民日常使用的溝通媒介，人數自然較多，但母語是各地不同。一般傳統錯誤的觀念，都以為拉丁古文高雅，而母語下賤。難能可貴的是，唯實論時期，不少名學者公然主張使用母語。現今世人所知的歐美國家語言，在十六世紀以前，都是「方言」(vernaculars)，地位不能與拉丁文相比。但自從教育思想家提出母語教學的價值之後，「方言」取代了拉丁文。這種發展，實有必要為我國所參考。

「實」與「名」對立。「實」指具体與切近，「名」則為抽象與遙遠。

---

❶ John Milton, *Of Education*, in Theodore R. Sizer (ed.), *The Age of the Academies*, N. Y.: Teachers College Press, Columbia University, 1964, 52, 63–64.

就語言文字而論，古文——拉丁、希臘、希伯來文——非一般人所能輕易學習；但今文——英文、法文、德文等——則為大眾所通曉。注重今文，正是「唯實」論在教學媒体用語上的適時反映。絕大多數的子女，自出生後即在「母語」的環境中成長，「母語」竟然未能成為學校教育的正式用語，學童必須放棄這種早已習慣的語言，而痛苦的改讀古典語文，這也是教育學者一再指責學校變成孩童千方百計擬逃學的主要原因之一。唯實論的學者力倡母語教學之價值，除了可以扭轉時人之不正確觀念之外，亦可使學童興高采烈的成群結隊入學；如此，學校教育才具「實」質功能，而非僅是虛有其表而已了。

1.英語之提倡：西班牙的大學者威夫斯早就說過，沒有一種語言「在所有爭理辯論中，可以強過英語。」❷而英文作為文學戲劇用語，更可以在大文豪莎士比亞(William Shakespeare, 1564～1616)的著作中得到例證。英倫公學聖保羅(St. Paul's)的名校長穆爾卡斯特(Richard Mulcaster, c. 1531～1611)❸早就極力主張用英文寫書。他說：「雖然我知道有知識的人是我的判官，他們都知曉拉丁；但是我的用意是在於改善那些無知無識的人，他們只懂英文。」❹如以拉丁文寫作，則只有少數人領會；但若用英文來表達，則眾人皆能了解。教育工作者不應自私，將教育的福利只施及少數的貴族或精英，而未能使廣大的平民享受教育恩澤。穆氏有股「愛國狂熱」(patriotic fervor)，要以「自然的英語」(natural English tongue)來教導每一位英國人❺。基於對於本土之愛，他道出了一段常被引用的話：

> 我喜歡羅馬，但更喜歡倫敦。
>
> (I love Rome, but London better.)

❷　*Vives: On Education*, Foster Watson (ed.), Totowa, N.J.: Rowman & Littlefield, 1971, xxx.

❸　R. Mulcaster 當過兩所名公學的校長，一為Merchant Taylors' (1561～1586)，一為St. Paul's (1596～1608)。

❹　Richard L. DeMolen (ed.), *Richard Mulcaster's Positions*, N.Y.: Teachers College Press, Columbia University, 1971, 28.

❺　Ibid., 9.

　　我愛意大利，但更愛英格蘭。

(I favor Italy, but England more.)

　　我崇敬拉丁文，但更崇敬英文。

(I honor the Latin, but I worship the English.) ❻

　　愛是有差等的，人們關懷的對象或範圍，總先以周遭的開始，然後由近及遠，由自己到他人，由本地到他地。先喜歡倫敦這城市，先愛英格蘭這個國家，先崇敬英文這個母語，然後才喜歡羅馬這個遙遠的都市，才愛意大利這個別人的國家，才崇敬拉丁文這種古老語文，這是人之常情，也是最具体與實在的現象。如果捨近求遠，不先愛自己家園，反而一心一意以別處為念；藐視自己從小學習的故鄉語言，那才是棄本逐末的作風，毫無務「實」的心態。語言文字容或有優劣，但許多本來具有優美價值的語言文字系統，卻由於不少人囿於傳統理念，或一些政治或宗教因素而無法受到應有的肯定，這實在是相當可惜之事。熱愛拉丁語文的學者當知，羅馬人在接觸希臘文時，自嘆拉丁文不如希臘文，可是經由一批維護羅馬及愛鄉土之士的努力，他們以研究希臘語文的文法及修辭之心得來探討並整理拉丁文法及修辭，卻發現拉丁文之優美度不下於希臘文。從此拉丁文之學術地位遂扶搖直上，非但與希臘文並駕齊驅，且後來居上，終於取代了希臘語文而廣受學界青睞。這種語言文字學之歷史演變，學者應該知悉才對。英文、德文、法文、西班牙文等所謂「俗語」(vernaculars)，與拉丁語文相比，當初人們之評價，猶如古代拉丁文與希臘文之抗衡一般。英文自穆爾卡斯特等學者的鼓吹之後，不少學者即紛紛放棄以拉丁文作為寫作的工具，改採英文。而英文之表達力，事實上證明，絕不遜於拉丁文。

　　學者反對學生學拉丁文的一個理由，就是因為拉丁語文不常使用，通曉拉丁語文費時曠日，頗不經濟。米爾頓說：「語言只不過是一種工具，來

❻　E. P. Cubberley, *The History of Education*, 1920, 405. 相對於Mulcaster那段話，住在台灣的師生應該可以理直氣壯的說出下面的一段話與之呼應：

我愛北京，但更愛台北；

我喜歡中國，但更喜歡台灣；

我高興說北京話，但更高興說台灣話。

傳達有用的知識讓人了解。雖然一位語文學家以通曉世界各地語文為榮，但如果他只知文字及字典，這就不是一位有學問的人了。他猶如一位農夫或生意人擅長於母語以便交談一般。」❼大文豪提高英文地位與古文相同，如果英文也可作為「傳達有用知識讓人了解」，則可省下不少時光，又何必拘泥於古文之學習呢？

2.德文之重視：路德基於宗教改革的理由，大力提倡「母語」（德語）的教學價值。既然人人都應研讀聖經，人人就應識字。但聖經的本來文字是希伯來文，其後又經譯為希臘文及拉丁文，這些古典語文無法由平民所領會；假定人人不能經由聖經的研讀來知悉聖經的意旨，則宗教改革之目的就如水中撈月了。所以路德以其精湛的神學素養，配合他的文字寫作技巧，將聖經譯成婦孺皆熟悉的德文聖經，讓大家人手一冊，皆能朗朗上口，路德不僅是宗教改革的大將，且是提倡德文的功臣。

當日耳曼地區因教派紛爭而處於四分五裂狀況之下，一位名不見經傳的年輕人拉德凱(Wlofgang Ratke, 1571～1635)於各邦郡主在法蘭克福(Frankfurt)召開大會時(1611)，竟然大膽的提出「請願書」(Memorial)的建言，呼籲日耳曼各地廣設學校，各種學科之教學一律以高水準的德文來講課；並以德文來作為「統一語文、統一政府、統一宗教」之用❽。他深信，德語不只可在小學作為教學用語，且在大學講壇上，也可取代拉丁文而作為講授知識的語文❾。語文分歧，不利於政治及信仰之統一。德意志如要成為一個「國家」，有必要實施德語教學。假定德意志要獨立建國，則在語文上首先須不受歐洲統一的拉丁文所束縛。路德早倡教會與羅馬決裂，拉德凱則主張語文也應脫離拉丁文而獨自使用「母語」。既然路德的德文聖經，可以毫無困難的傳達上帝的語言，則德文的價值可以與拉丁、希臘、希伯來文相頡頏。德意志不願在統一的拉丁文支配之下，卻極力以德文作為德國獨立的基礎。歐洲的分裂，已勢不可阻擋。但歷史事實告訴世人，大一

---

❼　John William Adamson, *Pioneers of Modern Education in the Seventeenth Century*, N. Y.: Teachers College Press, Columbia University, 1971, 123.

❽　Ibid., 31–32.

❾　Ibid., 41.

統的歐洲，只是表面現象而已；歐洲各國相繼獨立之後，卻造成了近代及現代的西方文明。而西方文明在近世全球文明中，是居主導地位的。

　　拉德凱的教學主張，就是順著「自然秩序」(natural order, or course of Nature)，學生先學母語，然後再學外語，這種原則，與由簡而難及由已知到未知等原則一般 ❿。英文及德文不同於拉丁文，法文亦然。

　　3.法文之教學：十六及十七世紀提倡法語文教學的是拉薩爾所辦的兄弟會學校。這位舊教地盤的教育改革家是以實用性的觀點來刪除學校教學拉丁文而改教法文。如果學生在校修習拉丁文，但是因為日後還繼續使用拉丁文的機會很少，倒不如完全讀法語學法文，才不會因小失大。假定因少數人畢業後還要使用拉丁文因而要求所有學生非唸拉丁文不可，那就只顧少數人利益而犧牲大眾了 ⓫。並且，拉丁文因為不常用，所以對學童而言相當陌生；為了教拉丁文，就有必要學拉丁文法；而拉丁文法規則因變化很多，既抽象又枯燥，學習效果大打折扣，學生視上課為畏途，這是主因。倒不如讓孩童用早已習慣的法語教學比較生動活潑。初等學校的教育目的，在於注重生活而非高深或廣博的知識，學童只要經由熟悉易懂的母語來知悉一些基本常識就已足夠，不必辛苦的費力去背誦拉丁文法辭類的變化。母語既已運用自如，母語文法也就心領神會，且融入實際運用中。法語作為傳達意見的工具既綽綽有餘，何必假手拉丁文呢？孟登也以法文作為寫作工具。 ⓬

　　不過，傳統的阻力不可小視。雖然拉德凱還主張大學亦可選用德語（母語）作為教學用語，但各國學者在基本上只贊成初等學校使用母語而已。中學以上仍然使用拉丁文，並且還有不少具有影響力的思想家仍然牢守拉丁文不放。他們不屑於用母語寫作，而以拉丁文撰書，如此方能名垂青史。培根(F. Bacon, 1561～1626)致信給查理士王子(Prince Charles)，提到他的近作《學問的演進》(*Advancement of Learning*)時說：「本書將可永存，成為世

---

❿　Ibid., 44–45.

⓫　Ibid., 233–234.

⓬　Everett Dean Martin, *The Meaning of a Liberal Education*, N.Y.: W. W. Norton, 1926, 242.

界公民,但英文本是辦不到的。」⑬法國的笛卡兒之名著《方法論》(*Discourse on Method*, 1637)先以法文出版,但笛卡兒認為該書若要引起學界重視,則非改用拉丁文付梓不為功⑭。即令是感官唯實論思潮中最具代表性教育學者康米紐斯(John Amos Comenius),也有類似心願。傳統的韌性很強,不持續奮力拉動,是無法奏效的。拉丁文之長期壟斷,已在絕大多數的學子心目中植下根深蒂固的價值城堡,唯實論教育家之擬改弦更張,古文壁壘或已遭受搖撼,但矗立的建築仍明顯可見。拉丁文之存在於中學及大學課程中,即令在二十世紀時,仍是司空見慣的教育史實。唯實論者之強調母語教學,在初等學校中得到立即的反應,其後在「學苑」(Academy)設校風潮⑮及新式大學如哈列大學(University of Halle, 1694)等也得到回響。

第二節 為學新工具與新態度的提倡者——培根(Francis Bacon, 1561～1626)及笛卡兒(Rene Descartes, 1596～1650)

十六及十七世紀時,歐洲陸續出現了不少帶有強烈批判性的思想家,他們非難傳統,指斥權威,攻擊偶像。這種精神雖然在古代、中世紀、及文藝復興時期也迭有出現,但累積此種精神到最高點的,正是唯實論如火如荼展開之時。宗教改革雖然解除了教會的枷鎖,但不管是舊教還是新教,都對自由學者之迫害極端不容情。這種醜聞,罄竹難書。劉克林(Johann Reuchlin, 1455～1522)因對希伯來語文作哲學上的解析,教會認為與聖經原旨不睦而予以殺害。天文學家布魯諾(Giordano Bruno, 1548～1600)支持哥白尼學說,結果被活活燒死;神學家塞維托(Michael Serveto, 1511～1553)因與喀爾文不合而慘死於日內瓦;解剖學者維塞留(Andreas Vesalius, 1514～1564),被指為巫術家,要不是西班牙王(Philip II)之營救,且答應赴耶路撒

---

⑬ Ibid., 41.

⑭ Ibid., 259.

⑮ Theodore R. Sizer (ed.), *The Age of the Academies*, N.Y.: Teachers College Press, Columbia University, 1964.

冷朝聖，否則就有牢獄之災，但他也在返鄉中因船難而埋骨於異鄉(Zanthe)。

　　神學與哲學（包括自然科學）若無法各守分際，二者擴張自己版圖而侵佔彼方，都會引發慘烈的衝突。中世紀以來，神學的勢力仍未曾稍衰，因此天文學的新發現，頻受橫逆壓制。伽利略對於教會之阻礙哥白尼學說，大表不滿，認為神學家不具資格對天文學發表意見，如果只知訴諸武力來焚燬天文學的著作，那是卑鄙的行徑，絕非高尚之舉。並且，阻撓一個人（學者）容易，阻撓眾人就相當困難。他說：

> 如果禁止了這個說法及假設（哥白尼學說），將它從世界中予以去除，光是這一項，在封住嘴巴上，那是足足有餘；就如同有人往往用自己的判斷來評斷別人一般，認為這種理論不可能維持，也不可能有追隨者，做到這一點是輕而易舉的，但事情卻可能會走樣。為了執行此項決定，不只要限制哥白尼的作品，以及其他類似的書籍，還得干預整個天文學界。更有甚者，不准人們仰望天空，以便使他們不知火星及金星是什麼時候較靠近地球，什麼時候距離地球較遠……。還有許多其他可以觀測到的現象絕無法與托勒密的体系相吻合，但對於支持哥白尼學說的人，卻是無可辯駁的。❶⑥

　　沒有確實的證據，絕不能作為深信不疑的結論。確實的證據來源有二，一是親自的体驗，一是數理邏輯的推論。但後者仍以前者為判斷的最後依歸。十三世紀的老培根(Roger Bacon, c. 1214～1294)早就以偏重實際經驗為名。他指出：「推理能夠得到一個結論，且會令吾人承認該結論，但卻不能使該結論確定，也無法去除吾人内心的懷疑，……除非經由經驗予以發現。……假如一個人未見過火，他雖然可透過足夠的推理得知火會燃燒、傷物、且會燬物，但他的内心並不因此而滿足，他可能不會避火，除非他曾經手觸過火或放易燃物於火上，才能證實推理所得的結果。」❶⑦千言萬語的文字

---

❶⑥　Quoted in Robert Ulich, *History of Educational Thought*, N.Y.: American Book Company, 1968, 175. 其後自然科學的演進，使得今古局勢倒反過來，過去是神學打壓科學，現代則是自然科學佔據了知識的大部地盤。

❶⑦　Quoted in Gordon Leff, *Paris and Oxford Univrsities is the 13th and 14th Centuries,*

爭辯，敵不過親目所視或親身聽聞的事實。老培根也早就警告世人，有四種主要障礙妨礙吾人追求真相，即屈服於錯誤及無價值的權威，習俗的影響，公共偏見，以及隱藏無知卻自以為聰明 ❶❽。許多因素擋住吾人的具体經驗及心靈的運作。學者開始關心為學的態度以及探討真理的方法。唯實論時代是《方法論》高唱入雲的時代，而這種風氣之開創，老培根居功厥偉。

一、培根的「新工具」

培根(Francis Bacon, 1561～1626)是英國貴族，官至內閣重臣；因涉入政爭，且被控收受賄款(1621)，乃遭囚禁於倫敦塔，並被剝奪所有官銜。培根於1584年入國會，1618年晉升大法官(Lord Chancellor)，冊封為男爵(Baron Verulam)，1621年又更上一層樓為子爵(Viscount of St. Albans)。在當時，英國法官的紅包積習，已是公開的秘密，培根坦承這種「罪行」，但他堅信並不因此而左右他的獨立判決；不過這種聲明並無法獲知他的清廉度。培根的牢獄之災，只是象徵性的表示政敵已得到報復（他只在倫敦塔數日即獲釋放，罰款也未執行），主因並不在於對方要求有個純淨的司法空間，卻染有黨同伐異及嫉妒因素。事實上，培根雖非道德上完美無瑕疵者，但也並非惡棍或不法的審判官，不必要以「人格分裂」(split personality)視之。

培根頗不屬於當時英國傳統的大學教育，十二歲在就讀劍橋三一學寮(Trinity College, Cambridge)時，就極為厭惡該學寮所提供的課程，遂憤而退學。在老學究死守陳舊觀念，以權威為尚的校園裡，培根力唱實驗與觀察。1597年出版《論文集》(*Essays*)，1603年發表《學問的演進》(*Advancement of Learning*)，1617年又有新作問世，即《新亞特蘭地斯》(*New Atlantis*)；1620年，《新工具》(*Novum Organum*)之付梓，給培根帶來了學術史上無可搖撼的地位。1626年4月，培根於赴宴中，因見積雪，乃臨時想到將雪裝在雞肉裡的冷藏防腐方法，六十五歲高齡的培根竟然將他的想法立即付諸行

N.Y.: Wiley, 1968, 287.

❶❽ Robert Ulich, *The Education of Nations, A Comparison in Historical Perspective*, Cambridge, Mass.: Harvard University Press, 1961, 37–38.

動，在天寒地凍下，支氣管炎發作而與世長辭。培根一生鼓吹實驗，卻以實驗而結束了他的生命。

在一般的教育理念上，培根的著作並無涉及；他倒在為學求知的基本心態上，提出甚具價值的看法 ❶。

(一)消除知識的障礙

人類追求知識的過程中，存在著為數不少的障礙；這些障礙不除，則求知的結果，將真相不明，是非不分。培根所說的障礙，即是「偶像」(idols)。他舉出四種偶像如下：

1.種族的偶像(Idols of the Tribe)：種族的偶像，原因有二，一是人性本身，人性猶如一個凹凸不平的鏡子，不規則的接收外來的光線，因此反射出來的光線就有扭曲或著色狀況，與原來的光線大異其趣了。人的心性又以感官為求知之來源，但感官之「錯覺」(deceptions)，官能限度(incompetency)、及魯鈍(dullness)，卻使知覺與實体有極大差距。正常的人都會有錯覺出現，如水中直筷子變歪，「山高月遠覺月小，便道此山大如月」，或「揚帆覺岸行，汲水疑山動」等，例子甚多；而感官有缺陷因而造成荒謬印象者，更指不勝屈了，如色盲、音盲、耳聾、目瞎、皮膚麻痺等；至於感官官能之限制，例子也是俯拾即是，如音感頻率太低或太高，都超出聽覺的辨別範圍。此外，培根還指出，人們多半對引起感覺的對象予以注意，而疏忽了不入感覺域的目標；比如說，一有風吹草動，大家即警覺到有變化出現；但那也許只是假相，真正的異動，可能潛藏在未經查覺的天地裡。血液之變濁（可以觀察出來），乃因細菌（肉眼不可見）在作祟。

種族偶像之另一來源，是「人為萬物的尺度」，以人種作中心，宇宙都因人而存在。因此，物理或天文等自然現象，都解釋為人文的反映。比如說，日月蝕，乃是天地降禍於人世間的徵兆；流星飛逝，乃是重要人物的死亡；看到飛雁整隊南飛，就引起思鄉情懷；目睹乳羊跪地吸奶，就認定是子女對雙親的感恩。此種「萬物皆備於我」的心態，無法得知實情。「眉睫毛乃為了保護眼睛，樹葉乃為了要保護水果，雲霄乃為了要灌溉大地……等等，這都是形上學所收集並探討的，但在物理學上，這並不管

---

❶　G. H. Bantock, op. cit., 165.

用。」❷萬物之存在或設計，並不是完全以「人」為核心，也不是樣樣皆具有「目的」；學者應該拋棄此種偶像，原原本本的來探討本來的面目，切勿將人為的眼光投射其中。

2.洞穴的偶像(Idols of the Cave)：柏拉圖早就在他的《共和國》一書中有個「洞穴」的比喻，描述在洞穴裡的人，視幻影為真實，且久而久之，乃習以為常；一朝看到天日，反而痛苦不堪。培根的「種族偶像」，是指整体人類在追求知識中的通病；他的「洞穴偶像」，則指個人易犯的缺失。有的人因心性特別、教育背景、結交朋友、閱讀的書籍、崇拜的權威，或內心中存在著某些特殊印象，因此就以自己的偏愛作出發點而扭曲了自然的真相，其實這些都是部分表象而已，而非全貌。「凡人之患，在蔽於一曲，而闇於大理。」但不少人以管窺天，以蠡測海，鼠目寸耳，劃地自限，閉門造車，自以為是，孤芳獨賞，又不願踏出牢籠以見外面天地，也不准他人攻入自設城池，且排拒不合己意之觀念與想法。這種人以傳統為尚，視習慣風俗為依歸；有些學者傾心於某些科目，或費神著力於特定作家的作品，因此就情有所鍾。無識於山外有山，人外有人。因此所知極為貧瘠，充其量只能專精而無法廣博，卻極有可能以偏概全，類似瞎子摸大象一般；只根據少數自己所熟悉的事例，實驗或觀察，就立即建構一個体系完備的學說，這是極端危險的事。

封閉的心靈，就如同處在洞穴裡的可憐蟲一般，不知洞穴之外晴朗的天空，皎潔的白雲，綺麗的風光。專制及獨裁國家，也經常設計一套自圓其說的教育系統，來愚弄學生。不少兒童經過長期的欺騙，即信以為真，還奮不顧身的為其辯護；不知這種行徑，正是助紂為虐，為虎作倀；悲痛的是他們渾不自知，還與真理為敵，與事實作對。柏拉圖早有警告，久居洞穴者，對陽光之照射，頗有眼痛之感。同理，衝破牢籠者，更需經過內心中的掙扎與折磨。

3.市場的偶像(Idols of the Market-Place)：市場是人們聚集的地方，因此人多口雜，交談在所難免，但會話中的用語遣詞，卻極容易造成人們的誤會。中世紀的學究們熱衷於爭辯，其實都只在作文字之爭；不少人希望

❷ Ibid., 140–141.

用定義把文字的指涉弄清楚，但定義也得使用文字。文字需要定義，定義也需要文字，二者從此繞圓圈而糾纏不清。

培根指出，有些文字或語言根本毫無具体的指謂，只不過是異想天開而無實物與之呼應。如「第一動者」(The First Mover)、「命運」(Fortune)、「行星軌道」(Planetary Orbits)、「火的元素」(Elements of Fire)等 ❷。有些文字或語言則有所指，但卻因不妥的命名，或與其他語言文字混淆，培根舉出humid（潮濕）這字為例。其實，這種例子太多了，文字之迷惑，大抵因為「曖昧」(vague)及「歧義」(ambiguous)而來；前者如「天地玄黃、宇宙洪荒」，或「天命之謂性」之類；後者則如「一打」或「請裁」等。文字或語言的迷障甚多，不少人為其蠱惑，或只具文字語言之美的空殼子，而無實質具体內容；專心致意於對偶之工整，而沒顧及所指陳的對象到底代表什麼認知意義。不幸，學校教育卻不得不花費許多時光於語言文字的學習上。

4.劇場的偶像(Idols of the Theatre)：吾人所獲知的哲學教條，或一些基本法則，或系統的學說，只不過是各學派宗師根據他們自編的奇異幻想而搬來表演的舞台劇而已。這些演員不只出現在古代及當前，還在未來繼續亮相。這些人為的改裝，造成了各種不同的錯誤。但一般而言，其錯誤之因，卻大同小異；換句話說，都只是假面具而已。各學派扮演各自的角色，在光天化日之下登場；眾人視此「虛構」(fiction，即小說之意）為真實。

培根說，任何哲學系統，不是由多而一，就是由一而多，二者的根底都相當狹窄，不足以鉅細靡遺的涵蓋全部。一種是「玄想型的」(sophistical)，純賴冥思(meditation)及機智(wit)，而缺乏勤勉的檢驗與衡量所得到的證據或事例，就依果斷的確信來建立起一套自以為是的思想架構。一種是「經驗型的」(empirical)，這種學者倒對某些實驗費神出力，但卻以為其他事實也因此無條件的與之吻合，因此乃大膽的形成一家之言。一種是「迷信型的」(superstitious)，依賴信仰，對神學及傳統頂禮膜拜，誤以神怪(genii)及精靈(spirits)為科學的起源；由於它帶有詩情畫意的神遊意味及秘不可測

---

❷　這在當代的語言學裡，叫做「空詞」(empty terms)，如「圓形的四邊形」(round square)等。

的深邃境界，此種信念反而像鼠疫似的流行於各地。有人依靠舊約的創世紀(Genesis)，約伯(Job)的書，及其他聖經來作為自然哲學的基礎，哲學系統中充斥著此種文字❷。

㈡新工具

培根批評亞里士多德的邏輯是老工具，他提出《新工具》一書，以「歸納法」(Induction)來取代「演繹法」(Deduction)。科學實驗既不能光依感官，更要仰賴儀器及工具，而儀器或工具之發明乃是十六及十七世紀最動人心弦的事件。1601年，布拉格(Prague)大學天文學教授布拉赫(Tycho Brache)去世，他繪製了天文圖表；其助手開普勒(John Kepler)於1609年提出星球運行三法則。1608年，顯微鏡發明問世；1610年，望遠鏡出爐，1620年，溫度計也開始使用，培根的《新工具》就在該年付梓。利用新工具，可以獲得正確的知識。而「知識」(knowledge)與「權力」(power)二者應該合一，這句培根名言，他屢次重述，不厭其煩❸。

1.仿蜜蜂方法：研究學問，不要像螞蟻。螞蟻非常勤勉的去堆積資料，但是光是如山的資料，並不具價值；為學也不要如蜘蛛，只會自織一個天衣無縫的網，卻空無一物。培根建議，最上乘的方式莫如蜜蜂。蜜蜂在外有所選擇的採集花粉，經過自己內在的消化與製造，結果釀出芬芳甜美的蜂蜜。螞蟻的工夫是主「外」，蜘蛛則重「內」，二者各有所偏；只有蜜蜂是「內外」兼顧❹。

螞蟻型的學生是「人一己百，人百己千」，「勤能補拙」，這種學生可能發下宏願要把圖書館的書通通看光，或背誦字典的全部生字或辭彙。蜘蛛型的學生則喜歡靜坐冥思，想入非非，下課往深山裡跑，作白日夢。只有蜜蜂是既動用感官知覺，而心靈也運作其間。前者重學，後者重思；學思並重，才是正途。否則「學而不思則罔，思而不學則殆」了。

培根對於傳統之只在舊紙堆裡打轉，深表不滿；卻極力期望類似「成

❷　Francis Bacon, *The Great Instauration*, in R. H. Popkin, *The Philosophy of the 16th and 17th Centuries*, N.Y.: The Free Press, 1966, 92–98.

❸　Ibid., 88, 90.

❹　Ibid., 103.

群」的蜜蜂，來釀造學術的新產品。知識之演進，單打獨鬥的成果不大；如能結集精英的群策群力，則豐碩的收穫可期。學者必須痛改過去只熱衷於作文字爭辯而不務實學之惡劣風氣，模仿蜜蜂釀出可口甜美的蜂蜜，來造福人群，解除身心的痛苦。如園藝、果藝、礦物學、氣象、溫度研究、水力探討、疾病醫學治療、解剖、食物、肉類、香料、機器、文具、顏料、紙筆、聲音實驗、光、透視、仿鳥飛及在海底遊的工具等，才是學問的正途❷。換句話說，以實用來代替高談闊論，如此才能改變人的命運，增加人的財富，掃除人的迷惑。

　　2.歸納法：培根的「新工具」，就是「歸納法」。培根對於此法非常樂觀，且信心十足。只要方法正確，則「不必涉及到聰明才智或愚蠢平庸，可以犁平天分上的參差。用手畫一條直線或一個精確的圓，就須仰賴練習及穩定度；但如果有個尺或圓規，就不必考慮這些了，我的方法就是如此。」❷培根不滿當時流行於歐洲及英倫大學的教學方法，認為「舊工具」無法提供更多的觀察、實驗、及思想的自由，因此科學知識不能有所突破。「讀課、講解、問題、辯論」(*lectio, expositio, quaestio, disputatio*)這種延續數世紀之久的陳年方法，頂多只能守成，但不足以創新。教學用書充斥著亞里士多德的觀念，牛津大學視亞氏為「哲學王子」(Prince among philosophers)❷。「教材限定於某些權威資料中，凡是不苟同或提出尷尬問題者，都被視為搗蛋分子或擬掀起革命旋風者而受到處分。」❷

　　舊工具存在已久，卻污染了過去與當代的學術界，因而衍生出三大流弊：一即「異想天開之學」(phantastical learning)，如占星術(astrology)、魔術(magic)、及煉丹術(alchemy)；這些學科都只有幻想成分。二即「爭辯之學」(contentious learning)，教父哲學就是最典型的代表，擅長於口舌，而無補實際。三即「精緻之學」(delicate learning)，西塞洛式的人文主義(Ci-

---

❷　Adamson, op. cit., 56.

❷　F. Bacon, *Novum Organon*, Philadelphia: Carey and Hart, 1842, bk. I, Aph. lxi.

❷　Paolo Rossi, *Francis Bacon, From Magic to Science*, Chicago: The University of Chicago Press, 1968, 41.

❷　Ibid., 42.

ceronian Humanism)，僅作文字或辭藻之修飾，但卻空無一物，以抽象的符號來代表具体的實物，是使用舊工具的必然結果。

　　新工具注重內容，而不強調形式；目的在探討真理，而非作詩詞遊戲。培根稱柏拉圖是個詩人，或是「語言學之父」(the father of philologists)；亞里士多德是教父哲學家的靈魂，至於西塞洛、辛尼加，及普魯塔克之流，更是造成「文字主義」(verbosity)流毒的元兇❷。舊工具之邏輯，只是一種「文字定義」的方法；新工具之邏輯，卻是操控情境的器具；前者旨在模仿自然，後者則在了解自然，征服自然，並利用自然。前者類似蜘蛛結網，老邏輯學者享有「尖銳又強有力的機智，充裕的休閒時間，但閱讀範圍相當狹窄」；他們的心胸桎梏於亞里士多德的教本中，猶如他們的肉体遭囚禁於寺院地窖裡一般❸；新邏輯要走出牢籠，面向大自然，邁入海闊天空。必須要有豐富而多樣的經驗事實，作為推論的基本前提；「歸納法」的精神與「演繹法」的理念，大相逕庭。材料的搜集而非文字之優美，乃是二者天壤之別的所在。演繹法只在舊真理的範圍內打轉，歸納法則要發現新真理。

　　不過，培根的歸納法，只提出大要。基於許多個例，歸納出低層次的結論，然後再根據數個低層次的結論而歸納出中級的定理，依序而升而抵達最普遍的公設❸。前後不可躐等，也不可中斷。先有「個案的安排與表列」(Tables and Arrangements of Instances)，儘可能的把搜集到的正面事實，一個一個的呈現出來；其次，「離異表」(Table of Deviation, or of Absence in Proximity)，即處理反面的個案；最後則來個「比較表」(Table of Degrees, or the Table of Comparison)❷。這些方法，二百多年後小米爾(John Stuart Mill, 1806～1873)有更為系統的發揮❸。培根的「離異表」，最能凸顯出他

❷　Ibid., 58.

❸　Ibid., 62.

❸　Bacon, *The Great Instauration*, in R. H. Popkin, op. cit., 104–105.

❷　Ibid., 107–108.

❸　John Stuart Mill, *The System of Logic*, cf. Irving M. Copi, *Introduction to Logic*, N.Y.: The Macmillan Company, 1968, 329 ff. 林玉体，《邏輯》，台北三民，1982，276–280。

的新工具與舊方法的差別。傳統哲學安於既定原則，一旦發現與既定原則有別的離異事實，則用盡心思予以巧辯，最後仍然將離異事實歸諸於原有系統中，而不擬另闢蹊徑來開創新天地，結果學術圈因所織之蛛網細緻無比而越趨昏暗，不如突繭而出重現光明。換句話說，新工具是生產的，是實用的；舊工具只費神在整理陳年屯積的貨品而已。

培根以「熱」為例來說明上述三表的定義：

①先舉出「熱」出現的種種具體事實，如日光，磨石的火花，動物內臟咀嚼食物時所發生的熱。

②應注意感官接觸不屬於「熱」的其他事項，如月光、星光、彗星光。

③「熱」度之增減，如動物發燒或運動，則熱增加，反之則減。

　　a.當熱出現時，實驗對象的什麼性質保存著。

　　b.當熱消失時，實驗對象的什麼性質跟著消失。

　　c.當熱有變化時，實驗對象的什麼性質也跟著變化。

㈢前瞻的，集体的

在印刷術的發明使得知識得以普及，並且在新大陸及新航路的發現令歐洲人眼界大開時，世人如果沈迷於過去而不知廣闊的前程有待大家馳騁與開墾，則的確甚為可惜與愚蠢。培根說：

> 當地球上的物資、土地、海洋、星球，已大為擴張，並向人類開啟光明之途時，如果我們的智識領域，仍要受束於古人，這是多麼羞愧啊！ **㉞**

新時代必有嶄新的態度與作風，與其返顧，不如前瞻。傳統社會停滯不動，進步的社會則強調變革。舊有的學識，已有努力不懈的蜘蛛組成天衣無縫的体系，卻無知的自己把洞穴當蒼穹。狂妄的「科學實驗者」，如煉丹術之流，猶如螞蟻似的只蒐集「同質性的」(homogenious)素材就立下斷語，這些都是沿續幾千年來的學界流弊。培根希望改頭換面，不要佇足不前，卻應綢繆未來。緊跟古人的步伐，是一種惰性的表現。大膽的航向未知的前途，才具有冒險的勇氣。而「大遠征」(great expeditions)更能看出事

㉞　F. Bacon, *Cogitata et visa*, in Rossi, op. cit., 187.

實的真正面目。探險家陸續衝破舊有藩籬，外在的世界面貌已然更動，學者的內在心態亦當作適切的調整以資呼應。培根的「前瞻」(forward)主張，正是當時社會所亟需的「心理建設」。俗云，好漢不言當年勇。頻頻緬懷過去，歌頌祖先，除了生活在夢裡而未具實用之外，更有掩飾自己不爭氣的意味與懦弱的阿Q精神。

　　自然及人生界的奧秘無窮，絕非古代思想家的研究成果，就已到了知識的盡頭。學者施展身段的機會仍多，不應自縛手腳。人類之不幸，乃無法掙脫自然及人為的枷鎖；傳統哲學之害，是耽於議論而無補生活之改善。培根希望前瞻式的研究，要了解自然並征服自然。他說：

> ……如果有人不只在一個特定領域中有了新發現，不管該發現多麼有用，並且還持著一把光來照明自然，那就可以使超出吾人當前知識範圍之外的地盤清晰可見。如果該把火炬撐得越高，更能展現且揭開最遙遠之處的隱蔽。我相信，這個人將是一位人類主宰宇宙的教唆者，是自由的健將，也是需求的征服者。❸❺

　　培根持著新時代的火炬，他的火炬要照亮黑暗，掃清陰霾，造福人群。他的火炬是勇往直前，好讓學者尋幽探秘，絕非停滯原地，或憧憬於過去的慕戀。已知的領域，相當狹窄；未知的地盤，浩瀚無邊際。如何在「雜亂的叢林」(chaotic forest)及「繁複的迷宮」(complex labyrinth)中理出「頭緒」(thread)，正是前瞻性學者進行「實体」(reality)了解的一大挑戰。

　　其次，人類知識的演進及文明的提升，少數高瞻遠矚之士以高舉火把來照亮眾人，其功甚偉；但這些精英與瑰寶，若能集中在共同的研究園地，殫精竭慮，且相互激盪，共勉共勵，則成效將更非凡。培根所構想的此種園地，就是在《新亞特蘭地斯》(*New Atlantis*)島上的「索羅門之屋」(Solomon's House)。一流學者共聚此堂，研究「知識的所有成因，萬物的奧秘動作，擴充人類王國的地盤，並儘可能的讓萬物產生效應。」❸❻學者在這個研究天地裡，可以從事各種科學實驗工作，如將鹽水變成淡水，淡水

---

❸❺　F. Bacon, *De interpretatione naturae proemium*, in Rossi, ibid., 193.

❸❻　F. Bacon, *Essays and New Atlantis*, N.Y.: Walter J. Black, 1942, 288.

變成鹽水；還可製作在天空中的飛行体，栽培無子果樹，研究治療各種疾病的藥物以及延年益壽的處方，海底潛行的船，以及各色各樣的發明，將傾巢而出。這種造福人群的貢獻，孤軍奮戰是鮮少成績的。

培根的《新亞特蘭地斯》類似柏拉圖的《共和國》，與莫爾的《烏托邦》一樣，都是幻想之作。但培根的幻想是集合一群傑出學者埋首於實驗之中，共同為征服自然而努力。英國其後成立的「皇家學會」(Royal Society, 1662)受其影響而誕生。培根是個「敲響鐘而集合才智之士」者，他所夢想的科學製造品在不久都陸續出世。

培根雖生於貴族之家，他卻靠自己努力而獲取地位。家世顯赫，但其父卻無遺產留給這個第八位孩子，在伊利莎白女王執政時，是寵臣（即the Earl of Essex）之友兼顧問。這位寵臣以後與女王爭奪政權，培根期期以為不可。在該寵臣的叛亂罪審訊中，培根即是主審的法官之一。不過，此舉並未為培根在仕途中贏得平步青雲的機會。俟詹姆斯王(King James)繼位後才獲好轉，但是在春風得意而地位如日中天之際，卻是讒謗接踵而至；官運亨通時，正是樹敵之良辰。培根在1612年也寫道：「地位越高，真正知己越少。」❸ 終於爆發了賄賂案，被罰款四萬英鎊，關進倫敦塔，且永不錄用。雖然沒有嚴格執行，但從此培根乃與公職絕緣。幸而有一失也有一得，他的寫作時間大為充裕，遂奮筆直書，留下了珍貴的智慧之言。奇怪的是，熱衷於實驗的培根，卻不信哥白尼的太陽中心說，也不知且嘲笑同屬英國學者哈維(William Harvey, 1578～1657)的血液循環論，且相信占星學(astrology)及巫術(witchcraft)，倒是他一生裡的美中不足之處。不過，培根的下述兩段話，在痛責演繹三段論式(syllogism)及教父學者之心態上，對於現在台灣及中國的學者，應有振聾啟瞶之作用：

> 三段論式是由命題所組成，命題又由文字所組成，文字是觀念上的符號。因之，如果觀念本身（那才是實質之根）是混亂的，且只是匆匆忙忙的從事實中抽離出來，則在上層結構中就無法有穩固的基礎。吾人的唯一希望，遂落在真正的歸納上。❸

---

❸ Gordon S. Haight, Introduction, in F. Bacon, ibid., xv.

　　換句話說，亞里士多德的世界令人沈思；培根的領域則喚醒眾生要訴諸行動 ❸。

　　　　在自然界中有許多堅實的東西，會腐化並敗壞成為各種蠕蟲；
　　同理，在健全及良好的知識裡也會腐化並解体，而成為不少繁複、
　　怠惰、有害、有毒的問題，雖然那也是機靈敏捷的一種方式，但本
　　質上並不健全，也不良善。當前的學界中卻充斥著此種惡化的學習，
　　他們有尖銳又強硬的機智，豐裕的休閒時光卻因閱讀範圍太窄，又
　　少變化，腦筋只囚籠於少數作者的地窖中（其中尤以亞里士多德乃
　　是他們的獨裁者）。此種現象，猶如他們的身体圈圍於天牢寺院，或
　　學寮中一般。對歷史既少認識——自然史或一般史，也不跨出去探
　　索更大的空間，只是在現存的經籍中費力編織知識的網。當思維於
　　萬物之上時，則還有其限制，但如思維在思維本身，則就形同蜘蛛
　　構網，線路精緻細膩，只是無補實際。❹

　　不少學者頑強的死守某種主義或學派，盡瘁畢生精力去建造天衣無縫的網。他們有閒情逸致，因為他們享受優厚的經濟及政治地位，只是他們堅信作為肯定不移的「前提」(premises)或「假設」(hypothesis)，一旦禁不起擺在眼前的一個微小「事實」之考驗時，則立即有分崩離析的危機。此時嘴皮硬如死鴨，也勢必遭受淘汰。培根力陳心理偶像的解除，才有助於各種新發現或新發明之來臨。他的「新工具」雖非萬靈丹，但至少可以與舊工具並駕齊驅，共為知識之開墾，提供了不可或缺的鋤鐮。

---

❸　M. T. McClure (ed.), *Bacon, Selection*, London: Scribner, 1928, 282.

❸　G. H. Bantock, *Studies in the History of Educational Theory*, vol. I, London: George Allen & Unwin, 1980, 171. Also see B. Farrington, *F. Bacon: Philosopher of Industrial Science*, London: The Macmillan Company, 1973, 94.

❹　Mcclure (ed.), op. cit., 68. F. Bacon, *Advancement of Learning. Great Books* 28, Mortimer J. Adler, (ed.), Chicago: Encyclopedia Britanica, 1991, 12.

二、笛卡兒的「懷疑」

笛卡兒(Rene Descartes, 1596～1650)受過耶穌社的教育，雖出生於法國，但卻多年住在寧靜的荷蘭從事哲學思考。先在1637年以法文出版《方法論》(*Discourse on Method*)，後因覺得用拉丁文寫作才有可能使作品流傳千古，1641年遂用拉丁撰述《沈思錄》(*Meditations on First Philosophy*)。這兩本著作都影響深遠，不因寫作用語之今古而有不同。笛卡兒是解析幾何(analytic geometry)的發明者，與柏拉圖一般，是數學家出身。他的「沈思」與「懷疑」，突破了傳統哲學的窠臼，正是新舊思想的分水嶺。

1.「懷疑」本身，並非「懷疑」的對象：笛卡兒自述，他以往信以為真的信念，其後卻常被推翻或修正；這種情況，讓他內心深感不安。知識研究，應該有穩固與紮實的根底，不可像建築在沙灘上的房舍一般。他費了數十年功夫，模仿力學始祖阿基米德(Archimedes)之抱負——只要找到「定」點，再給以相當長度的槓桿，就足以挑動地球——笛卡兒也想在真理的探討當中，尋覓無可置疑的信念，如此就可以奠定知識的殿堂 ❹。

不幸，在人類的文明史上，大多數學者卻輕信權威，迷戀傳統，而不願求本溯源，用心思索。如果將腦海中的固有想法一一予以釐清，將會發現過去的許多觀念，無法禁得起考驗。「懷疑」(doubts)乃是人們運用理性的自然現象。「人」既是一種「思考的東西」(a thinking being)❷，運用思考，就陷入懷疑當中。只有運用思考，人才可以算是人，否則就是行屍走肉，與其他生物或礦物無別。笛卡兒作了六個「沈思」，他甚至懷疑他本人是醒覺還是睡著，因為二者都會出現拿著筆，坐在椅子上，穿著睡袍等情景；但是經過「沈思」與「懷疑」之後，至少讓他發現「沈思」及「懷疑」本身，是不容置疑的。笛卡兒以「懷疑」起家，他並不一路懷疑下去，也不主張絕對的懷疑——懷疑一切。「懷疑」是一種正常也正確的為學態度，但懷疑的目的，是要找出絕不動搖(indubitable)的信念。在吾人正在「懷疑」

❹　R. Descartes, *Meditations*, translated by Laurence J. Lafleur, N.Y.: The Library of Liberal Arts, 1960, 23.

❷　Ibid., 27.

的時刻，並不對「懷疑」本身引起「懷疑」。換句話說，笛卡兒雖然「懷疑」
許多事情，不少信念對他而言，不能信以為真；但最後他也承認，不應該
對「懷疑」本身產生「懷疑」。如果連「懷疑」本身都「懷疑」，則「懷疑」
這種活生生的事實，又怎能拒絕它的存在呢？

　　經過「懷疑」這層手續，笛卡兒如同阿基米德一般，找到了知識的定
點。根據這個定點，又運用人的思維，結果他肯定了「我存在」、「上帝存
在」、「靈魂不朽」、「物質存在」，及「心物二元」等絕無疑慮的信念。在教
育上，如果鼓勵師生盡情的懷疑，而以理性作為懷疑的工具，並以理性來
維護或鞏固懷疑的基礎，則經過「懷疑」過濾之後的結論，就比較可靠，
日後對它起疑的機會也大為減少。過去的學校教學中，一來並不准許懷疑，
因此批判氣氛不高；二來少數有勇氣懷疑者，下場十分悲慘。但此種教學
環境，卻導致於誤假為真，或心中有疑卻不敢坦誠以告。此種作風，已失
為學的「真誠」精神；且心不甘情不願的接受有疑問的信念，在將該信念
訴諸為行動時，效率就打了大折扣。「知行」之無法合一，「懷疑」色彩太
淡，可能就是主因。

　　2.禁得起「懷疑」的信念，是準確可信的：笛卡兒如此擅長於懷疑的
思想家，也堅信幾何概念不應該懷疑。如：

　　①2＋3＝5

　　②直角三角形斜邊的平方等於兩邊的平方和

　　③三角形三個內角等於兩個直角

　　④上帝不是個騙者

　　⑤心不可分，物可分

　　⑥奇異幻想之中，仍有些「本質」(essence)是不變的

　　數學上的「公設」(axioms)是顛撲不破的真理，如果類似2＋3＝5這種
算術原則都無法成立的話，則整個數學要倒塌。2＋3＝5已經是眾人的基本
常識，不因時空而改變其結果；至於三角形三個內角的和等於兩個直角，
或直角三角形斜邊的平方恰等於兩邊的平方和，這種信念有必要經過「演
算」(demonstration)，學過幾何者多半會「一步一步」(step by step)的予以
證明。笛卡兒說，經過「演算」之後所得的信念，會堅牢不拔的永存心中，

它的穩固度，不下於常識之見（如2＋3＝5）**❹❸**。一般人對於諸如「三角形三內角的和等於兩個直角」之觀念可能懵然無知，或半信半疑，但經由「演算」之後，才相信那是可靠的說法。因此在知識研究日漸昌明的時代，一來大家都放手去懷疑過去認為不曾懷疑的信念，懷疑之數量遂之大增，程度也加深，範圍也拓廣；但本來就是真理者，即令遭受懷疑，則仍然屹立不搖；所謂真理越辯越明，真金不怕火煉；而本該成為真理，但由於人們之無知與愚昧或受他力干預而遭掩蓋者，就能重見天日，所以懷疑的情況也有減少的趨勢。此外，上帝既定義為完美無缺，無止境，永恆，不動，獨立，無所不在，萬能**❹❹**，則人類之有錯誤想法，根源並不在於上帝是個「騙者」(deceiver)。因為欺騙是一種缺點，上帝是不可能有缺點的。在「心」(mind)及「物」(body)的二元分辨中，心是不可分的(indivisible)，心是一個整体，它的運作（如思考或知覺）不可能切割成部分；相反的，「肉体」卻是可分的(divisible)。這種說法，也是自明之理。笛卡兒說如果有人想像力特別高，懷疑自己是在醒覺或睡著狀態，而不敢確信「所看」或「所聽」的現象為真，則至少有一個在睡覺時所夢的情景，如人或物，這些都是存在的東西，肯定這些東西存在即可，不必過問這些東西之存在於吾人醒覺中抑或睡覺時；如果有人的奇異幻想豐富，想像出所謂飛馬、海妖或美人魚等「東西」，而這些「東西」在「實質」(reality)上並不存在時，則吾人至少也應肯定海妖、飛馬或美人魚有「顏色」（或「大小」、「硬度」、或「長短」）等客觀的存在**❹❺**。

3. 「清楚明白」(clear)與「顯然有別」(distinct)的觀念：準確不疑的觀念，有兩大要求，一是要「清楚明白」。所謂「清楚明白」，是「呈顯或展現在聚精會神的心靈當中，就像我們清晰的看到物件擺在眼前一樣，這些物件足以引起吾人注意，且吾人眼光也投注在這些物件上。」一是「顯然有別」，意即「恰好不與他物混淆」**❹❻**。「清晰」與「有別」之觀念，乃是建

---

❹❸　Ibid., 61–62.

❹❹　Ibid., 43.

❹❺　Ibid., 19.

❹❻　Ibid., xii.

立知識体系的硬石。清晰的觀念，有兩個根源，一是客觀事實，一是演算；前者是經驗世界，後者是數理世界。不過，笛卡兒一再的警告不可視感官經驗為可靠知識的出處。這種警告，自從辯士以來，學者早已知悉。比如說，月比山小，火柴火大於星光，或遠看方塔呈圓形等；這是「外感官」(external sensations)所造成的錯誤報告。至於「內感官」(internal sensation)的誤導也不少。笛卡兒舉例說肢体受傷者在痊癒後，也都餘痛猶存於受傷部位。即令正常感官也會生錯覺，更不用說感官有缺陷了，如色盲者即是。不過，這些並不能責怪感官印象本身，其實感官印象的真實度與清晰度勿庸置疑。錯誤的原因乃是由於「判斷」(judgment)，這就與「有別」觀念息息相關了。

如果A觀念相當清晰，而B觀念也如此，但AB並無差別，則沒有必要AB兩觀念並列，二者可以合一。AB二者併立，顯示二者彼此有差異。差異雖有大小，但不管是大差或小別，都應在心中嵌下「清晰」的概念。觀念與觀念之間，彼此對立所形成的關係，自亞里士多德的邏輯研究以來，已為學術界所知悉❹。不少人在說明某件事時，條分縷析成數點；其實嚴格來說，若彼此並無差異，何必說成數點，一點即已足夠。

解決問題或去除懷疑，笛卡兒提出四個步驟：

①無法清楚了解者，則不可接受其為真。在這方面，還得避免草率與偏見。

②將吾人所要查驗的困難，儘可能的分成許多部分。

③先了解最簡單與最容易的，然後一點一滴的往上升，步步為營，最後再探討較為複雜與困難的。所注意的對象，即令性質上並無前因(antecedence)與後果(sequence)之關係，但在吾人腦海裡，也應將這些對象安置在一定的秩序上。

④列舉時應窮盡而不可遺漏。❹

4.數學萬能，重視「理性之光」：「我思，故我在」(I think, therefore I am)

---

❹　詳見林玉体，《邏輯》，台北三民，1982, 189-196。

❹　R. Descartes, *Discourse on the Method, in The Rationalists*, Dolphin Books Edition, 1960, 51-52.

是笛卡兒的名言。思考使得人類異於禽獸，而懷疑更是思考的重大特徵。標榜懷疑的笛卡兒，自與傳統哲學之崇尚權威作風大異其趣。經過懷疑的功夫，站不住腳的學說與主張就銷聲匿跡；這對知識領域之澄清，產生無可估量的貢獻。在學校教育上，師生應勇於懷疑，精於批判。蘇格拉底曾說，未經過省察的人生是不值得活的；同理，未受懷疑洗禮的知識，也不足採信。只要是正確的真理，不必擔心他人之懷疑問難。笛卡兒以懷疑作出發點，終於獲得數個不再引起他懷疑的基本論點。學術界封他為「第一個現代化的哲學家」，乃在酬勞他對懷疑精神的注重。

「懷疑」只不過是工具，卻非為學的終極目的；「懷疑」是一種手段與方法，來「尋找確信不移的穩定基石。」❹以心思懷疑為教育的首要活動，效果總比外鑠的書本閱讀為佳。換句話說，「自我教育」(self-instruction)不失為獲得知識的良方。笛卡兒說上帝既賦予人類「理性之光」(light of reason)來分辨真假，則何必仰賴他人之判斷來釐清是非呢？只要充分運用吾人的「理性之光」來檢查或反省任何思考即可。書本知識都是他人的意見，不必然可靠。最能掌握的還是吾人自己。上帝所創造的宇宙又井然有序，則人類以「理性之光」來領會萬事萬物，將是順理成章之舉，就如同幾何之證明題一般，一步一步的演算，從已知到未知，則最困難或最複雜的問題就會為我們所解決。只要推理的方法妥當，並無時無刻的運用類似幾何的循序推理方法，則宇宙或人生的奧秘將呈現於吾人眼前。笛卡兒說：「幾何學家很熟悉的用最簡單最容易的一長串推理程序來抵達最困難的答案結果，此種演算導致我認為所有的事務，只要人類有能力予以認識，也可以用類似的方式來進行，沒有一樣會拒吾人於千里之外，或深藏著使吾人不能有所發現。只要吾人不以假當真，並且在內心中安排一種秩序，以便從一真理中演繹成另一真理。」❺笛卡兒說此話時，年僅23歲。

1620時代的法國政局動盪不寧，社會大亂，笛卡兒只好遠走荷蘭(1628)。不過，他一生迷戀數學，1619年11月10日晚上，他突然有一靈感，

❹　R. Descartes, *A Discourse on Method*, translated by J. Veitch, London: Everyman, 1957, 23.

❺　Ibid., 15–16, 11, 22.

與畢達格拉斯一樣，認為宇宙基本上就是用數學予以建構的，所以全心全力去發現數學法則；也服膺哥白尼的天文觀，側重觀察與實驗，並答應完成一本著作，書名為《論世界》(*Treatise on the World*)。但1632年4月當該書快要完稿時，1633年卻發生了異端審判所(Inquisition)制裁伽利略事件，笛卡兒遂改初衷，不願與「教會權威」起衝突，而希望「過和平日子」，乃將該書有關「地動說」的部分刪除，期望「我的著作有出頭天的日子」。該書也只好等待他死後的1664年才付梓❺。笛卡兒雖言行無法完全一致，但多數人都了解他提倡「懷疑」的態度及「推理」的方法，展現了歐洲教育文化界的嶄新面貌，直接受其鼓舞的，就是捷克大教育家康米紐斯。

參考書目

1. Adamson, J. W. *Pioneers of Modern Education in the Seventeenth Century*. N.Y.: Teachers College Press, Columbia University, 1971.

2. Bacon, F. *Novum Organon*. Philadelphia: Carey and Hart, 1842.

3. _____. *Essays and New Atlantis*. N.Y.: Walter J. Black, 1942.

4. _____. *Philosopher of Industrial Science*. London: Macmillan, 1973.

5. Bantock, G. H. *Studies in the History of Educational Theory. vol.* I. *1350～1765*. London: George Allen & Unwin, 1980.

6. Bowen, J. *A History of Western Education*. vol. III. London: Methuen & Co., Ltd., 1981.

7. Burke, P. *Montaigne*. Oxford: Oxford University Press, 1981.

8. Burnet, J. *Aristotle on Education*. Cambridge University Press, 1980.

9. Curtis, S. J., & Boultwood, M. E. A. *A Short History of Educational Ideas*. London: University Tutorial Press, Ltd., 1970.

10. DeMolen, R. L. (ed.). *Richard Mulcaster's Positions*. N.Y.: Teachers College Press, Columbia University, 1971.

11. Descartes, R. *Meditations*. Laurence J. Lafleur (tr.). N.Y.: The Library of Liberal

---

❺　J. Bowen, *A History of Western Education*, vol. III, London: Methuen & Co., Ltd., 1981, 58.

Arts, 1960.

12. _____. *Discourse on the Method*. In *The Rationalists*. Dolphin Books Edition, 1960.

13. _____. *A Discourse on Method*. S. Veitch (tr.). London: Everyman, 1957.

14. Good, H. G., & Teller, J. D. *A History of Western Education*. London: The Macmillan Company, 1969.

15. McClure, M. T. (ed.). *Bacon, Selection*. London: Scribner, 1928.

16. Mill, J. S. *The System of Logic*.

17. Montaigne. *Of the Education of Children*. L. E. Rector (tr.). N.Y.: D. Appleton & Co., 1899.

18. _____. "Of Books," *Essays. The Complete Works of Montaigne*. Donald M. Frame (tr.). Stanford University Press, 1948.

19. _____. *Selected Essays*. Donald M. Frame (tr.). N.Y.: Walter J. Black, 1943.

20. Popkin, R. H. *The Philosophy of the 16th and 17th Centuries*. N.Y.: The Free Press, 1966.

21. Rabelais, F. *The Lives, Heroic Deeds & Sayings of Gargantua & His Son Pantagruel*. Thomas Urguhart & Peter Le Motteux (tr.). N.Y.: Simon & Schuster, Inc., 1928.

22. Rossi, Paolo. *Francis Bacon, From Magic to Science*. Chicago: The University of Chicago Press, 1968.

23. Sizer, T. R. (ed.). *The Age of the Academies*. N.Y.: Teachers College Press, Columbia University, 1964.

24. Tobriner, M. L. (ed.). *Vives' Introduction to Wisdom*. N.Y.: Teachers College Press, Columbia University, 1968.

25. Ulich, R. *History of Educational Thought*. N.Y.: American Book Company, 1968.

26. Watson, F. (ed.). *Vives: On Education*. Totowa, N.J.: Rowman & Littlefield, 1971.

27. Watson, F. *Psychological Review*, XXII (1915).

28. Woodward, W. H. *Studies in Education During the Age of the Renaissance, 1400 ～1600*. N.Y.: Teachers College Press, Columbia University, 1967.

第八章　主張泛智的教育學者——康米紐斯

(John Amos Comenius, 1592～1670)

　　將教育學者予以歸類，並不容易。不少教育思想家所關心的教育範圍相當廣泛，觀點也頗為複雜。若硬性將某一教育學者劃歸成某一學派，雖然凸顯出他在某一方面的特殊見解及在教育思想史上所佔的地位，但卻降低了他在其他方面所扮演的角色價值。康米紐斯是典型的唯實論健將，不過光以唯實論稱他，不足以說明這位教育史上的大師之身分，他的「泛智」(pansophism)是唯實論的理論根據。又加上康米紐斯有其他甚具意義的教育主張，所以乃另闢一章特別評述他的教育理念。

第一節　編寫有圖畫的教科書

一、康米紐斯的生平

　　西班牙海戰失利，1588年為英打敗，但士紳貴族仍生活於夢幻中，Miguel de Cervantes的《唐・吉訶德》(*Don Quixote*)有生動的描述。而Prague大學在Rudolph II (1576～1611)時，重視長生不老的科學。Tycho Brache及其後繼者John Kepler都享高薪。

　　康米紐斯的捷克名字讀音是康緬斯基(Komensky)，出生於1592年3月28日，1670年11月13日去世，是捷克摩拉維亞(Moravia) 地區的人，葬於一所法國改革教堂(French Reformed Church)裡，墓碑上只有一個「8」的號碼。早年生活狀況不明，12歲時因瘟疫，雙親及二姊因之死亡，而其後的瘟疫也帶走了他的首任妻子及長子之生命。康米紐斯不只慘遭這種天災，也碰到人禍。歐洲自宗教改革後，因新舊信仰之不同而引發戰爭，次數頻仍，時間拖延甚久。據史家(G. N. Clark)估計，整個十七世紀的一百年中，只有

七個年頭平安無事，其他93年都是烽火蔽天的日子❶。Giordano Bruno於教皇Clement VIII (1592～1602)時被焚於Rome (1600)；英在Elizabeth時，John Coppin及Elias Thacker因宗教上「拒絕承認女王的最高無上性」而被吊。F. Bacon還在康氏出生那年寫著：「那批我們稱之為Bronnists的，他們在最盛時也人數極少，是一批蠢蛋及下流者所組成，四散在各地角落裡。現在！謝天謝地，由於我們善於處理，將他們壓制而消除了。」❷康氏臨世之年，土耳其人在Croatia一地就殺了六萬五千名耶穌教徒；而1618～1648年的三十年宗教戰爭中，康米紐斯之祖國(Bohemia)受盡蹂躪。有人(Seton Watson)指出，1620～1648年之間，Bohemia及Moravia之人口，從四百五十萬降為一百萬❸。①經濟徹底破產，凡有逃亡之虞者及已逃亡者，悉數沒收其財產，新教徒被判死刑者亦然。1621年2月20日政府下令大逮捕，慘酷狀況猶如台灣之二二八。1621年6月21日，27名死囚以叛國為罪名，12個人頭還掛在「老城塔」(Ole Town Tower)的鐵籠中。②宗教上由新教改為舊教，貴族可自由選擇，但平民則強迫入舊教。③政治上完全成為殖民地，德文取代捷克語文❹。而戰爭所滋生的人性自私，更使宗教信仰極為虔誠的康米紐斯，憂心如焚。只有愛才能化解仇恨，消弭爭執。暴力無法解決問題，暴力之使用，更會助長暴力；不過，他也認為必須團結才有力量。只是令他頗為驚訝的是壞人容易團結，好人卻如同散沙❺。

康米紐斯於16歲時入文法學校就讀，還為該校校長兼主教所收養並充當校長助手，賜名為Amos，即「愛」之意。19歲時註冊於一所喀爾文教派辦的學苑(Calvinist Academy of Herborn in Nassau)；受名師Heinrich Alsted (1588～1638)之指導，師比生大四歲而已，Alsted熱愛百科觀念，也是個反亞里士多德的學者，走Ramist路線 (Pierre de la Ramée說，所有亞氏所言的，

---

❶ John Edward Sadler, *J. A. Comenius and the Concept of Universal Education*, London: George Allen & Unwin, 1966, 19–20.

❷ Basil Montagu (ed.), *The Works of F. Bacon*, 3vols., Philadelphia, 1850, II, 249.

❸ Ibid., 20–21.

❹ Matthew Spinka, *John Amos Comenius, That Incomparable Moravian*, N.Y.: Russell and Russell, 1967, 20–22.

❺ Sadler, op. cit., 23.

只不過是意見而已）。曾赴阿姆斯特丹(Amsterdam)訪問，也曾經在海德堡大學(University of Heidelberg)研究。學成後返回故里教學並擔任神職。康米紐斯結婚數次，配偶不是因病離去，就是被戰爭剝奪了生命；他又因為信仰之不同且兼為教會之負責人，遂即捲入戰爭漩渦而四下逃命，一生相當坎坷。著作手稿又因無情的戰火而付之一炬，幸而康米紐斯不忘他的小名「愛」，非但不因一生之不幸而悲觀頹廢，卻以積極進取之心與命運相周旋，認定只有進行宗教慈悲的教育才能改變歷史，世界才能獲得新生。逃亡期間，其妻因已有身孕，未克隨伴離去，乃赴娘家，不久死於瘟疫，二子亦亡(1622)。康米紐斯於1622年2月為此寫一宗教慰藉之信，名為Thoughts about Christian Perfection，但卻抽象無私情。面臨多次死亡，他在別處就如此寫著：「悲慘環繞吾人四周，殘酷血腥的劍消滅了我可愛的家園。碉堡、城池、陣地被毀了，市鎮、鄉村豪華的屋子及教堂遭蹂躪及焚燒，田產被搶、家畜被抓被殺，平民百姓受苦難、折磨，到處是謀殺與搶奪，許多瘋了的國家四度如飛雲般的降臨，無和平希望，似乎一切都要歸於灰燼或沙漠。最令人痛心的是上帝的真理遭壓。純正的上帝服務停止了，牧師被逐或入獄，許多人不是慘死就是被隔離，不少人（不幸我就是其中之一）還可憐的隱藏著對人類憤怒的恐懼。」❻

　　康米紐斯曾於1642年旅行法國，而與笛卡兒會面。由於康米紐斯宗教信仰之執著，認為人既非完美，則人之思考所得的知識，皆有「瑕疵及缺陷」(imperfect and defective)，與笛卡兒主張只要全然根據某些理性原則，哲學殿堂即可高聳矗立之說法，有所不同。康氏的論調，與中世紀神學家的說法無甚差異，以神靈啟示作為真理的最崇高目標。這兩位深具影響力的學者惺惺相惜，離情依依。康米紐斯在筆記上寫著：「我請求他發表他的哲學原則，他也督促我的思考使之越見成熟。附上了這個格言：『哲學之外，我未嘗踰越，因此我的只是部分，你的才是整体。』」❼笛卡兒以上帝做終點，康米紐斯則以上帝做起點。笛卡兒以全然的「理性之光」作為評斷知

---

❻　Spinka, op. cit., 38.

❼　Robert Ulich, *History of Educational Thought*, N.Y.: American Book Company, 1968, 195.

識的最後標準，因此，由「理性之光」所散發的數學及邏輯，就是真理的最終證據，依此來体驗上帝的存在。康米紐斯則在出發時就以聖經作為感官經驗及理性推論的基礎，也依此來糾正後二者所生的錯誤，堅信自然事實，心靈觀念，及啟示神光，三者不生衝突，且互為補足；任何矛盾都是短暫的，只要深入探討，三者皆能合一。不過，康米紐斯的許多理念倒得自英國的培根，他也在1641年橫過海峽而抵倫敦，大受英國學界的歡迎與禮遇。知名之士如哈利(Samuel Hartlib, 1600～1662)❽，推動康氏理念不遺餘力。但是當時英國內戰方殷，國會無暇顧及康氏主張，康米紐斯也在隔年返回歐陸。幸而由於這位德裔商人哈利早就注意康氏的活動及著作，透過劍橋兩名捷克學生的關係，二者開始書信往返，哈利並建議康氏親臨英國以便創辦「泛智學院」(Pansophic College)。哈利將康氏的計畫大綱在牛津散發給學界了解，引起了極大的共鳴。康氏再度抵達倫敦後，認為該大都市教堂林立，書局充斥，改革聲浪頗高，確實不同凡響，「值得讚美」。其優點有四：

1.主日時分，眾人熱心的作服務工作，真令人不敢置信。

2.大多數的成年男人，用筆抄下佈道語，以符號代替文字，擁有速記技巧。

3.許多著作用自己的文字書寫，科目又多。德國法蘭克福(Frankfurt)在市集時的書攤也沒有此地每天的書攤多。

4.全國熱烈的辯論學校教育的改善，支持我所希望的方式，即全民皆應入學。❾

對於培根，康米紐斯稱許他的《學問的演進》(*Advancement of Learning*)乃是一本值得歌頌的作品，是「哲學家在新時代中散發出最明亮的光芒」。

❽　Samuel Hartlib出生於普魯士，父親是波蘭人，母親為英人，1628年後住於英國倫敦，是英國內戰(Civil War)及大英國協(The Commonwealth)時的風雲人物，對公共教育異常熱心。英國名詩人米爾頓描述為「從遙遠的國家按天意遣送而來的人，使本島國有機會享受並鼓舞人民的重要福祉。」John William Adamson, *Pioneers of Modern Education in the Seventeenth Century*, N.Y.: Teachers College Press, Columbia University, 1971, 82–83.

❾　John E. Sadler (ed.), *Comenius*, London: The Macmillan Company, 1969, 8–9.

康氏在陷入情緒低潮時，讀了培根的《新工具》一書中所說，「心灰意冷」乃是推動科學進步的最大障礙，此句警語，頓時使他重現生機。英國皇家學會成立之時(1662)，康氏以其旅英九個月之心得撰述的一本《光芒之道》(Via Lucis——The Way of Light)作為獻禮，並勸戒皇家學會的研究員不應只重功利及經驗知識。他在賀詞中說：

「位於倫敦的皇家學會之成立，是你們輝煌的成就；從此將可探討自然的奧秘並發表許多已發現的研究作品，祝福你們英雄式的傑出事業。先生們，我們絕不忌妒，反而歡欣雀躍，大家都會普天同慶。此消息應以號角吹響全球，以報導佳音。……誠如貴國培根爵士所言：『所有事情應由一些人來做，而非單由任何一個人來負責；由一群体組合來做，而非只由一人來執行；由各時代的人來做，而非只由一時代的人來承擔；由公眾的努力並由公款維持，而非由個人財力來支撐。』」**❿** 只有眾志才能成城，集腋才能成裘；單打獨鬥，則成效大打折扣。

新大陸麻州州長(John Winthrop)希望哈佛學院成為「實驗哲學」的重鎮，於旅歐期間巧遇康米紐斯，恰好這所新英格蘭第一所高等學府出缺首長，州長擬聘這位名震歐洲的學者渡海去哈佛主持校政(Cotton Mather於1820年時提起此事)，康米紐斯也把印地安人看做是「收割作物的白人」(White who harvest)，考慮去開創新天地，但瑞典的支持者渴切要求康氏費神於寫教科書，使得「這位無可匹敵的摩拉維亞人沒有成為美國人。」**⓫** 哈

---

❿　Sadler, op. cit., 33.

⓫　Sadler, op. cit., 22. 不過，麻州州長(Governor John Winthrop)在1642年康氏路過荷蘭時，並未到歐洲，且哈佛當時也未校長出缺。Gotton Mather提到1654年Harvard校長Dunster去職時，才寫下那段文字，只是當時，州長已去世(1649)，而1654年時，康氏是在匈牙利。可能的情形是，該文字中提的Winthrop是John Winthrop Jr.，是州長之子，其後是康州州長，1642年曾到英、荷、及北德，與Hartlib一群人熟悉，雖不能正式提供Harvard校長職位，但可能私底下試探康氏是否可來美。康氏拒絕此種邀請的可能性極大，一來他渡海赴英，暈船太厲害，受苦極深，他都不願留英了，更不願留美這塊蠻荒之地，且他的妻子也堅決反對他來英，夫妻兩人皆不懂英語。此外他一生以統一全球的宗教及教育為念，不會只拘限於美。(Spinka, op. cit., 86)

佛董事會只好另作打算。

　　康米紐斯的想法，受到其後世人的宣揚及實踐。在英國，名科學家波義耳(Robert Boyle, 1627～1691)推動英國皇家學會(Royal Society)的成立。大思想家洛克是哈利之友，與波義耳也是莫逆之交，且在荷蘭住了六年，時在康米紐斯死後不久，因此洛克可能閱讀過康氏著作。在日耳曼地區，至少大詩人歌德非常推崇康氏的一本名著《世界圖解》(Orbis Pictus)，認為該書是孩提時的最佳讀物，是手中「僅有的一本」❶❷。幼兒學校的創始者福祿貝爾因知悉康米紐斯有「嬰孩學校」(The School of Infancy)而獲得靈感。1892年美國哥倫比亞大學教育學院為康米紐斯誕生三百年冥誕慶生，該校校長布特勒(Nicholas Murray Butler)在慶典中歌頌康米紐斯是「舉足輕重的人物，他引導並主宰中小學教育運動。他在當前教學上的地位，形同哥白尼及牛頓在現代科學，培根及笛卡兒在現代哲學一般。」❶❸康米紐斯不只受到民主國家眾人的崇敬，即令共黨陣營也大力印行他的著作。他的全民教育理念，在二十世紀的今天終獲實現；而「聯合國」的構想，也早在他的腦海裡盤旋❶❹。康米紐斯在教育上及國際和平上都是「先知」，他的預言，也一一兌現，這或者是上帝對他一生顛沛流離的補償吧！他的努力，雖如同推石頭的Sisyphus，但Leibnitz曾恭維他：「康氏啊！時間會來到，懷有善意的眾人將向你敬禮，為你的事業、希望，及抱負致意！」❶❺

二、《世界圖解》

　　康米紐斯計畫寫書200本以上，實際上他也著作繁多，但至今最少有50本已失。他的著作中最為家長、學童、及教師所熟知的，就是1658年出版的《世界圖解》。該書的最大特色是書中有圖畫，這種設計，也最符合唯實論在教育上的具體反應。《世界圖解》大受世人喜愛，在十七世紀曾銷行21

---

❶❷ Sadler, op. cit., 29.

❶❸ 引自Lawrence A. Cremin, see Jean Piaget, *John Amos Comenius on Education*, N.Y.: Teachers College Press, Columbia University, 1967, foreword.

❶❹ Sadler, op. cit., 29~34.

❶❺ Spinka, op. cit., 152.

版，十八世紀43版，十九世紀33版，二十世紀時，則發行9版之多❶。康氏發願撰寫此類教科書，乃因學童入校經驗之痛苦而來。小孩本有強烈求知慾，但因教材不良，因此求知慾非但未見增長，反遭抹煞，這是「毀」人不倦的教育行徑。

　　1.批判當時學校教育的惡劣風氣：首先是体罰橫行，這種自古代以降即未見匿跡的教育現象，教育學者痛心疾首，每思謀對策以解決之。康氏在1623年以捷克語所寫的《世界迷宮》(*The Labyrinth of the World*)一書中敘述自己在16歲以前所受的學校教育狀況：「拳頭、棍子、棒子、樺木」，「打在學童的臉頰、頭、背、及前身，直到血流出來。全身滿布著條痕、鞭疤、斑點、及杖跡。」❶ 既然入學受教是「人類所想要的，且是可能的；不只是可能的，且是容易的；不只是容易的，且是可以徹底的。」❶ 為什麼把一種本來是興高采烈的活動，變成為怵目驚心的行為呢？康氏追根究底要去解決這個問題。

　　學校教育長期「訴諸体罰」的作風，也使得家長及學生都有一種刻板印象，認定孩童入校，理所當然的要接受煎熬與折磨。早在踏入校門之前，大人即警告孩童，學校是個打人的場所，也是背誦死知識的園地。其實這二者互為表裡。學童最感討厭的學科有二，一是數學，一是語文。康氏在《世界迷宮》一書中，提及他對數學的反感：「我看到一堆稀奇古怪及彎彎曲曲的書寫，暈眩即幾乎征服了我。」❶ 數學家說沒有一種知識比數學更精確，「這些話，我只能一知半解。」康氏感受到伽利略之所言：「哲學寫在一本大書上，在吾人眼前打開，該書是宇宙。但是除非吾人懂得語言並熟悉所寫的文字（符號），否則我們不能讀它。它是用數學語言寫的，裡面的字

---

❶　Sadler, op. cit., 268. Comenius 之其他作品，銷行量都非常多。1631年出版的《文字門解鎖》(*Janua──Gateway of Language Unlocked*)在作者有生之年暢銷80版，其後陸續印行26版。評論者Pierre Bayle說：「假如康米紐斯只有此作品而無其他著作，他也會不朽。」1633年另出一本書來介紹《文字門解鎖》（即*Vestibulum*），也印了38版之多。Ibid., 267–268.

❶　Comenius, *The Labyrinth of the World*, in Sadler (ed.), op. cit., 5–6.

❶　Sadler (ed.), ibid., 47.

❶　Ibid., 37.

母是三角形、圓形、及其他幾何圖形。沒有這些圖形，人們不能懂得一個單字。」❷數學概念相當抽象，幾何證明及代數演算又得賴高度的推理與思考，皆非孩童時期心理發展上所適合於教學的學科。至於拉丁語文之背誦與記憶，也是令兒童痛苦之源。康米紐斯直言無隱的道出拉丁語文之缺點，第一，拉丁文是死語文，用了一千多年時間，是已去世的古人用語，不切合活生生的今人使用；第二，拉丁文法規則的例外多，學生要熟背並妥善運用變化多端的拉丁文法，有焦頭爛額之感；第三，拉丁語言之常用詞彙，不能普及化，許多常用拉丁字或片語，或許只在某地或某時被當地或當時的人所喜歡使用，但對別地或別時的人們，則感到艱澀難懂。康米紐斯希望語文教育家能夠發明一種簡易的「世界語」(universal language)，使得學童學習該語言，不必費太多時間與精力，並且在學習過程中不但得到無窮的樂趣，又能精通。其次，他也希望他的國人致力於淨化捷克語，教會裡的同道應「豐富、純化、並宣揚我們所喜愛及悅耳的母語。」他以身作則，以捷克語文寫給散布四方的「基督羔羊」❷使用。

　　拉丁文雖然存在的時間很長，但卻只有受到少數學界的人青睞而已，使用母語的人更多；不過因為各地母語的種類繁雜，又不統一，所以如能有個世界語，則對拉丁以外的民族較為公平；此外，傳統的語文教育只在作文字或口舌之爭，對於智慧之累積，沒有「增進一吋」，因為文字教學並不以實物為基礎❷。

　　2.感官教學：治本之道，就是以具体實物代替語言文字，「眼見為憑」(Seeing is believing)。但印象最深刻的「眼見」對象，不是「文字」，而是「實物」，這是唯實論學者再三反覆強調的主張。開始認識文字時，大部分的內容是動植物或各種器具的名稱，如能在學童面前呈現出這些具体實物，同時出現文字，則學童可經由眼睛看、耳朵聽、手觸摸、舌頭嚐、鼻子聞等五官感覺而加深認識，則知識不但正確得多，且學習氣氛變得活潑有趣，

❷　Sadler, op. cit., 64.

❷　Ibid., 83. Comenius, *Via Lucis*, xix, 5, 6, 12, 14. Sadler (ed.), op. cit., 106, 146.

❷　Comenius, *The Way of Light*, translated by E. T. Campagnac, Liverpool, The University Press, London: Hodder & Stoughton, Ltd., 1938, ch. xix, 4, 10, 11, 12, 13.

又那需要動用棍子來威脅恐嚇學生呢？教育不就變成「更為簡易」(easier)，更為愉快(pleasanter)，且更為完美(more perfect)嗎❷？

　　但是具體實物之呈現，難免有實施上的困難。吾人不妨以標本、模型、或圖畫來取代實物，尤其是後者，這是最為簡便的。傳統的教科書都是密密麻麻的文字，康米紐斯編了一本《世界圖解》，一行是圖畫，一行是拉丁文，一行是捷克語（或各地母語）。告訴學童「犀牛」(rhinoceros)的定義是什麼，屬於什麼動物，生活於何處，体積多少，性情如何，不如帶學童去動物園參觀，提供時間多讓孩童觀察，或在書中畫一頭犀牛的圖。人体之結構也可用骨骼圖來解釋，肌肉、腱、神經、動脈、靜脈、大小腸、肺、心、橫隔膜、肝等，都在正確的部位中指出來，兒童一看就一目了然❷。

　　受到培根及笛卡兒「方法萬能」說之感染，康米紐斯費畢生心力去尋找一些方法來促使學童沒有冷卻原有的求知慾，這就是感官教學，也是他呼應唯實論教育學者的一種重要方法，而《世界圖解》更具体化了他的行動。本書嘉惠學子，實在是教育界的一本福音書。康氏將亞里士多德在*De Anima*一書中的話：「感官是一道門戶，經由它，萬物都進來。」放在《世界圖解》一書的首頁。在該書序言中也說感官教學乃是所有教學的基礎，經由感官，「可以得悉萬物的不同性，建立所有智慧的根底。」❷

　　3.教科書應慎重編印：康米紐斯迫切的希望全民皆能領受神恩，並認識萬物。由於印刷術的發明，使他甚感樂觀。不過，因為書籍之編寫影響力甚大，尤其是教學用書，康米紐斯慎重其事的討論教科書之審訂，應加注意的有如下數項：

　　①沒獲核准，任何人不許印書。隨意將如此重要的工作委託不經意的人(chance person)，是相當危險的。既然鑄造金錢只能由政府來做，錢幣也只不過是形之於外的交易工具而已，則有關心靈建設的書籍編寫，重要性千萬倍於前者。二者之誤用所給國家帶來的災難，不可同日而語。

---

❷　Ibid., ch. xix, 14.

❷　Comenius, *The Great Didactic*, in Jean Piaget, *John Amos Comenius on Education*, op. cit., 96, 97.

❷　Sadler (ed.), op. cit., 30–31.

②未經政府、教會、及「智光學院」(College of Light)（詳後）允准的人，都不可經營出版事業。出版商都要知識豐富，充滿智慧，內心虔誠，行為謹慎，且得發誓，不得引導讀者走入邪途。

③出版地點不可隱秘，卻應公開，如同公產一般的准許眾人檢查，因為書籍是公共作智慧交易的工具。

④出版商絕不單依己意就出版教科書，卻要仰賴大眾的判斷，由政府、教會、大學、智光學院、國王等下令，才印行書籍。

⑤書籍一旦印行，除非獲得原認可機關之同意，否則不准再印；任何增減或修改，都需經原認可機關之許可。

⑥所有已印行的書籍，皆不可有錯，即令小如標點符號都應正確，如此才臻完美，且免讀者將錯就錯，以訛傳訛。所以校對的責任很重，校對者應校對多次，校對者資格夠，受過良好教育，拼音內行，且勤勞不懈。康米紐斯舉當時歐洲最富盛名的出版商Plantinus為例，這位出版商自己校對文稿，並找來兩位助手，第二位助手如發現第一位助手已校完過的打字有錯，則支高薪以為酬勞。

⑦作者不應只想增加篇幅、擴充字數來換取稿費；卻應增加智慧，以啟迪心智為念，非圖錢囊飽滿而已。❷❻

康氏上述勸言，的確應讓現代出版教科書的廠商及作者作警惕之用。古人說「開卷有益」，其實這句話並不盡然。書中不只沒有黃金，卻有許多礦渣。造福下一代，嘉惠學子，康米紐斯的《世界圖解》是最典型的一本書。

台灣的教育界更應引以為榮的是，康氏的《世界圖解》這本當時是世界最進步的教科書，在十七世紀荷蘭統治台灣時，還擬引進台灣作為教科書，要是此事成真，那是台灣人民之福!

第二節　全民的終生教育

康米紐斯是教育史上第一位明確指出系統的學校制度的教育學者；他

---

❷❻　Comenius, *The Panorthosia*, in Piaget, op. cit., 213–216.

的「學制」有清楚的年限，設計好所使用的教科書，畢業及始業季節，採用的教學用語。並且他力倡全民教育機會平等，又主張終生教育的理念，「從搖籃到墳墓」(from the cradle to the grave)❷，曾如羅馬教育學者辛尼加所言「讀書不嫌遲」(No age is too late to begin learning)，自母親懷胎(in the mother's womb)，直到死亡，都是教育的時間，康米紐斯把一生的教育劃分成七個階段。(詳後)

康米紐斯終生教育的主張，的確是先知先覺。二十世紀教育先進國家才注重並推動的終生教育，早在十七世紀時，就由這位捷克的教育家所提出。對一個人而言，從出生到死亡，無時無刻不在接受教育；有的人以為年齡太小或太老，都不適合接受教育，這是誤解教育的涵意，或是懶蟲的藉口。上帝創造人類，人心就是個「小宇宙」(microcosm)，人以一生的時光來領會「大宇宙」(macrocosm)，不可停頓，更不可懈怠。大宇宙的奧妙無窮，小宇宙的求知心若渴。終生教育有三大目標，一是「博學」(erudition)，必須靠自知；二是「品德」(virtue)，必須仰賴自治；三是「虔誠」(piety)，則要求一心向神，三者缺一不可。

一、教育的對象及於全民

所有人既是上帝的子民，則眾生一律平等，都有接受教育的可能性及必要性。不因性別、膚色、種族、貧富、社會地位、老少、智愚而有所區分。心靈如同「白板」(blank tablet)，可以任意描下任何圖形；又猶如蠟板(wax)，也可塑造成任何形狀；裡面的構造緊密又協和，猶如鐘錶(clock)，是一種非常靈巧的設計❷。這種說法，既含有經驗唯實論口氣，也具有神學味道。

1.以狼孩為例：首先，康米紐斯舉出1540年Hassia村莊有一小孩失蹤，成為狼孩，形態樣子如同野獸，但經過一番教導之後，也開始使用二足走路，說話，並敘述狼如何養育他、如何與野獸一起行獵。1563年在法國的

---

❷ Comenius, *The Pampaedia*, in Piaget, ibid., 184.

❷ Comenius, *The Great Didactic*, translated by H. W. Keatinge, London: Adam & Charles Black, 1896, ch. V.

一批獵人殺死12隻狼後，在獸穴中找到一個裸身的七歲男孩，指甲長如鷹爪，黃皮膚、捲髮，動作相當兇猛，幾乎鎖不住；但在餓三天之後，終於馴服了，主人以他作為展品四下供人參觀❷。狼人是人，也是上帝所造，狼人是人的一分子，他也有教育的可能性，也應享教育權利。康氏樂觀十足的說：

> 即使是野蠻人民也應予以開導並解放他們的野性。因為他們也是人類中的部分，部分屬於整体。如果部分消失，則整体也不成為整体了。喜愛部分勝過整体者，不管部分多大，乃是明顯的缺乏正確的判斷，也不具善意。無惡意也非愚蠢者，都希望獨善其身之外，還能兼善他人，……整体中只要有一個不善，整体皆受影響。猶如一肢体有病，全身都覺不舒服一般。❸

只要提供平等的機會，則即令是「狼人」，成就也未可小視，任何人皆應普受教育的洗禮。「有錢人而無智慧，就如同一條塞滿米糠的豬；窮人而無知識，就像一隻負重擔的驢；一位標緻的年輕人而目不識丁，只不過是一隻羽毛秀麗的鸚鵡，或如同鞘內藏一把鉛製匕首一般。」❸傳統的教育只施惠於少數「英才」(elite)，康氏擬扭轉此種不當作風，注重普及性的全民教育，此種見解，實具現代之風❸。

　　2.殘障者亦具教育可能性：「有人問，盲者、聾者，及智能不足者，他們機能之缺陷阻止了他們受教的可能性，這些人難道還應准予入學嗎？我答道：第一，除非他們不是人，否則皆不應將他們排除在校園之外。只要他們有人性，就有接受教育的可能；他們應接受更多的教育，因為他們比常人更需幫助；第二，天性上在某方面有所欠缺，卻會在其他方面有特殊表現。只要提供通路，光線就能射入。」❸康氏舉例說，盲者雖然視覺失去

---

❷　Ibid., ch. VI.

❸　Comenius, *Pampaedia*, II, 10. Sadler (ed.), op. cit., 70.

❸　Comenius, *The Great Didactic*, translated by H. W. Keatinge, op. cit., ch. VI.

❸　G. H. Bantock, *Studies in the History of Educational Theory*, vol. I, London: George Allen & Unwin, 1980, 214.

功能，卻在聽覺的敏銳上獲得彌補，因而成為一流的音樂家、律師、及雄辯家；而聾者之手足靈巧，更非常人可比，所以也出現了不少畫家、雕刻家、技藝師等。美中不足的是他並沒有舉出I.Q.30者有無出人頭地的可能。其實基於人道立場，所有的學生皆應一視同仁，不可有差別待遇。「既然全民都准許進入上帝的戲院，卻不能使每一個觀眾都有相同的機會來觀賞劇情，這不是頂令人傷感、也最不公正、更最侮辱人的事嗎？」❸智能方面不足者，在其他方面卻有才華：「有人會說，某些學生太緩慢了，我答道：沒有一個人完全是木頭做的，那些心智緩慢者卻在身體上較強有力，因此比較適合於忍受勞苦工作，也不可將他們棄之不顧。」❸天生我材必有用，切勿自暴自棄，更不可歧視他們為糞土之牆，朽木或垃圾。康氏此種說法，即令當今大力提倡特殊教育者，也不必然比他高明。只要因材施教，人人都可貢獻他的「才華」。

3.女性教育平等權之提高：女性在習俗上被目為「弱者」(weaker sex)，不只是体力遜於男性，且智力也比男性差，因此許多人認為女性接受教育是一種浪費。康氏否認此說，他認為「沒有理由來剝奪女性追求學問的機會，不管她們學拉丁文或母語。事實上，女性也稟有天賦，她們之準備吸收智識就與我們男人相同，有時還比我們更為強烈。幸福的命運為她們而開，我們男人也是如此。她們經常被徵召來治理國事……行醫、及做其他有益人類的工作……吾人為何僅提供她們學習ABC而已，而將她們深鎖在書本的研究門外？」❸證據告訴我們，女性之智力不一定比男性差，女性之成就，可因教育機會之平等，而與男性不相上下。女性教育，不可只限於「基本」(即ABC) 層次而已，她們也有潛力往抽象及高深的學術領域進軍。否則婦女光有美貌而無知識，「如同金環戴在豬鼻上」❸。

　　不過，康氏基於「實用」的考慮，以「端莊」(decency)為理由，建議

❸　Comenius, *Pampaedia*, II, 30. Piaget, op. cit., 138.

❸　Ibid., 127.

❸　Ibid., 132.

❸　Comenius, *The Great Didactic*, in Sadler, op. cit., 193–194.

❸　Comenius著，傅任敢譯，《大教授學》，上海商務，1941, 67。

男女生應分開接受教育，不應合校或合班；並且女子教育之重點，放在「促進家庭福祉及丈夫利益上」。「我們並不主張教育婦女要使她們的好奇的傾向得到發展，而是要她們的誠心和知足能夠增強。」❸ 此種口吻，似乎將女子也綁在一個小天地中。在這方面，康氏就不像個深具「遠見」的教育學者了。不過康氏也提及一些男人在家中給予婦女高高在上的地位，秘密是「男人管社會，女人管男人。」

總而言之，不管狼人、殘障、女子等，大家一起入學。康氏認為這種現象，就是地球上的樂園，眾人一律平等，如同「獅子之吃草，像牛一般。」❸

二、具体的教育措施

康米紐斯設計了七個學校，來實現終生教育，其具体活動如下：

1.出生學校(The School of Birth)：類似一年的開頭，即一月，從母胎到誕生。

2.嬰孩學校(The School of Infancy)：類似二三月，種子萌出芽了。從出生到6歲，教育場所在每個家庭，又稱「母親膝下學校」(Mother-Knee School)。

3.兒童學校(The School of Childhood)：類似四月，好比植物已有花朵。從6歲到12歲，教育場所在每個村莊。又稱「母語學校」(Vernacular School)。

4.少年學校(The School of Adolescence)：類似五月，開花結果。從12歲到18歲，教育場所在每個城鎮。又稱「拉丁學校」(Latin School)。

5.青年學校(The School of Youth)：類似六月，果實成熟。從18歲到24歲，教育場所在每個大都會。又稱「大學」(University)。

6.壯年學校(The School of Manhood)：類似七、八、九、十、十一月，果實累累，並準備冬天的來臨。教育場所在寰宇。

7.老年學校(The School of Old Age)：類似十二月，是一年的總收成。只要還有行動力，都是教育對象。❹

---

❸　Ibid., 234, 傅譯, 58。

❸　Ibid.

❹　Comenius, *The Pampaedia*, in Piaget, op. cit., 187–188.

　　前二者及後二者的教育，都是個人性質或私人性質者，但介於前後之中的各級學校，則應由公家來辦理。學校地點應選在學生方便入學之處，在城市中心，靠近教堂，看起來清爽，綠蔭蔽天，有果樹及花園，牆壁上有圖畫，校地寬敞足以容納眾多學生。開學及卒業應在冬季，因為當時人們比較不忙碌，並且冬天正是讀書天，聚精會神總比在春夏秋三季為佳❹。這些學校活動的具体說明如下：

　　1.出生學校（0～1歲）：父母親及眾人皆應視生育是一種極為神聖的工作，如同上帝造物一般，不可等閒視之，或草率為之，卻應嚴肅、隆重。婚姻生子者，應先求教於雙親、長輩、及牧師。如「年紀太大、染有疾病、太窮以致於無法養活下一代」，則不應只貪圖自己快樂而不負責任的將孩子生下來，變成社會的累贅。未經小生命同意就糊塗的生下來，補救這種任性行為，只好注重胎教，要知道雙親的任何觀念、思想、行動、飲食等，都會影響新生兒的身心發展。如果父母不知檢點，得了惡疾（如梅毒），則生的子孫，就禍延後代了。此時還要子女孝順父母嗎？

　　2.嬰孩學校（1～6歲）：以媽媽為主要的教師，又稱母親膝下學校。「女性是天然且也是最普遍的教師」。此期的教育，是非正式的，並且隨時皆可進行教學，語言、算術、及實物學習，皆可使思想、文字、及行動三者合一。仿斯巴達的訓練方式，讓孩子吃苦耐勞，忍受飢寒，接受困難，領會奮鬥及努力的代價，這對品德及体力之增進，皆有神益。童年是一生幸福的基礎。

　　康氏基於「泛智」（pansophia）的哲學理念，希望嬰孩即令在6歲以前，也要了解各種知識的概略，主要途徑即是實物教學。物理學上要學水、土、氣、火、雨、雪、霜、石、樹、鐵、草、魚、鳥、牛之類的名詞，分辨色彩的種類或光線的明暗。天文學方面包括天体、日、月、星等概念；認識山岳、山谷、平原、河流、村落、城堡、國家等地理知識；了解時、日、週、年的區別，知悉春、夏、秋、冬以及「昨日、今日、明日」所代表的意思；數學上讓孩子能夠認識多與少的不同，從一數到十，3多於2，1＋3＝4；還有大小、輕重、長短、寬窄、厚薄等，都是教學的材料。他如修辭、

---

❹　Ibid., 196–197.

韻文、詩詞、音樂等，也不可遺漏；孩子能辨認房子的各部分，說出傢俱的名稱，如同桌子、碟子、刀子、掃把等，則已具備了「經濟學」的基礎；如果還能指出在一個國家之內，有的人稱為國會議員，有的人叫做大臣或律師，則「政治學」也就隱含其中了。至於行為規範，培養忍耐、謙恭、樂於助人等性格，禮讓美德，以及宗教信仰之虔誠，也是嬰孩教育的重點。

《世界圖解》裡面所提供的圖畫，正是以上述「泛智」為內容。康米紐斯一心一意希望在幼小的心靈裡，就注滿了各種可能知道的知識，「不可有一樣使幼童完全無知，幼童是智慧的小候選人。」並且進行這種教育工作，並不困難，因為只是順著兒童天性傾向，所以不費吹灰之力，就能成效卓著，好比推一塊石頭使之滑落一般，易如反掌折枝❷。康氏認為這種嬰孩教育工作是勢在必行，雖然自己患了坐骨神經痛而彎腰駝背了，還是要全心全力，來推動「泛智」事業，終生不悔。並且，康氏也發現人類的依賴期比其他動物長，可塑性異常明顯，虛擲這種「教育」的良好時光，的確可惜。

3.兒童學校（6～12歲）：以母語教學為主，是正式教育的開始。傳統的拉丁語教學，有階級歧視意味，只限定少數特有階級的兒童入學，就決定了他們的未來命運，實在不妥。「好像只有這種兒童才能充任同樣的位置似的（官吏、貴族、富人）。」難道其他人就沒有該種能力嗎？

母語是古典語的「開路先鋒」；先學母語，再學拉丁文，猶如先學會走路然後才騎馬一樣。康米紐斯認為6～12歲的兒童應該進行如下的學習：

①正確、迅速、且有把握的使用母語。拉丁語能夠表達的，母語也能表達；只要勤加練習、研究與整理，母語的優美度，不下於古典語文。

②熟稔阿拉伯數目字，使用計算器來測量長度、寬度、或距離。

③練習唱著名的歌曲，歌詠流行的讚美詩，並背誦聖經的故事及詩句，了解「教義問答」的內容。

④道德準則要身體力行；有關家事的經濟學及國事的政治學，世界的創始、墮落、超贖等歷史；宇宙中的天體、地球、海洋的潮汐、大海的形狀、江河的流域、地球的分劃、歐洲的重要王國、城市、山川等地理學，

❷ Sadler (ed.), op. cit., 83.

也不應忽略。

⑤學習手藝，以便有一技之長，可以謀生而過獨立生活。

具体措施是：

①所有學童分成6個班，每班皆有一特定教室，也有特備的書籍，將上述內容悉數包括在內。所以教本應有六冊，標題要具吸引力，書內文字是母語，以幽默有趣的方式來敘述「泛智」材料。比如說，整個學校好比一座花園，最低一班所使用的書籍，叫做紫羅蘭花壇，第二班叫做玫瑰花壇，第三班叫做草地，「依此類推」。

②每天在教室上課4小時即夠，上下午各兩小時，其餘時間作娛樂活動，貧苦孩子可以回家幫忙家計工作（馬丁路德也有相同主張）。早上的功課側重思考與背誦，下午則以練習及手藝活動為主，或復習早上的功課。

③注重抄書，一來可以幫助記憶，二來養成書寫正確、字体優美、速度快的習慣，三來可以具体的告訴家長有關子女入學的成果。

4.拉丁學校或少年學校（12～18歲）：拉丁學校正是傳統所流行的學校名稱，配合康米紐斯的基本教育哲學，他對拉丁學校學生的要求，也是根據他的「泛智」而來。

①學生須學四種古今語文，即母語、拉丁、希臘、及希伯來文，以便培養成為文法家。

②精於下定義、作區別、辯難問題、解決紛爭；這是為辯論家作準備。

③善於談論，這是修辭學者所不可或缺的條件。

④適合於日常實用並能敏銳智力的算術家及幾何學家。

⑤既知理論也曉實際的音樂家。

⑥有關天体的認識及星球的運行的天文知識，這是物理學、地理學、及歷史學的基礎。

康氏所言的上述各學科，就是自希臘以來所傳流下來的七藝(seven liberal arts)。除此之外，他還加上下述科目：物理、地理、歷史、年代學、道德學、及神學。真是包羅萬象，毫無遺漏，如此的知識才算完備。

對應著上述諸科，拉丁學校應分成6班，即文法班，自然哲學班，數學班，倫理學班，辯論術班，及修辭學班。先學好語文基礎，及事實內容的

學科（文法及自然哲學），然後才能進行推論，這種說法，也是唯實論的反映。思想或言語離開了實物，就失去意義。

5.大學（19～24歲）：首先，大學與拉丁學校一樣，皆非任何人可入，卻應經過考選與淘汰。耽於安逸、徒費光陰者，或不知勤勉努力與注重德行者，不能入大學追求百科知識。只有人類中的精英，才具入大學的資格。天分特別優秀的學生應該根據他們的特殊稟賦去研究百科知識，所有科目都有人去探討，採用辯論的方式，允許師生提出正反意見及論據加以反覆辯難，則事實比較能夠水落石出，真理也比較能夠禁得起考驗❸。康氏更強調，各種知識是協合的、不相矛盾，以事實為主，不是以言詞取勝，更不可各自為政。只專一行，他行則一無所知，「形上學者各唱各的調，自然學家譜自己的詠贊曲，天文學家自個兒舞蹈，倫理學者各自制訂他們的法則，政治論者也植自己的根基，數學家以自己的勝利沾沾自喜，神學家也自我陶醉，甚至是同門知識或學科者，也是取自己的部份，而不操心別人的結論，因此彼此不一致」❹。

母親膝下學校注重「外感官」(external senses)，似春天；母語學校注重「內感官」(internal senses)，以想像及記憶力為主，似夏天；拉丁學校則以「領會及判斷」(comprehension and judgment)為主,注重悟解(understanding)，似秋天；大學則在陶冶「意志」(will)，以神學、醫學、法學、哲學四大科目為主，似冬天。大學是總其成。為了增廣見聞，擴大閱歷，還應旅行各國。不只重理論，還應訴諸實驗。泛智(pansophia)不外三大領域，即自然、人、及上帝，不但求廣博，還要精深；所以對於三大領域中之特例，應搜索窮盡(*panhistoria*)，歷來學者所提出的相同意見及不同看法，都應悉數盡陳(*pandogmatia*)❺。大學形同一個「智光學院」(College of Light)或稱「泛智學院」(Pansophic College)，那是仿培根的《新亞特蘭地斯》（大西洋中之一海島）之「索羅門之屋」而來，裡面陳設實驗室及觀測站，將全球頂尖

---

❸　Comenius, *The Great Didactic*, ch. XXVII–XXXI. 傅任敢譯，329–371.

❹　Spinka, op. cit., 66.

❺　Kingsley Price, *Education and Philosophical Thought*, Boston: Allyn and Bacon, Inc., 1965, 192.

學者集中於此地，鑽研學問、增進知識、造福人群❹。

　　康米紐斯寄望有「大眾課本」(universal books)，設立「普及學校」(universal schools)，發展「世界語言」(universal language)，並成立「國際大學」(universal college)來全面提升文化的品質並發揚上帝的榮光。在選擇「國際大學」的地點時，他挑上英國，而不考慮西班牙、法國、或荷蘭，目的在紀念兩個偉大的英國人，一是繞世界航行五次的瑞克爵士(Sir Francis Drake)及第一位現代化的科學家培根(F. Bacon)。但英不久發生內戰，他的構想又胎死腹中。共同世界語的教學之餘，也應保留拉丁、希臘、希伯來及自然語言（母語），而英語及法語應普及到全歐，阿拉伯語及俄語則應擴及東歐，全球變成一家人❹。

　　一生中的最後兩階段教育，康米紐斯卻未多做說明，的確可惜。讓退休或年老体衰之人，如何認識死亡或準備一生的結束，這種教育也相當具有意義。

第三節　教學原則及教學方法

　　康米紐斯一方面執著於堅定的宗教信仰，一方面又大力推崇唯實論的教學理念，他的教學原則及方法乃本諸這兩大方向來擬訂。他又高瞻遠矚的提出解決各國糾紛的國際組織，為二十世紀的國際聯盟及聯合國概念鋪好了路，這種先見，的確令人肅然起敬。

一、教學原則

　　康米紐斯以宗教教育家的立場，認為宇宙大自然是井然有序的神造物，

---

❹　J. W. Adamson, *Pioneers of Modern Education in the Seventeenth Century*, N.Y.: Teachers College Press, Columbia University, 1971, ch. III, 46–58.

❹　康米紐斯擬單人完成16本以捷克文寫的百科全書(A Theatre of All Things)。一生費46年工夫編捷克拉丁及拉丁捷克文字典，但1656年波軍入侵Leszno城，4月29日大火燒三天三夜，其手稿盡付一炬，康米紐斯時為65歲，一貧如洗，只剩背上衣服而已。(Spinka, op. cit., 136)

秩序及諧和是萬物的特色。當時印刷術的使用及鐘錶的發明，更給他有力的例證。教育絕不能拂逆這種大自然的旨意，教育措施如仿印刷術及鐘錶之妥善設計，就可以成功且效率奇高的栽培出數以萬計的學童，好比鐘錶分秒不差的告訴人們時刻，印刷機器每天可以印行無數的紙張一般的容易。

這種大自然，是指最原始及最初的狀況，而非亞當及夏娃墮落以後的情境。所以「人性」是「本善」的，教育就是要回歸到這種人性墮落以前的狀態。這種人性與神性相埒，無邪、天真、善良，乃是教育的第一指標。

其次，人之自然天性潛能無止境，生機力盎然充沛。種子幼苗之萌芽，小雞從蛋中孵出已經相當神奇了，但人之智力發展，更無可限量。康米紐斯支持蘇格拉底先天觀念的「產婆術」教學理念，只要提供「開展」的環境，就會有料想不到的思考成果。「腦猶如海」，再怎麼多的水流注入，總不會滿溢，更不會枯竭❹。這種現象，在上帝賦予人類生命時，胎兒所住之母親子宮，降生所住之今世，及死後升入的天國這三種生活空間中，皆如此。總括言之，康米紐斯所言之教學原則有如下數點：

1. 萬物皆依自然秩序；

2. 一時只學一事；

3. 重複數次，以求熟練；

4. 先會母語，後及外語；

5. 不用逼迫手段；

6. 未經了解，不需記憶；

7. 萬物皆相互一致，方法、規則、教科書皆同；

8. 先教實物本身，後及於其功能；

9. 經由經驗及按部就班的實驗來認知；

10. 所有青少年，毫無例外的皆應入學。

上述諸原則，也是唯實論學者的共同主張。他如：簡單到複雜，容易到困難，由近及遠，具体到抽象，由內而外，整体到部分等，都是教學成功的基本原則。

---

❹ 傅譯，同 ❸ ch. V, 26–27.

二、教學方法

康米紐斯對方法寄予莫大的信心。他的《大教授學》(*The Great Didactic*)，就是要把一切事物教給所有人類的全部藝術，這種用意標明在該書的首頁，使得教師可以少教，但學生卻可以多學；學校少見喧囂、煩厭及無益的勞苦，多具閒暇、快樂及實質的進步。受到笛卡兒及培根的影響，只要方法正確，可以使眾生一律平等，並消除智愚之懸殊。他的主要教學方法如下：

㈠大班教學，採用「班長」制

方法好比機器的引擎，一經發動，整個機器就運轉不停，發動機器者一人即夠。「一名教師不僅有可能教數百名兒童，並且……這也是教學的基本現象。」「簡言之，烘麵包師捏製了簡單的麵團，爐灶起了火，就可烘製大量的麵包；製磚者同時窯燒了許多磚，印刷模子印出成千成百的書；同理，教師也有能力同時教一大群小朋友而不覺有什麼不便。」❹就如同阿基米德的機器可以移動房子、城堡、及巨大重量一般。只要時間安排妥當，教學科目及方法之設計良好，就不會失敗❺。大班教學是常態，印刷機也不是只印一張而已。紙類似兒童之心，模子就是教本或儀器，墨水就是教師的音調，印刷就是學校的陶冶。

傳統教師很少研究教學法，只要孩童學大人說話的模樣去背誦即可，「像鸚鵡般的饒舌」❺。利用班長制教學，可以增強教學效果。康米紐斯在此舉樹木之自然成長為例。樹根供應樹汁到各枝葉，各枝葉再傳給嫩枒。大班教學也可仿此，首先，每班分組，每組約十人左右，一名班長負責一組的教學與管理，班長就是運輸樹汁到整棵樹的主力，也是教師的助手。每個班長受制於更高級的班長，依此類推。教師就可以牽一髮而動全身了。

十七世紀當時，在優秀的師資缺乏，又無龐大的經費來聘請良師的狀

---

❹ Comenius, *The Great Didactic*, edited and translated by H. W. Keatinge, London: Adam & Charles Black, 1896, 316–317.

❺ Ibid., 248–249.

❺ Sadler, op. cit., 99. 傅譯，188, 218.

況下，面對眾多的學童入學，一位教師在遭遇上千或上百的學生時，只好訓練小班長來分擔教學責任；一方面節省開銷，讓社會大眾了解，教育相當「廉價」；一方面給學童機會充任「小老師」；在成就感的鞭策下，班長也頗能表現。且班長在教師處所領受的知識，當要教給其他小朋友時，班長本人更能加深該知識的領會度，真是一舉數得。這種班長制教學的優點，在十九世紀英國的兩位教育家蘭卡斯特(Joseph Lancaster, 1778～1838)及貝爾(Andrew Bell, 1753～1832)時發揮得淋漓盡致。從「教學相長」的立場而言，班長一邊學一邊教，一邊當學生一邊當老師，則知識印象就牢不可拔。因此「假如一個學生要求進步，他就應該把所學的知識時時去教別人。」❷不過，班長制也有其限制，缺點也不少。

□集中注意的方法

為了要使學童在求學時不分心，康米紐斯提議下述數種方法：

1.覆述教材：命令學童將教師已說過的材料重述一次，如此可以提高學童的警覺度，考核學童是否熟記不誤，訓練學童在眾人面前覆述教材時的鎮定與從容。

2.相互競爭：學童之間誰在拼音、翻譯、背誦、演算等有錯，就要快速且正確的指出錯處。有時可以分排、分班、或單挑來互比勝負，在鬥志高昂的氣氛裡，學童的求知慾必然提升。此種辦法可以減輕教師工作負擔，沒有一個學生被忽略。大家聚精會神，有錯必受更正，練習時就得謹慎提防，以免舛誤叢生。

3.做中學(learning by doing)：亞里士多德早就強調「做中學」的真諦，知行合一，在正義之行為中体認正義的意義，在誠實的活動中領會誠實的價值，不可空談，「坐而言也要起而行」。康米紐斯更說：「技藝師傅並非一直光談理論來拖延生徒的時光，卻早就要他們親自操作了。在鍛作中學鍛作，在雕刻中學雕刻，在作畫中學作畫，在跳舞中學舞蹈。因之在學校裡，讓學童在書寫中學寫字，在說話中學文詞，在唱歌中學音樂，在推理中學邏輯。這種方式，使得學校變成一個工作坊，大家聽到的都是工作聲。」❸

---

❷　Comenius, *The Great Didactic*, ch. XVIII, (44).

❸　Ibid., in Keatinge, op. cit., 347.

傳統教育就是光說不練，學生上課太缺乏動態，早就變成晝寢的宰予了，又那能專心致意呢？

4.重視遊玩：遊戲是兒童的天性，也是興趣與愉快的泉源。教師也應與孩童同樂，不做局外人，不可只扮旁觀者，更非監視身分，使得教師之出現令學童顫慄。如能把書本內容編成戲劇演出，「與書本同樂」，則學童之注意力更不會分散了，學童的表演才華也能夠被挖掘出來。「學童假裝騎在馬背，以一長樹枝當馬騎。蓋房子、行軍、演習作戰、出席法庭、仿政府組織等來作戲劇演出，……佈道、主持喪禮等……。」❺文字知識具体化在遊戲活動中，這也是感官教學的方法之一。學童觀賞遊戲，扮演角色，總不會心有旁鶩而能目不轉睛了。

趣味教學，兒童就樂此不疲。高高興興的入學，離情依依的向學校告別，這才是學校裡該有的情景。

㈢教師地位的重要性

上述教學方法的靈活運用，全落在教師身上，師資培養之優劣，才是造成學童入學是幸福還是災難的差別所在。經過良師的啟迪，新生一代都有了快樂的童年，則整個社會與國家都能欣欣向榮。康氏的英國友人哈利也說：「改造教會及國家，最踏實的方法，乃是選派一批改造過的教師。」❺雖然康氏認為設計良好的教學法，編寫恰當的教科書，重要性大過於培養優秀的教師，但他也強調教師之基本條件必須是：第一，擁有教導他人的能力，因此必須受過專業訓練；第二，知道如何教導他人，所以方法必須獨到；第三，熱心於工作，教師應有樂業敬業的心態。如此師生二者才能產生「自願性」(Voluntariness)行為❺，而此種現象的主動性，操在教師手中。教師若怨聲載道，怠忽職守，則「上行下效」，學生必受感染。所以教師之重要條件，是要沈靜的忍受兒童的無知，也知道如何有效的去除無知。換句話說，教師的愛心與耐性，缺一不可。有人(Anna Heyberger)指出，康

---

❺　Sadler (ed.), op. cit., 113.

❺　Ibid., 246.

❺　Ibid., 249, 256. Comenius, *Analytical Didactic*, Axiom, XVI, in Sadler, op. cit., 121–122.

米紐斯心腸軟，本身就是典型的好老師，「小心翼翼的把嬰兒放在搖籃
裡」❺。厭惡兒童或不喜與孩童為伍的人，都不應充任教學工作。康氏說：
「厭煩是學習中最可惡的毒藥，必須盡力征服之。快樂的基礎建立在將學
童以人性待之。人性是自由的，它不喜歡被逼迫。因之，抑鬱性格、指揮
性格、及喜歡打人的教師，都是人性的敵人，易於污染並破壞人性，而不
能促使人性美化。獨斷型及枯燥型的教師，亦屬同一範疇。就是這種類型
的教師才應對兒童之討厭讀書負責，教學時必須免於脾氣暴躁，卻應該有
父親之情愛。」❺ 良師是有特定性格的，不是「人盡可師」。「甜美及溫和的
外表(sweet and mild carriage)，才能獲得別人的喜愛與尊敬。」❺

　　第二，與馬丁路德相同，康米紐斯發現教師職位的必要性有三，因此
父母無法代師職。理由是 1.父母多半未受過教育，不知如何教學； 2.即令
父母受過教育，但由於溺愛或富有，也不願親自教導自己的子女； 3.縱使
父母願意教導子女，也多半忙於他事而無法履行教學責任❻。教師應該体
認，培育兒童的工作，神聖性非其他行業可比。「如同一位礦工發現一層豐
富的礦叢時，就心生激動」一般的來進行教學。不過，教師在事實上如此
重要，但世人卻目光短淺的輕視教師的角色。由於待遇低，社會地位不高，
導致於教師不是營外務，就是存有五日京兆之心，一有更多報酬的工作，
立即轉業而去，學校留不住較優秀的人才。時人(William Petty)傷感的說：
教學工作只有「最差勁及最沒價值的人」才願意承擔；康米紐斯的友人兼
顧問J. V. Andreae也說，教師是「社會的殘渣」(dregs of society)❻。治本之
道，應該提升教師薪水，才可以阻止一位天分好的人放棄教職；並且希望
條件優秀者身先士卒的選擇教書行業，則教師地位將能提高。具体的措施，
就是請受人尊敬的教士擔任教書工作❻。並且低年級的教師之待遇應比高

❺　Sadler (ed.), op. cit., 245.

❺　Comenius, *Analytical Didactic*, Axioms, cl-xvi-clxxiv, op. cit., 95.

❺　Sadler (ed.), 245.

❻　Comenius, *Pampaedia*, V, 9–10. Sadler (ed.), op. cit., 115.

❻　Sadler, op. cit., 242.

❻　Sadler, ibid., 117.

年級優厚，因為植基工作比較重要。他也引音樂家Timotheus之教導初學者收費兩倍於已學者為例，說明糾正惡習，必須花雙倍之力氣 ❸。

第三，教師不可懶惰：他說：「懶惰是活人的墳墓」，一定要與它絕緣。「無人可以吃懶惰的麵包。」相反的，教師應該勤奮，才不會疏忽職責，也才不會在工作重擔下崩潰 ❹。如此在經濟自足，心理獨立之下，才能做個稱職的教師，並贏得他人的敬愛。

第四，不要輕易体罰：首先，嚴苛的訓誡不能用在知識教育上，因為學童本有強烈的求知慾，如果教材適宜學童學習，教師又擅長於教學法，則學生已主動求學認知，不必藉戒尺或棍棒來恐嚇學生讀書，其實教鞭也無法提高學生之學業成績。況且運用体罰的結果，學童反而憎惡課本，得不償失。其次，教師應反躬自省，如果學童有些越軌行為，應該檢討學校之規定是否太過瑣碎或不合理。要是學生有冒犯言行，教師就無法忍受的以拳頭對付，這猶如一個彈琴者聽到自己奏出的音調不正確，而用力摔琴到牆上或用棍棒來敲擊他的七弦琴一般的無濟於事，反而破財又使火氣上升而已 ❺。

設使學童有瀆神行為，公然違反上帝法則，淫穢、倔強又存心對抗教師，驕傲、輕蔑、又懶惰，則有必要体罰。教師雖然好比太陽，時時提供光及熱，但有時也給予雨及風，偶而也要閃電或打雷，次數雖少，卻非完全沒有益處。康米紐斯提議，三不五時使用的譏諷嘲笑方式，也可取代体罰。比如說：「你這個傻子，這樣一件簡單的事情都不懂嗎?」或：「你瞧某某多麼用心，你瞧他對每一點都懂得多麼快! 你卻坐在那裡像塊石頭似的!」 ❻這種激將法，有時也頗管用。

十七世紀，歐洲思想界的烏托邦理念甚為流行，康米紐斯閱讀該種著作（如Thomas Campanella於1623年出版之*Civitas Solis*），有一股「無可名狀的高興」湧上心頭，科學之登峰造極，將給人類帶來活動上的大方便。

---

❸　Comenius, *The Great Didactic*, in Piaget, op. cit., 111.

❹　Sadler, op. cit., 243–251.

❺　Comenius, *The Great Didactic*, ch. XXVI.

❻　Ibid., 傅譯, 322.

農業產品的增加，果藝作物之品種改良，水力之運用，儀器之發明，溫度之控制，疾病之預防，壽命之延長等，都一一呈現吾人眼前，絕非作夢。這種集合學者作實驗與研究的場所，激起了康米紐斯一種想法，世界上應有個國際性的教育組織來推動環球宇宙的普及教育工作，來實現他那個歷久彌新的設計「泛智」(pansophic)。二十世紀負責聯合國教科文(UNESCO)的名教育家皮亞傑(Jean Piaget, 1896～1980)恭稱康氏這一項設計最具現代意義 ❻。康氏當過鐵匠、磨坊者，還教人如何養蜂，一生熱衷感官實物教學，強調務實，卻有最奇妙的幻想，寄望所有各地的人類，全時間的進行有用的教育，化解種族仇恨，回歸上帝賦予人類的天然生活，消除自私心，側重公德面；痛詆羅馬天主教會之黑暗與腐敗，「如同一個骯髒的娼妓」，它曾經是基督之母，卻變成「一位繼母，甚至是一隻野雌熊」❻。也不容情的指責當時學校教育之污濁，攻擊教父哲學只在「翻古代死書而非展世界新頁」，文字主義遺毒猶存，爭辯、剽竊、精緻細膩、華而不實的言詞充斥，卻不知「實物才是本(things are essential)，文字只是末(words only accidental)；實物才是身体(things are the body)，文字只是衣裳(words but the garment)；實物才是仁(things are the kernel)，文字只是殼或皮(words the shells and husks)」❻。在唯實論教育學者群中，因編寫《世界圖解》一書而獨樹一幟，不只是捷克有史以來第一位偉大的教育家，且也在全球教育史上佔了數一數二的地位。

　　不過，康氏一本其虔誠的信仰初衷，一心以上帝為念，教育旨趣，必須契合於宗教意旨。所有人生活動，也完全配合神意，即令男女性愛，也不是只在取樂歡娛而已。「兩性形成之後，其中一性要做下種工作，一性則負孵卵及撫育任務……這就是兩性的目的。兩性的目的，也只是如此而已。兩性在性器官的數量上及形狀相同，但一個在外，一個在內。男性生殖器較熱，因之暴露在外；女性生殖器較冷，因之藏之於內。」❼康氏此種說明，

❻　Jean Piaget, *John Amos Comenius on Education*, op. cit., 21.

❻　Sadler (ed.), op. cit., 49.

❻　Comenius, *The Great Didactic*, ch. XVI, 15.

❼　Sadler, op. cit., 68–69.

也真令人深覺有趣。

康氏自承厭惡數學，他努力使教學簡易的教學法，對於邏輯推論，也只不過是舉出諸如下述例子來說明而已：

> 「不是黑夜就是白天；現在是黑夜，所以不是白天。」
>
> 「一個人不是無知，就是受過教育；他是無知，所以他未受過教育。」
>
> 「Cain不是虔誠的就是不虔誠；但他並不虔誠，所以他不是虔誠的。」❼

至於比較深奧且高度抽象的數理邏輯，可能並非康氏所內行，所以他隻字不提。只是當時英人哈維之血液循環論及心臟跳動等新時代的科學知識，康米紐斯竟然毫無所悉。1608年的顯微鏡問世，1621年溫度計的發明，康氏卻置若罔聞。他的腦海裡，還停留在古代的「四質」說中（抑鬱質，即脾臟──spleen；膽汁質──gall；黏液質──humors；及生機質──vital spirits）。他還以為「感冒乃是濕的黏液質掉落的緣故」。1613年入學於海德堡大學時還費錢去買一本哥白尼的手稿著作*De revolutioribus orbium celestium*，但不信其論點，其後還為文反駁❼。在《世界圖解》一書中，畫出手有34根骨頭，腳則只有30根。因特重自然治療，因此建議母親「除了極為需要之外，最好不要給孩子吃藥。」還譴責醫生是「殺了病人，卻未受懲罰」的郎中❼。不過，這些都是小疵，掩不了大瑜。

最後，讓我們再引康米紐斯的兩段話來說明他有教無類的主張及教育的重要性。有人擔心在大家都接受教育之後，「下賤」的事將無人願意做。他以人性尊嚴的角度予以回答：「屬下的人也應予以啟迪，如此才能讓他們知道如何聰明及謹慎的服侍主人，非經脅迫，或如猿猴般的卑躬屈膝。」❼其實一個受過「正常」教育的人，那會屬於作「下賤」工作呢？他呼應馬丁路德教育建國的主張：「當一塊金子花在建城市、碉堡、紀念碑、或軍火

---

❼　Comenius, *The Great Didactic*, in Piaget, op. cit., 110.

❼　Spinka, op. cit., 31.

❼　Sadler, op. cit., 67.

❼　引自Adamson, op. cit., 60.

庫時,則一百塊金子應花在正確的教育一位年幼的兒童上。」⑮可惜這種話,
在許多政客（棍）耳朵裡,簡直是鴨子聽雷。

1968年春天蘇聯軍隊鎮壓布拉革的第一日,捷克人引用康米紐斯的一
句話作為抗議歌詞:「我相信,在上帝狂怒的風暴後,這個國家的治理仍會
落在你們身上。喔! 捷克人民。」該歌立即遭禁。二十年之後歌手才又在公
眾場合現身,聆她歌聲的聽眾有七十五萬人,那是在1989年11月的柔性革
命(Velvet Revolution)勝利的高潮聚會場合,捷克從此脫離蘇聯魔掌而成為
自由國家。

1992年英國最古老的圖書館,即牛津大學的巴德里圖書館(Bodleian Li-
brary),紀念他400年冥誕時公開展覽的主題是「康米紐斯,歐洲改革家,
捷克愛國者」(Comenius, European Reformer and Czech Patriot)。荷蘭阿姆斯
特丹(Amsterdam)有個座談會(Colloquim),捷克首府布拉革(Prague)舉行國
際研討會,摩拉維亞(Moravia)的Olomouc大學,數以千計的大學師生每天
步入「中央圖書館」(Central Library),這座十八世紀建築物的門口階梯上
的題字是"Let's make libraries from amouries, J. A. Komeskey"。將大砲兵工
廠改為圖書館,正是康氏一生的抱負之一⑯。

參考書目

1. Adamson, J. W. *Pioneers of Modern Education in the Seventeenth Century*. N.Y.:
   Teachers College Press, Columbia University, 1971.

2. Bantock, G. H. *Studies in the History of Educational Theory*. vol. I.   London:
   George Allen & Unwin, 1984.

3. Comenius. *The Great Didactic*. H. W. Keatinge (tr.).   London: Adam & Charles
   Black, 1896.

4. _____ . *The Way of Light*. E. T. Campagnac (tr.).   Liverpool, The University
   Press. London: Hodder & Stoughton, Ltd., 1938.

5. Comenius著,傅任敢譯,《大教授學》,上海商務,1941。

---

⑮ Comenius, *The Great Didactic*, op. cit., ch. 33, (19).

⑯ *Fifty Major Thinkers on Education*, Joy A. Palmer (ed.), London: Routledge, 2001, 44.

6. Piaget, J. *John Amos Comenius on Education.* N.Y.: Teachers College, Columbia University, 1967.

7. Price, K. *Education and Philosophical Thought.*　Boston: Allyn & Bacon, Inc., 1965.

8. Sadler, J. E. *J. A. Comenius and the Concept of Universal Education.*　London: George Allen & Unwin, 1966.

9. ＿＿＿＿. (ed.). *Comenius.*　London: The Macmillan Company, 1969.

10. Spinka, Matthew. *John Amos Comenius, That Incomparable Moravian.* N.Y.: Russell & Russell, 1967.

第九章　力主陶冶說及經驗論的洛克
(John Locke, 1632～1704)

當我執筆開始寫這個論題時，我想一頁大概就已足夠，但我卻越寫越有更寬廣的遠景，新發現一直引導著我，以致於出了一本大書。❶

唯實論所著重的感官及實物教學，經過哲學史上經驗主義(Empiricism)的大師洛克(John Locke, 1632～1704)予以理論化，更有如生龍活虎般的展現出這股思潮對教育實際活動的影響力。洛克在思想史上，以「經驗」(experience)作為知識的起源，他大力抨擊中世紀教父哲學所存留的「先天觀念」(innate ideas)說；在學童教養上，則堅持以「陶冶」(discipline)為教育原則。理性規範，是培養紳士所不可或缺的基本方針。

第一節　洛克的教育經驗

研究思想家的教育背景，有助於了解思想家的思想❷。洛克出生於1632年，當時的英國，是政爭頻仍、民權高漲、國會與國王──查理士一世(Charles I)相處極為緊張的時代，洛克也介入此種政爭中。經濟上，英國已成為工商王國，殖民地四布。宗教上新舊衝突時有所聞，不遵國教者(dissenters)聲浪日高，幸而1688年雙方達成協議，「寬容」遂成為信仰原則。思想上，笛卡兒及皇家學會皆強調科學研究，傳統亞里士多德的權威及迷信濃霧，已大為清除，自由及開放的社會也日漸形成。這種歷史演進，洛克都直接間接的有推動之功。

---

❶ John Locke, *An Essay Concerning Human Understanding*, abridged and edited by Raymond Wilburn, London: J. M. Dent & Sonn, Ltd., 1947. Epistle to the Reader, xx.

❷ James L. Axtell, *The Educational Writings of John Locke*, Cambridge at the University Press, 1968, ix.

一、求學生涯

　　洛克生於清教徒家庭，從小就養成勤勉及樸素的習慣，認定最大的罪惡就是無法寬諒他人。洛克是長子，兄弟三人，但大弟於出生不久後即去世，二弟也死於1663年，其時雙親已離開人間；洛克遂變成孤家寡人一個，終生不婚。父親留給他的印象，是「又敬又愛」(respect and affection)❸，這種父親形象，對他的兒童教育看法，有深遠的影響。洛克一再希望父子關係，以此為楷模。

　　入「公學」(public school)唸書是當時貴族子弟的時尚。洛克於1647年註冊於當時最享盛名的九大公學之一的「西敏寺公學」(Westminster)，15歲的他，接受該校名校長布斯比(Dr. Richard Busby, 1605～1695)的嚴厲教導，校長久居其位，長達57年(1638～1695)，鞭子是他的代名詞，不少學生聞風喪膽，雖然有人稱頌他頗有教學才華，能發展孩童潛力至最高點，「他對當時時代的影響力，不下於任何古代哲人對古代的影響。」❹但門徒卻回憶著：「我們的師傅常常鞭打學生，鞭打好久，終於使學生成為長期的白癡。」❺洛克畢業時該校有六名學生獲二十英鎊的獎學金入「牛津」的「基督教堂學寮」(Christ Church College, Oxford)就讀，這是牛津最大的學生住宿所在，洛克排名殿後，其父及友人曾略施小惠助其入大學研究，不過洛克本人之「聰慧、努力、品德，及無缺費用」，乃是牛津接受洛克入學的主因。西敏寺另有六名學生獲劍橋大學每名10英鎊的獎學金入學於「三一學寮」(Trinity College, Cambridge)，可見該校校長在「升學率」上成績卓著。但枯燥乏味又呆板的學校生活，每天清晨五時十五分即起床，睡前也少有休息，洛克對此十分不滿意，認為公學是惡劣且令人憂鬱的場所。

---

❸　M. V. C. Jeffreys, *John Locke, Profect of Common Sense*, London: Methuen & Co., Ltd., 1967, 20.

❹　這是Richard Steele之評語，ibid., 21。

❺　這是John Dryden 之回憶，Axtell, op. cit., 21。傳記作家John Aubrey於1680年也寫道，「校長培養了許多好學生，但我也聽到不少學生說，他因太過嚴厲而使損傷的學生數目，多於他所造就的學生」。

　　大學環境與公學相差不大，洛克入牛津時(1652)，已屆20歲英年，不似一些大一新生只有14歲左右。洛克以一個較成熟的心智，對牛津之崇拜亞里士多德的逍遙哲學(Peripatetick)有很大的反感。上課時沈迷於晦澀曖昧的名詞及毫無實用的爭論，認為那是一種矯飾饒舌的發明，卻非真理的發現。洛克的好友(Lady Esther Masham)❻於1705年記載洛克的大學生活如下：「我常聽他說，他的大一生活經常埋怨於他的研究（在了解上獲益不多），也厭惡生活方式，希望其父幫他計畫轉換別的工作。自認在知識上無進展，可能並非唸書的料，也未具學者的條件。此種失望使他沒有變成一位頗為用功的學生，倒是常與同學尋樂或玩耍，喜歡與人通信、交談、聊天；通信花了他許多時間。」❼但是，稍晚入學(1657～1660)於牛津皇后學寮(Queens' College)的學生James Tyrrell卻說：「洛克先生是公認該學寮中最有學問也最具天分者之一。」❽為了交差，洛克也符合校方規定，在獲取學位時也作了兩次的拉丁文辯論。當時的大學氣氛是：「訓練，肅穆又嚴厲；辯論及讀課，經常；体罰，頻頻；禱告，在導師房間每晚舉行。」❾

　　牛津這所神學的古老大學充斥著這種死氣沈沈的教學活動，歐陸的其他大學也是沆瀣一氣。洛克由於健康不佳，1675年11月底到法國南部一所名醫學大學蒙比利(Montpellier)靜養就醫，次年2月6日，他記載著該大學的醫學討論：「法文太多，拉丁文太硬，邏輯太少，理性也不多。」洛克在作此種描述時，因怕惹事，形容詞都用速記方式寫下，以免被當地的偵探發現❿。「沈悶」，變成學校的通有景觀。洛克在他的哲學代表作《人類悟性論》(*An Essay Concerning Human Understanding*, 1690)的〈致讀者〉(The Epistle to the Reader)中說：

　　　　言談之模糊及不具實質內容的形式，以及語言之濫用，長久以

❻　洛克在逝世前的十三年都是這位女士家的客人，她是劍橋哲學家Radph Cudworth之女，Sir Francis Masham of Oates in Essex之妻。

❼　Axtell, op. cit., 32.

❽　Ibid.

❾　Ibid., 37.

❿　Ibid., 18.

來皆被誤為是科學之奧秘；加上文字了解上的困難，胡亂的引用，了無意義或意義貧瘠，卻經由指令而享有特權，以為那種學問才具深度，且是思考的極致；但對說者及聽者要予以說服，並不容易；他們也只不過是掩蓋了無知，且是真知的阻礙罷了。❶

　　公學及大學的時光空耗在文字之爭論上，激起洛克極大的反感。「經驗」乃是知識的唯一起源，洛克此種斬釘截鐵的斷語，就是要與中世紀以來的學風對抗。

　　過分重視「經驗」，使得洛克不似笛卡兒那麼重視數學。牛津當時也有數學史上的名家（即John Wallis），但由於洛克有興趣於探討知識的「性質」(nature)，而非求知的「過程」(process)，導致於他走入「知識論」(Epistemology)的領域，不似笛卡兒以解析幾何(analytic geometry)，牛頓及來布尼茲(Gotteried Wilhelm von Leibniz, 1646～1716)以微積分(calculus)來奠定「自然哲學」(natural philosophy)之基礎。西方思想界自洛克之注重知識起源、知識限度、真理之效標等知識「性質」以還，哲學之探討重點，已轉移到「知識論」這個領域。「知識論」從此成為西方哲學的研究焦點。

二、教學經驗

　　洛克學醫，以後也在母校牛津任教。牛津草原甚多，洛克為研究需要，喜歡摘花卉，對於草木甚為注意。在學生的作業報告中，洛克都夾著許多動植物的標本，數量高達三千種之多，並給予英文及拉丁文學名。他也觀察到麻雀在春天來英，秋天飛走，是英國首度作了如此正式的歷史記載❷。如同亞里士多德教導亞力山大大帝的結果一般，洛克的學生也幫老師搜集奇花異草，以供醫學研究之用。1664年12月，洛克向學生作告別演說：「再見了，你們這些士兵，或者我應該說你們是我的師傅？因為你們好多次都凌駕在我之上，我認輸了。在哲學領域裡，你們都有傑出表現，各自以為自己是個亞里士多德，將自然界及人生界的知識建立密切關係；我自己是

---

❶　Locke, *Understanding*, op. cit., xxiii.

❷　Jeffreys, op. cit., 112.

亞力山大，有能力克服一切……。」❸學生受到此種鼓舞，當然也樂意幫老師的忙。洛克並不在意學生之有缺點，因為即令是光芒四射的太陽也隱藏黑點一般。洛克對學生褒獎有加，宣稱他們都是教養良好、勤勉又順從。他也告訴學生，知識及德行的增進，並不完全限定在課室裡。「有兩個地方可以早期且時時的從中獲取好處。其一是大廳堂裡，人們學會辯論；其二是教堂內，人們學會禱告。如此，他們就可以成為哲學家、或是神學家。」❹其實，牛津悠靜的校園，本身就是極富教育作用的場所。

　　1662年，洛克在牛津的一名學生擬轉學到劍橋，此一事件使人懷疑洛克的教學品質及管教能力。原來有一位住在Bath（此處風光明媚，是羅馬皇后駕幸洗澡之處）的武士，12歲時即入基督教堂學寮拜洛克為師，4個月後即取得碩士學位(M.A.)，這是對貴族子弟的禮遇。這名學生叫做Sir Charles Berkeley。隔年，其父(Earl of Berkeley)突然要求將其子從牛津轉到劍橋的「三一學寮」，以便接受當時三一學寮名神學家Dr. John Pearson的「完全教導」。這位孩子的父親告訴洛克：「我深深感謝閣下對犬子之照顧，我之讓他轉校，絕不可解釋為我有意降低閣下的良好聲譽、閣下對我兒子的施教價值、閣下的虔誠，以及閣下管教學生的傑出條件。」但是此舉總對洛克之教學成效有所傷害。只是事實勝於雄辯，這位學生轉到劍橋後深感悔疚，他說：「在此地我常常與劍橋的人爭辯，應該優先選擇牛津，然後才到劍橋。幾乎每天早晨十時左右，沒有一天例外，都有濃霧窒息著整個大學，這種現象，我相信會使師生笨拙及遲鈍。」「文字不足以表達我對閣下的愛、敬重、及情感，自從我有幸認識閣下之後。」「我透過一位女士去請求家父，真想回牛津，但家父說已太遲了，因為都已安排就緒。」諸如此類表達對洛克教學之恩的文字很多。1663年4月14日寫道：「我人雖在劍橋，但就如同在牛津一般的是閣下的學生，這一點我深感為榮。」1664年5月24日也有如下的記載：「時常聽到學生提起老師的名字，頗為欣慰。」還致信給洛克，提醒他要按約到劍橋參加他的畢業典禮❺。

❸　Axtell, op. cit., 42.

❹　Ibid., 43.

❺　Ibid., 40–41.

　　牛津及劍橋這兩所英國最古老的大學，校園環境非常類似。洛克的該
名學生在牛津沒有發現早上十點左右有濃霧遮了校園上空，「窒息」了師生
的靈感，卻認定劍橋上空有此不利於教育的環境，可能是心理因素在作祟。
不過，從上述資料可以看出，洛克的教學，還是相當成功的。劍橋的那位
神學名教授，在哲學史上的地位，遠不如牛津的洛克。只是洛克在當時還
年輕，他在近六十歲時，才大量出版轟動學術界的著作❶。那位貴族不知
洛克大器晚成，真是缺乏遠見，並且有眼不識泰山。

　　1666年，一位在當時英國政界呼風喚雨的顯要（即Lord Shaffesbury, 時
為Anthony Ashley Cooper）在牛津與洛克見面，洛克從此介入了宦海浮沈
的政爭中。先是洛克充任私人醫生，且住在該顯要位於倫敦的寓所(Exeter
House, Strand)，後還兼任家庭的教師工作。這名顯要患有長期胃潰瘍之沈
疴，洛克就商於皇家學會對醫學有獨到研究之學者Thomas Sydenham等人，
乃操理髮手術刀割開該顯要腹部，弄乾潰瘍，並安裝一個管子讓他終生攜
帶，雖不方便，但卻復原奇佳。該顯要對洛克救命之恩，深為感謝。這名
顯要之子時為15歲左右，天分不佳，健康也不良，擔心無子嗣，洛克遂建
議讓他早婚，婚後不久所生的孩子，從3歲開始到12歲止送去公學(Winches-
ter)，聘一名家教在洛克指導之下接受教育，當時洛克35歲。10年過後，洛
克旅法二年，親自教導一位富商（名為Sir John Banks）之子（名為Caleb
Banks，其父是Shaffesbury之友）。洛克有了此種實際教學兒童的經驗，乃
應友人Edward Clarke之請，在荷蘭逃難期間致信寫了《教育論叢》(*Some
Thoughts Concerning Education*)一書，書中有許多非常中肯的「經驗談」。
洛克不只擔負兒童教育之責，還以其醫學根底來扮演家庭醫生角色，更獲
得主人信賴全權處理家務。根據Anthony Ashley Cooper之孫的記載：

　　　　當洛克來到我們家時，祖父完全委託洛克先生來關照家父的教
　　育。家父是獨子，由於健康不佳，為了家庭未來，祖父擬儘早為他

---

❶　J. Locke的主要作品是*Essay Concerning Human Understanding*; *Two Treatises of
　　Government*; *Letters Concerning Toleration*。這三本皆出版於1690年，時洛克已58
　　歲；*Some Thoughts Concerning Education*發表於1693年。其他作品很多，總數有二
　　三十本之多。

找個妻子，但家父年紀太輕，未能自找配偶；祖父也忙於事業，無暇顧及。此事處理得很好，雖然祖父沒有要求嫁妝，但卻堅持要有好血統、好人品、及健康身體，尤其要有好教育，並且要儘可能的遠離城市女孩的那種個性。洛克先生肩負重任，因為他早有良好判斷，祖父也沒有懷疑洛克對女人所下的公平斷語。❶

洛克不管是教學及研究，都喜歡作觀察入微的記載。他鉅細靡遺的登錄許多「雜事」，卻是以後學者研究十七世紀英國社會現象的珍貴史料。比如說他求學時，費神寫下洗衣服或買日常用品的費用，讓現代人知曉當時的消費指數。住於倫敦貴族家時，三四位名人來家打牌，洛克乃掏出自己的筆記本將打牌者的一舉一動描述下來。其中一人問洛克在寫什麼，洛克答道：「我盡力與你們作伴，並儘可能從中獲益……我想最好的方法，就是記下你們的談話。我已把你們一兩個小時的談話記了下來。」牌局卻因而中途放棄❶。1666年倫敦發生都市史上最大的火災，連燒五天，洛克遠在距離倫敦60哩路的牛津，也在筆記上記載此事（倫敦與牛津之距離，差不多是台北與新竹的距離一般）。他看到濃煙蔽天，且久久不散，即已知悉這個英國最大的都市已有三分之二成為灰燼。

洛克所跟從的顯要，在握有大權時，洛克在政治及學術的影響力日增；但在被打入冷宮時，洛克在牛津所享有的「院士」(Fellow)資格，也被剝奪。這對單身的洛克而言，就失去了安全棲身的保障，也無法倘佯於綠草如茵的學寮尋求更多的智慧靈光，結交更多的學界朋友。王室向基督教堂學寮的寮長John Fell提出的密報消息指出，「單身漢洛克，傾軋且不忠」(factious and disloyal, bachelor of Locke)。1684年在政治壓力下，牛津終於解除了洛克與大學的關係❶。洛克處在此種「白色恐怖」當中，小心翼翼，保密到家，他經常用奇妙的方式來改寫與翻譯。手邊的存信，割去了簽名及其他可資辨認的名字，他的速記系統與眾不同，甚至有段時間，他用隱形墨水

---

❶　Axtell, op. cit., 45.

❶　Jeffreys, op. cit., 27.

❶　Thomas Fouler, *Locke*, N.Y.: Harper & Brothers, 1880, 41.

來寫字。上起課來或逃難歐陸期間，他也懷疑上他課的學生或鄰居，就可能是個奸細。洛克的多幀相片，嘴角雖有笑痕，但雙眼卻憂鬱且疑心 ❷。

　　洛克不只因為與政治顯要有深厚的交情，他也認識了不少學界泰斗，牛頓(Sir Isaac Newton, 1642～1727)是他認為「無可匹敵的」(incomparable)學者，因生活單純且養成耐熱耐冷的習慣，大為洛克所推崇；物理兼化學家波義耳(Robert Boyle, 1627～1691)也是洛克的知交，在伊頓公學(Eton)唸書時，因藥劑師給予錯誤處方導致病魔纏身，此種經驗使他「懼怕醫生勝過於懼怕死亡」。洛克並不希望孩童有小病便延醫診治。醫學同行的塞登罕(Thomas Sydenham, 1624～1689)相信自然界自有治病能力，是希臘醫學家海波克拉底(Hippocrates)之門徒。「在我的觀念裡，一種病不管它對人体造成多大的傷害，自然界強有力的生機力就可以把生病狀態予以糾正過來，並因此使病人恢復健康。」 ❷ 1668年洛克被推為英國皇家學會會員，當時會員已有200位，在這全英的人才薈萃所在，更擴大了洛克的知識視野。皇家學會是將莫爾、培根，及康米紐斯的理想予以具体化的英國最高學術團体，成立於1662年，旨在「增進物理及數學的實驗知識」 ❷。學者定期聚會，切磋琢磨。洛克對物理學家之研究眼鏡甚感興趣，甚至認為磨玻璃是紳士的一項嗜好。

　　洛克提倡容忍，1665年奉派出使歐陸(Elector of Brandenburg)當外交官時發現，該地路德教派、喀爾文教派，及羅馬天主教派相安無事，彼此容忍，「他們平靜的允許各自選擇到天堂之路」。何必你爭我奪、兵戎相見？不過，容忍是有限度的，無神論者之主張會導致道德的破產，與外國勢力結合者（如羅馬天主教徒）會造成國家滅亡，這兩種人都不在寬容之列，因為他們毀棄了自由。洛克也反對兩種心態，一是保皇黨作風(royalism)，

❷　Jeffreys, op. cit., 34, 113.

❷　Ibid., 35, 37.

❷　Axtell, op. cit., 69. 該學會禁止討論有關「神學，國家大事，及新聞事件」，因為那些與「哲學」無關。不過，1663年，卻有不少非專業性的科學工作者加入為會員，他們的見解代表一般性的廣博知識。在總數131個會員中，18名是貴族，22名是男爵(Baroners)及武士(Knights)，47名是士紳(Esquires)，32名是醫生(doctors), ibid. 81, footnote.

他們未經思考，迷戀傳統；二是過分狂熱的清教徒主義(puritanism)㉓。對於小孩，洛克極富同情心，強烈反對惡劣的態度。

洛克的著作問世之後，引來學術界極大的震撼，銷數甚夥，不過名家如德國的來布尼茲及法國的伏爾泰都指摘洛克忽略了數學的方法及其重要性。1690年，來布尼茲開始注意洛克的作品，數年後(1696)曾寫評論寄給洛克，但洛克並未回信，卻說：「我懷疑他在某些地方誤解了我的意思。對那個陌生人而言，這是極為可能的，因陌生人是在英國以外的地方學英語。」直到另一種譯本(Pierre Coste於1700年之譯本)問世後，來氏才完全了解洛克之觀念。一個是真理的喜愛者(a lover of truth, Philalethe, 即Locke)，另一個是上帝的喜愛者(a lover of God, Theophile, 即 Leibniz)，二者殊途但卻同歸。

第二節　洛克的知識論與方法論

知識的傳授或真理的追求，是教育的重點工作。但是「知識」是什麼，它的起源在那，真理的準確度如何，知識的限度何在，這些問題關係著教育活動的進行。西方從蘇格拉底及柏拉圖強調「知識即道德」的說法以來，知識的重要性日增。因為品德即令是萬行之所趨，但知識卻是品德的基礎。了解知識的性質如何，正是教育學者及哲學家所戮力思考的目標。

洛克十足乾脆的告訴讀者，人類的「理解力」(understanding)這個問題不先解決，則其他問題都屬枝節。「你如果問及本論文的寫作過程，我可以告訴你，五六個朋友到我房間討論一個與本論文相距頗為遙遠的題目，但是每個人都馬上停住了，他們都從各個角度遇到困難。當我們困惑一陣子之後，並沒有對引起我們困擾的疑惑得到接近解答的結果。一種想法進入了我的思緒，即我們走了錯路。在我們自己追究那種題目的性質之前，有必要先探討我們的能力，知悉我們的了解力是否可以探討該種題目。我向眾人提出這種建議，他們都同意，因此大家都贊成這才是我們優先考慮的主題。」㉔研究「悟性、領會力、了解力」這個問題，洛克本來以為一頁即

㉓　Jeffreys, op. cit., 23–25.

可了事，但竟然寫了一本數百頁的巨著。

一、知識論

㈠「感官知覺」及「反省知覺」

知識論旨在探討知識的「起源、限度及準確度」 ❷。從蘇格拉底及柏拉圖以來，不少思想家認定人生下來即有「先天觀念」(innate ideas)，但是洛克卻直截了當的斷言，人性如白紙，像蠟版，可以經由後天之塑造來鑄型 ❷。知識是後天的產物，因此洛克對於知識的起源問題，僅用一個字來回答，此字即experience（寫成中文，變成兩個字，即「經驗」） ❷。而提供「經驗」的管道有二，一是「感官知覺」(sensation)，即透過五種「外感官」(external senses)——眼睛、耳朵、鼻子、舌頭及皮膚來產生視覺、聽覺、味覺、嗅覺及觸覺。一是「反省知覺」(reflection)，經由心靈本身的運作，如領會(perception)、思考(thinking)、懷疑(doubting)、相信(believing)、推理(reasoning)、知悉(knowing)、意願(willing)等「內感官」(internal sense)來產生各種觀念。所有的觀念不外來自這兩條通路，其他別無途徑。

經驗主義(Empiricism)此種主張，與觀念主義(Idealism)大相逕庭。吾人所獲得的觀念，皆是「學得的」(learned)，並非「自明」(self-evident)。洛克說，一個孩子如生活在一個除了白與黑以外皆無其他顏色的環境裡，則他絕不會有猩紅色(scarlet)或綠色(green)等觀念；猶如他從未品嘗過鳳梨或牡蠣，所以也從不知這兩種食物有什麼特殊味道一般 ❷。一個人如果是天生的盲者，則他不可能有色彩的觀念；若他的觸覺盡失，則對他說明冷、熱、硬、軟等觀念，他就無法領悟這些字眼的意義。而這些字眼對他而言，不可能有清晰又顯然有別(clear and distinct)的了解，只不過是一種吵音而

---

❷ J. Locke, *An Essay Concerning Human Understanding*, abridged and edited by A. S. Pringle-Pattison, Sussex: The Harvester Press, 1978, 4.

❷ Ibid., 9.

❷ 1688年3月15日，洛克寫信給家教的家長Clarke，提到該孩子時也說該孩童的心性如白紙或蠟版。Axtell, op. cit., 10.

❷ Locke, *Understanding*, by Pringle-Pattison, op. cit., 42.

❷ Ibid., 46.

已。洛克把觀念(ideas)定義為:「在心中的實際知覺」❷,而心又似白紙般的可以容受所有印象,所以未經「感官知覺」及「反省知覺」,則無法產生觀念。如果觀念先存,為何兒童、白癡、或野蠻人歷經數千年從未出現過某些「觀念」。對一位還未能知悉「苟不教」之意義的兒童,要他有「苟不教」的觀念,他卻可能產生「狗不叫」的想法(觀念),因為孩童早經外感官了解了「狗」及「叫」的印象(觀念)。在「感官知覺」方面,洛克舉了許許多多的實例,說明經驗才是知識的起源。比如說,一位英國人成長在牙買加,既未聽過冰,也未看過冰;當他冬天回英國後,發現晚上放的臉盆水,隔晨冰凍起來,他因為未曾知道這種現象應該用什麼來稱呼,也許他把它叫做「硬水」(hardened water),其實應該叫做「冰」。所以「冰」這個「觀念」,是後天所加❸。其次,一些美國人即令心思敏捷,也具理性能力,但卻不能算數目到一千以上,且對一千的觀念也無清晰印象,倒是對二十這個數目字認識得很正確,因為他們的語言辭彙有所欠缺,以致於談到大數目時,就以頭髮來表示,那是說「指不勝屈」的意思。此外,某個族群的人(The Tououpinambos)沒有「五」以上的名稱,任何超出「五」以上的數目,他們就借用自己的手指、或在場人士的手指來計算❸。洛克舉的這些實例,都是家曉戶喻,人人皆有的「經驗」。台灣原住民對0的觀念與漢人有別,他們的0是「無」,但漢人教他們數目字時,0與1、2等數目字並列,1與2是「有」。0既與1、與2並列,可見0也是「有」,這對原住民來說,是極感困惑的思考問題(此為台灣原住民蔡中涵所說)。

　　上述是指「感官知覺」上的觀念。至於「反省知覺」觀念,洛克也舉出數例,如:「1＋2＝3, 2＋2＝4」,「兩個物體不能同佔一位置」,「白不是黑」、「方形不是圓形」、「黃色本身不是甜本身」等,這些觀念皆非仰賴先天賦予,卻是靠後天習得(acquired)❸。他如「是即為是」(What is, is),「同一件事,不可能既是又非」(It is impossible for the same thing to be and not to

❷　Ibid., bk. II, ch. 10, 2.

❸　Ibid., bk. III, ch. VI, 13.

❸　Ibid., bk. II, ch. 16, 6.

❸　Ibid., bk. I, ch. 2, 17.

be)，或「全体大於部分」(The whole is bigger than a part)❸也屬此類。「反省知覺」是一種「理性」的作用。理性是「上帝置放於人心的蠟燭」❸。在人從出生到死亡的歲月裡，如果理性開始運作，則自然就會產生上述觀念，燭光將照亮大地，去除黑暗。數學、邏輯、甚至上帝等觀念乃植基於此。理性也是分辨真金(substantial gold)之發亮或人為偽造之閃光(superficial glittering)，以及真理(truth)或表相(appearances)的試金石(touchstone)。不過，這些觀念也非先天，因為嬰孩或白癡仍然對這些觀念毫無所悉。

此外，一些道德座右銘，如「己之所欲，施於人」(That one should do as he would be done unto)❸，因為必須經由說明或闡釋，才能領會，因此也非天生。

根據上述，所有觀念既皆來自於「感官知覺」及「反省知覺」，則因而產生的觀念也有如下數種：

1.只依一種感官而生的觀念：如色彩、聲音等觀念乃因視感官或聽感官而來。所以眼看色、鼻嗅香、耳聽音、舌嗜味等。

2.根據兩種或兩種以上感官而生的觀念：如空間、形狀、動、靜等，乃因視覺加上觸覺而來。至於時間觀念，更是多種感官知覺的產物。

3.因「反省知覺」而生的觀念：如思考(thinking)、意願(willing)、記憶、分辨、推理、判斷、知識、信仰等。

4.「感官知覺」加上「反省知覺」而生的觀念：如快樂或高興；痛苦或不安；權力、存在、同一、持續等。❸

(二)物体的三種性質

引起感官注意的物體，當作用於心靈時，產生三種不同的性質：

1.第一性(original or primary qualities)：完全內存於物體本身而無法與

---

❸　Ibid., bk. IV, ch. 7, 10. 如硬要說有「先天觀念」之存在，大概也只能存在於這些例子中，這些例子就是俗語所說的「公設」、「原則」、「自明真理」。R. S. Woolhouse (U. of York), *Locke*, The Harvester Press, 1983, 41.

❸　Ibid., bk. IV, ch. 3, 20.

❸　Ibid., bk. I, ch. 3, 4.

❸　Ibid., bk. II, ch. 7.

物体分離者，如實体性(solidity)、延展性(extension)、形狀(figure)、及流動性(mobility)。這些屬性，即令予以切割至看不見的部分，其屬性猶存，絕不消失。洛克稱此種性為「原始性，或基本性」。

2.第二性(secondary qualities of bodies)：並非物体本身，卻是物体經由感官而作用於心靈時所滋生的附屬性質，如顏色、聲音、滋味等。以水為例，吾人若無眼睛，則水仍不失其作為第一性的「液体性」；但是水之所以具有「顏色」，則因有光所致。光並非水的本性，但水若處於無光的狀況下，即無法有顏色這種性質。因此，顏色並非水的本有性，卻是外加的，因此是第二性。此外，要是光的顏色有了變化，則水的顏色性質也就跟著發生變化。其次，人的視覺所呈現的物体顏色（如綠色），不見得與狗視覺所呈現的物体顏色相同；人眼所見為綠的東西，狗眼所見也許為黃或其他。聲音或滋味亦然。

3.第三性(tertiary qualities)：即吾人對物体感覺時所滋生的感情，如喜愛或討厭、冷或熱、好或壞、美或醜、親近或厭惡等。第三性並非物体的本然性，卻是純粹附加的，而且是因人而產生，所以差別性異常明顯。同一個人對同一件物体，有時喜愛，有時討厭；不同的人對相同的溫度，冷熱之感不同❸。

洛克將物体的三種性質分開予以說明，雖然他對每一性質所舉的例子時有出入，並且其後的哲學家對此也持異議，但是屬於「物本身」(物自体)的第一性，與漸趨主觀作用而生的第二性及第三性，卻在知識界中引起熱烈的爭論。物体的三種性質，早為伽利略所提出。伽利略說：「假如耳朵、舌頭、及鼻子被割除，形狀、數目、及動作也將保存，但氣味、滋味、或聲音則無。我認為後者如果與有生命的東西相隔離，則只不過是一堆名稱而已。」❸換句話說，形狀、數目、及動作是物体的第一性，而顏色、聲音、或氣味則屬第二性或第三性了。第一性即令吾人不覺，本身仍然自存；第二性及第三性有賴吾人的感官知覺及反省知覺。物体的這三種性質，本身

---

❸　Ibid., bk. II, ch. 8.

❸　G. Galileo, *The Assayer*, in Richard H. Popkin, *The Philosophy of the 16th and 17th Centuries*, N.Y.: The Free Press, 1966, 67.

就是一種「力量」(power)，憑此力量，才能在吾人心中產生「觀念」。比如說，太陽是一個物體，但太陽本身具有一種「力量」，可以使蠟變為白色；火也有一種「力量」，可以使鉛變成液体而生流動。

第一性非吾人知識能夠抵達，物體本身到底是什麼，這個層次是知識的限度。人類的知識並非無窮，吾人不知的部分比知悉的部分為多。至於第二性及第三性的知識，吾人較能掌握。比如說，天鵝的觀念，乃是由「白色、長頸、紅嘴、黑腿、直腳、能在水中游、發出某種聲音、体型」等組合而成❸。太陽的觀念，則是由「明亮、熱、圓、固定的運轉，與吾人維持相當的距離」❹等簡單觀念而成。這猶如吾人猜謎一般，經由謎底的殊有性來猜測正確的答案。而所有物体的殊有性（第二性及第三性）皆在經驗界的領域中。吾人的真正知識，都可在經驗中加以印證。例如：白或甜的程度有盡頭，但空間及時間或數目則無盡；大如果加上小，則會更大；但白加上小白，並不會更白❹。凡是感官正常的人，都不會反駁上述的觀念。

二、方法論

洛克雖然主張人性如白紙，但人性卻有求知若渴的本能。在追求知識的過程中，必須讓學生了解，與其作為一個學問家，不如「讓他興起一股對知識喜愛及敬重之情，告訴他探討知識的方法，當他有心於知識時能夠改善自己」❹。洛克在另一本著作《悟性行為》(*Of the Conduct of the Understanding*, 1706)中舉出為學方法與為學態度，與教育更具密切關係。

㈠掃除追求知識的心理障礙

1.運用理性，獲得獨立自主的己見：不可只依附家長、鄰居、或牧師等之想法與做法，或拿別人的決定充作自己的決定，認為如此可以省下自

---

❸ Locke, *Understanding*, op. cit., bk. II, ch. 23, 14.

❹ Ibid., bk. II, ch. 23, 6.

❹ Ibid., bk. II, ch. 17, 6.

❹ Locke, *Some Thoughts Concerning Education*, §195, in *John Locke on Education*, edited by Peter Gay, N.Y.: Teachers College Press, Columbia University, 1971.

己動用思考時的困惱與痛苦，自己不檢驗思考的可靠度，處處仰賴他人，隨俗浮沈，人云亦云。而最信得過的知識，莫過於自己的親目所見，親耳所聞。「知識就是親目所見，假如經由他人的眼睛就要說服吾人相信他們之所見，這是瘋了。……除非吾人用自己的眼睛親自見到，用自己的悟性親自了解，否則吾人仍一如往昔般的處在黑暗中，知識還是空的。」❸

　　經驗學派的掌門，當然強調真知乃是經由感官而來。自己有眼不看，卻要他人之眼代看，則辜負了上帝賦予了自己那一雙眼睛。感官所獲得的知識，才是最權威的知識，因為那是可以禁得起考驗的。傳統上都認為過去所存留下來的一些格言或公設，皆為準確不疑，吾人可以奉行不渝，其實卻有不少知識垃圾存在其中❹。

　　2.勿以偏概全：洛克承認，眼睛之所看，未必就是全貌，很可能只是一隅。這種缺點，幾乎無人能倖免。不過，知悉此種弊端，總比頑強的堅信自己之「獨見」為「正見」為佳。觀察一個物體，因觀察者的位置與角度不同，所以所得的觀察結果自有差異。他可以上看、下看、左右看、用顯微鏡看，也可以鳥瞰。其次，有的人只擬跟某一類型的人聊天談話，只願閱讀某一類型的書，只喜歡聽某一類型的觀念。他們畫地自牢，自我設限，卻「無勇氣衝進知識的浩瀚海洋來查勘大自然的豐足資源。除了自己所站的那一小據點之外，其他領域可能更為純真，更為穩固，更具用處。因此切勿孤芳自賞，自我滿足」❺。要知天外有天，人外有人。「不要像磨坊裡的馬，只在同一個領域中繞圓圈。」

　　一偏之見，就是先入為主之見(presumption)或是成見(prejudices)，這是心胸狹窄的象徵❻。固執的以為自己一伙的人才是正人君子，其他都是小人；己方之見解才是正統，異己之見不是邪說就是謬論。有這種心態的人，

❸　John Locke, *Of the Conduct of the Understanding*, edited by F. W. Garforth, N.Y.: Teachers College Press, Columbia University, 1966, 86.

❹　J. W. Yolton, *John Locke and the Way of Ideas*, London: Oxford University Press, 1968, 26. 洛克此處特別指出教父哲學的方法之不當。

❺　Locke, *Conduct*, op. cit., 37.

❻　Ibid., 39.

實在不適宜於追求知識。挖掘真理，好比挖掘金銀財寶一般，在尋獲真正金礦前，必有許多土壤、廢墟、沙泥、碎石、殘渣摻雜在內。黨同伐異，不是為學之道。胸襟開闊，盡納各種不同意見，才有可能逼近真理。古羅馬學者辛尼加(Seneca)也說過：「只聽一面之詞就對案件作判決的人，不能稱為公正的法官，即令他的判決是公正的。」❹

　　免除這些弊端，有必要注重教育。教育並非旨在栽培學問家，卻要學童不受束於單一理念，思想活潑又知變通，絕不僵化而成為死腦筋。「教育的工作，我想不是使學生精通各種學科，卻在於開啟並安頓學生的心靈使之可以盡力發展任何可資發展的方向。人們如長期只習於一種方法或一種想法，他們的心靈就會硬化，而無法作其他改變，因此需要給他們了解知識的各種層面，在多樣且廣泛的知識儲庫裡運用其領會力。與其多樣但只是知識的堆積，不如多樣且自由的思考，如此才可以增加心靈的能力及活動，而非只是擴展其所擁有的領域而已。」❽

　　3. 了解錯誤的觀念聯合：A觀念與B觀念並無必然的關聯，但卻因習俗、教育、傳統，而使二者如影之隨形，無法分離。如13日又是週五，就聯想到不吉利；愚蠢的女傭常常教導孩童相信黑暗乃是鬼魔出入的時刻；中國人不喜歡4這個數目字，卻偏愛6；洛克不主張体罰，理由是因為這種不仁道的措施，使得學童與學校教育二者之間產生排拒與厭惡的觀念聯想，結果讀書遂與痛苦畫上等號。

　　這些錯誤的觀念聯合，皆非天生，而是後天的人為因素所造成。「我們不應該根據人的意見來作判斷，卻應依賴具体證據來衡量。」❾證據充分者，絕對不擔心他人之反駁或考驗，俗云真金不怕火煉。客觀的事實本無法支持錯誤的觀念聯合，讓事實呈現眼前，才是消除迷信的良方，也是奠定知識基石的穩固辦法。

　　以「經驗」起家的洛克，一再強調人類的「經驗」有限，但知識無窮，不知的領域大過於知，所以在為學上必須謙虛，不應以己見為定見；當更

<hr />

❹　引自Garforth, op. cit., 60 footnote.

❽　Locke, *Conduct*, op. cit., 73.

❾　Ibid., 81.

多的經驗事實呈現眼前而與自己先前所形成的觀念相左時，就應修改或推翻自己的觀念，而來接受新的看法或想法，如此才能提升自己的知識水平。因此在社會上，言論紛歧，乃是自然現象；在政治主張上，派別林立，更是常事。洛克處在英國政爭之際，本諸他的經驗哲學立場，大唱《寬容論》(*Letter Concerning Toleration*, 1689) ❺⓪，對於異黨或在野團體，應以寬大為懷之方式對待之。「經驗」告訴我們，過去大家肯定為是的，現在卻為非；反之亦然。千萬不可藉其他卑鄙手段，強迫別人就範。「財產之剝奪、關在囚房裡、施以酷刑」 ❺① 等，皆非為政之道，更非為學之方。如果用焚書坑儒、偶語棄市技倆來造成一言堂，甚至以誅九族或鞭屍來大施撻伐，那就等而下之了。

第三節　洛克的教育主張

　　洛克在教育方面的代表作，就是那本《教育論叢》(*Some Thoughts Concerning Education*)，那是在1683～1689年逃亡於荷蘭時撰寫《人類悟性論》時間間斷斷致信給友人(Edward Clarke)有關孩童教育問題所集合而成的作品，雖然他並不打算出版，但卻引起注意。1693年3月2日，洛克之友William Molyneux從都柏林(Dublin)寫信給他：「我弟弟時常告訴我，他有幸在Leyden與你認識，你正在寫有關學習方法的文章，那也是應一位慈祥的父親擬教導其子之要求而來。不過，好先生啊！讓我表達最誠摯的請求，千萬不要把這種說不盡其用處的工作擱置一旁，一定要完成這個任務，這對全人類太有價值了，尤其是我，你最衷心的朋友……。」洛克於3月28日回信：「這些信件，或部分的這些信件，在此地的一些親朋好友曾經過目，他們慫恿我應該付梓。你如此迫不及待的想要看看這些信件集結成書，我向你保證，絕不會讓我的手鬆緩，或讓我猶豫不前。」洛克此種許諾，不久也就

---

❺⓪　洛克雖力主寬容，但有三種人卻不在「寬容」之列，一是宗教上的無神論者，「拿掉上帝，全部都將解体」。二是孩童中倔強者。三是羅馬天主教徒。

❺①　J. Locke, *A Letter Concerning Toleration*, quoted in R, Ulich, *History of Educational Thought*, N.Y.: American Book Company, 1968, 202.

兌現❺❷。

　　中世紀以及文藝復興時代的歐洲人，兒童仍然被目為大人的玩物、奇怪的動物、或是小大人，地位相當卑微，頂多只是作為在經濟上（童工）或法律上（繼承遺產）的考慮而已。由於醫學不發達，小夭者甚多，生了一打的孩子，能有一半活下去，已屬幸運。法國學者孟登，雖非殘酷但卻冷靜的說：「我的兩三個小孩在童稚之年即已去世，我不無遺憾，但卻並不太傷心。」❺❸這種緣故，致使不少家長不願意在孩子身上投下太多的感情資本。免於一死的兒童，有機會入學的不多，而校內生活又不堪入目。大人或教師對待學童，經常相當慘酷。洛克一再懇求，兒童也是人，應該給予尊重。

一、身体的鍛鍊

　　「健全的心靈寓於健全的身體，這句話雖簡短，但卻是活在這個世界上最足以描述的幸福狀態」❺❹。洛克在《教育論叢》的首段，就扼要的指出身體健康之重要性。身心的健全，多半靠後天人為的功夫，尤其是教育對身心健康之影響最大。二者得兼，人生已無所他求；二者有所欠缺，則不如不要是人。但在身心的優先考慮上，身體的健康乃是心理愉快的基礎。一個人若体弱多病，奢談他會心曠神怡、樂觀進取、笑口常開。本身是醫生的洛克，特別強調身體的健康，有必要「鍛鍊」，千萬不要與藥瓶為伍，卻要仰賴自身的抵抗力。忍受痛苦及疲倦，過自然不拘束的生活，乃是健康的不二法門。

　　不少父母太溺愛孩子，稍有風寒，即馬上添加衣物，生怕感冒流鼻水。但過度保護，後遺症更大；倒不如讓他適應冷熱氣候，而處之泰然。冬天來了，即令只有單薄衣物，照樣可以無恙。用低溫度的水洗臉並不覺得冷，但洗胸膛卻要發抖，乃因臉上未曾穿過衣服。如果洗澡水一定要調節到讓

---

❺❷　Lawrence A. Cremin, in *John Locke on Education*, edited by Peter Gay, N.Y.: Teachers College Press, Columbia University, 1971, Preface, vii–viii.

❺❸　Peter Gay. (ed.), *John Locke on Education*, ibid., 2.

❺❹　J. Locke, *Some Thoughts Concerning Education*, §1.

身體覺得「舒服」的溫度，則一旦環境不盡人意時，則將很難適應。如果冬天還可用涼水沖身者，則必然比較不會傷風。洛克憑他的醫學知識與經驗，警告家長們，「腦袋穿戴得溫溫暖暖，最容易惹起頭痛、傷風、發炎、咳嗽等疾病。」❺「經驗」也告訴我們，洗冷水浴，是治療身體衰弱者最靈驗的一帖藥方，試問一個人如果在夏天也得穿毛衣、洗熱水澡，如此才不會打噴嚏，則這種生活還有什麼好享受的呢？早上起床，或脫衣打算洗澡時，就噴嚏連打不停的孩子，趕緊洗冷水澡試試看，先從夏天開始洗起，然後天涼了也照洗冷水澡，就是到了攝氏十幾度時，仍然洗冷水澡，相信染上感冒的可能性會大為減少，而鼻竇炎症狀者也將可免除開刀的厄運。洛克指出倫敦有一位他極為欽仰的學者，無論寒暑，都穿同一款式的服飾；這位學者，就是牛頓。

女孩子不要穿縮身衣，把胸部綁得緊緊的；卻應順其自然。試問嬰孩在子宮中有過此種虐待嗎？如果在母胎中也受層層包裹，則呱呱墜地時將都是畸型兒了❻。違反自然的女人身體，莫過於中國過去女人所纏的足。洛克說這種腳，不知屬於何種美。從小就用布把腳纏住，用力的綁緊，還佐以藥物，絕大多數女人都痛苦得眼淚直流，號啕失聲；老祖母的腳，比起其他國家的小女孩的腳還小。因此血液不流暢，整個身體的成長及健康遂遭受阻礙，所以中國女人多半紅顏薄命，体型嬌小❼。沒有健康的媽媽，怎能生出健康的寶寶呢？

「充分又流通的空氣、運動、睡眠；簡單的食物，不喝酒或強烈飲料，用很少的藥或不吃藥；勿穿太暖及太緊的衣服，尤其頭及腳要保持在冷的狀態中，腳常置於冷水並暴露在濕氣中。」❽就是洛克對身体鍛鍊的結語。

二、品德的陶冶

身體要「鍛鍊」(practice)，心靈則要「陶冶」(discipline)；前者要忍受

---

❺ Ibid., § 5.

❻ Ibid., § 11.

❼ Ibid., § 12.

❽ Ibid., § 30.

痛苦，後者則要克制欲望。「只要我喜歡，就不可以做」，這就是品德。「拒絕自己所想要的，把自己的意向打××，完全按照理性所指示的最好方向，即令口腹之欲傾向他方。」❺這就是品德，也是心靈的提升。可知孩子是縱容不得的。

不少人的作為是依「欲」而行，其實應該依「理」而行才對，未經「理」授權的「欲」是不正當的。大人不可因為孩子「喜歡」(pleased)，就滿足他們的需求，卻更應考慮到他們的需求是否「恰當」(fit for)。假如孩子輕輕易易的獲得他們所想要的東西，則他們一定也會想要月亮而大叫大鬧❻。洛克舉的這個例子，以後盧梭也模仿過。孩子不勞而獲，一嘗成功的甜頭，就會得寸進尺，不善罷干休。「成人在這裡應該顧及的，是分辨那些是屬於孩子的幻想需求，那些是孩子的天然需求。」❻前者不必予以理會，後者則應該要儘量給予滿足，因為天然需求是最合理的需求。「當他們要衣服時，我們一定要給他們；但假如他們說要這種衣料，或那種顏色，則應讓他們空手而回。」❻衣服能禦寒即可，又何必挑東揀西？洛克的意思，是欲望無窮，不加節制，則人欲橫流。要作「欲望的主人」(master their inclinations)，而非變成欲望的奴隸；「窒息欲求」(stifling their desires)，「拒絕口食之欲」(deny their appetites)，「讓欲望不出聲音」(silence their desires)等字眼，頻頻出現。自然的需要是先天的，欲望則是後天。先天的需要應該給予滿足，後天的欲望則否。「說我餓了，是一件事；說我要吃烤肉，則屬另一回事。」❻

崇理貶欲，大人就應率先樹立楷模，作為孩童的典範。在知識論上力倡經驗哲學的洛克，在德育的培養上，則高談理性的價值。其實，洛克信心十足的說，孩子本就有說理的天性，「他們領會理性，就如同他們了解語言一樣的早；並且，若是我的觀察無誤，他們喜愛別人以理待之，這種期望的時間比我們所想像的還快。」❻不過，洛克所言之理性，是有層次的；

---

❺　Ibid., § 33.

❻　Ibid., § 38.

❻　Ibid., § 107.

❻　Ibid.

❻　Ibid., § 106.

必須按學童發展的年齡來考慮，如此對學童說理，他們才能心領神會。一個三歲或七歲的孩童，無法與一個成人辯論。至於傳統學校中的三段論式，只具口舌之爭而毫無實質效益的演繹推論，是洛克深惡痛絕的指責目標，當然不適合於童稚年齡的小孩學習。因此研究兒童的領會力，乃是成人或為人師表者責無旁貸的任務。首先，「你越早把他當大人看待，他就越早成為大人。假如你准許他有時跟你作嚴肅的議論商量，你就不知不覺的提升了他的心靈地位，使他不會停留在年幼孩童的嬉樂上，也不會浪費時間在毫無意義的活動中，那是許多孩子經常都會如此的。」❺此時兒童受到尊重，他在大人的心目中地位大增，扮演舉足輕重的主角，而不是一個可有可無的配角而已。

(一)對上帝有清楚的概念

認定上帝是最高無上的創物主，也是萬善之源。上帝普愛眾生，吾人不只應虔誠還應崇敬上帝。除此之外，不必向孩子說明一些神秘的神學理論，那是超出兒童能力範圍之外的。只要讓他知悉上帝主宰一切，耳聞四方，目視寰宇；愛上帝並遵守上帝者，都會獲得上帝的回報，這樣就已足夠。學童必須祈禱，卻不可迷信或成為無神論者。比如說，勿以為黑暗乃是鬼魔活動的所在，或是精靈出沒的時刻，那都是僕人誤解宗教的結果❻。

(二)養成彬彬有禮的習慣

首先，大人必須常拋出「仁慈的字眼」(kind words)及「祥和的規誡」(gentle admonitions)，而不需使用「嚴厲的斥責」(harsh rebukes)及「鞭打」(chiding)❼。一個文明人是溫文莊重的，絕不輕易向學童施暴，或說些聲嘶力竭的氣話。其次，生活常規應該像「呼吸」一般的不用思考就變成為習慣，如「向紳士敬禮要彎腰，對別人說話時應注視他的臉」❽。洛克更舉幾個實例：

---

❻ Ibid., § 81.

❺ Ibid., § 95.

❻ Ibid., § 138.

❼ Ibid., § 66.

❽ Ibid., § 64. 中國古代的荀子也說，禮恭然後可言道之方。

1.別人說話時不要插嘴：別人還未說完，自己就迫不及待的打斷別人的說話，這是一種冒犯，也是魯莽行為，似乎表示聽膩了別人的囉嗦，希望在座的放棄聽他的話而改聽自己的。這種不敬，極易惹惱他人。要是插嘴之中含有更正他人的錯誤，或是反對他人的論點，這就是驕傲與自負了。洛克在這裡並不是要孩童噤若寒蟬，不敢提出己見，而是要注意發表自己看法的時機與態度。「他們要說話，除非是別人問他們的意見，或是別人說完了，沒有人接著，否則不應中途插嘴。說話時要用請教的態度，不可教訓別人。果斷的說法(positive asserting)、固執與傲慢的神情，應該避免。在座者都停止了說話，才可以謙遜且用請益的語氣說出。」❻❾ 在這種狀況下，即令口才不佳，說理不足，也能博得大家的尊敬。洛克認為印度人在這方面是佼佼者。

好教養(good-breeding)是紳士的重要條件。如果能夠「不自我作賤」(not to think meanly of ourselves)，以及「不蔑視他人」(not to think meanly of others)，則可以免除「沒有教養」(ill-breeding)的兩項行為，即「靦覥羞怯」(sheepish bashfulness)，及「舉止輕浮與隨便」。一方面絕非自傲而不謙虛，卻是信心十足；一方面不可過分做作，一副低聲下氣模樣，表現小丑姿態以取悅陌生人或上司。好教養的人必須在面貌、聲音、語言、動作、表情上顯現文化氣質，除了尊重別人之外，還贏得別人之敬重 ❼⓿。此時，「說話技巧雖差、或觀察庸俗，但在說話之前，先說出尊重他人的話，則總比聰明伶俐、言詞尖銳、或知識淵博、但卻以無禮、粗魯、或吵架方式來聳動聽者」❼❶，較能贏得他人之支持。

相反的意見一定要發表，絕不可變成一言堂；每個人都有權利貢獻他的想法或主張。只是在表達時，千萬要尊重別人的意見或想法；且謙沖為懷、態度親切、語調和緩。

2.動輒啼哭，是不良教養之一：洛克對於這種哭，認為很不妥當，不只聽起來很不舒服，滿屋子吵聲；並且大多數的哭，不是倔強要求大人就

---

❻❾　Ibid., § 145.

❼⓿　Ibid., § 142, 143.

❼❶　Ibid., § 144.

範，就是「牢騷抱怨」(querulous and whining)，實在要不得。輕易讓孩子因哭而遂其所欲，則孩子就以哭作武器來威脅，欲望與權力得逞，就一發不可收拾。有些哭是痛苦或憂傷的表示，只要細心觀察孩子哭的表情、行為、及神態，尤其聽聽哭的聲調，就可以分辨出那些哭發自自然，那些哭來自孩子的撒野。在孩子還不會說話以前，他們只有用哭來表達他們的要求。受了一點皮肉之苦，大人絕不可疼惜不置，也不要鼓勵孩子放聲大哭。需知「人生不如意事比比皆是，若任何小挫折或微小傷害就大驚小怪」**❷**，則絕非「大丈夫」應有的行徑，更非「文明人」該有的作風。孩子跌倒或撞傷，作媽媽的不必花容失色，氣急敗壞，卻可以要孩子再來一次，不只孩子不會再哭，且是彌補疏忽的最好辦法，他走路就不會顛顛倒倒了。

3.最丟臉的事，莫過於說謊：不誠實，最為人所瞧不起，也是得不到他人尊敬的最大原因。「當第一次說謊時，我們應該相當驚愕，好比怪魔附在他身上一般，不可等閒視之，以為只是普通的小毛病而已。若是故態復萌，則需嚴厲的斥責，父母同感極度不安，全家人都得動員起來。萬一這種方法仍然無效，只好訴諸鞭打了。」**❸**施以巧計騙人者，只能得逞於一時，當騙局揭穿後就為眾人所不齒了。

㈢童年才有的舉動，大人不必在意

一些童稚行為，看在長輩眼中，也許是一種罪過；但主張寬容的洛克，卻希望大人不要與孩子一般見識。「你必須要考慮，他是一個年幼小孩，有他的愉快與歡樂，你是過來人，別以為他的嗜好與你相同。當他20歲時的想法，也不會同你50歲的想法一樣。」**❹**大人應該設身處地，為孩子著想。不少舉動只有孩童時期才會熱衷，年歲稍長，就漸漸消失興趣，因此就讓時間來解決吧！比如說玩沙或戲水，小孩眉飛色舞的玩個不停，大人則對之無動於衷。「適合於兒童而似乎是愚昧或孩子味的行動，應該准許他們去做，不必操心。粗心大意(inadvertency)、冒冒失失(carelessness)、及嬉笑(gaiety)是童年的徵兆。」**❺**作長輩的如果採取此一角度，則可以省下許多不必

---

❷ Ibid., § 113.

❸ Ibid., § 131.

❹ Ibid., § 97.

要的糾正❼。

　　如何判斷一些大人看不慣的兒童行為屬於童年行為，因而不必予以規範，或怎樣知道其他行為則必須斬草除根，這種課題，就落在「兒童研究」(child study)這個科目上。心靈的陶冶如太過嚴厲，則孩子變成懦弱性格而無活潑朝氣；相反的，孩子若無拘無束，則目中無人，心裡無尊長。如何在這兩種極端中取得平衡點，從這兩種「看起來似乎是相互矛盾之做法」，獲得一個中庸訣竅，則這種人已深悉「教育的秘密」(the true secrete of education)了❼。

　　總而言之，兒童的教育活動，是頗為奧妙的行為。兒童有兒童的天地，大人又有大人的空間；兒童與大人之間的差距如何消弭，如何將兒童提升為大人，歷來的教育思想家無不絞盡腦汁，提出解方。「寬嚴並濟，恩威並重」，是兒童教育的「藝術」。洛克也深悉此點，當他提到心靈必須「陶冶」時，就猶如身體必須「磨鍊」一樣，如此「身」「心」才得健全。「我的意思並不是說，兒童對於任何事情，一點都不能放恣；我也不期望垂著袖子的兒童能和議會裡面的議員一樣有理智、懂得規矩。我知道兒童是兒童，他們必須受到溫厚的待遇，他們應該遊戲，他們必須有玩具。我的意思是說，當他們所要求的，或想做的，如果不適當，就不可以因為他們年齡還小或考慮他們的喜愛而答應他們的懇求。凡是他們隨興之所至就擬得到什麼，我們就應基於這種理由，明確的予以回絕。」❼換句話說，教師們一定得清楚的知悉，以「價值」的層次來判定「事實」是否應該讓它存在。兒童的「欲望」是一種「事實」，如果該「事實」合乎「價值」，則就應該滿足孩童的欲望，反之則否。依此角度來看，大人的不含糊，似乎是太「嚴」，也太「威」了；但是洛克也強調，兒童的「不適當」行為或要求，若只停止在兒童期當中，大了以後就不會再有類似行為或要求，則應網開一面，

---

❼　Ibid., § 80.

❼　Ibid., § 63, 67. 在 § 167中也舉出健忘(forgetfulness)，靜不下來(unsteadiness)，胡思亂想(wandering of thought)等也是孩子的通病。

❼　Ibid., § 46.

❼　Ibid., § 39.

來彰顯出「恩」及「寬」的一面。

㈣体罰

洛克與坤体良一樣，花了不少文字來討論体罰。教育上要完全根絕体罰，並不是件輕而易舉之事。洛克發現体罰之原因，多半是大人縱容的結果。兒童的需求，如果「不恰當」，一經拒絕之後，大人就應不動如山，無論如何哭泣或哀求，絕對要無動於衷。這種格言是絕對要遵守的，要是順著孩子之所欲，以後再以体罰來懲治，則事倍功不及半矣!

1.体罰之弊：体罰不僅讓學生有肢体之傷，還會造成心神沮喪的結果。沒有孩童喜愛遭受体罰，而認真擬教好孩子的師長，也不會以「打人」為快樂之本。打者與被打者兩相痛苦，實在得不償失。孩子因為怕被打才不敢惡作劇或以苦樂為行為標準，內心不生羞恥心，這不是治本之道。並且，有些体罰，學童不知原因，因此心生怨恨，這就是「殘忍」(cruelty)而非「糾正」(correction)了 **㊆**。即令願意就範的學童，也極易養成奴隸性格 **㊀**，與紳士之風範背道而馳。因此，只有懶人或擬走捷徑者才會以為体罰有「速效」，其實卻無「實效」 **㊁**。体罰對品德的提升，非但無助，反而有害。「野蠻的訓練」(slavish discipline)造成「野蠻的性情」(slavish temper) **㊂**，與文明人的距離就越來越遠了。

2.体罰是「最後一招」：「打」是糾正孩童最惡劣、因此也是最後的手段 **㊃**。除非在極端的案件中，用盡了所有較為溫和的方式都不管用後，才可使出這最後一招(last resort)。洛克特別指出倔強的孩子，務必要屈服在成人的權威之下，絕不可讓孩子得逞。而在剷除此種劣根性上，絕對要徹底，不可半途而廢，否則就功虧一簣了。洛克舉了一個實例：「我所認識的一位既審慎且仁慈的母親，處在此種狀態下，不得不打她的小女兒，當這小女兒從奶媽那兒回家後，同一個早上就連續被打了八下，直到征服了她的倔

㊆　Ibid., § 112.

㊀　Ibid., § 46.

㊁　Ibid., § 47.

㊂　Ibid., § 50.

㊃　Ibid., § 84.

強並輕易取得她的順從時為止。假如這位媽媽早些停止，只打了第七下就掉頭而去，則她就是姑息了孩子。她的鞭打，沒有獲勝，只有強化了這位小女孩的剛愎性，今後勢難救治。」❽至於這位媽媽如何知道打她的小女孩必須打到八下而非九下或七下，才能達到「打」的效果，這就有必要深一層去研究兒童了。

在有必要執行這「最後一招」時，應注意下述數事：

①不要立即施罰，否則易感情用事，失去理性。在氣急敗壞或心情激盪時下手，容易造成後悔的結局。

②由別人執行，但父母在場。如此父母之威信可以維持，且兒童所受的鞭笞之苦也比較不會直接將怨恨轉嫁給雙親。

③施罰時，師長不可激動，卻應冷靜且有效力的給予鞭打與痛苦，但絕不兇殘，也不馬上開打，而是緩慢的予以講理，觀察學童之行止，當他們順從、讓步、屈服了，就停止鞭打❽。否則他們會私下自言自語：「爸爸，你什麼時候死。」❽

此外，師長對孩子的管教態度應一致，不可相互衝突。當大家對兒童施以冷淡的臉色時，其餘的人也要與之配合，直到孩童請求原諒；改過歸正、恢復原有名譽時才可罷休❽。如果父母態度不一，「嚴父」而「慈母」，則孩子就有靠山，並且在遵守規定上造成困擾。洛克很不解的說：「孩子在七歲以前……還會有什麼邪惡，竟會於父親直接禁止之後，還反覆重犯，以致被目為頑強不化，而施以鞭笞呢?」❽追根究底，還不是小時溺愛的結果。要是在童性的根源上植下罪惡的種子，則其後必須犁鋤加深。「假如一個做父親的倒了霉，養了這樣一個桀傲倔強的兒子，我想他除了祈禱之外，大概別無辦法了。」❽

---

❽　Ibid., § 78.

❽　Ibid., § 83, 112.

❽　Ibid., § 40.

❽　Ibid., § 59.

❽　Ibid., § 84.

❽　Ibid., § 87.

㈤善待他人

以愛心與敬意與他人相處，因此下述數事應極力避免：

1.粗率(roughness)：自我中心，不在意別人之感受，是一種小丑的標誌。

2.瞧不起人(contempt)：妄自尊大，自我膨脹，以為眾人都是能力低下，品德卑劣；把僕人當成是另外種族看待。

3.喜愛挑剔(censoriousness)：暴露別人瑕疵在大庭廣眾面前，使他人羞慚不堪、無地自容。挖苦(raillery)或揭人瘡疤、故意抬槓、為反對而反對，實在有失風度。

4.吹毛求疵(cuptiousness)：雞蛋裡挑骨頭，粉碎了團体的和諧，引來他人之怒目以向❾⓿。

5.虐待動物：凡是以虐待動物為樂的孩子，對同類就缺乏同情感與仁慈心❾❶。

6.佔有慾(possession)：把他人財物據為己有，這是一種「自私」的表示，不願將心愛物讓大家共享。

「紳士」的培養，品德佔了相當大的分量，洛克在這方面下了不少功夫。戲弄他人，終會自食惡果，「紳士」不該如此。有人告訴洛克一個故事，小時候家鄉有個瘋子，小孩都嘲弄他。一天瘋子看到一群平日作弄他的小孩靠近來，瘋子恰好走到一家作刀具的店，乃抓了一把劍在手。小孩頓時驚慌失措的逃回家，瘋子緊追在後，小孩在抵家門開動門閂時返頭一看，瘋子已到庭院。小孩匆忙入內後，搬來桌子抵住家門。雖然身体已安全，但心靈卻受擾亂。長大後每次要進家門，都不忘回頭看一看，以為瘋子就在後頭❾❷。

三、智育

洛克把「知識學習」(learning)放在孩童教育的最後段落。孩童讀書，並不在於成為大學問家，也不是要他「知識廣博，但卻要興起他對知識的

---

❾⓿　Ibid., § 143.

❾❶　Ibid., § 116.

❾❷　Ibid., § 138.

喜愛與景仰，當他擬學習時，告訴他為學的方法及增進知識的手段」❸。
洛克關心的教育，是紳士的基本教育，而非學術性的大學教育。兒童本有
好奇心與求知欲，不要熄滅這股天賦的本錢，並了解知識的可貴及探討知
識的態度與技術，則智育就已大功告成。可是歷來的學校只注重拉丁文及
希臘文的教學，似乎以為學習古文乃是為學唯一要旨；且家長及教師也認
定教鞭是唯一教具，這都是謬誤的教學理念。

(一)好問的天性

兒童本來對知識即懷有大胃口，成人應該予以鼓勵，這是去除愚蠢與
無知的本錢。對於兒童的發問，不可以訕笑待之，卻應誠心真意的據實以
告；否則孩子就耽溺於嬉戲，蹉跎歲月於煩瑣雜事中。「那是因為好奇心被
阻擋了，追根究底之意向被忽略了。假如用溫和又敬重之情來與之討論，
問題又給以解答，以滿足他們的疑難，則我相信他們可以在閱讀當中找到
樂趣，知識也增長了，既多樣又新穎，總比一再把玩玩具來得快活。」❹兒
童在知識園地裡是一位陌生客，正需要成人的引導以免誤入歧途，所以絕
不可存心欺瞞。孩子問各種問題時的正經性，猶如吾人進入日本國一般；
由於吾人對日本國一無所知，向日本人問一千個問題是理所當然。為什麼
小孩問我們幾個問題，我們就覺得不耐煩呢？並且兒童的問題，性質與範
圍有時遠超出成人知識範圍之外，正可刺激成人多作思考呢❺！不過，兒
童的好奇心，很難全神貫注，要兒童持久的專心一致，相當困難。

(二)勿逼迫，否則讀書會變成苦差事

讀書本是身心享受之事，不幸卻是多數兒童的夢魘，憎惡學習、厭倦
課本、對學校懷恨。要不是成人用各種方式威脅學生讀書，孩童早就棄書
本如敝屣。孩子之想讀書，恰與孩子之喜歡抽陀螺一般。要求孩子成天讀
書，就猶如逼迫孩子終日打陀螺，他再怎麼興致勃勃，到頭來必感到索然
無味❻。原因無他，心中有一種「工作」(task)或一種「任務」(business)使

---

❸　Ibid., § 195.

❹　Ibid., § 118.

❺　Ibid., § 120.

❻　Ibid., § 129.

然。不入學校，還對唸書抱著憧憬；一經註冊，就想逃學溜課，這難道是學生的罪過嗎？

㈢感官及實用教學

適合兒童能力及興趣的教材，兒童就不會視讀書為畏途。《伊索寓言》(Aesop's Fables)中有圖畫的故事，或有關動物的描述(Reynard the Fox)，都是兒童百看不厭的資料。

教學注重實用，也是吸引兒童向學的主因。語文方面，現代語（如法文及意大利文）優於古典語文（如希臘文及拉丁文）；他如舞蹈、擊劍、算術、繪畫等活動之進行，可以使學習充滿愉快與滿足。進行這種活動的教學，不必仰賴体罰。但在文法學校裡，則鞭笞聲不絕於耳，讓人懷疑校內發生「怪異、不自然、及不舒服」(strange, unnatural, disagreeable)❾的舉動。

兒童應該有玩具，但玩具不用花錢去買，有些可以自作，有的則向大自然取材。「一粒圓圓的石頭、一張紙、一串母親的鎖匙……在年幼的孩子看來，其好玩的程度並不亞於那些花大錢而向店鋪裡購買來的新奇玩具。」❾

㈣了解真相

兒童的一些恐懼，大抵是因為不知底細所造成。「你的孩子看見一隻蝦蟆就叫，就跑開嗎？你可以叫另外一個人把牠抓住，放在離他較遠的地方；最初讓他去看慣，然後再叫他靠近，瞧牠跳躍，不必驚嚇；由別人捉住，讓他輕輕的去撫摸。如此逐步做去，一直到他能自信地玩弄它，如同玩弄一隻蝴蝶或麻雀一樣為止。」❾馴良的動物，並不會加害於人。

對於黑夜的顫悚，也是不明真相的結果。兒童之歡迎黑夜可以睡眠，正如接納白晝可以遊戲一樣，沒有分別。要了解真相，必須經由實物的觀察，而非文字或名詞的爭辯。

㈤語言的學習要注重練習，而非只是熟記文法或修辭的規則

在日常會話中把拉丁語、英語或他種語言說成習慣，熟能生巧，自然

---

❾ Ibid., § 86.

❾ Ibid., § 130.

❾ Ibid., § 115.

就會無誤的使用語言；要是文法或修辭規則背誦在心，但卻不開口說話，也不能把語言學好。專心致意於文法或修辭的人，是學者、專家、或語言評論人員，通常的人是不必要具備該種知識的。徹底了解文法或修辭規則者，必定早已對該種語言之使用十分有把握、說得非常流暢；而當他絲毫不費力的掌握該語言時，他已不必再為文法或修辭規則操心了。先學會說一種語言，然後才學習該語言之文法或修辭規則，本末不能倒置；否則就好比對盲人敘述顏色、要耳聾者聆聽聲音一般的荒謬了 ⑩；並且終日俯首於書堆裡，會變成愚蠢的笨瓜。

四、貧窮子弟之教育

洛克上述所言之教育對象，是以富家子弟的貴族為主，一旦他們「行得正」(set right)，則其餘的人也必定起而效尤。所謂其餘的人，就是窮家子弟。洛克當官時，希望各地廣設「工作屋」(workhouses)，發表「教養貧苦孩子之擬議」(Proposals for the Bringing Up of the Children of Paupers)。英國國會及歐陸其他國家陸續興建不少此種「工作學校」(working schools)來教導流浪街頭的孩子。將3歲到14歲貧苦無依的孩子收容起來，訓練他們有一技之長，及勤勉的習慣，以便回饋社區所提供給他們的免費食物。洛克說：

> 我們不認為3歲年齡的孩子有能力在工作學校謀生，但我們確信，為了解救他們，如果在那種學校內發給他們麵包，總比拿錢濟助孩子的爸爸來得更有效果。這些孩子在家，能夠從父母親手上得到的，只不過是白水及麵包而已，量還相當少呢！因此，設若在校內能夠關懷到讓他們天天以麵包添滿肚皮，則無餓死之虞；相反的，還會比他們在別處吃飯來得更健康與強壯。這種措施不會增加辦校者一些麻煩，烤麵包師答應天天供給在校生所需要的麵包。除此之外，在凍冷的寒天中，如果有必要，也毫無困難的供應熱米粥。因為屋內暖房的火，可以煮一鍋熱米粥。 ⑩

---

⑩ Ibid., § 171.

上述這段話，聽起來似乎太過殘忍。洛克建議設立的工作學校，在飲食方面，只願給那些「其餘的人」白水、麵包、以及偶爾才有的熱米粥。「紳士」(gentleman)階級與「窮人」(paupers)階級二者之差距，實有天壤之別。

「健全的心靈寓於健全的身體」，這句話告訴我們，「身」先於「心」。教育配合「先」鍛鍊身體，然「後」才可望有好的心靈。「身心」皆健全，人生又復何求？他在《教育論叢》中就開宗明義地揭示他的教育理念，隨著更提「環境」的重要性大過於「遺傳」。「我們碰到的人中，十分之九皆因教育而成為好人或壞人，有用或無用；人與人之間的重大差別，就在於此。童秩心靈上烙下小又幾乎感受不到的印象，都會產生非常重大且持續的後果。」可見洛克還認為孩童保有那十分之一的「本有氣質」(an original temper)或「性格」(character)。「上帝烙下某些特性於人的心靈上，就像形狀(shapes)一般，或許可以稍加修正，但卻無法悉數變更，或改造成相反的形狀。」(該書§66)「環境」很有「能」，但卻非「萬能」。

參考書目

1. Axtell, J. L. *The Educational Writings of John Locke*. Cambridge at the University Press, 1968.

2. Galileo G. *The Assayer*. R. H. Popkin (ed.). *The Philosophy of the 16th and 17th Centuries*. N.Y.: The Free Press, 1966.

3. Jeffreys, M. V. C. *John Locke, Profect of Common Sense*. London: Methuen & Co., Ltd., 1967.

4. Locke, J. *An Essay Concerning Human Understanding*. A. S. Pringle-Pattison (ed.). Sussex: The Harvester Press, 1978.

5. _____. _____. Raymond Wilburn (ed.). London: J. M. Dent & Sonn, Ltd., 1947.

⓫　Quoted in Robert Ulich, *History of Educational Thought*, N.Y.: American Book Company, 1968, 205.

6. _____ . *Some Thoughts Concerning Education*. *John Locke on Education*. Peter Gay (ed.). N.Y.: Teachers College Press, Columbia University, 1971.

7. _____ . *Of the Conduct of the Understanding*. F. W. Garforth (ed.). N.Y.: Teachers College Press, Columbia University, 1966.

8. Ulich, R. *History of Educational Thought*. N.Y.: American Book Company, 1968.

9. Yolton, J. W. *John Locke and the Way of Ideas*. London: Oxford University Press, 1968.

第十章　高唱自然教育的盧梭（上）
(Jean Jacques Rousseau, 1712～1778)

　　盧梭(Jean Jacques Rousseau, 1712～1778)在思想史上是劃時代的人物，在教育理念上更掀起驚天動地的效應，他在教育史上的地位，猶如哥白尼在天文學上的地位一般，二者都在各自的領域中將重點作了一百八十度的轉變。哥白尼將傳統的天動說改為地動說，認為地球繞太陽轉動而非太陽繞地球轉動；盧梭則扭轉了由來已久的成人本位立場，而大唱兒童中心說，相信文明社會的敗壞，歌頌自然狀態的完美。教育的重點從成人轉為兒童，所以盧梭是發動「教育界哥白尼式革命」(Copernican Revolution in Education)的大教育家。不過，哥白尼的學說，目前已為眾人所接受，盧梭的主張，迄今仍是學者爭辯不休的課題。

第一節　橫受壓抑與扭曲的自然

　　祖先來自巴黎，宗教改革時間，於1529年移民至日內瓦。盧梭自己呱呱墜地，但代價竟然是親生母死亡；而後，父親又別離他去，這是盧梭降生不久所面臨的遭遇。盧梭雖然在接近古稀之年才告別人間，但一生之中卻染上了痛苦又丟臉的疾病；由於思想觀念與時人及重要領導人物不合，還顛沛流離他鄉，在陌生又信仰衝突的環境中掙扎，多次被疑為罪犯及精神異常。但是寫作卻是轟動學界，參加論文甄選，還榮獲首獎。命運之捉弄，真是莫此為甚。盧梭高舉浪漫主義大旗，疾呼「返回自然」(Back to Nature)口號，與啟蒙運動(The Enlightenment)之過分注重理性相周旋，且與之抗衡。百科全書(The Encyclopedia)派以首領伏爾泰(Voltaire, 1694～1778, 本名為Francois Marie Arouet)壓陣；自然主義(Naturalism)則以盧梭為宗師，二者立場南轅北轍，但卻是十八世紀歐洲的兩大思潮。不只影響教育文化界，且支配了學術界的其他領域。

　　1.多愁善感，是盧梭繼承他雙親的遺產：盧梭之父(Isaac Rousseau)以世襲的鐘錶製作為業，家境並不富有，盧梭之母(Susanne Bernard)則是教區牧師之女，賢慧又美麗；雙方青梅竹馬，年幼時早已形影不離，但由於收入與身分，彼此相差懸殊，所以雖然男歡女愛，情投意合，卻遭受阻力。不過海枯石爛，結合之心終不為所動；經過考驗，反而更奠定了海誓山盟的婚約。無奇不有的是，盧梭媽媽的弟弟(Gabriel Bernard)同時也愛上了盧梭爸爸的妹妹；後者向前者提出一個條件，必須盧梭的爸爸能娶到盧梭的媽媽，她才答應婚事。經過這番折騰，有情人終於都成眷屬。這種浪漫的長輩愛情故事，給幼小的盧梭，種下了憧憬而情感四溢的人生觀。

　　然而好事多磨，盧梭的媽媽卻因難產而去世。「我的出生，乃是我首次的不幸」 ❶，盧梭在《懺悔錄》(Confessions)一書中傷心的指出。盧梭的爸爸承受此種無情的打擊，經常把盧梭當成其妻的化身，抱頭痛哭，幾次向盧梭提議，來談談這位牽手的伴侶，盧梭從小就感染了其父那種早年喪偶的悲痛，也知悉父子一回憶起這位愛妻與慈母時，雙方都會哭成一團。童年即浸浴在這種濃郁的情感氣氛中，孕育了盧梭沃肥無比的浪漫種子。

　　自然所顯示出來的第一種真實狀況，是男人有妻子，婦人有丈夫；爸媽有孩子，兒童有父母。但是這種天然的賦予，盧梭竟然無法享有。這不是自然應該產生的現象，卻是自然的橫遭剝奪與扭曲。

　　2.「自然」使盧梭喜愛讀書，「人為」使他厭惡課本：好奇心本是自然授予人類的特有稟賦，求知欲正是發展好奇心的最佳例證。盧梭從小就喜歡閱讀，與其父經常在書房內通宵達旦的遍覽其母陪嫁過來的小說藏書，手不釋卷，幾乎都得由早起的鳥叫聲才催他們入眠。入小學年齡時，盧梭已然把他媽媽所存有的書通通讀光，七歲(1719)時，他說該年暑假已無書可讀，冬天以後，只好向他的外公商借。他的外公是牧師，當時歐洲的牧師大都珍藏一些古本，盧梭喜愛不置，尤對普魯塔克的《古代名人傳》(Plutarch's Lives)更情有獨鍾 ❷，自承是個羅馬人，希臘人或共和國的人，

---

❶　J. J. Rousseau, *The Confessions of Jean-Jacques Rousseau*, translated and with an Introduction by J. M. Cohen, Penguin Books, 1970, 19.

❷　在他的*Confessions*（《懺悔錄》）中，Rousseau 列舉出他讀過的書，如Lesuenr 的

在他的小腦袋內，憧憬著自己就是希臘羅馬名將及偉人的化身。

　　讀書變成盧梭最重要的消遣，他也自得其樂，久而不疲。這種習慣如果自然的延續下去，不正是快樂童年的寫照嗎？但是，好景不常，盧梭被舅父(Gabriel Bernard)送入一所住宿學校接受一名教師（名為Pastor Lambercier）的教導，「學習拉丁文，以及那些令人遺憾，索然無味，又以教育為名而進行的活動。」❸「人為」(nurture)與「自然」(nature)的對比，昭然若揭。「以前在日內瓦，沒人要求我，指令我，我醉心於讀書，那幾乎是我唯一快樂的嗜好；現在我卻必須做好學校功課，我倒寧可到外面嬉戲。」❹讀書變成苦差事，這是對自然天性的戕害。本來對書本愛不忍釋手的，現在卻視「讀物」為「毒物」(textbook is poison)。從著迷到厭惡，原因是一順其自然，一使用人為逼迫。著迷乃緣於強烈動機，逼迫則心生反感，視讀書為畏途。排拒讀書的結果，即令天才橫溢，也是斷送潛能。此種現象印證在目前的台灣教育，實在十分恰當。孩童未入學以前，還十分喜歡看書，一入校後，面對課本，即愁眉苦臉。台語對讀書的發音，南北不同；南部的人說「讀書」是「讀冊」，結果越讀越「切」（咬牙切齒）；北部的人發「讀書」之音，有如越讀越「ㄉㄨ ㄍㄨ」（打瞌睡）。這都是人為造的孽。順其自然，就不會如此。有些教科書還含有意識型態的思想灌輸資料，越讀越中毒，污染了純淨無邪的幼童心靈。

　　凡是可以滿足好奇心與求知欲的書，皆屬有益身心發展的讀物。在沒有監視的環境之下，盧梭不只熱愛古書，還對當時啟蒙運動的思想家投以注目的眼光。大概在26歲左右，他看了牛頓、來布尼茲、及英國詩人波普(Alexander Pope, 1688～1744)等人的著作，並重新學習拉丁文，使他能夠閱讀Virgil, Horace, Tacitus等羅馬文學巨匠的大作，並經由拉丁文翻譯而了

　　History of Church and Empire, Bossuet的*Discourse upon Universal History*, Plutarch的*Lives*, Nani的*History of Venice*, Ovid 的*Metamorphoses*, La Bruyére Fontenelle 的*Worlds* 及*Dialogues with the Dead*等。其他如Agesilaus, Brutus, Aristides to Orondates, Artamenes,及Juba等作者，他都極為偏愛，ibid., 20。「閱讀對我來說，是一種嗜好。」Ibid., 221。

❸　Ibid., 23.

❹　Ibid.

解柏拉圖的《對話錄》。當代名人如孟登，La Bruyére，Pascal，Fénelon，Prévost，及Voltaire，都未能逃過他的耳目。一般人以為盧梭高唱自然主義，反對書本教育；其實他本人涉獵書籍的胃口頗大，在著作中經常引用過去學者的名言佳句；此外，他所反對的書本教育，是因為當時的書本只提供毫無實用的背誦資料。「順其自然」，並非腦袋空空的成為目不識丁之徒；「順其自然」，反而學生把書讀得越勤，越主動，求知之火越來越旺盛。

3.成人及城市人是劊子手：依據盧梭的親自觀察與体驗，大人的心性已深深的遭受扭曲，文明社會的人更是遠離善良的人性。相反的，兒童天性最天真，原始土著的人民最能保持赤子之心。所以大人是壞蛋，城市人也是壞蛋，因此城市的大人最是壞蛋；鄉下人最樸實，兒童也最樸實，因此鄉下的兒童最樸實。「上帝創造萬物皆善，但一入人的手中即變壞」❺這句盧梭名言，有相當多的證據支持他在《愛彌兒》(*Emile*)一書中開始即敘述出來的話。盧梭在這句話中所說的「人」，即指「大人」及「文明（城市）人」。

以他自己切身的遭遇而論，在還不到十歲的年齡裡，有一天，他獨自在靠近廚房旁邊的一間屋子作功課，一位女傭把女主人（即Mlle Lambercier）的髮梳放在火爐上烘乾，不久，女主人來拿取時，發現梳子的一邊梳齒都折壞了，誰應為此受責備呢？那間屋子只有盧梭去過，但盧梭說未嘗碰過那把髮梳，男女主人共同向他說教，施加壓力，威脅他。但盧梭仍矢口否認，這是他平生第一次被親人指摘為說謊。不久，他的舅父也加入譴責他的行列，不分青紅皂白的痛罵，數個大人並聯手体罰盧梭。「想想看，一位一向都是柔順，膽小但有事發生時則是高傲、兇猛、且不妥協的人；一位從小被理性之音所管束，待以仁慈、公正、及寵愛的小孩；一位從未想過不義之人，現在卻是首次忍受最嚴重的苦痛，因為他落入了他所最敬愛的人手中。……我沒犯錯，卻挨了打，這是一種殘酷。肉体之痛雖苦不堪言，但我還不致於太計較；我感受到的是一股受侮辱之情。憤怒、及絕望……我不禁聲嘶力竭的高喊：劊子手！劊子手！劊子手！」❻由於大人的

---

❺　J. J. Rousseau, *Emile or on Education*, Introduction, Translation, and Notes by Allan Bloom, N.Y.: Basic Books, 1979, 37.

專制，趨使小孩去做一些「我也會痛恨的事，諸如說謊、懶散及偷竊」❼。

大人不求真相，就任意栽贓，結果倒霉的就是弱小可欺的兒童。大人認定兒童都是惡作劇、調皮、搗蛋、破壞分子。其實，許多兒童是無辜的受害者。他們百口莫辯，辯了也無大人理會。男女成人都是一丘之貉。

其次，城市的所謂文明社會，去自然更遠。首先，外觀上是醜陋無比。以巴黎為例，盧梭初次到這個代表歐洲最繁華的都市(1732)，讓他失望無比❽。他以為巴黎必是漂亮又有氣派，街道寬廣，皇宮砌以大理石或金塊，但卻到處骯髒，巷道狹小，屋子污黑破舊，乞丐及遊民四處可見。至於上層社會，則是矯揉做作，虛偽詐騙，陰險卑鄙，心機重重，口蜜腹劍，笑裡藏刀，撐著假面具彼此互見。揭穿此層面紗，則是自私與追名逐利。巴黎是罪惡的淵藪，貧富相差有如天壤，政府無能，空氣污濁，說話無味，信仰破產，道德敗壞，夫妻不貞，音樂低俗，哲人論調不切實際。男扮女裝，女扮男裝，比比皆是。宮廷淑女，極盡化妝之能事，她們將頭髮梳整高聳。一位日耳曼訪客估算法國淑女的臉頰，恰好介於她的腳與髮頂之中❾。浪費金錢時間與精力在這種只顧表面的裝飾上，倒不如回返其本來面目。比較起鄉間景色，農田的情趣，曠野的空氣，良好的胃口，健康的身体，與自然節奏相呼應的朝夕起居，感受與天地合一，悠遊於萬物，倘佯於山水之間，無牽無掛，逍遙自在，樂在其中。都市人與草地人之對比，就猶如人為與自然之懸殊一般。

一天，為了貪圖就近去觀賞一處值得一看的地點，結果卻因走

---

❻　Rousseau, *Confessions*, op. cit., 29–30.

❼　Thomas Davidson, *Rousseau and Educatoin According to Nature*, London: William Heinemann, 1898, 33.

❽　Ibid., 144, 155.「我老早就厭倦了這浮華的巴黎生活，文人富有陰謀，不要臉的爭吵，著作中缺乏誠信。在他們的世界裡充斥著一種令我噁心及厭惡之氣。即令是我所結交的朋友，也很少具有仁慈，開放心胸，及老實之人。在如此擾亂又令人作嘔的生活中，不禁令我嚮往鄉下的生活。」Ibid., 363.

❾　Will and Ariel Durant, *The Story of Civilization: Part X, Rousseau and Revolution*, N. Y.: Simon & Schuster, 1967, 99.

了歧路而迷失了方向。虛耗數小時的亂走，既渴且餓，發現周遭只有一個有點破舊的農舍，我乃長驅直入。要是在日內瓦或瑞士，一個小康之家必定相當好客。我乃央求主人供給我飲食，餐後我也願付費。他端出了脫脂牛奶及粗糙的麵包，且說家裡所剩，只是如此而已。我吃得好高興，將牛奶及麵包一掃而光，但這麼微薄的餐點對一位疲倦的旅客而言，卻未能讓他恢復活力。我真是吃得意猶未盡。那位農夫仔細的端詳我，並從我的狼吞虎嚥中作出正確的判斷，突然他說，他認為我是個誠實的年輕人，不是來此地作一個領取薪津的偵諜。然後他打開廚房的一道暗門，下了階梯，數分鐘之後，取來了上好的麥料麵包，一塊令人垂涎且已切好的火腿，以及一瓶酒。光看這個畫面，不用吃，我內心已愉悅異常了。此外還加上一塊好大的煎蛋捲，作為一個過路客，從未享受過如此美好的晚餐。當我擬付錢時，他的警覺及不安又再度重現。他不收我的酬金，且用一種怪異且困惑的方式來拒絕。好笑的是，我料想不到他竟然極為恐慌。終於，他顫抖的說出那句可怕的字眼——「稅吏」(excisemen)及「地窖老鼠」(cellar rats)❿。

　　年青力壯的盧梭，在街上游蕩，盡作些怪異行為，或許就是一種放浪形骸，純任自然的表現。讓人覺得他實在應該被關在瘋人院中。與「媽媽」（mamma, 即Madame de Warens）同屋，教貴族子女音樂，也愛上學生的媽媽及姑姑。男女之「性」生活，太不節制，善與婦人交談，認為從中所獲得的心靈感受，比閱讀哲學書還多。

　　城市裡的政府稅吏以搜括百姓收入為能事，凡是穿戴整齊而來自於巴黎的大人，沒有一個是好東西。

　　「城市裡來的兩個學生，在一個地方所產生的災害，比全村的年輕人都來得嚴重。」⓫盧梭說出這麼痛心的話。城市及文明社會的成人，設立了許多束縛人性的典章制度，法規條文，結果人反而成為人的枷鎖，自己綁

---

❿　Rousseau, *Confessions*, op. cit., 159.

⓫　Rousseau, *Emile*, op. cit., 92.

了自己。人性之敗壞及險惡，卻由此醞釀出來；城市及文明社會反而變成製造罪惡的溫床。屠殺人類，迫害異己；以教會所設的「異端審判所」(Inquisition)為例，就有難以勝數的異教徒甚至是信仰虔誠的基督徒慘遭殺戮。土著，小孩，鄉下人，甚至是動物，如果來觀賞「文明社會」的「成人」那種惡毒的勾當，定必驚怖不已，且自嘆不如。「人生而自由，但到處卻是鐵鍊」 **⓬**，盧梭在其政治名著《社會契約》(*The Social Contract*)一書中就以這句話作開場白。

第二節　自然教育的真諦

一、自然教育的第一真諦，就是解除束縛

人一出生，即失去自由。自然所賦予嬰孩的一切，成人悉數予以剝奪。人變成奴隸，不是主人。他樣樣屈服在習俗傳統的成規當中。「我們的所有智慧都是奴役式的偏見。我們的一切行事，只不過是壓抑，阻礙，以及限制。文明人生在奴役狀態中，活在奴役狀態下，並且也像奴隸一般的死去。一離母胎即被綑纏在襁褓裡，死了還被釘在棺木中。只要他還保持著人的身形，他就處在制度的桎梏裡。」 **⓭** 盧梭此種描述及感嘆，實在道盡了人生的災難面。助產士或親友還以為上帝給初生兒造就不像樣的頭殼，因此時時予以按摩或矯正，頭只能固定睡一定的位置，還用各式各樣的尿布及衣物包紮身體。不久，大人把嬰孩綁在背上，綑得緊緊的，身子發熱流汗或發癢，都不能動彈。偶一掙扎，換來的就是大人雙手的拋打。一上學校，教師要求肅靜，吃飽午飯後一定得趴在桌上睡覺，連睡覺的姿勢也不准變更。試問這種孩子，不是生不如死嗎？引申盧梭對文明社會及成人制度之不滿，即令是二十一世紀晚期的我國台灣，此種現象仍極為普遍。這種現象，「我看不出，生下來有多少好處？」 **⓮**

⓬ Rousseau, *The Social Contract and Discourse on the Origin of Inequality*, edited by Lester G. Crocker, N.Y.: Washington Square Press, 1967, 7.

⓭ Rousseau, *Emile*, op. cit., 42–43.

　　難怪孩子一出生，就是大哭一場；他曉得煎熬的日子正迎面而來。他在成人社會裡所領取的第一個禮物是鎖鍊，所獲得的第一種待遇就是苦刑。這不是奴隸是什麼，人還枉想做主人呢？他處處接受指揮，卻不能發號施令。把手錶賣掉，興高彩烈的說：「謝天謝地，我從此不再需要知道現在是幾點了！」❶

　　成人或文明人之所以限制重重，是期望孩子早日成為大人，快點納入文明社會中。卻不知這種欲速則不達，呷緊弄破碗的揠苗助長措施，大大的違反了自然，且效果適得其反。不把幼小的孩童當人看待，卻期望他是個小博士，逼迫他讀那些嘮叨的書本，家長盼望自己的子女不要輸在起跑點上，分秒必爭，時間充分利用，望子成龍，望女成鳳；結果孩子的壓力沈重無比。「你說你了解時間的價值，因此不願意虛耗時光，可是你沒有看到，一位錯用時間的人，不如那段時間一無事事來得妥當。教育如果失策，則未入學以前，兒童還頂聰明的，入學後反而笨了。」❶結果越唸越笨。入小學小笨，入中學中笨，入大學大笨。學校之惡名昭彰，是有歷史證據的。學校如果設了思想框框，則學生的思路就只有窒息一途。

　　學習之有成就，強烈動機是不可或缺的。逼迫的結果，動機漸形消失，且心生排拒。也許短時間內成效似乎卓著，但那是假相。人生好比馬拉松的長程旅途，即令輸在起跑點上，但其後奮發向上，主動自發，則可以把本來跑在後頭的局勢扭轉過來，後來居上，迎頭直追。而本來贏在起跑點上的那一批人，因為後勁不足，意願低落，終於要敬陪末座。

　　解除人為束縛，還兒童本來面目，這才是掌握住了自然主義的要旨。人的幸福也是如此。幸福，不是做我喜歡做的，而是不必做我所不喜歡做的。

---

❶　Ibid., 43.

❶　Davidson, op. cit., 59.

❶　Ibid., 107.

二、「消極教育」(negative education)是盧梭提倡自然教育所使用的專門名詞

讓兒童自自然然的去過他的生活，本身就具有無比的教育價值。學生本無事，何必成人窮操心。人為教育是「積極的」(positive)，自然教育是「消極的」(negative)。一般人以為積極才好，其實反而會害事，不如消極教育來得恰當。在大自然底下成長的小孩，不會無端的怕黑；並且，「我從來沒有看過一個農家，不管他是男人還是女人，或小孩，對蜘蛛產生害怕之情。」❶⒄小孩看到蜘蛛，在人為積極的影響下，心生畏懼；這種畏懼之情，是不必要的。之所以產生畏懼，也是大人「教」壞的。因為大人看到蜘蛛，就尖叫且面現驚怖之表情，這種人為作用，看在兒童眼裡，也發生感染作用。蜘蛛也是自然產物，黑暗也是自然現象，何懼怕之有。不少人看了蟾蜍或蟑螂，也疾喊救命。鄉下小孩都處之泰然，這是積極教育與消極教育最大的差別。

> 教育的第一步，應該是純粹消極。消極的意思，是說不要教孩子真理或品德，卻要兒童的身心免於罪惡及錯誤。假如你一無所教，也不讓別人來教導小孩；假如你讓學童到十二歲時都能健康又雄壯，即使他分辨不出左手與右手也無妨。❶⒅

由上述的引語，可見盧梭認為消極教育的年限到12歲左右為止；消極教育期間，並不強調知識與品德，如能養成健康的身体，則自然教育就完成了使命。健康的教育是奠定追求知識及健全品德的基礎，缺乏了它，真理與倫理都是空談。

「積極」的過分保護，孩童必定体弱多病。体弱多病並非孩童的自然狀況，卻是成人積極作為而產生。讓孩子消極的處於自然環境中，就會臉色紅潤，四肢強壯，孔武有力，活跳跳的精力充沛。首先，盧梭很欽佩洛克的建議，孩童自小就應洗冷水澡。只是洛克認為洗冷水澡是一種「磨練」

⒄　Ibid., 62.

⒅　Ibid., 93.

(discipline)，盧梭卻相信那只不過是一種「自然」(nature)。前者屬人為，後者屬消極。洗冷水澡的人比較能在大自然界中生存，因為冷水是自然界中的水之「自然」狀態，熱水則是反自然，自然界中的熱水也不多。習慣於洗冷水澡的人，即令到了冬天，也可以只穿夏天那麼簡便的服裝。盧梭以牛頓為例，而牛頓活了八十歲❶。

台灣有一些廠商作了廣告：「夏天洗澡，要洗熱水，不洗熱水，洗不乾淨。」什麼叫做乾淨呢？熱水可以使毛細孔張開，污垢較易清除；不過洗滌了毛細孔的污垢之後呢？吾人不可能一日不活動，尤其是生機力旺盛的兒童。一活動之後毛細孔內又積存了污垢，假定又得立即清除的話，那麼一天花在洗澡的時間，不是百分比太高了嗎？一生都在洗熱水澡好了，無暇幹其他事業了，這那裡是自然的人生呢？洗熱水澡是人為的規定，洗冷水澡才是天然的現象，鄉下人及土著不是頂習慣於洗冷水澡嗎？洗冷水澡也可激發身体本有的防衛能力及抗拒疾病的外侵。天氣雖有變化，但身体早與大自然合而為一，適應冷暖，自無問題。傷風感冒這種許多人易得的流行病，比較不會感染到經常洗冷水澡的人身上，因為洗冷水澡的人，早已在体內產生免疫力。

「積極人為」的害處無窮，「消極自然」的好處多多。根據盧梭的描述，孩子自小就被衣物包紮綑綁的國度，到處可見駝背、瘸腿、膝蓋內彎、佝僂骨炎及各種畸型的人；相反的，自然環境中成長的兒童，人人都高頭大馬，身材十分勻稱❷。

採用洛克的名言，「健全的心靈寓於健全的身体」。健康的維護，只有在無拘束「消極的」純任兒童順其天性的自然行為中獲得。冬天的巴黎，飄著厚厚的白雪，氣溫降低到零度以下，屋外積雪盈尺，不少小孩聚在一起興高采烈的打起雪仗，東跑西跳，歡樂無窮。大人一來，摸摸孩童的手腳，不忍心孩童凍得發紫的皮膚，冷冰的臉頰，因此乃大力一抓，硬把孩子拖到屋內火爐旁靜靜的取暖。試問孩童願意在屋內享受舒服的暖氣呢？還是寧可在屋外接受大自然的考驗，他們內心遭受「人為」壓迫所產生的

❶　Ibid., 127.

❷　Ibid., 43.

痛苦，遠超過他們在外面忍受風寒所受的痛苦百倍以上❷。長輩實在是庸人自擾，愛之適足以害之。可見積極有害，消極才有益學童的身心發展。

　　孩子學習走路，這也是自然的歸趨。走路沒有不曾跌倒的，但跌倒對兒童而言，也不是丟臉的事，丟臉是成人社會所形成的判斷觀念。跌倒與走路二者都極其自然，跌倒了再爬起來，兒童也自得其樂。成人如果不必積極介入，而純任兒童「我行我素」，則兒童就自自然然的學會走路。成人的「消極」，可以激勵兒童的「積極」；成人如果「積極」，兒童反而「消極」了。越俎代庖，處處保護兒童，兒童又那能長大，那能自由，又那能作主人呢？

　　盧梭認為，「走」有必要教嗎？孩子自自然然的就會走路，即令跌倒或瘀傷，也無關緊要，這是獲得自由的代價。「如果他跌倒，頭腫，鼻出血，如果他割破了手指，我不但不慌慌張張的跑到他身邊，反而要冷靜，至少要維持一段短時間。傷害既已發生，他有必要忍受。我的慌慌張張，只有助長他的恐懼及痛苦的敏感度。」❷其實，大人以為兒童遭受撞傷或跌倒的痛苦，兒童並不以為是多嚴重的傷害。甚至，孩童一生中如果都沒受什麼傷，沒嘗過什麼苦，那也不是「自然」現象；這種孩子倒令人操心。兒童自桌上或樹上掉下來，也不至於因此摔斷了腿，用棍子敲打一下手臂，也不會弄斷了他的胳膊；就是他抓了一把鋒利的刀，也因為不會抓得太緊，因此不會割出很深的傷口。在田野裡「讓他跑，讓他在四周雀躍，一天讓他跌倒一百次，越多越好。」❷

三、自然教育的真諦，就是教育工作者要了解兒童及大人的自然天性

　　主張自然教育的人，不是一無事事，或放任兒童自生自滅，卻得鑽研兒童的自然天性，然後順著天性來進行教育。這層任務，極其艱鉅，帶給了教育界一項無比的挑戰。但這塊園地，卻亟待開墾，它是教育學領域內

❷　Ibid., 87.

❷　Ibid., 77.

❷　Ibid., 78.

的處女地，極其荒蕪，幸而卻是一片沃土，豐饒了教育學術內涵。就因為這片新大陸的發現與耕耘，結果開出燦爛奪目的教育花朵。

兒童天性奧秘之了解，展開了兒童教育的新紀元。自然主義所言之「自然」(nature)，包括「人的自然」(即「人性」human nature)。依盧梭的看法，他深信人的本性是善良的，非如基督教所說的「原罪」，越接近原始狀態的人，心地越好。所以鄉下人，小孩，土著，古人，都比城市人，大人，文明人，現代人的心善良❷。

其次，先了解兒童的天然需要，教育應按照兒童的天然需要來進行，不可多也不可少。盧梭發現不少作父母的太過溺愛孩子，結果孩子極端任性撒野，成為頤指氣使的小暴君，以為自己是指揮他人的主宰，這是大人寵壞了兒童的天性。兒童必須滿足於自己的体力與智力，不要妄自菲薄，但也不可不自量力。

這種例子極多。「首先，他要手拿的拐杖，瞬間他要你的手錶；其後他要飛過的鳥，也要摘下閃爍的星星。凡是他看到的他都想要。你又不是上帝，怎能樣樣滿足他？」❷頑強的孩子需索無度，因為嬌生慣養，處處仰賴他人，看起來他像是主人的樣，其實卻是奴隸中最卑鄙的奴隸，也是人群應予同情的可憐蟲。兒童降生之際，並非是個盛氣凌人的長相，也沒有兇狠的眼神，或一副不可一世的姿態，「他們竟然要求房子用肩膀予以撞倒，拿下鐘樓上的風標，擋住行進中的軍隊以便多聽一會兒行軍的鼓聲。」❷這種按己意行事，自私自利的人，是大人不明兒童天然本性所形成的惡劣習慣。

大人應了解兒童的天然需求或生理本能。經過研究，一個孩子肚子餓了，他要吃餅乾時，成人知悉這個孩子的個別差異及當時的体能狀況，認定給八塊餅乾就可讓他滿足「基本」需求，此刻成人就只能夠提供八塊餅乾，這才是應「自然」所採取的教育。如果大人這時拿出來的餅乾超過八

---

❷ Rousseau, *The Social Contract and Discourse on the Origin of Inequality*, op. cit., 248. *Emile*, 92.

❷ Rousseau, *Emile*, op. cit., 87.

❷ Ibid., 88.

塊，則這是一種引誘，誘導孩子追求基本需求以外的嗜欲。要是大人只拿出六塊，則這是一種虐待。過與不及，皆非善舉。如何斷定該名孩子吃八塊就已足夠，而非六塊或十塊，這就有賴成人費時去研究兒童了。但是有個關鍵極其重要。當大人判斷孩童自然需求是八塊餅乾而呈現在孩童面前的也只有八塊時，這是最美的安排，孩童吃完了八塊餅乾，一方面他填飽了肚皮，一方面也發現沒有剩餘餅乾了，他會滿足的離開，毫無怨言。大人小孩之間沒有摩擦，也不生間隙；但是如果給少了或給多了，一來孩子仍然根據自然需求而有所等待，一來孩童看到餅乾盤上仍有餘糧，但大人卻禁止他多食，此時二者之衝突就易產生 **㉗**。「人為的限制」比「自然的限制」較易引起學童的反抗。

　　大自然對成人的天性也有所安排，吾人要順著它，不要拂逆它。比如說，孩子出生後頭數年的養育責任，就落在母親而非父親身上。因為大自然賦予母親生產的任務，且母親又於產後會分泌乳汁，這是哺乳嬰兒最有益的滋養料。因此母親絕不可逃避親自扶養子女的職責。要是父親也分泌乳汁，或只有父親才分泌乳汁，則養兒育女的重擔就落在爸爸身上 **㉘**。但是大自然並沒有如此安排，因此母親就「自然」地成為孩子的養育者，她如果推卸這種自然所交代給她的責任，就違反了自然。不幸不少巴黎上層社會的高貴淑女都通宵達旦的去跳舞取樂，而把養兒育女的工作交給僕人來處理。

　　根據盧梭的觀察，男女兩性有極大的差別，教育因性別不同而有懸殊的措施。「一方是主動且強有力，一方是被動且柔弱；一方是能力且意志堅定，一方是稍作抗拒即已足夠。」**㉙**因此男性的自然天性就是心如鐵石，女性則表現柔情似水。假定男性似女性，女性似男性，這會擾亂大自然的秩序，盧梭不滿巴黎社會，這也是一項主因。男性的天性發展，本來就是肌肉結實，他所展現的是「力」；而女性的天性發展是嫵媚，她最令人欣賞的就是「美」。要是男女雙方不知「自然」，男生如妖精，弱不禁風；女生虎

㉗　Allan Bloom 之解析，見 *Emile*, ibid., Introduction, 12, *Emile* 本文，91。

㉘　Rousseau, *Emile*, ibid., 37, footnote.

㉙　Ibid., 358.

背熊腰，動作粗野，則看了都有噁心之感。

四、教育如果具有「約束」的意涵，則「自然」本身就帶有制裁功能

行為的「制裁」(sanctions)，一般說來，有「外在制裁」(external sanction)及「內在制裁」(internal sanction)之分。內在制裁即是良心制裁，一個人如果愧對良心，就會內心不安，良心的譴責使他不敢犯過。外在制裁的種類有四：一是法律制裁，坐牢、罰款、記過、降職甚至是死刑等，使作奸犯科減少或絕跡；一是宗教制裁，善有善報，惡有惡報，不是不報，而是時間未到；舉頭三尺有神明。因害怕上刀山，下油鍋，入地獄，因此不敢為非作歹。一是輿論制裁，別人指指點點，交互指責，自己沒有歸屬感而變成孤零零一個的落寞；或無法適應社會的言行舉止而引來眾人投以異樣的眼神等，也容易規範個人的行為。一是自然制裁，即是盧梭在《愛彌兒》一書中數次提到的懲罰。

外在制裁皆以「苦」「樂」作為行為「善」「惡」的評量標準。「苦」「樂」是行為的「後效」(consequence)。一種行為產生之後，讓行為當事者感受「報應」，則最具切實感，也最了解行為的意義。良心的內在制裁，對兒童而言，是不具實質效果的；至於法律制裁、宗教制裁、及輿論制裁，皆屬於「人為」制裁，盧梭既大倡自然，反對人為，當然不會重視。讓「不方便」(inconveniences)、「痛苦」(pain)等自自然然產生，孩童就覺得引起「不方便」及「痛苦」的行為不應該去行。孩童從自然現象中体會因果關連，一點也不勉強。

孩子破壞了他所使用的傢俱，不必急著為他再買新的，讓他發現沒有傢俱可用時的壞處。他打壞了屋子的窗戶，就讓他日夜遭受涼風侵襲而不必擔心他感冒；因為傷風總比他瘋狂為佳。不必因他對你造成了不便而埋怨，讓他首遭此種不便❸。苦果由自己先嘗，這是自然懲罰的好處，不管身分、地位、性別、種族，大家一律接受自然的制裁，毫無差別待遇，眾

---

❸　Ibid., 100.

生平等。所破壞的學校公物，不必急著更新，可貼文告向社會大眾說明其狀況，以喚醒大家省思！

比如說撒謊吧！大人不必只是因為孩子說謊話就予以斥責，而是讓孩子了解撒謊之「自然效應」，就是即令該孩子口口聲聲說他道出實情時，也沒有人會相信，因為該孩子有撒謊的前科**❸**。

> 如果一個孩子太貪睡，則我會告訴他我準備一個令他十分羨慕的玩意讓他把玩。如果我想要他在一定的時間起床，我會向他說：明晨六時我們去釣魚，還要散步到某些地方，你願加入嗎？當他同意並請求我叫醒他時，我視需要答應或不答應他的請求。假如他起身太遲，他會發現我們走了。他不快點學會早起，則一定會吃虧。**❸**

自然懲罰最為人詬病之處，就是太費時間；行為之後有時要經過長久以後才反應出來，屆時由於時間隔離太久，因與果很難搭上線，不知後果乃基於什麼前因。不過盧梭卻極力主張不必急，他所訂下來的「最重大、最重要也最有用的教育規則，就是不要爭取時間，反而有必要等待時間的流失。」**❸**成熟、見解、經驗等，都需經過長時間的考驗，為了避免傷害，結果製作了許多人為的「零故障」設備，實在是多此一舉。孩子受到的自然災害，多數不會嚴重到致人於死命的地步。在大自然環境下，不少傷痛之來臨，時間也不會延續太久。那些傷痛，必須學童親自嘗受，大人不必心疼。

其次，行為後效一定要來自於自然，才算是自然制裁，來之於人為的就不算數。孩子從孩子的高度處掉下來，絕對不會一命嗚呼，只有他從高樓大廈摔下來才會步入陰府。將孩子置放於電線插座處而旁邊又放有鐵線，以致於兒童於嬉戲時將鐵線插入電線插座而遭擊斃，這都是「文明社會」的結局。自然教育的師長，必須避免孩童接觸這些環境，否則後果就不堪設想了。自然懲罰還留有機會讓孩子從苦痛的經驗中調整或修正自己的錯

---

❸ Ibid., 101.

❸ Ibid., 130.

❸ Ibid., 93.

誤行為；人為制裁則可能一次就奪走了孩子的生命。

此外，在孩童理性漸萌芽的年齡，師長也可以經過一番教導而讓學童預期自然之後效而產生自然制裁效果。盧梭舉了數個例子：一個孩子如果一再的打破玻璃，就應該直截了當但也不必生氣的告訴他：「這些窗子是我的，我費了不少力氣安裝在那兒，我要保護這些窗子。」然後將他關在一間無窗戶的暗房裡，假定他以哭鬧來回應，也不必理他。不久，他就哭累而變了聲調，哀聲嘆氣的訴說他的苦楚。一位家僕走過，這位造反者請求他開門釋放他出來。家僕不必找任何藉口，只告訴他：「我也有窗戶要保護」，就一口回絕的走開。數小時之後，孩子極為煩惱，牢記此種新鮮經驗，此時有人向他建議，如果他願意簽下契約，他再也不會打破玻璃，以此作為獲取自由的條件，則這種提議，他將認為再好不過❸❹。個人與個人之間應有契約行為，大家共同遵守；人民與政府之間也應訂立「社會契約」(Social Contract)來作為大家行事的準則。《社會契約》是盧梭在政治學上的一本名著。「契約」看似人為的產物，其實卻是自然的歸趨。除非個人離群索居，否則社會生活的「自然後效」，就是社會契約的訂定。

當孩子有過種豆的自然經驗後，財產的自然觀念就開始萌芽。但是他所種的豆如果是種在人家早已種有五穀的地，則同樣，人家為了保護他的財產，會把孩子所種的豆也全部予以剷除。孩子此時的傷心，就可以將心比心的推想別人所種的五穀被人剷除時所生的傷心一般。此種体驗，可以使孩子不致於盲動，而人家之剷除孩子所種的豆，正是孩子盲動所生的自然效應❸❺。

可見自然效應，有些來之於自然的回響。暴飲暴食，就會拉肚子。有些則由於人的自然反應。對別人不敬，別人「自然」對你不禮貌。不尊重別人，「自然」得不到別人的尊重。自己私心太強，也「自然」不會取得別人的照顧。盧梭還舉了一個例——向群眾說穿魔術師變戲法而得到的自然惡果。市集上一位魔術師表演魔術，群眾看了大為驚奇，但愛彌兒不久知悉該魔術的訣竅，也在大庭廣眾之前如法炮製，引來許多人圍觀，卻搶了

---

❸❹　Ibid., 100.

❸❺　Ibid., 98–99.

魔術師的群眾，還好該魔術師雖然窘態畢露，卻風度十足的過來向愛彌兒擁抱並致賀，還說要招徠更多遊客來捧場。愛彌兒就在魔術師的大力引薦之下，向擠滿的群眾表演魔術。豈知這次卻完全走樣，把玩的蠟製鴨子不聽指揮，愛彌兒急得滿頭大汗，在嘲笑聲中，魔術師拿出他看家本領，從容自在且成功的表演他拿手的魔術戲法。隔日，魔術師親自拜訪愛彌兒，態度謙恭，但話中顯出對愛彌兒頭一天洩了他的底牌感到不滿。因為變魔術是他的謀生工具，愛彌兒卻擬剝奪他的衣食法寶。殊不知，一生以變魔術為業的人，變戲法的技巧變化多端，絕不似愛彌兒在短時間內突然想出的一套技倆而已。所以當精明的魔術師稍微改變一下魔術道具的花樣時，外行人就束手無策了。並且造詣高的魔術師也不會輕易露出絕招，或把全部的戲法在一次表演中悉數演盡❸❻。愛彌兒閱歷不深，鹵莽衝動，容易招來尷尬的「自然惡果」。這種惡果，愛彌兒由於年幼無知，當然錯不在己，但作為大人、師長或監護者，就不可推卸責任了。

「自然」也是一種「必然」(necessity)，因此一定會發生。「這種一定會發生的必然法則，通常就能夠教導人們，及早不要去做那些不愉快的事，以便防止他以後會做出更加不愉快的壞事。」❸❼人無遠慮，可能會有近樂，但遠憂的災害卻大於近樂。「遠慮」(foresight)的善予運用與否，乃是造成智慧(wisdom)與「不幸」(misery)的最大差別所在❸❽。大人能夠教小孩的，就是順著這種自然的歸趨讓兒童了解，違反了自然，他必然會遭受到自然的懲罰，無一倖免。因此人們接受自然的懲罰，也只好「認命」，一方面是由於自然懲罰相當合理，一方面也因為自然在執行懲罰時，沒有染上人為的情緒作用在其中，所以較為單純，不會滋生其他複雜的問題。

歌頌自然，厭惡城市的盧梭，在1755年9月1日發生於葡萄牙首府里斯本(Lisbon)早上九點四十分的大地震，得到了「大自然」懲罰大都市的最佳例證。不少高樓大廈倒塌，死傷無數。「要知道大自然並沒有要把兩萬座六或七層的房子聚集在一起。那個大都市的居民若能均衡的散布在四處，並

❸❻　Ibid., 172–174.

❸❼　Ibid., 177.

❸❽　Ibid.

且人口密度不要那麼高，則災害就大可降低，甚至沒人傷亡。當第一次震動時，大家都跑開了，次日我們就可以在百哩外看到他們，如同什麼事都未發生一般。」❸盧梭不是幸災樂禍，該事件證實了都市生活確有壞處。人們不自我反省，則自然就予以懲罰。要是大家都住在鄉下，就不會有地震的慘劇發生。

T. H. Huxley，在*Collected Essays*, vol. iii, p.85中說：

Nature's discipline is not even a word and a blow, and the blow first; but the blow without the word. It is left for you to find out why your ears are boxed. The object of what we commonly call education is to make good these defects in Nature's method: to prepare the child to receive Nature's education, neither incapably, nor ignorantly, nor with wilful disobedience; and to understand the preliminary symptoms of her pleasure, without waiting for the box on the ear.

自然在進行懲罰時，既不說一句話就給一個巴掌，且一個巴掌先，巴掌以後也不吭一聲，只好留給你去發覺為什麼你挨耳光。我們一般所說的教育，就是將自然的這種方法上的缺點好好予以改正，準備孩子接受自然教育，不可忽略它，低估它，也不可任意違背它，並且要体會它心情愉悅時的事先徵兆，不要呆呆的等候挨耳光。❹

---

❸　引自Durant, op. cit., 154.

❹　John Adams, *The Evolution of Educational Theory*, 1912, reprint 1994. Thoemnes, Bristol, 274.

第十一章 高唱自然教育的盧梭（下）

第一節 自然教育的程序㈠

按照個体自然發展的狀態，自出生開始的教育，盧梭分了數段程序。柏拉圖及亞里士多德在各自的著作裡，都曾提到幾歲到幾歲應該進行什麼樣的教育，但一來語焉不詳，二來該種劃分到底根據什麼為基礎，這兩位希臘大師也沒明說。康米紐斯倒是提出系統學校制度的第一人，他以六年為一階段，分成四階段來進行教育；這種分法簡單明瞭，又以春夏秋冬四季作比喻，讓人印象深刻。不過康氏的程序，太過呆板，不如盧梭之以自然發展所顯示出來的自然差異，而採取與之呼應的教育措施。教育不能違反自然，卻應依照自然，如水一到，必然渠成。

一、 出生到二歲——嬰兒期(Infancy)

一般自然的次序，嬰孩到二歲時，大部分就已開始學會說話。盧梭以說話與否作為嬰兒期與下一自然程序（即兒童期）的分水嶺，是有特殊理由的。這段期間中的嬰孩教育，最重要的是保持身體的健康。但有數項重點，大人必須善予處理，才是名副其實的自然教育。

1.母親必須親自餵奶：上文已提到，自然賦予產婦分泌乳汁，這是嬰孩最自然的滋養料，一供一需，恰到好處。不幸，不少母親仰賴奶媽哺乳，這是成人誤解了自然，也拂逆了自然。結果必然讓孩子覺得「有奶便是娘」，錯認奶媽就是親生媽。親生骨肉的關懷，從開始就斷絕。拒絕將自己的奶餵給自己孩子的母親，絕對不是好母親；母親不能把柔情蜜意附著於孩子身上，孩子卻要依靠奶媽來扶養。有些奶媽不耐煩，無法在這位陌生嬰孩面前，現出母性的慈暉，反而用鎮靜劑或安眠藥注入於奶粉中或塗在乳頭

上，讓孩子早點呼呼入睡，自己就可享受休閒時光。此種嬰孩蒙受早年的不幸，是親生媽媽降禍於無辜，該孩子也許曾經「死過一百次」❶。要是運氣好，碰到一位善盡責任的奶媽，奶媽視嬰孩為己出，嬰孩也以奶媽為親母，母子情懷日積月累，嬰孩反而把親生母親看成為陌生人。母親嫉妒心油然而生，如果硬性要求孩子以冷酷無情的態度來對待奶媽，且自己也以身示範，對待奶媽不假辭色，以為如此必會斷了奶媽與嬰孩之間的親情，讓孩子回到自己的懷抱裡，這種做法卻反而使孩子產生忘恩負義之感，得不償失❷。這也是母親不親自哺乳的「自然效應」。相反的，母親以哺乳作為最高尚且別人無可取代的職責，則家庭生活必然十分圓滿。父親看在眼裡，也感染母愛的光輝，夫妻鶼鰈情深。快樂幸福的家庭生活，是抗拒社會不良風氣的解毒劑。

2.善於處理哭泣問題：啼哭是嬰兒的常事，嬰孩降世，必先大哭一場，那是自然現象，不值大驚小怪。不少大人厭惡或不忍嬰兒哭叫，因此採取百般哄騙的順從子女意思，或是嚇唬或打罵；前者易使孩子養成指揮他人的觀念，後者則讓孩子產生奴婢心態，二者皆不足取。從小就指揮別人，或接受別人指揮，這是萬萬不可的，也都是奇怪的教育觀念所產生的。

哭是兒童的第一種自然語言，因生來太柔弱與無助，体力的限制也太多，在有所需求而無法獲得滿足時，孩子就悲泣與啼哭。飢餓，口渴，冷熱過度，疲倦等自然需求但又受到阻礙時，他就只好以哭來表示。大人或師長應了解兒童此刻的生理及心理需要，適時給予滿足，孩子就不會無端的哭泣。要是不分青紅皂白的予以鞭打，則孩子的憤怒與痛楚，猶如「火辣辣的燒炭掉在孩子手上」一般❸。這種情緒的發洩，可以從孩子哭聲的淒厲與表情顯現出來，稍有經驗的大人是不難察覺的。

如因身心痛苦而哭，則痛苦解除之後，孩子就不會再哭；凡是超出兒童生理需要的要求所發出的哭聲，大人千萬不要理會，否則孩子會得寸進尺。不少父母寵愛甚至溺愛過度，任由孩子擺布，成了「孝子」，那是咎由

---

❶　*Emile*, op. cit., 45.

❷　Ibid.

❸　Ibid., 66.

自取。「孩子的第一滴眼淚是請求，如處理不當，眼淚馬上變成命令，孩子以尋求幫助為始，但卻以駕馭別人來侍候自己告終。」❹執拗或倔強的脾氣於焉形成。大人此時應該狠下心來，不管孩子如何哭吵，都斷然拒絕，並且一說「不」之後，絕不妥協，不可因孩子不停的哭泣就鬆軟了你的拒絕念頭，否則就前功盡棄了❺。其實，孩子在哭鬧不得逞之後，他也會累得不堪。一次被拒絕之後，下次就減少了哭的時間，乃至於不哭了，因為孩子知悉，哭這個招術，是不管用的。只有哭出效果，孩子才會善用這個「無堅不摧」的武器。

　　讓孩子分心，也是糾正孩子哭泣習慣的一種良方。把玩一種非常具有吸引力的玩物，孩子就忘了哭。但此時大人不必刻意的去注視孩子，以免孩子警覺到大人是有意轉移他的視線。

　　3.順從自然的嬰兒教育方法：

　　①長牙時開始斷奶，咀嚼取代了吸吮❻，比較軟性的食物，適合於兒童長牙時的咬食，食物不必完全屬於湯類的東西。

　　②孩子多半在搖籃裡，但沒有必要把搖籃搖來搖去。在靜止不動的搖籃裡能夠入睡的小孩，才是自然的❼。

　　③搖籃裡不應有人為的奢侈又昂貴的玩具，只要是自然的實物即具最高價值。一束罌粟花果的殼子裡，種子相擊就可聽出聲響，有果子又有樹葉的枝幹，既可啃又可吸吮的甘草棍，就足夠讓小孩玩得樂趣無窮了❽。從自然取材，就有無窮盡的教育內容。

　　④分娩後，將嬰兒置於溫水中洗滌，因為嬰孩剛出娘胎，子宮的溫度並非冰冷，水中不應摻酒。其後則可以在自然溫度的水中洗澡，溫度再低也無妨。降生之後，不必戴帽，不穿皮帶，無需裹衣，只包以寬大的尿布即可，務必讓孩子的肌肉及身体獲得充分的發展。

---

❹　Ibid.

❺　Ibid., 69, 86.

❻　Ibid., 69.

❼　Ibid., 60.

❽　Ibid., 70.

⑤勿與藥罐為伍，自然就是最上乘的醫生。幾乎所有的小病，會不藥而癒；不少大病即令華陀再世，也無濟於事。並且「在治療疾病上，吾人所受醫生的折磨，大過於我們忍受的疾病之痛苦，耐心的依自然行事吧！人不能免於一死的，但一生中只會死一次，醫生卻天天帶死神進入你困擾的想像中」❾。醫生有治好病人的例證，但醫死人的更多，何必押這個不太勝算的彩券呢？1753年，盧梭早年所患的閉尿症，在經過一段時間的鄉下旅行之後，就減輕了許多該病的痛苦。「這個發現，使我下定決心捨棄醫生及藥物，要嘛就是恢復健康，要嘛就是死亡，我已向醫生及藥物永遠的道再見了，天天開始過日子，無法動彈時，我就靜靜的坐下來；一有体力，我就到處去走動走動。」❿吸取自然界不受污染的新鮮空氣，多多運動，躺臥於自然的懷抱裡，体力自然可以恢復，生理器官的微恙就恢復正常，臉色由憔悴轉而紅潤，懶洋洋也變成精力十足了。

二、二歲到十二歲──兒童期(Boyhood)

盧梭以「說話」作為嬰兒期與兒童期的分界線，具有相當大的文化學意義。說話是人與其他動物最大的差別所在。嬰兒期的觀念傳達工具，頂多是「肢体語言」(body language)而已，與動物沒什麼兩樣；但語言器官漸趨自然成熟後，說話顯然是大自然賦予人類的最佳禮物。一般說來，兒童開始說話，年齡大概在二歲左右，所以盧梭以二歲作為兒童期的開始。十二歲時，兒童的生理發展又邁入一嶄新的階段。所以二歲到十二歲為一期，稱為「兒童期」。此期的重點有三：一是語言的學習，二是身體的保健，三是感官知覺的發展。

1.語言的學習：嬰孩時期只會哭，不會說話。嬰孩的哭，代表他們的需求。一位經驗老到的僕人或母親，大都能分辨出嬰孩的不同哭聲代表的不同需求。嬰孩肚子餓的哭，與尿尿時的哭，就其聲調及表情而言，是有所差別的，但能夠充分了解這些差別的大人不多。孩子漸長，發音功能較成熟時，語言的表達，就比哭聲較容易使他人領會。順應著這種自然的趨

---

❾　Ibid., 82.

❿　*Confessions*, op. cit., 363.

勢，盧梭要孩子在步入兒童期時，就不應該再哭，尤其在能夠用語言來陳述時，更不可以只哭不說話，否則大人會窮猜一頓，也不知兒童到底為何而哭。如果因劇痛而哭，「一聲即夠」❶。自然給人類的，不是哭聲而已；自然給兒童裝備了發音器官（如長了牙齒），應善予運用，不應暴殄天物。

①不要向兒童講「廢話」：不少大人向兒童嘀嘀咕咕的喋喋不休，說的儘是兒童無法領會的話。依據自然的順序，兒童比較能認識清楚的語言，先是比較清晰及簡單的發音，詞類以名詞為主，且是具体的名詞。違反這個自然規則，大人就是說得口沫橫飛，天花亂墜，卻都是廢話連篇，對兒童而言，不知所云。兒童首先能領會的，一定是憑他的視覺或觸覺等五官感覺能及的具体實物，並且要一再的重複，發音力求簡單的單音❷，如「爸爸、媽媽」；他如捲舌音或多音節音，都不適宜兒童學習。

②鼓勵孩子說出完整的話：孩子最先說出單字，大人就揣摩孩子的意思，因此孩子就節省下來或未等他將整句加以表達時，他說話擬達到的目的已然完成。這種現象易阻礙孩子的語言發展。此外，城市的孩子說話輕聲細語，別人不易聽清楚，不如鄉下的孩子說話大聲，且非得說出完整的句子不可。因為鄉下大人忙著工作耕耘，無暇猜測孩子在輕動嘴唇或口中喃喃時，到底是在說什麼；並且在田野中，因為彼此距離較遠，表情手勢等幫助也比較無濟於事，說話不得不大聲。經過此種練習，鄉下的孩子對語言的掌握比較早點得心應手，他不說則已，一說必然說出完整而清楚的話；城市的孩子有時還得透過親人當翻譯，否則經常是辭不達意的❸。

③唱歌與說話一樣，都要清楚與簡單，發音正確，不要故意做作，能哼調即可，不會歌詞也無妨，除非歌詞內容相當有趣且適合於兒童理解❹。（類似驪歌或「中國」國歌的歌詞內容，相當艱深冷僻，遠超出兒童的理解範圍之外，殊不足取。如果再以台灣過去所雷厲風行的「打倒俄寇反共產、反共產；消滅朱毛殺漢奸、殺漢奸」作歌詞文句，那就更不恰當了。）

---

❶　*Emile*, op. cit., 77.

❷　Ibid., 70.

❸　Ibid., 72.

❹　Ibid., 149.

2.給孩子一個快樂又健康的童年：孩子不是小大人，更非成人的縮影。兒童有兒童的天地，兒童就是兒童❺。

①首先，兒童時期精力旺盛，活力十足，他是靜不下來的。在体格生長中，這是自然賜予兒童的最大恩物。「讓他的身體持續的運動，使他強壯又健康。……讓他做事、活動、跑、很少靜止。」❻体弱多病的人，智力也受損害，脾氣變壞，人生觀也極為消極。健康的身体才是幸福的泉源。

②其次，傳統觀念的家長對孩子的管教太嚴，兒童動輒得咎，使得本來應該是歡樂的歲月，卻多半在哭泣、斥責、恐嚇、及奴役中度過。一個人活了六十歲，但卻沒有一天幸福，試問這種人生長壽又有何益❼？更不用說，在盧梭的時代裡，不少孩子夭折，或英年早逝；死神不知何時降臨身上。大人何忍剝奪孩童所可享受的寶貴且短暫時光，屆時才懊悔不已，但為時已晚。童年一去不復返，在造物主召回他們之前，讓他們盡情的去享受一下快樂、活潑、四下跑動、無憂無慮的童年生活吧！因此作為師長的成人，態度必須和藹可親，心地必須仁慈。「人啊！要有人味兒！這是你的第一職責。對任何身分及年齡的人，只要他不異於人類，都應仁慈。除了仁慈之外，你還有什麼足以自豪的呢？喜愛兒童，鼓勵他們遊玩，增進他們快樂，增加他們可愛的本能。」❽

但是大人的仁慈，只應幫助兒童解決他在自然需求的範圍之內所遭遇的困難而已，超出兒童自然能力之外的需求，大人不應任令兒童的欲望而給予滿足。「真正的需要，就是自然的需要，一定要與幻想所衍生的需要作清楚的分辨。」❾絕不能因為兒童想要什麼，就無條件的給什麼，否則易養成兒童一種小暴君的心態。關鍵在於當兒童的幻想無窮時，大人不要為其代勞，以致於依賴大人而活；不如要他自行努力去奮鬥。萬事靠自己，也

❺ Ibid., 80.

❻ Ibid., 118.

❼ 這猶如一個國家號稱有五千年的歷史，但人民多數時間都生活在痛苦、貧窮及災難當中，不如一個國家只有短短幾十年的歷史，但人民卻眉開眼笑，歡樂異常來得珍貴。

❽ *Emile*, op. cit., 79.

❾ Ibid., 86.

是幸福生活的象徵。

③自由是幸福的重要條件。「當一個孩子想走的時候，我們就不應該限制他呆著不動；如果他想靜止，就不應逼著他非走動不可。」❷不少大人對孩童的行為，不是限制過多，就是放縱，結果孩子不是畏畏縮縮，緊張發抖，就是目無尊長，牢騷滿腹；二者離幸福極為遙遠。前者的自然後效，就是失去自信，滋長自卑；後者則除非能一輩子都享有機會來役使別人，否則必遭來別人的冷眼與抗拒。這兩種生活皆非愜意的生活。追根究底，都是童年不當的教養有以致之。該兩種狀況下的孩子，都非生活在自由中，都與幸福絕緣。

> 大自然希望孩童在成為大人之前就是孩童。假如吾人擾亂了這個秩序，就會造成青澀的果子，成熟度不足，味道不鮮美，且不久就腐爛。我們也將造就小博士及老孩童。孩子有孩子特有的看法、想法、及感受，以為用我們大人的一切來取代兒童的一切，沒有一種比這更愚蠢的了。❷

這就是兒童的教育宣言，更是「替年輕一代宣洩的憲章」❷。盧梭希望用有生命的人性觀點——「生長」（growth）來取代「機械成規」（mechanism）。盧梭變成兒童的發言人。教育小孩成為名實相符的小孩，而不是妄想他成為一位冬烘先生般的大人。

④糾正桀驁不馴的孩子之方法：孩子有了乖僻的性情，那不是他的本來天性，卻是後天大人不當的管教所縱容而成。這種小孩不只失去了快樂的童年，長大成人還增加人生的痛苦及他人的災難。盧梭在《愛彌兒》一書第二章提到一個例子，他使用循序漸進及自然效應的方法，使乖張的小孩就範。碰到這種小孩，耐性是極其必要的，不要企求一蹴而幾，立竿見影。

這位小孩嬌生慣養，這是他母親慈愿他的，因為這位孩子是獨生兒，

---

❷　Ibid.

❷　Ibid., 90.

❷　Lord Morley, *Rousseau*, Chapman & Hall, 1883, 392.

是繼承遺產的唯一人選；且以為孩子還小，因此處處都得順他，因此養成了「只要我喜歡，又有什麼不可以」的心態。他常惡作劇的要考驗成人是否事事聽他指揮，稍一不如意，就大鬧一場。三更半夜時，他要求盧梭要與他秉燭夜遊，不管盧梭是否正進入甜蜜的夢鄉；開始頭幾次，盧梭都很聽話，這小孩幾乎每一次都在此種任性的作弄大人之後，就睡眼惺忪的無精打采起來。他不是興致勃勃的擬作夜間活動，卻只想把他人當工具而非目的。此種用意得逞之後，這位小孩還會在就寢之前親吻盧梭以道晚安。盧梭此時告訴他：「小朋友，這下很不錯了吧！不要再來這一套了！」這句話引起他的好奇，隔夜，他又重施故技，擬測驗一下盧梭是否膽敢不聽從指揮。盧梭問他到底他要求什麼，這個小孩說他睡不著。「那真糟糕」，盧梭簡短的作此回答，就翻頭入睡。小孩要點蠟燭，盧梭也相應不理。這種現象使他開始失望與迷惑。小孩自己去尋求打火機，因為從來沒有自己使用過，因此試了多次都無濟於事，且小手指疼痛異常。他開始請求盧梭，但盧梭也不為所動，照睡不誤。這位淘氣兒開始在房裡亂跑亂跳，連叫帶唱，又打桌子，又捶椅子；盧梭知道小孩不會用力捶打桌椅，因為如此他會自受其害。小孩以為此舉會引來盧梭大發雷霆，但出乎意料之外，盧梭竟然以出奇的冷靜來應付這種場面。小孩想征服大人，但大人如果中計，小孩就額手稱慶。

　　但是如此吵鬧不休，也非善策；盧梭終於站了起來，點亮了蠟燭，牽著小孩的手走出去了。小孩正要以勝利者的姿態來收拾戰果之時，盧梭乃拉這位小孩進入一間沒什麼裝飾或器物的小屋子內，立即獨留這位小孩在裡面，房間反鎖，蠟燭也熄滅。小孩在室內開始哭叫，盧梭在室外稍候片刻，小孩哭叫聲越來越弱，盧梭才安心的回房安眠。隔晨，盧梭發現這個造反者躺在一張小床上，爛睡如泥。因為他胡鬧了一晚，也已筋疲力竭了。

　　但是這位小孩的媽媽知悉此事，大為不滿，孩子發現有媽媽撐腰，就開始裝病。看在盧梭眼裡，這些都是虛偽的假面具，雖然醫生也請來了，但盧梭知悉該孩子只是患了心病，不理不睬才是上策。當孩子發現半夜吵醒人以及裝病引不起大人注意的時候，他就自討沒趣，回復「常態」——自然狀態了❷。

「嬰孩期」的嬰孩以哭作武器，「兒童期」的兒童以命令作工具。幼小的生命也會察顏觀色，結果養成狡猾習慣。只要大人不屑一顧，就不會弄得大小雞犬不寧，寢食難安。原來始作俑者正是大人，大人助長孩子為惡，鼓勵小孩打人，還笑他出手不重。不知小時打人成性，大了可能就會殺人❷。「細漢偷挽匏，大漢會偷牽牛」，這句台灣俚語，也與盧梭的警告「台西」相互輝映。

3.重感覺而非理性，「兒童期是理性的睡覺期」(childhood is reason's sleep)❷：盧梭對洛克讚賞不置，唯獨對洛克主張應及早向兒童講「理」，不表贊同。盧梭認為兒童時期，理性未萌芽，對兒童說理，等於對牛彈琴，雞同鴨講，毫無效果。

其實，兩位思想家只是用語的定義不同而已，主張卻是一致的。洛克所言之「理」，在兒童時期，只限定在兒童可以領會的範圍之內，絕對不涉及玄虛、空洞、深奧的「理」；盧梭也向孩童作了一些說明與解釋，而孩童最能心領神會的，就是感官經驗界的直接体驗。二者之觀點，有若合符節之處。

①廢除傳統的書本教育，知識來自於自然：對大多數的兒童而言，書本是孩子的夢魘，本應是快樂的歲月，卻埋葬在教科書的生記活背中。盧梭自己就是個活生生的實例，一個十歲到十二歲的孩子，正值快速發育、体格健壯、体態成形的階段，猶如幼芽欣欣向榮，快樂幸福聚集一身之刻，但上課鐘聲一響，情況立即改觀。他的眼神籠罩了一層烏雲，他的愉悅臉容褪去了光潤的色澤。「再見了，快活；再見了，蹦蹦跳跳的遊戲。」一個嚴峻而怒容的人抓了他的手，鄭重的把他帶到一個教室，呈現在他眼前的，就是「書」❷。不少孩子淚流滿襟，因為受苦受難的日子開始降臨，卻又無法迴避。

知識不是只限定在書本而已，何況書本所提供的是死知識或是不實的

---

❷　*Emile*, 122–125.

❷　Ibid., 97–98, footnote.

❷　Ibid., 107.

❷　Ibid., 159.

資料，顯然在欺騙學生。正確且可靠的學問，反而來自於大自然。盧梭說：
「我們的首位哲學師傅是我們的腳，我們的手，我們的眼睛。以書本代替
這些，不是在教我們推理，只是在教我們運用別人已作的推理。它要我們
相信許多，但卻知道很少。」❷書內充滿「文字、更多的文字，整書都是文
字!」❷文字本是一種符號，抽象的符號，又無圖畫，實在不適合於兒童的
心理需要，難怪引不起學童的興趣。

　　學童早就開始活用他的感官觸鬚，只要他生理健全的話。如果長期處
在大自然中，孩童可以獲得極為豐富的自然知識，因為都是親自經驗而來，
所以印象極為牢固。盧梭自己說，他到了十八歲才從哲學（物理學）書上
學到槓桿，但十二歲的農家小孩都比法蘭西學院的專家更擅長於使用槓桿。
「學童在校園內相互切磋所知悉的東西，都比課堂上所學習的有用一百
倍。」❷

　　盧梭還舉海德爵士(Lord Hyde)所說的一個故事來結束《愛彌兒》的第
二章。一位朋友出國去意大利三年，回來後擬考驗一下他一位九、十歲左
右孩子的進步狀況。有一次黃昏時，父子同家庭教師共同在田野漫步，不
少小孩在那玩風箏。爸爸藉機邊走邊問小孩：「風箏影子在這裡，那麼風箏
在那?」他的小孩一點也不遲疑，且頭也沒抬，就馬上答道：「在公路上空。」
海德爵士說：「確實沒錯，公路上空就是介於我們與太陽之間。」他吻了小
孩，沒說什麼就走了。隔日他送給家庭教師一筆錢，除了薪俸之外，還多
給終生養老金❸。孩子獲得如此珍貴又紮實的知識，作爸爸的當然感激不
盡。

　　②從感官試驗中獲取知識：唯實論及經驗論的大師都強調感官知識的
重要性，自然主義的盧梭也步其後塵，希望孩子充分運用大自然所賜予的
感官；經過數次親自体驗後，孩童就會下正確的判斷。

　　搬動一塊龐然大物，如果孩子用了一根太長的槓桿，則他使出的力，

---

❷　Ibid., 125.

❷　Ibid., 108.

❷　Ibid., 125.

❸　Ibid., 162–163.

有些就變成浪費；反之他挑了一短槓桿，則力不足以搬動該物。如此嘗試數次，孩子就作了恰當的判斷，選擇長短適宜的槓桿。別以為孩子沒有此種才智。首先，他不會憑他的肉眼來估算該重物的重量嗎？他也會將該重物與其他以前曾搬動過的重物相比較，權衡不同質料與不同大小彼此之間的輕重差別。只有讓孩子自己來，他才會相信一桶棉花比一桶水輕得多❸。「嘗試成功自古無」，因為這句陸游古詩不是事實，「放翁這話未必是」，所以胡適改為「自古成功在嘗試」。也正是盧梭的本意。

感官經驗的過程中，難免會發生錯誤，但這是追求真知所應花的代價，這也是人類本身的無奈。不過，如果純在自然環境下，遭遇嚴重災難以致於有死亡可能的機會不多。吃自然的食物，有時會拉肚子。鄉下孩子撿路上的東西來吃，或食物掉在桌下，也把它撿回放入口中；有時喝湯中連蒼蠅或蚊子也一道喝下；此種不潔食物下嚥後常有嘔吐或下瀉現象，但即令如此，也具有清腸作用；並且這種病狀並非嚴重，因為食物中有沙或土，或吃下蒼蠅或蚊子，這些都是「自然物」，沒什麼了不得。孩子從此經驗中就比較會選擇較清潔與衛生的食物。如果孩童所吃的蔬菜或水果，含有農藥，這就可能一命嗚呼了。農藥是人為的產物，不是自然的成品。

在孩子有可能面臨此種剝奪他小生命的環境中，大人的職責就顯示出重要性了。游泳有可能滅頂，但是孩子如果在學游泳時滅頂，或因他從未學過游泳因此滅頂，這二者都是大人的罪過❸。首先，孩童如在鄉下淺溪小河中游泳，絕無滅頂的可能。如果家處大湖或深海邊，則大人就應事先讓小孩先有在淺溪或小河游泳的經驗，且讓他冒一些小險，然後再冒大險。在冒小險及大險的處境中，大人一發現兒童有溺斃之虞時，就應即刻施以援手，不可坐視不救。經過數次歷練，孩童即令在大洋中也能優遊自在，享受海洋戲水的無窮樂趣了。

盧梭對所有的感官知覺中，特別提到「觸覺」。其他感官有可能停止運作的時候，唯獨觸覺像個機警且不眠不休的哨兵，護衛我們全身的安全；它又遍布全身，不似其他感官的只偏限在一隅而已。觸覺又可彌補其他感

---

❸　Ibid., 133.

❸　Ibid., 132.

官的不足，有時其他感官失常或有缺陷時，觸覺就可取而代之。比如說，目盲者即靠靈敏的觸覺而稍有視覺的功能。平常人在日光下，行走勝過盲者；但在黑夜中，就變成瞎子了，但瞎子卻能在黑暗中行走自如。盧梭希望孩子的手指，腳趾，甚至全身都能長眼睛，而不要一碰到昏暗，就想要點蠟燭或開燈打火 ❸❸。白天與黑夜都是自然現象，白天時行動靠視覺，黑夜時則賴觸覺。習慣於黑夜，就如同習慣於白天。吾人不怕白天，因為白天時，眼睛看得一清二楚；吾人也不應該對黑夜產生恐懼，如果經常練習觸覺，則周遭的一切也瞭如指掌，何懼之有。試問瞎子會對黑夜發抖顫悚嗎？黑夜一來，就疑神疑鬼，那是我們沒有充分運用觸覺而已。

③勿用寓言：寓言因為是一種隱藏著深意的教材，是間接的，對孩童階段的學習並不適宜。傳統教育中以《伊索寓言》(*Aesop's Fables*)最為有名，盧梭舉了〈烏鴉與狐狸〉(The Crow and the Fox)一文為例，來闡釋他的觀點，該寓言如下：

一隻烏鴉偷到一塊肉，停在樹上正想要吃，狐狸看到了，也想要吃那塊肉，就到樹下對烏鴉說，你的身体羽毛非常美麗，如果歌聲也悅耳動聽的話，就可以成為萬鳥之王了。烏鴉一聽，為了顯示自己的歌喉一流，就開口唱歌。豈知烏鴉一張開嘴，含在烏鴉嘴上的那塊肉頓時就掉在地上，狐狸趁勢把肉撿起來放在口中大快朵頤了。狐狸還邊走邊說：「烏鴉呀！如果你也有思考力的話，就可以成為萬鳥之王了。」❸❹

盧梭批評上述寓言的壞處是孩子知道該寓言後，不只不同情烏鴉的笨，卻更讚美狐狸的狡猾與心機。孩子的第一印象，就是如何用盡辦法學狐狸的樣，去騙取烏鴉口中所含的食物，以便不勞而獲。寓言作者的意圖，與孩童閱讀後的心得應用，恰好相反。伊索擬要糾正的人類缺失，想從寓言寫作中獲取的教訓，孩童卻作為取笑的對象，往往處心積慮的希望在別人的缺點中獲取好處。許多孩子喜歡狐狸勝過喜歡烏鴉 ❸❺。

寓言是一種道德教材，道德是理性的結晶；盧梭既認定兒童期是理性

---

❸❸　Ibid., 133.

❸❹　*Aesop's Fables*, 沈吾家譯, 台北志文出版社, 1990, 149。

❸❺　*Emile*, op. cit., 113–116.

的睡覺期，兒童不能領會寓言的底層深意，不如打開天窗說亮話來得明確。拐彎抹角，孩子可能誤會作者本意。暗示不如明說，大人想當然爾的道德大義，對孩童的自然生長階段來說，是太急了。時間未到，怪不得孩子。硬逼迫孩童背誦此種教材，或費時花力的予以講解，則教者可能諄諄，聽者卻必然藐藐。

第二節　自然教育的程序（二）

一、十二歲到十五歲——青少年期(Adolescence)

　　盧梭把十二歲到十五歲的階段特別作一單元，從生理發展的角度言之，的確不無道理。依自然生長的程序，十二歲開始的孩子，生長速度特別快。本來矮個子的，突然長高；一切食物都合胃口，吃得特別多；累了，什麼地方都容易入眠。盧梭一再的強調，個人不幸的來源，乃因不自量力，慾力超出体力之外❸❻。如今十二歲到十五歲的人，体力漸增，如能配合他的体力來滿足他的慾力，則正是自然教育的旨趣。

　　1.注重自然觀察，及親手操作，而不必書本教育：青少年期的好奇心非常明顯，對好奇的對象尋求答案，不是來自於教科書，卻應在大自然作完備的觀察。盧梭之排拒書本，到此階段仍然一本初衷，未改變心意。「整個世界就是書本，事實就足以教學。」❸❼首先引起青少年好奇的，就是地球，也就是自己居住的環境，其次就是太陽。假如一個科學家帶著儀器及圖書到一個荒島去，決心在那裡度過餘年，他會研究什麼太陽中心說，地心引力，或微積分嗎？他也許一生中也不想翻閱一頁書。但他卻有極高的興致去探望這個荒島的峽灣、淺灘、溪流、或山巒。如果讀書只不過是學習文字，不必用思考，又無法擴充吾人的知識領域，那又何必讀書呢？不過，唯一讓盧梭中意的一本書，就是《魯濱遜漂流記》(Robinson Crusoe)❸❽。

---

❸❻　Ibid., 165–166.

❸❼　Ibid., 168.

❸❽　Ibid., 184.

①以魯濱遜為例：魯濱遜漂流到孤島上，既無同伴，也無隨身攜帶的工具，但他卻能仰仗自然賦予他的本能，充分運用環境來維持他的生命，甚至還過得極為愜意。雖然有一個土著名為「星期五」(Friday)❸與其同住，但所有問題，幾乎都是魯濱遜一人來克服。他營建茅屋、種植穀物、畜養羊群、穿著獸皮、戴著大帽、佩一把大刀。觀察地形時，凡是可以利用的物品都予以收藏，並且適時的加以處理，並且親自操作，絕不假手他人，幸而沒有第三者在那邊監視、嘮叨、干預、或斥罵。結果，「一小時的工作所學得的東西，比一整天聽人解說還收穫更多。」❹這種「做中學」(learning by doing)正是自然教育最好的詮釋。

如果課本或教科書，能夠類似魯濱遜漂流記那般的引起青少年好奇，又描述物盡其用的樂趣，則讀書就是享受，是一種補品，那裡是瘟疫或是毒物呢？前已述及，盧梭之排拒孩子讀書，是因為書本身的內容與孩童的心理需要相距太遠。改善教材，正是急務。青少年極可能渴望自己就是魯濱遜，自己的居所就是荒島，然後他可以擺脫成人社會或傳統習俗的枷鎖，更可拋棄文明社會套在他身上的服飾，一切靠自己，正是一展才華的大好時機。他心中也許在評價魯濱遜的作為，那些還未完備，那些還思慮欠周。如果自己親歷其境，是否更能隨心所欲。

②自然教育要靠直接的感受，不是賴間接的傳授：魯濱遜在荒島上的所作所為，是認識地球的初步，一般傳統的學校教學生地理，總不外帶了地球儀、天象儀、或地圖之類的，但為什麼不要孩童親自去走遍各地呢？

觀察日出及日落景色，更是極佳的自然教材。青少年特別早起去等待旭日東升，當陽光衝出地平線的剎那，孩子聚精會神的表情，大地由昏暗變成光明，鳥兒開始鳴唱，枝葉上的露珠映出金黃色的反光，宇宙由沈靜轉而蠕動，這種情景，只有直接的感受才能領會，單靠他人的說明與傳授，有如隔鞋搔癢一般。水的冷暖，非自己親飲，如何能知？從日出日落的親自觀察中，青少年極可能提出地球的自轉與運行、日蝕及月蝕的原因、火

---

❸　Friday是Robinson所搭救，後來成為僕人的土著。因搭救那天發生在週五，乃以此為名。見李平漚譯，《愛彌兒》（上），北京商務，1986，246。

❹　*Emile*, op. cit., 186.

山的爆發、地震等問題。孩子如果有一股求知的心及愛好學問與探討真相的熱忱，這已足夠。無知並不可恥，不知以為知才丟臉。由於好奇心的驅使，加上親自感受而產生的求知動機，學生如能領會到，有許多奧秘與疑問，到目前為止他沒有能力了解，將來或有可能解除迷津，或許人類永遠無法知其底細。經過不少學者的努力，孩子知道有各色各樣的學問，如果他有興趣，可以著手去請教或思考❹。只有親自感受之後，才會興起求知的衝動。「喜愛智慧」本來就是「哲學」一詞的原始義。

利用青少年好動且活力十足的時刻，擴展他們親自感受的經驗範圍。讓他們在乾燥的原野上漫跑，腳底在灼熱的沙礫中燙過，在崎嶇且堅硬的土塊中走過；聞聞花兒的香氣，聆聽鳥蟲的鳴叫，躺在綠草如茵的草坪上，陶醉於靜謐安寧的叢山中，天涯海角，無不點綴著青少年的足跡。青少年再不運用此段短暫的時光，實在是愚不可及，他的自然知識也就極為貧乏。只靠想像或書中閱讀，頂多只能有一層模糊的印象。

> 我不喜歡口頭解釋，年輕人不會用心聽這些解釋，也不會將它們牢記心頭。具體的實物！具體的實物！我願意一而再，再而三的指出我們太看重文字的力道了。廢話連篇的教育只會造就廢話連篇的人。❷

2.提供實用的知識及職業活動，是此階段最具價值的教育：不要為了未來而犧牲眼前；只想摘遠在天邊的彩雲，卻踩壞了近在眼前的玫瑰。大人經常把「為了孩子將來幸福」這句話掛在嘴邊，卻不顧及青少年當前的興趣。其實，一種知識如果真有價值，則其應用性也很高。青少年只有感受到實用時，他才會認真且迫切的學習該種知識。

教導孩子地理時有關定方位的問題，孩子會煩躁的問：「教這個有什麼用處？」教師此時應立即停止教學，且順著孩子的語氣答道：「問得好！空閒時，我們再想一想好了，設若此種學習一無是處的話，我們就不要再學它，我們又不缺乏其他好玩的活動。」地理被擺在一邊了，當天也絕口不涉

---

❹　Ibid., 207.

❷　Ibid., 180.

及定方位之事。隔天，教師約孩子去一片森林郊遊，這當然是合乎孩子胃口的，可是在森林裡迷路了，既累又渴又餓，雙方在焦頭爛額時，學生才真正領會到定方位的重要性，事前如先熟悉大森林的地形以及如何辨認東西南北方向，就不會吃盡苦頭。當此時刻正是隨機教學的最佳時辰，孩子終於發現，天文學或地理學也真有點用處❸。

如此可以舉一反三，青少年並非愚蠢到每一種學習都必須費這麼大的功夫去設計一個讓他真正覺得有實用時才能進行。但是就如同洛克等經驗主義的學者所說的，超過學生領會範圍之外的遙遠領域，學生一點也不感興趣。好高騖遠，忘了萬丈高樓也平地起。「十五歲時一個人對賢明者如何幸福的想法，就猶如三十歲時他認為天國樂園多榮耀的想法一般。」❹「幸福」這個字眼對十五歲的孩子而言，相當不實際；三十歲的年輕人正擬在人生中大展鴻圖，他那裡會考慮到天國世界呢？捨近求遠，捨本逐末，敗壞的教育莫過於此！

①實用性的價值高過於裝飾性，更可培養獨立性格：實用性的活動、技藝、製作，因為較大眾化，適合於全民的需求，所以價值較高。裝飾性的成品則只有懶漢或闊佬才鍾愛，價值較低。不幸，這種見解卻與傳統相反。

盧梭認為最有用的技藝活動，首先是農業，其次是煉鐵，第三是木工❺。農業活動憑雙手就能幹活，比較不須仰賴其他工具。農業活動最能與大自然接觸，就如同魯濱遜一般。在城市出名的工匠，到荒島上因無精細的儀器作幫手，他就束手無策。煉鐵鑄造各種錢幣或鐵器，更是生活中不可或缺。而善於使用木頭來作謀生之用，更是常見。一技在身，不愁一生中的窮苦潦倒時刻。

在社會巨變，貧富可能互易，貴族階級解体，王制政權破產之際，具

---

❸ Ibid., 180–182.

❹ Ibid., 183.

❺ Ibid., 188.「一位小朋友不知道漢尼拔用什麼美妙的辭令說服他的軍隊越過阿爾卑斯山，這又有什麼關係呢？假如你告訴小朋友，運用什麼說辭可以使校長同意放一天假，保證小孩會認真聽你的規則講解。」Ibid., 251.

備了實用的謀生技巧，才不會使腰纏萬貫者變成叫化子，富翁變成乞丐。不只在肉体上痛苦萬分，且精神上都有刻骨銘心之苦。實用性的技巧使個人能夠經濟獨立，但精神獨立的價值更高。一個人總不應該卑躬屈膝，只是為了一口飯，就強顏歡笑，彎腰駝身啊！盧梭預言法國政治大革命即將來臨，歐洲平民將獲得翻身 **46**。屆時實用性的知識及技藝之重要性將首屈一指，裝飾性的藝術品及器皿可能遭受破壞，且將因這些東西無補於國計民生，多數人不屑一顧。

在眾人之中，國王最無一技之長了。國王只因他有皇冠，大臣才如眾星拱月般的服侍他，獻殷勤。其實，流氓、海盜、瘋子、傻瓜、白痴，也有可能登基。這些人由職位及名分所擺布，受命運所愚弄，一旦下台，根本成了廢物，形同垃圾，還是社會中的累贅物或寄生蟲。原先環繞左右以取悅於國王者，屆時都作鳥獸散，誰又瞧得起這百無一用的遜位國王呢？皇冠王權是人為的產物，既是人為，人也可以將它剝奪，那些都是身外物，不如技藝在身，是謀生最安全的保障。

遺產更不足恃，並且「好不過三代」，這是大自然對於好吃懶作的紈袴子弟之懲罰。「一個人坐享其成，等於是偷竊。」**47** 盧梭這句話，說得痛快淋漓。「任何一位公民，不管他是貧是富，是強是弱，都應勞動，否則就是一個流氓。」**48** 這句話更是一針見血。

其他行業都比不上盧梭所舉的三種實用活動來得有價值。比如說，建築師或畫家要想成名受重用，必須到學院去領一個牌，獲一張證書，才能准許陳列作品；或者挨家挨戶去拜訪，毛遂自薦；但是無家丁及僕役陪伴，他人就瞧不起。因為那些顯赫名門只看氣派，不究實力。又如教師（語文、數學、音樂、圖畫等教師）如擬廣收門徒，就得善吹法螺，懂得宣傳與吹噓，口中喃喃，心中無物，到頭來還是只有失業一途。

不應把身体勞動看成是下賤的職業，這都是偏見所造成的歧視。想想看，彼得大帝(Czar Peter)在工地裡作過木匠，在軍營中更是個鼓手。這位

---

46 Ibid., 194.

47 Ibid., 195.

48 Ibid.

王子的出身比你寒微嗎❹？當你擁有技巧時，到處都是工作場所。不必登門請託，無需巴結門丁，更不必奉承寵妃。只要你想賺取一塊麵包糊口，當你開口說：「師傅，我想做工」，則馬上會有如下的回答：「技師，就在那兒做吧！」午餐時間未到，你就不愁飲食。一週未過，只要你勤勞又精明，則不用擔心下週如何過；寅吃卯糧，絕不發生在你身上。還可以過著既自由、健康、真實、奮勉、且公正的生活，又何樂而不為呢❺？

盧梭所指的「實用」，不只是有助於個人生存，且不會為害他人。否則「警探，打小報告的奸諜，劊子手」❺❶也都是蠻「有用」的人，但他們只是被御用的工具。如果一種活動使人心生暴戾及仇恨之情，就十分不具價值了。

盧梭認為最不實用也不具價值的職業，就是作假髮。只要大自然讓人們長出頭髮，這種職業就自然消失❺❷。至於中國人的職業中竟然有宦官這一行，以為這是不可或缺，「那簡直是發了瘋」❺❸。這種慘酷不人道的醜行，真是東方人的奇恥大辱，但竟然還存在數世紀之久。

②研究青少年的心性，以便作職業的選擇：職業工作若是太不清潔，不講究衛生，以及像機械式的呆板動作，使人變成機器的機器，這種職業不應使腦筋聰慧的青少年去從事。因此，不是任何人都適合於任何職業，最恰當的安排，仍然是按照自然。

首先，不應太早分化或定型青少年的職業選擇。不少青少年之終生從事某項職業活動，乃因一時衝動，或人為環境所提供的片面機會所造成，卻不能依靠才華與稟賦，結果雖然「人一己百，人百己千」的「勤能補拙」，終究很早出現極限，技藝平庸。用功之勤奮是精神感人，但卻事倍功不及半，這是因為無法「人盡其才」的惡果。不要為短時的熱情所蒙蔽，阻礙了真正天分之發揮。因此應該有讓青少年嘗試各式各樣技藝活動的機會，

---

❹　Ibid., 201.

❺　Ibid., 197.

❺❶　Ibid. 盧梭時代，警探是暴君的鷹犬。

❺❷　Ibid., 198. 禿頭到底是自然現象還是人們反自然所產生的結果，有賴進一步研究。

❺❸　Ibid., 199.

不應因家長或習俗之所好而趨時潮，趨流行。有些青少年一聞戰鼓，就擬從戎立志作將軍；看見別人修理屋頂，就打定主意要作建築師；由於主人喜歡作畫，就發宏願要作美術家，又不想想自己是否是那種料。師長在這段期間的職責，就像前幾期一般，都應詳加研究孩童的自然性向。

其次，性別差異也左右了男女對職業的選擇。有些職業適合於女性，不適合於男性；反之亦然。不要弄亂了自然的秩序，職業活動的場合才會協調美觀。針織刺繡是女生的專利，動刀舞劍則是男性所獨有。盧梭指出意大利的商店看不見女店員，結果街道真淒涼，不如英法之美色繽紛。「目睹那些兜售流行商品的男店員，向婦女販賣緞帶、絲巾、圍裙、以及絨線，我覺得由那雙生來就應打造鐵器的粗大手掌，拿著如此纖細的飾品，簡直是可笑之至。我自言自語的說，這個國家的婦女，應該鑄造刀劍及槍砲來報復男人。」❺❹男女都應認本分，這才是自然之道。

3.對自然的興趣，轉化為對人的思考，從感覺轉化為觀念：青少年從戲弄魔術師之後，開始思考除了自然的存在之外，另有「人」的存在。盧梭提出教育的三大因素，自然，事物，及人❺❺。前二者是十五歲或十二歲以前的注意焦點，現在的青少年之自然生長所產生的注意對象，是人，人除了自己之外，還有他人。並且青少年以前只憑感官印象，現在則漸漸發展知覺觀念。這兩種現象都顯示出此期的重大特色。

①自我的前後比較：青少年突然警覺，發現了自我。因為與前相比，他覺得有很大的差別。他喜歡把自己的身高、体重、跑速、跳遠、擲重物的遠近等，將現有的成績與過去的作一番比較。大人或師長也應該順著孩子此種傾向去讓孩子了解自我。「知你自己」這句蘇格拉底的名言，孩子在此時開始進行。

切勿將孩子的各種行動表現拿來與其他青少年一較短長，如此容易產生嫉妒心與虛榮心。「人比人，氣死人。」一些仇恨，不滿，驕傲，自大，自卑，懦弱，畏縮等情結，都是喜愛與他人比較所生的罪過。不要與他人為敵，勿找他人當對手；把自己當座標，才是最佳的選擇❺❻。

---

❺❹　Ibid., 200.

❺❺　Ibid., 38.

②注意他人的存在事實：在兒童期，雖有他人存在，但兒童可能視而不見，聽而不聞；隨著歲月的增長，他開始思考周遭或遠近的他人動態。這種例子實在太多，比如說，用餐時問問青少年：「估計一下，餐桌上所擺設的這麼多食物與器皿，要經過多少人的手？」❺青少年可能因此陷入沈思，他開始尋求答案，開始領會此種問題的意義及重要性。此外，他也可以類推及身上所穿的衣服，從原料到成品，甚至想到從棉花種子到布料等的過程，要流多少人的汗，花多少人的心血與時間。吃飯時分，也自然會思及盤中飧，粒粒皆辛苦。他領會了社會的必要性，個人不可能永遠孤立於社會之外。人與他人之間的財產，契約，權利，義務觀念，漸漸萌生。

③感覺與判斷：感官知覺是知識的素材，但感官知覺的範圍有限，一來因為人們的生命短促，不可能悉數親自体驗所有的感覺；二來感覺的機會也不可能無窮延伸。並且感覺器官若有缺陷，則感覺印象就與實体有所出入；加上錯覺之存在，所以單依感覺就作為全部真理，顯然弊端叢生。幸而青少年並不視感覺為已足，他還要在感覺中下判斷，判斷是觀念的形成。

如果感官正常，則感官的報告不會有錯，發生差池的是判斷。一個只有燙傷感覺的八歲孩子一吃到冰冷的乳酪時，也會喊了「真燙人」的叫聲。因為孩子未有過冷冰冰的感受，他誤以「凍」為「燙」，這不是來之於感覺，卻源之於判斷。「首先，孩子只有感覺，現在他有觀念了。過去他只用感受，現在他要下判斷，從數個持續不斷或同時的感覺之比較中作出判斷，這就形成一種混合的或複雜的感覺，我稱之為觀念。」❺感覺是由外而內，是被動的，操之於物或自然。判斷或觀念則是由內而外，是主動的，操之在我。

山高月遠覺月小，便道此山大如月；汲水疑山動，揚帆覺岸行。古人也知道這種正常的錯覺甚多，盧梭以水杯中的筷子變歪為例，要孩子相信該筷子不是歪的，並非立即抽出該筷子，而是要有耐心的進行各種觀察。首先讓孩子仔細看看，那根筷子露出水面的部分，以及沈入水裡的部分，

---

❺ Ibid., 184.

❺ Ibid., 190.

❺ Ibid., 203.

皆是直的，只有接近水面的部分才彎折。其次，撥動水面，則筷子的彎折更多。如果水漸多或漸減少，則彎折的部位也隨之升降。經過此種手續之後，光的折射現象所產生的筷子變歪觀念，就獲得清晰的印象，依這種原理所下的判斷，才是正確的❺❾。

二、十五歲到十八歲——青年時期(Manhood)❻⓿

這段期間，盧梭稱之為「再生」(second birth)，因為性別差異開始明顯，性特徵開始出現，男女有別，不過二者都將脫離童稚階段，步入人生的狂風暴雨期。此時個性出現，反抗性格來臨；過去言聽計從，現在則我行我素。男性面貌輪廓分明，聲音變調。女性則曲線畢露，肌膚豐滿。此種生理上的變化，使得心理上急躁不安。加上男女異性的相引，同情心的發作，更使此段時期的教育與其他階段有顯著的差異。青年期的這些特徵，也是個性自然成長的必然現象，妄圖予以阻擋，延遲，或消滅，實愚不可及。

1.性教育的實施：男性生殖器官的長大，生毛，聲音變粗；女性乳房之隆出，月經之來臨，這些現象都令男女青年大感訝異。大自然這麼巧妙的安排，將神秘的快感器官與令人厭惡的排泄器官放置在相同的地方或鄰近的部位，似乎有意要年輕人注意衛生，要求節制❻❶。一方面可能激起愛的火花，關懷，尊重，体諒，昇華而產生聖潔的男女結合；一方面也可能滋生性欲的衝動而發生虐待，殘酷，強暴的骯髒行為。

性教育應該注意下述數事：

①回答要率真，誠實：有關性器官或性現象的問題，大人不必裝模作樣，一本正經，或語焉不詳，欲語還休，吞吞吐吐。相反的，卻應把它當成非常自然的狀況來處理。這些既是自然的事實，我們就以自然的態度應付之。坦蕩蕩的面對，總比虛與委蛇的敷衍兩句來交差較為妥適。好奇心

---

❺❾　Ibid., 205–206.

❻⓿　William Boyd稱第三期為The Approach of Adolescence, 第四期才是Adolescence. 見其所編之*The Emile of Jean Jacques Rousseau, Selections*, N.Y.: Teachers College Press, Columbia University, 1980.

❻❶　*Emile*, op. cit., 217.

不得滿足時，年輕人就暗中摸索，且想入非非，日夜神魂顛倒，迷迷糊糊，一副心不在焉的六神無主模樣。因此，回答孩子的任何問題，包括性方面的問題，都應力求簡單，具体，明白，且不可有譏笑的表情或不屑的臉容，更不可以撒謊。

除非孩子都絕口不提有關性的問題，大人當然樂得輕鬆，但這是不可能的。盧梭以孩子向媽媽發問：「小孩子是怎樣來的?」為例，一些媽媽不准孩子問這問題，有些則神秘兮兮的答道：「這是結過婚的人的秘密」，似乎在暗示孩子，等到有一天他結婚後，他自然就能解開這奧秘。但是孩子未及婚嫁年齡，他不甘願接受拖延式的回答，所以也許口頭上不再自討沒趣的再度舊話重提，但腦子裡卻盤旋著這個令他困惑不休的難題。不如乾脆向孩子明說：「小孩是從媽媽肚子裡就如同小便般的把他放出來，那時疼痛萬分，幾乎要媽媽的命。」❻❷這一來是據實以告，毫不隱瞞；一來依孩子的知識水平，如此回答大概也可滿足他的好奇心。此種回答，年輕人確實應該思索一下，在發洩性欲的快感中，想到日後生產子女時的痛苦。

師長對性方面的知識要進行研究，不可自欺欺人，如此才能引導青年人正確的性知識。

②異性的愛慕與配偶的選擇：青春期開始發作，異性愛慕衝動隆隆作響。這種時間的出現，城市及鄉下的年輕人有前後的差異。依自然生長的速度而言，城市的早熟青年是不正常的。就生理上的準備就緒而言，應該遠離大都市那種婦女過分暴露式的穿著，奇裝異服的打扮與化裝，以及妖豔式燈紅酒綠的引誘。這種人為作風，極易促使年輕人心神盪漾，無法自持。還是在鄉村裡，按照自然所吩咐的步伐，如此才能穩健的走過青春期情欲騷擾不已的旅程❻❸。換句話說，男女雙方由友情變成愛情的年齡，不應太早。並且城市色情圖片容易映入年輕人眼簾，傭人也較易脫口說出低俗的下流俚語；二者對青年而言，皆不相宜。

「沒有一件事比選擇一位好丈夫更困難的了，如果有的話，那就是選

---

❻❷ Ibid., 218. 教義問答書中告訴小女孩，是上帝才使她降生於這個世界上，但她明明知道她是她母親生的。Ibid., 378.

❻❸ Ibid., 231.

擇一位好妻子。」❻❹男女結合，除了享受性欲上的魚水之歡，那也是自然賜予的快感；並且因為彼此有專屬的喜愛對象，情有獨鍾，雙方情投意合，歡喜甘願，所以也含有許多關懷、責任、與義務。婚姻是所有契約中最神聖不可侵犯的，也是最甜蜜的，任何人都應尊重；稍微有點玷污或輕率，都應受到世人的憎恨與咒詛❻❺。能有此種体認，不是年紀輕輕的小伙子可勝任。大人有必要向年輕人說明荒淫無度的恐怖，獸行的可鄙。至少，結婚年齡不宜太早。德國人要求不到二十歲，不可失去童貞，否則會身敗名裂。德國人体格健壯，壯丁旺盛，這可能就是主因。孟登的爸爸長期在軍中作戰，誓言於三十三歲時才與一位處女結婚；在六十多歲時，他還有青春的充沛活力與快樂的心境❻❻。

　　盧梭希望他的男青年「愛彌兒」，能找上合適的女朋友「蘇菲」(Sophie)，兩情相悅後訂親。但由於年齡還太幼嫩，且為了要考驗雙方情感的堅定性，乃設計彼此小別一段時間。

　　③縱欲的自然效應：縱欲的災害或痛苦雖然還未及身，但那是時間問題；嫖妓女，耽女色，縱欲無度者必得自然的懲罰。師長應該帶年輕人去旁觀一下花柳病院，事先不必先告知！只要一入淋病病人房間，就可以目睹那種慘不忍睹的症狀，令人作嘔的手術，發作時的呻吟，尷尬羞愧的表情，由於年輕人不懂節制，因此吃盡了苦頭❻❼。這種永不磨滅的印象，雖未必保證年輕人不會東施效顰，但至少讓他在作決定前，心生警惕，因此有嚇阻作用。青年男女已到了慎思明辨年齡，如果仍然貪圖一時快樂，則自然會久病纏身，苦不堪言；這是咎由自取，怪不得他人。事前的防範與克制，總勝過事後的治療與懺悔。年輕時不知檢點，自我約束，就如同性病醫院的病人一般，未老先衰，無精打采，臉色蒼白，性器官腐爛，且終日恍恍惚惚，神不附体，簡直不配稱作年輕人。

　　2.同情心的萌芽：由於性的自然魅力，年輕人與孩提階段不同。孩童

---

❻❹　Ibid., 399.

❻❺　Ibid., 324.

❻❻　Ibid., 317.

❻❼　Ibid., 231.

只知自愛，年輕人則擴充到愛人，他不只知道「我」，還曉得有個社會。不過，如果孩提階段是在純樸無邪的自然環境中長大，這樣子的年輕人必然會滋生出善体人意及敦厚的惻隱之心。「年輕小伙子並非是仇恨或報復的年齡，卻是憐憫、仁慈、及慷慨的時段。」❻❽一般人都以為年輕人心術不正，其實那不是他的自然天性，而是後天不當的環境與教育所致。

①苦則同心，樂則異志：個人由於力量薄弱，因此有必要仰賴他人扶持與協助；同情別人，乃因自己有可能面臨相同的苦難。大多數人的自然天性，是可以共苦，但卻很少能同甘。一個處在幸福中的人，極易引起他人的嫉妒，而非愛慕；他人會以為這個人之享受舒適，大概竊取了他人的財產；並且他既已富有，則已無需朋友。相反的，看到別人身處逆境或遭逢不幸，則生施以援手以謀求解救之心，設想自己就是那個當事人。一來慶幸我們自己沒有那麼倒霉，二來不挺身而出，則心生不安，輾轉反側，終夜無法入眠。

因為人生不如意事常十之八九。從孩提時候開始，在大自然的懷抱當中，也時時會有陷阱與傷害；在人為社會裡，更是枷鎖連連。這些体驗，孩童必定無法磨滅。因此凡是感官界中的印象，孩子都有一種將心比心的擬情作用。超出此種範圍，要青年人發出同情臉色，就是一種虛偽的面具了。比如說看到人死了，孩子不會假哭一場，或裝出一副柔腸寸斷模樣，因為他不知死是怎麼一回事。當他不知道一隻奄奄一息的昆蟲為什麼全身痙攣時，他並不感受到那種筋肉抽動有多痛苦。但是隨著歲月的增長，孩子的閱歷增加，同情的自然竅門已然開啟。長到十六歲的男女青年，除非處在「零故障」的環境當中，又有那一位沒有過痛苦的經驗呢❻❾？不過青年人的經驗種類及性質還不是包羅萬象，因此對有些情境似乎表情木然，反應冷漠，並非他們沒有同情心，而是由於他們還是懵懂無知，因此不可以錯怪他們❼❶。未結過婚的人在閱讀「與妻訣別書」時的淡然表現，我們可以說這是年輕人的錯嗎？大人的一廂情願，年輕人只好以相應不理對付之。

---

❻❽　Ibid., 221.

❻❾　Ibid., 221–222.

❼❶　Ibid., 227.

盧梭將同情心的現象定出三項公理(axioms)：

　　a.同情弱者而非強者。

　　b.曾有過厄運，幸而現在免除，因此生出同病相憐之心。

　　c.同情者同情心的強弱，依設想遭受痛苦者忍受痛苦的強弱而定❼。
雞鴨不知待宰，因此吾人對雞鴨並不會憐憫；但是一睹牛在赴屠宰場時會
掉眼淚，跪下求饒，則放下屠刀之心或可油然而生。烈士慷慨就義，鼎鑊
甘如飴，看在別人眼裡，不只生出同情心，更是一種憤慨的激動。蘇格拉
底及耶穌視死如歸，樂見蒙主恩召，此情景在他人心目中所產生的反應，
不是同情，而是正義感。

　　②參觀社會的負面：為了培育同情弱者這種善良心性，師長不應帶領
年輕人參觀宮廷的富麗堂皇及上流社會虛矯的排場，或鼓勵他參加燈紅酒
綠的交際場所。這種引起他人嫉妒的所在，是墮落人性的元兇。因為嬉鬧
喧嘩，正足以掩飾他們內心中的空虛與煩惱；競逐感官的歡樂，乃是失望
的煙幕；結果年輕人為其所騙，看不出真正的底細。同情心絕不能在此種
環境中滋長。

　　凡是一個正常的人，有誰在目睹有情人不得成眷屬時不會同情男女主
角的處境？悲劇的感人力量總勝過喜劇，社會上令人憤憤不平的事情太多，
人間的不完美到處皆是。不要只看歌功頌德的正面，卻更應認識醜惡及污
穢的負面，目的是使他感動，而非看多了，結果產生心如鐵石或麻木不仁
的心態。關鍵在於年輕人一親近該種負面的情境，開始有所思索，有時令
他陷入冥想，久久不能釋懷❼。當然，這種境界，極有可能是觸動了他獨
有的特殊際遇，引燃了他回憶起舊痛的火苗。

　　參觀監獄，傷殘病院，痲瘋病院，老人院，孤兒院等，都是年輕人擴
大經驗範圍的所在。經由此種情感的刺激，負面的感受，內心中產生一種
宏願，要糾正人類社會的不平及不幸，正是年輕人應許下的抱負。

　　3.行為的糾正：師長如果對青年人愛護有加，則青年人自然心存感激，

---

❼　Ibid., 223–226. 第三條公理也應用在尋歡作樂上，愛撫對方，如令對方高興，則自
　　己高興的程度會增加。

❼　Ibid., 231.

糾正青年人的錯誤言行也自然有效。盧梭認為忘恩負義的人是絕無僅有的，敬愛助人者，這是極其自然的情感。施恩者即令忘了受恩者，但受恩者卻無時無刻的把施恩者牢記心中，總想找機會回報。此種時機一到，施恩者如予婉拒，則受恩者必更銘感五內。許多人怪罪別人甚至恩將仇報，但真正的事實是施恩望報的人多於忘恩負義的人。更令人汗顏的是自己無恩於人，卻自認是他人之恩人，且耿耿於懷❼❸。這種師長非但無法糾正年輕人的行為，反而作了壞榜樣。

糾正青年人的錯誤行為，可以採取如下的方式：

①歷史就是一種自然的教訓：客觀報導的史實，使一個人無法隱瞞；他的真面目在歷史的巨鏡中暴露無遺。騙人的技倆在歷史的慧眼下是無所遁其形的。在歷史的透視裡，可以揭開層層障人耳目的面紗，因此吾人應好好做人，否則逃不過史家的耳目。只要自己行得正，清白自有洗刷的一天❼❹。若是自己有過人之言行，也會在爾後得到知音。歷史有鑑往知來的作用，有史學基礎的年輕人，比較不會重蹈覆轍，因為有前車之鑑。類似或相同的結局極有可能降在自己身上，雖然現在還未見徵兆。

平鋪直敘的將過去發生的事一五一十的寫出來即可，不必加上佐料，加油添醋。「事實！事實！讓學生自己去下判斷。」❼❺別以為青年人不知純歷史事實隱含有道德教訓意味，就妄自以有色的眼光及偏差的角度去作註解或闡釋。年輕人經由自己的眼睛去注視史實，而不必借用史家或師長的眼睛。

不少偉人的傳記留下了充滿了智慧的點滴，普魯塔克的書就是個中翹楚。漢尼拔(Hannibal)只說了一段笑話，就使得如驚弓之鳥的軍隊重振雄風，嘻嘻哈哈的奔向戰場征服了意大利。凱撒路過一個窮困的村莊，與友聊天時隱約洩露了他的秘密，他說過自己地位只與龐貝相同，這是騙人的。亞力山大一語不發的一口吞下人家說可能是謀害他的藥，而他竟感到是一生最美妙的時刻。

---

❼❸　Ibid., 234.

❼❹　Ibid., 237. 但盧梭批評歷史書寫了太多的戰爭，又加入作者的偏見及評論。

❼❺　Ibid., 239.

　　一位貴族在夏天只穿簡單的白夾克及小便帽，僕人誤以為他是家中的廚師助手，乃在貴族屁股上打了一個大巴掌，俟僕人發現真相時，抖擻不已，「主人啊！我以為你是喬治！」「就是喬治，也不應該出手這麼重！」該貴族還摸摸發痛的屁股。年輕人一讀到此種生活趣事，也會覺得該貴族心地忠厚，沒有因此大發雷霆，或以家法來處分該僕人了。

　　埃及王的一位謀士在聽了國王擬作個異想天開的征戰計畫後，忍不住開口問道如此痛苦與折磨才能征服世界，則征服完了又能獲得什麼？最顯著的例子就是羅馬王奧古斯都(Augustus)，他平服了臣民，擊敗了敵手，統治了空前的大帝國垂四十年之久，但最後仍然不得不以頭撞牆，叫聲連天的召喚那些行將潰敗的軍隊，並且不如意事接二連三的發生，連左右親信也擬取他首級；由於只知治理世界，但卻疏於家教，導致侄子，養子，及女婿都在盛年時夭折，他的孫子還吃床上的墊絮來苟延殘喘數小時生命，女兒及孫女都因作了傷廉寡恥之事而使他蒙羞——其中之一在荒島上餓死，一在牢獄裡被處死。而他自己的下場卻是被妻子逼得任用一個怪人作繼承者❼。此種歷史記載，罄竹難書；對迷戀權位的人，是一大警訓。

　　②寓言：寓言在這段時間內可以採用為道德教材，《伊索寓言》就是其中之一。青年期的孩子理解力已較強，他不會單純的只靠字面去了解寓言直接所表達的意思，他會引申與擴充，當心領神會時，他會會心一笑，永不遺忘。如同歷史一般，不要在寓言的結尾時道出寓意，這不只多餘，且美好的寓言氣氛都破壞無遺，還剝奪了青年人自己運用腦筋去思索的機會，實在是愚不可及。不少寓言作者不厭其煩的說明寓言真意，其實讀者如已了然於胸，則該說明只是多此一舉，倒盡胃口；如果未能体會真意，則多加解釋，也是枉然；倒不如留白，好讓年輕人去發揮。寓言之可貴，就是意在不言中；欣賞含蓄，或許比接受完全曝光的故事，來得有詩情畫意的美感。把什麼都說盡了，真是無聊透頂，別人也不必再聽他說什麼了❼。指責學生忘恩負義，可能就是這種老師；自認有恩給學生，其實學生並不領情，何恩之有？

---

❼　Ibid., 242–243.

❼　Ibid., 248.

　　③親自嘗受苦果：如果詳細的告訴青年人危險所在，語氣祥和，不帶武斷與命令口吻，也不疾言厲色，如此好言相勸，仍然無法使年輕人改變初衷，盧梭建議採取下述方式：

　　　　a.勿傷了青年人的自尊心：當他犯過時，不要回以「我不是早告訴你了嗎?」這種答話，否則會增加他難堪；不如安慰他。因為他行為錯誤，正值傷心內疚時，師長如未加以責備，反而說其他人也有類似錯誤，則年輕人更會自責，覺得自己愧對師長，這種主動發自內心的自責，就是修正自己行為的最佳藥方。

　　　　b.允許他去冒一點險：如果年輕人固執己見，不聽訓誨，則准他去親自嘗受苦果，師長儘可能陪伴在側，且盡情的與年輕人打成一片。當然，惡果應驗時，如果災難嚴重，則因為大人在旁，可以懸崖勒馬，以免一失足成千古恨；如果是微小痛苦，也可令年輕人日後服服貼貼的遵照大人的指示，內心真正的服膺師長的見識 ❼❽。不經一事，不長一智。年輕人既不聽老人言，又不信過去歷史的教誨，及寓言的啟示，他一定要蠻幹的話，只好讓他吃虧在眼前了。除此之外，已別無良策。

　　4.勿進行宗教教學：宗教教義，不管任何教派，都太過玄妙與抽象，不適合於青年人的了解。盧梭對於宗教的見解，引起羅馬天主教會極大的不滿，《愛彌兒》這本著作也就列為「禁書目錄」(Index)之一。盧梭反對宗教教學，理由有如下數端：

　　　　①幾乎所有的青年人之認識上帝，都只能從有形的、肉体的、感官的方式去進行，這種「神人同体」(Anthropomorphites)觀念卻為正統教會所反對，但卻無法避免。因為教義中也出現「三位一体」(trinity)、「聖靈」(spirit)、或「人格神」(persons)這些物質成分頗高的名詞。偶像崇拜及多神論，變成學童認識宗教的起點。

　　　　②教義之精蘊，超出十八歲的年輕人所能領會的範圍之外：比如說上帝無所不在，孩子會將上帝比喻為空氣，因為空氣也無所不在。教義說上帝力大無窮，孩子會以為同爸爸差不多。十八歲的年輕人，還未能領會什麼叫做靈魂。不少教義內容，形同欺騙，依此來教導學生，反而是公然撒

❼❽ Ibid., 247.

譌。其中最常見的就是「信上帝就能得救」，這簡直是空話，且相當不具寬大為懷的博愛精神。如果口中不停的重複朗誦這句話，則「喜鵲與鸚鵡也可以同兒童一起升入天堂了」❼❾。難道不信上帝的人，上帝就可以只憑這個理由來剝奪他來生去見上帝的權利嗎？如此則病人，荒野草原的居民，及兒童都將無法得救了。上帝心胸如此狹隘嗎？這絕非上帝的本意，必是教會的扭曲。

③教義內容，極容易養成不同教徒之間的仇恨：年輕的下一代無辜，他如果生長的地方是回教地區，則該地區的教義必定告訴年輕人，穆罕默德是神的代言人，年輕人也信以為真；住在羅馬天主教地區的下一代，則被教導以穆罕默德是個惡棍，學童也習以為常；而住在麥加的信徒之說法卻與此正好相反，吾人真不知那一位能入天國，那一位要入地獄。從小就養成一種宗教觀，認定自己所信的上帝才是真神，其他人的宗教都是邪教。「一個土耳其人在君士坦丁堡說，基督教是荒謬可笑的，那麼請他到巴黎來聽聽看我們對回教的看法。」❽❶信仰的狂熱所產生的執迷與排他性，非但無法給世界帶來和平，反而製造災難。宗教戰爭的歷史，不是活生生的教材嗎？「宗教只是謀求私利的面具，而神聖的崇拜變成了保衛虛偽的盾牌。」❽❶地獄或樂園這些名詞，只不過是在遊戲文字，對青年人而言，是一種教會人士賣弄辭藻的行徑。

此種教義教學，束縛了思考的自由，宗教的真正面目反而無法為人所知悉。「在君士坦丁堡，土耳其人傳述了他們的辯論，但我們不敢道出我們的觀點。在那，輪到我們要匍匐而行了。我們要求猶太人相信耶穌基督，就如同土耳其人命令我們要相信穆罕默德，難道這算是土耳其人的錯誤嗎？我們就正確嗎？根據那一條公平對等的原則，我們來解決這個問題呢？」❽❷並且在這個世界上，盧梭說有三分之二的人口既不信猶太教、回教、或基

---

❼❾　Ibid., 257. 女子對教義問答的教育結果，可能產生狂熱或是懷疑。Ibid., 378.

❽❶　Ibid., 260. 其實各種主義的狂熱信徒也應記取這句名言。三民主義的戰將在台北大罵馬克斯，請他去莫斯科或北京聽看看俄國人或中國人的說法。

❽❶　Ibid., 263.

❽❷　Ibid., 304.

督教，數以百萬計的百姓從未聽過摩西，耶穌，和穆罕默德或釋迦牟尼。雖然福音傳播者無所不在，但仍然還有廣大的地盤依舊是宗教的處女地。如果某一教派的信徒堅信唯我獨尊，罷黜百教，則仇恨心必定永遠存在，世界將永無寧日。

④有些教義把宗教描述為許多神跡的總和，這真是荒誕不經。奇跡是教徒無法用普通經驗予以證明的信仰託辭，因為除了相信奇跡的少數人之外，其他人並未耳聞目睹，只憑孤例，無法變成通則。奇跡是自然狀態中的例外，如果每樣奇跡都予以相信，則奇跡的總和就大過於自然的常態。自然不就遭受奇跡的摧殘了嗎❽❸？

更有一些教義把上帝描繪成憤怒、嫉妒、喜愛報復、憎惡人類、好戰鬥、時時準備要毀滅人類的樣子。讓人類嘗受折磨，懲罰天真無辜的孩童，天國末日降臨人間。他們說，上帝只挑選特定的民族作為拯救的對象，祂的恩澤只及「選民」(chosen people)，不能由全民普霑。這種教義令人對上帝產生可怖的印象。且上帝既有私寵，又怎能作全民的共父呢❽❹？

聖經是神的啟示，這種說詞，要令青年人相信，恐怕十分不易。上帝向誰啟示？如果向眾人，則為何自己未曾聽聞；如果只向某些個人啟示，則自己僅能經由別人的傳達才知悉上帝的旨意。但既經過中間媒介，則是否動過手腳，吾人不敢擔保信徒原封不動或一字不差的口授上帝旨意❽❺。因此有多少人唸了聖經之後，信守不渝啟示真理呢？

盧梭肆無忌憚的攻擊教會的措施及教義的內容，難怪天主教會怒不可遏，註定了盧梭一生的坎坷命運。盧梭走投無路，四下逃竄，因為教會爪牙布下天羅地網，盧梭連至親好友都不敢剖心置腹，因為懷疑他們可能就是教會的奸細。盧梭身處於風聲鶴唳中。

盧梭在《愛彌兒》一書的最後一章（女子教育）中，嘗試著寫一些他認為適合於學童了解的教義問答書：

---

❽❸　Ibid., 298.

❽❹　Ibid., 299–300.

❽❺　Ibid., 297.

保姆：妳記得妳媽媽是個女孩子的時候嗎？

小女：不，保姆。

保姆：為什麼不記得了呢？妳記性不是頂好的嗎？

小女：因為那時候我還未出世。

保姆：那時候妳還沒有出生，是嗎？

小女：是的，還未出生。

保姆：妳將會永遠活著嗎？

小女：是的。

保姆：妳現在年幼還是年老？

小女：年幼。

保姆：妳祖母現在年幼還是年老？

小女：年老。

保姆：她以前年輕過嗎？

小女：是的。

保姆：為什麼她不再年輕了？

小女：因為她年歲大了。

保姆：妳會像她那樣，也會年歲大嗎？

小女：我不知道。

保姆：妳去年的衣服放在那裡？

小女：我把它撕碎了。

保姆：為什麼呢？

小女：因為那些衣服對我來說太小了。

保姆：為什麼呢？

小女：因為我長大了。

保姆：妳還會長大嗎？

小女：喔！是的。

保姆：大女孩會變成什麼樣？

小女：她們將變成婦女。

保姆：婦女又會變成什麼樣？

小女：她們會變成媽媽。

保姆：媽媽又會變成什麼樣？

小女：她們會變老。

保姆：什麼時候，妳也會變老？

小女：當我成為一個媽媽時。

保姆：老人會變成什麼樣？

小女：我不知道。

保姆：妳祖父變成什麼樣了？

小女：他死了。

保姆：為什麼他死了？

小女：因為他老了。 **⑧**

第三節　女子教育及國家教育

　　盧梭認為男女兩性除了「性」有差別之外，其餘二者都相同。但是這個差別卻極其顯著，也極為重要。性之分雌雄，是大自然的安排；教育也應順著這種自然秩序，男女雙方在二十歲以後，應該運用理性來克制情欲，成為欲望的主人，而不是欲望的奴隸；克情節欲，本身就是一種道德**⑧**。洛克所言的品德陶冶，盧梭認為應該適用於二十歲以後的年齡。在「性」方面上，男子有旺盛的色欲，但也有規範色欲的法則；女人也有無止境的春情，但羞恥心也能予以節制**⑧**。這都是自然的恩賜。女子教育就應該善予運用女性特有的羞恥心。

　　此外，盧梭還在1773年出版一本著作，為波蘭政府擬訂國家教育計畫，顯示出盧梭在教育主張上的另一面目。

一、女子教育

---

⑧　Ibid., 379. 傳統的「教義問答書」(Catechism)，部分內容請看本章附錄。

⑧　Ibid., 334.

⑧　Ibid., 359.

1.女勿爭雄，男勿爭雌：由於性的因素，男女開始有差異；因此性特徵未明顯以前，男女沒什麼兩樣。前述的教育既適合於男生，也適用於女性。但性區別男女之後，女性有女性的本然，男性也有男性的天性。依盧梭的觀察，主動與強壯屬於男性，被動及柔弱則為女性所專有。在這個「人」的社會中，男人自然喜愛女人的柔情蜜意，体態婀娜，肌膚豐潤，乳房堅挺，秀髮披肩，輕聲細語，嫵媚多姿，女為悅男者容。男人也因擬悅女而表現出孔武有力，剛毅果斷，沈著冷靜，大膽勇敢，雄起起氣昂昂的男子作風。如果陰陽倒錯，女子與男子爭雄，男子與女子爭雌，這是破壞了自然的秩序。男女雙方都應善盡自然所授予的「性」本能，這才是善体天意，符應自然。

女性如果充分發揮女性的特色，就能「征服」男性。男子之甘拜裙釵，接受女人的御使，聽取女性的指揮，絕對不是力不如女人。女人的性徵表現出美，男人的性徵表現出力；柔能克剛，剛也可服柔；美與力可相互輝映。「女人愈想像個男人，則愈不能管束男人；如此一來，男人就真正變成女人的主人了。」❽男人的天性，也不會喜愛一個像男人的女人。同理，女人也不會喜愛一個像女人的男人。男女雙方都不是對方的主人，也不是對方的奴隸。富有女人味的特質是「柔順」(docility)以及「溫文」(gentleness)；女人如果擬克服缺點很多或品德不莊的丈夫這些過錯，就不能口出惡言，個性倔強，否則只有加深問題的嚴重性，無補實際。女人若趾高氣揚，男人就無法誠心真意的懺悔改過。丈夫太懦弱，妻子就會很囂張；除非男人是頭怪物，否則妻子的体貼溫柔，將使他俯首貼耳❾。大自然造男女，要使雙方成為嚴父慈母，男硬女軟；此種調配，才恰到好處。如果顛倒這種安排，女不像女，男不似男，這個人的世界也幾乎不會有多少情趣。

2.認識男女性的差異之處：

①女性開始說話的時間比男性早，聲音也比較動聽，學習也比較容易。男人說他知道的話，女人則說別人喜歡聽的話；他說話要具備知識，她則

---

❽　Ibid., 363. 不少男性為女性出生入死，赴湯蹈火。Ibid., 393. 女人的天分表現在仁慈上，她的王國就是仁慈的王國，她的眼淚就有恫嚇效果。Ibid., 408.

❾　Ibid., 370.

需要品味；他說話的主旨在於道出有實用價值的事，她的話則以趣味為主 **❾❶**。換句話說，男人說話是說給自己聽的；女人說話則說給別人聽。

②男人生來即為了自己，女人生來即為了取悅於男人。男人沒有女人，比女人沒有男人更能活下去 **❾❷**。女人天性即已作好生產及養育子女的準備，她喜愛洋娃娃，鏡子，珠子，花邊衣服等有用且具裝飾性的東西；尤其對洋娃娃特別不離手，這都在顯示她的母性情懷 **❾❸**。為了妥善管理家務，所以算術教學不可或缺。為生下健康的小寶寶著想，所以採取斯巴達式的訓練婦女，有其必要。

男女共同組成的「家」，缺了爸爸還不打緊，沒有媽媽，則家居生活就大為遜色。盧梭反對柏拉圖的共妻觀念，他給婦女一項天職，既然完美的國家建立在完美的家庭上，則完美的家庭，一定要仰賴有個非常忠貞的妻子及慈愛的母親。丈夫有婚外情，災害小於妻子紅杏出牆；讓大家擁抱家庭，人民才會熱愛國家 **❾❹**。

③男女降生之後，綑綁得緊緊的衣物應予取消。尤其女孩子在發育期中，不應穿束胸胸罩，或束腰腰帶；前者有礙正常的自然發展，後者使身体變成畸型，「似乎像黃蜂一般的把身子切成兩段」（柳腰） **❾❺**。身材要窈窕，也不可違反自然，如果像穿盔甲般的讓呼吸深感困難，實在有害健康。「一個二十歲的婦女，如果肚子肥胖，胸部下垂，確實不雅觀；但三十歲時如仍那個樣，則還可接受。」 **❾❻** 二十歲時有二十歲時的自然体態，三十歲

---

❾❶ Ibid., 376.

❾❷ Ibid., 364.

❾❸ Ibid., 367.

❾❹ Ibid., 362–363. 盧梭的愛情觀，是專屬的，愛人一定不可將愛情分享給其他人，否則就是一種屈辱(insult)。「一個敏感的男人，寧可單獨被愛人凌虐一百次以上，也不願他與其他好友共同享受情人的愛撫。最要命的是，他在她眼中沒什麼兩樣。」 Ibid., 384.

❾❺ Ibid., 366–367. 盧梭認為一個女人，「胸部平坦猶如我的手掌，光是這項缺點，就足以讓我冷卻。我的心，我的感官，不能想像一個無胸的婦女。」 *Confessions*, op. cit., 384.

❾❻ *Emile*, op. cit., 367.

時則又會有所改變。一個五六十歲的老太婆，還打扮入時，濃妝厚粉，看了也噁心。歲月不饒人，不要與自然抗衡。

④男性只以嘴、語言來表達情意，女性則幾乎以全身來表達：女性的嘴巴，只不過道出她內心心意的部分，要了解她的真意，還得觀察她的眼神、臉色、呼吸、及体態。當她說「不」的時候，不一定是拒絕的意思❾。大自然賦予女性比較隱藏與含蓄的本能，這從她的性器官就可看得出來。因此女性的表達比較不直接，含混，欲語又止，羞答答，半推半就，心口不如一。這並非她有意欺騙，卻是本性使然。隱匿心願，使男人費盡功夫才能獲得女人垂青，這種女人必忠實的追隨在該男人左右，白頭偕老，至死不渝。一獲知心，才是女性一生最感榮幸之事。男性喜愛單刀直入，女性喜歡話只說一半；男性開門見山，女性吞吞吐吐；男人的話說得滿滿的，女人則預留後步。二者只依自然，各有優劣，但可互補有無。

⑤男人長於抽象，女人優於實際：抽象及冥思性的真理、原則、科學上的公設等之追求，以及概括性理念之探討，非女子之所好，也非女子之擅長；她們只對實際活動感興趣。男人塑造理論，女人將理論訴諸實際，且提供個例以便作為建構理論的基礎。

女人最實際的學習，莫過於研究男人心理，經由男人的一舉一動，一言一行，長相，姿態，來看透男人的底細；研究一下如何透過女人自己的一顰一笑，一舉手一投足等，來讓男人猜準她的心思❾。一方面善解男人意，一方面也能對男人有所暗示。

3.對婚姻的了解：婚姻不只是男女肉体的結合，更是愛情的果實。夫妻除了有性關係之外，更應注重愛。雙方既以愛為出發點，還會忍心只渴念性慾嗎？為了愛，都能犧牲生命了，怎會還想蹂躪或強暴對方呢❾？品

---

❾　Ibid., 385.

❾　Ibid., 387. 即令到了二十世紀，美國學者Ellen and Kenneth Keniston, 在《美國婦女形象的改變》(*The Changing Image of the American Woman*, 1964) 一書中也說：爭著與男人平權(identification)、逞雄爭勝(rivalry)、競爭(emulation)、懼怕(fear)、及「罪惡感」(guilt); 此種心理上的現象，都非「自由」的表徵。S. Alexander Rippa, *Educational Ideas in America, A Documentary History*, N.Y.: David Mckay, 1969, 427

德的好壞，是婚姻最大的考慮，娶錯了新娘，嫁錯了丈夫，是一生最大的痛苦。

①妻以夫為榮，丈夫是主人，妻子必須順從丈夫，盧梭認為這是自然的秩序。因此男人如果娶個高於自己的女人為配偶，這是不合道理的，男女上下倒置，非常不相宜❿。此舉不會提高妻子的地位，卻降低了丈夫的身分，也造成左鄰右舍或街頭巷尾取笑的談資。就如同娶了王公貴戚的掌上明珠一般，丈夫真是可憐。據說就寢時須從床腳爬上去，他只是聽指令的角色。

②妻子如果不善於理家或操持家務，而只是滿肚子學問，則不足以作為妻子的資格。其實這種只會讀書的大才女，可能終其一生都只是個處女，沒有一個男人會喜愛娶這種女性為妻。這種女性也最好不要成家生子，因為家務沒人處理，孩子無人管教與撫養。走進一個女孩子房間，如果她正扶案沈思，或埋頭作詩，周圍散布著各種書報，小冊，筆記，這種女性會令男性崇敬嗎？還是她忙著針繡，裁剪孩子的衣服，如此才會贏得男性的歡心❿。

③勿為外表容貌所迷：花容月貌，美如天仙的女子，最應該避免娶之為妻。一來美色只是曇花一現，不能永久，年輕時美貌出眾，年老時膚疲色衰，風光不再；並且看久了，美感漸失。一來美女必有許多覬覦者，你必須時刻提防他人之競爭與佳人之變心。一來美女藉其外表優於他人，所以比較懶惰、奢侈、浮華，如果再加上心術不正，則為害尤烈。

醜得令人厭惡，也非考慮的對象。相貌平平即可，這種女人最可信賴，最應被列為挑選的目標。外表上看，這種女人在年輕與年老時，改變不多，最能持久❿。婚姻的真諦，不在於男女只顧及到對方的容貌。「男人啊！愛你的牽手，上帝把她交給你，是要在你痛苦時來安慰你，你生病時來扶持你，這才是你的女人。」❿男女結合，極其神聖與莊嚴，不應低俗到只以外

---

❾　*Emile*, op. cit., 391.

❿　Ibid., 407–408.

❿　Ibid., 409.

❿　Ibid., 409–410.

表作定奪。並且男婚女嫁之後，應充分了解為人父為人母的責任。人有兩次誕生，第一次是為了生存，第二次則是為了生活；第一次的誕生，人成為人；第二次的誕生，人分成男人與女人。第二次的誕生，開始涉及了「大人」的家庭責任及國家社會責任。第一次誕生，人只為了自己；第二次誕生，則需考慮與他人之共處。結婚乃是自然的歸趨，此種自然，使男女雙方必須面對責任問題。

二、國家教育

盧梭希望男女在結婚以前，要做個國家的公民，履行「社會契約」。他發現在他的故鄉日內瓦，個人與國家結合成一体；只有在敗壞的大都市如巴黎，個人才與國家保持相當疏離且仇恨的關係。在正常（自然）的狀態下，個人享有「自然的自由」(natural liberty)；在社會契約裡，個人則享有「公民的自由」(civil liberty)。因為「個人在自然狀態下，總有一天會碰到一種危機，即每個人單獨的力量不足以克服他本人的生存障礙。由於原始狀態不能使人繼續生存，除非人們改變生活方式，否則人種即將消失。」❿個人在自然狀態裡，自由得以施展；在合理的社會組織中，更能擴大自由的範圍。個人與社會，二者並非敵對。

1.以吏為師，以便個人與國家息息相關：國家教育，應該讓全体國民了解，個人從自然狀態過渡到公民社會，是一項突破。在行為上，以公義代替本能，在行動上賦予道德意義，這是個人前所欠缺的。雖然在新的公民社會中，他失去了以往狀態中的優點，但卻有重大補償。他的能力大受激勵與發展，他的觀念領域大為擴張，他的感受較為高貴，他的整個心靈提升了。個人已非一頭又愚蠢又無想像力的動物，卻頗富靈智。

因此小我之納入大我中，是國家教育的首要任務。從嬰兒時候開始，就体認出個人的利益完全與國家的利益兩不可分。國家是整數，個人是分數，共同來營造「公意」(general will)（即「生命共同体」），個人不能違反。公意是自然的擴大，是衡量公民權利與義務的最後準繩。政府官員是「公

❿ Ibid., 442.

❿ *Social Contract*, op. cit., 17.

意」的執行者，他們應該是順理成章的教導人物，「仕即為師」(以吏為師)。
「讓著名的軍人來傳授勇敢，公正的法官來教導公正，如此的教師將可培
養術德兼修的繼承者，使得統治者之經驗、天分、及公民品格，一代一代
的傳遞下來。」**⑩** 並且團体意識及國家觀念，牢牢的栽植於童稚心中，根深
蒂固，人人都是愛國志士。

　　2.培養純樸的國風：有人擬在日内瓦設立法國喜劇劇院，學者 (如
d'Alembert) 認為舞台表演可以激勵公民風格，判斷敏銳，涵養情操；盧梭
則持反對態度。他認為法國是大國，瑞士是小國；大國的民俗敗壞，是罪
惡的淵藪；小國則富足快樂，是幸福的源泉。大國不應以舞台劇來污染小
國的心態。盧梭嚮往日内瓦沒有巴黎之煩吵喧鬧，欲求不高，由於休閒時
間多，所以人們易於從事思考與創造，新奇想法常現；少有巨富與赤貧，
多屬中產；大家勤勞工作，並非坐享其成。節儉與自制，是瑞士的民風與
國格。外人一入日内瓦，發現人人有事做，事事有人做。在某一角落，製
造鐘錶者多於世界其他地方；在另一處所，則又可看到大湖裡貿易頻繁；
他地也是工廠林立。無人閒蕩，沒有一位是寄人籬下者。

　　如此優良的傳統國格就是最佳的活教材，何必媚外。並且瑞士國内洋
溢著一股濃厚的鄉土人文氣息。工人可以與任何人交談，互換知識、技術、
與觀念；鐘錶匠的社會地位並不下賤，這在他國是稀罕之事。除此之外，
日内瓦人在寒冬下雪或對外交通不便時，則留在己家自作器具，在溫暖的
木屋中忙於自己的事業，相互協助；造車床、裝玻璃、製鎖、裝配零件等，
都有專人負責，還有小發明可售給外國。多數人會吹笛子，演奏樂器，哼
一段曲子，更可以全家合唱讚美詩；有時在湖濱划船，在鄉下遊逛，在山
丘打獵；每年春季，又有民防單位所主辦的軍事演習；平常時分，俱樂部
遍布，談天說地，飲酒吸煙**⑩**。試問此種人間天堂，本國即有，又何必浪
費公帑，消耗時間去觀賞來自於荒誕的巴黎喜劇呢？自己國家的國風不予
維持與發揚，實在太違反國家教育的宗旨了。

　　3.鄉土教育的重視：基於人類的自然天性，愛國必自愛鄉土起。盧梭

---

⑩　William Boyd, *The Emile of Jean Jacques Rousseau*, op. cit., 185.

⑩　Ibid., 187–188.

以波蘭為例，波蘭的兒童開始讀書時，就應閱讀與自己家鄉有關的材料，十歲時就應了解本國本地的特產，十二歲時研究本國各地的縣分，鐵路，公路，市鎮，河流，山川。十五歲時整理本國史，十六歲時探討本國法律規章，將波蘭歷史上傑出人物的高貴言行作為奉祀及模仿的對象，銘記在心。使用波蘭語教學，強化國家觀念，認定波蘭人就是波蘭人，絕不是英人、德人、或西班牙人[107]。當時歐洲人視波蘭人為俄國人。波蘭如果要做個獨立的國家，必須堅持波蘭不是俄國的一部分，使俄國併吞計畫無法得逞，這是保衛波蘭立國的最佳策略。

因此波蘭的地理及歷史教學必須加強，波蘭的傳統文化及服飾，務必保存；其次，教師必須是波蘭人，對本國才會產生強烈的向心力與認同感。貧富子弟應有相同的教育機會，免費教育如果礙難實施，也應降低學費；學府應提供名額，以公款來獎助貧者入學，這批學生就是國家的孩子，他們必會加倍的具有愛國心。透過本國特有也全民熟悉的宗教儀式，運動比賽，故事介紹先民可歌可泣的事跡，則為祖國而生，為祖國而死的情懷，乃沛然莫之能禦，國家教育就大功告成。

三、結語

1.盧梭的幻想性格：盧梭大概是A血型的思想家，多愁善感，憂鬱寡歡，想像力特強。在痛苦中幻想快樂，在囚房裡夢想自由。他自己也有自知之明：「這是很奇怪的一件事，在處於快樂的反面情境中，我的想像力比處在快樂情境中更能發揮。……我可憐的腦袋不能面對現實，……卻一定要比現實的描述多一點或少一些，用想像力予以化妝。假如我想描述春天，則一定要到冬天的時候才下筆；假如我想繪製一幅優美的野外景色，則我就必須關在房裡。我曾說過一百次，假定我被囚於巴士底(Bastille)監獄內，則更能畫出自由的景色。」[108]

厭惡呆板的規律，喜愛捉摸不定、無邊無際、無拘無束的浪漫。他說：

---

[107] William Boyd, *The Minor Educational Writings of J. J. Rousseau*, N.Y.: Teachers College Press, Columbia University, 1962, 98–99.

[108] *Confessions*, op. cit., 166–167.

「我的懶散猶如一個孩子無休止的動，但卻沒動出什麼。同時，我的懶散也好比是一個漫步的老人，他的心四下神遊，但手臂卻是靜止的。我喜愛忙於那些瑣碎的事，開始時有一百件事情，但終了卻一事無成。我任由我的幻想所導引，無時無刻都在改變我的計畫；我會跟隨一隻蒼蠅四周飛繞，試著探出石頭底下藏著什麼，急於擬個十年計畫，但十分鐘之後就予以放棄。簡言之，我整日消磨在前後不相一致且也不連貫中，沒什麼好遵循的，只是我的奇異幻想。」**⑩**

這種性格也明顯的表明在他的著作中。盧梭著作等身，但前後矛盾，相互不一致之處，卻也頻頻出現。不過他自承有一顆坦誠之心，至少他不擬欺騙他人。他最厭惡說些恭維的無聊話，見面相敘竟然要談及天氣或蒼蠅，這真是無法忍受的煎熬**⑩**。因此他寧可自我孤獨與幻想，以填滿心中的空虛。對於他人的批評，他也有一番爭辯來自圓其說。他一再期求要親自教導子女，但卻言行不一，將自己的子女寄居於教養院。因為他認為娘家家境不佳，妻子之興致及觀念又與盧梭大相逕庭，丈母娘又背信欠債且隱藏秘密，子女接受此種家教，倒不如安養於教養院。加上他自己遭遇迫害，自身難保，因此他的未能履行父親職責，似乎也情有可原**⑪**。

2.盧梭的文筆：情感豐盛的學者，下筆常出現動人心弦的文字或辭彙，盧梭是個中能手。筆鋒常帶情感，讀之不忍釋手，且熱血澎湃，感動不已。盧梭為平民叫屈，為孩童請命，又喜舉實例娓娓道來，難怪大哲學家康德(I. Kant, 1724～1804)閱讀《愛彌兒》及《新赫蘿伊》(*New Heloise*，愛情小說，源之於中世紀巴黎大學名師Peter Abelard與其女學生Heloise之相戀) 之後，竟然忘了行之數十年如一日的固定散步習慣，致使以他的準時散步做時鐘的附近家庭主婦忘記作飯。康德說：「我必須閱讀盧梭的作品一直到他的文字之美不再讓我分心時，我才能用理性來檢驗他的作品之價值。」**⑫**盧

---

⑩　Ibid., 591–592.

⑩　Ibid., 555. 英國哲人David Hume是他的友人，但由於性格不同，無法了解他的心境。Hume是理性性格，他則是感性十足的人。

⑪　Ibid., 387, 399.

⑫　引自Durant, op. cit., 170.

梭提倡的「自然宗教」，也打動了康德的心，康德在「純粹理性」(pure reason)中標示三大「公設」(postulates)，即「上帝」(God)，「自由」(Freedom)及「不朽」(Immortality)，即握此而來。1755年，盧梭第二次為文參加徵獎，題目是〈人類不平等的本源〉(Discourse on the Origin of Inequality)，於文章中舉出在自然狀態下，人人皆平等，唯有在人為環境裡，才有彼此的懸殊。徵文雖未獲獎，但卻引來當時學術界及虔誠天主教徒的攻擊。伏爾泰（Voltaire，這是筆名；他的本名為Francois Marie Arouet, 1694～1778）致信給盧梭：「先生，我已接到你的新作，你反對人為，當你向大家陳述人類自己的事實時，你將討得他們歡心，但卻無法改善人類。不可能再用一種更強烈的色彩來描繪人類社會的恐怖了。還好，我們由於對它還相當無知及懦弱，所以還有不少慰藉。從來沒有一本書比你的著作更精於試圖將吾人轉換為野獸。當我閱讀大作時，我禁不住感覺到要用四隻腳走路，不過我已年過六十，早已失去了該種習慣。我覺得真是不幸，童年已無法復返，因此留著自然的歡樂給那些比你我更值得去享受的人吧！」⓬

上述兩例，足以證明盧梭的著作真能震撼人心，他的描述因為動人心弦，因此引來極大的回響與共鳴。

但是盧梭此種才華，卻是他一生顛沛流離，遭受迫害的根源。他在中年(1756)時，發現沒有那一天他起床後可以說：「今日將順從我的意思過一天。」並且「我一生中並沒有嘗夠那種由內心所渴望的快樂，那種儲存的強烈情緒，以及醉人的激情。」⓭五十歲時出版的《愛彌兒》，盧梭自認是一生中最重要也最佳的作品，但卻發現他人的稱讚都是怪怪的，似乎大家在隱藏著什麼秘密。英國大哲學家休謨(David Hume, 1711～1776)之密友，也是引薦盧梭赴英避難的女士(Mme de Boufflers)，宣稱該書作者理該由公眾給予豎立銅像，為世人所崇敬，但卻十分露骨的在信尾中請求退回她的該信箋。名學者達朗拜(Jean Le Rond d'Alembert, 1717～1783)也來信致意，稱讚該書證明了作者的傑出能力，預示他在文學界中出類拔萃，首屈一指，但信上卻未署名，違

⓬ Lester G. Crocker, 引自Rousseau, *The Social Contract and Discourse on the Origin of Inequality*, op. cit., ix.

⓭ *Confessions*, op. cit., 396.

反了他以往都以簽名結尾的習慣。政府要員及教會顯赫之士在公開場合宣稱，燒書並不夠，最重要的是把作者也一併燒死 ⑮。七月三日是盧梭的忌辰，享壽66。1793年10月11日改葬巴黎之「萬神殿」(Pantheon)，全市轟動。

　　總之，盧梭極力歌頌的自然，真相或真意到底如何，實在有賴學者進一步探討 ⑯。人的自然狀態是什麼，男性及女性的天性何在，是否也隨時代的變遷而有所更易。在十八世紀的歐洲，妻子服從丈夫，這是天經地義，盧梭也認定這是「自然」，但其他地區如果有相反的現象，是否也應視之為「自然」？這是高唱「返回自然」的思想家應該解決的重要難題。「我們可以同情他，……但無論如何，卻不應讚美他或喜愛他。」「自然」的英文字，如是大寫字母的Nature，有「上帝」意，那是完美及全善的意思。此種「自然」，都是好的；「表現自然」，那是讚美的話，但「自然」的其他意義則否。人如果純任「自然」，或「任性」而為，根本不是個「人」。因此，依「自然」而定的教育準則或是按「自然」而得的「民約論」，「前提」已有問題，「結論」當然也就站不住腳了。⑰

　　住赤道或南北極帶地方的人，當知自然對人之殘酷；生活於老虎出沒地、火山爆發處的人，也應知自然對人之無情。他如飛蛾撲火，花園之雜草叢生，也是一種「自然」⑱。不過，英自然派詩人華茨華斯(William Wordsworth, 1770～1830)有下列名句：

One impulse from a vernal wood,	春林裡的一陣顫動，
May teach you more of man.	足以教導我們一切；
of Moral evil and of good,	包括道德的善及惡，
than all the sages can.	古來聖賢也弗如。⑲

---

⑮　Ibid., 396, 530, 532.

⑯　Robert Ulich, *History of Educational Thought*, N.Y.: American Book Company, 1968, 221.

⑰　Thomas Davidson, *Rousseau and Education According to Nature*, N.Y.: Charles Scribner's Sons, 1898 (1970), 73.

⑱　F. H. Hayward, *The Educational Ideas of Pestalozzi and Froebel*, Westpoint Conn.: Greenwood Press, 1979. 120–121.

⑲　Ibid., 25.

　　盧梭的「教育」主張，掀起了巨大風浪，對傳統教育的衝擊，在環球教育思想史上，大概無人出其右。「人性本善」論，犯了基督教教會的大忌。教育小說*Emile*及政治作品*The Social Contract*兩本「巨著」，同在1762年出版，先後遭到巴黎神學院(Paris Theology Faculty)及巴黎議會(Paris Parliament)譴責，後者還下了逮捕令。日內瓦當局也跟進，決定將兩書焚毀，認定該兩書內容是「頭殼壞掉的、惡名昭彰的、褻瀆神明的、企圖毀掉基督宗教及一切政府的」。盧梭立場堅定無比，他不承認「原罪」(original sin)論。次年他提出答辯，重申「所有道德的基本原則……，乃是人自自然然的、是一種善良的東西，喜愛正義及秩序；人心原本並無什麼邪惡(original perversity in the human heart)，並且人性的第一種活動，通常都是對的。」[120]

　　嚴謹來說，人性本善或本惡，這是找不到科學證據的，靠武力來左右其中任一說，皆是野蠻行徑。此外，男性與女性在教育上有何「特質」，這又是爭訟不休的話題。盧梭在這方面的「創見」，引來其後「女權運動」者(Feminism)非常強烈地撻伐。具有代表性的女權主義者英人Mary Wollstonecraft (1759～1797)在1786年出版《女兒教育思想》(*Thoughts on the Education of Daughters*)，1792年又寫了《女權之維護》(*A Vindication of the Rights of Woman*)，強烈不滿盧梭的性別歧視教育。盧梭認為兩性不是平等的，卻有「互補性」(complementarity)，即男剛女柔、男強女弱、男陽女陰、男理女情（男生重理性，女生重情感）、父嚴母慈；男生獨立自主，女生則仰賴依靠。這種傳統的刻板印象，實在是罄竹難書，更不用提支那早有根深蒂固的男重女輕觀念：男主外、女主內；「在家從父，出嫁從夫，夫死從子」的「三從」，及「夫為妻綱」的三綱之一（另兩綱即君為臣綱，父為子綱）。倉頡造的中文漢字有女旁的，幾乎都是負面的，如「妖」、「妄」、「奴」、「奸」、「妒」（妒嫉）、「妓」等，不勝枚舉。看在女權運動者眼中，真令人氣炸。「柔順的太太」通常都是愚蠢的媽媽(Meek wives are in general, foolish mothers)[121]。

---

[120] 引自*Fifty Major Thinkers on Education*, Joy A. Palmer (ed.), London: Routledge, 2001, 55.

[121] 在1790年另一英女權教育者Catharine Macaulay也出版《教育書簡》(*Letters on Education*)，更不滿Rousseau的女子教育觀點。見方永泉〈C. Macaulay的「兩性平等」人性觀與教育學說〉，臺師大教育系《教育研究專刊》五十七輯第一期，2011, 20。

冷靜思考男女性別上的差異或身體外表的不同，二者是否一律等量也等質齊觀，確實不易獲得一致的共識。一切順其「自然」，毫無「人為」，這本是一種幻想，也是不可能之事。到底人性「本來」面目如何，教導又如何配合之，這真是天大的難題。

附：Catechism（教義問答書）內容（師生一問一答的宗教性及知識性教材）

生：字母是什麼？

師：歷史的守衛者。

生：字是什麼？

師：心靈的洩秘者。

生：字由何而生？

師：舌頭。

生：舌頭是什麼？

師：可以煽動空氣的東西。

生：什麼是空氣？

師：生命的保護。

生：什麼是生命？

師：喜的愉悅（有福則喜），惡的憂愁（有禍則悲），死亡的預期（展望著死的來臨）。

生：什麼是死亡？

師：一種無可避免且必會發生的事實，是不確定的旅程，生活之淚（生之哀痛），遺囑的核對與批准，人的竊賊。

生：什麼是人？

師：死亡的奴隸，暫時的過客，寓宅的居停。

生：人像什麼？

師：像一種果實的樹木。

生：人被如何安置？

師：如燃燭安放於風前。

生：人在什麼地方？

師：在六牆之間。

生：什麼是六牆？

師：上、下、左、右、前、後。

生：人要遭遇幾種經歷？

師：六種。

生：六種經歷是什麼？

師：飢、飽、醒、眠、息、作。

生：什麼是眠？

師：死亡的影像。

生：什麼是人的自由？

師：渾渾噩噩。

生：什麼是日？

師：宇宙的光輝，蒼穹的美麗，白天的榮彩，時間的支配。

生：什麼是月？

師：夜的眼目，露的施主，風雨的先知。

生：什麼是星？

師：天頂的圖案，水手的導師，夜裡的裝飾。

生：什麼是雨？

師：大地的水源，果實的母親。

生：什麼是霧？

師：白晝的暗夜，眼睛的疲乏。

生：「修辭」(rhetoric)從何來？

師：從希臘字而來，其意即言論流暢。

生：修辭目的何在？

師：說話技巧完美。

生：修辭涉及什麼？

師：涉及公共事務。

(James Bowen, *A History of Western Education*, vol. II, London: Methuen & Co., Ltd., 1975, 10–11.)

參考書目

1. Adams, John. *The Evolution of Educational Theory*. Bristol: Thoemnes, 1912 1994.

2. Boyd, W. (ed.). *The Emile of Jean Jacques Rousseau, Selections.* N.Y.: Teachers College Press, Columbia University, 1980.

3. _____ . *The Minor Educational Writings of J. J. Rousseau*. N.Y.: Teachers College Press, Columbia University, 1962.

4. Davidson, Thomas. *Rousseau and Education According to Nature*. London: William Heinnemann, 1898.

5. Durant, Will and Ariel. *The Story of Civilization: Part X, Rousseau and Revolution*. N.Y.: Simon & Schuster, 1967.

6. Morley, Lord. *Rousseau*. Chapman & Hall, 1883.

6. Morley, Lord. *Rousseau*. Chapman & Hall, 1883.

7. Rousseau J. J. *The Social Contract and Discourse on the Origin of Inequality*. Lester G. Crocker (ed.). N.Y.: Washington Square Press, 1967.

8. _____ . *The Confessions of Jean-Jacques Rousseau*. J. M. Cohen (tr.). Penguin Books, 1970.

9. _____ . *Emile or on Education*. Allan Bloom (tr.). N.Y.: Basic Books, 1979.

10. 盧梭著，李平漚譯，《愛彌兒》，北京商務，1986。

第十二章　啟蒙運動的教育思想家

　　盧梭是扭轉教育乾坤的劃時代人物，其實，在思想界中產生變天的潮流，在盧梭時代，稱之為「啟蒙運動」(The Enlightenment)。盧梭與啟蒙運動諸君子，皆以「進步」(progressive)為指標。「進步」朝向「往前進」(forward)與「向上進」(upward)，而非「往後退」(backward)與「朝下流」(downward)❶。前者持前瞻性的觀點，將希望寄託在新生的一代，因此兒童的價值大為提高；後者則是返顧式的論調，讚美古代，稱述祖先。教育如果能夠帶來活潑的氣氛，應以「一代新人勝舊人」的角度來進行。歐美教育之改頭換面，「進步」式的教育思想，貢獻厥偉。

　　攻擊權威，打破傳統，消滅迷信等，都是進步的重要現象，但是要達成此種目標，卻在同歸中有殊途。盧梭以「情」取勝，大談其「返回自然」的主張；啟蒙運動則以「理」為依歸，恢復「理性」的價值；前者著作中多含煽動性的情緒文字，以震撼人心，激動感情為主；後者則以冷靜的思惟與客觀的事實為證據，來重建社會新秩序，邁向教育的新里程。二者在著重點上容有不同，但在根源處，則並非涇渭分明。

　　英國的牛頓(Isaac Newton, 1642～1727)的地心引力說，認為以理性能力來探討自然法則，可以得到正確的答案，了解自然奧秘，這些法則還可以用數學演算出來。法國的康多塞(Marquis de Condorcet, 1743～1794)主張運用自然法則來掃除陳腐的舊制度及迷信，建立新秩序；自信人類進步無窮，可抵完美境界。科學即是其工具，而科學與教育之關係極是密切，二者攜手並進為完美的人類目標奮進。反對喀爾文主義之人性本惡說；人性本善，性惡是人為的習俗所造成；不返顧過去的烏托邦，卻前瞻未來的樂園；掃除飢餓、貧窮、迫害、戰爭與獨裁。童性天真無邪，社會改善(social amelioration)可期。

---

❶　J. B. Bury, *The Idea of Progress*, N.Y.: Dover Publication, Inc., 1920.

第一節 啟蒙運動的重要特徵

啟蒙運動的思想淵源，可以說來自英國；但「啟蒙運動」一詞，適用
於歐洲大陸，並影響到美洲新英格蘭十三州。英國的培根及洛克之教育及
學術著作，主宰了西洋的學術思想界。啟蒙運動的大本營則在法國，因為
法國的政治最為黑暗，控制教育的天主教耶穌會(Jesuits)也在法國最為得
勢。渴望獲得陽光之照射，也是法國最為迫切。

啟蒙運動的重要特徵如下：

一、以百科知識為底子，以批判為要務

訴諸理性來探討知識，就可以獲取光明，並依此作為行事的準則。啟
蒙運動家發現大多數的人民及大部分的時間，都是生活在以權威為尚，以
古代為宗的環境中，十足的剝奪了人類理性的功能。啟蒙運動的重要精神，
就是「凡事都要移請批判的力量予以管轄，並非因為那是過去，就神聖不
可侵犯，更不用說神聖的東西了。」❷仿蘇格拉底作風，要醒覺，要反省。
「每一樣都要經過檢驗」，「每一件事都要連根拔起，毫無例外，也絕不瞻
前顧後，猶豫不決。」❸作人不可唯唯諾諾，卑躬屈膝，「對每件事及每個
人都說『是』，那就表示一點個性都沒有。」❹誠如康德所說：「我們的時代，
尤其明顯的是一種批判的時代，每件事都必須予以批判。宗教的神聖性及
法律的莊嚴性，可能擬尋求免於受批判，不過要是如此，則更會喚醒公正
者之疑心，以致於無法獲得誠心誠意的尊敬。只有根據理性才能在自由及
公開的檢驗中保持安然無恙。」❺

---

❷ Peter Gay, *The Enlightenment,* vol. I, *The Rise of Modern Paganism*, London: Wei-
denfield & Nicolson, 1967, 86.

❸ Ibid., 142，這是Diderot在 *Encyclopédie*上所發表的看法。

❹ 這是A. D. Lovejoy的話，見其所著*The Great Chain of Being*, Cambridge: Mass; Har-
vard University Press, 1942, 312.

❺ Immanuel Kant, *Critique of Pure Reason*, Norman Kemp Smith (trans.), N.Y.: St.
Martin's Press, 1965, preface to first edition, 9.

在歐洲，啟蒙運動的主角，希望全民不應沿襲習俗的生活在暗無天日的地窖中過身心煎熬的痛苦日子，而解脫肉体的柳鎖，不如先有開放的心靈，在黑夜中投以陽光，這就是「啟蒙以重見天日」的本意。這批學者組成一個團體，發行《百科全書》(The Encyclopédie)刊物，該團体的明星，是與盧梭唱對台戲的伏爾泰(Voltaire, 1694～1778, 本名為Francois Marie Arouet)，及與盧梭私交甚篤但其後因理念不同而分道揚鑣的迪德羅(Denis Diderot, 1713～1784)，達朗拜(Jean Le Rond d'Alembert, 1717～1783)，孔迪拉克(Etienne Bonnot de Condillac, 1715～1780)，孟德斯鳩(Montesquieu, 1689～1755)，拉美都里(La Mettrie, 1709～1751)，葉爾維修斯(Helvetius, 1715～1771)，康多塞(Condorcet, 1743～1794)等，濟濟多士，齊聚一堂，共同推動「理性時代」(The Age of Reason)的來臨。出版38期《百科全書》，希望將人類所有知識予以貫穿與連繫，成為有秩序的整体。他們仿培根的「知識之樹」(tree of knowledge)，擬把全部學問分成「記憶」(memory，如歷史)、「理性」(reason，如數學)、及「想像」(imagination，如小說戲劇)三大類，並網羅知識的全部而成為「百科全書」，透過資料的普及以刺激理性的運作來革除社會的惡風劣俗。幾乎所有當時較為開明的作者都在《百科全書》上為文發表，盧梭也負責在「音樂」項目下執筆。

二、環境萬能，教育第一

既然祖宗不足法，則後天左右一切；天生的特權及不平等都應劃除。啟蒙運動家支持洛克認為人性如白紙的主張，經驗才是知識的起源。「教育萬能」(education is everything)，幾乎是時代的最響亮口號。拉美都里更直截了當的於1747年寫一本《機器人》(L'Homme machine──Man the Machine)的書，將傳統玄妙的形上又神秘的哲學話題，棄置不顧，而把人類心性上的運作，比喻為可以操控的有機器械。不只個人的命運掌握在自己手中，甚至整個社會國家的走向，都可以在理性的安排下，步上進步的境界。

但是啟蒙運動學者都大力抨擊當時的學校教育，尤其是天主教會的耶穌社學校教育。他們不滿的重點，在於學校教育只傳授死語文及殘缺不全的學科知識，非但傷害健康，埋葬年輕人寶貴的青春，且在校內灌輸令學

童一知半解的宗教教義，進行儀式崇拜。諸如此類的學校教育，更是荼毒心靈的元兇禍首。啟蒙運動的思想家，接受過耶穌社教學者，無不痛詆該社學校教學之缺失。既認定教育主宰一切，但又痛心學校教育之遠離正道，因此他們極力鼓吹創辦合乎己意的學校來達成他們的目標。遠在美洲新大陸的富蘭克林(Benjamin Franklin, 1706～1790)諷刺哈佛學院之無知、無用、無義、懶散❻，遂在故鄉賓州費城(Philadelphia, Pennsylvania)設立「學苑」(Academy)，提倡實用教學；美國教育總統傑佛遜(Thomas Jefferson, 1743～1826)就學於美國立國前第二所老學院威廉及瑪俐(William and Mary)，也感嘆該所高等學府之沈痾已重，乃奔走成立維吉尼亞州立大學(Virginia University)。教育是不可忽視的一股重大力量，既然傳統學校教育積弊難返，不如另起爐灶，展現出學校教育的嶄新功能。

三、寄望「開明君主」負起啟蒙之責

盧梭走群眾路線，歌頌平民價值，提高下階層人民的地位。但啟蒙運動的領袖，則擬透過「開明君主」(enlighten despots)，從上而下的施行仁政，啟迪全民，如此的進步才比較平穩、順利、與快速。這種論點，伏爾泰是典型的代表。

啟蒙運動就是伏爾泰的時代，他與當時歐洲那些開明君主私交甚篤。普魯士的菲特列大帝(Frederick the Great)，俄羅斯的彼得大帝(Czar Peter)，奧地利的凱撒琳大帝(Catherline the Great)，都常有書信往返。這些開明君主禮賢下士，每每懇求這位「喊水會結凍」的大師提供建言，伏爾泰也抓住獻策機會，宣揚開明理念。其過程是思想家先構思幸福社會的種種措施，然後傳授給統治者、部長、行政官員，最後播散到技藝工人及農夫。「理性開始時必須建立在領導者心中，然後才依序漸漸地下放，如此在終了時，才可以用理性來統治人民。人民屆時甚至沒有查覺出理性的存在，但是他們体認到君主之溫文有禮，就會起而效之。」❼這位估計盧梭的《愛彌兒》

---

❻　Robert Ulich, *History of Educational Thought*, N.Y.: American Book Company, 1968, 237.

❼　引自Will and Ariel Durant, *The Story of Civilization: Part X, Rousseau and Revolu-*

在出版後一個月就會被眾人忘光的大師❽，對全民之推動進步，缺乏信心。他倒覺得社會上存在著上下尊卑之階級，是極其合理的現象。「每個人都成為牛頓，好愚蠢的想法呀！」❾只要君主開明，就能帶動社會開明。因此努力慫恿治者具有開明作風，如此費力較少，效果卻較大。在上者風，在下者草，風行必草偃。

廢除死刑，置教會於政府管轄之下，信仰寬容，興辦學校，以俗人代替教士為師，普及教育，注重實用課程，採用本國語言教學，這些措施，都在啟蒙運動的健將之推動下，獲得開明君主的同意，在歐洲各地普遍的展開。

由上而下的改革，平民也普沾其利，流血革命就不會產生。出生於法國但卻被放逐的伏爾泰，因其開明君主的呼籲，未見實施於其祖國，導致1789年的大革命及平民大暴動。不過，寄望於統治階層，而不厚植根基於平民，則君主開明即行仁政，君主暴戾即民不聊生。教導獨夫開明與啟迪眾人開明，困難性質相同。開明君主在位，萬民額手稱慶；暴君上台，則庶黎遭殃；人存政舉，人亡政息；要想進步在安定中進行，也將落空。

第二節　注重社會教育的富蘭克林
(Benjamin Franklin, 1706～1790)

曼恩(Horace Mann，見後)恭稱他是「美國人之神」(God of Americans)❿。

富蘭克林是政治家、發明家、外交官、文學家、兼教育家。雖然他受的學校教育相當少，學歷低，但他的知識卻非常淵博，多才多藝，這完全是靠勤奮自學及結交肯上進的朋友所致。基於這層生活經驗，他並不看重

---

tion, N.Y.: Simon and Schuster, 1967, 144–145.

❽　Ibid., 149.

❾　Ibid., 141.

❿　Thomas Woody(ed.), *Educational Views of Benjamin Franklin*, N.Y.: McGraw Hill Book Company (1931), Ams edition, 1971, preface, xiv.

有形教育(即學校教育)的價值，尤其是那種既古板又形式的拉丁語文學校；相反的，他特別強調廣義的社會教育功能。教育影響力無所不在，只要自己肯虛心學習，無處不是探討學問的好所在。他指斥哈佛學院的僵化作風，對Harvard之諷刺：1.有錢人才能進，窮者望門興嘆。2.師生無所事事，過著懶散生活，頂多剽竊別人作品或作文字裝飾功夫，到頭來卻是腦子空空，但卻自負驕傲不可一世❶。只上過兩年的學校教育，且沒上過大學的富蘭克林，由於勤學加上天賦，學術上的成就為世界名大學所肯定。英國皇家學會選他為會員，還頒獎表揚他在電學方面的發明；哈佛、耶魯、威廉及瑪俐學院都授予他高級學位。愛丁堡大學、聖安得魯大學(U. of St. Andrews)、牛津大學更給予博士學位，德國哥丁根大學也選他為學會會員，荷蘭的鹿特丹及法國巴黎亦然❷。他的人格提供給世人最好的榜樣，他本身就是最佳的教育題材。尤其在教育還未能普及的美洲新殖民地區，自我要求，自我塑造，也不失為促使自己進步及成長的良方。

出身寒微，當過印刷學徒的富蘭克林，子女排行第十五（其父母共生17個兒女），卻是美國獨立戰爭的功臣，也是開國元勳，他的重要教育貢獻，下面數項，頗值稱述。

一、實用性品德的自我訓練

操守上的完美，必然會贏得他人的敬重。富蘭克林訂出十三條德目，要求天天檢核自己，並且數十年如一日，不管航海於國外，或公事繁忙，他都無時無刻或忘，身邊總帶一本小冊子來做道德練習。律己甚嚴，終生奉行不渝。

這十三條德目，含有亞里士多德式的基督教倫理規範，即「節制」(temperance)、「沈默」(silence)、「誠實」(sincerity)、「公義」(justice)、「溫文」(moderation)、「寧靜」(tranquility)、「貞潔」(chastity)、「謙虛」(humility)；及啟蒙精神的中產階級風格，如「秩序」(order)、「剛毅」(resolution)、「節

---

❶　Ibid., 103–109.

❷　Lawrence A. Cremin所述，見John Hardin Best (ed.), *Benjamin Franklin on Education*, N.Y.: Teachers College Press, Columbia University, 1970, 6. Woody, 30–31.

儉」(frugality)、「勤勉」(industry)、及「乾淨」(cleanliness)。

富蘭克林也希望別人了解並履行道德提升的價值。他編了《曆書》(Almanack)，提供給農人及平民作參考，裡面撰寫了許多醒世警句，用押韻式的格言，頗適合於背誦與朗讀。其中較重要的如下：

「滴水可以穿石」(Constant dropping wears away stones.)

「聚少成多」(Many a little makes a mickle.)

「與其明日做，不如今天完成」(Have you somewhat to do tomorrow, do it today.)

「一個今日，勝過兩個明天」(One today is worth two tomorrows.)

「早睡早起，使人健康、富有、又聰明」(Early to bed, and early to rise, makes a man healthy, wealthy and wise.) ❸

「常用的鑰匙是光亮的」(The used key is always bright.)

「睡狐抓不到飛禽」(The sleeping fox catches no poultry.)

「在墳墓裡就可以睡個夠」(There will be sleeping enough in the grave.)

「小漏隙足以沈大船」(A small leak will sink a great ship.)

至於說「時間就是金錢」(time is money)，更是他對年輕生意人的忠告。實用及功利的意旨，表露無遺。並且這種訴諸於實際行動且又可看出成效的德目訓練方式，總比教區牧師們地獄火牢式的講道，更能引起眾人的興趣與注意。任何道德教規，如果不能使人更有善良的行為，則一無是處；而任何意見，如果不會造成敗德壞行或更為兇惡，就不是屬於危言聳聽之類，並不具可怕性。實用的品德，「就足以使人偉大、光榮，且幸福。」❹

二、關心公共事務

富蘭克林的自我陶冶及自我調教，使他從小養成敏銳的觀察力，也因異乎常人的識見，使他由貧致富，且從事許多有名的科學實驗，享譽國際。首先，他注意到了他住家社區的公共事務，那是一件微不足道的瑣碎小事，

---

❸　Best, ibid., 43–44.

❹　引自R. Ulich, op. cit., 232.

即市鎮的守望工作有必要輪班，並聘僱專人予以負責。由這件事就涉及到徵稅問題，並聯想到公共安全的消防保護措施。富蘭克林處心積慮提出防火計畫，使得城市不再因火災而燒毀數間房子，幾乎火苗發作不久就已被撲滅。

基於對美國的熱愛，富蘭克林雖然與英國達官顯要交情匪淺，但卻是高舉「獨」派大旗的愛國者。他強烈不滿祖國(英國)政府將重大罪犯移送到美洲殖民地來，美國又不是人間垃圾的集中營，更不是收容壞人的場所。當殖民地與英國之間發生嚴重衝突之際，他使出全力來阻止雙方火拼，因為他厭惡戰爭。設若祖國政府妥善處理，富蘭克林極願為建立大英帝國而奉獻。但是當他發現殖民地人民之天然權利受到剝奪時，他乃義不容辭的變更自己的心態，從「統一」派調整為「獨立」派，與祖國脫離臍帶關係，邁向獨立自主途徑。當他聽到祖國友人也是國會議員的斯特拉漢(William Strahan)投票敵對美國殖民地時，乃立即草擬一信如下：

> 斯特拉漢先生：
>
> 　　你是一位國會議員，卻是多數要使吾國步向毀滅之途的一員——你們開始要焚燒我們的城市，謀殺我們的人民——看看你們的手吧！那是沾滿你們親屬的血的！你與我過去是好朋友——現在你是我的敵人。❶⑤

1776～1785年駐法期間，恰好英國歷史學家吉朋(Edward Gibbon, 1737～1794)訪法，富蘭克林下帖邀請這名因著作《羅馬帝國興亡史》(*History of the Decline and Fall of the Roman Empire*, 1779)一書而轟動史學界的牛津名教授，但吉朋卻一口回絕。吉朋說在私人立場上，他尊敬富蘭克林是個哲學家，但作為效忠英皇的他，卻無法忍受與一位叛國的臣民交談。富蘭克林也以高度禮貌向吉朋致意，答以若這位歷史學者願意以大英帝國之興亡史作題目，他倒樂意提供相關的資料供吉朋寫作，來完成另一部巨著❶⑥。

大至獨立建國，小至守望台之看管，都是「眾人之事」，大家都應關心，

---

❶⑤　Ibid., 235–236，但該信卻未發出，該信寫於1775年7月5日於費城。

❶⑥　Durant, op. cit., 802.

這是民主社會的常態。富蘭克林聚集一些志同道合之士，於1727年組成一個「話仙會」(Junto)（相互勉勵與改進的俱樂部），又稱「皮革圍裙俱樂部」(The Leather-Apron Club)，每週聚會乙次，共同商談公共事務，交換心得與意見，作腦力激盪工作。會員不超過二十。他們討論的話題，例如：

> 潮水上升的高度，為何各地不同？
>
> 發行紙幣安全嗎？
>
> 為什麼擁有最多知識的人，並不能獲得最大的幸福？
>
> 哲學的目的，應該在於擯除情感嗎？
>
> 什麼是最好的政府形式？
>
> 一種特別的政府形式，可以適用全部人類嗎？
>
> 當一個人說出真相但卻以毀謗罪名予以處分時，是否符合自由政府的原則？ ❼
>
> 惡行但有善意，為害較大，還是惡意但卻有善行？
>
> 一個人說出真話，但卻判以誣謗罪，這在自由的政府之下，是違反自由的原則嗎？

「我所草擬的規則，規定每一會員輪流提出一兩個有關道德、政治、或自然哲學的觀點，來供全體討論，每三個月一次要自己寫一篇文章向大眾宣讀，題目及內容自訂。討論是在主席的安排下進行，以追求真理的誠實精神為要，而非喜愛爭辯，或以期求勝利為目的。」 ❽

三、科學實驗導致容忍精神

一流的科學家或發明家，根據他的實驗與觀察，極容易發現真相之了解並非易事，因此誠實、虛心、寬容等科學「品德」乃順勢而生。眾所周知，富蘭克林以實驗電聞名遐邇，有時察覺到前後的實驗並不一致，對原先所立下的原則頓失信心，而羞於將先前所立原則繼續持堅強的肯定態度。「繼續去從事此種實驗，有多少過去所建構起來的完整体系，不久吾人卻

---

❼　Ulich, op. cit., 236. Woody, 46.

❽　Woody, 44.

有必要予以推翻！假定電的發現，缺乏其他用途，但有一項卻深具意義，即它可以使一個狂妄的人變成謙卑。」⑲

　　這是他在1747年寫給Peter Collinson的信。富蘭克林這種態度，頗富有科學精神，真理也只不過是「到現在為止」最能解決問題的答案，它是有時間性的，不是永恆。任何一項科學實驗的重大發現，雖然修正或消滅了以往的原理或定律，但無法保證日後沒有可能也落入被修正或被消滅的命運。

　　科學實驗是如此，政治理論及宗教信仰亦莫不如是。富蘭克林決然反對宗教上的獨斷主義以及政治上的「割斷喉嚨」(cutting throats)行徑。1787年，他致信給美國總統華盛頓(George Washington, 1732～1799)，發表他對美國憲法的意見：

> 總統閣下：
>
> 　　我承認，目前我並不完全贊同這部憲法。但是總統先生，我並不確定我從不會贊同它；馬齒越增，經驗到許多事例，接收更多的訊息或更充分的考慮，就越覺得有必要變更我的意見，即令在重要話題上亦不例外。有時覺得蠻正確的，但卻發現不然。因此，我年紀越老，越容易懷疑我對別人所下的判斷。說真的，絕大多數的人，就如同多數的教派一般，以為他們自己擁有全部真理，當碰到別人與他們有別，就判定別人錯誤。一位新教派教徒向教皇獻辭時說，兩大教會認為他們教義的確實性時所持的觀點，唯一的差異，是羅馬教會「不會犯錯」(infallible)，而英國教會則「從未有過失」(never in the wrong)。不過，雖然許多私人幾乎都如同他們各自的教派一般，高度的認為他們自己的無錯誤性，卻很少有人像某位法國小姐所陳述的那麼自然，當她與其姊姊有過小爭辯之後，說：「我沒遇到任何人，我只遇到我自己，而我自己是永遠都是正確的。」⑳

---

⑲　Ulich, op. cit., 230.

⑳　Ibid., 231. B. Franklin, Speech in the Convention, 1787年，9月17日，見Best (ed.), op. cit., 94.

堅持己見，無法包容異己，這是科學實驗的致命傷。雙方旗幟鮮明，不能溝通，衝突乃勢所必然，不只和諧氣氛沒能達成，且閉塞的心靈也導致孤立的見識，文化面就越來越為狹窄了。因此開闊的心，容忍的雅量，這種性格，最具教育風範。不只品德令人佩服，知識也必大為精進。二者合一，富蘭克林本人的言行就是最好的註解。

四、社會教育及學校教育並進

經由富蘭克林個人的奔走呼籲及同僚的合作，不只在費城成立「繪仙會」，還以此作基礎，而於1743年成立「美國哲學學會」(American Philosophical Society)，這個類似歐洲各國成立的學術研究團體，網羅美國本土一流的科學實驗工作者及其他領域的學者專家，研究本土的奇花異草，地質景觀，動物及礦物特性，山川河流湖泊海洋之實情，及印地安人之生活狀況，還與歐洲各學會團体連絡，共同促進人類知識水平之提升。

其次，為了滿足社會人士的求知慾，倡導讀書風氣，他也在費城成立公共圖書館，由有心人斥資捐助(subscription library)，成為美國殖民時代藏書最豐富、借閱最方便、服務最周到、內容最實際的公立圖書館。

在學校教育的革新上，富蘭克林呼應歐洲唯實論思潮所引發的唯實學校運動，即學苑(Academy)之設立。他在1749年建議在賓州設立一種學校，課程分成兩大部分，一為古典語文，一為實用科目。前者為傳統性質的學校教學，後者則屬新穎的教育。他說：

> 使學生身体健康，肉体強壯又活潑主動，應該讓他們經常運動於跑、跳、摔角、及游泳當中……
>
> 至於學科，如果能教導每一種有用的事情，及每一樣可裝點門面的(ornamental)，則最佳；但知也無涯，生卻有涯。因此本人的構想是，教導那種最具實用(most useful)及最具裝飾性的(most ornamental)科目，視各種學生適合於各種職業性質而定。❷

---

❷　B. Franklin, Proposal Relating to the Education of Youth in Pennsylvania (1749), in Best, op. cit., 133.

　　學苑的古典語文教學方面，由於人們沈迷於傳統，所以較受時人青睞，聲望也高。富蘭克林卻不客氣的斥責古文是「文學的庸俗工具」(the quackery of literature)，如同英國紳士經常放在手臂上的帽子，不敢戴在頭上，生怕弄亂了頭髮❷。他希望所有國民，無分男女，都應該接受母語教學，即英語教學，然後才視日後擬研究的學門或職業性質而增加第二種語言，比如說：

> 物理學研究者，應加重拉丁、希臘、及法文教學；
> 法律學研究，應增拉丁及法文課；
> 從事貿易商者，應加強法文、德文、及西班牙文教學；
> 作牧師或傳教工作者，應知悉拉丁及希臘語文；
> 作生意或外交工作者，則法文、西班牙文及德文不可或缺。❷

　　不過，在實際學校運作中，「實用」科目敵不過古文。以師資酬勞而言，在學苑裡，拉丁文教師年薪 £200, 英文教師為 £ 150, 數學教師為 £125，三名tutors（講員），每位£60而已。❷

　　實用科目部分，才是富蘭克林創辦學苑的本意。他希望增加新科目，那是自然、機械、繪畫、自然史、測量、園藝、商業等科。學生應經常到鄰近地區訪問優良農夫，觀察他們耕種的方法，甚至邀請他們作為教師。對生活有幫助，教育才能為大眾所接受；即令像歷史科教學，也遵照此目標。他採用法國學者(Mons. Rollin)對歷史教學的看法，認為歷史教育應注重三個領域：①探討歷史真相；②尋找政治興亡之因，戰爭勝敗之由，及其他重要事件之緣故；③研究各主要國家及重要人物之性格❷。讀史如此，才不會索然無味。相反的，卻意義無窮。

　　在高等學府上，富蘭克林也延續學苑路線，於1755年設立費城學院(College of Philadelphia)，除了教導古文之外，增列許多新興科目，除了修

---

❷　Best, op. cit., 15.

❷　Ibid., 146.

❷　Woody, 146.

❷　Best, op. cit.,141, footnote.

辭、哲學、數學、科學、歷史、政治學之外，還於1765年設立醫學系，注重基礎及應用科學；尤其重要的是，本學院是美國立國前九大高等學府中唯一不具教派色彩的學府❷。當時高等學府無法與生活步調一致，早引起富蘭克林的反感。1744年，維吉尼亞州與六個印地安族商訂和約，規定印地安族送六名學童到威廉及瑪俐學院就讀。不久，印地安人相當埋怨該學院的教育效果，因為該六名學童回故鄉後，「舉止惡劣，對於在森林裡生活的方法，一無所知，不會避寒，不能忍受飢餓，不知如何建造一間木屋，抓一隻鹿，殺一個敵人；說母語又不暢通，作戰士、獵夫、導遊皆不妥，他們幾乎一無是處。」印地安人建議，不如帶十二名維吉尼亞孩子與他們共住來試試看，效果如何❷。

　　高等學府也不能與實際生活脫節啊！

　　深信「智慧之門永不關閉」(The doors of wisdom are never shut)，又警告世人「空袋子無法站直」(It is hard for an empty sack to stand upright)的富蘭克林，譬喻都取自生活經驗上的實際例子；他的許多座右銘，還留在現代美國人心中。他一再的警告美國人，懶散就如生鏽一般，會腐壞生機；經常用的鑰匙，是永遠光亮的。他以「窮漢李查」(poor Richard)的化名來勸導同胞要養成良好的品德。一天他騎馬到市集，買賣時間未到，一市民發牢騷，埋怨稅負太重。一神父(Father Abraham)即引用富蘭克林的話說：「假如你們願意聽我的勸言，我就給你們很簡單的話，因為窮漢李查說：『對一個聰明人而言，一字即已足夠，許多字也不能裝滿一籮筐。』」「朋友們、鄰居們，稅負實在太重沒錯，但假如必須繳納的稅只來之於政府，則我們還能輕易的履行這種責任；不過，我們來之於懶散的稅負卻有二倍之多，來之於傲慢的稅負有三倍之多，來之於愚蠢的稅負則有四倍之多。這些稅負，官員是無法給我們減輕的，讓我們聽取一句忠告吧！窮漢李查在1733年的《曆書》上說：『自助者，神恆助之！』」❷有形的稅負，人們可以

---

❷　Lawrence A. Cremin, *American Education, The Colonial Experience, 1607～1783,* N. Y.: Harper Torchbooks, 1970, 404.

❷　Best, op. cit., 16.

❷　R. Ulich, *Three Thousand Years of Educational Wisdom,* Harvard: Cambridge Univer-

明顯的感受出來，也努力減輕稅負；但無形的稅負卻自己一再的增加，而毫無所覺。教育亦分有形與無形兩種，無形教育就是社會教育，富蘭克林倡導人們勤儉，就是社會教育中最重要的一環。

第三節　美國的教育總統傑佛遜
(Thomas Jefferson, 1743～1826)

"Freedom, the first-born daughter of science."
（自由，是科學第一個誕生的女兒）──T. Jefferson

當個總統，是不少人夢寐以求的目標。但當選過兩任美國總統的傑佛遜，在他自撰的墓誌銘上卻以下面三句話來描述自己對人類的貢獻，一生也以此為榮：

> 美國獨立宣言的作者；
> 維吉尼亞州宗教自由法規的起草者；
> 維吉尼亞大學之父。㉙

上述三句話，隻字不提他當過美國第三任總統。八十三歲的人生生涯，以美國共和國的建立，宗教及言論自由的追求，及老家州立大學的創辦，作為他一生當中最足以自豪的成就。換句話說，文化上的努力，價值高於政治權力的獲得。這種風範，最值得後人稱述。

興趣多方，擔任副總統時，順便攜帶一盒怪獸骨頭（收集很久），作為獻給美國哲學學會的禮物，他曾擔任該會會長長達20年。旅行時還攜一小型提琴，自拉自唱，以免吵擾他人，他說「音樂是我的心靈熱情」㉚。

走路是最好的運動，洗冷水澡的人不會感冒㉛。這種說法，顯然他是

---

sity Press, 1954, 454. Woody, 69.

㉙ Noble E. Cunningham, Jr., *In Pursuit of Reason, The Life of Thomas Jefferson*, Louisiana State University Press, 1987, 349.

㉚ Lee (ed.), 5.

㉛ To Thomas Mann Randolph, Jr., Paris, Aug, 27, 1786, in Lee, 144.

讀過洛克的書。

一、政治上共和政体的建立，有賴全民心智的啟迪

　　1816年，傑佛遜說：「假定一個國家期望既自由又無知，這在文明世界裡，這種期望，過去從未實現過，未來也絕不會出現。」❸❷只有啟迪心智，國家才能獲得真正的自由。相反的，無知才是造成政治獨裁、壓抑與暴虐的禍根。傑佛遜與友人的書信眾多，內容都談及理念的提升與知識的普及。他迫不及待的希望把自己的心得讓別人分享。同年，他的通信中也說：「全盤的民眾啟蒙，則壓榨身心的暴君，就會如同惡靈面臨晨曦般的消失於無形。」❸❸果樹接枝之後，長出甜美又豐盛的果實，教育亦然，可以使本性惡劣者變成社會上有用之人❸❹。

　　政治上的災害，根源於心智上的桎梏；解除心智上的枷鎖，開明的社會氣氛及法律才能水到渠成。政治法律的進步是膚面的，教育上的改良才是奠定社會進步最穩當的根基。1800年，傑佛遜強有力的表達：「我在上帝神壇上發誓，任何施虐於人類心智上的措施，都是我永世的敵人，我誓死予以對抗。」❸❺衝破知識的牢籠，重新拾回人類最珍貴的寶物──良心，民主的殿堂就能屹立不搖。美國是世界史上最早進行民主革命成功的國家，但民主式的政府不實施民主式的教育，則政府的民主架構會有解体之危。美國有幸在開國初期的國家領袖中，都注重民主式教育的普及，尤其是傑佛遜對文教的戮力以赴，才使美國民主政治，至今仍然是全世界令人羨慕的楷模。

　　傑佛遜有無比的信心，肯定人類生而平等且自由。自由若遭剝奪，則必須不計較一切後果的予以迎頭痛擊。「良心的權利，吾人從不屈服，也不

---

❸❷　Edward Dumbauld (ed.), *The Political Writings of Thomas Jefferson, Representative Selections*, Indianapolis: The Bobbs-Morrile Co., 1955, 93. 於1816年寫給友人Du Pont de Nemours的信上如此說。

❸❸　Ibid., 55.

❸❹　Report of the Commissioners appointed to fix the site of the U. of Virginia, in Lee. (119)

❸❺　Dumbauld(ed.), op. cit., 76.

能屈服。政府的法定力量，只能伸展到防止危害別人的行動上。至於鄰居說神有二十個，或是無神，這種論調對我並不構成傷害。鄰居的該種說法，既沒有搶去我的錢包，也沒有打斷我的腿。」如果有人說，這種人的證詞在法庭上不可信任，那麼就拒絕他去作證啊！並且那也是他的恥辱。壓制他，會使他更壞，變成偽君子，永遠無法變成真正的人，他的錯誤會更為固執，反而不能拯救他。只有理性及自由探討才是真正可以反擊錯誤，……要不是羅馬政府准許自由探討，基督教根本無法引進。」❸自由以不侵犯別人的自由為度。在言論的尺寸上，以宗教的「異端邪說」最為敏感。相信多神或無神，悉聽尊便，除非他因此種信仰，而來侵擾或冒犯你自己的行動，否則干你何事。信仰是內心的事，如果予以壓制，則後果堪虞。傑佛遜指出：

> 對這些人予以禁制，會產生更壞的結局，而成為更不誠實的人；他會更固執於他的錯誤上而無法予以拯救。說理並自由探討，才是去除錯誤的有效方式。言論一統是可行的嗎？不，就如同面貌及身材要一致一般。削足適履，是多危險的事。言論紛歧，在宗教上是有利的。信仰統一是可以達成的嗎？自有基督教以來，數以萬計的無辜男人、女人、小孩被焚受苦，監禁處分，但卻無法往統一之途邁進一吋。強迫的結局，造成一半世界愚蠢，一半是偽君子。❸

上述的引言，真是發揮了引導心智步向正途的滔滔雄辯之說。「寧可無國家安全，也不可無新聞自由」，這句名言，在台灣於2002年時發生「國家安全」與「新聞自由」二者輕重爭論時，傑佛遜的該句話，可以參照。雖然傑佛遜不是一流的演說政治家，但他的說理，他主張言論自由及信仰自

---

❸ Robert Ulich, *Three Thousand Years of Educational Wisdom*, Harvard: Cambridge University Press, 1954, 467. Notes on the state of Virginia, in Lee (ed.), 63.

❸ Ibid., 467–468. Lee (ed.), 64. 即使是錯誤的言論也不該禁，一禁則增加它的發行量。傑佛遜自言他看過西班牙的憲法，其中說：「羅馬天主的宗教，是唯一的宗教，現在及將來都是西班牙的國教。政府以聰明又公正的法律予以保障，禁止其他宗教的活動。」To Monsieur N. G. Dufief, Monticello, April, 19, 1814. in Lee (ed), 58.

由的事實證據，凡是稍有理性之人，必定心中折服。他說：「即使一千人之中只有我自己是對的，其他999人都錯了，為了要他們遷善改過，也不應訴諸武力。講理及說服乃是唯一工具。」「如有某一敗壞道德的教派興起，則良知良能(good sense)就能評斷它，用不著政府操心。」❸「政府與教會分立」(Separation of church and state)原則，從此成為美國立法準則，也變成教育原則。

在心性上，可能與胡適之一樣，傑佛遜是個天生不可救藥的民主樂觀主義者。人性本善，本來就是啟蒙運動家的共同見解。

民主理念的奠立，必須要長期的奮鬥；在這漫長的歲月中，多數不可欺凌少數；好比上述的例子，一千人中只有少數(1人)是先知先覺，如果這位天資過人者處在言論不自由的國度，他早就受盡凌遲。但只要社會開放，准許他放言高論，以理性及事實來糾正他人之錯誤，則假以時日，少數人就漸漸成長，慢慢變成多數。此時的多數比起以往的多數，在理念上提升了一大層，這不是進步了嗎？眾人在陽光下生活，不在暗夜裡呻吟，這才是民主社會令人嚮往之所在。由於過去歷史上慘絕人寰的迫害人類自由思考，人類必須在這個教訓中獲得警惕。否則傑出人才橫遭殺害，有勇氣者歷盡滄桑，無膽量者變成乖順又虛偽之徒，社會成員之貨色如此，人心早就分崩離析，又那有向心力與團結情呢？

1801年就職總統的演說中，公開向世人昭告：「假如我們當中有任何人希望解体這個聯邦或改變這個共和体制，就讓他們站立著，不受干擾如同安全碑一般。錯誤的言論可以容忍，讓理性全權自由的予以挑戰。」❸這種民主度量，實際上就是獲得了啟蒙運動靈魂人物伏爾泰的真傳。伏爾泰說：我不贊同你的意見，但是當你表示你的意見而遭受生命威脅時，我死命保衛你。之所以要如此，乃是吾人所不贊同的意見，很有可能是正確之論，而己見則屬謬誤。這種史例，罄竹難書。

---

❸　Ibid., 469. Lee (ed), 65.

❸　Cunningham, op. cit., 239. First Inaugural Address, at Washington D.C., March, 4, 1801, in Lee (ed.), 51.

二、熱愛民主共和的美國

　　傑佛遜是新英格蘭十三州中出名的「獨派」領袖。當時不少政治人物還保有「統派」色彩，希望不脫離歐洲尤其是祖國英國而獨立自主，但傑佛遜發現歐洲缺失太多，包袱太重，美洲新大陸應該建立新而又獨立的國家。他不惜與保皇黨(Toryism)開戰，在自創的維吉尼亞大學政治學教授的甄選上，他向麥迪生(James Madison, 1751～1836，繼傑佛遜之後為第四任總統)說：「在挑法學教授上，我們必須嚴格的注意他的政治原則。」❹他屢次反問：「為何美國青年要到歐洲留學？」他發現除了醫學知識及現代語言要說得流暢之外，「都可在威廉及瑪俐學院中得到，就如同在歐洲任何地方一般。」❹他尤其不喜歡英國教育，在那兒只學到「喝酒、馬術、賽跑、及拳擊。這些都是英國教育特有的東西。」且「貴族式君主風格的偏愛」❹會受到感染。對美國純樸的生活，反而予以蔑視，而學了奢侈浮華的歐洲習氣。到歐洲留學的美國人，「失去了知識、品德、健康、習慣，以及幸福」。

　　傑佛遜繼富蘭克林之後，成為美國駐法代表。但他對法國的政治腐敗，深惡痛絕。「伏爾泰的觀察是真的，法國境內的每一個人，不是鐵鎚(hammer)，就是鐵砧(anvil)。」社會簡單的分成兩個階級，迫害者及被迫害者。窮人身体屠弱，品德卑劣；特權階級之青年人在搞愛情、密謀、或私通，老人則太半爭權奪利。一般人的科學知識，比美國人落後兩個世紀。他有點誇張的說：「二千萬人口的法國中，一千九百萬都比整個美國的任何一位最兇惡的個人，更令人詛咒。」❹傑佛遜非常有審美眼光，在他的評價中，倫敦比巴黎漂亮，但二者都比不上賓州的費城。

　　巴黎當時是政治最昏暗的都市，只有親歷其境才最能感受到人間的淒慘，而這種地獄式的現象之所以產生，完全是封建制度所造成。在法國大

---

❹　Ulich, *History of Educational Thought*, op. cit., 250, 時為1826年。

❹　To John Banister, Jr., Paris, Oct, 15, 1785. in Lee (ed.), 107.

❹　J. Bowen, *A History of Western Education*, vol. III, London: Methuen & Co., Ltd., 1981, 277, in Lee (ed.), 107–108.

❹　Cunningham, op. cit., 92.

革命之前的三年(1786)，他於巴黎發信給友人說：「若有人認為皇帝、貴族、教士乃是公共幸福的良好守護者，把他送來此地吧！這裡是寰宇當中最良好的學校，可以救治他的愚蠢。」❹❹

有一群歐洲學者並不根據客觀事實，就預設立場的重歐輕美，先入為主的認定歐洲比美洲高貴。他們認為美洲大陸之人種或動植物，如移植來自歐洲，則壽命會較短，体型會較小，士兵較無耐力，牛馬會代代越來越瘦。理由是美洲沈於海底的時間較長，美洲印地安人「只不過是第一級的動物」。傑佛遜經過長時期的觀察與研究，發現上述論點都是無稽之談。他還讚美印地安人的体力，心智敏捷又勇敢，足堪作為社會典範，至少與歐洲人不相上下。他的一位印地安朋友，口才之佳，可比美西塞洛❹❺。美洲原住民人種品質之佳，應受白人之尊崇。而印地安人雖無政府，卻生活得比歐陸人民幸福。印地安人以公共輿論當法律，歐洲人則將全國人民一分為二——「狼與羊」(wolves & sheep)。傑佛遜如此諷刺，卻是一點也不誇張❹❻。任何官員如不關心公共事務，則他也會變成wolves。而移民來新大陸者，更不必自卑，新天地提供新希望，好比古希臘的雅典，只要長期的實施民主政治，則不久將會出現荷馬等大詩人。1817年，傑佛遜很有遠見的提出他對美國今後的展望：

> 我好有信心，我們將在未來的歲月中成功的往前邁進。恰好與孟德斯鳩(Montesquieu)的理論相左，吾人可以看出，國家越大，越能施行共和組織。它不是建立在征服上，而是奠基於平等契約的原則上。如此則幅員越廣，資源就越豐富，二者攜手並肩。❹❼

這就是美國精神，也是美國特色。民主與專制，是美國與歐洲社會最

---

❹❹ Dumbauld, op. cit., 65. To George Wythe, Paris, Aug, 13, 1786, in Lee (ed.), 99.

❹❺ Donald Jackson, *Thomas Jefferson and the Stony Mountains, Exploring the West from Monticello*, Urbana: University of Illinois Press, 1981, 27–28，該友是Logan酋長，1774年被白人暗殺。

❹❻ To Edward Carrington, Paris, Jan, 16, 1878, in Lee (ed.), 103.

❹❼ Ibid., 298–299.

不相同的差別所在。只要美國屬行共和憲政，就可以把歐洲及世界各國遠遠的拋在後頭。傑佛遜的預見，證之於歷史，也是所言非虛。今日美國之成為自由世界的堡壘，關鍵在於它自立國以來，即普遍實施民主式的教育。歐洲沒什麼好懷念，倒是對本國的熱愛，對新國家的奉獻，才是認同鄉土的最佳途徑。

三、不斷的革命，社會才會保持動態

　　人民普遍接受啟迪，理想的追求層次會越來越高，不滿現狀的現象會越來越明顯，革命的呼聲也就越來越響亮了。許多人以為革命是一種破壞，只有負面價值，傑佛遜卻不以為然。相反的，他卻鼓勵革命，否則社會就沈悶靜態了，這是與進步意旨背道而馳的。當有人向他報告美國發生動亂，時為1786年，他處之泰然，也頗鎮靜的說：「發生在美國的動盪，據我所知，並沒有什麼威脅或危險，只不過是證明了人民有足夠的自由。我甚至並沒有期望那種動亂要少一點。大眾的幸福，若能經由偶爾小颱風的損失或較少的流血來獲得，那將是一種珍貴的交易。」❹❽「反抗暴政，是對上帝的效忠」，「自由之樹，必須時時用愛國者及暴君的血來灌溉灌溉，那是自然營養料(natural manure)啊！」❹❾他認為Locke, Bacon及Newton是史上最偉大的人，這三人奠定了物理學及道德學的基石。

　　如果一個社會形同一泓死水，則裡面的魚必將死光光。養魚苗的水缸要經常搖動，魚塭也要用風車打水，魚兒才會活跳跳。動物如此，人也同樣，社會亦然，國家更不例外。1787年，傑佛遜更露骨的說：「二十年沒有動亂，上帝還會禁止呢！」他分析社會動亂之因，乃由於全民不可能通通得到全部的訊息所致。獲得不實消息或沒獲消息的部分人們，一定會心生埋怨，假定他們沒有舉動，那就表示他們倦怠(lethargy)，而倦怠就是公共自由的死亡先驅。內心不滿，必須發洩，否則隱藏情緒，會生痼疾，社會健康就亮起紅燈了。自1776年獨立戰爭後，經過11年的時間(1787)，美國十三個獨立的州只出現一次動亂，傑佛遜說，這就好比150年以來，平均一個州

---

❹❽　Dumbauld, op. cit., 68.

❹❾　Lee, op. cit., 13. Dumbauld, op. cit., 68–69. Cunningham, op. cit., 116.

只出現過一次動亂，歷史上曾經有過如此穩定的國家嗎？❺但Madison回信反對此種十九年或二十年必得革命的說法。依杜魯門總統之女Margaret Truman之說法，Jefferson其後不只公開場合不提此種言論，即令在私底下，也閉口不再談及此種觀念，並且在他任內，發生Aaron Burr的革命，Jefferson還氣憤的站在政府立場予以反擊❺。人們不必大驚小怪，動亂恰好是警告統治者的良好時機，他的人民擁有抵抗權，這種國家的自由最有保證了，因此讓人民抗爭吧！補救方式是提供事實證據，寬諒他們。降溫革命者的火爆情緒，一兩世紀以還，死了一些人，這又有什麼呢？

　　革命不是造反，卻是帶動社會進步的一種方式。在人類社會還未臻完美境界前，因不滿而滋生的革命舉動，非但不是壞事，反而是善舉。傑佛遜這種對革命的看法，真有令人一新耳目之感。

　　時代齒輪的推動，不應走回頭路，因此新生代的自主權極為神聖。他嚴詞譴責歐洲古老社會的長子繼承及職位世襲制度，並且他希望美國這個新國家所制訂的社會行為規範，只約束這一代人，下一代沒有義務一定要奉行上一代祖先所立的法令。下一代的行為準則，由下一代的人去操心。「地球是屬於有生命的人所掌有，而非死人所能控制。」❺美國之永遠年輕，不會衰頹或萎靡不振，就是寄望活水之源源不斷注入。年輕人接棒，從事一些政治變革，才不會老態龍鍾，步履蹣跚了。

　　因此在位者不可任期太久。傑佛遜堅決反對總統的任期無限，如果在位總統一再有意出馬競選，則會產生萬年總統。」❺。還好，華盛頓率先做了好榜樣，擔任開國以來兩任八年的總統，雖然年齡還不是很大(退位時為65歲，1789～1797為總統，生於1732，卒於1799)，但他毅然決然的回農村種田。傑佛遜也當了兩任八年總統，政績顯赫，國際地位大幅上升，健康情況甚佳，且國家正發生與外國交涉甚至處於戰爭危機中，他也義無反顧的辭去總統職位，好讓新人有掌理國政及表演才華的機會。他不願破壞美

❺　To James Madison, Paris, Dec. 20. 1787. in Lee(ed). 37.

❺　Margaret Truman, *Harry S. Tiuman*, N.Y.: Pocket Books, 1974, 257.

❺　Cunningham, op. cit., 128.

❺　Ibid., 117.

國國父創下的佳例，也學華盛頓模樣，回老家種植花木，耕耘農作，「在土地上勞動者，乃是上帝的選民。」❺並辛勤創辦維吉尼亞大學以終其餘生。這種不戀棧高職的泱泱風範，實在令東方型國家之領袖望塵莫及。有些國家的總統在任期屆滿前，還想盡辦法，製造人為的國家危機假象，冀圖作終生總統，若不是死於任內，則職位絕對不輕易放手，是犀牛皮式的暴君。

四、富於人文氣息的教育家

傑佛遜頗有文藝復興時代人文學者的嗜好，他對美的感受特別強烈，也注重人生的情調，珍惜友誼。「假定傑佛遜生在十六世紀的意大利，他可能是文藝復興運動最具代表性的人物。」❺駐法期間，他獨自旅行法國各地，參考古代建築，作為興蓋維吉尼亞州立大學的借鏡。他還親自設計，採用古希臘羅馬建築的雄壯氣派，調和了文藝復興時期溫文爾雅的風格。使得該大學成為當時高等學府最具美學觀點的饗宮。不少遊客駐足長觀，流連忘返。他的老家布置也極其考究，裝飾、甬道、壁畫、器皿、建材、庭園等都極具人文色彩。

傑佛遜嗜書如命。「無書不能活」(I cannot live without books)，這種習慣也類似文藝復興時期的佩脫拉克(Petrarch)及史學家瓦拉(Lorenzo Valla)，他手不釋卷，花了不少積蓄購買書籍雜誌，並成立圖書館；也捐書給政府。1814年英國砲打美國首府，毀了國會圖書館；傑佛遜馬上將他的私人藏書6,487本送給國會，譴責英國的行動是「野蠻行為，不屬於現在文明世紀。」傑佛遜的書，包羅萬象，內容有科學及文學等，尤其是政治、外交、議會方面的著作最多。他希望國會對他的送書要「整批交易」，不可把「科學」排除在外。他所說的「科學」，泛指「所有知識」，任何國會議員都應該予以研究。最後國會以23,950元購買了傑佛遜將近六千五百本的書籍❺。建三座圖書館，越蓋越有氣派，且是當時最好的圖書館。①1770年大火燒掉

---

❺　Lee (ed.), op. cit., 20.

❺　Ulich, *History of Educational Thought*, op. cit., 242.

❺　Cunningham, op. cit., 331–332, 時Jefferson並不富有，國會斥資，對他的欠債稍有小補。

了他的家鄉Shadwell館。②1815年英軍又燒掉在Washington的傑佛遜私人館6千冊，其後成為國會圖書館。③U. of Virginia館。內容以實用居多，「我不喜歡讀只是抽象且不能立即應用的實用學科。」❺

傑佛遜自律甚嚴，並以勤勉來鼓勵其子女，「少小不努力，老大就不會打拼」(if not then, it never is afterwards)。他寫信給愛女：「立下決心，不可懶散。不浪費時間的人，不會埋怨光陰苦短。只要妳肯做事，妳將驚奇的發現，妳可以做許多事。」❺他對小女(Martha，小名為Patsy)寄望很大，要求也高，但信中充滿父愛。「我已經把我的幸福放在一件事上，即看到妳心地善良又有成就。在這個世界上，沒有一件傷心事可以與之相比，即我的希望在妳身上落空。假如妳真心愛我，則努力吧！在任何狀況下，對待任何動物，都要保持良善的心，並達到妳能力所及的成就。我作為妳的父親，保證將付出最溫暖及最感人的情愛。」❺傑佛遜是性情中人，可能就是「軟心腸」(tender-minded)的政治人物，除了一生反對奴隸制度之外，他對夫人的難產辭世，悲痛不已。晚年之含飴弄孫，及子女對慈父的照顧，讓人覺得天倫之樂，也不過如此。

最具意義也最膾炙人口的故事，是傑佛遜與政敵亞當斯(John Adams, 1735～1826)兩人交往的曲折情結。二者都是獨立宣言的共同起草者，也是政治上的伙伴，(亞當斯繼華盛頓之後，當選為總統，傑佛遜為副總統)但兩人投入第三任總統選戰後，亞當斯眼看大勢已去，竟然在退職前夕，大舉任用政府官員，這就是有名的「午夜任命」(midnight appointments)，使傑佛遜上台後，發生人事安排上的困難。從此兩人交惡，加上理念上亞當斯比較傾向傑佛遜長期以來的對立派哈米爾頓(Alexander Hamilton, 1755～1804)。一親法，重視州權、地方自治、立法權、人民權、人權、農業的價值(傑佛遜)；一親英，重視中央集權、行政權、商業的價值及軍權(哈米爾頓)。彼此南轅北轍，導致昔日攜手共渡難關的建國戰友，現在竟然反目，

---

❺　Lee, op. cit., 20.

❺　Cunningham, op. cit., 5.「一生幸福的最大病毒，此病毒默默的腐蝕，卻是最具毀滅性的毒牙，就是懶散。」(To Martha Jefferson, March, 28, 1787, in Lee, 151.)

❺　Ibid., 84.

實在頗為可惜。幸而傑佛遜費盡心機擬重修舊好，終於也如願以償，兩人竟然在美國國慶的7月4日同一天永訣人間，的確是一件神奇的巧合。

先是傑佛遜女兒Maria去世，亞當斯太太乃去信慰問與弔念，表達對Maria的情愛。傑佛遜也回函致謝，不過卻言及亞當斯任內對他個人不友善的人事任命舉動，還好，他說他已寬諒了亞當斯，且對亞當斯致「高度的敬意」，對夫人則使用「衷心誠懇的情感」這種字眼。其後傑佛遜及亞當斯太太常有書信來往，只是瞞著亞當斯而在私底下進行。當兩個大男人恢復友情時，亞當斯太太才向丈夫洩漏此事。

同為獨立宣言簽署者的費城盧虛(Dr. Benjamin Rush)擬從中拉線，願作調人，但亞當斯拒絕此種建議。盧虛轉而向傑佛遜下功夫，希望兩人看在早期雙方互相尊重彼此的情感上，不要再意氣用事。傑佛遜乃向盧虛提供他與亞當斯太太通信往返的資料，且表明不反對排除雙方誤會的努力，還說：「我對亞當斯先生的好評，過去與現在皆同。」只是亞當斯仍然執意不肯伸出友誼之手，不過態度早已軟化。1811年當傑佛遜故居的兩位友人到新英格蘭拜會亞當斯時，亞當斯評述他的施政與傑佛遜的差異，卻也在言談中順口說出：「我一向喜愛傑佛遜，現在仍如此！」當傑佛遜知悉此事時，乃去信給盧虛：「對我而言，夠了，我只需要這句話，就可以重新燃起我倆生命中最親切時刻的感情火花。」盧虛遂轉向亞當斯，直截了當的要他「接受這個橄欖樹幹吧！那是由仍然愛你的人之手中投過來的，你們是共同締造美國獨立並建設這種大結構的友人。擁抱、彼此擁抱啊！」❻

1826年7月2日及3日，傑佛遜開始昏迷，但斷斷續續恢復知覺，卻一再的問是否為7月4日。午夜過後50分，7月4日，與世長辭。當天，六百哩外在麻州的昆西城(Quincy Massachusetts)，亞當斯也在彌留當中，中午時刻還起身說：「傑佛遜還活著！」屆黃昏時亦告別人間。該日恰為美國紀念獨立五十週年的國慶日❻ 兩位愛國志士同日去世，他們生時都為美國民主立

---

❻　Ibid., 330–331.

❻　Ibid., 349，立國初期，美國政黨大抵分成「共和或民主」黨(Republic or Democratic)及聯邦黨(Federalist)，傑佛遜屬前者。1856年，「共和黨」(Republic Party)首度成立，以反奴隸制度為宗旨，首推John C. Fremont出馬競選總統，但敗在James

憲，奠定了穩如磐石的根基。

五、教育計畫

傑佛遜推動民主政治，在教育上卻倡言「自然貴族」(natural aristocra-cy) ❷。他所說的「自然貴族」，必須享有兩項條件，一是「品德」(virtue)，一是「才華」(talents)。只有操守好兼知識高者，才能出人頭地。教育應該二者兼顧，政府用人，也應以這兩項條件作為選擇的標準。而「知識的普及於全民」，乃是美國與老國家最大的差別所在，這是民主基礎及幸福生活屹立不搖的主因。普及知識，除了廣建學校之外，應更提倡報紙的自由流通。

「如果要我選擇，無報紙但有政府，還是有報紙但無政府，我一點不遲疑的選擇後者。」❸不過最基本的要求，是全民皆識字，否則學校、圖書館、及報紙再多，也毫無用處。

首先，各地一百戶人家應設立基本學校，教學讀寫算(即3R's)，男女兼收。然後從中挑選較佳的精英，尤其是貧苦子弟若繼續升學，免收學費，供給住宿；科目有希臘文、拉丁文、英文、美國史、地理、高級算術等。基本教育三年，精選的學生所入的學校稱為文法學校，全國設二十所，修業六年。在文法學校中再挑選傑出者約三分之一進入威廉及瑪俐學院深造。傑佛遜的構想，是每一百戶人家所設立的小學，每一年都可挑出十名優秀學生；每所文法學校每年也可畢業十名更優秀的學生，然後全州更可年產十名最為優秀的大學畢業生，作為建設國家的棟樑。

精英的教育，有必要納入古典文的課程。傑佛遜認為古文學是文化不可或缺的內容。他說：「人家告訴我，希臘文及拉丁文的學習，在歐洲已在

Buchanan之下，然Abraham Lincoln (1861～1865)第一次選舉總統成功，其後Grover Cleveland (1884～1892), Woodrow Wilson (1912～1916), Franklin D. Roosevelt (1932～1952), Dwight D. Eisenhower (1952～1960)等都是該黨當選的總統。

❷ Ulich, *History of Educational Thought*, op. cit., 256.

❸ To Edward Carrington, Paris, Jan, 16, 1787, in Lee (ed.), 102. To George Wythe, Paris, Aug, 13, 1786, in Lee (ed.), 99.

失勢當中，……在這方面如果我們要有樣學樣，那是一種非常惡劣的判斷。」❻

就如同他的基碑上所言，他在學校教育上苦心經營的，就是從總統職位退休以至去世時所籌劃的維吉尼亞大學。由於他的平民教育構想遭受傳統勢力的阻礙，美國人並不普遍肯定全民教育的重要性，教育對一般人來說，還不是一種不可讓渡的人權，因此他希望經由大學教育的注重來帶動下層教育的發展。提供廣博、優雅、及現代化的課程來造就本州子弟，並吸引外州學生共飲知識源泉，且彼此友愛。他對存在已久的母校威廉及瑪俐學院(成立於1693年，是美國獨立前僅次於哈佛的第二所老學寮)失去信心，「可悲的學校体制」，註定了沒落的命運，該校又位於威廉斯堡(Williamsburg)，地點不適中，天候不佳。傑佛遜籌設的州立大學，則位於該州中心點(Charlottesville)。

籌設期間，傑佛遜研究並親自造訪過歐陸及英倫的老大學，如愛丁堡(Edinburgh)、法蘭西大學(National Institute of France)、日內瓦(Geneva)、牛津、劍橋、沙邦(the Sorbonne，即巴黎大學)。不過這些高等學府太不注重有用的各種科學知識，遠落時代之後一兩百年，因此傑佛遜特別強調維吉尼亞州這所大學必須是嶄新的，以「功利主義」(Utilitarianism)的立場，倡導知識的實用性及時間性。任何科目的決定，必有其時效性，不可將過去有用的課程照單全收的悉數開在現在的課程表中。「兩世紀以前有用的，現在已變成無用；而現在認為有用的，其中一部分可能在下一世紀也會形同廢物。」傑佛遜心目中的大學，側重軟体設備，不是高樓大廈，而是頗富人文鄉野氣氛的「學術村莊」(an academical village)。他仿培根的說法，「知識即權力，知識即安全，知識即幸福。」❻因此禮聘名師之來校任教，變成創校的首要任務。既力爭學術及宗教自由，又給予高薪酬勞，相信全歐第一流學者會樂意來此任教；開始打出名聲，則學子也將蜂湧而至，使維吉尼亞以該大學為傲，更是訪客必列為參觀的重點之一。這個「學術村莊」經過傑佛遜的全力規劃，在建築氣派上突顯出傑佛遜的人文奇才。其後不

❻ Ulich, op. cit., 252.

❻ To George Ticknor, poplar Forest near Lynchburg, Nov, 25, 1817, in Lee (ed.), 114.

少美國新式大學之外觀，大都仿照此大學而來❻。

　　1819年1月，州議會通過本大學之設立，傑佛遜成為該校第一任校長；本大學誠如該州議會所宣稱的，是「傑佛遜」的大學，因為他花了十幾年功夫，盡瘁於斯，認為其創辦此大學對人類的貢獻，高過於擔任美國總統。難道世人不應該給他一個頭銜——「教育總統」嗎？瞑目之前還惦念著7月4日，這種死法，真是太富人文意味，太賺人眼淚，太有浪漫氣息了。傑佛遜留給美國人無限的懷思。美國立國以來，總統已有數十人之多，唯數傑佛遜最為偉大。1976年，美國慶祝立國200年，暢銷全球的雜誌——時代雜誌(Times)以他作封面，這是有理由的。他的功勞，甚至超過美國國父華盛頓。

第四節　提出良心制裁的康德
(Immanuel Kant, 1724～1804)

　　康德(Immanuel Kant, 1724～1804)在哲學界地位崇高，著作深奧，涉及領域廣泛，的確是「百科全書」型的思想家。他最具影響力的巨著，都以理性所散發出來的「批判」為書名，一是1781年的《純粹理性批判》(*Kritik der Reinen Vernunft*——*Critique of Pure Reason*)，一是1788年的《實踐理性批判》(*Kritik der Praktischen Vernunft*——*Critique of Practical Reason*)，一是1790年的《判斷力批判》(*Kritik der Urteils-Kraft*——*Critique of Judgment*)。左一聲理性，右一聲批判的康德，幸而生在「開明君主」菲特列大帝掌握政權之時，懷疑論及寬容精神才不會造成這位曠世大思想家生命之虞。但大帝去世後，康德立即被普魯士政府下令閉嘴。

　　終生不婚，生活起居極其規律，閱讀廣博，深受當時歐陸及英倫思潮影響的康德，處在眾說紛紜，百家雜陳的學術環境中，努力調和理性與情感，哲學與宗教，道德與革命的兩極化學說。

　　康德於31歲時獲得克尼斯堡大學(University of Königsberg)哲學博士學位，一生也足不出故鄉一步，並在母校任教，曾兩度考慮結婚，但至死維

---

❻　Cunningham, op. cit., 339–342.

持單身生活。剛剛畢業時，任教資格並無保障，收入靠微薄學費達15年之久，曾兩次提出升為教授身分，卻遭拒絕；直到59歲時，仍無能力自購房屋。康德教學所涉及的科目繁多，如此可以增加薪津。按當時德國大學之規定，哲學系教授必須輪流講授教育學；1776～1777年及1786～1787年，兩年的負責教育學教學工作，乃將講義編輯成書，這就是教育學界所熟知的《康德論教育》(*Education by Immanuel Kant*)一書的由來 ❻。這本小書並無新穎的見解，只不過是重述了許多洛克及盧梭對教育的看法。對於學童不要怕蜘蛛及蟾蜍，要洗冷水澡，聽到嬰兒哭聲時勿大驚小怪，不可縱容孩子的所求，拒絕時要果斷且堅定，學走路不必仰賴「引帶」(leading-strings)或「推車」(go-carts)，更不要使用搖籃。這些建議，都是康德閱讀過教育名家的著作中再度重述的話題 ❻。

但是康德的教育觀念，仍有數點頗值一述：

一、由良心所形成的義務感，是人類最為高尚的品德

康德說：「兩件事情充斥著人心，歷久彌新，受人讚美及驚恐，不減反增……即：高懸天空的星星及內存於心的道德法則。」❻ 換句話說，宇宙中只有兩件事最為清澈、皎潔、與崇高。一是天上的星星，一是人類的良心。道德規範若不本諸人類的良心，則意境都不純淨。最令人感動的行為，是本諸良心而產生的義務感。這種義務感，鞭策自己，使行動具備主動力，因為那是「無上命令」(imperative category)，非遵守不可。人如果只依「欲」而行，則層次如同動物；如依「願」而行，也非善策，因為道德行為有時並不合乎自己的心願，只有依良心的指使，才是視「善」本身而行動，毫無其他目的。良心的位階最高，由它下達的命令，最具權威性。本諸良心的行為，就是一種義務，義務非履行不可，否則會遭受良心的譴責。改變一個人的惡行，只有良心的發現才是最終的途徑，其他諸如獎懲、苦痛等

---

❻ I. Kant, *Education*, Annette Churton (tr.), Ann Arbor: The University of Michigan Press, 1960.

❻ Ibid., 38–41.

❻ I. Kant, *Critique of Practical Reason*, 313.

「外在制裁」(external sanctions)❼都只是治標，並不管用；即令有效果，也只是短暫的片刻或膚面的反應而已。只有義務感的塑造，才是浪子回頭，放下屠刀，一心向善的最佳保證❼。

「無上命令」中有不少是「自明」(self-evident)的格言，如：守諾言，誠信不欺，或不侵犯別人財物。其中以「對待他人，不是只把他人當成工具，而是當成目的」為核心。因此，任何人，包括自己，都是「目的王國」(Kingdom of ends)中的一員，自己立法，自己司法❼。這條義務規約，道盡了無上命令的無條件性，它本身自為目的，它的目的之外，沒有目的。它的純淨性，只有天上的星星與人類的良心可以比擬。

無上命令的旨趣，就是理性發展的極致。反對此說者在說理上都站不住腳，一些行為規範上所謂「見仁見智」之看法，都可以用理性作「價值澄清」。康德舉兩個例子：

1.一個人有債務今天要還，但他看到另一人迫切需要濟助，因此基於同情心的激發，乃把應該還給債主的錢悉數交給這位需要立刻予以濟助的人。這種作法，到底對還是錯。康德的答覆是：「這是錯的，因為吾人在慷慨施捨之前，必須先免於債務。當吾人施以濟助時，我們做了一件功德行為；但在還清債務上，吾人有義務一定要履行。」❼換句話說，施捨濟貧，並非義務；且也得自己有財力才可辦到；但還債諾言非遵守不可。並且上述例子中的濟助，也非出於自己的錢財，卻是慷他人之慨而來；因為他濟助的錢，並非屬於他本人，卻是屬於債主所有。如果接受濟助者要感謝，也應該感謝債主才對。

2.在必要情況之下可以說謊嗎？不，沒有任何一種狀況可以諒解說謊的正當性。假定此原則沒有嚴格遵守，則尤其小孩會找很小的藉口來希望

---

❼　「外在制裁」有四，一為政治上或法律上的制裁，二為宗教上的制裁，三為自然制裁，四為輿論制裁。

❼　Edward Franklin Buchner, *The Educational Theory of I. Kant*, Philadelphia: J. B. Lippincott, 1904, §77.

❼　K. Price, *Education and Philosophical Thought*, Boston: Allyn & Bacon, Inc., 1965, 391–392.

❼　I. Kant, *Education*, op. cit., 103–104.

獲得大人允許他說謊❼。康德之意，即不可說謊，絕無例外。善意的謊言，這種品德是有瑕疵的。動機良善的謊言，本身已是一種欺騙，不只品德已打了折扣，並且有時愛之適足以害之。比如說，醫生謊言病情，或哀家家屬蒙騙重病者，如果因此造成病人因不知事實真相而作的錯誤判斷與行為，可能更提早結束自己的生命。不如據實以告，並正面的迎接挑戰，以健全心態為要務。一位清醒而善用理性之人，終久會發現欺騙者會出現前後不一致或矛盾的說辭，漏洞漸出。因此，說謊絕不是解決問題的良方。

二、教育是艱鉅工程，因此有必要實驗

康德說，人間有兩大發明最為艱鉅，一是政府的設計方式，一是教育的方法；並且人們還在爭辯二者之意義呢❼！為了教育的改善，他贊成教育的實驗，如1774年在德國的泛愛學校(Philanthropist schools)之實驗計畫❼。而所有教育活動中，最為棘手也最為重要的工作，莫如品德的陶冶(discipline)；至於知識的傳授(culture)則較為簡易，且早年如有欠缺，晚年還可補救；但要是學童於年少時，就養成了一些壞習慣或惡心眼，則不只日後糾正費力而難成；且如果歧途早已邁入，則知識之增加，更助長災害的慘烈。不幸，歷來的教育並不正常，因此有必要改弦更張，實驗學校的用意在此。

> 人們以為實驗在教育上是不必要的，並且認為只要根據理性就可以判斷何種教育是好的，何種教育是壞的，這是極大的錯誤。經驗告訴我們，透過實驗的結果，會產生與吾人的先前期望完全不同的結果。❼

這種教育的實驗工作，應該交由「開明的專家」(enlightened experts)來負責❼。教育不能仰賴政府來辦理，否則政府易視教育為達成政治野心的

---

❼　Ibid., 104.

❼　Ibid., 12.

❼　Ibid., 60.

❼　Ibid., 22.

工具，教育變成政治的附庸，失去了自主性及變通性。教育也不應被安置於宗教家或企業家手中，更不應由軍人插手。教育應全盤交給有前瞻性、心胸開闊、邁向進步的善心人士來籌劃。由於教育的對象是活生生且正在成長期的學童，變異性最為明顯；所以齊一型的機械式教育措施，乃是教育的重病象徵；全國一致的統一化教材，更是窒息教育生機的元兇。除非要造就「動物王國」(the animal kingdom)❼❾，否則就應准許並鼓勵私人、民間、慈善機關等作各種不同的教育實驗，以開展學童的潛力，提供寬廣的活動空間，激發新生代的才華。實驗者更要想出新點子，而不必完全按照傳統的老作風，則教育將能展現出一股生機盎然的充沛活力。換句話說，教育有賴實驗，創新而不泥古，活潑而不機械。那才是教育實驗的關鍵所在。

　　既堅信人生自幼年起，即應享有自由權；但又界定自由以不侵犯他人之自由為度❽⓿，可知自由有其圍籬，並非漫無限制。就是這種人性自由及自由的拘束性，才使得教育充滿變化、紛歧，而少有定論。因此教育有必要研究與實驗，而研究與實驗的結果，若有答案，則教育界當然依答案來進行教育工作；但許多教育的「奧秘」卻仍然未解，這是一項艱鉅無比的工程。康德早有先見之明，因此他絕不贊成教育的統一化及單元化，否則容易侵犯教育還在摸索的地盤。因為既然教育的底細，就人類的智慧而言，還有不少領域仍屬無知，因此有心人還在猜測或嘗試時，若強力予以齊一化，則有武斷之嫌。教育之有必要實驗，正足以證明教育問題的答案還未找到。在莫衷一是而無法有共識之時，就應該採用彈性化及開放式的教育措施，透過多元的教育管道，來比較彼此的優劣，大家相互尊重，不侵犯他人。康德舉出一有趣的例子，一個人在屋內受到一隻蒼蠅干擾，他不勝其煩，終於打開窗戶把牠趕走。「去吧！討厭的東西！世界這麼大，足以容下你我啊！」❽❶一種學制的存在，不應侵犯其他學制的實驗；教育圈子也甚

---

❼❽　Ibid., 17.

❼❾　Ibid., 18.

❽⓿　Ibid., 28.

❽❶　Ibid., 65.

為寬闊，為什麼「只此一家，別無分號」呢?

三、有善意才會有善行

　　善意的行為，最為純淨，不染雜質。善意之外的舉動，雖然結果可能為善，但那是湊巧的。比如說，存心救人(善意)者，最令人感佩與欽敬；別有企圖而救人者，則行為的善就打了很大的折扣。希望被選為好人好事代表，可上電視，可獲獎金，英雄救美之後可獲美人心，救了達官顯要可被提拔升官發財。這種狀況，都不是純良的善舉。此外，善意完全在行為當事者的掌握範圍之內，善行則有時超出自己預料之外。因此，單以行為的後果來衡量善的有無或大小，對行為者並不公平。

　　1.「在世界內，或即令在世界外，除了善意之外，無一資格可稱為善。」康德說，腦筋好、聰明、決定正確、及其他才智，不管叫什麼名稱，稱它為勇敢、堅毅、果斷、或其他性情上的品質也好，無疑的都不錯，也是大家夢寐以求的。但是這些天然稟賦，都有可能變為極端的惡，更以知識來助長為惡，如果行為者動機不良的話，則為惡的技巧及偽裝，將是道高一尺而魔高一丈。他如後天的運氣亦然，權力、財富、名譽、健康、一般利益、或幸福，若不佐以善意，則容易滋生驕傲及膽大妄為的惡果❽。

　　2.善意之所以善，並非它表現出來或影響出來，或因此而達成應達成的目的；卻由於意志本身。換句話說，善意的本身就是善；至於依此而生的性向，位階上都沒有善意來得高。所有其他品德的總和，抵不過一個基於善意而產生的善行。許多人由於後天失調，或時運不佳，甚至受後母虐待，因此無力在具体行動中行善事；但只要有一顆善意的心，它就像一粒寶石，獨立發光，全部價值已包藏在裡面，外在的擺設，不能增減分毫。「正其誼而不謀其利，明其道而不計其功。」以利害來計較，善早已變質。商人本應童叟無欺，不可因對方無經驗，或因供不應求而抬高價格。本諸善意而訂的價格，最為公道與合理。

　　這種「內在價值」(intrinsic worth)的考慮，應是人生的最高指導原則。

---

❽　I. Kant, *Fundamental Principles of the Metaphysics of Morals*, in J. L. Jarrett, *Philosophy for the Study of Education*, op. cit., 253.

比如說，生命本身自具價值，不可因為生活無味，了無情趣，不幸或悲痛，而想了斷生命。自殺是對生命本身含有崇高意義的放棄，因此，自殺是「惡行」。引用此原則於教育上，即學習本身就是目的，學習之外別無目的；獲獎、受到鼓勵、榮譽心等，都是外加的。學童應從小養成一種習慣，讀書別無所求，讀書就是讀書，不是為了成績好，師長會賞以禮物或公開讚美而讀書。施捨也是如此，施捨者如因自己曾經有過痛苦經驗，與受害者有休戚相關之關係，或自己曾經遭受對方之施捨而擬圖報，或目睹受害者之折磨而心生不忍以致動救援之心，這些都已屬施捨的「外在企圖」(extrinsic purpose)。施捨就是施捨，即令施捨之後，受施者不知感恩圖報，甚至忘恩負義，以怨報德，也在所不惜。換句話說，「純淨」的施捨，就是連對方是自己的仇人，但當該施捨時，仍能伸出施捨之手。

這就是聖經所言，人人愛鄰居；即令鄰居是敵人，也應施予愛。因此，行為之具有道德價值，並不因為行為的結果或目的已達，而是純依「意志原則」(principle of volition)之應用而採取行動。耕耘不求收成，耕耘本身就是收成。「為貧者施善，只不過是在履行義務而已。」❸

康德因笛卡兒的思想而肯定了「自我」，因洛克的觀念而認定了「外在世界」的實在性，因休謨(David Hume, 1711～1776)的學說，使得他「從獨斷的沈睡中醒覺起來」。但無論如何，經驗必有空間性、時間性、及因果關聯，這就是宇宙秩序，也是「先驗」(a priori)的認知。而一生當中最令他激動不已的就是閱讀了盧梭的《愛彌兒》而忘了行之數十年從未間斷的散步習慣，擾亂了鄰居視之為坐息時間表的生活常規。在其簡單又肅穆的家居生活中，牆上獨掛盧梭畫像。不過由於他太強調義務感以及無上命令，因而並不過分稱讚以遊戲為教育重心的主張，卻要求孩子入學，不可任性，要有紀律感。陶冶成服從及依良心而為的習慣，「安靜的坐著，認真的做事」，不可臨時起意。「雖然小孩必須遊玩，他必須要有休閒時刻，但他更必須要學習工作。」❹ 至於二者如何取得恰到好處的平衡點，這種困難，洛克早已指出 ❺。

---

❸　I. Kant, *Education*, op. cit., 105.

❹　Ibid., 68. Ernst Cassirer, *Rousseau, Kant, and Goethe*, N.Y.: Harper & Row, 1945, 41.

　　康德的哲學著作相當艱深難懂，為了節省篇幅，他在行文中少有舉例說明，讀者從他晦澀的文字表達中，實在吃盡了苦頭。少舉例的原因有二：1.既為「巨著」，如舉例太多，則篇幅加大。2.舉例太多，易喧賓奪主，讀者只顧有趣的個例而忘了抽象的原則。後者的重要性大過於前者❽。不過，他的教學，卻是令人印象深刻，絕非如同他的作品那麼令人有敬畏之感。德國大文豪赫德(Johann Gottfried Herder, 1744～1803)於1762～1764年當中受教於康德，三十年後用一種感性的文字懷念他的業師之教學狀況：

　　　　我命好，有機會認識一位哲學家，他是我的老師。在他的盛年，他有年輕人蓬勃的朝氣與勇氣，這種狀況，我相信也延續到他的老年。他那開闊且充滿思想的眉頭，寓藏了無憂無愁的歡樂與愉快。與他交談，理念很多，啟示性不少。他的教學服務，趣味十足，機智、幽默、可愛。他的講課頗富教導性，且生動活潑。他以如此同樣的態度來批評Leibniz, Wolff, Baumgarten……及Hume，他還詳審Newton, Kepler及物理學家的自然法則。同時，他也對盧梭作品採取相同的作法。……他鼓勵並溫和的督促聽他講課者要自我思考；獨裁專斷絕非他的性格。這個人，我以最大的敬意及謝意來指出他的名字，就是Immanuel Kant，他的形象依稀在我面前，對我而言，是多麼的親密！❽

　　「完美(perfection)可以尋求嗎？吾人的心願可以獲致否？只有靠教育吧！別無他途。」❽

　　這是一條漫長、複雜、艱難的歷程。特別強調「良心」的內在道德約束，康德希望學童從小就養成良好的生活習慣，教師或家長（監護人）要

---

❽　William K. Frankena, *Three Historical Philosophies of Education*, Chicago: Scott, Foresman & Company, 1965, 104.

❽　I. K., *Critique of Pure Reason*, N. K. Smith (trans.), N.Y.: St. Martin's Press, 1965, preface to firrt edition, 13.

❽　In Durant, op. cit., 532.

❽　引自Fifty Major Thinkers on Education, 60.

以身作則；其次（國中階段），取楷模及榜樣為具體實例引發學生仿效，產生一種見賢思齊的衝動，或感人的故事及深具反省思考的教材，學童必然心嚮往之；最後（高中以上），達到自我要求的最高境界。「無律」、「他律」到「自律」，也是盧梭在*The Social Contract*一書中的主旨所在。

　　「遵守自訂的法，就是自由」，則「現象界」(phenomenon)的自然或外在領域，既有恆久的法則支配著天地秩序，眾星繞行、有條不紊；而人的「本體界」(nomenon)則有良心指揮，就毫無外在約束的自由感了，這不是「完美」嗎？一生追求「良心自由」，且以「良心制裁」為最終且最具效力的道德行為約束，康德此種訴求，與宗教改革時代日耳曼先驅人物路德的說法，二者有緊密的連帶關係。一前一後的神學家及哲學大師皆秉其人性尊嚴，蔚為德國人的傳統！

參考書目

1. Best, J. Hardin (ed.). *Benjamin Franklin on Education*. N.Y.: Teachers College Press, Columbia University, 1970.

2. Buchner, E. F. *The Educational Theory of I. Kant*. Philadelphia: J. B. Lippincott, 1904.

3. Bury, J. B. *The Idea of Progress*. N.Y.: Dover Publication, Inc., 1920.

4. Cassirer, E. *Rousseau, Kant, and Goethe*. N.Y.: Harper & Row, 1945.

5. Cremin, L. A. *American Education, The Colonial Experience, 1607～1783*. N.Y.: Harper Torchbooks, 1970.

6. Cunningham, N. E. Jr. *In Pursuit of Reason, The Life of Thomas Jefferson*. Louisiana State University Press, 1987.

7. Dumbauld, E. (ed.). *The Political Writings of Thomas Jefferson, Representative Selections*. Indianapolis: The Bobbs-Morrile Co., 1955.

8. Frankena, W. K. *Three Historical Philosophies of Education*. Chicago: Scott, Foresman & Company, 1965.

9. Gay, P. *The Enlightenment*. vol. I. *The Rise of Modern Paganism*. London: Weidenfield & Nicolson, 1967.

10.Gutek, Gerald L. *A History of the Western Educational Experience*. (Loyola U.) Ill.: Waveland Press, 1987.

11.Jackson, D. *Thomas Jefferson and the Stony Mountains, Exploring the West from Monticello*. Urbana: University of Illinois Press, 1981.

12.Kant, I. *Education*. Annette Churton (tr.). Ann Arbor: The University of Michigan Press, 1960.

13.Lee, G. C. (ed.). *Crusade Against Ignorance, Thomas Jefferson on Education*. Teachers College Press, Columbia University, 1967.

14.Lovejoy, A. D. *The Great Chain of Being*. Cambridge, Mass.: Harvard University Press, 1942.

15.Ulich, R. *History of Educational Thought*. N.Y.: American Book Company, 1968.

16.Woody, Thomas (ed.), *Educational Views of Benjamin Franklin*. N.Y.: McGraw Hill Book Company (1931), Ams edition, 1971.

第十三章　愛心感人的裴斯塔洛齊

(Johann Heinrich Pestalozzi, 1746～1827)

　　1846年，瑞士的裴斯塔洛齊(Johann Heinrich Pestalozzi, 1746～1827)之埋葬處Argovie，在這位舉世聞名的大教育家忌辰一百年時，世人為他作了如下的墓誌銘：

> Here lies Heinrich Pestalozzi,
> born in Zurich on the 12th day of January, 1746,
> died at Brugg on 17th February, 1827.
> Saviour of the poor at Neuhof,
> Preacher of the People in *Leonard and Gertrude*:
> Father of the Fatherless in Stans.
> Founder of the new elementary school at Burgdorf and
> Muchen buchsee,
> educator of humanity in Yverdon.
> Man, Christian, Citizen.
> Everything for others, nothing for himself.
> Blessings be on his name. ❶

　　上述的文字，揭示了許多有關裴斯塔洛齊的一生事實與精神。他在瑞士的Neuhof, Stans, Burgdorf及Yverdon主持貧苦兒童的教育工作，他的教育代表作是*Leonard and Gertrude*。但最令人淒然動容的是"Everything for others, nothing for himself"兩句，這兩句裴氏標籤，道盡了「教育」工作最妥切的真意。裴氏之偉大，並非他的教育著作高人一等，卻是他的教育愛，「只顧別人，不顧自己」的奉獻、付出、關懷、不計酬勞，才是他一生中最為後世人所懷念之處。

---

❶　Gerald Lee Gutek, *Pestalozzi and Education*, N.Y.: Random House, 1968, 50.

第一節　愛是人性的光輝

　　所有教育學者都強調品德陶冶的重要價值，康德認定良心的醒覺，才是品德陶冶的根源。但良心的醒覺，若欠缺溫馨的感情作為引發遷善改過的原動力，則只訴諸「無上命令」的義務感，一般人仍停留在被迫階段，總沒有像「愛」那般的主動自發。教育工作者体認愛心與耐性的教育功能，才是航向教育大海的正確途徑；愛正是人性的舵，也是人性的光輝。裴斯塔洛齊不只個人在著作中處處闡釋愛的真諦，且他本人在一生行徑中，也身體力行，將愛的理論融和於愛的實際中。領會這一層次，並從這個角度來敘述裴斯塔洛齊，才是這位大師在教育思想史上應有的定位。

一、愛到最高點，心中有兒童

　　自古以來，哲學家即開始對人性予以解剖。柏拉圖提出「理性」作為人性的樞紐，亞里士多德看出「仁性」是人性的極致。裴斯塔洛齊在瑞士蘇黎世(Zurich)附近的「新莊」(Neuhof)創辦孤兒院失敗之餘，也用心思索人性的結構問題。基於直覺靈感的啟示，他獲得許多珍貴的見解。他的一生就在實驗與印證這些見解。

　　1.教師有必要領會學童之性：裴氏在辦學遭受挫折之際，發現他的努力之所以無法獲得成功，與人類一切之功業會有起伏一樣，就是人性問題。對人性的思索，是統治者必須面對的課題，也是教師無可旁貸的責任。裴氏說：

　　　　人，無論位居皇室，或住在草寮，二者皆同。但什麼是人最底層的性質呢？為什麼聰明人不告訴我們？為什麼最偉大的思想家不考慮一下，人種到底是什麼？農夫在駕馭一頭牛時，難道不知牛是什麼，以及牧羊人並不知悉羊性是什麼嗎？

　　　　想要用人、並聲稱要保護且養育人的你啊！你曾經用心去思考人，就如同農夫用心去思考牛嗎？你照料人就如同牧羊者照料他的

羊一般嗎？你的智慧幫助過你去真正的了解人種，而你的善良就如同開明的統治者一般的善良嗎？❷

　　人性的本源是什麼？這是一個「考倒秀才」的話題。西方不少一流的學者費盡腦筋去思索，中國思想家更全副心力盡瘁於斯，一部中國哲學史，幾乎可以說就是一部中國的人性論史；因此人性本善，人性本惡，人性無善無惡，人性有善有惡等眾多學說紛紛出籠，莫衷一是。西方自基督教興盛以來，宗教家也認為人性本有原罪(original sin)，哲學界主張人性本惡者也不在少數；但盧梭及康德則揭櫫人性本善的說法。裴斯塔洛齊深受《愛彌兒》一書的影響，甚至取盧梭小名Jacques為其兒子之名；不過他對人性本善的論調卻有所保留，他倒主張人性發展的三階段說。「人性」(human nature)就如同「自然」(nature)一般；自外於人而言，自然無所謂的善惡，善惡是人所附加的價值判斷。但依人的角度來衡量，則自然界中所呈顯出來的，有其「中立性」(descriptive)及「規範性」(prescriptive)。人性亦然。人性當中有極其險惡的發展可能性，也有極其高貴聖潔的部分。教育的職責，是要剷除前者而發展後者。因此教師對於人性之了解，不可或缺。

　　2.人性發展的三階段說：根據各種觀察及思考，人類的原始狀態並不美好。經由文化的洗禮，尤其是愛心的滋潤，人類才發展到非動物所能上臻的境界。這種發展階段，裴斯塔洛齊將它分成下述三種：

　　①生物的原始階段(biological state of primitiveness)：根據裴斯塔洛齊的描述，生物(包括人)的原始階段是：「最先的人和平相處，這並非事實；原始人不靠武力，不靠不義，不靠流血來分裂土地，這也不是真的。認為最早期的人們，財產分配公平及合理，更不是真相；倒是血肉相殘，卻是千真萬確。他如同老虎一般的保護他的洞穴，殺害他的同類，他宣稱所有土地都歸他所有。在太陽光底下為所欲為，他不接受法律，也不聽命主人；他的唯一法律就是他自己的意向。什麼是罪，他一無所知。」❸

❷　Pestalozzi, The Evening Hour of an Hermit，引自R. Ulich, *History of Educational Thought*, N.Y.: American Book Company, 1968, 258.

❸　引自Ulich, ibid., 268. George Biber and Henry Edward, *Pestalozzi and His Plan of Education*, London: John Souter, School Library, 1831, reprint, Thoemmes Press,

　　這種狀態如繼續存留下去，在人的世界裡，將產生不幸、戰爭、仇恨、與不滿，這是由於人的動物原始本能支配了人性的全部所造成的結局❹。而「假如你粗心大意讓地球隨自然而去，則將雜草叢生；如果你將子女教育委託自然，則在感官經驗上產生混亂的印象，對領會力無任何幫助，這不是良好的教育方式。」❺原始的自然是盲目、黑暗、死亡。

　　在晚年(1826)所作的《天鵝之歌》(The Swan Song)中也看出人性的心靈弱點是個很難克服的阻礙，橫梗在進步之途上，將神聖的內在本性予以隱藏，以致在追求完美境界的努力中，遭遇不少挫折❻。

　　②社會階段(state of society)：人開始注意社會生活優於離群索居。「人先從無助的動物狀態發展出判斷力，判斷力一形成，則導致奪取，因奪取而形成財富的集中，如此社會狀態於焉形成。」❼可見社會狀態是以武器與心智來征服他人，強凌弱，大欺小。因此不公平及不合理的現象俯拾即是，許多災難與不幸也頻頻發生。即令有政府的存在，制度的設立，法規律令的頒布，風俗習慣的延續，但卻問題重重，弊端叢生。即以教育為例，學童入學，享受的不是快快樂樂的幼年時光，卻是不堪回首的夢魘。馬丁路德說過，他在學校時，曾經有過同一天上午被打15～16次的經驗❽。校園內雜亂無章，教學無方法，師資素質低落。至於一般社會生活上，裴斯塔洛齊在他的Leonard and Gertrude教育小說中有淋漓盡致的描繪。鄉民貪圖逸樂，耽於酒飲；主政者巧布心思，勾引無賴，使之債台高築，又放高利貸，且奸詐的擬暗中遷移地界以圖利自己，陷害他人；一般百姓又迷信鬼

　　Taipei: Unifacmamu, 1994, 219.

❹　Pestalozzi, Letters to Grenves, XVII. Lewis Flint Anderson, *Pestalozzi*, N.Y.: Ams Press, 1970, 159.

❺　Ibid., 78.

❻　Pestalozzi, *The Swan Song*, in Anderson, op. cit., 233.

❼　Pestalozzi, My Inquiries into the Course of Nature in the Development of Mankind (1797), in Kate Silber, *Pestalozzi, The Man and His Work*, London: Routledge & Kogan Paul, 1960, 94.

❽　H. C. Black, K. V. Lottich, & D. S. Seakinger (ed.), *Great Educators*, Chicago: Nelson-Hall, 1972, 476.

神，逼迫忠良，無所不用其極❾。而政治上的昏暗與險惡，更是造成慘絕人寰的主謀。法國大革命的斑斑血跡，如現眼前。皇室的苛政，平民的暴亂，牢房監獄的屠殺等，都是怵目驚心的政治醜聞。裴氏本人在年輕時也因加入瑞士的改革行列而被捕，列為擾亂社會安定的危險名單。中國之凌遲極刑，將囚犯殺剮三千五百刀之後，才讓他在極度痛苦與哀嚎呻吟中緩慢死去。這種社會狀態，正是活生生的歷史事實。

③道德自由階段(state of moral freedom)：幸而上帝賦予人的天性中，仍有其可貴的一面。這可貴的一面中最光輝燦爛的，就是愛。「愛的啟示，就是世界的救贖。愛是纏繞大地，也是上帝與人結合的一根韌帶。」❿或許人群當中，具備愛的天性特質者不多，但只要愛的力量一發動，就能福澤廣被庶黎，萬民從黑暗中喜獲光明，從歧途裡導向正軌。人種只有仰賴愛，才能脫離野蠻的原始動物狀態、殺伐爭奪的社會狀態而向道德自由的完美境界勇往直前。

人類的愛，其實並不是外鑠，卻是天性所生，只是不少人不能善加體會與運用而已。裴斯塔洛齊舉例說：「餵奶的時候，嬰孩的飢餓消失了，他感到滿足。經由這種方式，他學習到他的媽媽是這樣對待他的。她在他的身上發展出愛來，在嬰孩還未能說出『義務』及『謝謝』之前，這就是感激的元素。同理，兒子也因父親提供麵包以及火爐使他溫飽，因而在他義務性的對待爸爸時感受到幸福。」⓫人間有愛，就可以消弭戰爭，去除仇恨，並且彼此相親、尊重、合作、友愛、關懷、体恤、幫助。這些品德，都是人類的專利，非其他生物所能分享。並且基於愛的激發，一股自發自動的意願油然而生。行動並非靠義務感或強迫性而來，卻依愛來推動，這種人就已獲得自由。愛就是行動的內在動機，不假外求，沒有其他目的。

不只人種的發展有上述三階段的不同，並且個人也如此。兒童期(Child-hood)注重官感享受，吃喝即可，類似生物的原始狀態。青少年期(Adoles-

---

❾　Pestalozzi, *Leonard and Gertrude*. 中譯《林哈德與葛篤德》，北京編譯社譯，台北五南，1991。

❿　Ibid., 120.

⓫　Ulich, op. cit., 259.

cence)有必要採用社會規約予以節制,否則血氣方剛的少年必致於亂事。到了成年期(Manhood)則應抵達道德自由期,以施捨、濟助的愛為行為中心,以完成自由的神聖使命 ❷。現在大家所熟悉的「無律」、「他律」、及「自律」階段,也與此類似。換句話說,個人應從「自然我」(natural self)發展到「社會我」(social self),然後到「道德我」(moral self)。教育工作就應以完成「道德我」為鵠的,如果個人及社會只停留在前兩階段,這都是重大的缺憾!裴斯塔洛齊目睹法國大革命後,下層人民掙脫枷鎖,獲得解放,但社會秩序卻也蕩然無存,且暴動事件有增無已,原始之野性如不加調教,則文明即將毀滅,所以他不完全同意盧梭的自然教育觀,而以道德作為最後的訴求 ❸。

二、教育愛的真諦

人間有愛,其實動物之間也有愛。但動物之間的愛,是純發乎天性之情,那是一種本能。人間之愛,除了生理本能之愛外,另有價值提升的崇高意味,這是動物所望塵莫及的。而人間之愛,種類也繁多,有親情之愛,有男女異性之愛,還有師生之間的教育愛。這三種愛的極致皆同,但性質卻有顯然的差別。親情之愛的對象不會很多,父母再怎麼多產,其數量也不會如同一名教師教學數十個學童;並且教師所教的學童中是自己親生子女的機會也不多。其次,男女之愛多半以佔有對方為終點,教師的教育愛倒以施捨為要務。男女戀愛時除了是一對一的關係之外,也以對方條件的高低作為喜愛程度的強烈之標準;教育愛反是,教育愛不但是一對多,且以對方條件較差,作為較應發揮教育愛的對象。男女情愛講求門當戶對,郎才配女貌;教育愛尤應關懷價值層次低的學童。

所謂價值層次低的學童,有下述三大類:

1.貧苦兒童:家境清寒、孤苦伶仃、流浪街頭、無家可歸、蓬頭垢面

---

❷ J. A. Green & F. A. Collie (ed.), *Pestalozzi's Educational Writings*, London: Arnold, 1912, 73. Also Roger De Guimps, *Pestalozzi*, *His Life and Work*, translated by J. Russell, N.Y.: D. Appleton & Co., 1890, 113–116.

❸ Biber, op. cit., 1994, 23.

的學童，早已相當不幸。這些學童，有的是雙親已逝，或單親家庭但乏人照顧的小孩，如果教師再不伸出援手，則這些無助又可憐的下一代，就失去了溫暖的童年生活。收容孤兒的機構，要是缺乏教育愛的体認，甚至用惡劣、不屑的方式予以腳踢拳打，冷眼以待，試問這那是公平合理的人間社會，不更是製造社會動亂的溫床嗎？裴斯塔洛齊生在拿破侖鐵蹄橫掃歐洲的時刻，因戰爭而產生的孤兒，為數甚夥。裴氏目睹此種人間慘劇，乃一生以貧苦兒童的教育為職志。向來的教師都忽視這廣大的一群，導致全民教育的理念無法實現。裴氏在這方面的貢獻，難怪贏得「平民(貧民)教育之父」這個美名。他說：

> 多年來，我的四周環繞著五十多位乞丐的兒童，我們太窮了，我與他們分享麵包，我活著像乞丐，為了要知道如何使乞丐活得像個人。❹

乞丐也是人，也有做人的尊嚴與資格。他們淪為乞丐，也不該由他們負責。裴斯塔洛齊悲天憫人的胸懷，遂「一切皆奉獻給兒童，只有我一個人從早到晚實際的與他們在一塊，他們所受的一切，不管是肉体還是心靈，都來自於我手中。每一種幫助，每一樣教導，也都來自於我。我的手在他們的手中，我的眼也停留在他們的眼裡。我與他們一同哭，一同笑。他們遠離塵世，遠離Stans，他們完全與我同在，我也與他們同在。我們一同吃喝，他們生病時，我作護士，我睡在他們中間，夜間我最晚上床，早晨我最早起身。我與他們共同祈禱他們的願望，在床上教導他們直到他們入眠。」❺與貧苦兒童休戚與共，手攜手，心連心。從上面裴氏的自白，不難看出他多麼的樂於與孤兒為伍。

2.品學兼劣者：裴氏所收容的學生，不可能是才華出眾，品德良善者；不只知識貧瘠，且長期處於冷眼及無情的環境中，難免出現心理上的重大缺陷。他們有如驚弓之鳥，對善心人士之義舉，也疑神疑鬼。「憂鬱、癡呆、

---

❹ Pestalozzi, *How Gertrude Teaches Her Children*, in Black, Lottich and Seakinger (ed.), *Great Educators*, op. cit., 491. Also in Biber, op. cit., 160.

❺ Black, op. cit., 494.

臉上有懼容、眉毛顯示焦慮、皺紋表示不信賴、有些則膽大驕傲。因久作丐兒，所以是騙子、說謊者。許多人愁容滿面，疑心重重，面龐現出驚慌與暗淡。懶散、遲鈍、心智未及運用，技藝亦未發展。這種現象極為平常，十個中沒有一個知道ABC。」**⑯** 不少乞丐兒童還偷竊他辛辛苦苦募款所購買的麵包，然後不告而別。

　　為善就應準備受騙，為了要讓壞人徹底悔過，就有必要花時間。愛心包括耐性，只要精誠所至，金石也會開。但這不是一朝一夕可竟其功。俗云，一年樹穀，十年樹木，百年樹人。正足以說明教育功效不能立竿見影，無法速效。在感化的過程中，必須要有堅定的信心與毅力。愛是支撐行動的活力，也是不氣餒的引擎。即令面對心懷叵測的成人，也要仇將恩報，以德報怨。裴氏在小說中敘述惡霸Hummel之肆虐地方，但Gertrude這位村婦及郡主Arner也以寬大為懷的心胸，大人不記小人過，終於讓不肖之徒洗心革面，重新做人。良心的過意不去，才是改邪歸正的不二法門。經由愛的滋潤，相信頑石也可點頭。

　　其實品學兼劣者也是可造之料。俗云：小偷是狀元材。裴氏於62歲生日時(1809)，他的一位「野孩子」施密德(Schmid)卻發表歷史上第一本教學科目的書，書名為《形與數之初級讀本》(*The Elements of Form and Number*)**⑰**。只要「相信上帝所賦予人性的愛力，則即令是最窮苦潦倒及最受忽略的兒童，都能閃出明亮的光芒。」**⑱** 他與這些人家討厭的孩子難分難捨，長相左右，不分晝夜。「他們不是在世界上，也不在Stans，而是與我在一起，我也同他們在一塊。我已一無所有，沒有房屋，沒有朋友，沒有傭人，我只有他們。」**⑲** 這種精神感召，令人動容。

　　3. 身心殘廢者：來者不拒的孤兒中，「許多小孩有長年痼疾，不能走路；有些還頭上有傷口，有些還包紮著毯子，因為得了傳染病。許多人体瘦如柴，他們的骨頭，歷歷可數。」**⑳** 生理及心理殘缺者，更應施以教育愛。因

---

⑯　Silber, op. cit., 112–113.

⑰　Ibid., 209.

⑱　Ibid., 113.

⑲　Ibid.

為他們所嘗受的不公平，比別人更為強烈。

根據裴斯塔洛齊自己的記載，他對收容的學生有如下的描述：

①Barbara Brunner，17歲，三年前來此。初時懵懂無知，但卻相當聰明。現在她會織布，讀寫都不錯，喜歡歌唱，尤愛上廚房。

②Henri Vogt，11歲，三年前來此。會織布，現在開始寫字，認真學法文及算術，做事精確仔細；但卻有點狡猾、欺騙、疑心重、且貪心。健康良好。

③Lisbeth Renold，10歲，一年半前來此。因營養不良而孱弱不堪，幾乎不能走路，現在進步很多，健康亦佳且聰明。但她不能下田，因她体力不足。不過紡織不錯且勤快。

④Leonzi Hediger，14歲，三年前來此。健壯，適於種田，他是屋子裡最佳的紡織人才。現在開始學寫字，喜歡法文，學習速度快。但態度不良，脾氣古怪。

⑤Friedly Mynth，10歲，來此已六個月，非常虛弱，根本不能工作。但巧於繪畫，有算術天分；喜說笑，除了作畫外，一無事事。

⑥Babeli Baechli，17歲，三年前來此。不好動，頭腦簡單，只會帶口信，智力不足，但体壯力強。

⑦Jacob Baechli，是前者的弟弟，15歲，也是三年前來此，與哥哥性質同。童年在乞食及懶散中度過，但紡織技巧好，現在開始學寫字，對法文不感興趣，不知足。

⑧George Vogt，11歲，來此已二年。有前途，勤奮認真，仁慈，腦筋好，精力旺盛，身體健康，不論家事或莊稼都料理得令人滿意。

⑨Suzanne Dattwyler，10歲，其父不幸坐牢，來此時幾乎是半死狀態，乃因缺乏飲食且煩惱過度所造成。目前体力已恢復，紡織能力佳，敏捷，唱歌尤其悅耳。㉑

⑳　Ibid., 112.

㉑　Luella Cole, *A History of Education, Socrates to Montessori,* N.Y.: Holt, Rinehart & Winston, 1950, 459–460.

傳統教育，只重視上層子弟及男性，這些是人群中的少數，且他們生下來即取得比較有利的特權條件，養尊處優，眉清目秀，家長有錢有勢，身心健全。但廣大的平民及女性，卻失去了教育機會。中世紀成立的大學及文藝復興時代所建造的古文學校，仍然將貧苦兒童及女生排拒於校門之外。兩種階級在先天上已然不公，在後天上更拉長距離，這是亟待挽救的社會危機。裴斯塔洛齊恰逢其會，他是一個「在極度痛苦與失望中，看到小孩的無邪眼睛，頓即找到活力的人。」❷❷收留了上述三類型條件甚差的學生，是他一生當中最堅忍不拔的職責。這種「能為人所不能為」的教育奉獻精神，充分的表現了教育愛的特質。

第二節　學校像家庭

「學校」一辭，語意紛歧。古羅馬時代，教育場所叫Ludus，那是「遊玩」(play)的意思，這種原始意，使得文藝復興的意大利人文教育學者維多利諾(Vittorino da Feltre, 1378～1446)仰慕之至，因此他所創辦的「宮廷學校」(Palace School)也稱為「快樂之屋」(*La Giocosa*，即the House of Joy)。但是不少辦校者不能善解教育本意，導致學校變成如同康米紐斯所說的「心靈屠宰場」(Slaughter house of the mind)❷❸。「學校」變成一個惡名昭彰的名詞，不少學者目「學校」為罪惡的大本營，許多家長因「學校」而起反感，更多的學童望「學校」而卻步。「學校」頹廢至此，癥結所在，就是學校缺乏一股溫馨感人的氣氛，教師沒有教育愛的精神。

「愛」既是人性的光輝，男女因愛而結合所組成的家庭，乃是人生的安全避風港。有溫暖的家，父母子女相愛，本身有一股強烈磁性的向心力。家人遊歷在外，總是惦念著並趕緊回家享受天倫之歡。愛是一種軟体，可以彌補硬体的不足。「家」(home或family)一定有人居住，無人居住的不稱為「家」，頂多是「屋子」(house)的建築物而已。有些屋子，蓋得美輪美奐，布置堂皇、傢俱昂貴、環境優美、景觀氣派，但是如果欠缺「愛」，則訪客

---

❷❷　Silber, op. cit., 76.

❷❸　Gutek, op. cit., 12.

不想久留，卻有如坐針氈、度分如年之苦，恨不得早點離開；相反的，有些家比較破舊，陳設簡陋，坐落於窮鄉僻壤，但因為家人親切，屋內笑聲連連，雖無暖氣設備，但卻有賓至如歸之感，遊客流連忘返，且頗思日後有重來機會。因愛而結合的夫妻，必能白頭偕老；以愛來創建學校，也必然使學童興致沖沖的跑向學校，畢業時則師生哭成一團。

　　裴斯塔洛齊善体斯旨，這也是他辦學成功之處。他的著作(理論)及實地的辦理教學(實際)都依此為核心。由於此種嶄新的「校風」，就如同家有「家風」一般，遂引來世界各國政要、教育行政官員、學者專家、及人民之旁觀。其中一個訪客向裴氏作評語，說：「這裡不是一個學府機構，它是一個家。」❷❹裴氏聽到訪客有此種印象，立即喜形於色，因為他畢生心血，就是要把教育機構變成一個家庭。

一、裴斯塔洛齊自己的家庭

　　1.父親早逝，女傭忠心耿耿：裴斯塔洛齊生於1746年1月12日，五歲時，父親即離他而去世，幸而女僕Babeli (Barbara Schmid of Buchs)在男主人彌留之際答應不離開他的家庭，與遺孀共同扶養孩子及照顧家庭責任。顯示出在貧苦者心中也有慷慨及高貴的情操。女僕之虔誠及忠心，一生不渝，直到裴氏夫人過世，她拒絕了其他高薪職位或結婚。兩位大女人以勤儉養家，買蔬菜及水果時間，大都選在商販收拾餘貨，打道回府之前。因為那時的價格，會比較便宜。但對子女之愛，卻絕不吝嗇。裴氏教育著作中之女主角Gertrude，幾乎就是這位女僕的化名。

　　女人多愁善感的天性，影響了裴氏一生的性格，這是愛的一種具体象徵。母親(Susanna Hotz)及僕人皆是軟心腸的婦人，且一生以家為念，對貧窮者尤其施以仁慈、同情、及關懷。祖父(Andreas Pestalozzi)還是鄉村牧師，對當時流行的「虔誠教派」(Pietism)之認識與推展不遺餘力。這種世家遺傳，都會左右子孫的人格特質。裴氏父親(Johann Baptiste Pestalozzi)是外科醫生，但卻於33歲時(1751)英年早逝。這種家境，應屬中上階級。

　　長於情感而拙於理性，優於幻想而短於分析，向來是女性的特色。裴

---

❷❹　Silber, op. cit., 211.

斯塔洛齊從小就生活在女人的氣氛中，她們既深居簡出，社交不廣，裴氏也就失去了比較多的友伴。偶爾與鄰居小孩嬉戲，「常覗覥不堪，變成他們所嘲笑的對象。」❷但是基於愛所萌發的力量，卻不可輕侮。一次他看到教師殘暴不仁，乃鼓足勇氣指出教師之不當，並努力使之去職❷，為正義而不惜犧牲任何代價。雖然個性羞怯，口才笨拙，但求學時偷偷研讀了盧梭的《愛彌兒》及《民約論》，目睹自己祖國瑞士政府並不符合民主時代理論，乃大膽的與一些開明的勇士共同撻伐貪官污吏。並於1765年籌組一個青年團体叫做Helvetian Society，發行刊物，擬啟迪民眾，以徹底改造社會，造福全國百姓，雖然因此被監禁三天也不足懼。這種膽量，是家庭之愛所孕育出來的結晶。心中有愛的人，平常看起來是懦弱，但在緊要關頭時，卻有凡人所不及的戰鬥力，尤其是在抗爭不義的場合中，更能彰顯出他奮不顧身的犧牲精神。

2.裴氏的婚姻生活：裴斯塔洛齊的夫人安娜(Anna Schulthess)大他八歲，兩人初次見面，即墜入愛河。裴氏為夫人傾心，發誓如不獲垂青，則一死了之。而安娜也從裴氏的大眼睛中看出他的愛、抱負、及善良之心，「他有一顆美麗的靈魂」、「我所認識的人當中沒有一個像你」。裴斯塔洛齊則發現安娜有人性特質，道德熱忱，及愛國精神。他為她的儀態及尊嚴著迷，認為安娜有能力培養未來的公民，如同斯巴達的婦女一般。不過，裴斯塔洛齊這位並非相貌出色的男人，竟然能娶到一位美貌的富家女，在求婚時卻說，愛太太、教育子女、並照顧家庭的優先權，置於對社會責任之後。他希望安娜能諒解，把男女情愛擴大到對孤兒的教育工作上，將小愛變成大愛。幸而安娜也深体斯旨，終生作精神甚至物質上的支援❷。成功的男人，背後都有一位偉大的太太，此話誠然不虛。難能可貴的是安娜本是大家閨秀，過慣貴族生活，又是富商的掌上明珠，卻也耐心於處理那些

---

❷　Sister Mary Romana Walch, *Pestalozzi and the Pestalozzian Theory of Education: A Critical Study*, Washington: The Catholic University Press, 1952, 4. 另見M. R. Heafford, *Pestalozzi*, London: Methuen & Co., Ltd., 1967, 3.

❷　Cole, op. cit., 455.

❷　Silber, op. cit., 12.

貧困兒童的教育，教導他們刺繡、手工、計算。有時難免受不了那批「寵壞了的小乞丐」(spoilt young beggars)、以及他人的過分要求，終於身心交疲，多年來瀕臨死亡邊緣。因而鬥志與熱心或有稍減，但支持其夫之意仍然不改初衷。並以家產、首飾、珠寶來維持夫妻生活的開銷。裴氏說安娜有顆「最純良及最高貴的心胸」(the purest and noblest heart)，對她愧疚不盡❷⑧。

夫婦雖結合，但裴斯塔洛齊真的實現了他向安娜求婚時所提出的許諾，常常跋涉於外，無法廝守在家，這的確是相當遺憾的事。安娜死於1815年，享壽77，埋葬於裴斯塔洛齊最後教學的地方Yverdon附近兩棵栗樹中間，她平時喜歡到那兒坐坐。裴氏頓失愛侶，覺得一生當中虧欠她太多，夫人晚年又不得安定的與丈夫隨伴在旁的生活，遂痛哭失聲，悲哀逾恆。還好夫人於眼目之前充分諒解裴斯塔洛齊的淑世抱負，還喃喃自語來世仍然希望許配他為妻，才使裴氏減輕他的罪惡感。裴氏強忍心中之哀戚，並昇華他的心靈層次。由於晚年喪偶的特殊体驗，更使他從小我之私情過渡到大我之公愛。1816年，也就是夫人逝世週年的元旦紀念演說中，他說，過去的一年是「祝福與得救之年」。因感念愛妻生前的寬大心胸，使他的內心更為聖潔❷⑨。

1798年，裴氏已年過半百(53歲)，在身心極度疲憊的狀況下，卻答應到Stans去挑孤兒院的教育重擔，妻子及友人勸他休息，但是裴氏向太太說：「我正承擔這個時代的一項最重要職責，假如你的丈夫理應接受別人的侮蔑與反對，則吾人就無希望可言了。但是如果我遭受誤解，但我認為自己的信念具有價值，則妳應迅速給我支持與幫助。我不再如同過去一般，此種任務也與前有別，如同我現在的臉上有皺紋而以往臉上相當光滑一般。」❸⓪裴氏席不暇暖，一心以教育為念！如能獲得夫人首肯，則雖千萬人，他也肯去化解別人的侮蔑與反對。

但是他的教育實際工作，卻阻礙重重。首先是在Neuhof的失敗，他說，

---

❷⑧ Ibid., 26–27.

❷⑨ Ibid., 224–225.

❸⓪ Ibid., 112.

別人在家用餐時，他還奔波於田野，吃一個麵包，喝一口從溪流中掬來的水。他不敢到教堂或城市，因為身上已無一件較体面的衣服，他變成「人民的笑料」。暴民叫他為「瘟神」或「稻草人」，譏諷他「所至之處，連鳥兒都會飛走」。街上熟人看到他從另一端來，必然轉向而去，不願與他碰面，因為勉強與他招手，是件頗為尷尬之事。在《天鵝之歌》(The Swan Song)中提到，書商Caspar Füssli告訴他：友人說裴氏如果死於貧民窟或瘋人院，那是理所當然 ❸。

裴斯塔洛齊隻手擬挽狂瀾，雄心太大，眼高手低，懸的太高。不過任何打擊動搖不了這位愛心感人的教育家，「天將降大任於斯人也」的各種折磨，也陸續降臨在他身上，橫逆頻至，他仍屹立不搖。「直到最後一口氣，都要把光明帶來給人民」，「即令生活多貧困，多年來以麵包與清水裏腹，住於茅屋，以達成目的；知悉條件這麼欠缺，我也會會心一笑。因為我信心十足，就是在最惡劣的環境之下，我也不會放棄。」❸

1770年8月13日，裴氏夫婦的獨子降生，取名為Jean Jacques，那是仰慕盧梭的具体行動。這位小孩心地好，但体力智力卻差。頭數年，裴氏親自予以教導，但其後因孤兒日多，分身乏術，裴氏認為如此更能給小孩「消極教育」(自然教育)的機會。不久，Jacques生了一場大病，得了痙攣癇疾，1801年去世，只活31歲而已。欣慰的是媳婦非常勤快，終生是裴斯塔洛齊的得力助手，自稱「有子萬事足」❸的裴氏，又移情他對自家孩子之愛為對貧苦兒童之愛。不過，裴氏觀察其子的童年，也給他不少母愛的啟示。比如：

①在搖籃裡，每當孩子有所需求，媽媽立即出現眼前。要飲要吃，都能獲得滿足。孩子聽到媽媽的腳步，就開始寧靜；看到媽媽，雙手就伸出要媽媽抱，眼睛也注視著媽媽的乳房，這是一種感恩。「孩童所吃的每一小塊麵包，假定來自於一位愛心十足的媽媽所提供，則在培養孩子的愛及行為習慣上，比起該麵包乃是孩子在街上發現、或從陌生客中接過來的效果，

---

❸　Ibid., 26.

❸　Ibid., 25.

❸　Ibid., 30.

顯然大有不同。」媽媽親手織的布，「慈母手中線」，總比在市場上購買的衣襪，穿起來親切得多。

②信賴：陌生東西置於孩子面前，孩子驚恐得哭了。母親把孩子抱在胸前，柔順的惜他，孩子止住了哭泣，但眼睛仍是濕濕的。該陌生東西又再度出現時，母親把孩子抱在胸前，對他微笑。孩子就不會怕陌生物品，反而笑臉面對媽媽。

③擴大愛的對象：對媽媽好的人，孩子也對他友善；媽媽擁抱的人，孩子也擁抱他。媽媽吻過的人，孩子也吻他。最後，媽媽向孩子說，有個對象是孩子所需要的，可以給孩子永恆的幸福，那就是上帝。終有一天，父母會離開孩子而去，但上帝卻與人永在。

孩子不只要愛父母，也應該愛陌生人。母親說：「他愛你，你也一定要信賴他；他是一個好人，把你的小手給他吧。」孩子也就按照囑咐，遵令而行。「你有個祖父已遠離而去，他愛你。」孩子深信祖父的愛。「我們有個父親在天上，祂創造了萬物。」這就是上帝之愛 ❸。

母愛是上帝之愛的種子。「服從及愛，感激及信賴，二者聯合，發展出良心的第一顆種子，第一種依稀可見的影子感覺，使孩子沒有權利對愛母發脾氣。第一種朦朧的影子感覺，使媽媽不只是單為孩子而活在世上，這也滋生出一種情愫，即孩子也非單為自己而活在世上。一種隱約可見的權利及義務種子，就開始萌芽了。這就是道德自我發展的首要原則，此原則靠母子之間的自然關係開展出來。」❸ 由底下的母子對話，也可看出宗教愛的情操：

> 媽媽：孩子，上帝是你所需要的。當你不需要我，我不再庇護你時，祂把你抱在懷裡。當我不能再給你歡樂及幸福時，上帝準備給你歡樂及幸福。
>
> 兒子：我是上帝之子，我相信媽媽的話，媽媽的話告訴我上帝

❸ Anderson, op. cit., 87–88, 116, 225. Pestalozzi, *The Swan Song*，及 *Views and Experiences*, ibid., 30–31.

❸ Gutek, op. cit., 183.

在何處。上帝是我媽的上帝，也是我的心及媽媽的心的上帝。我知道沒有其他上帝。我腦中的上帝是一種幻想之物，除了我心中的上帝之外，別無上帝。經由我的心所相信的上帝，我才能感到我是一個人。我腦中的上帝是個偶像，拜祂，我毀了自己；只有心中的上帝，才是我的上帝。經由祂的愛，我才能完美我自己。**㊱**

④身教重於言教：愛，就要讓對方「感受」(felt, caught)，不是光口頭教導(taught)而已。當左鄰右舍有個窮太太到家拜訪時，抱怨且憂心自己的不幸、飢餓、無衣可蔽体；孩子目睹隔壁太太蒼白的臉，衰弱且顫抖的面容，寒酸的穿著，則他的內心激動了，眼淚直流，展現出充滿悲痛與焦慮的眼神投向媽媽，就如同自己快要餓死一般。媽媽端來一些點心給那位一無所有的受難者。此種体驗，孩子如同閱讀一篇滿意又展現新希望的文章。他的憂傷停止了，淚也不再流，轉而以微笑面對母親。鄰居也以低泣代替感謝。這個畫面，就是活生生的「慈悲為懷」、「愛鄰居」的教材**㊲**。

知識教學亦然。媽媽不對孩子說：「孩子啊！這是你的頭，這是你的鼻子，你的眼睛在那呢?」卻應該這麼講：「來，孩子！我要洗你的手，我要梳你的頭髮。」且實際採取行動**㊳**。

二、學校像家庭

好心終有好報。春蠶吐絲，絲也成繭；蠟炬雖成灰，但卻照了夜明。裴氏的同事描述這位以校為家的大家長：「一位髒髒的老人，散亂衝冠式的頭髮，臉上布滿牛痘雀斑，尖尖不潔的鬍子，不結領帶，老態龍鍾，褲子也不合身，襪子掉下，鞋子又太鬆，兩眼大而發亮……樣子不是深沈的憂傷，就是最平和的快樂幸福。說話有時緩慢有節奏，有時則聲如響雷且急速。這就是我們所說的『父親裴斯塔洛齊』。」學生的印象是：「我們愛他，是的，我們都愛他，因為他愛我們，我們多麼的愛他啊！當他不在的片刻，

㊱　Ibid., 194–195.

㊲　Anderson, op. cit., 30–31.

㊳　Silber, op. cit., 259.

我們感到憂傷與孤獨；當他回來時，我們就目不轉睛一刻都不想離開他。」❸❾
這種如膠似漆的情感，就因家庭內有了親情之愛，師生都是自家人。裴斯
塔洛齊雖然晚年沒有兒子叫他爸爸，但他收容的孩子都叫他爸爸；並且其
後，舉世的人也恭稱他是平民教育之父。

　　朝夕相處，晨昏不離，因此裴氏「認識孩子八天，就強過孩子的父母
認識他們自己的孩子八年。」❹❶愛的灌溉，自然就有收成。先是在Burgdorf
八個月後的教育工作，政府官員作的報告如下：

　　　　經過你八個月教導過的孩子，我們評量的結果，令人滿意。我
　　們覺得把我們的看法向你提出，這不僅對你的工作有利，並且也是
　　我們的義務。

　　　　據我們的判斷，你自己希望用你的教學方法來達成的，都已實
　　現了。你的工作已經顯示出來，學生潛在的能力用何種方式予以發
　　展，才華如何挖掘，如何運用以臻成熟境界。你的學童進步神速，
　　不管他們的個性品格差異有多大，他們都能作有益的事。教師懂得
　　如何人盡其才，並運用心理學方式來培養才能。你的教學已為所有
　　的教學奠定了基礎。這也指示出，學童自幼齡始，在短期內就能有
　　廣泛的發展，感受到你的教學影響，不僅在幾年內的學習是如此，
　　且終生亦莫不如是。

　　　　當前流行的方法，使得學童痛苦的從五歲到八歲學到了寫字、
　　拼音及閱讀之外，一無所獲。但你的學生不但在這方面有打破前例
　　的成績，且突出者也在寫字方面有驚人的表現，在繪畫及算術上亦
　　然。你已激起學生樂意研究歷史、自然史、地理、測量等等，他們
　　以後的教師會覺得工作之減輕，可以到達不可思議的地步。❹❶

底下是摘取兩位參觀者的心得：

---

❸❾　Cole, op. cit., 474. Heafford, op. cit., 34.

❹❶　Black, Lottich and Seakinger (ed.), op. cit., 491.

❹❶　Cole, op. cit., 466.

①我已看到比瑞士樂園更豐富的東西，因為我已看到了裴斯塔洛齊，發現他的心多偉大，他的天分多高，在我一生中，從未有過如此充滿神聖感的，尤其當我與這位貴人在一塊的時候，我一想到他們這一群人的勇氣時，就情不自已。目前的奮鬥，旨在改善未來。他們的歡樂及報償，乃在期望未來的新生一代更能享有人性尊嚴。我已看到這棵珍奇植物之生長，甚至我都已嘗受到這棵植物的生命所呼吸的氣息及吸收的水分。我學到了這個「方法」，即植基於兒童天性，自然自在的讓其發展。

②我十三年沒與他見面了，他看起來的確老了許多，但大体而言，改變不多。他仍然活躍、強壯、生活簡樸、開明，他的臉上仍掛著慈祥之氣，帶有哀怨的表情；他熱切的追求人類幸福，尤其兒童及小孩的教育工作，仍與十三年前一般的具有相同的熱度。他說話的活潑及行為的精力十足，激發了我。我希望他活在人世的日子仍長，我向這位慈祥的老人告別時，心已滿滿的。我從未忘記與他一齊過活的日子。❷

裴斯塔洛齊的教育愛恩澤，廣被於全部他所收容的孤兒。他有一股堅定無比的信心，認定孩子之為惡、欺騙，都非他們的本性。「所有人性的純潔及仁愛，並非人工的產品，也非機運的結果，卻是活生生的存在於全部人類的心性深處。發展這個心性，乃是人生最重要的生涯。」❸他不相信人性不能改造，只要恢復他的善良天性即可；而重拾純真的本性，只有靠愛的滋潤就已足夠。缺乏了愛，一切罪惡就接踵而至。在裴氏72歲生日(1818年1月12日)的日記上記載著：「初等教育只不過是完完全全的回返到教育技術中最純淨又最簡單的形式，那就是家庭的教育。」❹

第三節　直觀的教學理念

❷　Ibid., 474.

❸　Gutek, op. cit., 33.

❹　Guimps, op. cit., 332.

　　熱心感人的教育家，在歷史上為數也不少。中國古代的武訓，是義丐興學的典範。武訓與裴斯塔洛齊一樣，都是以「愛」為辦學的核心。但是武訓是文盲，裴氏則受過大學教育，還寫了不少作品；他不但是教育實行家，並且也是教育理論家；不過，他的著作，創建性頗少，只重述前人的思想結晶；他的一些教學理念，變成別人批評他的主要攻擊標的。他也自承，由於辦學事業忙碌，使得數十年來未曾靜下來思考，或安心的研讀書籍，因此請求讀者原諒。加上他的文筆也非如同盧梭那般流暢，卻有時交代不清，語意晦澀，前後不太聯貫，所以缺失不少。從教育進步的歷史上看，裴氏之貢獻，並非定位在他是一流的教育思想家上。不少人在撰述裴氏一生事跡時，重點放在他的教育理念之評價。這種作法，似乎誤解了裴氏的努力要旨。吾人需知，裴氏並非以「立言」見長，卻以「立德」而受人崇敬。與其費了不少篇幅來指摘裴氏作品之瑕疵，或歌頌他的獨到見解，不如多花筆墨來彰顯他的實際教育愛。

　　經驗告訴我們，教育工作者如有了教育愛作底子，就比較會敬業與樂業，會認真去思考教學上的問題，或虛心求教於他人。如此，教育愛可以彌補教師在知識與方法上的欠缺，也可改正自己在這兩方面所犯下的錯誤，會時時反省自己，因而提升了教學品質，師生關係樂融融。

　　裴氏不是傑出的教育理論家，他的教育觀點，引人非議，自是難免；即令才華出眾的教育思想家之教育見解，也都難逃遭受批判的命運，更不用說是一生無暇作完整且系統又深入探討學理的裴斯塔洛齊了。不過，「吾道一以貫之」，裴氏的教育愛，不只是行動的指標，也是字裡行間的精神所在。一言以蔽之，「直觀」(intuition, *Anschauung*)就是他的思想核心。基於唯實論的感官教學主張，知識教學最為有效的方式，莫過於讓學童「直觀」(直接觀察，不勞他人)自然界；品德教學也讓學童「直觀」(直接感受)師長之愛。

一、知識的「直觀」

　　感官唯實論及經驗主義在這方面已有詳盡的敘述。裴斯塔洛齊相當贊同自然環境的「直觀」，希望教學予以「心理化」，經常拿植物的生長來比

喻教學。下面就依數種層次予以說明：

　　1.感官及自然的教學：透過感官來認識遠近實物，增強印象，就可以獲得牢固的知識。他也譴責過去學校只重文字教學的災害，認為那是「瘟疫」，也是「不幸」❹。裴氏日記中記載他教其子的一段對話如下(1774年1月27日)：「我指給他看，水從山丘快速的流下，他看了好高興；當我們走下山丘時，小孩說：『看，爸爸！水也流下來了，它從上流下，它就是往下流。』我們順著水流，我重複多次：『水從山頂流到山底』。」同年2月19日的日記又寫著：「當你可以從自然實物教他時，就不要用文字來教學。讓他去看、去聽、去找；跌倒了，站起來；嘗試錯誤，在行動或處事中，儘可能的不要用文字。他能做的就讓他去做，讓他時時有事做，積極主動的做，你不必太操心，卻應讓出大部分的時間給孩子過個快樂的童年。你將會知道，大自然教給孩子的，勝過大人對小孩的教導。」❹孩子的好奇心很強，求知欲很高；而整個大自然界對兒童而言，都極其陌生與深奧，刺激孩童的思考，正是大好環境。「當他聽到鳥兒唱歌，昆蟲在枝葉上蠕動，你應該立即停止說話。」❹孩子會目不轉睛的集中注意力去「直觀」這些動物的動態，那也是擴充他知識的良辰美景，大人不應剝奪這個機會，但「卻也不能增加一毫毛的深度」❹。經由感官才能直接感受，文字或口說都是間接管道，不是善策；並且自然就是自由，裴斯塔洛齊還賦予中性的感官世界一層濃厚的價值色彩。他說：

　　　　(過去)我們使得學童在五歲後，離開了那個充滿自然歡樂的時光。每一個自然活動給予孩童的印象，兒童感受到他們自己的力量，他們早已完全知悉那種無拘無束的自由所帶來的愉悅及迷戀。

❹　Anderson, op. cit., 51.

❹　Gutek, op. cit., 28. 引自Roger De Guimps, *Pestalozzi, His Aim and Work*, Syracuse: Bardeen, 1889, 20–23. J. A. Green, *Life and Works of Pestalozzi*, London: University Tutorial Press, Ltd., 1913, 41.

❹　Anderson, op. cit., 322.

❹　Pestalozzi, *How Gertrude Teaches Her Children*, translated by L. E. Holland and F. C. Turner, London: Swan Sonnenschein, 1894, 76.

自由的天性傾向，致使官能上的享受融合在他的發展過程中，早已作了決定性的導向作用。但在享受這個官能的幸福生活五整年後，吾人卻把所有環繞在兒童四周的自然，悉數消失於兒童眼前。暴虐式的禁止學童再嘗試那種不受限制的自由及快樂，將他們集合在一起，如同綿羊一般，關在臭味四溢的房子中，毫無憐憫心的將他們鎖在一塊，數小時、數天、數週、數月、數年，去冥思那些無法引人又單調的字母，與入學之前有了天壤之別。學校生活與瘋子相比，毫無兩樣。❹

學校只注重文字或文法教學，這種不滿，裴氏非屬第一人。

2.以種子萌芽來比喻教育的過程：教育的性質，如透過植物之生長作比喻，是一種極為恰當的闡釋。請看他的下面一段話：「人啊！模仿這個大自然的動作吧！從龐然大樹的種種中，首先萌生一個幾乎無法察覺的種子，然後也幾乎看不出的，它就天天且時時刻刻，漸漸的首先開展出莖、枝、幹、小芽，然後掛著會消褪的葉。仔細想想這種神秘的景象——大自然如何精緻的把每一細節都安排得極為完美，每一新枝葉都與老枝葉密切聯繫，生生不息。」這種和諧又循序的秩序，就是牛頓的物理科學世界。「我們尋找的法則，就是人性發展的法則。我相信，這些法則一定與物理上的大自然相同。我也相信如果找到此法則，那就可以安全的找到教學方法上的普遍心理法則。」❺

1818年1月12日，裴氏過了72歲生日，他在家書上說：「人如同樹，樹生長了，人也是；孩子未降生之前，就早已含有各種能力的種子，日後會開展出來。樹木的各枝幹相互合作，在一種物理基礎上又看不見的主力影響之下，會結下豐碩的果實，人亦然。人在一種看不見的人體機能之運作下，人的基本力量可以製造一個人，仿上帝的形象生下來。」❺同年10月7日回給英國慈善家James Peirrepont Greaves(曾造訪於Yverdon)的信上說：

---

❹　Gutek, op. cit., 95. Pestalozzi, *How Gertrude Teaches Her Children*, ibid., 28.

❺　Gutek, ibid., 77–78.

❺　Ibid., 127.

「孩子的教育如同含苞待放，一旦發動，所有枝葉都開展出來，沒有一樣保留。」❷其後的名教育學者，也經常以植物的生長來暢談教育的過程，這也是取自自然的靈感。

3.「數、形、語」：由簡單而複雜，由容易而困難，由近及遠，由具体到抽象，這些都是「心理化」的教學原則。裴氏基於此種原則，乃提出了知識教學的三個最基本「元素」(elements)，即「數」(number)、「形」(form)、及「語」(language)。不過不管教學資料分析到這種最原始的心理成分，這三種元素的教學，都應以具体實物為主。

①數：以具体實物的數量、性質、計算等為教學內容，如2＋2＝4。此種教學有兩大好處，一是數學知識的真正了解，而非憑機械式的記憶；一是可以作為日後心算的基礎❸。而「數」的實物教學，可以就地取材，到處皆是。如數一數屋內的階梯，算一算織布機上的線。

②形：即具体實物的外表、輪廓、形狀、比例等。在繪畫教學上，先不注重整体的描繪，卻先教學線條或形狀等，因為那是組成整個繪畫的部分。因此直線、斜線、角線、曲線；三角形、四角形、菱形、圓形、多角形；白色、黑色……等，都應先教。

③語：用母語先將語言文字的教學分析為「字母」，如a, b, c；其次組合這些字母來發音，如ad, ed, id, od, ud，甚至是毫無意義的字母聯合，如nito, toin, into, onit等；然後練習「字」，如word, letters；最後才是「句子」及「文章」的教學。

上述三者可以綜合教學。下面就是一個例子：

師：我手中拿的是什麼？

生：一片玻璃。

師：你能拼glass這個字嗎？(教師將glass寫在黑板上，呈現給學童看到)

師：你們仔細觀察這片玻璃，你們覺得它有什麼特質？

---

❷ Pestalozzi, *The Letters to Greaves*, 1818.10.7. Letter III, ibid., 146–147.

❸ Gutek, op. cit., 206.

生：它好亮。（教師把 "quality" 這個字寫在「亮」之下）

師：把它放在手中，有什麼感覺？

生：它好涼。（又增加一個quality）❺❹

裴氏自認「數、形、語」式的教學，就是他的教學心理化，並且也自傲的表示此種教學是他成功的原因之一。但是與其說這是心理化，不如說它是邏輯化比較恰當。教材一邏輯化，就會產生抽象又缺乏興趣的結局，這也是裴氏的看法最受後來學者挑戰之處❺❺。裴氏說：

> 我嘗試用各種方法，將拼音(字)及算術盡可能的簡化成各種元素，並安排這些元素的學習，能夠使學童使用最大的心理學技巧，從第一階梯漸進的步入第二階梯，但二者不存有鴻溝。然後，根據自己充分領會了第二階梯之餘，能夠迅速且確實的踏入第三及第四階梯。❺❻

不只知識教學予以細分，体育教學亦然。裴氏將体育分為擊打、攜帶重物、投擲、推拿、拉力、轉動等來訓練學童❺❼。他深深的以為化「繁」為「簡」可以使學童因「簡」而「容易」學習；殊不知「簡」不見得就是「易」，反而有時甚感無味，這倒是裴氏始料未及。

二、品德上的直觀

品德之直觀，就是俗話所常說的「身教」。身教不訴諸言語文字，卻有一股感染的氣息，這也是裴氏教育的重點。大家都知道：身教優於言教，人師重於經師。

1.讓學生感受到教師好比園丁：教師以實際行動來照顧學童，猶如園

❺❹ Ibid., 160. F. H. Hayward, *The Educational Ideas of Pestalozzi and Froebel*, Westpoint Conn.: Greenwood Press, 1979, 105.

❺❺ J. S. Brubacher, *A History of the Problems of Education*, N.Y.: McGraw-Hill, 1966, 210–211.

❺❻ Heafford, op. cit., 52.

❺❼ Silber, op. cit., 145.

丁耕耘他的花園一般。「他只是給乾枯的土壤灌溉水分，將靜水排放出去，免得變成死水；他小心注意，不讓外力傷害樹根、樹幹、或樹枝。教師也是如此，不是教師能夠賦予學童任何能力，他只是查看是否有外力阻礙或擾亂自然的發展程序。」❺❽ 這種說法，重述了盧梭的主張；而此種努力，必須持續不懈。「有人拿一桶水，撒在乾枯的土壤上；這個潑出去的水沒有多久就消失了，土壤仍再度乾枯；除非又有一位善心人士又再度潑桶水來滋潤大地。不，不，真正的教育方式不是如此，卻應像活生生的噴泉，一旦噴出水來，就永遠提供了大地所渴望的水分。」❺❾ 這些話出現在裴氏七十二歲生日時的家書中。「愛」就是永不熄滅的火種，也是永不枯竭的水源。即令丟了全世界，但能免於兒童之遭受傷害，也在所不惜。得了全世界，失了兒童，就是得不償失。裴氏之慈愛，如同媽媽，而媽媽是地球上的鹽巴❻⓿。地球上沒有母性，則人生乏味，也無活下去的情趣了。教育界缺少愛，則變成死氣沈沈的園地了。花園裡無園丁，則野草叢生，或花枯草亡。

　　2.教育愛與体罰：兒童行為有必要陶冶，陶冶就不允許孩子放縱。放縱孩子，絕非愛的表示，更非教育愛所准許。裴氏給英國友人的書信上，就提到如何訓練孩子學習「自我拒絕」(self-denial)。不過他也承認，這是最艱鉅但卻是最具意義及價值的工作❻❶。要求自由的同時，也需節制❻❷。裴氏這種認識，呼應了洛克「一方面給學童自由，一方面約束學童」的主張。約束的手段當中，偶有体罰情事。但只要有教育愛的具体感受，則体罰問題可以消失於無形。

　　①不應對學童施暴：傳統的學校生活，那種了無生趣的教材，對學童已是一種懲罰，如果學童因功課欠佳而挨打，則是二重体罰，這是「絕對的慘酷」(absolutely cruel)。裴氏說：「在所有暴虐中，眾人皆知，對小孩施

---

❺❽　Anderson, op. cit., 129.

❺❾　Ibid., 142-143.

❻⓿　Silber, op. cit., 178. 尼采則說，天才才是地球上的鹽巴。地球上沒有天才，地球將失去不少味道。

❻❶　Anderson, op cit., 157. 時為1818年12月31日，Letter XVI.

❻❷　Ibid., 169. 時為1819年2月4日，Letter XXI.

暴是最兇殘的。對小孩施暴中最兇殘的人，就是校園暴君(school tyrants)。在文明國家裡，暴虐是禁止的，即令虐待動物，都應予以禁止，有時是法令處分，有時是輿論譴責。為何對學童施暴卻如此忽略，甚至認為是常事呢？**❻❸** 裴氏憤憤不平的抱怨過去的教師動輒責打學童，尤其是貧苦兒童。師生之間進行這種「暴力直觀」，那裡算是「教育」呢？

　　有愛心的教師會同情學童，並且自我節制，絕不可發洩自己的失意於學童身上，拿學生當出氣筒。「行有不得，反求諸己」，應該檢討自己的教學方式，改善教材，甚至突破教育制度的窠臼。此外，教師對於學童之小過失勿太計較，能原諒則儘量寬大為懷；對於學童的失敗，更不要厲聲指斥，卻應伸出友誼及關懷的手，來重新喚醒學童再生的活力，以仁慈來贏得學童的心。經驗告訴我們，一位敬業又樂業的教師，絕不會以打學童作為快樂之本 **❻❹**。

　　裴斯塔洛齊非常務實的指出体罰的實際問題，他並不好高騖遠，期望每個師長都春風滿面，和氣迎人。他對於教導孩童，應靠言行來贏得他們的心而不必訴諸皮鞭，這個教育原則，一清二楚。不過那是要在極為有利的條件及狀況下，才能抵達此種境界。教師與父母一般，如果與學童相處日久，自會心生情愛，那是長期的經驗累積所造成的親子或師生關係。父母對子女有愛，即令父母体罰孩子，孩子也比較不會怨恨雙親。親情之愛是一種本能的骨肉之愛，教師與學生無親無戚，唯一根據的就是發揮「價值之愛」。

　　②有了愛，則責罵甚至有時施以皮鞭，學童更覺難過：愛之深，所以責之切。要求一位教師像聖人一般的都能克制自己，不發脾氣，裴氏也發現這是強人所難。但只要教師在學童心目中，老早已建立了良好的形象，則學童在面臨教師厲聲斥責甚至出手打人時，會更為內疚。因為自己的行為竟然引起平常慈愛的教師生氣，且生了那麼大的氣，可見自己的錯誤相當嚴重 **❻❺**。「佐以懼怕的愛，才有教育效力」。雖然「有了懼怕，就不會產

---

❻❸　Ibid., 202.

❻❹　Ibid., 203.

❻❺　Gutek, op. cit., 120.

生真正的敬愛」**⑥**，但「懼怕的愛」當中，愛掩蓋過懼怕，並且學童如虔心改過，就不必懼怕。他說：

> 基於我的這些乞丐的不同背景，基於他們的年齡，也因為他們根深蒂固的習慣，並且更想到使用一種既迅速且確實的簡單方法使他們產生一種印象，以便讓他們都能完成相同的目標，体罰的效果乃列入考慮。至於是否因此使兒童失去信賴感，則不用太擔心。因為這不是單一事件就足以影響兒童的感受與態度的，並且使用次數也很少。倒是你平日用什麼樣的姿態對他們，以及你喜歡或不喜歡他們，那種性質與程度，才是一次就決定了他們對你的看法。**⑥⑦**

非打不可時，次數不可頻頻，更不可打得太重以致傷害了學童身体，造成耳鳴、目盲、或肢体殘廢等。由此可知，裴氏絕不如同時下的惡劣教師以鞭打學童為例行常規，除非萬不得已，否則絕不給孩子皮肉之苦；並且在採用此手段時，內心也深感不安**⑥⑧**。

1.倔強(obdurate)及脾氣壞(churlish)者應予体罰。

2.家長與孩子相處日久，也有感情，因此体罰孩子，比較不生是非，教師則無此條件，裴氏的學校就是家庭，他又與學生朝夕相處，因此他的身分與家長一般。

「我的處分從未使學生產生頑強的心態，孩子遭我打了之後，我伸出我的手且吻了他們，他們就心滿意足，從他們的眼神中我感受到他們對於我的打，是一種愉快的享受。底下是一個顯例，該種狀況時而發生。一天有個我最喜歡的小孩，利用我對他的這份情，卻不正當的威脅他的一個同伴，我好生氣，終於出手打了他，他立即心碎了，痛哭幾乎有15分鐘之久。不過當我走開之後，他站起來走到那位被他威脅的同學身邊，盼望取得原諒，也感謝他舉發他的惡行。我的朋友啊！這不是喜劇，這位孩子以前從未有過此情景。」**⑥⑨**

---

⑥ F. H. Hayward, *The Educational Ideas of Pestalozzi and Froebel*, op. cit., 81.

⑥⑦ Heafford, op. cit., 71. Guimps, op. cit., 161.

⑥⑧ Biber, op. cit., 1994, 32.

3.學童領受愛之後，才能熱心的學習：愛是學習的動機，教師給了無盡的愛，卻無法傳授無涯無際的知識，後者有勞學童自發自動且持續的挖掘。教師也不可能樣樣精通，但卻能以愛來激發學童的潛力及天性。裴氏說：「我自己對農業耕作，對一切工藝細節，可說是一竅不通；可是我的學生中，有善於植牧草的，有長於種蔬菜的，有精於編織的，有專於紡紗的，還有會修理鐘錶的，會施肥澆糞的。」❼學生性向及興趣殊異，在愛的呼喚下，各人埋頭苦幹，就會有青出於藍而勝於藍的表現。教師雖聞道先於學生，但教師所聞之道，也並不保證一定是至道或正確之道。以愛來鼓勵學童思考，則學童有朝一日迎頭趕上或後來居上，這也是教師頗堪欣慰之時。不問收穫，但求耕耘；但只耕耘了愛的種子，則必然有滿意的收穫。

　　裴斯塔洛齊体型肥胖，說話不清晰，字跡潦草，繪畫也不佳，輕視文法研究；他探討過數種自然史，但卻不特別注意分類及專有名詞；他熟悉一般的數字演算，但數目大的乘除，他就大感困難，可能他從未解過任何題目。因為好多年來，這位作夢者從來沒有讀過什麼書❼。接受過他教學的門徒，日後回憶著小時老師所教的卻是錯誤的知識，但並不妨礙他們以後成為較傑出的學者。地理改革學家Ritter說：「裴氏所知的地理，並不比國小學生多，但我卻從他那兒得到更多的地理知識。」❼因愛而引發了學童研究各種學科的興趣，雖然其後學生的知識成就高過教師，但卻也不減對教師的崇敬之忱。

　　教師跳高，不見得比學生跳得還高，姿勢更為優美；但只要能讓學童興高采烈的喜歡上体育課，則体育教學的目的已然完成。事實上，即令是教育最進步的國家，也不可能甚至沒有必要禮聘一流名師到各校(尤其是國民學校)任教，或敦請奧林匹克金牌的跳高好手來教導學童的体育課。千萬

---

❻　引自Alexander Rippa, *Educational Ideas in America, A Documentary History*, N.Y.: David McKay, 1969, 97–98.

❼　Pestalozzi, *Leonard and Gertrude*. 中譯本，op. cit., 877.

❼　Cole, op. cit., 473–474.「他的語言，尤其是抽象的話題，猶如在叢林中搖晃的一盞微弱燈光。」(Biber, op. cit., 1994, 51)

❼　Hayward, op. cit., 134.

別忘了學習動機在教育上的重要性，而愛的感受(直觀)，就是最強烈的學習動機。

　　裴氏最後也是辦理最久的學府所在地Yverdon，變成拜訪遊客絡繹不絕的場所。據史家L. Vuillemin的回憶，他在1805～1807年入學，對裴氏有如下之描述：「想想看，一位很醜的男人，粗疏又髮硬，臉上布滿天花痕又凸凹不平，鬍鬚長又不潔，不打領帶，褲子也寬鬆，襪子滑落，鞋子太鬆，步伐搖曳無生氣；眼大又發光，有時半閉似在養神。他的樣子看起來不是甚為憂鬱，就是洋溢著十足的幸福。說話時而慢，有音樂般的音調，時而發出雷打般的吼聲又快速，如此的描述，你們大概就知道這個叫做"Father Pestalozzi"的長相了。」❼❸ 來自英國的慈善家，創辦班長制教學(monitorial system)的貝爾(A. Bell, 1753～1832)曾在1816年親臨Yverdon請教裴氏。第一天，貝爾出席一堂數學課，即令學童能演算畢氏定理的各種不同作法，這位並不謙虛的貝爾仍不為所動。第二天，這兩位聞名歐洲的教育工作者共同交換教學理念，旁聽者眾多，裴氏說他從來不訴求於學生的競爭心，只有愛，義務感，及對科目的興趣。貝爾則注重「讚美」來作為學童學習的「有力引擎」。前者靠自發，後者則賴他求；前者自愛，後者則易滋生忌妒。兩人道不同，意見無法交集。貝爾離開以前，告訴友人說：「我現在已經知道裴氏方法了，相信我，十二年之間，沒有人會提及它，但我的方法將遍布全球。」❼❹

　　任何拜訪者離去時，裴斯塔洛齊都著便衣相送。去世前一個月，送友人時未戴帽子，穿破鞋，在暴風雪的天氣中，還倔強的不聽從他人建議及早回家，也拒絕別人撐傘。「我強壯如馬」❼❺。一次他去參觀一所孤兒院，受到盛大歡迎，院童將花環掛在他頭上，他反而轉送給一位孤兒，說：「榮譽應給年幼者，不是給我。」當孩子唱起歌德的詩句「你在天上」(Thou who art in Heaven)時，裴氏激動得淚如雨下。晚年，瑞士人封他為「教育界的教父」(the patriarch of education)；不過，裴氏步入人生黃昏時刻，卻為自辦

❼❸　Rippa, op. cit., 101.

❼❹　Heafford, op. cit., 282–283.

❼❺　Ibid., 266.

學校的人事傾軋大傷腦筋，內心不得平息安寧，終於在1827年2月17日與世長辭。「他的臉上現出睡醒時的表情，微具笑容，似乎在告訴他的學童，他作了個快樂的夢。」送殯行列甚長，附近教師抬棺；學童列隊唱喪歌，憑弔者莫不一掬哀戚之淚❼。

　　擬從事教學工作者，實在應研讀裴斯塔洛齊的傳記。讓他的教育愛散播在後來的教師身上，這就是裴氏「品德的直觀」。裴氏雕像也顯示出他炯炯眼神以及慈愛的雙手在關照著他念念不忘的貧苦兒童！

附：裴斯塔洛齊辦學的教學狀況

　　1.三十至四十名的男女學童從城內去城堡參加歌唱練習，我們(學童)在越過城堡的上下走廊時都引吭高歌；兩位一排，手牽著手，那是我們最快樂的時刻。但更感高興的是体育老師Naef加入了行列，他的新奇主意多，是一個老士兵，在各地都打過仗。他看起來粗俗，鬍子多，像是巨人，但卻相當慈祥。當他以行軍的方式帶領我們且以洪亮的歌喉唱出瑞士歌曲時，沒有一個人不緊跟其後。

　　說實在的，唱歌是我們在校的最大快樂來源，我們幾乎無處不唱歌——於屋外散步時，晚上在城堡內，我們都唱得美妙，也因歌聲而感動。必須強調的是，不管他的粗俗外表如何，Naef是學童最喜愛的師長，因此只要他在，我們從來不會感到不快。他常與學童為伍，一同作遊戲、聊天、走路、洗澡、爬山、擲石頭，像是個大孩子，但對學童卻擁有極大的威權，不過絕不使出教僕權威，而只是用「心」。更要指出的是在Burgdorf的頭幾年，根本沒有什麼系統的學習計畫，該校的生活非常簡樸，如同家庭。早餐後半小時休息，裴斯塔洛齊很希望學童在操場作活潑的遊戲，他都不會打擾。夏天晚上，當大夥兒洗完澡後，就開始觀察植物及礦石一直到八九點。裴斯塔洛齊是學校中的父親，助手Krüsi教語文及算術，Tobler負責歷史地理，Buss教導繪畫及唱歌，Naef則擅長体育。

　　2.我家鄉Yverdon的鄉親大方的給裴斯塔洛齊處理那個老城堡，四四方方的，屋子寬大，庭院廣，可以玩耍，也可以唸書。作一所大型學校，足足有餘。屋內聚集了150～200位遠自各地來的學童，唸書及遊戲時間之安

___

排已大致就緒。學童在玩捕人遊戲時，經常都從城堡的庭院開始，然後在湖邊草地結束。冬天我們習慣於作一個宏偉的雪城堡，作為攻守之用，雙方都逞英雄，我們樂此不疲，從來未聽過有任何學童感到厭煩。

大多數老師都是年輕的，不少是革命時生的，在裴氏的照顧下長大，他是這些老師的父親，也是我們的父親。另有一些受過教育的師生來分擔他的工作。但大体而言，他們知識並不多，我自己就聽到裴氏自己在老年時誇言說他四十年來未看過一本書；而我們的教師，也就是他的門徒，比他唸的書更少。他們的教導重理解而非記憶，目的在於和諧的培育上帝賦予我們的種子。

地理的基本知識，我們從鄉土著手。首先，我們到離Yverdon不遠的山谷裡，那兒有Buron河流，大略觀賞一番後，就仔細看河流的各部分，直到有了精確又完整的觀念為止。然後老師要我們挖山谷邊的河床土，並把它包裝放在早就準備好的袋子中。回到城堡後，坐在長椅子上開始作河谷的浮雕圖案，分工合作。次日我們走得更遠，爬更高的山，作更多的探險。直到浮雕完成，老師才把地圖拿出來。我們先了解實地的地形，才看地圖。幾何的學習亦然，我們必須自個兒解決問題。題目一出來，每個學童就單獨尋找答案。算術學習也是如此，我們演算數學時，並沒紙張，有些學童算得真快，而吹牛的風氣也時有所聞。由於裴氏聲名遠播，各地陌生客群聚於此。我們一再的聽說我們正在進行偉大的工作，全球的眼光都在注視著我們，我們也深信不疑。

裴氏的方法，如果他還有方法的話**⓱**，說真的是一個謎。不只我們覺得如此，我們的老師也有同感。就如同蘇格拉底的隨從者一般，每個門徒都可以據己意闡釋他的主張。意見雖紛歧，但到目前為止，還沒有出現矛

⓱ 在Burgdorf的一位助手描述裴氏方法：1.是大聲朗讀，2.是同時教兩種學科。這位助手對這兩種教學方式頗不以為然。「他(裴氏)幾乎有黃銅的肺，別人若無，則只好放棄如同他一般的繼續說話及喊叫的念頭。即令我自己有這種肺，我也希望他及他的班級應該降低聲調。另外一點我也不完全同意，即他要同時教兩種學科，尤其把說話課與徒手繪畫課及寫字課聯在一塊。」A. Pinloche, *Pestalozzi and the Foundation of the Modern Elementary School*, N.Y.: Charles Scribner's Sons, 1912, 41.

盾的結局，且各人皆聲言他獲得了裴氏的真傳；也沒有人敢斷言，裴氏是否真正了解他自己。至於其他人是否也能了解自己，那更是疑問了。

只要氣候允許，下午的數小時就作武操，學童形成小軍團，既不缺旗、鼓、樂隊，也不短少盔甲。學童馬上學到了複雜的軍事操練及逼真的演習。有必要射子彈時，他們常在城堡數哩外作模擬戰。此種日子，學童必須起身甚早，準備彈藥、糧食及車輛。當地居民及看熱鬧者也都紛紛加入，這是學童的重要日子。有時學童也作射擊比賽，獎品是一隻母羊(ewe)或一隻山羊(lamp)。

裴氏觀賞學童玩樂，甚感愉快，他認為活動及遊戲是不可或缺的。完全靜止不動，本身就是壞事。不但有害身体，且也敗壞品德。

至於學科成就，更令人訝異。當我看到這些學童處理最複雜的分數計算，卻有如解決世界上最簡易不過的問題時，我大感奇怪。我自己不用紙張仔細計算就不能得出答案的題目，他們卻輕而易舉的在腦子裡用心算算出結果了。他們不但答案正確，且又似胸有成竹的從容說明計算過程，好比家常便飯一般，真使我佩服。在Burgdorf，六歲到八歲的學童不用尺及圓規，就能精確又無誤的畫出各種幾何圖形，要不是我是目擊者，否則真不相信呢❼❽！

三、愛的教學態度

裴斯塔洛齊的教學技巧，容有不少瑕疵；但他的教學基本態度，卻相當健全。首先，他經過長期的觀察與愛的灌漑，使那些「價值條件」低劣的學生——粗魯、害羞、能力笨拙等，卻發現背後隱藏著極為珍貴的心智能力。即令那些最窮困的學童，都似枯苗展新芽一般。教師教導未成年的新生一代各種事務的關係，引出他們內在的智能，形成正確的判斷，刺激他們的思考與想像能力；把他們原本埋葬著的天分才華展露出來。這種工作或職務，人間沒有其他活動可以高過它的神聖性。裴氏樂此不疲，這種愛的教學態度支撐他的一生，也消除了長期教學所難免引起的職業厭倦感。當教師天天目睹學童遷善改過，知識更為豐富，智慧更為增加，這種變化，

---

❼❽　Cole, op. cit., 482–486.

猶如春陽解凍一般的發生變化，那不是一生中最快慰與興奮的時刻嗎**⑦**？數十年服務於學校教育界的老師，如果認為教育工作了無情趣，早就心萌退休或轉行，不如多多仿效裴氏心胸，總比追名逐利，或赤裸裸的來又赤裸裸的回去較有意義。裴氏這種抱負，使他有了「平和的心靈」。他說：「笑是健康的，愉快是芬芳的；但平和的心靈卻是使人笑臉常開的源泉，更是愉快的香油罐。」**⑧**

　　孩子以手環抱裴氏頸部表示親熱，並且稱呼他就是親愛的父親時，他會說：「你叫我是你的親愛的父親，但為什麼在我背後要作出令我不高興的事呢？你一時親吻我，但一時卻有敗壞行為，令我深為痛苦！」**⑧**

　　其次，愛具有包容性，裴斯塔洛齊的教學精神，更顯示他對持異見者的包容度。以愛心作基點，他會為學童著想。1774年2月15日的日記上，登錄他兒子的一段話：「媽媽，我沒有破壞它，我只是想看個仔細」**⑧**，而認為意義深長。不少師長不體諒學童言行，以自己立場出發，卻不知學童將玩物弄壞，只是想知其底細。只有根據兒童的「起點行為」，才能進行輔導。「在你把一個人帶到什麼地方之前，你必須首先到他目前所站的地方。」**⑧**尤其更重要的一種涵養，就是鼓勵學童善予運用領會及体驗能力，不可一味盲信教師權威；一遇學童質疑問難，不可動氣，因為這正是學童心智漸趨成熟的表示。「我的學童從來不會只是因為我告訴他們，他們就信以為真；而是由於他們自己的感官及領悟力告訴他們，才是真的。設使你的學童膽敢說你錯了，而事實上你也真的錯了，你就以為你的師道尊嚴、權威、及無誤性，受到傷害而大發脾氣。為了懲治他們，你就鞭打這群任性卻有勇氣的小伙子，以便防止他們重蹈有辱師長的罪名。不過，相反的，我正好希望也要求我的學童，用他們高興要說的音量來告訴我，以他們的領會程度來讓我知道，我犯了那些錯誤。」**⑧**裴氏這種教學精神，合乎民主及科學

---

⑦　Guimps, op. cit., 151.

⑧　Pestalozzi, *The Education of Man, Aphorisms*, N.Y.: Philosophical Library, 1951, 80.

⑧　Biber, 1994, 38.

⑧　Guimps, op. cit., 45.

⑧　Ibid., 419.

的為學態度。他看出:「反對,可以帶來更多的真理,也是力量的運作,總比可鄙的自傲並企圖在無異議狀況下宣揚其理念來得好。一個人如果只聆聽自己以及只接受歌功頌德,滿口稱是者的話,是沒什麼價值的。他的格調,比不上喜愛用真理予以反駁之人。由於反對,因而可以儘量的提升自己的位置;如果不藉助於反對者所持的真理,則自己將站於低位。」❽

順耳及逆耳的話,都應該聽取,尤其是逆耳之言,不但可進德,還可修業;更可利用此種態度,來訓練適應新環境。人不可能都在順境中長大;並且環境太如意,也非好現象。在不如意的領域裡,正是挑戰自己能力的考驗。1774年2月4日的日記寫著:「醫生建議,我們有時讓他在很健康的時候,喝一些不太舒服但也不會有害的東西,以便使他習慣於他真正生病時的痛苦。我第一次聽到這種觀念時,認為這是好主意,並打算擴充運用到一般性的教育來。」❽這種看法,洛克早已提過。

裴斯塔洛齊在教學理念上,憑自己靈感與稟賦,也有一些新見;加上他的聖潔教育愛,一生受人崇敬,死後也備極哀榮。他非常謙虛,自嘲「十年來未曾讀過書,只是與目不識丁者住在一起,因此幾乎每一句話寫起來都會有錯誤。」❽1801年時又說:「三十年來我沒有看過書,事實上我也不能讀書了。要我用抽象觀念來表達,這種能力我是欠缺的;我只是生活在一大堆靈感的信念中;過去大量繁多的經驗事實,大部分我已忘光。」❽但裴氏靠自己的天分,也設計出一些新奇的教學方法。其中之一,就是在教育史上風光一時的「班長制教學」(monitorial system),但他並不自我標榜。1816年,自詡是發明班長制教學的英國教育家貝爾(A. Bell, 1753~1832)到瑞士Yverdon拜訪裴斯塔洛齊。貝爾自負十足的說:「過十二年後,班長制的同時教學法,會普遍實施於全球,而裴氏方法,將被人置諸腦後。」過了幾天,一位訪問者向裴氏說:「我相信是你,先生,才是發明同時教學法的

---

❽　W. S. Monroe, *History of Pestalozzian Movement in U.S.* N.Y.: Arno Press, 1969, 86.

❽　Pestalozzi, *The Education of Man, Aphorisms*, op. cit., 1951, 68.

❽　Guimps, op. cit., 43.

❽　Ibid., 78.

❽　Ibid., 183.

人。」裴氏答道：「上帝啊！別那麼說！」事實告訴我們，在十七年前於Stans，裴氏早就採用該種方法了 ❽。但裴氏指定一名優秀學童（班長）來教導其他學童，仍然希望該名小「老師」應注重啟發而非機械式的背誦；且應學習裴氏之愛心，因此與英國教育家之方式大為不同 ❾。

1896年，裴氏150歲冥誕，瑞士政府訂他的生日，1月12日，作為全國放假日 ❾

參考書目

1. Anderson, L. F. *Pestalozzi*. N.Y.: Ams Press, 1970.

2. Biber, George Edward. Henry *Petalozzi, and His Plan of Education*, London: John Souter, School Library, 1831. (reprint) Thoemmes Press, Taipei: Unifacmanu, 1994.

3. Black, H. C., Lottich, K. V., & Seakinger, D. S. (ed.). *Great Educators*. Chicago: Nelson-Hall, 1972.

4. Cole, L. *A History of Education, Socrates to Montessori*. N.Y.: Holt, Rinehart & Winston, 1950.

5. Green, J. A., & Collie, F. A. (ed.). *Pestalozzi's Educational Writings*. London: Arnold, 1912.

6. Green, J. A. *Life and Works of Pestalozzi*. London: University Tutorial Press Ltd., 1913.

7. Guimps, R. De. *Pestalozzi, His Life and Work*. J. Russell (tr.). N.Y.: D. Appleton & Co., 1890.

8. _____. *Pestalozzi, His Aim and Work*. Syracuse: Bardeen, 1889.

9. Gutek, G. L. *Pestalozzi and Education*. N.Y.: Random House, 1968.

10. Hayward, F. H. *The Educational Ideas of Pestalozzi and Froebel*. Westpoint Conn.: Greenwood Press, 1979.

---

❽　Ibid., 314.

❾　Biber, 1994, 170–171.

❾　*Fifty Major Thinkers on Education*, 68.

11. Heafford, M. R. *Pestalozzi*. London: Methuen & Co., Ltd., 1967.

12. Monroe, W.S. *History of Pestalozzian Movement in U.S.* N.Y.: Arno Press, 1969.

13. Pestalozzi. *How Gertrude Teaches Her Children*. L. E. Holland and F. C. Turner (tr.). London: Swan Sonnenschein, 1894.

14. _____. *Leonard and Gertrude*. 中譯《林哈德與葛篤德》，北京編譯社譯，台北五南，1991。

15. _____. *The Education of Man, Aphorisms*. N.Y.: Philosophical Library, 1951.

16. Pinloche, A. *Pestalozzi and the Foundation of the Modern Elementary School*. N. Y.: Charles Scribner's Sons, 1912.

17. Walch, M. R. *Pestalozzi and the Pestalozzian Theory of Education: A Critical Study*. Washington: The Catholic University Press, 1952.

第十四章　教育「學」之父赫爾巴特
(Johann Friedrich Herbart, 1776～1841)

　　赫爾巴特(Johann Friedrich Herbart, 1776～1841)與美國獨立戰爭開始的時候同年出生，生日恰與中國文化改造運動的5月4日同一時間；這種巧合，似乎註定了他的思想影響了美國及中國。

　　十八世紀的歐洲，思想家輩出；科學及學術更新，一日千里。英國大儒休謨死於1776年，盧梭晚兩年也辭世；當年，貝多芬及黑格爾還只是六歲的小孩；但康德、歌德、及莫札特正值盛年。而美國及法國之大革命已勢不可擋。英國之瓦特在十一年前發明蒸汽機，赫爾巴特九歲時，蒸汽紡織機已問世。不過，赫爾巴特誕生在這種千變萬化的環境中，他卻冷靜的只作哲學思考，在他繼承康德的克尼斯堡大學作研究及講學。拿破崙大他七歲，他一生就在拿破崙的征戰中度過。但赫爾巴特的傳記卻嗅不出戰爭的火藥味，或許外在有形的衝突沒有發生在他身上，內心的掙扎卻讓他痛苦萬分。他的教育哲學理念與教學實際活動也多多少少與此有關。赫爾巴特兩度造訪裴斯塔洛齊，還給裴氏的教育小說作過評論❶。不過二者之論點，卻並不完全相同。赫爾巴特是德國名大學的哲學教授，當時德國大學掌國際學術界牛耳地位，赫氏又有志於研究教育學術，終於使他獲得教育「學」之父的美名。

第一節　教育及教學經驗

　　赫爾巴特是獨生子。父親學法，是市政諮詢委員，沈默寡言，生活單調又嚴肅；除了上班，出席法庭，夜間在俱樂部玩牌以外，別無其他消遣

---

❶　題目為：On Pestalozzi's Latest Writing: "How Gertrude Teaches Her Children." Harold B. Dunkel, *Herbart and Herbartianism: An Educational Ghost Story*, Chicago: The University of Chicago Press, 1970, 35.

活動；母親則生性活躍，精力充沛，意志堅強，渴望出外闖天下。由於雙親的匹配極為不適，導致夫婦失和。赫爾巴特很早就擬逃離家庭，過獨立生活。這種心態，也造成他在學術的研究上，獨樹一幟的風格。

一、赫爾巴特的教育經驗

由於母親「雌心」太強，寄望孩子能為她出一口氣，小時乃以斯巴達式的教育來訓練赫爾巴特。洗冷水澡，穿單薄衣服，睡硬床，但有一次不慎卻讓赫爾巴特撞翻了一個火燙的水壺，這個意外，是赫氏一生中視力困擾的主因。過度保護赫爾巴特的媽媽，親自督導家庭教師在家教導赫氏直到十一歲，才讓他入學校就讀。她在伴讀之餘，還學習希臘文。其後也隨從兒子入大學求學，陪他到瑞士充當家庭教師，甚至還指定一位女孩為媳婦。她擬遠走高飛，不願與丈夫廝守乏味的婚姻生活。但是赫爾巴特並不因此感受到母愛的關懷，表面上曲意承歡，背地裡卻心生反抗，甚至想到自殺。

研究法律以便作為官員，是雙親共同的願望；但赫爾巴特卻喜愛作哲學的沈思，他希望外在世界尤其是政治法律，不要擾亂他的形上冥想。拂逆了父母的心意，赫氏雖偶爾覺得不妥，但卻心意已定。加上童年時的家庭教師(名為Hermann Uelzen)熱衷哲學，對來布尼茲及新教神學大感興趣，教學時態度並不獨斷，鼓勵發問及懷疑；討論問題涉及倫理學、心理學、及形上學。赫氏擁有極佳的記憶天分，古典語文之造詣在幼時即奠下良好基礎；過目不忘，倒背如流，在教堂聆聽的講道，他可以一五一十的復述給他人，從不遺漏。十三歲時，即為文探討永恆上帝這種抽象又艱澀的問題，隔年又寫意志自由的論文，並開始翻閱邏輯，研讀康德著作，對於《道德形上學》(*Metaphysics of Morals*)一書，印象深刻。知識上如此早熟，遠超過一般同窗之上。赫氏在學校中形同鶴立雞群，密友不多。原本抑鬱寡歡的他，更加孤獨了。天分加上家庭教師的哲學啟迪，使赫爾巴特在十一、二歲左右轉入拉丁古文學校就讀時，不只相當順利，並且還出類拔萃。1793年，作為古文學校高年級學生，在恭送畢業生入大學就讀的典禮上，他當眾發表賀詞，題目是硬梆梆的「評論國家道德的提升與敗壞」(Some Comments Concerning the Increase and Decline of Morality in States)，該文其後發表於雜誌當中。隔年，赫氏畢業，以年僅十八歲的年輕人，就以拉丁文演說，比較西塞洛及康德對「至善極致」(*summum bonum*)問題的討論。校長的評語是：「在所有畢業生及他的同學中，赫爾巴特是遵守秩序，舉止端正，熱心向學，意志堅定的學生；他以勤勉與不懈怠來發展並增進他天生的優秀稟賦。」❷「天才、聰明、勤奮、用功」等形容詞還出現在他的基碑當中❸。

赫爾巴特興趣廣，尤其對音樂演奏最為拿手。他同時學習小提琴、大提琴、豎琴、及鋼琴；十一歲時就成為當地的鋼琴名演奏家。其後一生中也經常以彈琴自娛，還譜小奏鳴曲。他的心理學著作中，經常以古典音樂及和聲學的理論，來作為觀念呈現時和諧與否的說明。

1794年夏天，赫爾巴特赴耶拿大學(University of Jena)求學，教授早看出他是研究哲學的料，但卻也發現他太早熟，缺乏一股年輕人的活潑氣息，少年老成。耶拿是德國哲學的重鎮，康德學說早已流傳在本所大學中，赫爾巴特又與友人6至8名共同組成一個「讀書會」(Literary Society)，約定每兩週正式會面乙次，共同探討政治、哲學、文學等問題；大二時還自己每天花一小時研讀康德的《純粹理性批判》。而耶拿大學主講康德哲學的，就是大名鼎鼎的菲希特。不少師生不滿大學生其他社團之專注於飲酒作樂及決鬥，一心一意擬扭轉此種惡風，以導正大學學術研究的氣息。不過赫爾巴特另闢蹊徑的個性，在這裡又表現無遺。菲希特等人的「觀念主義」(Idealism)在當時學界是主流派，赫爾巴特卻走「唯實論」(Realism)的路線。他在上菲希特的課時，經常提出質疑與批判，又失望於老師的解釋，「菲希特大部分以他的錯誤來教導我」❹。這種不容情的挑戰，也是兩人各走各路的明顯例證。「我不知為什麼會變成這樣，雖然他極力要我深入他的心理底層，試圖用各種觀念主義的觀點來引導我，但我卻步入相反的途徑。」❺

這個時候，支持赫爾巴特唯實主張的書商，恰好在德國出版了希臘早

---

❷ Ibid., 25.

❸ H. B. Dunkel, *Herbart and Education*, N.Y.: Random House, 1969, 6.

❹ Dunkel, 1970, op. cit., 28.

❺ Ibid.

期原子論的哲學家Parmenides之斷簡殘篇，赫爾巴特乃在古代哲學著作中找到了唯實論的資料。他之沈迷於「文化期說」(Theory of Culture-Epoch)，也與此有關。作為菲希特的門徒，他並不追隨老師的步伐；繼承康德的大學講座，他也不全盤接受這位大師的思想。當時高舉觀念主義大旗的，不只菲希特，另有黑格爾及謝林等要角。赫爾巴特特立獨行，與流行思潮格格不入。不過，唯實論卻在英國大為走紅。康德融合了笛卡兒的理性主義及英國的經驗主義，赫爾巴特則採日耳曼哲學傳統與英國注重實驗觀察的理念合而為一。赫氏娶一英籍女士為妻，似乎也具有某種代表性的意義❻。

二、赫爾巴特的教學經驗

研究哲學是赫爾巴特的最愛，但是他的雙親尤其是母親反對最力，基於現實生活的考慮，她認為讀哲學又無法獲取麵包。1797年，瑞士有一貴族要聘請家庭教師，擬在赫爾巴特的讀書會中尋找對象，她乃極力慫恿她的獨子承擔此種工作。赫氏拗不過媽媽的心意，雖然自己在大學的學位還未完成，也就答應了。她笑逐顏開，經驗到「一生中最幸福的日子❼」。由於早期不幸的童年，赫氏似乎在潛意識中希望有機會教育兒童。「我將善待他人的孩子，比大人對待我的童年時為佳。」❽

兩個較大的男孩是赫氏最初簽約時的學生，教學期限為兩年；但後來卻準備延長到八年甚至十年；兩位年幼孩童及三位女生也加入行列。赫爾巴特是個很負責任的家庭教師，每兩個月，他就寫一篇很長的報告給家長，說明孩子的進步狀況。地理、歷史、物理、數學、作文、拉丁、希臘、及音樂，就是他教導的科目。一天有四至六小時上課，他也常陪孩子到戶外教學。貴族家庭對赫氏甚為友善，把他當一家人看待。這種在大家庭和樂的生活經驗，與他是個獨子而雙親經常冷戰熱戰的印象相比，似乎有如天壤。

---

❻ Robert Ulich, *History of Educational Thought*, N.Y.: American Book Company, 1968, 272.

❼ Dunkel, 1970, op. cit., 30.

❽ Ibid., 22.

　　如此實際的教學体驗以及對孩童的第一手知識，使他在日後寫心理學及教育著作時，有了豐富的題材。字裡行間，不時出現那些孩童的影子；舉例說明時所隱姓埋名的，就是他的家教學生。雖然他對最年長孩子的評價不高，但對次子就讚賞有加。前者太懶散，驕縱慣養，有富家子弟的浮誇性格；後者則持續不斷與老師魚雁往返。幸而長子於次年即奉召入伍，赫氏也不顧延長簽約的事，大概指導二年半後，即返家與父母同住。雙親隔閡已深，母親與情人私奔至巴黎，1802年卻在此客死異域。赫爾巴特有如解脫韁繩一般，於同年赴哥丁根大學(University of Göttingen)獲取學位。他在瑞士充當家庭教師之餘，也不忘作自己的哲學探討，並曾兩度利用地利之便，拜訪舉世聞名的大教育家裴斯塔洛齊。

　　1805年，赫爾巴特榮獲海德堡大學(University of Heidelberg)教授職位，六月後，另一所大學(Landshut)也發給聘書，但他畢業的母校哥丁根卻給他更優厚的條件，他乃決定為母校效勞。由於他對心理學及形上學的見解，與時潮相左，他乃主講倫理學及教育學，並在1806年出版《教育學》(*General Pedagogy——The Science of Education*)，企圖將「教育」提升為「學」的層次；這種壯舉，值得研究教育者重視，也是歷史上第一遭。「教育」這個「活動」，變成大學課堂中的一門「學科」，與其他本已受學術界認可的科目，同時並列。其後他又陸續發表有關邏輯、形上學、及實踐哲學等方面的作品，使他躋身於德國學術界中的重要角色之林。1808年，康德任教的克尼斯堡大學，由於康德去世而留下來的講座空缺，虛懸已久，繼任者Wilhelm T. Krug又轉往來比錫(Leipzig)。克尼斯堡大學的薪津比赫爾巴特所領者高出四倍，該職位更為學術界所仰慕，赫爾巴特能榮膺斯職，也是對他造詣的一種高度肯定。

　　二十五年長期服務於克尼斯堡大學(1808～1833)，也正是他壯盛之年(三十二歲到五十七歲)。事業有成，婚姻也有眉目。1811年，與英國僑居德國之商人女兒Mary Jane Drake結為夫妻。雖然丈夫的年齡大妻子一倍，但兩人相愛頗深，婚後生活相當圓滿，一補赫爾巴特早年的遺憾。由於婚後無子女，這位英籍女郎奉獻出她的心力來協助丈夫，使他無後顧之憂，可以專心於研究及教學。

　　赫爾巴特強調，教育不應該只是一門研究的學科，且應該是一種活動；換句話說，教育有理論的部分，更有實踐的領域。基於自己過去的親身体驗，他認為一位教師最好能負責兩三名私人家庭子女的教學工作。赫爾巴特的居家願意提供作為此種場所，由太太出資並且擔任籌劃，她本人也加入導生行列，尤其在學習英語科時更為必要。不過，這種教育工程規模太小，人數太少，當時政府一再懷疑赫爾巴特以公款來培養家庭教師，而非造就普魯士公立學校的教師。因此這種教育實驗，在他離開克尼斯堡大學後，就「曲終人散」。

　　自成一家言，是當時德國學界普遍的風氣。赫爾巴特也不落人後，並且這也是從小開始家庭環境給他的刺激，他乃以自己的創見，在心理學，教育心理學，及哲學上提出論文。由於他的大學講課，座無虛席，擠得聆聽學生難以作筆記，這也是他將上課資料付梓成書的重要原因。不過，他的學說是「非主流派」，他也自言「與流行哲學對抗」❾，所以激起的學術漣漪不大。倒是他頗為堅持，終生不悔，也不更正自己的理念。作為一位真誠的學術研究者，他不屈服於時尚，就如同他在雙親壓力之下，仍然一本初衷，不學法律而醉心哲學一般，不管他人的誤解或歧視。千山我獨行，自己的路途自己選擇。

　　1810年，柏林大學(University of Berlin)由名政治家洪保德(Wilhelm von Humboldt, 1767～1835)下令成立，這是一所嶄新的現代化大學，網羅了當時學界巨擘，但卻獨漏赫爾巴特；這種現象，除了赫氏早已在普魯士邦的大學享有教授席位可以解釋之外，大概也是因為他非「志同道合」之故。因此，黑格爾在這所名震遐邇的大學逝世後所空下的講座席位，柏林大學並沒效法克尼斯堡大學，在康德之後聘請赫氏繼任，反而召來一位不見經傳的黑格爾門徒來克紹箕裘。這種打擊，委實太過慘酷與無情。1833年，哥丁根大學恰有空缺，赫爾巴特也想更換一下教學及研究環境，乃轉教於這所古老大學，並接二連三的發表哲學作品。由於講課引人，他又樂此不疲，似乎稍可舒解他心中的不滿。只是以後由於政局演變，發生了「哥丁根大災難」(Göttingen Catastrophe)，統治者極權又專制，下令所有公職人員，

---

❾　Dunkel, 1969, op. cit., 20.

包括大學教授，都要向他個人宣誓效忠，有七名教授反對此種壓抑措施，其中三名被解除職務。當時赫爾巴特是哲學系的主任，他從來就對政治不感興趣，認為平靜及安定才是作學術研究的首要條件，內心仍希望大學不要介入政爭，大學同事最好聽從政府要求。這種意見，無法獲取那些關心政治的師生之諒解。由於赫氏所授課的內容，無涉於政治，他不會覺得政治有污染學術的現象；但是其他人文社會學科，因與政治息息相關，要擺脫政治的干預，就相當困難了。

第二節　教育是一門「學」

赫爾巴特的媽媽頗有男人氣概，管束很多；幸而赫氏好友之太太有一群友善的女性家族，對待赫爾巴特相當親切。這群婦女對孩子之發展與教育又極感興趣與關心，她們熱切的期望有一位高級知識分子能夠加入她們討論的行列，並以學術的觀點來作為討論的基礎。赫爾巴特在這群女人堆中，心裡舒坦且又有安全感❿。乃將自己的家教經驗，拜訪裴斯塔洛齊之印象，融合自己的思考，與閱讀大教育家之作品等，理出頭緒，作系統的陳述，因而贏得了「教育學」之父的美名。

教學絕不能停止在經驗談階段，卻應有學理依據。自有人類以來，就有了教育活動；但是教育變成一門嚴謹的學科來研究，時間上卻不如其他傳統的學科來得早。大學開設「教育」這個學門，從赫爾巴特才開始。赫爾巴特試圖將「教育」的學術性，視同醫學、法學、神學、哲學、語言學等一般的高。從事教學的許多人，都自認只要把所任教的科目，在知識上充分了解就已足夠。比如說負責教導拉丁文及希臘文的教師，只要精通這

❿ Herbart與夫人之相識，更令他感受到異於與媽媽相處的情調。當男女共同嬉戲時，有人以人名為謎底來作猜謎遊戲。第一位出題者暗示該人名字首是「人」(Herr)，第二位說字尾是「男人的附屬物」(鬍子，Bart，即beard)。Drake小姐頓即拼出全名為"Herbart"，兩人隨即墜入愛河。六週後，兩人即結婚。Herbart認為一個人如擬作哲學思考，則在四十歲以前不應結婚，否則養育子女的時間將有礙於哲學研究。Herbart結婚時為34歲，夫人18歲，還好兩人婚後無子女，因此他的擔憂沒有成為事實。夫人長壽80，在1876年12月2日去世，還參加過丈夫的百年冥誕。

兩種古典語文，就可以進行該兩個語文科目的教學。中世紀的大學畢業生授予的學位，碩士(master)或博士(doctor)，都有「教」的字源意。因此他們順理成章的就擔任教職，以為滿腹經綸的學者，就是優秀的教師。當他們面臨實際的教學困難時，有的就墨守成規，有的則另創新法，「結果使得嚴謹的科學探討以便作為教學程序的指引，就輕易的被抹煞、遭塗污了。」❶每個老師都各行其是，也無客觀的標準來衡量各種教學方法的優劣及教學效果的良窳，導致教學見解雜亂無章，莫衷一是。誠如康德之所言，教育是人類有史以來最艱鉅的兩大工程之一，赫爾巴特雄心萬丈的擬將教育工程建立起來，提升教育的學術地位，並解決教育活動的疑難雜症。

一、教育學的基礎

　　將「教育」(pedagogy)列為大學的一門學科，是赫爾巴特答應到克尼斯堡大學任教的條件之一。當時普魯士教育部(部長名為Von Altenstein)感於裴斯塔洛齊的教育愛，在普法戰爭慘遭政治及軍事失敗之餘，希望以「精神力量來取代物質的損失」，大力振興文教，改善師資。因此同意並支助赫爾巴特的教育實驗課程。俗云：教育是「精神國防」。但是歷來的教育，並非自成体系，卻學者各說各話。教育應達成什麼樣的目標，用什麼方式來達成，課程及教材之選擇有何學理根據，教師及學生之心理現象如何。這些問題，歷來學者皆無完整的研究，實在是學術界的一大缺憾！

　　教育的對象是人，教育活動涉及人格發展的全部。在全面的人格整體中，首先面臨的問題，就是吾人應該由教育的過程，把學童塑造成什麼；這個考慮就是倫理學或道德學的領域。倫理學或道德學是已成立的一門嚴謹學科，幾乎沒有一位思想家不討論這個題目。倫理學或道德學作為教育目的或宗旨的指引，這是任何人無法反對的。其次，心理學也是傳統熱門的研究課題；心理學是形上學的一支，而形上學是哲學的最重要架構。心理學的研究，可以幫助教師了解學生的心理現象，認知過程，刺激反應的關係，從而改善教學方法與技術。心理學之研究資料，正是組成教育「學」不可或缺的素材。教育如果要納入大學作為一個與其他學科同等地位的一

---

❶　Dunkel, 1970, op. cit., 68.

門「科學」，有必要建立在倫理學及心理學這兩門早受學術界所肯定的學科之上。赫爾巴特非常明顯的指出教育與倫理學、教育與心理學之間的必然關連；並且教育研究對象也以「目的」(倫理學)與「方法」(心理學)最具重要性。一個是「應然」(ought)，一個是「實然」(being)。二者各有地盤，涇渭分明，但卻是教育「學」的左右手。

二、教育學的論著及教育學術團体的成立

赫爾巴特努力將教育學建立成為一門嚴謹的科學，他在這方面的代表作，就是1806年出版的*Allgemeine Pedagogik aus dem Zweck der Erziehung abgeleitet*，英譯為*Science of Education*；中文可譯為「教育學」或「教育科學」。以「教育學」作基點，又於1831年發表《心理學在教育上的應用》(*The Application of Psychology to Education*)一書，另以美學之中的道德培育作為教育主旨的《道德教育論》(*The Aesthetic Presentation of the World as the Chief Business of Education*)。

過去的偉大教育思想家，多數在他們的哲學著作中提到教育主張，古代如柏拉圖的《共和國》(*Republic*)，亞里士多德的《倫理學》(*Ethics*)；近代如康米紐斯的《大教授學》(*Great Didactic*)，洛克的教育著作《對教育的一些想法》(*Some Thoughts Concerning Education*)，都是學術專著；盧梭及裴斯塔洛齊則以小說體裁來闡揚他們各自的教育學說。赫爾巴特是大學教授，又在學術重鎮的名大學主講教育這門學科。上述所提他的著作，只是他多產作品中的部分而已，但書名都環繞在「教育」這個主題上，且明確的表明以「倫理學」及「心理學」作為「教育學」的根底。從而，教育「學」這個科目，能夠被學界認定，赫氏實居舉足輕重的地位。心理學及倫理學都是學術界公認的「學」，教育如能建立在這兩門「學」上，則教育也可以成為一門「學」了。

不過，赫爾巴特所寄望作為教育學基礎的心理學及倫理學，他都有自己獨特的見解，與當時德國的顯學格格不入。去世之前，赫爾巴特的聲望並不高，他在思想史上的重要性，無法與黑格爾、謝林等相提並論；而他的心理學又反對「實驗」。因此實驗心理學大師溫德(Wilhelm Max Wundt,

1832～1920)及費克納(Gustav Theodor Fechner, 1801～1887)等真正的「科學心理學」興起之後，赫爾巴特的心理學說就相形見絀，要不是後繼者踵事增華，特別將教學活動予以系統化，並組成教育研究的學術團体，又出版教育方面的專書，形成了「赫爾巴特學派」(Herbartianism)，否則赫爾巴特早已消失在西洋教育思想家的行列中。

首先是來比錫大學(University of Leipzig)教授齊勒(Tuiskon Ziller, 1817～1882)於1865年，融合赫爾巴特的學說與自己的見地，出版了《教學的理論基礎》(*Foundations of the Doctrine of Educative Instruction*)一書，緊接著又在赫爾巴特百年冥誕那年(1876)推出《普通教育學演講集》(*Lectures on General Pedagogy*，或可譯《論普通教育學》)，引起歐洲學術界的重視。齊勒的及門弟子雷因(Wilhelm Rein, 1847～1929)在耶拿大學(University of Jena)執教，除了系統化的釐訂段落分明的教學步驟(即五段教學法，詳後)之外，更陸續以教育學的題材寫成論著出版，如1878年的《小學教學之理論與實際》(*The Theory and Practice of Instruction in the Elementary School*)，1890年的《教育學綱要》(*Outlines of Pedagogy*)，設計並主編《教育學百科手冊》(*Encyclopaedic Manual of Pedagogy*, 1894～1905)等。從此，德國的來比錫大學及耶拿大學變成執世界教育學的牛耳。西到美國，東到日本的留學生，主修教育者，紛紛趨往這兩所大學求取新知。齊勒與雷因都自認得到赫爾巴特的真傳，赫爾巴特的名字，重新令人注目。

十九世紀晚期，美國在國際上的地位，更是世人的焦點；美國教育學者極力研究教育之理論與實驗。三位伊利諾州(Illinois)師範學校的學生德迦默(Charles De Garmo, 1849～1934)及麥克默里兄弟(Charles A. McMurry, 1857～1929及Frank M. McMurry, 1862～1936)都到耶拿大學獲得博士學位 ⓬。三人在教育領域中密集式的提出論文，風靡全美。如德迦默於1889年

⓬ De Garmo於1873年畢業於Illinois State Normal University, 1886年畢業於Halle University。1890～1891年任University of Illinois心理學教授，1891～1898年是Swarthmore College院長，1898～1914年轉到Cornell University擔任教育學教授。Charles A. McMurry於1876年畢業於Illinois State Normal University, 1877年在Halle獲Ph.D.學位，返國擔任Illinois State Normal校長，1915年在Goerge Peabody College for

的《教學精要》(*Essentials of Method*)，麥克默里兄弟也在1892年出版《普通教學法》(*General Method*)，1897年又推出《背誦法》(*Method of the Recitation*)，幾乎成為美國教育界的聖經 ⓭。

教育學術團体的成立，更對赫爾巴特「教育學」之建立，有推波助瀾之幫助。1868年，德國成立教育科學研究機構(*Verein für wissens-chaftliche padagogik*, Society for Scientific Pedagogy)，1892年，美國成立「赫爾巴特俱樂部」(Herbart Club)，三年後，更名為「全國赫爾巴特教育科學研究協會」(National Herbart Society for the Scientific Study of Education)，德迦默為會長，麥克默里為秘書長，杜威及布特勒(Nicholas Murray Butler)為委員。1902年，會名中取消Herbart一字，1910年更簡化而把Scientific取消，赫爾巴特之名如彗星似的出現在美國教育界,但不到二十年功夫卻也一閃而逝。只是赫爾巴特學派所發展出來的教學法，仍大受教師垂青。教案的編寫，直到二十世紀五十年代，不只還沿用赫爾巴特學派的五段教學法，而這種方法也普遍為台灣的師範院校師生所採用 ⓮。

將教育視為學術界研究的領域，自赫爾巴特開始，漸受各國學術界肯定。不管後來的學者是否按赫爾巴特的路線，已無關緊要。研究教育，已不是赫爾巴特本人或赫爾巴特學派的獨享權利。教育既與全人有關，則專門研究教育的人研究教育，那是本分職責；但各行各業也可發表教育見解，只要有學術根底，都可將教育作為「科學化」的主要題材。

第三節　教育「學」的基礎之一——倫理學

教育是一門含有高度價值取向的學科，教育的結果，不只是知識的廣

Teachers, Nashville, Tennessee擔任教授職，弟弟Frank M. McMurry在美國與哥哥同校畢業，但同時也曾經在Michigan University求過學，赴德後於1886～1889中間兼讀Halle及Jena，並在Jena於1889年得Ph.D., 1892～1893年更遊學日內瓦及巴黎，返美後於1908～1926年擔任Teachers College, Columbia University的教育學教授。

⓭ Dunkel, 1969, op. cit., 5.

⓮ W. F. Connell, *A History of Education in the Twentieth Century World*, N.Y.: Teachers College Press, Columbia University, 1980, 59–62.

度與深度都要成長，並且更重要的是品德的提升。「知」與「德」構成了教育「學」的兩大領域；在位階上，知的層次也低於德。知有助於德，但知而無德，其災難甚於無知者。德如能建立在知上，這是上上之策。教育的主要功能，就是以此為基礎。「愚蠢者不可能是德行之人」❶。

赫爾巴特秉承康德的「善意說」，認為行為善惡的判斷，當事者之動機最應列為考慮的對象。換句話說，行為者的出發點，就是判定獎善罰惡的主要依據，而非行為後果之痛苦或快樂。基於善良的動機而產生的倫理規範，屬於「必然」(imperative)命題，而非只是假設性的「若然」(hypothetical)命題。前者的發號施令，絕對要遵從，無一倖免；後者則有例外。這種說法，也只是重述了康德的哲學要義而已，沒什麼新論。但是赫爾巴特取分析的角度，將「善意」解剖成為下述五種，期望善意這個觀念，能使讀者獲得比較清晰的概念。個人及社會的活動，都應依此作為準則。

一、五種善意的倫範

1. 內在自由(Cinnere Freiheit, inner freedom)：其意即個人先天上主觀的遵守意願(Subjective or obeying will)，配合後天生理及心理上的客觀下達命令之意願(Commanding physiological-psychological)。因此這種自由是內在的、自主的；而非外鑠的、陌生的。這也是大家耳熟能詳的道德學術語——自律(autonomous)，而不是他律(heteronomous)。這種狀態，就類似音樂的和聲一般，單音沒有諧和不諧和問題，更不會構成苦樂之快感或不快感；但當兩音或多音合奏時，情況就另當別論了，必須絕對不相衝突，才會相當悅耳。

2. 完美(Vollkommenheit, perfection)：純是善意的表示，不期求結局會如何。善意既已屆內在自由的層次，本身就是完美無缺；至於發動善意會有什麼後果，則不必予以計較。因此善意本身必須「強度」(intensity)甚猛，視野寬闊(extension)，且專心一致(concentration)。意願堅定不屈，又面面俱到，更火力集中，這種境界，就是完美。

3. 仁慈(Wohlwollen, benevolence)：對待他人或物，慈悲為懷，不含其

---

❶ Dunkel, 1970, op. cit., 235.

他用意,也不考慮因此而生的快樂或痛苦,獎賞或懲罰。如果說這是一「意」孤行,這種「意」已最為崇高。因為仁慈之心,也是「無上命令」,在它之上,別無其他。將心比心,雖然有時比錯心,但各人之至高無上的「心」,應該無時間性及空間性,完全相同。

4.正義或律法(Recht, right or law):善意與正義原則若合符節,二者如一体之兩面。並且在兩種善意都指向同一目標因而發生矛盾或抵觸時,即以正義作仲裁。此時對個人而言,就形成為道德規範;對社會來說,就形成為律法。社會與個人一樣,個人依此而行,就是完善的個人;社會依此而行,就是完善的社會。

5.疾惡如仇的心意(Billigkeit, requital):赫爾巴特說,上述四種善意,都是言人之所已言,只有疾惡如仇這種擬施報應心意,才是他的創見。人有善意,但善意中也隱藏有使惡人滅跡的意願。就如同上帝內在的神聖性,顯示在宇宙的完善結構上,恩寵廣被於大地;但摩西法致使惡人因上帝之憤怒而心生懼怕。如果惡人囂張得逞,善人卻在得償報應上無所顯示,也不盡理想。

赫爾巴特認為這五種善意已屬窮盡,沒有第六種。並且彼此並不孤立,卻是聯合存在。五種善意一有運作,就會有善果產生。比如說,行動如果只根據「完美」,則可能出現惡的結局。「仁慈」而缺「完美」,也會有善意淡薄的狀況;「正義」而不配合「仁慈」,可能導致呆板僵化的法權主義(le-galism)❶⑥。

二、道德教育的內涵

赫爾巴特的「教育學」(pedagogy),以道德教育為主旨。上述五種善意就是教育的終極目標,完成這終極目標,必須經過一些步驟。首先是「管理」(Regierung, government),其次是「陶冶」(Zucht, discipline),二者皆屬「他律」性質。

1.管理:約束孩童之「野性及輕舉妄動」(wild-impetuosity),乃是過學校生活之所必需。學生應該遵守學生的本分,即安靜的坐在課桌椅上聽課,

---

⑯　Dunkel, 1969, op. cit., 35.

不可爬牆去偷摘鄰居的果樹花朵等不法行為。經由「他律」，來制止惡行不再發生。換言之，學童還是被動的，師長有必要予以管教，讓學生養成良好的習慣及品德。

2.陶冶：設計各種教育情境，使學生主動的遷善改過，不要永遠的停留在「管理」的階段裡。這時，師長之善意、性格、特質等，在無形中都會塑造學生的情操；透過勸告、訓誡、提醒、示範、及身教等方式，正面的且積極的樹立楷模，作為學童模仿的對象。長期的潛移默化，加上學童道德選擇及判斷力漸趨成熟，就可以往「自律」之途邁進。並且學童如經過此種手續而形成的道德行為或觀念，會漸漸根深蒂固而頗為執著。

學生經過「管理」及「陶冶」之後，可以步入道德「教學」(Unterricht, instruction)中。赫爾巴特在這方面也提出他自己的主張，這就是道德教學的實際內容。

㈠多方面興趣的培育

學童人格的正常發展，應注重全面性，不宜有所偏；活動及思考範圍，不可僅限於一隅，蔽於一曲。如此視野才會寬闊，心態才能中正不倚。「多方面興趣」(many-sidedness of interest)是赫氏在道德教學上採取古希臘雅典的「博雅教育」(liberal education)而提出的看法。多方面興趣，可以發掘學童的潛能。他在《教育學》一書的卷一第二章中說：「每個人必須喜愛所有活動，並且成為一位演奏家；他擬演奏某一特殊樂器，是他的選擇；但在教育過程中卻應讓他接受多方面的樂器演奏；在兒童初期，透過兒童的努力來接受多方面的活動以完成此種目標。」[17]讓學童每樣活動都盡可能的去試試看，吾人不知學童的稟賦何在，才華多少，天分高低。試探其能力，有必要提供多方面的活動，從中慢慢「知道自己」；遇到適合自己的條件時，才繼續作專注性的活動，所以這不是「淺嘗輒止」，或「蜻蜓點水」。一方面讓所有活動有個均衡和諧的陳列，一方面也為開展能力鋪下了坦途。

多方面興趣有兩大類：

1.對物方面的興趣(Erfahrung, knowledge)：即一般所指的經驗知識。這

---

[17] H. C. Black, K. V. Lottich, & D. S. Seakinger (ed.), *Great Educators*, Chicago: Nelson -Hall, 1972, 515.

種興趣包括三種：

①經驗的(empirical)：與自然界直接接觸的興趣。

②冥思的(speculative)：抽象概念，理性思考方面的興趣。

③品味鑑賞的(taste)：價值善惡美醜愛惡等的評斷興趣。

2.對人本身的興趣(Umgang, sympathy)：即同情憐憫方面的興趣。這種興趣也有三種：

①個人之同情(humanity)：對個人所生之感情興趣。

②社會之同情(society)：對社會群体之感情興趣。

③宗教之同情(religion)：對造物主之感情興趣。

興趣雖然多方，但除了要維持敏銳的外界感受度，並打開心胸去接納外界印象之外，卻不可失去自我的整合性，以及將複雜且多樣化的興趣融冶而成為一種和諧的一致性。

(二)教學科目及教材內容

根據上述的六種多方面興趣，則教學科目已隱約可見。赫爾巴特特別注重下述數種學科：

1.自然科學：屬經驗上的興趣，以感官來了解自然界的性質，組成成分，及功能等。

2.數學：屬冥思性的興趣，可獲「清晰且明辨」效果。

3.歷史：屬同情上的興趣，也兼具品味鑑賞興趣。上述兩種「知識」，與「歷史」知識同，都應為「道德」服務，透過希臘英雄事跡的介紹，使學生產生過去理想社會與現在現實社會之對比。

4.古典語文：從希臘文及拉丁文之故事記事，培養學童忠勇誠實等美德。目的不是要造就古文學者，卻是經由古文媒体，認識古人之優點。

5.地理：側重不同地方的人文、社會、及自然背景，經由認識而心生喜愛。地理教學不能流為地名或事實的背誦。赫爾巴特發現，即令裴斯塔洛齊也犯了此種毛病。「世界及人文應以明亮的輪廓呈現出來」❸。熱愛鄉土，教師必須運用充分的文學、歷史、科學、技術、及旅行手冊等資料，來促使學生深入洞悉各地之風土人情。

---

❸　Dunkel, 1970, op. cit., 191.

6.德文作文：在熟讀古代經典後，闡揚己見，但要用德文發表出來。赫爾巴特最早的作品，就是比較柏拉圖及西塞洛對於「至善」理念的異同。

除此之外，赫爾巴特本身熱衷音樂，因此音樂也是課程之一，他尤其喜愛巴哈的作品。

道德教育涉及教師與學生的直接關係；知識教學則是課程及教材介於師生之間。道德教育是一切教育的目的，知識教學則是達成教育目的的手段，但卻是學校存在的真正理由，也是學校教育凸顯其特殊功能之處[19]。

總而言之，既倡言「教育的全部工作及唯一任務，可以歸結成一個概念——道德。」[20]而道德上的善意動機又是人性所有，也是人性所該有，這是「自明」(self-evident)之真理。赫爾巴特取音樂作比喻，多方面興趣所形成的意願，本身就是一種美感，如同音樂之聆聽與欣賞，在鑑別和聲與不協調音(走調)時，並非來自於知識上的判斷，而是一種音感的本能(aesthetic judgments)。品德教育的結果，應該使學生「選擇善而拒絕惡——這就是品德的塑造，沒有其他。」[21]多方面興趣的出現，猶如鋼琴鍵盤可以演奏各種音調一般，彼此之間有了和諧性與整体性。

第四節　教育「學」的基礎之二——心理學

赫爾巴特是大學哲學教授，他在哲學形上學的看法，與康德同，認為「物本身」(ding-un-sich)不可知，吾人僅能知物之各種「偶有性」(accidents)，卻無法了解物之「本質性」(substance)；物之「本質」不變，但其屬性卻數量多得無法勝數。好比說，吾人無法認識「鐵」的本身，但卻可以透過鐵的許多屬性，如重的、黑的、冷的等來予以了解。傳統的形上學包括心理學。「心」到底是什麼，它本身就如同物本身一般，奧秘不可知；但吾人卻可以從心的流動及運作中，來認識心。感覺、知覺、情緒等展現出悲哀、

---

[19]　Ibid., 159.

[20]　J. F. Herbart, *The Science of Education*, translated by H. M. & E. Felkin, London: Swan Sonnenschein, 1904, 57.

[21]　Ibid., 61.

痛苦、灰色、樂觀、歡笑、愉快等之差異，就是心的「現象」或「呈現」(presentations)。但心理學不是只作這些現象的「描述」(descriptive)而已，卻應該在這些現象中整理出頭緒與法則來，這才是心理學能夠成為科學的最重大理由。

一、心理學的特色

赫爾巴特心儀洛克的說法，認為心理學必建立在經驗上，他採取比較接近英國經驗學派的主張。但經驗必賴觀察，而非實驗。「心」是一個整體，不能用分析的方法把它解剖成為部分的「官能」(faculties)。他反對「官能心理學」(faculty psychology)，更拒絕採用實驗方法來研究心理學。

㈠心理學與其他學科之關係

心理學與生理學(physiology)有別，前者是精神的，後者是肉体的；前者只可觀察，後者卻可分割，也可實驗，不過心物二者卻有連帶關係。肉体(生理)對於觀念(心理)有阻礙作用(如睡覺時)，也有助長作用(如興奮狂熱時)，並且內在的觀念會引出外在肢体舉動(知行合一，心物合一)等三種關係❷。赫爾巴特不取實驗方法來研究心理學，導致他的心理學主張，在實驗心理學變成心理學主流時大受排擠；但他的身心互有關係論，卻在教育學的應用上很具價值。

自然科學，尤其是力學的研究成果，給赫爾巴特極大的啟示作用。仿牛頓的物理學，赫爾巴特把心理學建立在數學上。數學的點，在經驗上是不存在的，但數學卻植基於點上，心理學亦然。

㈡觀念彼此之間的互動

根據力學的研究，觀念本身就是一種力，力本身具有「自我保存」(Selbsterhaltung, self-preservation)功能，當遇到另一觀念時，由於另一觀念本身也是一種力，遂發生彼此壓抑性的「騷擾」(störung, perturbation)現象。

1.如果兩種觀念之性質相同，則生融合結果。赫爾巴特舉紅色與藍色為例，二者性質相同，結果產生紫色，二者合而為一(Schmelzungen, fusion)。

---

❷　Edwin G. Boring, *A History of Experimental Psychology*, Cambridge, Mass.: Harvard University Press, 254–255.

其他因五官所生的各自感覺觀念，也是如此，此種狀況易生快感。

　　2.如果兩種觀念之性質有別，則生混亂結果；如顏色與聲音。一雙黑狗(顏色)的吠叫(聲音)，使吾人心中生出兩種觀念的混亂現象，注意焦點是否放在其中一個觀念(顏色)而捨棄另一觀念(聲音)，「複雜性」(Complexionen, complication)因而增加。

　　3.同一性質的觀念，但力道強弱相互對立，則生阻阻現象(Contrary, inhibition，或arrest)，如冷熱、乾濕、大小、輕重、長短、胖瘦、美醜、善惡等。力道強者壓過力道弱者，但力道大者也無法全部將力道小者悉數讓其消失淨盡，並且彼此之間之力道都會因此而有消長與變化。如冰在熱水中溶化，但熱水溫度也因而降低；雷聲大過於蜜蜂嗡嗡聲，二者同時出現時，似乎只聽到雷聲，其實蜜蜂聲依舊存在。

　　㈢「統覺團」(Apperceptive mass)

　　上述三種狀況，構成了心理認知上的「統覺團」。當新的觀念呈現時，它與既有的觀念交集。既有的觀念如果相當清晰，力道頗猛，則它的位階處於「意識門檻」(threshold of consciousness)之上。換句話說，這種既有觀念，是意識狀態上的活躍者，當新觀念與舊觀念有雷同或相似處時，則新觀念極容易且快速的納入舊觀念中，統覺團更形鞏固——新舊觀念有了統合感覺(知覺)。但新觀念若與舊觀念格格不入時，則有下述狀況發生：

　　1.新觀念的出現，如屬首次，又與舊觀念無關聯，因此乃潛伏於「意識門檻」之下，成為「潛意識」(subconsciousness)。如初次遇到一位陌生人，素不相識，因舊有觀念中找不出對這個人的印象，因此「這位陌生人」這個觀念，無法與舊觀念聯結，在心理活動上，自不作為思考的對象。但是這位陌生人既已呈現，他的面貌、談吐、身材等在心中就已留下痕跡，俟第二次又出現時，則前後兩次的相同特徵會產生聯繫。也就是說，新的觀念已在舊有的統覺團中找到相同的觀念。此時經過新觀念的刺激，統覺團中與新觀念相同的舊觀念會有所回應；將原先處於潛意識下的觀念引出「意識門檻」之外。如此的「牽引」(Wölbung, vanlting)，改變了觀念在意識狀態上的位置。但牽引力道不足者，則無法改變它的處境。不過，牽引次數的增加或減少，也是影響其處境的主因。

陌生人前後兩次所呈現出來的特徵，如有重大差異，則後呈現者仍處於「意識門檻」之下。

2.主觀意志力之強弱，也是統覺團是否提升「意識門檻」之上的主因。赫爾巴特自己舉個例，目睹一位死去好友之物件，聯想起這位生前至交，印象更為深刻；但一憶起他的逝世，因悲痛不已，遂強力壓抑對他的追思，因而產生痛苦的感情❷。當事與願違時(如拿破侖希望成為帝皇，但卻被囚於St. Helena)，就以意志力強壓觀念之呈現，但該觀念絕不會消失，它被壓到「意識門檻」之下，總有一天會找機會或受到新的刺激時，再度被牽引而衝破意識門檻的管制而明顯的呈現出來。

赫爾巴特這種見解，正是其後一批心理學者以「心理分析」(psychological analysis)作為精神治療的理論根源。

赫爾巴特說：「人的價值，不在於他的知，卻在於他的意。不過，沒有一種獨立的意這種官能。意植基於思，不是細節的思，卻是聯合所有觀念的總結果。同理，在心理學上，先考慮觀念的型造，然後是欲望，最後是情意，這是與教育學相搭配的。」❷

「統覺團」是赫爾巴特心理學說上的重點。他說：「統覺，就先前既有的觀念呈現，與新的觀念呈現，二者統合所發生的感覺……統覺可以這樣子定義為：兩個類似的呈現或一群呈現，彼此之間的交互影響；其中之一受到另外之一多多少少的重新改造，但最後結合而為一。」❷

新觀念如何與舊觀念建立起「統覺」關係，這在教材選擇，課程安排，及教學方法的運用上，居教學成敗的關鍵角色。新舊觀念之聯結，就如同呼吸一般，變成維持教育生命所不可或缺的一項活動。

㈣觀念之力量，可依數學予以計算

赫爾巴特之認定心理學是科學，且不以「實驗」為手段，卻看重數學之精確度來塑造心理學成為嚴謹的科學。假設同時出現a與b兩種力道相反

❷ Dunkel, 1969, op. cit., 60.

❷ J. F. Herbart, *Letters and Lectures on Education*, translated by H. M. & E. Felkin, London: Swan Sonnenschein, 1908, 146.

❷ Ibid., 137, footnote.

的觀念，a觀念之力強於b觀念，因此b觀念之力道乃因之有所「讓步」(yield)
或受阻(inhibition)，b所減少(但未消滅)之力為d。赫爾巴特聲稱，a、b及d之
關係，可以用底下公式予以表達㉖：

$(a+b) : a＝b : d$ ⋯⋯⋯⋯⋯⋯⋯①

根據這公式，吾人就可算出d值，即：$\dfrac{a+b}{a}＝\dfrac{b}{d}$

$d＝\dfrac{ab}{a+b}$ ⋯⋯⋯⋯⋯⋯⋯②

將d值套上①式，即：

$(a+b) : a＝b : \dfrac{ab}{a+b}$

由①式也可寫成 $\dfrac{d}{b}＝\dfrac{a}{a+b}$ ⋯⋯③

所以：$b-d＝b-\dfrac{ab}{a+b}＝\dfrac{b^2+ab-ab}{a+b}＝\dfrac{b^2}{a+b}$

但除非b＝0，或a無限大，$\dfrac{b^2}{a+b}$ 才會＝0，這種情況都不是經驗事實。

因此：

$b-d＝\dfrac{b^2}{a+b}\neq0$

如：進貨(a+b)之水果，其中b為爛貨。若進貨水果為a，試問有多少(d)為爛
貨？$d＝f(ab)$

觀念既已呈現，它就存在於心中，即令受到其他觀念之減損，它的力道不
會到無(0)的地步，卻在伺機而動。

　　下面一段文字敘述，可以補充說明上述的數學演算：我正在閱讀一本
書，書中所含的觀念引起我的注意。我正努力用心去了解，我將書中的觀
念拿來與我的經驗作一番比較，有些可以接受，有些則予以拒絕。假如這
本書相當引人入勝，則我不會用知識上的冷漠對待它，卻會動容。忽然！
有人進入我書房告訴我，我的一位親密朋友發生車禍。我對本書及作者的
興趣立即消褪，一種新的注意力完全佔領了我的心。過了一會，如果我又

㉖　Boring, op. cit., 258–259.

可以回來看書，或者書中所引發的一些經驗，有規則的出現在我心中，則
這本書將留給我長久的印象——書中的觀念成為我自己的一部分。但是另
一方面，假如我朋友之車禍情況使我完全不得不轉移閱讀該書的念頭，或
者該書所提的觀念與我的常規無涉，則書中之觀念就下沈到無意識圈子裡
了。再過幾年，我甚至不記得曾經看過該書。這種事情是極有可能發生的。
不過，假如透過某些機會因素，我在其後也偶然翻閱其他書本，恰好該書
本與我早已「遺忘」的書有關聯，則原先似乎已遺失的書中內容會突然冒
出來，也許老書的回憶並不顯著，但卻會影響我對新書所採取的反應。再
怎麼說，我早已受到了制約❷。

　　年齡越長，統覺團越為複雜；而觀念之上升或下降在意識門檻者，也
頻繁不可勝數。

二、心理學在教學上的應用

　　假定人性就如同洛克所言，初生時如蠟板，但孩童在入校之前，他的
統覺團已不單純，蠟板上已五顏六色，紛然雜陳。教師如何選取與孩童舊
有經驗有關的新觀念，安排教材，並運用可以激起學童新舊觀念聯合的教
學方法，正是教師的重大任務。

(一)教材的選擇

　　配合學童統覺團的實況，赫爾巴特注重學童的個別教學。教學之先，
教師應了解學童之天性稟賦及個別差異。但其後大班教學，不得不尋求一
般性的教材，按學童的發展生理程序，以利新舊觀念的統覺。「核心課程」
(Concentration centers)的觀念，遂因而出現。赫爾巴特強調所有課程都有兩
大核心，一是自然科學中的數學，一是人文學科中的歷史。既言一切教育
的歸趨就是品德教育，所以歷史更是課程中的樞紐。

　　赫爾巴特學派順著這種論點，更提出「文化期說」(Theory of Culture
Epoch)，將小學八個年級分別在歷史演進上編排八種人類文化發展的先後
歷史這種安排。其後各國競相採用，作為編寫教科書的範本。赫爾巴特學

---

❷　Robert Ulich, *History of Educational Thought*, N.Y.: American Book Company, 1968,
　　275–276.

派之影響力甚大，也因他們對於課程與教材的編製，提供了非常具体的實
例。茲表列如下❷：

Rein 8個年級的道德歷史課程

學年	内容			
1 2	民間故事 魯濱遜漂流記			民俗故事
	宗教(教會學校)	俗世		
	宗教系列	民族史系列		
		德國學校	英國學校	美國學校	台灣學校
3	大主教及摩西	Thüringer民俗	老英國傳說	印地安傳奇	荷蘭西班牙佔台時代
4	士師及帝王	Nibelungen民俗	英國初期開墾	開拓墾荒故事	鄭成功時代
5	耶穌傳	德國基督教	英國基督教	美洲開墾	清國治台
6	耶穌傳	帝皇：Kaiser期	英國大帝	殖民地歷史	日本殖民時代
7	保羅	宗教改革	文藝復興宗教改革大發現年代	美國大革命	台灣民主國故事
8	路德，教義問答	建國運動	英國現代化	19世紀	國民黨政府治台時代

說明：如果Rein的八年級課程應用於台灣，則可參照如上表所列之「台灣學校」。但台
　　　灣過去及現在之小學只有六個年級，因此按台灣歷史之發展，可以彈性縮減為
　　　六個「文化期」。

　　　其實，赫爾巴特本人，並無如此明確的將各年級之課程，採取如上述
所言之「核心」，他倒十分認真的注重希臘荷馬的《奧德塞》(Odyssey)古詩，
作為學童必不可少的歷史兼道德教材。歷史文學材料之閱讀，是豐富學生
想像力的資源；但尤應注意的，是從閱讀當中培養道德判斷力。德國鐵血
宰相俾斯麥呼應著赫爾巴特的看法，他在1878年10月9日於Reichstag發表演
說時，批評當時德國的學校教育：「人民之閱讀能力，吾國比英法更為普遍；
但對於所讀材料具有實際判斷能力，則比英法差。」❷從歷史文化的演變中，
激起學童之靈感及情操，正是「文化期」課程的主要用意。教育財(教材)從

---

❷　Connell op. cit., 58. Rein是Herbartianism的健將。

❷　Dunkel, 1970, op. cit., 215.

文化財中挑選，內容就深具意義。赫爾巴特說：「人類曾感受、經驗、及想
到的全部力量，本身就如真正及正確的教育者，孩子應該予以接受……。
因此，將歷代對此全部資產所作的研究，以一種集中焦點的方式提供給年
輕一代，乃是人類對下一代的最高級服務，不管這種活動叫做教學，或稱
為警戒，都未嘗不可。」❸⓿

　　教師有責任組織教材，安排課程，提供靈感，學童就能滋生「思考圈」
(the circle of thought)。而歷史文化之研究，並不只是復古而已，卻應以此
為基點，邁向未來。赫爾巴特說：「教師必須給孩子型造一個未來的人。」❸①
將文化期的歷史「實然」，引向未來的「應然」，如此才具教育功能。

　　核心課程配合多方面興趣，則在教學活動上就往「專精」與「廣博」
兩方面發展；但後者之重要性大過於前者。「教學上的博與專，各自的都在
這些科目中形成；二者不可分離，且相互跟隨。但廣博式的教學大過於專
精，專精只好延後數年完成。在這兩大方向上，只有兩大領域有必要彰顯
出來，即自然知識及人文知識。至於語文，只不過是工具而已。」❸②教學不
可東湊西湊，教材切勿零碎無体系，核心課程使學童能獲得有組織有系統
的觀念。在國民一般性的教育上，求其博大；在高等教育裡，則往專精發
展。專精建立在博大上，如此比較穩固。赫爾巴特及赫爾巴特學派對於人
文的核心課程，研究得極為熱衷，卻對自然知識的核心科目——數學，鮮
少提及，這是美中不足，也是頗為缺憾的。不過，人文重於自然，或許可
以作為一種藉口。

　　教育，尤其是教材的編製，必須「人為」，不可放任「自然」。赫爾巴
特說：「把人留給自然，甚至以欲求作引導，兒童全依自然，那只不過是愚
蠢的作法。……吾人深知，自然的確給吾人極大的幫助；但人文也在發展
的過程中聚集了許多資源；吾人的任務就是將二者合而為一。」❸③教育本具

❸⓿　Herbart, 1904, op. cit., 81.

❸①　Ibid., 109.

❸②　引自S. J. Curtis, & M. E. A. Boultwood, *A Short History of Educational Ideas*, Lon-
don: University Tutorial Press, Ltd., 1970, 363–364.

❸③　Percival Richard Cole, *Herbart and Froebel: An Attempt at Synthesis*, N.Y.: Teachers

人為功能，不是只停止在「實然」(自然)面，還應提升到「應然」(價值)面。學者指出，「多方興趣」(many-sided interest)如能改為「最佳興趣」(best-sided interest)❸❹，則更符合上述所言的意旨。

(二)系統教學法

赫爾巴特提出教學的四個步驟，即明晰(Clarity)、聯合(Association)、系統(System)、及方法(Method)。不過他的用語並不十分確定，有時很不一致。幸而他的門生故舊，發展出五段教學法，因為實用性太過顯著，又借用赫爾巴特之名，從此，赫爾巴特教學法，遂風靡歐美教育界。赫爾巴特的葬禮，一位讚美者曾說赫爾巴特的理論，可能要等一世紀之後才能重見天日；但卻不到四分之一世紀(1865)，借著改良過的赫爾巴特教學法，赫爾巴特之名開始復活❸❺。

五段教學法之順序如下：

1. 準備(Vorbereitung, preparation)

2. 提示(Darbietung, presentation)

3. 比較(Verknüpfung, association)

4. 總括(Zusammenfassung, generalization)

5. 應用(Anuendung, application)

上述五段教學法，是Wilhelm Rein (1847～1929)將赫爾巴特的「明晰」法改為「準備」及「提示」兩個步驟，其餘只是變更名稱而已。教師依據這五個過程來進行教學，比較完整。首先，教師先引起動機，將擬教的新教材作一番了解與研究，指出教學目標，注意學生的興趣及注意對象(準備)；其次，清楚、簡捷、並以生動的方式將教材呈現在學生面前(提示)；然後試圖把新觀念與學生的舊有觀念建立密切與直接的關係(比較)；新舊觀念融合、同化、統整成統覺團，此時分析與綜合，抽象與具体，都雙管齊下(總括)。最後，就是將新成立的統覺團訴諸應用(應用)。

教師熟練這五種方法，且要完全体會這五種方法的意義，也顯示出教

College Press, Columbia University, 1972, 108.

❸❹ Ibid., 113.

❸❺ Dunkel, 1970, op. cit., 209.

師職責的重大。不過，這種教學方法，側重教師本位，雖然也提及學生之興趣及舊有經驗，但似乎比例不多。在其後高唱「兒童中心」(Child-Centered)的潮流裡，五段教學法立即失勢。赫爾巴特學派如異軍突起般的出現在教育學術舞台上，但其落幕時間也快。以成人及教師為主要考慮的課程、教材、及教學法，正是赫爾巴特學說及赫爾巴特學派的致命傷。教育學界希望從「教授」(teaching)轉到「學習」(learning)上，也就是將學童的考慮列為第一優先。在兒童世紀來臨的時刻，學習方法的討論，已取代了教學方法。

　　其實，赫爾巴特本人的教育學說中，教學方法部分並不是他的核心地盤，他對教育的看法，是一再強調品德教育的地位。並且他也警告後繼者，教書雖有方法，但方法不可千篇一律，不知變通，毫無彈性。而即令是一種相當優越的教學法，但教師不會活用，則「徒法不足以自行」；更不用說教學不是只能有一種方法了。不管時間空間有多大變化，或學生個別差異多麼顯著，都牢守唯一方法，又按部就班，則方法已成形式與僵化。赫爾巴特學派的教師也能深深的体會：「即使有了最好的方法，也無法保證學童集中注意力，來獲得足夠程度的感受，這方面倒要委諸於學童的決心與毅力。」❸❻學童的主動求知心，可以彌補教師教學方法上的笨拙。當然，擅長於運用教學方法者，也可以使一位本來興趣缺缺的學生產生高昂的求知動機及意願。「教學時沈悶又乏味，乃是教學上的最大罪惡。教師享有一種專利，可以帶學童飛躍大草原，抵達沼澤地；如果無法常處於快樂的山谷裡，至少也應運動運動來作登山壯舉，並賞以廣闊的視野。」❸❼如把教學過程作類此比喻，則大草原的「飛躍」，沼澤地的「跋涉」，爬山之「攀登」等，都應使用不同的方法。

　　總之，赫爾巴特因赫爾巴特學派而揚名於教育學術界。開創者赫爾巴特的教育主張，後繼者如認為有缺失，則應予以補偏救弊；實施起來有困難，則想方法予以排除；有粗糙部分則予以磨平。當然，追隨者也有自己

---

❸❻　A. F. Lange, & C. De Garmo, *Herbart's Outlines of Educational Doctrine*, N.Y.: Macmillan, 1904, 71. 引自Curtis & Boultwood, op. cit., 364.

❸❼　Ibid.

的獨特主張及興趣焦點，當他自己以自己的角度來闡釋前人論點時，難免加油添醋，增刪自在意料之中。有時發展出自己領會中的重點，因之與原作者之本意就不可能完全契合。赫爾巴特學說與赫爾巴特學派二者不能劃上等號。「X先生的理論」(Theory of Mr. X)不等於「X主義」(Xism)❸。這是吾人應予以分辨的，以免二者混淆。

參考書目

1. Black, H. C., Lottich, K. V., & Seakinger, D. S. (ed.). *Great Educators*. Chicago: Nelson-Hall, 1972.

2. Boring, Edwin G. *A History of Experimental Psychology*. Cambridge, Mass.: Harvard University Press.

3. Cole, Percival Richard. *Herbart and Froebel: An Attempt at Synthesis*. N.Y.: Teachers College Press, Columbia University, 1972.

4. Connell, W. F. *A History of Education in the Twentieth Century World*. N.Y.: Teachers College Press, Columbia University, 1980.

5. Curtis, S. J., & Boultwood, M. E. A. *A Short History of Educational Ideas*. London: University Tutorial Press, Ltd., 1970.

6. Dunkel, H. B. *Herbart and Education*. N.Y.: Random House, 1969.

7. _____. *Herbart and Herbartianism: An Educational Ghost Story*. Chicago: The University of Chicago Press, 1970.

8. Herbart, J. F. *The Science of Education*. H. M. & E. Felkin (tr.). London: Swan Sonnenschein, 1904.

9. _____. *Letters and Lectures on Education*. H. M. & E. Felkin (tr.). London: Swan Sonnenschein, 1908.

10. Lange, A. F., & De Garmo, C. *Herbart's Outlines of Educational Doctrine*. N.Y.: Macmillan, 1904.

11. Ulich, R. *History of Educational Thought*. N.Y.: American Book Company, 1968.

---

❸　Dunkel, 1969, op. cit., 132.

第十五章 唱導幼兒教育理念的福祿貝爾

(Friedrich Froebel, 1782～1852)

福祿貝爾(Friedrich Froebel, 1782～1852)出生後九個月，其母即去世，遭遇與裴斯塔洛齊及盧梭相同，三者都是早年失親。他自己說：「此種損失所產生的震駭，限定了我未來的全部發展。此事件多多少少決定了我一生的處境。」❶個性上傾向於「自我冥思」、「自我解剖」、及「自我教育」(self-contemplation, self-analysis, self-education)，導致於從小就沈沈的陷入宇宙的神秘世界中，久思不得其解。有一天當目睹成串的榛樹(一種可食用的堅果，hazel)紫色花苞時，欣喜若狂❷。認定「異中有同」(unity in diversity)，「殊中有共」(universal in particulars)，這種現象不只出現在自然界中，尤其顯示在兒童裡。他感嘆人們忽略了小孩的重要神聖地位，尤其是「學前兒童」。福祿貝爾創辦幼兒教育機構，正是呼應了他的中心思想，也實現了他的教育理念。

第一節 神秘色彩的生涯

教育思想史界將福祿貝爾劃歸為具有濃厚神秘色彩的兒童教育家，與康米紐斯同，二者之宗教教育意味都非常顯著。福祿貝爾的幼兒園，也籠罩在一片宗教氣息當中。

一、福祿貝爾的生平及其所受的教育

福祿貝爾的家庭生活並不快樂，他也上過大學，但卻因久債未還而被

---

❶ Froebel, Letter to the Duke of Meiningen (1827), *Friedrich Froebel, A Selection from His Writings,* Irene M. Lilley (ed.), Cambridge at the University Press, 1967, 32.

❷ Froebel, *Autobiography*, in R. Ulich, *History of Educational Thought*, N.Y.: American Book Company, 1968, 284–285.

囚禁於大學牢房；不過由於入學於高等名學府，因此也嘗受了當時學術風潮的影響。

1.福祿貝爾的童年：四歲時福祿貝爾之父再續絃，繼母先以仁愛態度對待福祿貝爾，視同己生；但當自己有親生子女時，即開始對他虐待，嚴厲又冷漠；父親忙於事業，面容令他生畏與懼怕。十歲以前，一股「憂鬱又低沈」的心情(the gloomy lowering down)，堆積在他的天性底層。哥哥是他唯一可接近的親人，也對他頗為照顧與愛護，惜因二者年齡差距太大，且聚少離多，所以只好獨自飲淚。唯一嚮往的消遣，就是聆聽牧師講道，那種神秘又謎樣的福音用語，令他心醉。舅父本身就是鄉村牧師，福氏有機會即去他那兒，一方面享受大自然的田野樂趣，一方面就是作為舅父上教堂時的忠實聽眾。

上正規學校，因為覺得背書甚感無趣，所以成績敬陪末座，繼母責罵他蠢蛋、調皮。福氏反而在當森林學徒時，收穫很多，無論晶石礦物，植物花草，甚至動物昆蟲，都顯示出造物的和諧性。有一天逃學返家，父親頗為不悅：「回來可不能埋怨，我是不聽的；倒要先考慮你的過錯。」❸不久，他的哥哥在耶拿大學(University of Jena)求學，因缺錢用，家裡乃派福祿貝爾送錢到大學，福氏遂有機會作為大學的旁聽生。俟他取得其生母的法定繼承權後，大學才正式錄取福氏為大學生。

2.福祿貝爾所受的學校教育：福祿貝爾唸了數所大學，先是耶拿，後是哥丁根(University of Göttingen)，最後是柏林大學(University of Berlin)，斷斷續續。「當我入耶拿時，我被該地的學術文化氣息吸引住了。」❹耶拿大學當時是宣揚康德、菲希特(Fichte)、及謝林(Schelling)學說之地，大文豪歌德(Goethe)也住在附近。福氏乃堅信，人心是個有機的整体，充滿動態性及塑造性；個人與外在的自然並非對立，而是息息相關。在自傳上說，謝林提到：自然乃是可見的精神，精神乃是不可見的自然。「自我」(self)與「客体」(object)，「主体」(subject, mind)與「自然」(nature)，彼此緊密相連。

---

❸　Luella Cole, *A History of Education, Socrates to Montessori*, N.Y.: Holt, Rinehart & Winston, 1950, 509.

❹　Froebel, *Autobiography*. 引自Lilley, op. cit., 7.

耶拿大學的生物及自然史教授Batsch以解剖的證據證明，魚、鳥、人的骨骼構造或頭殼組織，在設計上都是一模一樣的。並且，所有動物都相互有關，向各方向延伸，如同一個網一般❺。在柏林大學跟隨Weiss教授學習「晶体學」(Crystallography)(1812)，還在礦物博物館(Mineralogical Museum)服務過，對於晶体之奧秘，喜愛不置。Weiss教授將晶体予以分割成各種形狀，發現它的最原本組成單元，就是「球形」(sphere)，晶体表面越複雜，就越成球体形狀。二十歲出頭(1804)時，閱讀過德國浪漫主義的詩人兼小說家Novalis作品，認為最能展現出「我心靈深處最神秘的情緒、知覺、及意向，既清楚，開放，且生動。」並認為「道」存在於四處，無論是翅膀、蛋殼、雲霧或雪霰、晶体、石塊、冰層下的水、山外或山內、植物、昆蟲、人、磁鐵吸住的鐵屑等，都可以找到「道」❻。這種說法，簡直與中國古代的莊子出於同一張嘴巴！

　　神秘哲學在當時的德國大學裡甚為得勢，加上福祿貝爾的童年遭遇，二者一拍即合。「我已為自己建立一個立足點，主觀及客觀兼而有之。我看出異中有同，各種力量彼此有關。所有有生命的東西都有內在的關聯。」❼因此對於生生不息的幼苗、小芽、花園，及代表圓滿的百合花及球体，他都寄予神思。他讀過十七世紀神秘思想家Jacob Boehme的著作，「你可以体認到一個細小的圓圈，及小如一粒芥菜的種子，上帝之心也已整個且完美的存在其間。你心中有的上帝，那就是上帝；在你的生命圈中，全部與上帝分不開。」❽宗教情懷，是福氏的特有標記。「宇宙是一個整体，任何一樣東西皆依整体而來，奮力向外延伸，也回返整体。」❾宇宙的整体就是上帝，萬物本身都具有神性。

　　個人最富神性的具体表示，即是「自我」(ego)。菲希特以「自我」為

❺　Ibid., 11.

❻　Ibid., 16.

❼　P. Woodham-Smith, "The Origin of the Kindergarten," in Evelyn Lawrence (ed.), *Froebel and English Education, Perspectives on the Founder of the Kindergarten*, N. Y.: Schocken Books, 1969, 17.

❽　Lilley, op. cit., 17–18.

❾　Froebel, Letter to the Duke of Meiningen, in Lilley, op. cit., 35.

宇宙的創造者，它自建自己的環境，是世界中最真實的東西；謝林則以「自我」為觀察、了解，並闡釋自然的內在力量。福祿貝爾咀嚼這些概念，提出「自我」就是「內在的統一性」(inner unity)成為可能的基素，它是「內在外在化」(inner outer)的延伸動力，並且也是「外在內在化」(outer inner)的整合動力。

二、選擇創辦幼兒園的經過

　　像福祿貝爾如此陶醉於宗教氣氛的人，一生的遭遇，大概都會認定是上帝有意的安排，冥冥中有神意指揮。大學求學告一段落之後，他作了兩項決定，一是將所學有關建築業的知識付之實用，乃打算申領建築師執照。但一來內心常自我反省，是否選擇建築業為人生最具價值、也最能「內在外在化」及「外在內在化」的工作。正猶豫不決中，恰好遺失了申請所必需的文件，福氏只好死了這條心。二是親自去瑞士的Yverdon拜訪那位名震世界的教育慈善家裴斯塔洛齊。不過，雖欽佩裴氏教育愛之感人，卻發現裴氏學校欠缺「內在的一體性」，尤其是教學科目之間沒有作有機的聯繫。他認為這是裴氏教學裡美中不足的地方，但卻也是致命的要害。「整個制度已經挖到它的墳墓。」❿裴氏的自然直觀說，看在以神秘為主的福氏眼中，當然不表贊同。「我們的偉大教師，即令是裴斯塔洛齊，我都認為太過強調經驗性；依我的看法，他們都不足以稱為科學的，因為沒有按照基本實體及其原則來指導，也未能体認並評價其神靈上的性質。」福氏又說：「有一種普遍的發展模式，當某一層次在經過一階段的生長之後，就達到了一頂點；在此階段及形態中，來自各種恰好相反的圓圈(園地)之力道，本身都有一種清晰及強有力的体認，要返回存在體的整合上。這些經驗經過融合後，就再繼續將保存的精力及復生的活力作更高層次的生長。說清楚一點，我的意思是說，從分析到綜合，是透過一種簡單的發展模式，純粹思維就是如此，好比所有存在物的發展過程一般。」⓫這是福祿貝爾親赴裴斯塔洛齊處接受教育後的批判。福氏著作隱晦不明，在謎樣的文字表達中，即令他

---

❿　Froebel, *Autobiography*, London: Allen and Unwin, 1915, 79—80.

⓫　Froebel, Letter to Karl Christoph Friedrich Krause (1828), in Lilley, op. cit., 42.

努力想說清楚一些，但由於神秘主義作祟，讀者之領會仍感困難。不過，暗中有明。上述引言中，不外說明宇宙之「上下有序」及「層級連串」這種性質。先是1805年去Yverdon兩週，其後又於1808年再度去重新体驗兩年，「我感受到比以前更了解裴氏了。但在那兒的教學，遺憾的就是沒有內在一体性及相互的依存性，至於外在廣博性及內在的徹底性上亦然。」❷二者在辦校理念上，有顯著的差別。

　　命中似乎註定要從事學童教育工作的福祿貝爾，當他謀到教職時的愉快，真非筆墨可以形容。「我已找到了我從未知道，但一直在尋覓，卻又時時迷失的工作，我終於發現了生命的本質，我感覺上有如魚在水中游、鳥在空中飛一般的幸福。」❸每個人都是宇宙中的一部分，但每一個人都與宇宙息息相關；每一個人的行為或事業，也是宇宙整体中不可分割的部分；由於心性與志向不同，每一個人應安插在他適合的位置上。這種宇宙的有機性及整体性，更在他的滿足於兒童教育上獲得印證。

　　有主張又有定見的福祿貝爾，與以前的重要教育學者一樣，極度非難傳統的學校教育措施。因此他所負責的教育機構，絕不與「學校」兩個字掛勾，所以捨棄「嬰兒學校」或「育嬰學校」這種惡名四布的「學校」臭名。具有靈性的他，在苦思教育機構名稱時，突然有如受到神意指示般的訝異，高聲大叫：「Eureka! 我已找到了，它就叫做幼兒園(Kindergarten)」❹。首先他所教學的對象，是他兩位兄長相繼過世後所遺留下來的侄兒，以及拿破侖攻打普魯士製造出來的孤兒。而幼兒的教育場所，應該是類似花園一般。所以「幼兒園」之命名，得來也真有神助。「你可能不相信我上課的時間過得多愉快，我打從心底下喜愛這群幼童；當我走出教室後，我好希望快點再走進去。」❺從事幼兒教育工作，好比是上帝所交差，這不是對上

---

❷　P. Woodham-Smith, op. cit., 19.

❸　Ibid., 18.

❹　Ibid., 22.

❺　Luella Cole, *A History of Education, Socrates to Montessori*, N.Y.: Holt, Rinehart & Winston, 1950, 513. 看到這句引言，相形之下，目前不少教師厭惡學童，上課及上學都感痛苦，的確悲哀。

帝虔誠及服從的最佳表示嗎？

　　先是在1816年於家鄉(Thuringian)附近教導五名學童，都是福氏侄兒，開始時的名稱為「宇宙日耳曼學府」(The Universal German Educational Institution)。五名學童的所在，就直稱「宇宙(普遍)」，可見他的雄心大志。經費由一位嫂嫂支付，這位兄嫂已成寡婦，五名學童中的三名，就是她的兒子，她希望這位叔叔能娶她為妻，所以對福氏的辦學工作相當投入，還變賣自己財產來打動福氏愛她之心。第二年，福氏不滿拿破侖蹂躪普魯士而從軍所認識的袍澤Middendorf及Langethal投效而來，三個戰時伴侶共同以盧梭及裴斯塔洛齊的方式，進行教育實驗，師生穿樸素衣服，吃簡單食物，重戶外生活，但也學習地理、幾何、算數、及德文。嫂嫂任勞任怨，出錢出力；只是男歡女愛的事，不能強求。福氏情有獨鍾，一位柏林富孀，受過高等教育，家世背景良好，不但美麗，並且在上流社會之交往禮儀上甚為得體，又加上兩情相悅，不久，雙方遂成秦晉之好。

　　不只創辦幼兒園，還設立培養幼兒園師資的機構。福祿貝爾的家族並不富有，又由於他本人與裴斯塔洛齊一般的不善理財，因此經費困難，他只好旅行各地進行勸募工作。親戚也怕他囉嗦，支使他遠赴異地，耳根較為清靜。經過福氏本人及兩位兵營舊友之鼎力相助，終於有五名男生志願充當幼兒教育之師資。福氏認為已婚婦女無空暇，未嫁淑女作老師則未成火候，所以幼兒師資應以男生優先。不過事實上，幼兒比較喜歡女性，福氏也因此歡迎女生加入幼兒教育陣營。不久，有三名寡婦被錄取，她們都相當熱心，也是福祿貝爾的終生追隨者，至死不渝。這些女士之扶持，使福氏晚年大感滿足。不過，1839年，福氏元配去世，他認為幼兒教育工作不可無女人，乃於1851年再娶他的一位學生，兩人年齡相差三十歲；隔年，福氏也永離人間。這個婚事，給福氏家人帶來莫大困擾，新夫人名為Luise Levin，雖然師生情投意合，但終究輩分相差太大，她是福氏最小侄女的小時友伴。福氏可能認為兩人之結縭，也是天賜之合，有緣千里來相會，這種神意，人是無法阻擋的 ⓰。

⓰　婚禮上，家族都拒絕出席，並與福氏決裂，只有Bülow及Middendorf觀禮，場面尷尬又冷清。

　　福氏生活在女人堆中，但由於他樂於與孩童為伍，又為幼兒教育之鼓吹，不惜親自上台表演歌舞，以招徠家長觀賞。大男人或老人此種童真表現，不少守舊之士大為反感，認定他精神失常，許多村民叫他「老蠢蛋」(The Old Fool)。幸而，福氏在一生當中也機運的獲得一位相當具有政治影響力的貴族富婆，名為布勞男爵夫人(Baroness von Marenholtz-Bülow)之賞識，她獨排眾議，目睹福氏與幼兒老少一齊玩耍的模樣，深覺有趣；乃與福氏約見，並參觀福氏所製作的「恩物」(玩具)。貴夫人觀賞後說：「我在潛意識裡，已成為你的一位學生。」遂立志向上層階級宣揚福氏理念，引來大學教授、作家、及學者在報章雜誌上評論福氏學說。甚至走遍歐陸，還遠渡英倫。夫人能言善道，又具貴族風範，深入民間，發表演講，經由她的僕僕風塵，福氏聲名遠播，變成與裴斯塔洛齊齊名的國際突出之教育家。

　　福氏侄兒Carl Froebel雖親自接受叔叔之教學，但長大後認定叔叔玩弄其母感情，遂心生恨意；福氏則感嘆侄兒忘恩負義，二者還因幼兒教育主張，互相為文謾罵。兩人之交惡，卻產生一種善果，即引起時人對幼兒教育之重視。其後，這位侄兒參與革命運動，作風與福氏及裴氏相同，雖然後二者晚年無暇於政治革新，少遭保守反動政府之干擾，但由於親戚關係，福氏侄兒之舉動，卻牽累了福氏幼兒園之興辦。1848年是梅特涅(Metternich, 1773～1859)掌政不可一世之時，鷹派掃蕩帶有自由作風的幼兒教育組織。1851年7月，普魯士教育部竟然下令封閉福氏接受上帝授意下所成立的幼兒園，福氏經此打擊，隔年即抑鬱而終❶⑦。

第二節　學前兒童的特殊性

　　平民教育家裴斯塔洛齊的教育對象——平民，有的年齡已是大人；自然主義的教育學者盧梭，雖為兒童請命，但只見理論，未見實際。福祿貝爾對學齡前兒童之研究，使世人大開眼界。中世紀成立大學，文藝復興的人文思潮使得中學遍布全歐，唯實論及經驗主義又使小學受到重視。大學、

---

❶⑦　Bülow曾奮力阻止，但功敗垂成。還好，她愈挫愈勇，終於在1860年解除禁令，但此時，福氏墓木已拱。

中學、小學這種學制，規模初具。但是未入小學之前的幼兒階段，正式形成學校組織且廣受世人注目的，乃是福祿貝爾的貢獻。

一、學前階段，是一生的基礎

世人尤其是教育學者，不應只注重六歲以後的生長階段。生長是一個連續不斷的歷程，且是有機的整體。「為什麼人們很少關注於最起始時孩童所擁有的有利地位呢？」福氏頗為不解，當他身為兒童教師時，自己童年狀況，立即歷歷如繪的重現眼前。幼年的回憶，意義很高，卻少有人研究及欣賞。「老年人的智慧與經驗又有何用，馬上要埋葬在地下。」[18] 幼年時期好比樹的根，它是人一生之本；幼年的幸福與痛苦，影響了其後的性格與人生觀。

特別值得一提的，就是童年不只是作為其後人生發展階段之「準備」而已，童年本身，也自成單元；它有它獨特的創造性與價值，不可等閒視之。傳統誤以為兒童只不過是小大人，是成人的縮影；其實兒童世界與成人世界雖有其連貫性，但也有其特殊性。在潛力的神秘表現上，兒童時期比成人時期更為顯著。

幼兒的教育主旨，就在於順著這種神秘的潛力予以「開展」(unfolding)，不假外力。福氏頗為贊同盧梭「消極教育」之主張：「教育必須發展人的基本天性，教育必須使人心甘情願的接受、並自由自在的体認到有一股神力在振奮著人。」這股神力，「若不予以擾亂，必然為善；教育不應干預，不要代替兒童決定，也不必引導；只須准許、順從、保護、防衛就夠了。」[19] 試看幼苗或小動物，只要它有時間及空間，依據內在外在化法則，就可以生長得很好。但是人們卻認為幼童像一塊蠟板或黏土，可以隨心所欲的將它鑄造成為任何形狀。福祿貝爾在這裡，帶有指責洛克之意。經驗主義的人性論，太缺乏主動積極性，也失去人格崇高的自主尊嚴，並且更非經驗事實。「為什麼我們對大自然沈默的教導竟視若無睹？野草若長在群草雜聚處，它的生長就有了拘限性，很少能展現出它原有的形狀；但若自由的長

---

[18]　Froebel, Letter to the Duke of Meiningen, in Lilley, op. cit., 37–38.

[19]　Froebel, *The Education of Man* (1826), in Lilley, ibid., 50–51.

在田野裡，吾人就可看出它們井然有序的生命，好比太陽、閃亮的星星、以及噴泉一般。」❷⓪

幼兒的欣欣向榮，這種神秘性，不是如同太陽之發光，星星之閃爍，及地底下噴出水泉一樣的令人不可解嗎？人們不應違背這種大自然法則。以修剪葡萄樹為例，常人多半以為經過修剪過的葡萄樹，可長出比野生的葡萄樹更多更甜美的葡萄。但是這種現象，也是園丁在修剪時，曉得並順從葡萄樹本性而來，否則葡萄樹的生殖力必大為減弱；不只無法有更良好的產品，且該水果樹可能因此死亡。福氏悲痛的說，大人在處理自然物時，方式是正確的；但在教育學童時，卻反其道而行，完全錯誤❷①。

二、嬰兒世界的觀察與研究（出生到會說話）(Baby)

福祿貝爾本人無子女，1830年為其好友Middendorf初生的嬰孩寫下了一些資料，乃是他對幼兒天性之觀察：

1.生孩子的意義：孩子降生，是不可見的精神界變成可見的存在界，無限轉換成有限，易神靈為肉体，變永恆為短暫。它是一種期望與歡愉，「如同清晨破曉，預見有個晴朗及陽光普照的一天。」❷② 尤其是媽媽更能体會生孩子的意義，她付出特殊的照顧來教養孩子，使人種生生不息。福祿貝爾是用宗教的觀點來說明人的出生意義，他不取「傳宗接代」的角度去思考這個問題。

2.福氏對初生嬰兒之描述：嬰兒這個階段，是每一個人必經的過程。但此一階段的活動狀況或呈現的現象，向來都為一般人所忽略，這是頗為可惜的。福祿貝爾說：「即令是最年幼兒童之行為，都具有相當重大的意義，嬰孩內心思想之表達，可能相當雜亂，也容易遺忘，因此家長實在應該保存一個記錄，來詳載孩子的生活，思想方式的首次記號是什麼，描述並解釋所有各方面的發展。」❷③ 孩童不可能記日記，大人愛心又耐性的將孩子的

---

❷⓪　Ibid., 52.

❷①　Ibid.

❷②　Ibid., 74–75.

❷③　Ibid., 79.

一舉一動，表情、手勢、聲音、反應等一一記錄下來，這將是相當珍貴的兒童研究素材。

①初生五天內的狀況：皮膚紅潤，出娘胎時大哭，全身皆動，不久開始吸奶沈睡，在母親懷裡，如吸錯位置，會努力尋找並調適方向。兩手指合起微張，如碰到外物則抓緊，臉上似乎顯示痛苦表情。接觸各種東西時，眼色有點緊張，但還算很愉快的模樣。出生後頭一小時，可適應光線，且可依光源之轉動而變更視線，晚上安眠度過。第二天有了自然排洩。第四天，鼻子前如放一個風信子(hyacinth)，則有嗅覺(olfactory)反應，但似乎是打噴嚏模樣。第五天，糞便開始排出，並對明亮物体，如紅花綠葉予以注視，孩子開始有打嗝跡象。

②孩童活動之解釋：微笑表示友善，代表人際關係也顯示個性；注視新又稀奇的東西，這種情況真多，因為每一樣呈現孩童眼前的，他都極感陌生，尤其是發光体及發聲物，孩童臉上似乎表現出一副質問、檢查、測量、及比較的心思。孩童也開始心物合一、手心合作，使用肢体與外物接觸；姊妹與其共玩時，手足顫動。媽媽向他友愛的說話，他會有所回應，這不單是說話器官之運用而已。嬰兒天生神性的展現，依本能而非靠抽象推理，就能領會這是親情之愛，母子之間形成「團契感」(Feeling of Community)，也是一種「宗教情懷」(religious feeling)❷❹。父母若認定每個孩子都是上帝神聖的賜予，也是造物主的愛及恩寵，則嬰兒自小就萌生父親代表理性，母親是情感的化身，二者皆融合在自己身上的「三位一体」感。「整合性」(unity)、「自我性」(individuality)、及「分殊性」(diversity)的觀念隨之而興。

3.堅信人性本善的立場：天性既是神性，則神性無所不善。唱言人性本惡，這是對上帝的大不敬。人之被咒詛，都不是天性使然，卻是後天環境缺乏愛所造成。這種体驗，福氏印象最為深刻。他的父親是「生活上的陌生客」，繼母又對他冷酷無情，判斷不公❷❺。如果嬰孩出生後所面臨的遭

---

❷❹ Ibid., 62, 76.

❷❺ H. A. Hamilton, "The Religious Roots of Froebel's Philosophy," in Lawrence, op. cit., 168.

遇，都是折磨、禁制、威脅、或恐嚇，則孩童童真的天性就橫受扭曲與摧殘，如同一隻蒼蠅或蜻蜓，或一隻金龜子，人們折了牠的腿，斷了牠的翅膀，讓牠軟弱不堪，筋疲力竭，不能動彈後還取笑著說，「看！多馴良」❷⓺。

　　福祿貝爾這種描述，非常傳神與逼真。但歷史上多少人的童年就是這麼度過的。福祿貝爾說：

　　「唯一絕對無誤的治療，來彌補任何缺陷的方式，就是人性本善的發現。……應該培育、建立、且正確的引導人的善性。如此，缺失才會消除。目前的教育，雖盡力在放棄壞習慣，但卻應深信，人性本無罪惡。」❷⓻只有侮蔑上帝的人才主張人性險惡，若說人性非善非惡，也是對人性的背叛。凡對嬰孩熱心關照的人，都不會提出這種謬論。

三、幼兒階段（會說話到三歲）(Childhood)及童年階段　（三歲到五、六歲）(Boyhood)

　　福祿貝爾同意盧梭的生長分段期，以說話之前後時間作為嬰兒期及幼兒期之分水嶺。嬰兒期步入幼兒期所邁向的一大步，比學童朝向一個牛頓的距離還大❷⓼。學會說話後，知識之進展就非嬰兒期所可比擬。此階段除了學習說話之外，也練習走路，他的生活圈擴大，活動範圍向外延伸。大人要知道，「每走一步，都是一種新發現的航程，每一個物件都是一個美洲，是一塊探險的新世界。」❷⓽說話是「內在外在化」，走路則是「外在內在化」；前者試圖將內在思維作外在的表達，後者則踏出狹小的搖籃、兒車、睡床，而向廣闊的世界前進。

　　說話漸流暢與正確，走路越穩健，就步入童年期。這兩段時間並無明確的年齡區分，但卻有下述共同的教育重點：

　　1.慎重的回答兒童之發問：孩子經常圍繞在父母左右，不停的問東問

---

❷⓺　O. B. Priestman, "The Influence of Froebel on the Independent Preparatory Schools of Today," Froebel, *The Education of Man*, ibid., 156–157, Section 51.

❷⓻　Ibid., 157, Section 52.

❷⓼　Lilley, op. cit., 139.

❷⓽　Ibid., 112.

西，這不是故意找麻煩，或存心給大人困窘，師長不可厭煩的對待喋喋不休的兒童。「任何一句苛刻或嚴峻的話，都會毀滅了他的孩子正在往上成長的生命點。」❸最好採取一種鼓勵的態度，刺激學童再度思考，不必每問必有來自大人的答案。如果提供了距離兒童領會能力甚為遙遠、既抽象又模糊的觀念，則容易造成「有果無核，有布偶但無生命，有櫃台但無錢財」的結局❸。這也就是「教書匠」(schoolteachers)太多、而「師傅」(schoolmasters)太少，教學機構林立、但教育學府缺乏的緣故❸。

2.遊戲是學前兒童的生命：不管是內在外在化，還是外在內在化，都可以綜合在遊玩中。剝奪了孩童的遊玩，則一生的開始就等於是一片空白。「遊玩是兒童發展中最高的層次，是兒童的想法及感情最自然的表達，也是他內在生活所必要的表達。」「遊玩可增進愉快、滿足、寧靜、並構成為兒童福祉的全部資源。」❸一個玩累而沈沈入睡的兒童，看起來是多麼的可愛，也是最美的畫面❸。童年遊玩之有無、豐富與貧瘠、感受快樂或痛苦，可以決定他一生對人生的看法。而個性之溫和或暴虐、冷漠還是具有親和力、呆滯或擁有慧眼、創建還是破壞，以及他與家庭、社會之連繫，與大自然及上帝之關係，也都可以在遊玩中具体而微的顯現出來。

遊玩中也表現出好奇，他不是心不在焉，卻想要知悉玩物的屬性。

> 揉它，轉動它，把它捏碎，或放在嘴裡想咬一口。大人向他大吼一聲，說他是笨瓜，其實他比我們更聰明。因為他想了解該東西的實情與底細。他有一股內在的驅力，這股驅力，如善於領會與開導，則可知悉上帝創造萬物的奧秘。❸

玩物應取自大自然，這是上天之賜予，所以稱為「恩物」(gifts)。這些

---

❸　Ibid., 90.

❸　Ibid., 91.

❸　Ibid., 139.

❸　Ibid., 83.

❸　Ibid., 84.

❸　Ibid., 86.

恩物布滿整個環境，就地取材，最為方便，也經濟且有教育效果。孩子拿起一塊石頭，在附近的板上刻畫，他觀察到刻畫過的線條及顏色，對他而言，也有興奮之感。他如小孩照顧小鵝，引導馬匹前進，都是兒童喜愛的自然活動。花園園丁向孩子介紹花草性質，鐵匠之趁火打鐵，雜貨店員之天平操作，都可以讓孩童知悉植物礦物性，重物下垂，以及輕物上揚等現象 ❸，而這些也都是學童擬實地遊玩的對象。何愁兒童遊玩缺乏玩具呢？嚴令禁止兒童接近大自然，則雖然孩子生長在鄉下，他仍然對自然知識毫無認識。

3.手工：將自然玩物予以「外在內在化」的手續，就是手工。手工成品，尤以毛線軟球，木製圓圈，圓柱體、立方体、菱形等為佳。而摺紙及捏泥土來製作各種模樣，更是孩童遊玩中的最愛。孩子尤喜歡人手一球，球在福氏心目中，具有象徵性的符號意義。球是圓的，圓就是完美、完全、及完成之意，它是整体，是和藹與滿足的同義語。

孩子好動，手工正是他最拿手的遊玩。師長應讓孩子成為製作各種器物的幫手，切忌說：「走開，你是我的阻礙」；或「我正在忙，我自己做，還比較快。」如此容易傷害到孩子的心，在他一頭熱時潑下了冷水。長大之後，因為從小「幫不上忙」，以及「礙手礙腳」的餘悸，只好在大人忙碌時作壁上觀。此時大人反而埋怨道：「看吧！當他小的時候不能幫我什麼忙，但卻擋在那。現在呢？他什麼也不肯做。」❸

手工的目的，不在於培養學童變成手工高手，或製成精緻產品，否則學校變成工業機構，學童變成工人了 ❸。手工活動本身具有教育意義，它是喚醒內在的潛力，訓練敏銳的觀察力，美的鑑賞力，反省思考及自由發展的活動；它不純屬一種職業性質。

福氏發現男女兒童對處理手工製品的方式有所差別，男生喜愛立方体及圓柱体，女生則愛抱洋娃娃，將立方体及圓柱体全放在洋娃娃上。男生

---

❸　Ibid., 88–89.

❸　Ibid., 124.

❸　Froebel, *Plan of an Institution for the Education of the Poor in the Canton of Berne*, 1833, in ibid., 166.

則將這些玩物看作是母親裁縫用的量尺，並將父親步行用的手杖，當作木馬來騎❸❾。

當孩子忙於這些活動時，他們並非希望大人都不在場，也並非希望大人都不插手。只是大人應該在孩子的能力許可範圍之內，儘量讓孩子自由活動。他們倒很喜歡大人用關照的眼神，或用欣賞的臉色來對待他們，如此則他們將有一股濃厚的滿足感，嬉戲式且動態十足式的過完童年。

4.尋幽探秘：孩子喜歡爬進黑陰陰的洞穴，到濃密的森林裡探險，發現處女地，然後帶回一些罕見的石頭、植物、小昆蟲等。大人看了，別大驚小怪，或厲聲斥責：「把它丟掉」，「放了牠，牠會咬你」。其實兒童的自我觀察且長期的經驗累積，可以告訴世人許多這些東西如甲蟲、蜘蛛、蜥蜴等的知識。你應該告訴孩子，在抓這些昆蟲時要小心，但不必懼怕。「孩子的王國，可能只不過是一個庭院或一間簡陋屋子的某一個角落，也許才不過是一個小盒子或一個衣櫥、一個小洞或一個小柵而已。」❹⓿一有空閒，他就到那個天地裡獨享活動的樂趣。

孩子如有機會聆聽地方父老介紹居家附近的鄉土教材，如「老牆或古老尖塔的故事，在山丘及路邊的紀念碑或紀念柱子等之來由，都極容易引起孩子的思考。」❹❶鄉土教材因地而異，城市的兒童不可能注意「湍流中的魚」，而會觀察街道上的麻雀；鬧區不會出現巢中的小鳥，或燒煤炭或挖礦坑的工人，倒是小販、拖車、送報童的活動，引起都市學童的興趣❹❷。但不要忘了，這些「具体的」及「經驗的」教材或活動範圍，都會指向「殊中有同」或「多中有一」的核心。尋幽探秘，不可在雜亂中迷失了自己的心思，福祿貝爾對這一點耿耿於懷。他所創辦的幼兒園中，介紹了一種活動，在園內畫有一個大圓，每天把小孩集合在大圓中，手牽著手，表示友愛，也表示大家一條心❹❸。鍾愛圓的神秘主義色彩，在這裡表露無遺。幼

---

❸❾　Froebel, *Pedagogics of the Kindergarten*, ibid., 104.

❹⓿　Froebel, *The Education of Man*, in Boyhood, ibid., 128.

❹❶　Ibid., 130.

❹❷　F. H. Hayward, *The Educational Ideas of Pestalozzi and Froebel*, Westpoint, Conn.: Greenwood Press, 1979, 68.

兒園中洋溢著一種氣氛,「實際感受到天使翅膀的拍打聲,那是天父送下來保護並照顧兒童的。」**④**

　　孩童動力十足,無論是遊玩或手工,益處多多。除了可以增進身体健康,了解外在世界,促進彼此共玩的合作品德外,還可刺激原創性發明,並可助長語言學習**④**。福氏在這方面的研究,比前人更為細膩。

四、幼兒園的教育精神

　　世人皆知,福祿貝爾是創辦幼兒園的始祖**④**。目前也有不少學前教育機構以福氏之名來招徠家長將其子女送入幼兒園接受教育。雖然歷史上初辦的幼兒園,也就是福氏創設的幼兒園,宗教味瀰漫其間,這種氣氛在其後的社會演變中沖淡了不少,且也頗受非議;但有數種精神倒甚具教育價值。

　　1.在「內在外在化」及「外在內在化」中,應以前者為優先: 在教育學理中,「內在外在化」,是繼承蘇格拉底的「產婆術」而來的教育思想,注重「啟發」學童原有的心智;「外在內在化」,則遵循洛克的經驗學說,強調「教學」。福氏覺得二者應可相輔相成。但是他堅信神性早潛存於學童之天性裡,卻受到後天掩蓋,如同一張非常美麗也內容豐富的紙,但卻捲得緊緊的,外人無由觀賞一般。教育目的,就在將那張紙予以「開展」。事實上,「開展」正是紙張的本來面目,捲緊才是人為的措施。去除摺疊工夫,現出一種自然天性。福氏說:「教育的目的不在於注入多少,而在於引出多少。要注入的東西,我們人類老早知道,也早已成為人類的財富……。但要引出的,卻是人類尚未知悉的,還待發展的,還未成為人類財富的。」**④**在教學史上,引出的少,注入的多,這是本末倒置。學童天性之奧秘,深

---

④　Ibid., 144.

④　Ibid., 145.

④　Ibid., 144–145.

④　Kindergarten應譯為幼兒園而非「幼稚園」,中文「幼稚」,含有貶意,是一種「情緒語言」(emotive language),實為不妥,應以「中性語言」(neutral language)之「幼兒園」來作中譯,才是對兒童的尊重。

④　Luella Cole, op. cit., 528.

不可測，光探索這無底深淵，就已足夠。

2.教師應以兒童為本位：兒童体小力弱，如果身心遭受大人之凌虐，造成唯唯諾諾、乖乖順順的行為，則猶如吾人傷害昆蟲使之跛腳缺腿之後所表現出來的馴良一般。「福祿貝爾使教育向後轉(right-about face)」❹，教師的態度應從嚴厲轉回頭到仁慈，從對兒童心性的一無研究到虛心求知。Bülow之所以那麼醉心於宣揚福氏理念，也因她的愛子早年由於管教太嚴而夭折，為免其他童稚兒童重蹈覆轍，糾正師長不當作為，乃奔走於海峽兩岸之間，促使福氏福音廣被。以兒童為出發點的教師，一來准許學童自由活動，尋找或自製玩具作為玩物；二來既對學童心性有所了解，因此當碰到學童基於好奇心的驅使而不慎「破壞」玩具時，教師不會怒不可遏的立施毒手來責打天真無邪的幼童，反而認為那是兒童支解了玩具擬一探究竟的結果。假如重組不成，也絕不會追究責任，反而耐心的指導學童如何領會該玩具的零件。

3.自然恩物最具教育價值：從自然界中製作或原封不動的取作玩物，最為經濟省錢，如有破損或遺失，也因材料到處皆是，不虞匱乏。如泥土、沙石、或選自不同樹幹而製作的陀螺，學童從中認識了不少知識與技巧，這是由教師口授及書本文字裡所無法完成的。相反的，放著大自然富裕的教具資產不用，而花費不少金錢去購買昂貴又精緻的教具，教師又因擔心學童玩弄玩具而有破壞之虞，遂禁止學童操作，教具只有陳放於櫥窗當禁品，學童只好望教具興嘆了。如此擺設，已是虛假的教育作風，有等於無。萬一學童玩弄教具，稍有污損，即招來毒打、責罵、冷眼、或賠償的結局，師生感情，已十足的變質了。

自然恩物中最值一提的是對小動物的愛惜。學童天性喜愛寵物，如小狗、小貓、小兔等。他如養蠶、飼養小鳥等，也是學童最樂意的行為。基於萬物皆有神性的意旨，兒童與寵物二者之情愛，密不可分。自小培養孩童善待動物，極具高尚的人文文化風味。當兒童看到小狗時就舉足猛踢，

---

❹ 這是John Dewey的名徒，Columbia大學「百萬教授」W. H. Kilpaltrick在上「教育哲學」課時向聽課學生所作的評語。J. P. Slight, *Froebel and the English Primary School of Today*, in Lawrence, op. cit., 95.

或拾棍亂打，又叫又嚷，而小狗也張牙露齒，狗吠犬叫的要咬小孩，這種畫面是多麼的醜惡。倒不如小孩向小狗友善的招手，親切的輕撫牠的全身，而小狗也以搖動尾巴並引頸恭迎小孩，或依偎在孩子懷裡，既安全又顯柔順，這種情境，就美感多了。一位虐待動物的人，絕對不可能對同類生出同情及仁慈之心。小狗及小孩，都是上帝所造，二者本應相愛而不應相恨。

五、濃厚的宗教教育觀念

福祿貝爾兩度謝絕擔任柏林大學及瑞典一所大學(The University of Stockholm)的教授職位❹，當時神秘哲學在高等學府裡大行其道，福祿貝爾的思想又醒目的彰顯宗教觀念，大學之禮聘，自是理所當然。但由於他對兒童的熱愛，雖自己無子嗣，但一生以開辦幼兒園為旨趣。他的抱負，自認是上帝的授意。「現在，我們在此敬邀所有日耳曼婦女、太太及小姐，共同聯合在一起，發揮正義的日耳曼熱情，來成立並發展一個普遍的機構，使得學前兒童入學前，獲得完全的兒童生活文化。吾人懇求他們的幫助，了解純正的日耳曼精神，齊心協力來開拓日耳曼的幼兒園。」❺福氏專心致力於學前兒童的教育，認為此種任務的神聖性，大過於充當一名大學教授。上帝的神性光輝，照耀在學童的亮度，大過於成人。

人，尤其是兒童，都生活在社會上及自然裡，這兩種環境，既全是神意的創造，所以二者並不敵對與衝突。一來學童的內在性應充分予以尊重，所以盧梭的「順從自然」(follow nature)，不只應該去除外力的阻礙這種「消極」教育而已，卻更應認識到學童內存的潛在神力。一來環境、社會、或人為的外在力量，也應因勢利導，導引學童之行為使之往善及上帝的方向邁進。因此黑格爾哲學中的「控制自然」(control nature)也不可忽視。前者是「自然」(nature)，後者則是「人為」(nurture)。這兩種觀點，不少學者都困惑其間，沒有獲得充分的協調。福氏說：「缺乏理性的、及有意的教導，則學童的活動就墮落為懶散的嬉戲(spielerei)中，而非為未來應有的生活任

❹ Percival Richard Cole, *Herbart and Froebel: An Attempt at Synthesis*, N.Y.: Teachers College Press, Columbia University, 1972, 10.

❺ Ibid., 33.

務作準備。」[51]學校、家庭、教會、政府等，都不是發展自由理念的敵人，相反的，上帝造人，不可能使人過孤立的生活。上述機構必按神意而設，如果人類充分領會社會体制的性質，作合理的規劃，則「個人」可以享受的自由，在「社會」中不減反增。學童所有的活動範圍，不管他是單獨個人活動，或是納入社會組織中的行為，都完全朝向神意的指標前進，在這種過程中，沒有矛盾與衝突。在福祿貝爾的眼光裡，學童就是「絕對」(Absolute)的具体而微之表現，也是基督上帝(Christian God)的化身。在學童的一舉一動上，都可以找到神跡，獲得天主的靈感與啟示；而學童「內在外在化」(inner outer)及「外在內在化」(outer inner)的發展與演化中，更可体認造物之神奇。內在外在合一，心物合一，個人與社會合一，二者密不可分。上帝的絕對之外，別無一物；這種至高境界，都可以在學童的言行中体認而出。

福氏的幼兒教育理念，引起世人普遍的注意；隨著人道精神之廣被，工業革命造成財富之擴增，學前期的教育機構如雨後春筍般的林立。雖然福氏自辦的幼兒園，遭受時人的冷嘲熱諷，他小時入一所女校，大家對他的評語是「愚蠢、搗蛋、不可信賴」(stupid, mischievous, untrustworthy)。[52]但在福氏過完人生的七十歲生日時，兒童大開慶祝會作壽；數日後他還參加全國教師會議，入場時，與會者報以熱烈掌聲。去世之際，面容安祥，墳墓由終生伙伴、也是軍營戰友Middendorf設計，紀念碑底放置了球、圓柱体、及立方体等恩物，上面刻有德國名詩人席勒(Johann Christoph Friedrich Schiller, 1759～1805)的一句話：「來，讓我們為兒童而活！」[53]這句話，也道盡了福祿貝爾的一生。雖然他的幼兒教育理念，因含有強烈的宗教意味而遭受後來學者的修正，但幼兒教育之重視，現在已獲得全球性的共識；地無分南北，人無分東西，都知悉幼兒園的始祖福祿貝爾。而學前兒童的神秘性，在排除宗教色彩之外，也經由學術界努力研究的結果，獲得長足的進步。

[51] Ibid., 42.

[52] *Fifty Major Thinkers on Education*, 94.

[53] Luella Cole, op. cit., 527.該句有人以為來自歌德(Goethe). *In Fifty Major Thinkers on Education*, 96.

附：Froebel生平記事

1782.4.21	Born at Oberweissbech in the Thuringian forest, a village in the state of Schwarzburg-Rudolstadt. 第五子，四歲時其父再婚，繼母善待他，但自己有子女之後，態度即變。
1783.2	母死。
1792	Sent to uncle in Stadilm.
1797～1799	Goes to Neuhof in the Thuringian forest as a forester's apprentice.
1799～1801	At Jena U.
1801～1805	擔任land-surveyor, estate manager, official in a forest dept. private secretary, etc. Reads the writings of Schelling, Novalis & Arndt, 1802 其父逝世，1805 uncle去世。
1805～1807	In Frankfurt，在Gruner's model school當教師，拜訪Pestalozzi於Yverdon 2 weeks (1805)(Herr Gruner是Pestalozzi學生)。
1807	Caroline von Holzhausen之子的家教。
1808～1810	留在Yverdon(與他的家教孩子)二年。
1810	回Frankfurt，打算深究人性底層，乃入大學求教。
1811.6	入U. of Göttingen, 寫*Sphaïra*。
1813	於Easter加入解放戰爭的志願軍。
1814.7	回Frankfurt，開始讀Boehme，8月成為U. of Berlin, Mineralogical Museum的助理。
1816.11	建立Universal German Educational Institution於Griesheim in Rudolstadt。
1817	遷校到Keilhau，軍中好友Middendorf & Langethal加入。10年後，Middendorf之侄子Barop也加入，學生主要是其侄子。1813～1816去世兩位哥哥。
1818	與Wilhelmine Hoffmeister結婚。
1820	寫作"national work"，發表於*Isis*。
1823	Krause在*Isis*予以評論。
1826	出版*The Education of Man*。
1827	Letter to the Duke of Meiningen.

1828	Letter to Krause.
1829	為Duke of Meiningen作教育計畫於Helba。
1831	放棄Helba計畫，赴Frankfurt，又轉Wartensee in Lucerne設一校，8月出版*Letter to the Women in Keilhau*。
1832	遷校至Willisan in Lucerne。
1833	Plan of an Institution for the Education of the Poor in the Canton of Berne.
1835～1836	負責Berne at Burgdorf的孤兒學校，教1～3歲兒童。
1836	Renewal of Life，回Rudolstadt。
1837	發表「gifts及occupations」，於Blankenburg設校。
1838～1840	在*Sunday Journal*，發表有關play的玩具，旅行各地推動新觀念。
1839	夫人去世。
1840	於Blankenburg設Kindergarten，發表"Outline of a plan for founding & developing a Kindergarten"，次年赴Dresden, Darmstadt, Hamburg, Heidelberg, Frankfurt尋求支助。
1843	Mutter-und Kose-Lieder.
1848.8	參加Rudolstadt教師會議，並向National Assembly請願，離開Keilhau。
1849	定居於Liebenstein(近Eisenach)訓練幼教教師。
1850	Bertha von Marenholtz-Bülow來訪，遷幼校於Marienthal，近Liebenstein。
1851.8	幼校被禁(因其侄子參與社會主義運動，1860解禁)，與Luise Levin結婚，因為學校不能沒有一個女管家。
1852.6.21	死於Marienthal。

參考書目

1. Cole, Luella. *A History of Education, Socrates to Montessori*. N.Y.: Holt, Rinehart & Winston, 1950.

2. Cole, Percival Richard. *Herbart and Froebel: An Attempt at Synthesis*. N.Y.: Teachers College Press, Columbia University, 1972.

3. Froebel. *Autobiography*. London: Allen and Unwin, 1915.

4. Hayward, F. H. *The Educational Ideas of Pestalozzi and Froebel.* Westpoint Conn.: Greenwood Press, 1979.

5. Lawrence, Evelyn (ed.). *Froebel and English Education, Perspectives on the Founder of the Kindergarten.* N.Y.: Schocken Books, 1969.

6. Lilley, Irene M. (ed.). *Friedrich Froebel, A Selection from His Writings.* Cambridge at the University Press, 1967.

7. Ulich, R. *History of Educational Thought.* N.Y.: American Book Company, 1968.

第十六章 十九世紀的美國教育思想家

教育思想的發展，十九世紀以前，歐洲大陸的學者居主導地位；但十九世紀時，海洋型的國家，尤其美國及英國，也出現了不少頗具地位的教育學者。由於英美兩國在十九世紀以後，扮演了世界政治、經濟、軍事等領導地位，也在教育文化上，取代了歐洲尤其是德國的角色。因此本章及下章分述美英兩國在十九世紀的教育學說。

第一節　美國國民教育之父曼恩
(Horace Mann, 1796～1859)

國民教育之父，教育史學者各有不同的指稱；有的認定是路德，路德是個神學家，他為了普及教育，曾發函給主政者及家長；但他卻無實際的國民教育工作，他的國民教育想法，由他的大學同事訴諸行動；有的教育史家主張，盧梭才是國民教育之父，但是真正引起各國注意國民教育之真諦，且身體力行的教育家，卻是裴斯塔洛齊。至於美國這個新興國家，國民教育之父，教育史學者眾口同聲的歸給曼恩(Horace Mann, 1796～1859)。

宣揚裴斯塔洛齊的教育愛精神，不遺餘力的美國麻州名律師曼恩，當過麻州州政府的教育行政首長（類似台灣的教育廳長），向州議會發表數次的教育報告，推薦裴氏的教育功績，譴責麻州境內教師缺乏教育的敬業及樂業精神，校長及家長對教育的缺乏真正認識。他放棄高薪又高名望的律師職位，甘願屈居酬少事繁的教育主管工作。幸賴他的辛勤耕耘，美國麻州不出數年，變成美國國民教育水準最高的地區，從而麻州主宰了美國教育的方向。曼恩之被尊為「美國國民教育之父」，的確是實至名歸。

在思想史上，1859年是值得注意的年代。這一年曼恩去世，杜威誕生；達爾文的進化論付梓，斯賓塞的教育著作出版。曼恩六十四歲即離開人間，

實在是美國人的遺憾。他的人道主義教育觀念，使他在教育思想史上也佔有一席之地位。他著書立說，四處演講，不眠不休的為公共學校制訂一個民主式的學制，渴望透過教育來啟迪民眾，提升品德，強化愛鄉愛國精神，鼓吹友善氣氛，增進福利生活。美國教育之穩紮基礎，從此奠根。

一、教育工作的神聖意義

生在政治大革命及產業大革命的洪流裡，曼恩看出一個新的紀元即將產生。這個新世紀，使得「法力無邊的上帝議程」(the agenda of the Almighty)之速度加快❶。推動此種議程的主力，就是國民教育。曼恩說，教會為中世紀人而設，民主社會及講理國家則有必要廣設公共學校，公共學校是「人類最偉大的發明」。上帝(God)觀念，變成為「公共福祉」(Public Good)；經由普及的全民教育，來去除無知、貧窮、暴力、戰爭、疾病、及惡劣的制度（如黑奴制度）；並消除吸煙、喝酒、口出穢語等不良習慣。

曼恩本來學法，是布朗大學(Brown University)的法科高材生，辯才無礙。他經辦過許多法律案件，使他成為麻州的名律師。由於他據理力爭，仗義執言，不久又成為美國國會議員。出身寒微，幼時多半靠自力求學，大學畢業後，既享律師及民代之優厚高薪及高位，曼恩也是志得意滿。1837年，麻州首設「教育董事會」(Board of Education)，州長Edmund Dwight就商於曼恩請他出任首屆秘書長(Secretary)，工作繁重，酬勞又低。且在民風猶未開化的開國初期，從事績效緩慢的國民教育工作，與律師業務相比，簡直不可同日而語。但曼恩卻毅然決然接下了這種吃力不討好的任務。他在1837年7月2日致友人信上說：

> 我不再稱呼我自己是律師了。我的法律書籍可以出賣了，我的律師事務所也可出租，法庭不再是我的論壇，我的法律工作換了，我已放棄法律事務，卻把我自己投入在一個更為寬闊的有關心靈及道德的領域裡。既已發覺這一代人的組成材料無法重新塑造，我寄望於努力改變下一代。大人是鐵鑄的，但小孩則是蠟作的；施力於後者

---

❶　Jonathan Messerli, *Horace Mann, A Biography*, N.Y.: Alfred A. Knopf, 1972, Preface, xii.

比較有效果，對前者則無法留下痕跡。❷

這種說詞，與三百多年前的宗教改革健將路德的想法一致。路德說，牧師與教師是人間最神聖的工作，執行著對上帝最虔誠的任務；但牧師的對象是大人，教師的對象則是未成年的學童。大人的性情、習慣、能力早已定型，「你不能教老狗新技巧」。而小孩的可塑性相當高，若職業選擇中只能在牧師與教師中二選一，則教師的優先權又大過於牧師。路德本身是牧師，曼恩本身是律師，但二者都前後呼應的認為教育工作是最神聖的人生行業。曼恩更說，「我已接受該職責。如果未做成功，至少我也要聲明，在這種偉大的嘗試中，即令失敗，也很感榮耀。」❸

麻州教育董事會秘書長的主要活動，是搜集國民學校的實際資料，提供有效的教學方法，將最受肯定及最好的教學模式，儘可能的傳播給全國各地。曼恩擔任十二年的秘書長，向州議會發表十二次的年度報告。一再的呼籲，國家建設的基本，就是國民教育的普及。一個國家的人民，不可以既自由卻無知。政府組織的設計如何精良，不能保證人民獲得自由與權利，除非知識廣被於全民中。知識就是權力，但權力的運用必須接受道德的批判。民主國家提倡「公共哲學」(public philosophy)，卻應佐以「國民學校」(common school)作為手段，二者是社會機器的平衡輪，缺一不可。

法律只能繩犯人於法，但人民之所以犯法，多半是由於無知。在一個共和國家裡，「無知是一種罪行」(in a Republic, ignorance is a crime)❹。曼恩放棄了犯人作為他的關懷對象，卻「以下一代的國民作為我的顧客」❺。

一生極為熱愛及尊敬英國顱相學家George Combe的曼恩，對於「顱相學」(phrenology)相當感興趣。遇到各種人物，他就以對方頭骨的形狀來衡量其氣質及成就❻；遺憾的是，這種學派並無針對頭顱構造與教育工作二

❷　Mary Peabody Mann　（Horace Mann之妻）, *Life of Horace Mann*, Washington, D.C.: National Education Association of the United States, 1937, 82–83.

❸　Ibid., 83, Mann於1816年入Brown大學，1819年卒業，先返故里任教，年薪375美元，這個數目，對於一位長年無法籌集20美元學費的年輕人而言，無異是個天大的數目。

❹　Messerli, op. cit., 251.

❺　Ibid., 279.

者之關係作深入探討。不過，曼恩家族之人道精神傳統，為人服務之庭訓，早就深深的刻畫在他的腦海中。作律師時，目睹牢房之不合理措施，參觀貧民窟或殘障地區之際，都有一股淑世念頭。看到聾啞學童竟然也有不少知識上的成就，他興奮莫名，這就是裴斯塔洛齊精神的美國版。辭掉州教育秘書長職務後，餘生投入一所學院(Antioch College, Ohio)作高等教育工作，不只奉獻心力，且將辛勤操勞所得的積蓄，全部奉獻在該所學院裡。臨終前，學生排隊經過他的病榻，他向一位借貸的學生說：「我內人會還你的借據，你不必償債。」❼這種場面，不禁令人落淚。辭世一年前的畢業典禮演說中，以下述一句話作結束：「除非在人道上贏得一些勝利，否則是愧對人生，羞於死去。」❽為下一代學童進行教育啟迪工作，就是最具人道意義的活動。曼恩在九泉之下，也可以瞑目了。

除了有心人像曼恩專注於教育事業之外，各國政府如果不花大筆金錢於戰爭或奢侈的消耗上，而轉投資於平民教育及貧民救濟上，則太平世界就可以早日實現。曼恩多次譴責美國政府對墨西哥的宣戰，在抵英作蜜月旅行時，觀賞英國皇族的氣派建築，侍從的排場，王杖的威嚴，大主教堂的雄偉，更令他感傷不已。「對我來說，教育一個孩童，使他了解上帝以及造物主的所做所為，總比人們在大主教堂上精心刻畫的藝術工作，來得崇高。」❾曼恩這種回應，也是路德早年的說法。過去人類由於愚蠢，導致疫癘橫行，戰爭頻仍，慘案累累。為政者蓋碉堡，買戰艦，購軍火，訓練士兵，卻無視於百姓的教育。錯誤的歷史已是斑斑可考。曼恩期望美國這個新國家，斷了歐洲醜陋的臍帶，勿蹈舊大陸的窠臼，全心全力的作好下一代的幸福工作。「名望響亮，成就傑出，幸福臨門，這是人類所期許的。假如有千分之一或甚至百萬分之一的財富、時間、才華、及精力，過去花費

---

❻　Horace Mann生育三子，長子(Horace Junior)之頭顱比較不合其意，次子(George Combe)及三子(Benjamin Pickman)出世時，其夫人立即向他報佳音——符合顱相學之條件。

❼　Messerli, op. cit., 587.

❽　H. Mann, Baccalaureate Address of 1859, in M. P. Mann, op. cit., 575.原文是"Be ashamed to die untill you have won some victory for humanity."

❾　M. P. Mann, op. cit., 191.

在壓抑及侮辱上，現在明智的用於人們的改善，則這種果實，將是多高的名望，多傑出的成績，多大的幸福啊！」❿

曼恩雖然早期學法，但卻是一位感性十足的性情中人。根據顧相學說，前額高又寬闊，這種人的氣質屬於「仁愛」(benevolence)型者⓫。這種流行於十九世紀中葉的理論，以目前的角度去看，似乎缺乏科學上的佐證。不過，曼恩初娶布朗大學校長千金Charlotte，但愛妻卻染肺病於初婚不久即天人永隔，曼恩痛不欲生；多愁善感，軟心腸的性格，使曼恩每年在元配夫人去世之日那段時間，都幾乎過著極其悲痛的生活。在日記中寫下充滿懷念、憂傷、與孤單的詞句。夫妻之恩愛，非筆墨所能描述。而大概也是這種個性的人，比較適合於從事教育工作。依曼恩的記載，Charlotte性情之美好，可比擬於天使。她有純淨的心靈，從未有過自私念頭及嫉妒想法。而同情別人之心都大於對自己的關心，耐力及毅力又驚人無比⓬。曼恩夫婦情投意合，奈何天不作美。曼恩昇華這種「私愛」情懷，以教育下一代作為補償，縱然時間可以療止喪妻之痛，但Charlotte去世五年之後，曼恩仍在日記裡寫下一段傷心欲絕的話：

> 唉！我的最愛，我的最愛！地球上的每一件東西，離我都那麼遙遠，我多麼的孤零零的活在這個世界裡，漂亮消失了，音樂失調了，快樂已變成痛苦，但痛苦卻沒有變成快樂。這將會永遠如此嗎？是的，我即令忘掉我所愛的太太，也寧願如此！⓭

鰥居十年之後(1834～1843)，曼恩再娶Mary Peabody為續絃。死時仍念念不忘亡妻，Mary首肯將丈夫埋葬於Charlotte墓旁，曼恩同意這種安排，但請求Mary死後也同埋該地⓮。看到這種夫妻之情愛，真令人羨慕與心酸。而曼恩這種天性，與他之獻身於國民教育，似乎關係密切。對教育事業感

---

❿　Ibid., 199, 1843年6月22日遊記。

⓫　Messerli, op. cit., 350.

⓬　Ibid., 173.

⓭　Ibid., 180, Charlotte死於1834年。

⓮　Ibid., 586.

到興趣者，除了体認教育之重要價值之外，個性也很有關係。曼恩從「鐵面無私」的法律工作，轉而進行「愛心十足」的教育行業，他深悟法律只能除弊於已然，教育卻能防患於未然。

二、教育的中立性

教育不是「工具」，本身就是「目的」，因此教育工作不容外力干擾。政治勢力、宗教團体、利益組織、甚至興論，都應靠邊站，不可侵入校園。曼恩負責的教育工作，以當時美國社會背景而言，他堅持的教育中立性，就是學校不染教派色彩，力主男女兼容，且黑白同校。導正教育的航向，教育領導人要遭受不小的挑戰。

㈠學校無教派(nonsectarianism)

曼恩對於教派林立，相互攻伐，且誤解上帝之慈悲與博愛，從童年時所領教的經驗，變成長期揮之不去的夢魘。他有機會負責學校教育的興辦後，大唱學校為全民所有，非屬某一教派的禁臠。曼恩堅信，上帝是一個慈愛的天父。但鄉下牧師的傳教，卻把上帝描繪為嚴厲無比的判官，絕不容情的譴責與報復犯過者。在他的腦袋裡，一種活生生的地獄陰影，受折磨的命運，「來之於耶和華不可抗拒的指令，永遠永遠不得更改。」⑮恐怖、驚嚇、焦慮，是他一聽到宗教時的印象。曼恩內心痛苦無比的掙扎，他努力創造一個嶄新的上帝觀念，認為上帝是「集人類優越的總和。」⑯早在一世紀以前，曼恩家族中就有人闡釋喀爾文教義類似這種上帝的仁慈面，不像曼恩故鄉牧師之以發怒的上帝來讓祂的子民悸悚不已。

不幸的家庭悲劇，卻發生在他個人這種信仰的轉變上。1809年，曼恩還只13歲的童稚年齡，久病不癒的父親，也是家庭經濟負擔的主要來源，即撒手人間。父子生離死別，他早有心理準備。但他敬愛的哥哥Stephen，也因不信牧師的胡言亂語，堅持不上禮拜堂作安息日的儀式，「褻瀆神明」的去附近水塘游泳垂釣，竟然也於父親逝世隔年溺斃。殘酷不仁的上帝正發揮法力無邊的懲罰效果，曼恩不敢相信活跳跳的哥哥，當被抬回家時，

---

⑮ Mary Mann, op. cit., 14.

⑯ Messerli, op. cit., 20.

手指已硬，指甲變藍，身子也冰冷，雖然面龐上顯示出求生的奮鬥與掙扎，但上帝的處分，讓他無所逃。牧師於葬禮時更說，死者萬劫不復，因他生前不遵教規❶。

隨後重重的一擊，恰好打在他自己身上，他的愛妻在婚後不到一年，也紅顏薄命。難道這是天意安排，是對他反抗喀爾文主義(Calvinism)的報應?「有因就有果，有果就有因」(effects in causes, and causes in effects)，這是他從教義問答書、講道，及雙親的勸戒中所得的結論❶。

但上帝仁慈的一面，始終都留在曼恩的心中。好心也終有好報，為平民打抱不平，為冤獄平反，為學童付出教育心力，正是服侍上帝的最佳途徑。曼恩其後娶了賢慧妻子，死後也享立銅像於麻州之殊榮，大概也是因果報應的一種解釋。由於童年這段痛苦的記憶，他遂堅持學校不准有教派色彩，各教派觀點都不可影響或侵犯學校教育活動，以免重蹈曼恩個人自身之悲慘覆轍。命運上的因果，太過神秘，或許非人力所能理解。強加闡釋，並非正途。

信仰是良心意願問題，不能強迫。學校教育中不得只灌輸某個特定單一教派的主張，而禁止其他教派的宣揚。為了避免教派彼此之間的紛爭，宗教自由或教育中立，就是最佳的解決途徑。即令該校原先創辦者擬定某種宗教信仰，該校教區的後代多數人，仍可自行決定而不必完全聽從已逝捐款者的囑咐❶。1830年3月，他首度在美國國會眾議院發表「良心自由」(Liberty of Conscience)時，提出「宗教自由」(religious liberty)的信念，並說:「沒有一位活人有權力指定他的財產作永久不變的用途。」❷慈善的捐款，這種慷慨是令人敬佩的;但是這種捐助意圖，如果永世不變，也約束到後代，則動機就有點低下了。

不少學校是教派設立的，原先興學者可能基於某種教派見解而斥資造育教派人才;但由於時代的進步，這種原先辦學的動機，有可能必須修改。

---

❶　Ibid., 22.

❶　Ibid., 22–23.

❶　Ibid., 99.

❷　Ibid., footnote, 100–101.

一所純淨的學校，應該是不受任何教派所侵染的環境。教派如果都能離開校園，在孩童智力及理性還未成熟到作較正確判斷之前，不必作宗教教學，這不正也是盧梭所殷殷告誡的嗎？即令是大人，也未必在宗教教義上深知其底蘊。學校非教堂，與其介入教派教義之紛爭中，不如避開這個糾纏不清的困擾問題。並且學校為大家所共，是公有的，不屬任何教派。公共學校(public school)也應由公家的稅收來維持。既然大家的信仰不一，公家的學校就不能有單一壟斷式的教派教學。

教派主義(sectarianism)，流派政治(partisan politics)，及族群效忠(ethnic loyalties)是良好社會的最大威脅。這些現象都易造成偏狹的心態後果。治本之道，就是以大公無私的公共學校來宣揚共和精神(republicanism)，以無教派的立場來鼓吹基督教作風(Christianity)❷❶。公共學校(common school, or public school)乃是「最好的都市政策，家居的最低廉保險，銀行的最穩固安全系統，防止飢餓以及犯罪的最有效方法，也是保國衛民的最佳武器。」❷❷教派對基督教之教條，有扭曲之嫌，傷害了童稚心靈；若因而又彼此攻訐詆毀，則更是造成國家不安的源泉了。

㈡男女合校且鼓勵婦女當教師

公共學校既是學校為公，則女生也該有入學機會。曼恩主持安提阿學院(Antioch College)時，該校是男女同校(coeducation)的高等學府，開美國女生入學之風氣。教育機會平等，不因性別而有差異，也不因貧富而有區別，更不因自由與奴隸而有懸殊；每個人都有權經由不同管道，以通往天堂之門。「如同陽光普照，不只遍及善人，也及於惡人，他們可能為善；也如同雨水均霑，降福於正直者，也及於邪徒。」❷❸男女兩性都是上帝的子民，伊甸樂園中早有亞當及夏娃；但後世基督教國度裡，卻男女教育有別，甚至剝奪了女子受教育的機會，顯然不是上帝的本意，卻是大男人沙文主義(chauvinism)在作祟。

曼恩推薦兩位師範學校的女學生到哈佛大學聆聽名師阿加西斯(Louis

---

❷❶　Ibid., 343.

❷❷　Ibid., 373.

❷❸　Ibid., 493.

Agassiz)講學,令他不滿與震驚的是這所美國最古老的高等學府居然拒絕,原因是「位於劍橋的本大學所長期建立起來的傳統作風,不便於在公開授課時有女生在座。」❷曼恩駁斥這種荒謬的說辭,他認為男女同校,理由非常堅實,學校總不能只教人口中的一半,卻應及於全部。其次,女生比較愛清潔,健康習慣優於男生,男女同校,可以減少只是男生在校的骯髒環境。不過,曼恩也怪罪當時美國女生之崇尚時髦,太重視外表的打扮,尤其是服飾之講究,變成衣裳設計師及製造商的奴隸。「什麼時候,人類,尤其是婦女,發布反時尚獨立宣言(a declaration of independence against fashion)?」❷他在安提阿學院特別希望女生不要炫於外在的華麗,卻應加強內在的操守力道,注重義務觀念,依據道德準則,培養新婦女。

男女一起上學讀書,有相互激勵作用。「男女兩性各自發揮有利的影響,在智力上彼此互勉,在道德上共同節制。」❷兩性生活在一起,這是自然現象,男女在接受良好的教育之後,更可發展出彬彬有禮的紳士風範及溫柔体貼的少女儀態。值得一提的是曼恩反對男女雙方之競爭。在教學技術上,他不贊成用獎勵方式,更排除人為的獎牌、榮譽、獎金等制度❷。因為他擔心這種安排容易產生嫉妒、仇視、焦慮等不良後果。「人比人,比死人」,訴諸外力作為督促,不是助長求學意願的治本之道。如果男女同校變成男女之間的競賽,則非曼恩所樂見。就像康德所說的無上命令一般,男女視勤奮為天職,努力往上提升。獲取高位並不足取,羨慕人家的成就也無必要。與其注重目標,不如強調過程。「出生於山上的人,不知山之雄偉,只有孩提搖籃於溪谷又奮力攀登於頂峰者,才能領會。」❷男女學生都要作個不休不止的往上爬升者,每個人也都有抵達山上的一天,男生有此天分,

❷ Ibid., 543.

❷ Ibid., 542.

❷ Horace Mann, "Code of Honor," Falsely so Called, in M. P. Mann, op. cit., 594–595.

❷ M. P. Mann, op. cit., 595.

❷ Ibid., 559. 在第一次年度報告中說:一個人靠他的汗水來賺取麵包,猶如他要靠自己的腦筋來獲取知識一般。Lawrence A. Cremin (ed.), *The Republic and the School, Horace Mann on the Education of Free Men*, N.Y.: Teachers College Press, Columbia University, 1957, 38.

女生也有此稟賦。

　女生接受學校教育之後，最好的職業選擇，就是教師。曼恩在安提阿學院中聘請兩位女老師，她們的「優雅端莊面容，在教學中注入了美的氣息，猶如花朵散發出芬芳一般。」❷婦女的優越品德是耐性、堅持，且比較不會馬馬虎虎❸，這都是良師的必要條件。學童只是思慮不周，他們並不心存為惡；如果用兇惡態度對待他們，則對稚齡兒童而言，太過殘酷。女教師伸出溫暖的手，現出和諧的面貌，使用母愛的音調，正是引導學童步向人生光明前途所不可或缺的指針。最好能像日耳曼的教師那般，不會在孩子做錯事時予以嘲笑、斥責或打罵。「我還未見過有粗魯或嚴厲情事。老師都有仁慈、鼓舞、激勵、同情的心態。最後這種德性所表現出來的程度，還幾乎讓我們覺得有點荒唐！一位德國教師興高采烈，乃是由於學童回答正確；設若學生失敗了，則教師表情就有點沮喪與痛苦。當問題提出而學童不知如何作答，或正在支吾其辭與猶豫時，老師看起來好失望啊！但當這位小奮鬥者克服了困難，而道出正確答案後，教師緊握了學童的手，熱情的向他道賀成功。如果問題真的相當棘手，學童居然也能解決難題，我就看到教師把學童抱在懷裡，用一種親情之愛來撫摸這位學生，似乎他無法藏住他的愉快。在別的地方，我也看到一位老師在聽到學童給予漂亮答案時，緊拍雙手。這些動作都極其自然，並無做作；似乎在暗示其他學童也能自個兒贏得這份光榮。」❹學童接受此種方式的教學，就會快快樂樂的入校了。在這方面，女性似乎比男性稱職。

　(三)黑白不分

　美國立國後，黑奴問題相當嚴重，甚至造成南北分裂，終於爆發新大陸有史以來的第一次內戰。曼恩的人道主義，指斥南方奴隸制度之不是；而古老的學府如哈佛也拒絕黑人入學，更引起他的反感。不過，白人的自私與固執，使得解放黑奴或黑白合校之努力，如同希臘神話中推石頭上山

---

❷　Ibid., 424, 427.

❸　Ibid., 424.

❹　Ibid., 202, 1843年7月21日在日耳曼Halle所作的遊記。不過Mann發現該德國教師是男的。

(Sisyphus)的寓言一般，在當時是效果不彰的。曼恩以身作則，他先收容一位女黑人學生(Miss Chloe Lee)，供給吃及住，並成為家中的一位成員。雖然她身上有一股黑人的特殊体味，別人厭惡與之同桌，但曼恩並不在意。一些捐款支助學校的白人，一聽他們的子女竟然與黑人同班，乃立即要求退學，而提出這種要求的部分白人，還是反對黑奴制度的呢！不幸的是，這種狀況出現在學校經濟危機的時刻，使得曼恩辦校，倍感艱辛❸❷！

　　當時有人認為白人心地善良，黑人心懷兇惡；事實上膚色的白與黑，與道德上的善與惡無關。曼恩夫人甚至還認為有些黑人的內在是白的，只不過是外表的黑才造成黑人的不幸。不過這種觀念都是偏見，也是預設立場的論調，不足為訓。還好，她說：「我越知悉李小姐（黑人）漂亮的心靈，那是雪白的，在上帝面前，那種白屬於天使的衣袍，我就越為她的皮膚顏色而感嘆。不過當我有機會與她同桌以及和本地士紳在一塊，卻不因膚色而刻意顯露出尊敬，我就越覺高興。」❸❸

　　黑人，印地安人，以及少數民族的教育問題，是美國教育史上引起爭論不休的熱門話題。基於人道主義的考慮，在實施全民教育的口號下，這些人都不能遺漏。教育機會平等的理念，不必什麼高深的哲理予以支持，那也是平凡的常識之見而已。曼恩的十二本教育報告，內容上並無濃厚的哲學意味，但卻有不少佳句，諸如：「共和型態的政府，如果人民缺乏智慧，則從大局來看，必然像個瘋人院；如果沒有管理者或守門人，則從小處看，必然成為少數寡人的專制轉換為無政府狀態，然後由無政府狀態又延續為專制，除了由不好變為更壞之外，別無變動。」❸❹因此國民教育的全面實施，黑奴的解放，黑白入學，都不能只談理論。徒託空言的改革家及高談闊論的唯心主義者，只會「紙上談兵，他們會告訴你從此處到紐奧爾良(New Orleans)應該築一條路，但他們會去鋪路嗎？」❸❺

　　美國有必要像愛默生這種狂想式的學者，但更有必要像曼恩這種腳踏

---

❸❷　Ibid., 442–443.

❸❸　Messerli, op. cit., 448, footnote.

❸❹　Ibid., 493.

❸❺　Ibid., 336.

實地的具體工作者。只有真正去收容黑人學生，教導他們，才能深悉個中的甘苦，從中思索一些解決實際問題的方案。曼恩刻苦節儉，為美國公民教育獻身，像個苦行僧。一生以疏解或減輕他人之不幸而努力。自接任麻州教育董事會12年以來，不畏他人之冷言酸語，不嫌收入之頓減（去世後，州政府議決要償還欠他的債），又不容情的批評傳統學校教師之不盡職而召來圍剿；更遠赴蠻荒之地的俄亥俄州創辦安提阿學院，積極培養師資，興辦數所師範學校。曼恩在美國進行的國民教育工作，類似裴斯塔洛齊對平民教育所作的貢獻。裴氏享有全球國民教育之父的頭銜，曼恩也被美國教育史家恭稱為美國國民教育之父。美國其後教育之發達及進步，且為美國民主政治及民主社會奠下穩固的基礎，曼恩功不可沒。

三、教育生涯及十二次的年度教育報告

㈠從事教育行善事

曼恩在日記裡記載著當他被請求擔任美國教育史上首創的麻州教育董事會秘書長時，「自己從未想過，別人也不曾考慮過，跟這種職務有關。」❸⑥無論睡時的夜夢或醒時的白日夢，都不會涉及教育主管工作。他先是驚訝，然後內心起了衝突，後遂作了這個對前途沒有十分確定及把握的決定，放棄鵬程萬里的政治生涯，轉而投身於阻礙及困難重重的心靈及道德提升工作。他的友好希望他再三考慮，認為以好端端的遠景來交換下一代才可看出成果的職務，是一種愚蠢的決策。其實，曼恩本人早就有此心意，只是他自己不自覺罷了！

生活在貧窮、刻苦、節制欲望的鄉村(Franklin, Massachusetts)，曼恩從小就習於各種身心的折磨。童年的學校教育時有時無，師資也不良。當開始識字而懂得閱讀後，就勤翻富蘭克林於1786年捐贈給該鄉（該鄉之名，就是富蘭克林）富蘭克林圖書館的116本藏書。自我學習的意願高昂，終於夠資格就讀該鄉子弟所夢寐以求的布朗大學(1816)。1819年還名列前茅畢

---

❸⑥　M. P. Mann, op. cit., 67. 州長（Governor Edward Everett，其後是哈佛大學校長）於1837年向議會提議設立教育董事會，而慫恿Horace Mann去接受秘書長的是Edmund Dwight。

業，上台致謝詞中即肯定人類的進步，描繪出人道樂觀主義的社會模式，結合教育、慈善、及共和精神來完成他童年時代的「空中樓閣」(boyish castles in the air)。因此，日行一善，一定要做出一些有利於人群的事，遂變成他終生戮力以求的職志。他的所做所為，無不環繞著這個主軸，不只照顧精神病患，還立法設立美國首座精神醫院（1829年於Worcester, Massachusetts），甚至連鐵路之興建，都應與道德及知識之改善有關。既然間接的立法都應具「教育」功能，則直接掌管教育工作，不正是順理成章之舉嗎？

㈡優先辦理國民教育

曼恩認為政府辦理國民的教育，到了中學階段，即算任務完成；政府不必負起高等教育的責任。1837年，John Pierce在密西根州(Michigan)努力籌劃一個完整的教育体系，從小學教育到最後的州立大學都包括在內；1856年，曼恩還為愛荷華州(Iowa)擬訂一個類似的學校制度，但他總覺得政府的教育義務，不必及於大學。他說：「州政府如果已經使得全部學童建立起知識及品德的基礎，那是社會安全所不可或缺；並且提供學童個人興隆發達、集眾人意志可以造成社會興隆發達的工具，則人民可以擺脫政府的監護了。每個人能夠根據己意的決定，行走任何方向，因為他的心意已接受過良好的教導。在這一點上，高等學府的研究院(seminaries)、學苑(academies)及大學(universities)，早就屹立在那兒，廣開大廳門，收容那些邁往最終目的地的學生，但費用要由私人自理。」❸新英格蘭各州在獨立之前，早就有九所大學級的學院(colleges)，機會很多，不像中西部蠻荒地帶，如密西根、愛荷華、俄亥俄州等，有必要興蓋大學。

其次，傑佛遜曾言，如強要他在普及國民初等教育和州立大學以培養領袖人才這二者中作選擇，他寧可捨後者而挑前者；但其後他本人改變了主意，餘生盡付諸於維吉尼亞州立大學的興辦中；曼恩晚年也經營安提阿大學，但他卻念念不忘基本教育的推動。基於對民主政治及教育的理念，他希望政治領袖的想法不要超越過一般百姓之外太過遙遠，二者差距不可

---

❸ Lawrence A. Cremin (ed.), *The Republic and the School, Horace Mann on the Education of Free Men*, N.Y.: Teachers College Press, Columbia University, 1957, 25. Horace Mann, First Annual Report (1837), in Cremin, 33.

太過明顯。民主社會的領導人物既來之於大眾，則大眾如果明智，就較有可能選出明智的上層人才。「重要的事優先」(first things first)，國民基本教育優先於高等教育。「自然法則，如同液体的平衡規則一般。候選者及選民、任用者與被提名人，也傾向於水平。組成分子既聰明又知識大開，就不會將公職委諸於一個粗魯且放蕩的人，偶一不慎選上了他，也會予以淘汰；這是吾人可以確信的。至於組成分子如愚昧無知，品德又敗壞，他們就會拒絕或排斥一個聰明人，這種可能性，吾人確信會更高。」❸

曲高和寡，孤掌難鳴。在位者之觀念如果太過高遠，離開百姓之觀念又距離太大，則眾人無法領會。不如兩者之想法，懸殊不多，稍一點醒，即可豁然開朗而全力支持政策之推動。曼恩這種主張，較符合亞里士多德式的學說，不似柏拉圖的以「哲學王」來統治寰宇。民主社會的領袖不能高高在上，與國民之間更不該有隔閡。曼恩努力的重點放在國民基本教育上，這也是民主教育理念必然的推論結果。

(三)公共學校的課程

曼恩規劃他的公共學校，課程包括下述三種領域：

1. 智育(intellectual)：古典之探討有其必要，缺乏文學素養的國民，形同野蠻人；而通往古典文學之路，就是語言。曼恩在第二年度報告(1838)時提到，「說話」乃是理性動物存在的基本條件。「說話」課包括閱讀及拼音，閱讀及拼音的教學，不是仿照裴斯塔洛齊那種由單音字母作起頭的方式，而是一開始就學習整個字或句子，並以興味十足並富啟發思考意義的教材作為閱讀的材料，以此作為激發學童本有的強烈求知欲。智育要仰賴自己，就像曼恩本人的自我學習一般。只要圖書館裝滿了知識寶庫，它就好比是塊磁鐵吸引學童入內，優良讀物是滋養心靈的補藥。

除了傳統的三R科目外，曼恩更注重人体生理學(human physiology)及聲樂(vocal music)兩科。前者旨在健康及衛生，因為那是一生事業以及追求知識的本錢。基於這種考慮，學校建築必須注重採光、通風、及美化環境，總不可像草寮或茅屋之簡陋與骯髒，臭氣薰人。聲樂對健康更有莫大助益，它可增加肺活量，刺激血液循環，加速消化及新陳代謝。並且音符頻率之

---

❸ Ibid., 26, Report XII.

比例都有數學關係，所以音樂也與智育有關。此外，音樂可以陶冶性情、平和心境、更具道德教育之功。曼恩更說，聲樂不必花錢，是「大自然免費的賞賜。」❸

這種課程設計及教學要旨，就如同古代希臘雅典的文雅教育或是通識教育(liberal or general education)。公共教育並不強調分殊或特別技能的訓練，更不是職業的製造所。公共教育是注重全民所共有的氣質之培養，如「思慮聰明，行為正直，心地仁慈，喜愛真理」(intelligence, uprightness, benevolence, truth)等。至於學童是否適合於在田地農耕，在店鋪叫賣，上台演講，在辦公桌寫作，上山或下海，這些都是偶發的❹。只要「通識教育」成功，學生自可融會貫通，左右逢源。當面臨千變萬化的獨特際遇時，也能充分運用其腦力，並一本正義原則的克服各自的問題。

2.德育(moral)：美國種族複雜，宗教派別林立。但處在主觀見解紛歧的社會中，仍不難找出人們生存所共同遵守的道德或宗教準則。公共學校只教導這些共同準則，就已足夠。這就是「自然宗教」(natural religion)，是所有教派都能接受的箴言，不生疑義與爭辯。如採用King James版的聖經，只教學但不加評論；告訴學童，上帝的天父觀念乃是人世間兄弟友愛的基礎；諸如此類的教學，相信各教派都能心平氣和的接受。仁慈、慷慨、親愛等共同的德目，由公共學校來負責塑造；至於各自教派私有的教規或獨特的教義闡釋，則委由家庭及教會去操心。

曼恩所喜愛的顱相學也具德育功能。顱相學認為人心由37種官能所組成，如進取心、仁慈心、敬愛心等，這些官能左右了各人的性格及氣質；好的官能多予運用，壞的官能予以禁止，則人的德性就有改善的可能。當州長Edmund Dwight渴望曼恩接受教育董事會秘書長職務時，曼恩正在閱讀顱相學大師George Combe的大作《人的結構》(*The Constitution of Man*)，第六次年度報告的用語及說辭，幾乎是該本書的翻版。頭顱之結構、大小、形狀，容或在出生前已定型，但根據「用進廢退」律，改變的機會也多，

---

❸　第八次年度報告, Cremin, ibid., 11–12, 讀書要靠自己，「辛苦流汗來購取麵包，猶如用腦筋思考來獲取知識一般。」第二次年度報告，ibid., 38.

❹　第三次年度報告。

德育活動應該注意及此。

3.政治教育(political)：在最後一次的第十二次年度報告中，曼恩語重心長的說：「製造一個共和，可能是易事；但製造共和政體的成員，則是極為費力之舉。」民主社會中，政治派別種類很多，政治主張也繁；公共學校處在這種政治環境中，仍可進行無偏無袒的政治教學。如宗教中立一般，以權力區分，公民之權利、義務、責任，以選票(ballot)取代子彈(bullet)等，都是政治教育的最佳教材。如果不可避免的碰到爭議話題時，曼恩提出的建議是：「只是讀材料但不加評論，或是說，這一段是大家論辯的對象，教室並非職司判決的法院，也不是提供討論的論壇。」❹如果藉此問題來激勵學童作理性及冷靜的思考，或認定各種解決方案都無法垂諸永久而萬世不改，則這種教學收穫，也相當豐碩。師生彼此尊重不同的政治見解，就如同大家尊重不同的宗教信仰一般，這種雅量的民主風範，正是公共學校全力以赴的目標。

㈣教學方法及教師的條件

曼恩是盧梭之後，第一位認真考慮「團体教學」的學者❹。愛彌兒的教育雖然是個別式的，但盧梭也建議採用柏拉圖的共和國教育方式作為團体教學的模式。曼恩偏愛團体教學，除了基於經濟上的實用因素之外，還具有社會性的理由。政治上、種族上及宗教信仰上異質性如此明顯的美國社會，公共學校進行團体教學，可以使下一代子女有齊一性，正是辦理公共學校教育最迫切的職責。

但異中求同之餘，卻也不可忽略同中有異。民主社會之個別性，凸顯出它與集權社會的不同，曼恩深悉學童之氣質、能力、興趣有涇渭分明的差別，教育工作者如何在同與異中拿捏得恰到好處，正是呼應了洛克的說法。首先，師長應扮演「父權」(in loco parentis)的角色，不可放棄管教職責。因此理論上，學校不可開除學生，就如同家長不可把孩子趕出家門一般❹。但教師不可忘了，管教只是手段，不是目的；長期不停的管教，證

---

❹　第十二次年度報告。

❹　Cremin, op. cit., 16.

❹　第九次年度報告。

明了管教的失敗。公共學校應朝著「自我管理」(self-government)、「自我控制」(self-control)、「自願式的遵守理性及義務」(voluntary compliance with the laws of reason and duty)的教育宗旨邁進。盲目的信守威權，放縱的無政府狀態，都是不能接受的兩極現象。但千萬要謹記，用奴隸的方式來訓練學童的自由觀念，那是絕對行不通的 ❹。

　　因此，教師的角色是多麼的重要。教育既然是進步車輪中的主軸與中心，則教師更具舉足輕重的地位。曼恩多次引用法國大革命時期的教育改革家Victor Cousin之名言：「有其師，必有其校。」(As is the teacher, so is the school) ❺因此教師之培養，列為他辦校的首要目標之一。麻州位於Lexington的師範學校（成立於1839年），就是曼恩在秘書長任內促成的美國第一所師範學校，其後師範學校接踵成立，蔚成風潮。

　　「教學是所有技巧中最困難的一種，也是最深奧的科學。」 ❻教師不只要精悉所任教學科的專業知識，不是只拿教科書、教書手冊、教學指引、或參考書要學生背誦記憶或照本宣科就已了事，卻應在知識上超前學生一些，還應「精於教學」(aptness to teach)。獲得知識與傳授知識是兩回事。在傳授知識時，如何安排教材以適合學童學習，配合普通原則及個別化教學，因地因時因人制宜，臨機應變而不拘泥於成規或已定程序，這不是「耍技」(tricks of the trade)，卻是深悉教學要領者的妙招 ❼。曼恩在政治人才的培育上，希望領袖人物的理念不要太過超越，以免與百姓之間造成巨大的鴻溝，這種說法如應用在教師知識水平的要求上，是否教師的知識層次也不應高出學生太多，這個問題，他倒未提及。但是曼恩對於師德的管制，倒相當嚴格；為人楷模的教師，一定要品格高尚，心地善良。學校委員會如同「步哨一般的站崗在每個學校門口，不准任何上至頭部下至腳底缺乏

---

❹ Cremin, op. cit., 28. 強烈的求學意願是教學中最重要的重點。曼恩自己說，孩子興高采烈的學複雜的遊戲規則，卻對文字背誦索然無味。第二次年度報告(1838)，ibid., 38.

❺ 第五次、第六次及第八次年度報告。

❻ 第一次年度報告。

❼ 第四次年度報告。

裝扮德性的教師跨入門檻。」 ❹

　　這種教師條件，可能陳義過高，卻是最合乎「教育」的本意。只是這種理想教師，不知何時何地才能普遍存在。在曼恩的時代裡，不少教師因為學生不滿教師之管教而懷恨在心，暴發出禁閉教師甚至毆打教師情事，學校管理已變成一項棘手問題。

㈤公共教育與私立學校

　　共和政府(Republic)理應有公共(Public)學校，政府以設立公共學校作為施政重點，不容子女教育自生自滅，或純任私人來擔當重責。第一，公共學校一定用公款辦理。這一代人的財產不是只由這一代人享受，卻應對上一代及下一代負責，負責的一種表現，就是以稅收來興辦全民皆收的公共學校，否則就是「侵佔或掠奪學童權利」(embezzlement and pillage from children)。曼恩這種權利理論說，眾人較生疏，但他在第十次年度報告中，具體的表示受過教育的學生比文盲者有較佳的收入，「智慧是國富的基本成因」❹。這種說法就吸引了人民的注意了。其實這些論調，路德早已提過。第二，公共學校既為大家所共有，而教育的價值又不容否認，則大家積極參與規劃與關心，正是造成公共學校進步的保證，也實現了民主社會的「參與感」目標。從民眾的冷漠、疏離、麻木中喚醒過來，有名望且操守公正者投入學校委員會的工作，絕不讓「平民學校」(public school)成為「貧民學校」(pauper school)；「平民學校」不只經費拮据，且素質低劣。因此，州政府應大力伸出援手，並提供優秀師資來健全公共學校，公共學校就可以與傳統的有名私校相頡頏，二者並存，相互鏡照，作為改善教育列車的兩個輪軸。但私校不可拿學童作為教派或政黨鬥爭的工具，否則，「從嫩弱的童稚年齡開始，就揮舞著爭辯的刀劍，技藝靈巧又致命；福音不是和平的殿堂，卻變成甲冑傷亡的武器，及社會上無休止的戰場。」❺曼恩這種警言，實是創辦私校者的暮鼓晨鐘。

　　尤其有必要一提的是，曼恩指責那些不願交稅來支持公共學校的人，

---

❹　第四次年度報告。

❹　第十次年度報告(1846)，ibid., 61.

❺　第一次年度報告，ibid., 33.

包括無子女者，有子女但不願送子女入學者，及有子女但卻在私立學校就讀者。這些人認為他們沒有義務出雙倍的錢來給政府教導別人的小孩，並且認定財產神聖觀念，公權力不可剝奪私人運用財產的自主權；放在口袋裡的錢完全由擁有者所有，不能由他人分享。曼恩為文反駁這些謬論，他要大家了解，個人的財富，並不是單靠個人的努力或這一代人的辛勤就可獲得。第一，財富應歸因於自然界的賞賜。土地的肥沃，雨水的充沛，陽光的普照，氣候的宜人等，都是造成發財的重要條件，從中獲取利益者不應該感謝造物主的恩德嗎？第二，機器的使用，肥料的發明，交通的便捷，人口的稠密等，這些都是古人血汗的累積。這一代人傳承這些成果，他無權予以破壞或中斷；他如因此致富，更應感謝先人的庇蔭，因此更有責任為下一代的福祉而奉獻。比如說，家住河川上流者，不可任意阻擋水流全為己用，他應考慮下流者也靠此河川過活。此外，他如利用船舶航行而賺取利潤，這些船舶也不是自己所造，為了答謝上一代，他就有義務對下一代有所表示。私有財產既非存在於真空的孤立狀態中，它都有時空性；收取財產稅來支付公共學校，是最佳的用途❺。

第二節　「敬愛兒童」的愛默生
(Ralph Waldo Emerson, 1803～1882)

　　愛默生(Ralph Waldo Emerson, 1803～1882)是美國傑出的詩人，哈佛出身，一生崇尚自然，有濃厚的浪漫超越氣息，不受習俗所拘，傳統所束，高唱孤獨的價值。早年的學府正式教育，給他的印象並不深刻，倒是他的姑姑(Mary Moody Emerson)常以尖銳的問題及蘇格拉底式的對話與其交談，對他的性格塑造，有了莫大的影響。個別式的啟發思考教育，才是愛默生所嚮往的教育方法。愛默生也以此為職志，他的著作雖很少與教育有直接密切的關係，但字裡行間，卻有不少智慧的啟示。「愛默生如同蘇格拉底，是一位著名的也是顯然的教師。如果他很少提供實際的、立即的幫助來解決各年級教師有關諸如拼字的問題」，但卻是明白的標示出教育哲學所

❺　第十次年度報告，ibid., 62-68.

應歸屬的「討論界域」(the universe of discourse) **❺❷**。教育的大方向掌握得準，其他小細節就無關緊要。杜威認定愛默生是新世界中一提他的名字，同時也應提柏拉圖的大學者**❺❸**。

一言以蔽之，愛默生的教育中心思想，就是「敬愛兒童」(respect the child)。分殊而論，「敬愛兒童」，有如下的單元：

一、孩童，重燃人性之光

誠如盧梭所言，文明社會以及成人世界充滿陰險險狡詐奸計，人性早已墮落與腐敗。如果人群中只有成人，則這種醜惡的畫面就一直不斷的上演，且嚴重度會有加無減。長期累積的結果，可能人類要自相殘殺，自我毀滅。幸而人群中也有初生的嬰孩，他們的無邪及天真，善良及純潔，相應於成人，變成顯明的對比。愛默生說：「嬰兒是永恆的彌賽亞，落入沈淪的成人手中，祈求成人重新回到樂園境地。」**❺❹**

成人多半失落了，他遠離了人性的光輝；幸而兒童還能生生不息的維持著這種人性最聖潔與崇高的天性。成人對待成人，負面因素佔較大的比重；但成人看待孩童，則正面成分增多；並且關懷、憐憫、呵護、慈愛、及体諒等珍貴價值，傾巢而出。人間少掉兒童，則天堂與樂園都會失色。

以孩童的笑顏來取代成人的憂戚，使赤子之心不受穢濁所污染。孩童的存在，本身就具備最重要的教育意義。「教育的秘密，藏在對學童的敬愛中。不是由你來選擇他所該知道的，他所該做的。那是老早已選好了的，也老早就決定了的，他只要握著一把鑰匙就可以解開這個奧秘。但你的干預與阻撓，太多的管訓，使抵達目的地困難重重了，且遠離目標。敬愛兒童，等候吧！看看大自然的新產品，大自然喜愛類似而已，但絕不喜歡重複。敬愛兒童，切勿作父親作得太過火。當孩子孤單一個人時，別擾亂他。」**❺❺**

---

❺❷ Howard Mumford Jones, *Emerson on Education, Selections*, N.Y.: Teachers College Press, Columbia University, 1966, 18.

❺❸ 引自R. Ulich, *History of Educational Thought*, N.Y.: American Book Company, 1968, 329.

❺❹ Emerson, *Nature*, in H. M. Jones (ed.), ibid., 72.

降生下來，不知憂慮為何物的學童，像天使般的面龐，圓滾的大眼睛，充滿活力的肌膚，光滑又紅潤的身軀，這種條件，與愁眉苦臉、乾癟皺紋、彎腰駝背、骨瘦如柴、憂鬱眼神的大人，二者之價值高下，簡直有霄壤之別。孩童的這種天賦優異本錢，正是教育的最佳資源。就如同盧梭所言，「消極」即可——順其自然！何必人為呢？

但是「敬愛兒童」並不是放任或縱容的意思，愛默生接著說：

> 我聽到一種喊叫，對我的這種建議提出反問：你是否當真要辭退公私兩方面的管制，讓孩童隨著他自己情欲及怪念頭就去作一些瘋狂的事業嗎？並且稱呼這種無人管束的狀態叫做對兒童本性的尊重？我的回答是：敬愛孩童，自始至終都敬愛他，不過仍然敬愛你自己。作為他的想法之友伴吧！他的友誼之朋友，他的品德的熱愛者，但不可與他同流合污。讓孩子發現，你對你自己非常誠實，以致於對他的罪過，你是個不可妥協的厭惡者，對於他的無聊戲弄，你絕不為所動。❺❻

敬愛孩童，也敬愛自己，則孩童也會敬愛自己兼敬愛他人。彼此相互尊敬，這種教育效果，就無瑕疵可言。

敬愛孩童的另一層面，就是耐性。教育如同植物生長一般，不能速成。揠苗助長，反而死亡。教育有必要費長期的時間。「這個秘密，就是耐性，你知道嗎？自然學家知悉所有森林、植物、鳥獸、爬蟲、淡水魚及海水魚之秘密嗎？當他進入樹叢時，在他面前的鳥飛走了，飛得連一隻都沒剩下；當他到達堤岸，魚及爬蟲都游開，只留下他孤零零的一個。他的辦法就是忍耐，他坐下來，一動都不動。他是個雕像，他是個木頭。……經過他的堅持坐著不動，爬蟲、魚、鳥及獸，本來就很想回到牠們常去的地方，都開始轉頭了。他還是坐著不動，當牠們靠近時，他仍然維持著像石頭般的靜止。牠們的恐懼心消失了，好奇的環繞在他四周。漸漸地，好奇心大過恐懼心，乃向他游過來，跳過來，飛過來。此時他仍然坐著不動，牠們不

---

❺❺　Emerson, *Education*, ibid., 217.

❺❻　Ibid.

只重新回到老地方，作原先早已有的活動或工作，擺出本來的樣子。……
你不會用寧靜的方式來使一個沒耐性及任性的孩子安息嗎?」 **⑤⑦**

愛心與耐性，本來就是一体的兩面，缺一不可。

二、教育不可忘本——自然

教育，使得人與其他動物有懸殊的差別。動物只能陪伴主人，供主人
愉悅，替主人服務；動物雖學會簡單技巧，來取悅於人，但那些技巧並不
能由上一代傳給下一代。「受訓的狗，無法訓練別的狗」；但是受過訓的人
卻可以訓練別人，而狗也受人所訓，這是人比動物優越的地方。因此人可
以支使動物，作為萬物之靈。

其次，並不是所有的人類皆有高度文明的成果，不少種族還與一般獸
類維持著無可教育性。數千年來，世界上不少島國及叢林地區，還存在著
野蠻人的生活方式，他們除了基本的溫飽之外，在技藝或美術方面乏善可
陳，與熊及狼沒什麼兩樣。倒是有些國家，人民腦力較佳，氣溫也較宜人，
結果文化昌明，科學進步。

第三，人類征服自然，正是人類的本分工作，否則人類將受自然的束
縛。唯實論後歐美科學興盛以來，自然資源已廣泛為人所利用。光、電、
熱、氣、水、木、綱等，都能作為滿足人類物質生活之所需。

但是人類受過教育之後，如果採取虐待動物，種族歧視，糟蹋大自然，
則顯然是忘本。愛默生生在工業革命方興未艾之際，又遭逢美國有史以來
最慘痛的内戰，解放黑奴之糾紛，舉國沸騰。宇宙大自然之中，受過教育
的人只不過是其中的一小部分，千萬別忘了，大自然是孕育萬物的本源。
教育無論如何，不能違反大自然。如同人之本是小孩，吾人應該敬愛孩童
一樣，教育之本是大自然，吾人應該珍惜它，不只應該善待動物，尤應黑
白種族一視同仁。

「自然」不但沒什麼不好，反而更佳。「自然的學寮乃是圍繞著自然的
教師而自我形成的，多幸福啊! 雅典的年輕人圍繞著蘇格拉底，亞力山大
里亞圍繞著普羅丁(Plotinus)，巴黎圍繞著亞培拉(Abelard)，日耳曼圍繞著

---

⑤⑦ Ibid., 225.

菲希特、尼布(Niebuhr)、歌德」❺❽，這些都是高等學府自自然然所形成的背景。自然也是主動自發的引擎，那是教育的最佳狀態。孩子強烈的求知慾，乃因兒童的好奇天性使然。「孩子一頭熱的學習，如同媽媽用心教導一般，雙方都愉快。吾人於兒童期時聽到一位善於說美妙故事的姑媽所講的故事，年紀稍長後還都會一再的重述。孩子想學溜冰，駕船，在小溪中抓魚，用雪球或石頭丟擲一個目標；較大的學童也有興趣於學這些活動。在教導與學習算術、化學、散文、詩歌、歷史及傳記中，師生的相互樂趣並不會減少。」❺❾事實上，不少學生所真正感受到的教育，並不是他在學校課堂內聆聽教師的教學，以及閱讀所指定的教科書，卻是在他離開學府後，於生活上面臨了實際的困難後所得的感受。此時，自然狀態，就提供了一個很理想的教訓。如果吾人不忘記自然之本，就可以從自然中體驗出許多至理名言。諸如「轉石不生苔」，「一鳥在手，勝於兩鳥在林」，「跛子走正道，勝過健跑者誤入歧途」，「未雨綢繆」，「最後的一盎斯，壓垮了駱駝的背。」❻⓿這些例子，多得不勝枚舉。

相對於自然教育的一極端，就是書本教育。善用書本，最好不過；但誤用書本，則最是罪過。千萬別成為書蟲，唯唯諾諾，崇尚古人名流，滅了己見。「溫順的年輕人在圖書館中長大，相信他們的責任就是去接受西塞洛、洛克、培根所提示的。他們忘了，西塞洛、培根、洛克寫在圖書館裡所保存的著作時，也是年紀輕輕。」❻❶除了能夠啟發思考，刺激靈感(inspire)之外❻❷，書本一無是處。好書與大自然一般，應該「使人充分運用思考」(Man Thinking)❻❸。

三、自信

---

❺❽　Ibid., 221.

❺❾　Ibid., 220.

❻⓿　Emerson, *Nature*, ibid., 47.

❻❶　Emerson, *The American Scholar*, ibid., 82.

❻❷　Ibid., 83.

❻❸　Ibid., 90.

一個人充分思考，是以自己獨立的心態去思考。這就是「自信」(Self
-Reliance)。能夠敬愛孩童，也敬愛自己的人，自己就有自信，也令孩童有
自信。不幸「人是那麼懦弱，歉意連連；他不再能挺直腰桿，不敢說：『我
想』或『我是』(I think, I am)，而只是引用一些古聖先賢的話，在一片草葉
或一朵盛開的玫瑰之前，他應該羞愧才對。在我窗下的玫瑰就是窗下的玫
瑰，它也不必涉及以前的玫瑰或更為好看的玫瑰，它就是現在的玫瑰。它
與上帝一樣，都存在於今日；時間對它而言，沒有什麼。玫瑰就是玫瑰，
它存在的任何時刻，本身都是完美的。一株草蕾要萌芽之前，它的全部生
命就在活動著；盛開的花沒有增加它什麼，無葉的根也沒有減少它什麼。
它的本性就滿足了自己，而它也無時無刻滿足了它的本性。但是人卻擬延
緩，也想記憶，他不活在現在中，卻用一種回歸式的眼睛來惆悵過去，對
環繞在他周遭的豐富資產，無動於衷；也豎起腳尖要預見未來。除非他與
大自然活在目前，生在現在，否則他不得幸福，也不會強壯。」❻

對自己，對現在，都應寄予無比的信心。人不能光是緬懷過去，瞻望
將來，而不顧及眼前，否則兩頭都將落空。自信的人，不是過去的奴隸，
也不是未來的僕役，他是現在的主人。對現在都缺乏自信的人，則他的過
去與未來，都可能是虛空的。這就如同對自己缺乏自信，而經常把別人的
話掛在嘴邊一般，迷失了自我，存在意識蕩然無存。「堅持你自己，不必仿
效。」任何時刻都可展現你的才華與天分，這時的自我，相當圓滿；藉用別
人的資賦，則自我已由他人所侵佔。相信自己吧! 自己就是自己的最佳教
師。「那裡能夠找到一位師傅曾教導過莎士比亞? 那裡能夠找到一位師傅教
導過富蘭克林、華盛頓、培根、或牛頓? 每一位大人物都是一個整体。……
光靠研究莎士比亞，不能造就成莎士比亞。」❻ 勿小看自己，也無需仰賴他
人。自我作踐，自我封閉，不能破繭而出，天才就因此夭折了。

讀書少用思考、批判、分析，則腦子裡累積了一大堆雜亂無章的廢料。
「筆記本傷害了他的記憶力，圖書館負荷壓垮了他的敏智；保險公司增加
了意外事件。」❻ 這就是本末倒置、車置馬前了。自信滿滿的自我，每一個

❻　Emerson, *Self-Reliance*, ibid., 117.

❻　Ibid., 128.

人都是獨立的個体;重視群性與組織,則任何個人都變成大隊螻蟻群中的一員,少掉一個不足惜,多了一個不足樂。「每一位斯多以噶都是一個斯多以噶(Stoic),但是在基督王國(Christendom)裡,基督徒(Christian)又那兒找啊?」❻一注重組織時,群性就壓過個性,從而才華泯滅。偉大人物都是千山我獨行的;平庸者才找群眾取暖❻。

自信滿滿的人,並不以模仿為已足,卻注重創新。只要「敬愛孩童」時,孩童的創新力就泉湧而出,尤其是天才橫溢者,他絕對不甘受束於機械式的背誦與記憶(drill)。「年輕的天才是古怪的,不願像軍事上的操練。急躁,不穩定,爆炸性的,孤獨,不是世界中人,不喜於作天天的集合。要是只能作大班教學而不能給予個別開導,你就必須降低旗桿,折減速度航行,來等候那些笨拙的水手。大學的各部門越來越大,運用大學警察以常規式或軍隊式的方法來訓練學子,此種學府怎能孕育出一位偉大及英雄式的人物呢?」❻

鼓勵與讚美可以讓孩童產生無比的自信心,這也是敬愛孩童的具体象徵。當孩童不是只讀教科書,書架上卻放滿了諸如Plutarch, Shakespeare, Don Quixote, Goldsmith等時,就應讓他名列前茅。「如果一位學童恰好展示出來,他懂得天文學上的一些事實,或是植物、鳥類、岩石、歷史等知識,大家都有興趣,則讓全班靜下來並督促他向大家報告,全班注意傾聽。如此,你就已把教室變得像個世界了。當然,你應堅持,孩子要謙虛,並尊敬師長。不過,當一位學童在你講課時插嘴,而中斷了你的說話,他叫著你說錯了,並提出糾正,則緊抱著他吧!」❼教師對學童的寬容,亦是敬愛孩童的表示;尤其向敢於直陳教師錯誤的學童敬愛,正是學童獲取信心的最佳保證。

自信的人不必考慮他人對自己的估價與衡量。創見經常不見容於俗見,

❻ Ibid., 129–130.

❻ Ibid., 130.

❻ Emerson, *Culture*, ibid., 196.

❻ Emerson, *Education*, op. cit., 221.

❼ Ibid., 226–227.

既不從眾，當然就顯出孤單。因此，「確定的是你會被誤解。難道被誤解，是一件壞事嗎？畢達格拉斯被誤解過，蘇格拉底、耶穌、路德、哥白尼、伽利略、牛頓等人皆如此。……要作偉人，就得被誤解。」❼愛默生說：「在世界中人云亦云，是極其容易的；在自個兒的園地裡為我們自己而活，也並不困難；但是偉大人物就是他在群眾中還能保持完美的甜蜜來過孤立的獨居。」❼出污泥而不染，作個中流砥柱，眾人皆睡我獨醒，自信的人非但屹立不搖，且有豁然開朗的心境。

四、重視自我發展

生命的最終極資源，它必然是一種「動態的」(dynamic)，任何「晶形化」(crystallization，即刻板化) 的生活，都變成苦難，也將消失。因此所有機構或組織，都是危險的。機構導致於形式化與機械化，只有個人式的生活，才是真正的生活。愛默生樂觀於個人，悲觀於組織；學校教育是一種有組織的教育，他懷疑學校教育所能給予學童的自我發展。兒童本有好奇心與自動性，發展這些神奇能力，就已足夠，甚至成人都不應弄一個兒童世界，卻應讓兒童自己來。當兒童的創造潛能一被激發之後，就不必有外在的驅迫力與義務感，有機的自我發展就會產生豐碩的成果。在《教育》一書中指出，世界的新希望，寄託在一種新生的生命，它擁有自我，並發展自我。「無論何時，當我看到父母親或長輩以他們自己的想法及意見灌注在兒童或晚輩心上，而後者心靈完全不適合接受這些想法及意見時，我就感到痛苦不堪。難道我們不能讓兒童自個兒去嗎？以他們的方式來享受生活。否則將犧牲兒童的天才，浪費吾人所不知的天性可能發展，而只要求整齊劃一。這種方式，就好比土耳其人粉刷希臘基壁上留下來珍貴的古代藝術之鑲嵌細工一般。成人之成為成人，乃是兒童繼續成長的結果，自然天性依然存在。這種自然天性，乃是釀製英雄行動的可能沃土。」❼希臘的

---

❼　Emerson, *Self-Reliance*, op. cit., 111.

❼　Ibid., 108.

❼　Emerson, *Education*, in R. Ulich, *Three Thousand Years of Educational Wisdom, Selections from Great Documents*, Harvard University Press, 1968, 584.

個人才華橫溢，各路英雄輩出，土耳其人竟然要把凸顯的個性予以磨平，這對文明財產是多大的傷害！

自我發展正是自然發展的同義語。不要以為人類「文明」的進步，給人類帶來更大的優越性；相反的，文明社會有所得，也有所失。大家過分看重文明賜予人類的方便，卻無視於它也有負面的傷害。「大斧砍蠻人，一兩天過後，傷口無藥而癒。……但白人如遭此一擊，則早已送他上西天……文明人建造了馬車，但他同時失去了腳力；他手戴精緻的瑞士錶，卻無法依太陽計時。有了一本格林威治(Greenwich)航行曆書，但在街上行走卻不知天上的一顆星名；他不曉得那一天是日至，對春分秋分更茫然無悉。」❼❹總而言之，現在的文明社會及教育方式，培養不出兩千年前Plutarch書中所描述的英雄。

總之，愛默生認識到學童教育的焦點，集中在敬愛孩童上。孩童教育成功了，文化品質自會提高。教育的正面價值，遠超過政治法律之治療於已然。「讓我們促使教育達到勇猛及防範於未然的功能。政治是事後的工作，是一種可憐的補釘事務，總是遲了一步。惡果已產生，法律雖制訂通過但仍無補實際，吾人激動又痛苦的焦慮擬廢除或阻止該法律的通過。我們總有一天會學到用教育來取代政治。我們呼籲要從根本及從枝幹作的改革，如奴隸制度、戰爭、賭博、酗酒縱慾等，都只不過是治標而已。應該有更高的著眼點，即是教育。」❼❺「教育是建國根本」，路德早已說過，愛默生再重述一次。從小開始的孩童教育，方向如果錯誤，柏拉圖早有警告：「孩子是所有野蠻動物中最邪惡的」；英國詩人Gascoigne也說：「不教孩子，不如不生孩子。」❼❻

教育成敗的關鍵，在於是否敬愛孩童及敬愛自己。「敬愛」本身，已屬人間所追求的崇高概念，吾人不應只停留在「實然」境界中，卻應往「應然」領域邁進。具體的經驗事實雖不可忽視，但更應仰慕遙遠的理想。不

---

❼❹　Emerson, *Self-Reliance*, op. cit., 612.

❼❺　Emerson, *Culture*, op. cit., 186.

❼❻　Ibid., 185.

少學術上的偉大發現，知識上的理論或定律，大都與常識經驗抵觸，但卻是真理。「不曾懷疑物質存在者，確定不適合於作形上探討。」 **⑦** 愛默生是個詩人，注重超越想像力，不是只滿足於現實繁雜的現象世界中。即令教育未能針對少數精英作挖掘潛能工作，因而有必要「降低旗桿」來等候落後的航行者，但仍然不要忘了要「繼續航行」 **⑱** 。愛默生最偏重英才教育，但不管孩童的資質如何，都應一視同仁的以「敬愛孩童」作為教育的座右銘。

第三節　改善校園環境的巴納
(Henry Barnard, 1811～1900)

巴納(Henry Barnard, 1811～1900)與曼恩齊名，都是美國公共學校及國民教育的兩大建築師。曼恩比巴納年長十五歲，1837年即投入在麻州的教育活動中，巴納則在翌年(1838)於康州(Connecticut)接受相同職務，立即以曼恩為模仿及諮商對象，吸取曼恩的智慧、判斷及決策。但巴納獨立編撰美國史上最早也最具影響力的教育刊物，不受他人支助的獨撐二十六年，發行三十一卷，這種耐力與遠見，亦不輸給走在他前端的曼恩。《美國教育雜誌》(*The American Journal of Education*, 1855～1881)對於啟迪美國民眾，傳播教育新知，批判學校缺失，實在功不可沒。1867～1870年，巴納擔任美國教育史上中央聯邦政府教育部的首任教育總長(United States Commissioner of Education)，更在實際推廣全國性的平民公共教育上，有了歷史性不可磨滅的貢獻。

與曼恩的困苦童年及非正式的學校教育相比，巴納倒是幸運得多。不過，家境富裕的巴納，卻也帶有清教徒倫理上的美德，如辛勤工作及樂意助人。孩提時候參加歌唱團，準時練習，不必他人提醒；捉迷藏，打籃球，玩板球等各種嬉戲，都很認真；馬戲團演出時，總未錯過。一生酷愛戶外

---

⑦　Emerson, Nature, op. cit., 62. 他引用Turgot的話。

⑱　Robert Ulich, *History of Educational Thought*, N.Y.: American Book Company, 1968, 312.

行獵及整理庭院花草。年方十二時，還躊躇滿志的擬出海航行，但自小即迷戀讀書的巴納，還是走入學校教育的老路；1826年，巴納以16歲的年齡，入學耶魯。

一、投入教育改革工作的心路歷程

大學畢業時（1830），前途茫茫，巴納家人希望他投身法界，但經由校長(Jeremiah Day)的建議，不如暫時先到賓州一所學府(Wellsborough Academy)教書，然後比較有充裕時間來考慮未來的走向。巴納就讀中學時（校名為Hopkins Grammar School），因為名師William Holland在該校執教，所以非常愉快，認為老師推薦閱讀資料供學生研究，以增加對該科目知識之了解，並擴大學生的知識範圍，激發學生自動自發的求知欲，此種教學模式，頗符合巴納從小就已具備的求學口味 [79]。不過，要他畢其一生來任教，卻非他的心願。他在日記上寫著：「我覺得我不夠資格去教導小朋友。」[80] 執教鞭不到三個月，他就辭職不幹了。自認心性上無法承受淘氣兒童的吵鬧與哭叫，他不願傾全力予以關注，倒費不少時間去研讀莎士比亞及英國文學作品，並加入熱門的政治討論中。

當時最轟動的政治辯論，莫過於奴隸制度的存廢問題。巴納認為奴隸制度本身是不道德的；但他也指出，主張解放奴隸者也因太過狂熱與幻想，對人性也是一種傷害。北方人掀起此種運動，使南方人越覺疏離；他擔心這種討論持續下去，終將造成南北分裂的結果。解決奴隸制度這棘手問題，巴納也是束手無策。他倒是贊成用和平的方式來解決國際間及種族間的各種紛爭。1835年，他代表康州和平社(Connecticut Peace Society)到倫敦參加國際和平會議，向大會發表演說，期望透過和平的手段來消弭各種困難，由中立又超然的團體出面來仲裁各國之間的問題。他不假辭色的忠告英國人不要因美國陷入奴隸制度的困境中而沾沾自喜，不如回想一下英國自己的歷史處境。英國人如果派遣使團來挖掘奴隸制度的罪惡，則美國南方人

---

[79] Vincent P. Lannie, *Henry Barnard: American Educator*, N.Y.: Teachers College Press, Columbia University, 1974, 3.

[80] Ibid., 5.

也可組成一個十人左右的共和政体之擁護者，到英國來啟迪民眾，讓英人
了解英國王朝的醜行。各國之間不應相互指斥，惡化問題的嚴重性❽。碰
到各國正處於焦頭爛額之際，袖手旁觀都已是相當不應該了，怎麼可以落
井下石呢？

目睹天主教會在康州欺騙善良百姓的措施，巴納也憤憤不平。他的「清
教徒血液被挑激起來了，看到一行一行的婦女，等待著排隊輪流到懺悔箱，
傾著她們軟弱的耳朵來聆聽教士的佈道……置家庭的和平與幸福於這批史
上證明為壞人的安排下，不是相當令人恐怖嗎？」❽傳統的錯誤太多太複雜，
巴納有心思考謀求解決之道；但茲事体大。在意大利慶祝他的25歲生日時，
開始認真又正式的沈思自己未來奮鬥的目標，初步決定多留在歐洲一段時
間。但父親病危的消息，使他不得不匆匆忙忙的於1836年趕回，在父親病
榻前照料十個月，1837年，父子永別。

在喪父期間，康州人民推選巴納為州議員，他開始調查該州的貧民救
濟制度，牢獄管理及懲戒措施，並且關照盲生及聾生的教育問題，希望用
較為人道的方式來處理心智遲滯的孩童。友人鼓勵他作大規模的州教育体
檢，巴納始發現國民公共學校情況令人沮喪，師資、設備及經費嚴重不足。
1838年他提出一法案，要求州政府成立一個董事會(Board of Commission-
ers)來視導全州公共學校事宜，評定學校優劣並提供改善參考。他說：

> 至少在美國此地，沒有一個人能單獨過活。個別的幸福都與最大多
> 數人的最大幸福息息相關。每一個人必須使自己成為既善良又具影
> 響力，盡其可能同時使每一個周遭的人更為幸福且更為善良。公共
> 學校不再因為它是廉價與低劣，只有窮人入學且只收不關心子女教
> 育者的子弟就讀的學府而稱為公共；公共學校之被稱為公共，要如
> 同光及空氣一般的福祉普施大眾才得此頭銜。那種日子將會來臨。
> 對我而言，我甘願付出勞力，好讓別人進來收成。❽

---

❽ Ibid., 8.

❽ Ibid.

❽ Ibid., 10, 102.

該法案在無異議下通過，巴納同意作為董事會八名成員之一，但卻不願作秘書長。與曼恩相同，巴納此時有個蒸蒸日上的法律事務所，薪酬甚為優厚。巴納本提名一位熱心聾啞教育的學者Thomas Gallaudet擔任秘書長，但Gallaudet以年事已高又健康不良謝絕，巴納私下相信真正的理由大概是俸給太少所致。眾人皆認為巴納是唯一人選，公共學校的改造是一條通往人本途徑的崇高道路。巴納既擁有人道情懷，就不該在這項重大任務上缺席或逃避。

只答應作六個月看看的巴納，董事會不接受他的辭職，反而請求他續作四年，訪問全州公共學校，收集學校統計資料，撰寫年度報告，編輯《康州公共學校雜誌》(*Connecticut Common School Journal*)，這是他日後刊行《美國教育雜誌》的藍本。結果他竟然發現，越在教育上費力，「我越覺得興趣無比，遠非我原先的預期。」❽公共學校的興革，使巴納產生宗教上的使命感，認為教育乃是耶穌基督的十字架，教師必須扛在雙肩上，好比教育上被挑選出來的傳教士一般，勇往直前。「教育園地是最值得花費体力及心智力的所在。」❽在1846年8月12日給友人的信上說：「過去近三年來我的全部歷史，可以用下述數個字作總結——工作，工作，工作。」如此日夜匪懈的工作，由於這種艱巨工程，阻力不小，敵人環伺，他乞求曼恩作為「嚮導、希望、友人、友伴，同甘共苦」❽；無論在任何逆境下，都要克服難關，曼恩也多次去信予以鼓勵。「活下去，不過如果你非死不可，也要在死時手握你的劍，臉朝著敵人。」❽從此，公共教育變成巴納一生中的不歸路。

喜愛歷史也擬撰寫歷史的巴納，不如親自去創造歷史。這是羅德島(Rhode Island)州長(Governor James Fenner)給他的建言，希望巴納答應負責該州公共學校改善事宜❽。巴納不只關心美國數州的公共學校之改造，更有志於作全國性的教育行政職務，這種宿願也最後得償。早年從未想到作

---

❽　Ibid., 11.

❽　Ibid., 89.

❽　1843年2月13日，Barnard致Mann書信, ibid., 82.

❽　1842年3月19日，Mann致Barnard書信, ibid., 70.

❽　Ibid., 17.

個教師的巴納，卻在美國教育史上與曼恩並列，這是巴納無法預測的事情。
雖然在美國中央政府首設教育部時出任第一位教育總長，卻因個人因素於
1870年被總統(President Grant)解職，且「部」(Department)也在聯邦政府組
織中降格為「局」(Bureau, 1869)，而使巴納蒙羞，但他主編的《美國教育
雜誌》，心理學家G. Stanley Hall認為：「可能是所有語言文字上已刊行的教
育期刊中最具價值者。」美國第一所現代化大學Johns Hopkins University的
首任校長Daniel Coit Gilman認為是「最廣泛也最有價值的雜誌」。英國功利
主義健將John Stuart Mill看過初版，「相當欣悅」。日後成為阿根廷總統的 D.
F. Sarmiento購買四套以便作為該國改革教育的根據❽。這種功績，對於美
國慘遭南北內戰之後，全國期求透過教育以和平方式撫平心靈創傷，且以
公共學校之改造來達成南北及東西一体感，扮演了舉足輕重的角色。

二、改善校園的環境

　　巴納除了在他老家康州負責全州公共學校之改善責任外，也在羅德島
擔任同樣工作，在心境處於低潮又失業時，曼恩適時安插他擔任麻州師校
校長，但他卻婉謝曼恩這個多年好友的美意。不過他也答應過威斯康辛大
學擔任校長(Chancellor of the University of Wisconsin)，只是他的辦學重點
放在國民教育上，大學教育並非他的興趣所在。在國民公共學校的興革中，
他的主張及理念，多半與曼恩及前人相同，並無突出之處。可是巴納在學
校校園建築，設備及氣氛上，特別看重，認為這是歷來辦校者所忽視之處，
卻是整体公共學校的重建上不可遺漏的一環。校園景觀，極富教育意義，
等閒視之，實在不該。

　　1.校園建築(School Architecture)含有文化、精神、及人文氣息，不是單
純的只有物質上的建構(School Building)而已。換句話說，校園建築要優先
考慮教育的因素❾。建築師應該思考的是，不只要問學童從學校當中獲得
多少，更應注意孩子從教室裡學到什麼。「要是教室內通風不良、課桌椅的

---

❽　Ibid., 24–25.

❾　Jean & Robert McClintock, "Architecture and Pedagogy," in *Henry Barnard's School
　　Architecture*, N.Y.: Teachers College Press, Columbia University, 1970, 6.

安排違反了孩童的生理結構，則休怪學生厭惡讀書，不願到校。」❾不幸，學校建築自古以來就非常簡陋，地點不宜，鬧聲喧天，灰塵四處飛揚，惡臭遍地，泥濘不堪，家畜遊走，通風不良，師生有窒息之感；不是冬天嚴寒缺爐火，就是夏天悶熱肆虐，或是寒風凌厲，屋頂漏水，廁所糞便不通；課桌椅無靠背，高度不適合學童身材；不少學校位處公路旁，學童在公路上嬉戲，以交通路段權充体育運動場所。在當時社會大眾都已覺醒要改善牢房設計之時，但對下一代學童身心健康大有影響的學校房舍，卻少有人關注，這是相當令人悲痛的。巴納調查過麻州、紐約州、佛蒙特州(Vermont)、康州、及羅德島的學校，沒有一間合乎理想。遂提出學校建築的一般性原則，要注意下列數項：地點、大小、採光、通風、溫度、課桌椅、講桌及教師桌椅、教具、圖書室、庭院及室外布置等數項。大至校地的選擇，小至課桌椅之間甬道大小及前排後排之循序升高，都鉅細靡遺的描述並繪畫明晰的插圖於他的那本教育史上難得一見的《學校建築》(*School Architecture*)中。這種資料，彌足珍貴❾。

　　2.學校建築也是完成教育功能中完整的一部分：環境的潛在教育價值，巴納首先提及，這種無形的教育影響力絕不在正式上課時教師所提供的涵養德性的功能之下。巴納說：「學校房舍是個饗宮，供給社區中每一位學童作体能、智力、及道德文化上的獻禮。並在每一個小心靈上種下最早也最強的有關真理、正義、愛國、及宗教印象。」❾學童入校後，深受學校環境的氣氛所感染，久而久之，養成一股「自我教育」(self-education)的習慣，畢業離校後，還會持續不斷的作觀察，印證經驗，及閱讀❾。這種現象，就是巴納自己的寫照。如果校景景色宜人，發人省思，幽靜清潔，美觀雅緻，空間遼闊，又有溪流、湖泊、山丘、森林、花草或果園，教堂尖塔高

---

❾　Ibid., 19—20.

❾　Henry Barnard, *School Architecture or Contributions to the Improvement of School-House in the United States*, N.Y.: Published by A. S. Burnes & Co., 1848, in ibid., 34–53.

❾　Ibid., 55.

❾　Ibid., 78.

聳入雲，柳蔭成陰，綠草如茵，鳥蟲鳴叫，飛雁南飛，則師生漫步其間，
或靜坐出神，都可能激發無窮的內在潛能，時有作詩的衝動，或有解決哲
理難題的靈感，這才是培養人才的教育場所。至少，學生長期浸潤於此種
具有陶冶性情的教育環境中，變化氣質，一心向善，正是興蓋校舍的最大
用處。

　　學校建築應該作為一切建築的模範，而學校環境也應該作為一切環境
的樣本，則學校就可以發揮教育中心的功能，帶動整個社會及家庭的改善。
如此，學生就不會故意破壞學校設備，他們珍惜愛護都已來不及，怎麼忍
心下毒手來刻畫或污損學校公物呢？即使離開學校，也會依依不捨，有空
一定又重入校園，接受學校的教育洗禮，消除他在社會上感染的污垢。

　　3.學校建築絕無歧視設計：公共學校既為大家所共，則無種族、膚色、
或貧富之間的差別而設計不同的學校建築，以收容不同階級的學生入學。
消除南北鴻溝，更是內戰之後美國社會的當務之急。而貧富懸殊的對立，
更不應在公共學校內出現。在公共學校內看不出那一個學生出身富豪之家，
那一位孩童來自貧賤之宅。依據巴納的轉述，位於Newbury-port女中校長告
訴一位來訪的紳士說：兩位十七、八歲的女生在下課時，互相勾肩搭背的
散步。紳士說，其中一個是本地首富商人之掌上明珠，另一位則家長是無
業遊民，貧無立錐之地，但兩位是同窗，已近兩年，學業成績相埒，她們
之間的友誼，並非家長的社經地位可以侵犯。許多上層階級之子女也與貧
家子弟隔桌而坐，共同練習作功課，自由自在的交談；不管父親來自寒微，
或是媽媽是寡母，日夜操勞工作，學生都不擔心被傳染一絲一毫的差別待
遇。學童無論來自萬貫家庭，或手無寸銀，學生分類都依姓氏字母排列，
他們相處在一塊，絕不生怨言，或有厭惡表情❾❺。

　　教室之安排，學生之分班，教學方法之改善，教師態度之和諧可親，
校園彌漫一股祥和氣氛，注重學童個別差異的稟賦。這些設計都是促使學
童免於偏見與傲慢的良藥，也是培養謙虛、平和、寧靜心境的不二法門。
教室是學校建築的硬体，教師則為學校建築的軟体。前者因為時代及科學
的進步，可以提供早年學校無法提供的設備，好比哈佛大學校長Hon. Ed-

---

❾❺　Ibid., 108.

ward Everett向中學畢業生致詞時所說，該校的電化器材，哈佛首任校長President Dunster一定毫無所悉，發明家富蘭克林、培根、或牛頓也覺得陌生。而軟体的教師更應散發出教育愛的光輝，普照全民，好比雨露甘霖，均霑庶黎。「學校不是像鐘錶，調緊發條後它本身就會行走；它卻像個有組織有生命的機体，有感性，也有情性。」❾❻光有氣派的學校建築而缺乏人性味，則只是「房子」(building)，而非「校屋」(architecture)，猶如裴斯塔洛齊所言之house與home的差別一般。巴納提出，在校園環境上，教師角色的人本精神佔有更大的分量，這是頗具見地的。

　　從巴納如此系統又有規劃的提出學校建築的教育功能之後，教育先進國家都為了萬年久遠的校舍建築花下心血與金錢，學校建築在硬体上也就煥然一新了。

參考書目

1. Barnard, Henry. *School Architecture or Contributions to the Improvement of School-House in the United States*. N.Y.: Published by A. S. Burnes & Co., 1848.

2. Cremin, Lawrence A. (ed.). *The Republic and the School, Horace Mann on the Education of Free Men*. N.Y.: Teachers College Press, Columbia University, 1957.

3. Jones, H. M. *Emerson on Education, Selections*. N.Y.: Teachers College Press, Columbia University, 1966.

4. Lannie, V. P. *Henry Barnard: American Educator*. N.Y.: Teachers College Press, Columbia University, 1974.

5. Mann, Mary Peabody. *Life of Horace Mann*. Washington, D.C.: National Education Association of the United States, 1937.

6. McClintock, J. & R. *Henry Barnard's School Architecture*. N.Y.: Teachers College Press, Columbia University, 1970.

7. Messerli, Jonathan. *Horace Mann, A Biography*. N.Y.: Alfred. A. Knopf, 1972.

8. Ulich, R. *History of Educational Thought*. N.Y.: American Book Company, 1968.

---

❾❻　Ibid., 312, 314.

第十七章　十九世紀的英國教育學者

　　傑佛遜為他一手創辦的維吉尼亞大學，設計了美觀的校園；巴納也為中小學校園的改善，投下了不少心力。這些努力，都不是紙上談兵就可完成，卻需一筆龐大的經費。此外，普及教育的理論，早就為古來學者所堅持；但全民義務教育，必需也是免費教育；政府除了擁有鉅額稅收來經營全國性的教育事業之外，全民也要有餘暇來入學。這都非有雄厚的資金不可。十九世紀的產業革命正好滿足了此種需要。產業革命發生在英國，英國的產業家及思想家，也正面的希望將人類史無前例的利潤獲取，轉移到平民救濟及慈善教育上；財產本身不是罪惡，當財富作為教育用途時，「功利主義」(Utilitarianism)及「幸福主義」(Hedonism)就二者合一，「最大多數的最大幸福」(the greatest happiness of the greatest numbers)的社會福利(social welfare)國家，於焉完成。這種功利取向，「顧客永遠是對的」之政策，難怪拿破侖曾經說過，英國是個「管理商店的國家」。

第一節　注重工人教育的慈善家奧文
(Robert Owen, 1771～1858)

　　奧文(Robert Owen, 1771～1858)是英國威爾斯(Wales)地區的人，其父當過馬鞍師。奧文於九歲時即做店員，也是布商學徒。十八歲時自己經營布店，時正法國大革命發動之際，布商生意興隆，年屆二十八歲時即是聞名全英的富豪。但富可敵國的奧文，心地卻極為善良，慈悲為懷。對下層人民，尤其是工廠工人子弟的福祉寄予最大的關注。並且自十八世紀中葉，奧文開設工廠所在地的「紐藍納克」(New Lanark)，就普遍彌漫著一股蘇格蘭知識界的文藝復興氣息，愛丁堡大學(University of Edinburgh)及格拉斯哥大學(University of Glasgow)大力提倡行為科學，強調道德哲學以最大多數

的最大幸福為最高指標。奧文深受感染，又娶了一位企業家之掌上千金，也同具淑世胸懷。奧文與兩所大學的教授過從甚密，深感啟蒙平民的重要性。奧文畢生心力及金錢，即身体力行的開辦工人學校於自己的工廠中，對雇工相當禮遇，工資提高，工作時間合適安排，伙食佳，環境優，還規定十歲以下的子女不准作為童工。1815年以後，人們一提到他，就馬上知悉「奧文先生，慈善家」，或「仁慈的奧文先生」(Mr. Owen, the Philanthropist, or the benevolent Mr. Owen)。奧文一名，已與慈悲及仁愛劃上等號❶。由於辦校理念相當進步，讚頌之聲不絕於耳，人們稱呼該地是「本國或他國所能發現的最佳教育場所」❷。

奧文的教育理念，雖自稱是完全獨出心裁，前無古人，且又自承少有閱讀，但這些自誇之語，並非事實。比較值得一提的教育思想上的特色，有如下數項：

㈠環境萬能說

奧文目睹社會的黑暗，人心之沈淪，男女之無知，品德之罪惡，政治之敗壞，這些「環境」，都對下一代學童之教育有莫大的傷害。因為環境的良窳，決定一個人心性的善惡。奧文說：「人，大部分是一種接受外在環繞著的情境所決定的東西，過去是如此，現在也是如此，未來也一定是如此。現在，將他永遠的只置於邪惡及低劣的處境中，他一定會變成低劣及邪惡，不如此的狀況是絕少的。若將他放在優越及真正善良的場所裡，同樣的可以從他本有的個別品德中變成優越及善良，不如此的狀況也是絕少的。」❸

英國經驗主義的傳統，以及啟蒙運動的共同主張，大都承認人品的型造或智慧的多寡，取決於遺傳的因素少，卻是後天的環境左右一切。嬰兒自出生之後，即極為無助的在環境的掌握中。而地球上已形成的文化環境，見解互異之差距，有時直如天壤。「在基督教圈子裡，或是無可避免的成為

---

❶　John F. C. Harrison, *Utopianism and Education, Robert Owen and the Owenites*, N.Y.: Teachers College Press, Columbia University, 1968, 15.

❷　James Bowen, *A History of Western Education*, vol. III, London: Methuen & Co., Ltd., 1981, 380.

❸　Robert Owen, Rational Education for the New Moral World, in Harrison, op. cit., 124.

摩西、孔夫子、穆罕默德的門徒，大偶像的崇拜者；或是變成蠻人，或是
食人肉者。」❹奧文這種論調，是繼承洛克的遺緒，絕非他的匠心獨運。但
奧文不只有此種想法，還把它訴諸實踐，證明人性是環境的產物。他希望
在古老的英國社會中另起爐灶，塑造新社會(A New View of Society)，並在
美國這個沒有歷史包袱的西部處女地，產生「新道德世界」(New Moral
Worlds)。在他於英美兩地興建的教育場所的廳堂上都書寫"C. M."(Com-
mencement of the Millennium)兩字，代表「千年福時代的開始。」❺只有提
供良好的環境，才可望有良好的人民。奧文果斷的說:「人的品格，沒一個
例外，都是外塑的。那就是說，品格大部分是由前輩人所鑄造。前輩人給
予他的觀念與習慣，這些習慣與想法變成力量來主宰並引導他的行為。因
此，人從來不會、也沒有可能自己來形成自己的品格。」❻

　　前輩人指祖先或是成人，上所施，下所效，正是教育的重要現象。孩
童自呱呱墜地後，如處在一個相襲已久以兇殘的食人肉為尚部落裡，則耳
濡目染，習以為常，且不知此種風俗之不該，他的品格流露出一種慘酷不
仁的舉止與儀態。相反的，他自降世以還，如生活在祥和及仁慈的家庭中，
慷慨、節制、施恩、關懷，就變成他不自覺的德性。這兩種極端對立的性
格，都是不同的環境所造成。人無能為力自作主張。

　　但是「幸福」是人生最高的鵠的，只有慈愛四布，善意流傳，恩澤廣
及黎庶，千年福的境界才可望到達。掃除祖先的無知，才能根除人類的不
幸。奧文深信可以設計一種社會，沒有罪犯及貧窮，不只個人獲得幸福，
整體社會也同享幸福。他發現工業革命時期的社會危機，種源於社會結構
本身。個人處在製造商貪求利潤的狂潮裡，變成「次等及劣等的機器」(a
secondary and inferior machine)，無知於幸福的真諦。財富的累積，如能佐
以「愛心、分享、及關懷」(loving, sharing, caring)，則社會福利國家必已實
現。愛才能滋生幸福，恨卻是衝突的種子。孩子從小就呼吸愛的氣息，擯
除仇恨，這才是整体社會及教育制度的根本。

---

❹　Robert Owen, The Institution for the Formation of Character, ibid., 94.

❺　Harrison, ibid., 24.

❻　R. Owen, A New View of Society, ibid., 77.

　　茲舉出奧文自列的幼童學校十原則為例，說明愛的環境可以產生幸福的下一代：

　　①不責罰兒童，也不處分兒童。

　　②用音調、表情、文字、及行動來表達無限的仁慈，對任何兒童皆一視同仁，無一例外。每一位教師都採用此原則，依此來培養師生之間真正的疼惜及信心。

　　③以觀察實物及其屬性來作為教學要旨，師生進行熟悉的對話來闡釋教材，學童准許提出心中疑問、尋求解釋、或得到更多的資訊。

　　④以仁慈及理性態度回答問題；當超越教師知識範圍時（此種情況經常發生），則該學科知識的急待充實，就有必要加強，以免導引學生誤入歧途。

　　⑤學校課堂內的時間並不硬性規定。不過，當教師發現學童或自己本身因課內教學而有疲累之感時，則在天氣良好的狀況下，應改換成室外体力活動；天候不佳則改上音樂或在屋內作体操。

　　⑥除了音樂之外，工人子弟應教導並練習軍操，養成守秩序、服從、整潔等習慣。改善他們的健康及体格，準備在必要時，可以報效國家，保衛鄉土。舞蹈亦當學習，舞跳得好，在外觀、舉止及健康上有所助益。

　　⑦這些練習都以有用及兒童喜歡為原則。課內及課外活動兼顧，並且輪換進行，可以減少疲累，還有互補功能之效果。

　　⑧讓學童熟悉於花園、果園、田地、森林等產物。了解一般性的家畜及自然歷史，乃是工人學童之主要活動，也正是紐藍納克學童花費最多時間的活動。

　　⑨訓練工人階級子弟思考的習慣且理性的行為，這是一項嶄新的教育措施，吸取更多知識以作為日後用途。

　　⑩工人子弟的教育，比其他階級子弟的教育優越，這種工人子弟的經驗，也是極為新穎的。❼

　　奧文本人耐性十足，愛心感人。工人子弟之教育絕不輸給其他階級學童的教育，讓大家平起平坐，無差別待遇，更無自卑感或自大狂。這些品

---

❼　R. Owen, Ten Rules for Infant School, ibid., 173–175.

格，都有待良好環境的設計。奧文之成功，主因在此。

(二)順應自然，不重人為獎懲

獎勵與懲罰(reward and punishment)，是教育的方法，但是如果不來自於盧梭所倡的自然獎懲，而是人為所刻意造成，則產生不良的後果，有違教育的崇高意旨，更不利於幸福境界的達成。舊教改革家「小學校」(Little School)的鼓吹者，早已反對人為獎懲，奧文只不過是重述人為獎懲的弊端而已。

奧文的長子(Robert Dale Owen, 1801～1877)為文抨擊人為獎懲制度，認為該種方法容易產生兩種惡果，一是對學童不公平，二是易生偏見。前者所謂的不公平，意指有些學童天分本就傑出，才華也較優越，又生長在有利的環境中，他的表現如受到人為的獎勵，這不是他分內所應獲得；相反的，有些孩子出身寒微與不幸，資質又較庸劣，環境又有害於他的品格發展，如因此遭受人為懲罰，也是罰錯了對象。這些孩子表現的好壞，皆非他們本身所應負責；獎懲他們，對他們而言相當不公。其次，偏見之形成，泰半都由於不當的人為獎懲所造成。受獎者之驕傲，目空一切，狂妄，虛幻的雄心企圖，非理性及侵犯性的情緒，貶損他人，消除異己等，都是小時候孩子經常得到師長獎勵所連帶而來的性格；相反的，自卑心、無力感、缺乏信心、畏縮、退卻、消極、多疑、猶豫不決、沈靜寡歡、精神不濟、活力不足、保守與固執等，這些心態，種因於小時候常常受到懲罰所造成❽。

什麼是「自然的」(natural)獎懲呢？那就是「必然的後果」(necessary consequences)，即產生幸福的獎及痛苦的懲。增加個人及團體的幸福，或減少個人及社會的幸福，本身就具有獎懲之功用，因為前者有快樂感，後者有苦痛感；苦樂二者，就是懲罰及獎勵，卻不會有嫉妒或傲慢現象。學童本諸誠心誠意及仁慈胸懷所做的行為，自然就在他內心中滋生快樂與愉悅感；那是一種心甘情願的自發性舉動，不假外求；相反的，他如果是虛情假意，自私，或偽裝來蒙蔽他人，則「自然」必給他懲罰。由於心中缺乏坦蕩蕩，因此經常忐忑不安，這種人與幸福相距甚遠。奧文創辦的學校，

---

❽　Robert Dale Owen, Education at New Lanark, ibid., 132–133.

洞悉此種差別，希望師長及學童對於後者不必予以斥責(blame)，卻應投以「同情」或「憐憫」(pity)的眼光❾。本諸善意的行為，本身就是幸福，就是快樂。人為的獎勵，不能增損這種幸福與快樂；反面來說，只靠人為的獎懲才能趨善避惡，則這種人的行為之合乎正途，都得仰賴外力，無法獨立自主。如果還得憑藉監視，那就更失人格尊嚴，離幸福更為遙遠了。

　　學童有那些「自然」的樂趣，教育應該順著該種天性去發展呢？奧文的門徒William Thompson (1775～1833)發揚奧文的學習興趣說，不必藉獎懲，學習如安排得當，本身「自然」就興趣盎然。自然興趣有如下三種：

　　①行動的樂趣(pleasures of activity)：指各種心理能力開始運作時的樂趣，這種樂趣又包括：

　　a.感官樂趣(pleasures of the senses)：指視覺、聽覺、味覺、觸覺、及嗅覺等樂趣；並且肌体運動有益身体健康，同樣也具樂趣。此外，可以自由運用判斷及比較，這種心智能力的增長，也是樂趣無窮。

　　b.新穎樂趣(pleasures of novelty)：尤其年幼者感受此種樂趣比年長者強烈，因為第一次印象特別深刻，也容易激動。任何新的事實，新的性質，新的形式，都能自然的引發兒童的注意力。這種興趣或學習動機，教師應好好利用，這是一種「自然獎賞」(natural reward)。

　　c.好奇樂趣(pleasures of curiosity)：由新穎樂趣所引發，學童並聚精會神的進行尋幽探秘，如果能從學童的已知按部就班，循序漸進的增加學童知識範圍，加深學童領會程度，則學童自會樂在其中，陶醉在好奇的行動裡。

　　d.發現樂趣(pleasures of discovery)：好比哥倫布發現新大陸或科學家進行新探險一般，人的一生旅程，隨時都是新發現的時刻。學童如不受傳統教育的層層束縛，自會在無邊無際的知識天地裡，開拓新的領域。這種機會多得不勝枚舉，不必費吹灰之力。

　　e.發明或設計樂趣(pleasures of invention, or planning)：兒童可以在田地或工廠裡，製作新的產品及新的花樣，設計與眾不同或別出心裁的工藝發明，自然界提供此種發明或設計的材料也近在眼前，只要善加利用，

---

❾　Ibid., 135.

人人都可變成發明家或設計家。

②同情樂趣(pleasures of sympathy)：上述樂趣指知識或体能上的樂趣，而同情的樂趣則是德育的範圍，但二者相互有關。不過，同情樂趣涉及自己與他人，如能將他人的苦樂融合在自己的苦樂中，這就是同情心的表現。除此之外，同情的對象不只是人，且包括自然界的一切。只是，同情心應接受理性的引導，否則會降格為衝動與盲目，對幸福無益。

媽媽與嬰兒，自餵奶開始，彼此就享受樂趣。母親脹痛的乳房，經嬰兒一吸，而有解除痛苦的快感，而嬰兒吮乳可以減輕飢餓的不舒服感覺，相互受益。母親的慈祥笑容及兒童的滿足表情，二者從此建立起「聯結作用」(association)，密不分離。彼此自然的以取悅對方為樂趣，同情心於焉建立，並且同情的行動也於焉展開（benevolence是仁愛，訴諸行動就變成beneficence）。而同情的行動可以助長同情心的萌芽與茁壯。

同情心的具体行為，就是在知悉別人遭受不幸或不合理的痛苦時，不會坐視不見，聽而不聞，卻會採取各種有用的方式來拯救對方。同情心的反面，就是冷淡(antipathies)。冷淡含有惡意或報復，落井下石或隔岸觀火，別人的苦難與己無關。同情心的自然效應，就是建立起心心相印永不疏離的感情，彼此打從心底深處，牢牢的結合在一起；這種心靈的愉快感，就是最珍貴的酬勞。相反的，冷淡的自然後果，就是大家分崩離析，同床異夢，說話不投機；沒有一種人的天性，喜愛對方態度之冷若冰霜；如果冷漠演變成嫉妒，那就更不得人緣了。因為在對方快樂時，不但未能與之同樂，反而惡從膽邊生；對方不幸福時，自己卻雀躍不已。因此冷淡的人從來未曾真正幸福過，因為他從未真正嚐過快樂的滋味。他的快樂夾雜著恨意，不純。同情心最具「自然」的無污染心境，本身就是樂趣，別無他求。

③實用樂趣(pleasures of utility)：將知識付諸實用，在展望其後果苦樂之多寡計算時，就必須綜合各種心智能力的調配，不因短暫或近前的快樂而沾沾自喜，而忘卻了橫擺在未來可能飛來的橫禍，這就是判斷力的培養。正確的判斷力，乃是人生走向的指南針。人生有了正確的走向，心安理得，快樂無窮。別人也就處處與時時請益，懇求指示迷津。這種知識最具實用性，快樂亦蘊藏在其中。

教育之實用性，在過去及奧文的時代，都大受冷落，以致於學童所學都是一些死語文，空洞又冷僻的辭彙與形上的名詞。裝飾性(decorative)大過於實用性(utility)。具有高瞻遠矚的智慧及判斷力，必須從小孩時期開始，就注重實用的課程，每種知識都因實用性而心領神會，求學樂趣及動機自會增強。這種有利的教學資源，唾手可得。首先，就地取材，若讓當地的家長甚至學童精於農事、園藝、建築、毛衣製作、棉線紡織、五金器材、機器鑄造者，都有機會一獻所長，不只參與感油然而生，且知識之紮實也最為穩固，彼此討教聲及傳授聲不絕於耳，階級距離消弭於無形，合作的快樂氣氛籠罩在整個校園或社區中。人人皆有天性上的發表慾，學校提供此種機會，這種樂趣，還須仰賴外力的獎懲嗎？正確判斷的樂趣，必以實用知識的教學作為第一步❿。

對興趣的分類，自赫爾巴特以來，上述大概是最有系統也最與教育有關。

實用知識，正是奧文及其從者努力教導工人子弟的重點。他們譴責英國傳統士紳階級之崇尚戴假髮，穿著上的刻意裝扮，束腹上的花邊，印地安人的刺繡，這些都不具實用性，只是為了討好人家的觀感⓫。這種文化現象，反應在教育上的，就是教材內容的遠離實用性及日常生活性，更與人性本身脫節。「在所有動物中，只有人才羞於自己的身體形態，結果產生了一些錯誤的驕傲，而錯誤的精緻更無法勝數；人們以為最懶的、最無用途的、且也最敗壞人性的，卻最有價值，最值得尊崇及珍惜。女性當中過度誇張的情感，使她們震悚於昆蟲的死亡，但對女性同胞之真正不幸卻幸災樂禍。她們對於別人用了一個不雅的字就驚恐不已，卻對施加於人及動物之殘酷舉動，心如止水。」⓬奧文這種不滿，為英國功利主義開了先河。

既承認個人乃是環境的產物，所以改革社會制度乃是首務。改革不是激進的，卻應漸進(gradually)，奧文這個「漸進」字眼，一再的使用⓭。改

❿　William Thompson, *Education in a Community*, ibid., 205–230.

⓫　Abram Combe, The Definition of Education, ibid., 192–193.

⓬　William Maclure, Opinions on Various Subjects, ibid., 244–245.

⓭　R. Owen, The Institution for the Formation of Character, ibid., 105.

革需要時間，不可能一蹴而幾，因此耐性一定跟隨愛心而來。「行為不檢，我不會處分；行為已違反善，我也不會生氣。」⓮他不相信經由此種手段，無法造成品格改善的效果，反而認為捨棄此種途徑，都非恰當。「不要再說罪惡或傷害的行動不可能予以阻止，也不要再提新生一代最具理性的習慣不能普遍的塑造。現在已存在的犯罪品格，其錯誤顯然不是存在於個人，其缺失乃因個人接受不良的制度所形成。將製造犯罪的情境，從人的性格中除去，犯罪就不再出現，而以守秩序，遵規則，節制，勤奮等習慣代替之，這些素質就因此形成了。」⓯

劃定一個新社區來進行教育的新改造，從整個社會制度的理性設計以及教育愛的滋潤，尤其對工人子弟教育的重視，這在十九世紀中葉，世界各國解決工業革命開始所存在的工人教育問題，奧文的教育努力，變成一種藍本。其後各國進行類似的實驗，好比過江之鯽。雖然奧文高唱環境萬能說及教育左右一切，這種說法在理論上很脆弱，但他及其從者極力排除人為的獎懲，倒是格調很高，他們的警言，實有教訓作用。

Jeremy Bentham一度是Owen的生意伙伴，評論「開始如蒸汽(vapor)的Robert Owen，卻以煙霧(smoke)作結束」(begins in vapor and ends in smoke)。John Quincy Adams注意Owen在Washington的活動，日記裡天天記載Owen的言行；1844年的日記裡說，Owen是個「冥想型、計劃型、調皮胡鬧的人」(a speculative, scheming, mischievous man)、「欺騙」(dupery)他的鄉民⓰。

第二節　家教而成思想家的米爾
(John Stuart Mill, 1806～1873)

James Mill (1773.4.6～1836.6.23)與貴人Sir John及其夫人Lady Stuart交往，乃命其子之名為John Stuart。Mill就讀於University of Edinburgh，本來

⓮　Ibid., 85.

⓯　R. Owen, A New View of Society, ibid., 70–71.

⓰　Adolph E. Meyer, *An Educational History of the American People*, N.Y.: McGraw-Hill, 1967, 441.

唸Aberdeen，但John及Stuart認為Edinburgh較佳，且可住他們家，又可與獨生女交往。

大學生活一週上課五天，一年六個月。第一年修拉丁文(Latin)，希臘文(Greek)，及數學(Math)每天2小時，第二年習拉丁文(Latin)每天1小時，希臘文(Greek)2小時，邏輯(Logic)1小時。第三年哲學每天1小時，複習去年所教及希臘文(Greek)，第四年學機械哲學(natural philosophy)或自然哲學(mechanical philosophy)，並複習功課❶。Mill準備當牧師，共讀8年，1798年結束，特別喜愛Plato，並取之作為教其子之資料。

家庭教育是所有教育中重要的一環。人才的培育有必要仰賴系統式的學校教育，但「學校」一辭，在教育史上卻是名聲不佳，不少一流學者一聽「學校」之名，即屬聲指斥，認為那是死背資料（知識）及橫遭鞭打（品德）的場所。許多有志改善教育的學者，設立的教育機構，並不取名為「學校」（如福祿貝爾）。「教育」與「學校」不能劃上等號，也就是說，學校將教育變質了。學校違反教育的精神，致使家長不願子女進入學校接受教育。英國十九世紀名學者大米爾(James Mill, 1773～1836)雖上過大學，卻不願他的長子小米爾(John Stuart Mill, 1806～1873)入學就讀，完全進行自己的家庭教育，結果造就了英國十九世紀甚具影響力的思想家。J. Mill時代，貧富之娛樂有三種共同性質：1.低俗、粗魯、缺乏令人尊敬之活動。2.今朝有酒今朝醉。3.對智識上的樂趣(intellectual pleasures)並不熱中，不喜文學、戲劇、閱讀、討論等，生活無確定感❷。米爾父子同享盛名，不過孩子之成就還超過父親之上。本節所述之米爾，是指John Stuart Mill，他的《自傳》(Autobiography)描述他接受家教的經過及体驗，他的《大學校長就職演說》(Inaugural Address at the University of St. Andrews)是他對高等教育的主張。有趣的是米爾未接受正式的學校教育，其後卻當了大學校長；而他發表的學術論著，也變成大學教授及學術界競相閱讀及研究的資料，其中最具思想開拓性的，就是《論自由》(On Liberty)及《邏輯》(A System of Logic)二

---

❶　W. H. Burston, *James Mill on Philosophy and Education*, University of London: The Athlone Press, 1973, 37.

❷　Ibid., 13.

本著作。

　　人才培育的管道很多，但人才並非完全從學校出身。米爾的爸爸就是米爾的教師，俗話說，有其師必有其徒，我們也可以說，有其父必有其子。米爾「無師自通」，其實他的「師」不在學校裡，卻是在家庭內。他的「自學」精神又極為強烈，終於有了學術上非凡的成就。

一、父親教導自己的孩子

　　教經濟學及「人性」(human mind)論於其子，要求長子隔日整理成筆記，然後父子相互討論、修正、補充、評鑑。信賴其子之成熟度及判斷力，其子當時只17歲，還不敢直言反對其父主張，卻拐彎說他不滿的是功利主義始祖邊沁(Jeremy Bentham, 1748～1832)。1817年寫信給Francis Place：「如果我有時間寫一本書，我要使人的心相當明白，如同從Charing Cross到St. Paul's的道路一般。」⑲

　　米爾之父是製鞋匠之子，家境清寒，卻有貴人施以援手，米爾之名字John Stuart遂取貴人（是一位爵士，Sir）之全名。由於米爾之父結交許多傑出的學者，如Bentham⑳，自己又是精研希臘史及古代哲學之專家，對英國傳統學校教育極為不滿㉑，也認同奧文環境改變一切的說法，因此米爾之父立下心意，在自己鑽研及寫作之時，教導自己的孩子㉒。英國思想界有

⑲　Ibid., 53, 55. 這條道路極其平坦寬廣。

⑳　Bentham強調人為的努力，反駁「自然法則」(natural law)及「自明權利」說(self-evident rights)，認為這些都是無稽之談，否則這些說法早就暢通無阻，且不幸者及勞工階級之生活早獲改善。

㉑　對英國學校教育不滿之士，常以尖酸刻薄語氣予以指責，即如牛津卒業生Vicesimus Knox (1752～1821)都對母校一無好評，他的說法可以作為當時老大學教育的典型代表。當時盛行亞里士多德式的三段論式(syllogistic disputation)，這只不過是「陳腐的練習」。訓導法規老舊，教學方法呆板，學生沈迷於酒色，品行不良遊手好閒，「敗壞學業、品德、健康、及未來」。除非大力改革，否則就「任其荒蕪吧！」G. H. Bantock, *Studies in the History of Educational Theory*, vol. II, *The Minds and the Masses, 1760～1980*, London: George Allen & Unwin, 1984, 44.

㉒　Sir John Stuart栽培James Mill到愛丁堡大學(University of Edinburgh)求學，希望

強烈的經驗主義色彩，認為及早接受良好的教育，可以影響一個人的一生。米爾之父不相信，在《柏拉圖對話錄》(Dialogues of Plato)中涉及「德能教嗎?」(Can virtue be taught?)問題時，有人指出傑出的父親卻出現平庸的兒子這種事實。經過他自己親自調教，米爾的學術造詣遠超出他父親之上。教育史上從無一位作父親的人像米爾的爸爸那樣費心力去指導自己的孩子。米爾在《自傳》一書中也敘述了教育史上難得一見的家教感受經驗。父教子的方式，猶如當時流行的「班長制教學」(monitorial system)。

㈠古代經籍之研讀

米爾三歲即學希臘文。其父將希臘字寫在卡片上，發音給孩子聽，用一般的英文字予以解釋;背《伊索寓言》(*Aesop's Fables*)等名著，目的在於強化記憶力;偶爾也學文法，了解名詞及動詞的變化。八歲學拉丁文，並開始研讀古代名歷史學者Herodotus及Xenophon的作品，接觸過哲學家的傳記。1813年（七歲）還翻閱柏拉圖的前六本對話錄，其中有許多完全超出米爾的領會能力之外。同一張書桌，一邊是父親埋首寫作，一邊是兒子辛苦朗誦;每遇生字新辭，兒子即就教於父親;雖然父親是「最急躁的人」，但在經常打斷他的著述時，卻也能夠交出數冊的作品及他的印度史巨著㉓。

有了希臘文及拉丁文的為學工具之後，米爾追隨其父之後，對於歷史作品感到相當有趣。普魯塔克(Plutarch)的名人傳記，休謨(David Hume, 1711～1776)及吉朋(Edward Gibbon, 1737～1794)等古今名史家作品，都是他喜愛的書籍。他在《自傳》中所列舉的書名有數十本之多。對一位年幼兒童而言，自小就涉獵這些書籍，的確異於常人。米爾小時所接受的教育，中國近代的名學者胡適可以與他相比。

除了上述語文及歷史科目之外，米爾也學算術，還研讀「實驗科學」(experimental science)——但只是理論，並沒有親自操作;而且自十二歲開

Mill能在課餘之暇擔任其女之家教。Mill在學術上的成名代表作，是自1806年開始撰述而完成於1817年的《英屬印度史》(*The History of British India*)，他也積極鼓吹倫敦大學的創辦。

㉓　J. S. Mill, *The Autobiography*, in Francis W. Garforth (ed.), *John Stuart Mill on Education*, N.Y.: Teachers College Press, Columbia University, 1971, 45.

始，就早熟到能領會「抽象界」的思維本身，對亞里士多德的《工具》(Organon)一書予以細讀，不過認為《分析後篇》(Posterior Analytics)給他的收穫不大，因為太過艱深了。父親順勢教導當時學院流行的演繹邏輯。所有這些教學，多半都在父子散步時，米爾主動向父親作的閱讀報告中進行。米爾自己長大成人後回憶幼時這麼浩繁的古文研究，承認非自己童年能力所能領會，「但卻在背後下了種子，當時機來臨時就會滋長萌芽。」❷④父親不厭其煩的解釋，也不盡然能讓孩子清晰的明白，但那些背誦的資料卻「形同核心，有助於我將來的觀察及反思，而獲得明確的悟解。一般性的論述，在其後注意到具體的殊例時，解釋就輕而易舉了」❷⑤。米爾謙虛的認為自己並非才華出眾，天資過人；甚至自言比別人魯鈍，他自己能夠做得到的，任何一位平庸的男女只要身體健康，也都有相同的成就。「若我真的完成什麼，那是在所有幸運的境況中，我早年就由我父親賜給我的訓練，使我比同伴取得四分之一世紀的有利地位，這是我敢斷言的。」❷⑥

　　米爾最感謝其父教導之功的，是絕不效仿學校的「填鴨」(crammed)教育——只提供別人講過的話、意見、或事實，自己別無己見，形同「鸚鵡人」(parroters)。「我的教育，絕不是填鴨。我的爸爸從不准許我所學的淪為只是記憶的練習。他想辦法使教學不只配合領會步驟，並且儘可能的是領會先於教學。任何靠自己思考就能發現的，他從不告訴我答案，除非我已竭盡心力。」❷⑦米爾自己舉了一個例子，他在十三歲時無意中使用了「理念」(idea)一辭，他的父親立即問他什麼叫做「理念」，並且在米爾提出定義時都不感滿意；他如「理論」(theory)一辭亦然❷⑧。因為這些都是學界所嚴肅爭論的名詞，不可不慎，千萬別「自負」(self-conceit)，要警覺於別人對自己的阿諛或吹噓。如果發現別人知得比較少，就不可以為自己學識淵博，卻應認為那是別人所知與我有別所造成❷⑨。設若自己真的知得多，那是由

❷④　Mill, *The Autobiography*, ibid., 57.

❷⑤　Ibid., 56.

❷⑥　Ibid., 65.

❷⑦　Ibid., 66.

❷⑧　Ibid., 66–67.

於運氣好，有個好父親，有能力且願意費神花時間來教導的緣故 ❸。

(二)重知輕情的教育

米爾資賦優異，父親又以「理」的方式充分提供知識上的豐富材料。小時所背的古典經籍，雖然冷僻艱澀，俟成人後就融會貫通；米爾如同胡適，都是大學者，小時都背了不知所云的陳年老書，成年之後，文思滾滾如活泉；但類似這種出類拔萃的一流學者不多，而即令是他們兩位如此超群，也無法領會小時所學習的教材。「小時不懂，大了就懂」的大人，為數甚少，而幾乎所有的小孩對所背的某些內容，卻一竅不通。中文能運用「苟不教」者，造詣已相當高深了，但縱使學術聲望通四海的胡適，也會把「苟不教」背成「狗不叫」；大學者如此，其他平庸者更不用說了。因此逃學逃課，變成教育的普遍現象。米爾雖然沒有離家出走，但是父親教導的結果，他自己也感若干遺憾。

首先是沒有童年遊伴。由於擔心其他兒童會帶來不良的影響，尤其會傳染低俗的思考模式及感受，米爾都是「獨學而無友」，雖然不致於「孤陋而寡聞」，但總掩不住他對情感上的悵惘與對友朋的企盼。其次，他的「体育」或身体勞動也比較欠缺，長時間的步行或走路，使他身体還算健康，不過競技性的運動以及手工操作或家事處理，他自謙有所不足，這是因為「知」(to know)優於「行」(to do)的教育所產生的結局 ❸。幸而這種感性的缺口，由他十四歲開始去法國及歐陸旅行，目睹庇里牛斯山(Mt. Pyrenees)之山川壯麗以及風景如畫的田野風光而獲得補足。尤其是1830年開始與知識上的女性密友，卻是有夫之婦的海俐(Harriet Taylor)作柏拉圖式的戀愛，男女在心靈上的情愫有增無減，最後在海俐守寡之後，兩人終於結成連理，1851年雙雙步入禮堂。不過婚前也僅止於知性的分享而無肌膚或性慾之親，米爾的確是倫常社會的正人君子。她的「穿透性及直覺性智慧，沈思型及詩樣的性情，感情豐富及想像力發達的天分，熾熱且柔順的心靈」，恰好就是米爾自己深感不足的成分 ❸。剛性的父親配合柔性的太太，終於救了這

---

❷⁹　Ibid., 67.

❸⁰　Ibid., 68.

❸¹　Ibid., 70.

位有才氣的學者。

「我父親的教學比較看輕情感，並非他是心腸冷漠無動於衷，我相信他的性格與此恰好相反，他倒認為情感是自個兒的事，只要訴諸行動，情感就充沛的在行動中流露出來。」❸❸米爾父子一生追求公義，為下層人民打抱不平，改革獄政，鼓吹全民教育，歌頌個人幸福及大眾幸福的功利哲學，這種言行，是感性十足的表現。米爾本人在長大成人後，情感也「自然的」萌發出來，不用教導。只是他在自傳中卻提到由於情性的忽略，致使他產生「心理上的危機」(A Crisis in My Mental History)。情感上的苦悶，非純理性所能解脫；時為1826年秋季，正值二十歲慾情奔放之際，米爾頓時對人生乏味。「假若所有生活目的皆已實現，你所主張的制度改變及觀念革新都已在此刻完全發生效果，則你認為這是一大快樂及幸福嗎？一種不能壓抑的自我意識明確的答道：不。我心往下墜，我一生建構的基礎塌了。我的全部幸福都寄託在此種目的的持續追求中。這種目的既已失去熱力，則又那有興致再去思索達到該目的的方法呢？似乎我的人生了無指望了。」❸❹米爾立刻陷入詩人柯爾雷基(Samuel Taylor Coleridge, 1772～1834)所說的「沮喪」(dejection)狀態中。米爾引用詩句來描述自己的心理現象及對人生的感懷：

> 一種憂傷，沒有悲痛、空虛、黑暗、沈鬱；
> 一種昏眠、窒息、冷漠、愁苦；
> 自然的發洩或解脫，就是在
> 文字、嘆氣、或淚水上，也遍尋無門。
>
> ╳　　　╳　　　╳　　　╳　　　╳

---

❸❷　J. S. Mill, *On Liberty*, Currin V. Shields (ed.), N.Y.: The Bobbs-Merrill, 1956, xi. Harriet Taylor於1830年認識Mill時，已嫁給倫敦富商John Taylor，且育有兩子。Mill迷戀於Harriet的女性沈靜及嫵媚，尤其難能可貴的是還兼有知性的頭腦。Taylor深悉兩人之交往，認為阻擋無效，卻很有度量的准許其夫人可以自由與Mill相處。1849年Taylor去世，1851年兩人成親，7年後，Harriet也離開人間。

❸❸　Mill, *The Autobiography*, op. cit., 110.

❸❹　Ibid., 119.

工作有，希望空，
直如瓊漿玉液聚在篩杓中；
希望存，對象無，
生猶不如死。　❸⑤

　　這種煎熬，米爾自認無法忍受超過一年 ❸⑥。在徬徨不知所措當中，他先是求助於先聖先賢的著作，埋首於古籍的浩瀚書堆中，但無濟於事。往日獲得力量及活氣的源泉，現在卻已乾枯；擬與別人討論，又胃口不合，他人無法善体己衷。最後只好再度求教於其父，但其父心態與自己隔層肚皮，根本無法洞悉他的痛苦之癥結所在。米爾自己的教育，完全是其父一手造成，其父又不是醫生，料想不到米爾心理上竟然落入如此低沈的狀態；如果其父知悉米爾之病因，乃由自己所肇的禍而心生痛苦，則更會引起米爾本身之不安。「我想我的教育，敗於在我的情感上無法產生足夠的力道來抵抗因分析力而產生的解体影響。智育鍛鍊的整個過程已經使得我的心態擅長於分析，這已相當自然了，並且也根深蒂固，但卻是早熟的。我自個兒想，就如同在首航時就觸礁擱淺，船上設備精良，舵也不錯，只是沒有真正的航行意願……。」 ❸⑦目的地在眼前，就是缺乏衝勁，結果船隻停航，目標仍然遙不可及。

　　幸虧他在不到半年的功夫，讀了大詩人描繪人生的作品，体認到「情感的培育，應該變成我的倫理及哲學信條中的核心要點」 ❸⑧。從此陰霾漸晴，沈悶日消，心情也日益開朗。功利主義的幸福主張堅定不移，但應補強情感力量，這是內在文化。不可偏重理性的解剖力，卻應佐以詩詞、音樂、美術等作為調劑，這是人生的滋養品與佐料物。缺乏這些，人生就了無情趣。米爾自小就喜愛聆聽諸如莫札特(Wolfwang A. Mozart, 1756～1791)的古典樂曲；對鄉村之寧靜，自然田野之風光更流連忘返。特別是1828年秋季，朗誦了大詩人華茨華斯(William Wordsworth, 1770～1830)的詩，直

❸⑤　Ibid., 120, 124.

❸⑥　Ibid., 125.

❸⑦　Ibid., 123.

❸⑧　Ibid., 128.

如服下一帖心靈的補藥，喜不自勝。或許這才是人生的一盞明燈，否則米
爾不是自殺，就是走上精神崩潰一途。不過，至少在愛情上有了歸宿，使
他在人生的十字路口，有了穩定的導向。

二、自學——大學教育的精神

米爾之學術成就，靠其自學的成分相當多。「教育的最後階段，也就是
自我教育的起步」(last stage of education and first of self-education) ❸。米爾
從小就被父親訓練成一種學習常規，將以前或昨日的閱讀或思考心得寫成
報告，父子交互討論或辯駁。年紀稍長，尤其在抵達大學教育的歲月時，
就應找志同道合之知識同僚，共同討論一篇文章或某些議題，米爾十七歲
時就組成「功利主義者協會」(Utilitarian Society)。主動求知，這是成為大
學者的重要本錢。繼續追求真理，才能有所創新。古代的學術界巨人，多
半靠自學而成。大學不是義務教育機關，讀書不能靠逼迫，有志求學者方
准入內。尤其在教學過程中，不重資料的堆積儲存，而賴理解消化並創造
新理念。傳統教育的最大錯誤，是重點放在文化包袱的繼承，因而拖累了
天才的腳步。古雅典這個小城邦，歷史只不過一百五十年，卻比歷史超過
十世紀的英法出現過更多的學術巨擘。古代高等學府不多，現在大學林立，
但學術水平不見得今優於昔。原因所在，是今人的自學精神不及古人所致。

自學除了有同道相互切磋琢磨之外，還要有深沈的內省功夫。米爾不
乏同僚或先輩，但他對邏輯的喜愛與研究，也是他的自學成果非凡的一大
主因。而他閱讀範圍之廣，更是自學的動力。此外，學術自由的環境，也
引發自學的觸媒。

㈠自學的領域包羅萬象，不可偏窄

米爾說：「大學不是專業教育的場所，大學也不是教導某種特殊謀生技
能的地方，大學的目的不在於培養技術超群的律師、醫生、或工程師，卻
應栽培有能力且有教養的人。」❹因為「人在成為律師、醫生、商人、製造
業者之先，他是個人。如果能夠把人培養成有能力且明理者，他就可以成

---

❸　Ibid., 92.

❹　J. S. Mill, *Inaugural Address at the University of St. Andrews*, ibid., 155.

為有能力且明理的律師或醫生」**④**。專技性的職業訓練所，不符合大學教育的旨趣，並且一個肯自學的人，他的自學對象及興趣領域一定非常廣泛，在自學或自我反思的高層層次上，也必然會落在「人」本身，因為人是全面的，絕非局部。教育雖然不教一位學生精於製作皮鞋，但卻可以使皮鞋匠變成明智且有判斷力。

通識教育或文雅素養，本就是雅典教育最被歌頌的一面。一個人某方面太專，可能其他方面就一竅不通，這種人不適合於作個社會公民。一位頂尖的跳舞高手，除了作個舞師或花花公子(coxcom)之外，將無所事事**②**。此種人也不可能交上其他朋友；公共談天，他無話可說；他人也不願與他競技，因為不是他的對手。教育如只栽培此種人，則將是個人的災難，也是社會的不幸。要是專業教育還不至於落到此種錯誤的地步，則頂多是造就「知識」豐富的學生，卻非「智慧」傑出的天才。自學而能完成通識教育的科目，莫如歷史及地理、文學藝術及詩歌。只要想像力敏銳，觸類旁通，學習就可遷移；舉一反三，更可以知悉所有知識都密不可分，相互銜接，絕非孤立或支離破碎，這才是實体的真相。米爾也是心理學史上「聯合論」(Associationalism)的健將，觀念與觀念之間的「相似性」(similarity)、「連續性」(continuity)、及強度(intensity)，就容易接合在一起，方便於保存，印象也較深刻。因果律更可依此來解釋。依感官而獲經驗，如眼睛看到一匹馬。但看到馬之後，「聯想到」馬的主人。馬的主人可能是個部長，他的職責為何……，這就是觀念聯合論的例子。看到馬時，同時立即聯想到馬的大小、強弱、顏色等。

所有知識不能由別人代為取得，自學而獲致的答案最為清晰，也最為牢靠，更有一份滿足的成就感。經由自學的過程，思考力必大為發達，更易激起下一波思考的浪潮，也點燃了蓄勢待發的靈感火花。有了寬廣的通識課程作為底子，才會左右逢源。自我教育帶有強烈的主動性，不必有師長在旁，也樂意探討。「刑期無刑」，是法律上的名詞，其意即指「刑」只是手段，不是目的；刑的結局，如果受刑人越多，刑期越長，這表示國家

---

④ Ibid., 156.

② 這是Joseph Priestley (1733～1804)的評語，見G. H. Bantock, op. cit., 35–36.

治安的失敗；相反的，受刑人接受「刑」之後，他自發自動的不會作奸犯科，改過自新，一心向善，則就已達到「無刑」的境界。教育亦然，教了一段時間之後，學生可以不必接受他人之指導，而自我有能力糾正自己的缺失，這才是教育的真正用意。因此「教期無教」，無教之教，就是自我教育。在法律上，「刑期無刑」；在教育上，則「教期無教」。

㈡排除獨斷教學，注重學術自由

自我教育必是自己善用理性推論的教學，所以自己能將結論或主張說出一番大道理出來，自成一家言，而不是鸚鵡學語式的只重模仿，或僅擷取權威學者的論調而已。大學並不重視權威，更不可一味的接受古人之信念而毫不加懷疑，照單全收，視之如同義務；卻應該使學生運用自己的判斷來批駁他人的主張，而提出自己經得起考驗的想法。「大學理應是一個自由思辨的所在」[43]。過去的大學史也能夠印證這句話的可靠。即令大學或高等學府如何壓抑學術自由，但最富學術自由的學者卻也出身於閉塞的大學中。基督教教會改革的健將路德，卒業於羅馬天主教大學，而第一位現代化的哲學家笛卡兒，則出身於備受指責的耶穌會學校。面對所有富於自我教育的大學年輕學子，獨斷式的教學(dogmatism)絕對不生效力，卻反而會激起追根究底(enquiry)的精神。准許甚至鼓勵師生自動組成讀書會，絕不干預，才能符合「文雅教育」(liberal education)的字根「自由」(liberty)之原始意義。自我教育之所以可能，它的前提必是肯定學生早已能夠獨立自主。大學是自我教育最妥當的階段，在知識品德上都屬「自律」的最高層級，面對這種學生，還不放鬆而採取管束或嚴厲說教方式，則是對自我學習者的人格莫大的傷害與侮辱。米爾同意公家政府斥資興學，有責任收容全民入校接受教育，或進行國家考試措施來選拔人才。但應側重為學工具科目的學習，如語文、數學、及邏輯；而少談及爭議的題目，如宗教信仰或政黨派別等問題。非不得已時，為免誤導年輕一代流於偏見或成見，也以「敘述性」(descriptive)為主，而避免「規範性」(prescriptive)項目，以防止陷入漩渦中而無法自拔。什麼人主張什麼，理由為何？派別有那些？類似此種題材的了解，才比較符合公正無私且中立的學術超然立場。

[43]　Mill, *Inaugural Address*, op. cit., 216.

三、重行為後果的功利學說

功利主義擬利用牛頓的物理法則，將品德行為予以科學化。基本口號就是「最大多數的最大幸福」(the greatest happiness of the greatest number)。幸福人數的多寡可以量化，這是邊沁等人的幸福原則。但幸福的大小就含有質的因素，這是米爾本人對功利主義的修正，也是他的貢獻。以幸福作為人生最高的目的，這是無所爭議的；而幸福的具体化，就是趨樂避苦；快樂即善，痛苦即惡。行為之有原動力，乃因行為後果產生快樂；反之，痛苦行為必定減少行為之次數。苦樂之計較，變成行為善惡的客觀指標。「自然界已將人類置於兩種管制的主宰之中，即痛苦與快樂。單單這種主宰，就令吾人產生什麼該作、並決定什麼要做的行為。一方面是對錯的標準，另一端則是因果的關聯，這些都與該管制王朝有關……。功利的原則必須向它屈服，這是我們承認的，並提出功利系統的基礎。目的在於孕育一種以理性及法則來建構幸福的組織……。功利原則，其意在於對任何行為施以獎懲時，考慮到行為的後果是否在擴張或減少當事人或群体利益和幸福。」❹功利主義的開宗師邊沁這一席話，使米爾父子深信不疑。「教育的目的，乃是使個人盡其可能的作為追求幸福的工具，首先是他本人，其次是他人。」❺

幸福的人數由少變多，「獨樂不如眾樂」；這是功利主義的第一條守則；幸福有大有小，小幸福不如大幸福；這是功利主義的第二條守則。幸福就是善，快樂就是善行的表徵；惡就是痛苦，也是不幸的標誌❻。行為之善惡，光憑行為後果之苦樂為基準。這種主張，簡單明瞭。

在「德育」或立法上，功利主義只依行為的後果之苦樂來斷定行為本身的善惡，因此它與康德的動機主義打對台。行為的後果，具体又明確，

---

❹ J. Bentham, *Introduction to the Principles of Morals and Legislation*, in E. Halevy, *The Growth of Philosophic Radicalism*, London: Faber, 1928, 26.

❺ James and John Stuart Mill, *On Education*, in F. A. Carenagh (ed.), London: Cambridge University Press, 1931, 1.

❻ J. S. Mill, *Utilitarianism*, in Oskar Piest (ed.), N.Y.: The Bobbs-Merrill, 1957, 10.

客觀且不能由任何藉口予以搪塞，的確有它的優越性。人類任何行為的原動力，都由天性上自然的避苦求樂為主要考慮。如果有人情願「犧牲」自己的幸福，放棄自己的快樂，這種行為要能夠稱為「善」，則必須能增加幸福的總數，否則該種犧牲就是白費，愚不可及❼。其次，個人的苦樂，經過一番解釋或教導，可以與社會群體的苦樂「休戚與共」，個人納入社會之中，視社會大眾的苦樂等於是個人的苦樂。如此個人之行為，不只要顧及自己的苦樂，也得考慮公眾之苦樂。第三，眼前的小苦樂未必是真苦樂，卻可能造成日後極不同的行為苦樂，這就要看個人的智慧判斷了。「寧可作一個不滿足的人，也不要做一隻滿足的豬；與其做一位不滿足的蘇格拉底，也不願做一個滿足的蠢蛋。」❽因為前者雖在眼前遭逢身心煎熬，痛苦不堪，但如因此喚醒當代及其後的子孫，掙脫枷鎖，解除牢房，則心靈的自由所顯現的舒暢與快感，就是幸福的最佳註腳。後者短暫的快樂，卻無視於緊臨其後的危險，死在臨頭也未自知。如果人類競相效仿待宰的豬而不羨慕為自由而奮鬥的蘇格拉底，則人類的幸福將煙消雲散，終有一天為豬所痛宰；先把人養得肥肥的，吃罷睡，睡罷吃，不亦快哉！米爾特別指出苦樂有量與質的區分❾；具体而言，有生理及心理苦樂之別。而質或心理的苦樂，強度遠超出生理及量的苦樂之上。

　　米爾因此特別為文提出「自由」的重要性。自由的快樂「後果」所生的幸福感，非奴隸所能比。奴隸的快樂是一種假相，不是真正的幸福。因為在尊嚴與人格受到侮蔑時，又那能生出幸福的心境？他不相信有人「情願」作奴隸，那只是一種無知，也不能獲致真正的自由。自由的定義是「沒有放棄自由的自由，而疏遠自己的自由，本身不是自由。」❺0伴隨自由快樂觀念而生的是權力的厭惡，喜愛權力的人，經驗證明，不能獲得真正的幸福。權力慾薰心的政客，大都生活在戒慎恐懼中，以權力壓人，用威力及逼迫要他人就範，這種人不能讓他人心服口服，他雖然一朝得逞，但必須

---

❼　Ibid., 22.

❽　Ibid., 14.

❾　Ibid., 16.

❺0　J. S. Mill, *On Liberty*, London: Watts, 1929, 128.

提防他人之報復。「任何權力，即令是不可或缺的，都是一種陷阱，都該咒詛。」❺因此米爾歌頌多元主義(pluralism)的民主社會型態，只有在這種環境中，人們才能獲得真正的快樂，享受真正的幸福。並且「經由意見的對立與激盪，可以產生真理，如同《柏拉圖對話錄》所顯現的抗辯(antagonism)一般。由於人性的不完美，真理有必要植基於眾說紛紜(diversity of opinions)及駁難者之間的論辯(argument between antagonists)中」❺。基於此故，少數精英的說法應予容忍。米爾說，「天才是地球上的鹽(the salt of the earth)」❺。人類不可一日無它，否則就食之無味了。他反對國家辦理統一型的教育，原因也在此。

「文雅」(liberal)之語根，有「自由」(liberty)意。文雅教育有認知層面、社會層面、及理念層面，而以批判思考綜合大成。文雅教育必培養有己見的學生，「一個人若不介入也不形成任何意見，以為如此才不會構成任何傷害，心境平和，其實這是一種欺騙或妄想。善人只作壁上觀，就容易使壞人達到目的。一個人一點反對的異議皆無，甚至縱容他人之錯誤，又供他人藉己之名以行惡，只因怕惹麻煩，這種人絕非好人。真正的好人應依下述來評斷：有個好習慣，注意及關心公共意見之交換，看看社區中各種訊息之傳達到何種地步，判斷其基於何種穩固的基礎，審視國家政府之所作所為，對內或對外是否自私、敗壞、專制，還是理性的、啟蒙的、公正的、及高貴的。」❺

動機論者對行為後果說的最有力反擊，就如同米爾自己所舉的例，「假定有個暴君，當他的敵人為了逃避魔掌，決定投河自盡而快要溺死時，這位暴君出手予以拯救，動機無他，純為了使這位不乖順的叛逆者留一條活命，以便接受他的苦刑，難道這位暴君的救人舉動，可以歸諸於道德上的正當行為嗎？」❺換句話說，行為之出於仁愛心腸或是惡意，理應作為判斷

---

❺ F. W. Garforth, *Educative Democracy: J. S. Mill on Education and Society*, Oxford University Press for the University of Hull, 1980, 24.

❺ Mill, *On Liberty*, op. cit., 62.

❺ Ibid., 78.

❺ *Inaugural, Address*, op. cit., 212, 210.

善惡的根據才對。不過，既然功利主義者注重行為的後果，則動機論者以為暴君之救人與善心人之救人，救人行為同，動機卻迥異。其實二者之救人行為只是表面同，其後續行為顯然大有區別。一來暴君救人之一剎那，在行為上會現出滿意的猙獰笑容，認為無一背叛者能逃出他的魔掌；並且在其後的日子中，以慘酷的手段來對付這位被救而生還者。但善心人之救人表情就與此大異其趣了，他以同情心❺❻憐憫的將奄奄一息的載浮載沈者拖救上岸，日後的行為表現，是照顧有加，絕不傷害。因此行為之善惡判斷，不能僅憑行為之剎那，卻應觀察其行為之後的各種具体行動。

功利主義有平衡動機論的功能。在道德及法律或經濟上，兩種學說都影響深遠，也是學界熱烈爭辯的話題。而言論自由的有「利」後果，更是文明「進步」及真理「發展」的最大保障。「全民中若減掉一人之後就有齊一意見，全民也不應要那一個人默不作聲；而那一個人如果有權力的話，也不應要全民默不作聲。」❺❼因為如果那一個人的言論是對的，全民就少掉機會以正確來換取錯誤；如果那一個人的言論是錯的，則全民的獲益必更多，因為大家可以藉此錯誤見解、或藉是非的對比，來凸顯出對真理更清晰與生動的印象。以「動機」來衡量行為的善惡，由於動機是主觀且內藏，容易偽裝；「行為後果」則在昭昭眾人耳目之下無所遁其形。准許眾人放言高論，真正有價值的想法就容易出現。不管言論者之動機善或惡，其後果行為都對真理及進步有助。

幸福的評估，計量不如算質。而「自由」所帶給自由之「質」，位階最高。

四、自由思想與教育行政的地方分權

米爾高舉學術自由的大旗，堅決反對言論及表達的控制。他的《自由論》(*On Liberty*)是夫婦兩人的共同結晶，嚴復於1903年中譯為《群己權界論》，是論自由的重要經典。米爾以邏輯解析及事實佐證，明確的表達自由

❺❺　Mill, *Utilitarianism*, op. cit., 24.

❺❻　Mill認為同情感是動物之救同類與人類之救同類最不同之處，ibid., 63.

❺❼　Mill, *On Liberty*, C. V. Shields (ed.), op. cit., 21.

的重要性。文內偶提到中國，感嘆於中國人才及文化之優越，甚至連一流的歐洲思想家都羨慕；但由於中國恪守傳統，強調一言堂，罷黜百家，獨尊儒術，結果文化發展停滯不前，終於產生內亂與外患的悲劇。而箝制言論自由的結果，殊異及創新的學說只好消聲匿跡，或被剷除淨盡，甚至慘遭荼毒。要不是「外國」❺❽勢力的衝擊，則中國可能現在還是過著唐虞三代時候的生活。

　　既成言論如屬謬誤，則有必要靠言論及表達的自由，予以修正或推翻，這種史例，指不勝數。既成言論如屬正確，則第一，該種正確可能只屬局部正確，卻非全部真理。此時，既成言論並無資格反擊異於此的主張。凡人之患，在蔽於一曲，而闇於大理；許多人以己見代表全部，以蠡測海，以管窺天，鼠目寸耳，瞎子摸大象；這些人卻大言不慚的封殺別人從不同角度所觀察的事實。第二，即令該種正確是全部真理，但「真金不怕火來燒」，可以藉著別人的批判（雖屬錯誤）來凸顯自己的正確。並且在經常接受挑戰的時際，真理的「生命力」就生機盎然，否則有可能淪為萎縮而為人淡忘。由於時時警惕對方之非難，或藉由批評者之言論中，來更深入、細膩、及周全的考慮自己的觀點，使正確但卻未經系統化整理的理論，透過千錘百鍊而臻完善的地步。所以吾人對於異己之論，即令虛假，也應致謝，至少它具有襯托價值❺❾。

　　基於言論自由的立場，米爾反對教育的統一化，更排除中央集權的教育行政措施。首先，家長不能享有放棄兒童教育權的自由，因為這種自由，範圍不是只及於「個人」而已，卻涉及他人。當家長疏忽此種義務時，除了遭受譴責或法律制裁之外，政府應承擔國民教育的責任。但國家也不能因此全權掌控教育。「人民教育的全部或大部分，如都落在政府手中，則我比任何人都要提出抗議」❻❾。中央集權的結果，教育形同政府的塑造機器，順著執政者所喜愛的思想及行為模式來宰制下一代的心靈，展現文化活力的多元性就無萌芽的良機。統一型的教育，造成平庸化，高人一等者向眾

---

❺❽　Mill, *On Liberty*, 87.

❺❾　Ibid., 19–67.

❻❾　Ibid., 129.

人看齊。其次，中央政府在教育行政上應該發揮的角色，是聚集各地的訊息與資料，並以最高效率的方式將這些訊息及資料分散各地❻。中央政府不是無政府狀態，或對教育採取漠不關心的態度，卻應以其中央的有利地位，將地方的特殊性作一統整，然後靠公權力的行使，及時提供給各地方作解決個別性問題的參考或借鑑。「科層体制易敗壞為僵化的迂腐官僚作風」(bureaucracy degenerates into a pedantocracy)❻，米爾這種警言，適足以作為喜愛中央集權化者的教訓。美國的教育行政設計，十足的反映出米爾教育思想的特點。而美國教育的進步，也拜地方分權化之賜，以編寫教科書為例，中央聯邦政府絕不會組成一個「國立編譯館」，負責統一編寫「標準本」教科書。相反的，各學校教學材料，悉由各地方全權編寫，中央以其全國行政系統之方便，將全國各地甚至世界各國所已編寫之教科書，提供給各地方參考。中央政府之存在價值，就是作這種服務；地方也感受到中央政府的重要性，並對資訊的暢通有無，以及領會各地不同教科書之特色或利弊實有助於教育之進步，而普獲地方之肯定與致謝。中央與地方之瓜葛也比較不會產生。「自由」在米爾的心目中，有正面的作為及反面的意義，一方面不希望政府干預個人的活動，尤其在個人的表現優於群體的時候；一方面卻希望政府也有積極主動的行動。

　　Sir Isaiah Berlin在*J. S. Mill and the Ends of Life*一書中批評米爾是「莊嚴、禿頭、穿黑衣、表情嚴肅、說話字斟句酌的辭彙(measured phrases)，全無幽默感。」❻但米爾在《自傳》中說：「缺乏美感，則悟力受拘束。一個人不擁有美感，將永無法作出各種觀察，注意力也無法被喚醒。美感力之價值頗高，人不知使用，將成為無能之人，判斷將有偏見，也無法為自己謀利或造福世界。其他感受力亦然。感力而無智力，則成為魯莽；但智力而無感力，則變為呆滯。二者應攜手合作，這種教育，時間應該來臨。」他也批評邊沁：「每個人的行動都應有三個部分，即道德層面（正確或錯誤）、美感層面（美或醜）、及同情層面（愛或恨）。」❻可見「感性」配合「理性」

❻　Ibid., 139.

❻　Ibid., 138.

❻　F.W. Garford, *Mill's Theory of Education*, Oxford: Ivoatin Robertson, 1979, 222.

(sense and sensibilty)才是最佳的教育思想。

第三節　課程改革的健將斯賓塞
(Herbert Spencer, 1820～1903)

　　1859年，科學史上產生巨大的轟動，達爾文(Charles Darwin, 1809～1882)以進化論的觀點，發表《物種源由》(*The Origin of Species*)一書，認定「適者生存」(survival of the fittest)乃是文明進步的基礎。同年，斯賓塞(Herbert Spencer, 1820～1903)出版〈何種知識最具價值〉(What Knowledge is of Most Worth?)一文❻，引起教育界極大的震撼。模仿洛克在知識論上的說法，以一個字——experience——來解決知識的起源問題，斯賓塞也以一個字——science——來回答「何種知識最具價值?」這個題目。科學的價值如日中天，科學的重要性高唱入雲。一切教育活動、課程科目之名稱及內容，皆以科學為準則。斯賓塞欲以科學來使教育改頭換面，此種呼籲，在英美兩國，都有最熱烈的回響。他在教育史上的地位，直逼盧梭。不過二十世紀後，他的地位完全被杜威所取代❻。

❻　Ibid., 225.

❻　這篇文章發表在《西敏寺評論》(*Westminster Review*)，1859年七月號。1860年，斯賓塞的「美國友人」(American friend Edward Livingston Youmans)將該文與其他三篇文章輯成一書，書名為*Education: Intellectual, Moral, and Physical*，本書一共四章，章名及出版年月如下：

第一章——What Knowledge is of Most Worth?

第二章——Intellectual Education, 1854年發表於《北英評論》(*North British Review*)五月號。

第三章——Moral Education, 1858年發表於《英國評論季刊》(*British Quarterly Review*)四月號。

第四章——Physical Education, 1859年發表於《英國評論季刊》四月號，1861年英國也出版相同的書。見Herbert Spencer, *Essays on Education*, etc., London: J. M. Dent & Sons, 1949, xxi, 及Andreas M. Kazamias (ed.), *Herbert Spencer on Education*, N.Y.: Teachers College Press, Columbia University, 1966, 21, footnote.

❻　A.V. Judges(ed.). *Pioneers of English Education. A Course of Lectures Given at*

斯賓塞與米爾一樣，都是靠自學成名的大師。但是斯賓塞從小並無父親教他希臘文及拉丁文並熟背古代經典，卻變成英國維多利亞女王(Queen Victoria, 1837～1901)時代令人注目的社會學者及教育作家。

正式教育之定型化及同一模式，窒息了創建力。斯氏相信天才發明家愛迪生的名言：「大學畢業生並無用處。」❻❼還舉出許多名人皆未上過學，如JamesBrindley, George Stephenson, Smeaton, Rennie, James Wattm。而Sir Benjamin Baker從未受過正式的工程教育，卻興建大橋，順利完成。他在《自傳》(*Autobiography*)上說：

> 值得一提的拉丁文或希臘文，我一無所知……並且我完全沒有被教導過英文——從專門技巧的觀點而言，我沒學過英語文法，連一個字都沒有，也沒上過作文課。我只有少量的普通算術，除此之外，數學我也一竅不通。至於英國歷史，我從未讀過，古代史則看了一些，翻譯的古代文學，我也沒摸過，傳記更沒聽過。
>
> 但是有關周遭的事務及其資產，我卻比大多數的孩子知道更多；物理原則及其演變程序，我有相當清楚的概念。在物理及化學上的各種不同之特殊現象，我極為熟悉。透過私下的觀察及閱讀，我也對動物的生活，了解一些，尤其是昆蟲；但對通俗或系統化的植物學，卻無所知悉。經由隨手拈來的閱讀，我也体會一點點涉及機械學、醫學、解剖學、及生理學的知識，並搜集了世界各地及其居民的豐富資料。❻❽

從聊天、通信、讀報、及聽演講中獲取靈感，然後自己組織、醞釀、重新塑造，檢拾進化論觀點，發展進步的說法，從簡單到分殊，從同到異，從不定 (indefinite) 到定 (idefinite)。Mrs. Sidney Webb說她有一天與T. H. Huxley談到斯賓塞「已經組成一種進化理論，那是將當時各種散亂的學說融合成一種而已。」Huxley馬上說：「不，斯氏從不知道那些說法，他從自

King's College London, London: Faber and Faber（無出版年代），172.

❻❼　Ibid., 172.

❻❽　引自Kazamias, ibid., 16–17.

己的內心深處建構自己的理論，他是最原創性的思想家，雖然他未曾發明過一種新思想，也不讀書，只是挑選能夠幫助他說明其理論的材料。他是個大建造者，他的巨大建造架式，完全是新穎的……，他並不向別人借用。」❻❾

一位女士(Mrs. Sidney Webb)描述斯賓塞：「記憶當中，他有個似雕像的頭，未老但卻稍禿，長又堅硬的上唇，強有力的頰，倔強的嘴，小但卻散發光芒的灰眼，捲髮成束，突出的羅馬式鼻子──組成一個高大、寬闊，輪廓明確的身材；順暢但又有點拘謹的語言……。在我幼稚的心靈中，最為印象深刻的是從他沒有皺紋的眼簾中，展現出一股仁慈、平和的眼色來對待兒童及弱小的東西。但當『以為』他自己或別人權利遭受侵害時，則目光充滿憤怒，聲音銳利得幾乎是尖叫一般。」❼❶

自小接受父親的「心靈陶冶」(mental discipline)，斯賓塞從小就養成一種分析批判的論證習慣，及敏於思考並自我挖掘問題又自我設法解決的心性，絕不接受單單是記憶性的背誦資料，卻強調「知性上靈活的領會」(intelligent understanding)。從此，「自我教育」(self-education)變成他的一生活動，主動閱讀就是他的嗜好，手不釋卷並參加知性社團，尤其是「雅典俱樂部」(Athenaeum Club)。他的知識廣度及深度，已臻於一流學者之林。凡事要有己見，不隨波逐流，不隨俗浮沈；「異」(heterodoxy)優於「同」(homogeneity)，厭惡權威，是個不妥協的個人主義(individualism)學者。學界封為「斯賓塞現象」(the Phenomenon of Spencer)。過去的學校課程，有明顯的要求學生「屈服性接受」(submissive receptivity)，不鼓勵「我行我素行為」(independent activity)❼❶，幸虧斯賓塞沒入學唸書，反而免受毒害。曾在舅父的學校學拉丁文，但卻逃學，三天走150哩回家。為了宣示自己的獨立創見，他不認為他的教育及政治思想，源自於盧梭；並告訴法國教育史學者Gabriel Compayré他未曾翻閱過《愛彌兒》一書❼❷。聖人所見略同，斯賓塞

---

❻❾　Judges, op. cit.,174.

❼❶　Ibid., 163–164.

❼❶　Ibid., 11.

❼❷　Ibid., 10–11.

對於壓制之反感，以及對自然之崇拜，口吻幾乎與盧梭完全一致。小時候讀書不多，尤其厭惡那些乏味的書。遇到友人聊天，如無意義，他就以手指塞住耳朵，不願聆聽，在《自傳》裡還認為吸鴉片是好事，作的夢也極為快樂。年屆83時（去世年）仍能不用眼鏡讀書寫字。五十歲時深入荒山僻野而不懼。個性強，逞強好辯，堅持己見，不顧權威。

這麼個性突出的學者，時人常批評斯賓塞是個「怪人」(oddities)，甚至當其面指責他為「奇異的傢伙」(a queer fellow)，因為斯賓塞時時挑剔別人的錯誤。不過，斯氏與當時學界名流也有深交，如米爾、及甘願作達爾文「牛頭犬」(bull dog)的名生物學家赫胥黎(T. H. Huxley, 1825～1895)等，大家都維持一個「專業的懷疑者」(professional doubter)身分，雖外表多刺，但裡層卻有核仁❼❸。赫胥黎在讀斯賓塞的《自傳》時說：「個性強烈的人，如果較少自制又較少聰慧，則將孵出一堆毀壞社會的變種雞。」❼❹舉止雖有點唐突，但並不欠缺機智；在金錢上慷慨，樂意助人，不願揚名，也不喜接受榮譽上的恭維。在品味及談吐上還含有令人欣喜卻古怪的作風。一群朋友喜歡他是個「人」❼❺。在為人處事上，他絕對不會強要他人接受他的「異端」，他也譴責使用不敬語言之人。難免有人誤解斯賓塞「只有頭而沒有心」(all head and no heart)，與其建立友誼並非易事；加上他對異性之態度極為反常，與女人相處，極不自在。友人介紹一位對斯氏首次發表的學術論文《社會靜態》(*Social Statics*)相當傾心的一位小姐（名為Miss Evans）與他相親，斯氏其後回憶著說：「雖然她看起來還相當漂亮，年輕，極為開放，女詩人，又有財產可繼承，但我並不認為她的精神可以打動我。」❼❻從此終生未娶。與George Eliot之談話，她愛他，他卻急於否認：「想到我在思考時，她驚奇的發現我額頭上竟無皺紋。我說那可能是因為我從未有困惑的時候。她一聽此話後，立即喊道：『喔！那是我聽到最自負的一件事！』我答道：『才不呢！當妳知道我意思時。』我辯解著，我的思考模式並不需

---

❼❸　Ibid., 13.

❼❹　Ibid., 168.

❼❺　Ibid., 188.

❼❻　Ibid., 8. 相親時，Spencer 30歲。

要聚精會神如同一般人皺眉毛一般。」❼1865年曾參加國會議員選舉，二十年後，他覺得如果當選，他可能是「一位非常不實用的議員」(a very impracticable member)❼。思想家的個性，無法與政治人物的行徑相互契合，他雖是有影響力的社會學者，卻與政治活動絕緣。

美國著名心理學家，哈佛大學教授詹姆斯(William James, 1842～1910)稱斯賓塞是個「廣袤的哲學家」(philosopher of vastness)❼，他的學術胃口極大，研究範圍包羅萬象。但對顱相學(phrenology)頗有心得，26歲時還發明一種儀器來測量頭的重量及形狀，認為心理特質深受生理特質的影響。學了三角學(trigonometry)，兩週後即向父親寫信：「我相信已完全精通了，我可以解答三角學的任何問題。」父親回信勸他不要高估自己的成就。閱讀小米爾的*System of Logic*及對三段論式的批判，頗同意其看法，因為Mill表達了與正統不同的見解。「我好高興發現Mr. Ruskin，因為他敢於說Raphael的作品並不怎麼好……。因此我自然的打開了*Stones of Venice*一書，心中充滿高度的期望。不過看了插圖且讀了附文之後，我立即感到自己竟然陷入於去崇拜一篇只是無知的作品中，我對Mr. Ruskin的信心澈底毀滅了。從此我再也不注意他的著作。」❽他將達爾文的生物進化論擴充到所有知識、道德、及音樂世界。他的教育旨趣，是追求「完全生活」(complete living)，完全生活包括個人及社會，精神及物質，二者兼備；換句話說，完全生活等於「幸福生活」(happy living)。可見斯賓塞的學說，仍舊匯入「功利主義」的洪流裡。完全生活或幸福生活，都要仰賴以科學為主的課程來達成。痛苦的免除或減輕，幸福的增加，都是科學對人類的貢獻。

一、科學的特質及科學教育的必要性——科學的「陶冶」價值

工業革命後，時人對「科學」高度仰賴。但「科學」到底是什麼，有

---

❼　Judges, 173.

❼　Ibid., 4.

❼　Ibid., 14, footnote.

❽　Ibid., 168–169.

必要由學者加以釐清。斯賓塞一心也一生的以「科學」為念。

㈠科學重「量」，有「先見之明」(All science is prevision)但也有其限制❽

科學使人事先知道什麼時間在何處將會發生何事，它有預測之功。憑經驗，人們也可以預知未來之事，比如說一個小孩對於蘋果的過去經驗，他就預知其他未見過的蘋果是什麼形狀、顏色、重量、味道，還曉得摸起來滑滑的；不過，科學與經驗的最大差別，就是「準確度」(exact)。經驗只是「未發展的科學」(undeveloped science)，它的「先見」屬於「質」(qualitative)；科學的「先見」則是「量」(quantitative)。眾人依經驗，皆能判斷同体積的鐵重於同体積的木頭，因此在天平上兩端與中心點的距離若相等，則放鐵的那邊必下垂。這種「預知」，是一種「質」的認知；但力學之所以變成科學，就是能夠算出相關單位之間的精確數比例。設若鐵的重量為a，木頭的重量為b；放鐵的那一端與天平中軸之距離為p，放木頭的那一端與天平中軸之距離為q，則a : q＝b : p。數量化是科學的重要條件❽。所以科學用語絕不含糊，更不用曖昧的語言來描述它的現象，以免引發爭論。

精確的先見，有助於解決許多人生的問題。防範於未然，總比惘然於眼前，以及緬懷於過去，較能獲取幸福。但科學之精確性，是相對的，而非絕對。對於實体性之奧秘，科學頂多也只是「逼近」(approximation)它而已。即令是最簡單不過的事實，它的「最終本質性」(ultimate essence)是「不可知」(incomprehensibleness)❽。人類利用科學，造福人群，駕馭萬物。「科學之驕傲，比起無知之驕傲，謙虛得多」❽，但人類不可妄自尊大，科學也有其限度；人類的智慧有限，誠如康德之所言，「物本身」(thing-on-itself)是銅牆鐵壁，科學也無法穿透。科學並非萬能，人類的才華，比起造物主來，

❽　H. Spencer, First Principles of a New System of Philosophy. 見A. M. Kazamias, ibid., 77. H. Spencer, *On the Genesis of Science*, 引自*Essays on Education,* etc. op. cit., 239.

❽　Spencer, *On the Genesis of Science*, ibid., 239–242.

❽　H. Spencer, *First Principles of a New System of Philosophy*, op. cit., 79–80. On Progress, 引自*Essays on Education,* etc., ibid., 197.

❽　Spencer, On Education, 引自*Essays on Education*, etc., op. cit., 122.

渺小得多。

(二)科學決定學科之價值

價值問題之所以提出，乃是人生有涯，而知也無涯。斯賓塞引用一首老歌：

Could a man be secure,	一個人若能安全
That his day would endure,	他的日子又能久遠
As of old, for a thousand long years,	年歲大，可以活上一千年
What things might he know!	則何物他想知
What deeds might he do!	何事他要行
And all without hurry or care。 [85]	皆如所願，不急也不愁

在有限的時間內要選擇有價值的知識，這才是問題之所在。如果從無限久遠的角度去探討，則所有想知的「物」及想行的「事」，皆具價值。但既要在這麼廣闊的價值中進行挑選，則價值的相對重要性，就是吾人思考的標的了。這也是自培根以來講得快要臭酸的老話——如何判斷知識的相對價值。

如果科學具有「先見」特質，則人生之幸福，自應以科學之追求作為達成人生幸福的不二法門。科學造成吾人之快樂，反科學則帶來人類之痛苦與災難。科學可以擺脫習俗、偏好、或成見，這些都是人類的不幸淵藪。任何知識探討，其「用」處，都要有益人生，即促進幸福，這是無爭議的，大家都異口同聲贊成。數學家、語言學者、自然科學工作者、或哲學家，都以各自的學門如何有助於人類行為相標榜，如何趨善避惡。當一位教師向人們解說文字的書寫與事業成功有關時，人們才會認真去學習；當一名老骨董搜集者無法說明這些古物如何有益於社會福利時，人們就認定老骨董的搜集工作，價值層次較低。利益的衡量，就是最終的訴求。

因此，如何過活(How to live)，活得滿足又幸福，才是問題所在。解答這些困惑，要委諸科學。而生活是全面的，是整体的；生活的範圍，包括如何處理我們的肉体，安頓我們的心靈，謀求我們的職業，養育我們的子

---

[85] Ibid., 5.

女，善盡公民的職責等，都無所不包。簡言之，就是「如何過完全生活?」(How to live completely?)「準備過完全生活，是教育應該履行的功能。這種功能的履行程度，也是評定教育課程唯一的理性判斷模式。」❽科學，最能保證人們獲得完全的生活。

學科知識之價值，斯賓塞分成三種層次。第一，「內在價值」(intrinsic value)，即無時間性及空間性的價值，不因年代或地點而有所變異；許多科學準則或事實，屬於此類。如麻木感覺及刺痛感覺先於癱瘓感覺；水對物体之抗力，乃與水流速度之平方成比例；氯是消毒劑等。第二，「半內在價值」(quasi-intrinsic value)，如學習拉丁文及希臘文。第三，「習俗價值」(conventional value)，如學校裡進行歷史科教學所灌輸給學童那些歷史事件之名稱、年代等資料。習俗上大家延續下來一種觀念，認定這些教材乃是學童的必修內容，沒有記住這些，會引來不愉快的指責❽。斯氏對價值作了這三種分類，他最後評定，以「內在價值」的知識，層次最高。他除了在著作中一再的抨擊第三種價值（習俗價值）之外，並無詳細剖析第一種及第二種價值。此外，他也提到價值可作為「知識」用途(value as knowledge)及作為「陶冶」用途(value as discipline)二種❽，但只提出完全生活應二者兼顧，就無下文，的確可惜。

價值又分「實用價值」(utility value)及「裝飾價值」(decoration value)二種。斯賓塞在〈何種知識最具價值〉一文中，開頭就花了不少篇幅，用進化論的角度，提供人類在歷史上出現許多「價值顛倒」的資料。在價值高下的評量上，實用價值應優先於裝飾價值。因為就生活適應或幸福滿足上，實用的價值高於裝飾的價值。不過，歷史史跡卻證明人類之糊塗與反常。原始人衣可以不蔽体，但卻要穿耳洞、戴耳環、紋身。Orinoco的印地安人赤身裸體並不覺臉紅，但若不擦粉化妝，則覺丟臉，反而不敢外出。他們不顧身體之不適，寧願費力作苦工來購買色素，塗繪身體來贏得別人（習俗）的注目及讚美。航海者都有個經驗，給野人白花布及大片的衣料，並

---

❽　Ibid., 7.

❽　Ibid., 10.

❽　Ibid.

不受青睞，不如贈送五花十色的小珠鍊或精美靈巧的小飾物。非洲的土著在陽光普照的日子裡昂首闊步的穿著山羊皮斗蓬，但遇雨天時，卻將它脫下來摺疊整齊而一絲不掛的接受雨淋。

　　肉体方面是如此，精神方面也沒什麼兩樣。蘇格拉底以前，希臘的學校課程，強調音樂、詩歌、修辭、文法、冥想哲學，卻對生活教材隻字不提。其後熟背死文字，對於帝王家譜、皇室婚娶及生死年代等瑣碎細節竟了然於胸；並記住從未見過的植物、礦物之分類及種屬，卻對芸芸眾生的疾苦及近在庭前的花草樹木果子，一片空白。紳士的男性教育與實用脫節，淑女的女性教育更是等而下之。婦女對衣飾之裝扮，附屬物種類之多及數量之眾，更非男性可以比擬。女性課程之彈琴、繪畫、舞蹈等，更佔滿了學習時間。學意大利文及德文，理由並非這些學科可以解決日常生活上的問題，而是女士若出口是這種外語，也吟唱外語歌，則會引來大家靜靜的耳語羨慕及讚美❽。中國女人之纏足，官場之服裝，清朝之剔前髮及留長辮，太監之去睪丸；英人之假髮，土著之豐臀部；以及古老語文之長期霸佔課程，讀書變成肢体衰弱、五穀不分，甚至朝為金榜題名，暮為一命嗚呼，這些都是「習俗價值」的反映。似乎人們都活在眾人的掌聲與貶抑中。吾人忘了到底為誰而活？人們慘遭過去為求形式及裝飾所忍受的身心蹂躪，不知科學昌明及產業革命後，利用自然而使農作物豐收，量與質俱增。過去皮包骨的如柴体形，面有菜色，三餐無以為繼，或寅吃卯糧的餓殍陳屍街頭景觀，靠科學工作者之努力，已成歷史古跡。科學活動及科學課程，應該取代習俗科目。

　　㈢科學教育的必要性

　　記憶力、判斷力、想像力、及推理力是重要的價值，科學課程都能增進這些能力，所以價值遠比其他習俗科目為高，這是科學的「陶冶價值」。

　　①記憶力：古典語文或形式訓練，旨在訓練記憶力；這方面，科學教育材料，不輸給文法規則之背誦。學習科學，有必要熟背太陽系及銀河系星座名稱、化學元素等，至於動植礦物之學名、人体機能構造及器官名稱，種類及數量之多，指不勝屈。文字語彙的記憶功能，在古典語文學科上可

❽　Ibid., 1–3.

以培養，在科學課程上，照樣不缺。科學演進的結果，新名詞、新術語輩
出。斯氏指出在當時的植物學家就已發現有32萬種花草名稱，動物學家則
估計有200萬種動物 **❾⓿**。老學究如妄想單以訓練記憶力為名來護衛古典語文
的習俗價值，這種論證，不攻自破。

②理解力：科學注重因果關聯之說明與解釋，知其然更知其所以然。
前提與結論之間有必然的關聯，這種科學的特色，非文法規則之任意性及
約定俗成之權威性所可望其項背。文法規則之背誦，是一種機械式記憶；
科學規則除了記憶之外，還加上領會與了解；而建立在領會及了解上的記
憶，可以保存長久，且具說服力，學童也比較心甘情願接受，心服也口服。
「語言只讓我們熟悉非理性關係，科學則使我們習慣於理性關係；前者只
是純記憶，後者則不只記憶，還加上了解。」 **❾❶** 誠然，文法規則也有理性的
部分，但與科學規則相比，二者不可同日而語。

③判斷力：斯氏引用名科學家法拉第教授(Professor Michael Faraday,
1791～1867)對時下教育及社會的評語：「不只無知於教育應培養判斷力，
且對這種無知充滿無知。」 **❾❷** 根據真相或可靠的事實予以判斷，並佐以觀察
及實驗予以印證，如此的判斷比較穩固與正確，這是科學的重要價值。並
且如果判斷的條件已充足，則結論必然應聲而至。

④科學與道德勇氣：古典科目的學習，易於培養奴僕心態及權威性格，
只依字典或古人的定義或說詞作準則，不能也不敢逾越，學童悉數全收，
缺乏懷疑精神及探索並追根究底作風。科學恰好相反，科學要求學童運用
理性，真理不是只有存在於古代或偉人中，卻是任何人都有資格予以檢驗，
每種判斷都在公開及眾人之前進行，毫無隱瞞或欺騙。誠實是科學的信條，
而誠實本身就是道德。科學要求人人說真話，不虛偽，有一分證據說一分
話，不可多說一分。只有在事實面前，我們才向它低頭，這就是謙虛；絕
不在暴力之下彎腰，這就是勇氣；即令去職坐牢或殺頭，亦不為所動。謙
虛與勇氣更是道德。並且科學真相的了解，非一蹴可幾，必須持續奮鬥，

---

❾⓿　Ibid., 38.

❾❶　Ibid., 39.

❾❷　Ibid.

這就是毅力與執著，而毅力與執著，不也是重要的德目嗎？加上科學注重自由批判，尊重異己，這就是風度，而風度的培養，正是道德文化的旨趣了。盲信權威，這是科學的大敵；仰賴自己，這是道德的信條；獨立判斷且依證據行事，自信心將大增，自信心又是一種高尚的品德了。丁道爾教授(Professor John Tyndall, 1820～1893)在提及科學態度及方法後說：「這需要耐力、奮鬥不懈、及謙卑的良心來接受大自然所顯示出來的事實。成功的第一條件是誠實的容納並情願放棄所有的成見觀念，不管那是多麼的令人珍愛，但如與真理相左，就得忍痛排除。相信我吧！自我否認的人是高貴的，世界上卻從未聽到此種論調。不過，它早規定於私人的經驗中，那是屬於科學的真正熱愛者。」❸科學的熱愛者所擁有的這種品德，應該為眾人所共享。

⑤科學與宗教：許多人誤以為科學與宗教是死對頭，其實二者卻是合作的最佳搭檔。斯賓塞引用了赫胥黎的名言：「真正的科學與真正的宗教是同体雙生姊妹，分割之後則二者雙亡。科學只有當成為宗教時，它才會茂盛；而宗教也只有在俱備科學深度及穩紮根底時，才會開花結果。哲學家的偉大行徑如果沒有傑出的宗教心聲作為智力引導，則收穫將甚為貧瘠；真理讓給那些有耐性、愛心、赤誠、專心一致及自我犧牲者，而不是只讓給那些敏於邏輯思考之士。」❹斯賓塞更說，不少人以為科學不是宗教，其實只有疏忽了科學，才不是宗教。因為這些人拒絕研究大自然的創造，並且輕信迷信，那才不是真正的宗教。一位作家如被眾人歌頌，天天以褒詞來讚美他，但讚美者只知作品的外表，卻未悉其內涵，則這種歌頌又有何價值呢？當人們同聲驚異於大自然的偉大神奇但卻不深入去了解研究，如有科學家將其研究結果公諸於世，使世人了解存在物之深層奧秘時，大家還用尖酸刻薄的語言文字或侮辱的行動來譴責他們，認為那是褻瀆神明，冒犯上帝，或只是瑣碎及無關緊要之小事，無足掛齒，不屑一顧，難道這是應該的嗎？真正的科學家對上帝不只是嘴巴上的敬重而已，他還犧牲時間、勞力、運用思考來予以敬重。宗教有至高無上的統一法則，科學亦企

---

❸ Ibid., 40.

❹ Ibid., 41.

望如此。因果關聯是打不破的，善惡報應必也存在，自然法則趨向於完美及幸福，任何人拂逆這些規則，都會嘗受災難。前已談及，科學有其極限，那個極限就是宗教地盤開始管轄的領域。科學在面對傳統與權威人物時，其態度可能是驕傲的；但在遭遇不可穿越的網紗背面隱藏的「絕對」(Absolute)時，其態度是謙卑的──正當的驕傲與必要的謙卑，都可在科學上展露無遺。

就是由於這個緣故，不少一流的醫生（科學）有非常虔誠的宗教信仰。他們的宗教活動並不妨礙科學研究，二者並非「互斥」(exclusive)，而是可以兼容(compatible)。

⑥科學與詩歌：科學是理性的產物，詩歌則是情感的發洩。理性與情感有時難免發生衝突或不友好，但並非經常如此。有時科學正可拓展詩詞的領域，科學家對科學研究對象所產生的詩情畫意，非但不比他人冷漠或呆滯，反而更為激情與生動。比如說一滴水掉落地上，這個事件從凡人眼中來看，只不過是很尋常而不起眼的現象而已；但在物理學家的心目中，就如同丟掉了什麼。他知道水的成分，該成分若解放出來，可以產生火花。一堆白雪，如透過顯微鏡的觀察，就會發現奇異與玄妙的變化，因為它蘊藏有晶体形狀的美。一塊圓石刻畫有平行的抓痕，路人視而不見；但地質學者則如獲至寶般的雀躍萬分，因為它可能曾經遭受過一百萬年前之冰河所滑過。年輕時未曾採集昆蟲、花卉者，根本無法欣賞巷街以草木作圍籬所滋生的狂熱樂趣。未找尋過化石者，也不會有埋藏寶石的聯想。在海邊無科學素養的人，空有水族館，也無法欣賞魚游的樂趣及生態。學子爭訟不休於形上文字的語義，或帝王的密謀，卻不去探究上帝構造的偉大景觀；引經據典的對希臘文韻律作批判，卻對上帝的手指寫在大地上的岩層這部史詩置若罔聞。詩詞著重感受，科學強調理解。只有經由理解，感受才會深刻與持久。

上述這些科學的功能，都屬於「陶冶」價值。至於科學的「知識」價值，則是下述的內容。「陶冶」價值是「形式」上的，而「知識」價值則是指「內容」而言。

二、科學課程——科學的「知識」價值

科學既是最具價值的知識，人生追求幸福的完全活動，都需要科學知識。但貫徹科學知識的科學課程，彼此之價值卻有高下之分。它們的重要性，依序第一是與自我生存直接有關的活動，第二是與自我生存間接有關的活動，第三是養育子女的活動，第四是維持正當的社會及政治關係之活動，第五則是填補休閒生活的零散活動，旨在滿足情感及口味[95]。生命之保存，位階最高。沒有生命，一切都落空。這種主張，應是定論，因此健康教育課程，價值第一。其次，任何人之生存皆需仰賴自己，不可作寄生蟲，一技之長顯有必要，因此職業教育課程，價值第二。個人生存之後，絕大多數人都會結婚，婚後大多數會生兒育女，如何營運一個幸福的家庭生活及新生代如何教育，價值第三。個人不能獨自生活，總應在社會群居，因此公民之義務與權利，此種價值位居第四。工業革命後，機器取代手工，休閒時間增加；如何有效利用業餘活動，滿足心靈需要，價值殿後。這種安排，即先注重基本生理上的需求，並以個人的考慮作優先，然後才顧及精神活動及群性的培育。茲依序說明之：

㈠健康教育

孩童自小就具有天性本能上的逃避危險及活潑筋骨等活動。如遇陌生人或不熟悉的狗，會哭或恐懼，而跑跳爬等是孩童活動的全部。体格的鍛鍊及成長，或保護生命的安全，大自然早賜予人類這種求生的稟賦。孩子在大自然環境中，他會善用這種本錢來促進身体的健康。不幸的是，學校教師或保姆作了許多違反自然法則的規定，喪失了學童的好動性。因此，健康教育的首要信條，就是返回自然。第二，根據生理學的知識（科學），可以預防疾病及傷害甚至死亡。除了暴死之因素應予排除外，不良習慣所累積下來因而致死的因素，更應重視。否則當歲月漸長，屆中年或老年之時，沒有不疾病纏身的。比如說，用功過度變成近視，風濕症導致心臟病，那是不當的暴露所導致的結果；膝蓋輕傷不治療而造成跛腳，用腦過分產生心悸，其他的小病使得身体屧弱等。身体不健康，人生就乏味，自己痛

---

[95] Ibid., 7.

苦之外，也成為家人的負擔，更不用說善盡公民職責或養育子女了。恢復健康或免除疾病，有賴生理學知識。斯賓塞挖苦的說：

> 一個人字拼錯了，發音不正確，把Iphigénia唸成Iphigenia，竟然面紅耳赤，但若不知歐氏管(Eustachian tubes)在何處，脊椎骨之功能，脈搏的正常跳動次數，以及心臟在何種情況下會擴大，卻老神在在，一點都不覺得羞恥。迫切的希望子女接受二千年來的迷信，卻不急於知悉自己身體構造及功能的知識，甚至還詆毀此種教育呢！ **96**

斯賓塞認為疾病多半咎由自取，病癒之後很難完全「復原」；傷害既已造成，不可能與病前完全一樣，或許沒有立即覺察出來，但總有後遺症。大自然的計算相當嚴謹與精確，到頭來，只有縮短了生命的期限。

(二)職業教育

傳統學校只重讀寫算，似乎這就是教育的全部，卻沒有教導學生離開校門之後，他如何謀生，尤其如何適應工商社會的職業需求。生產、分配、食物之供應，有必要靠諸如數學、物理學、化學等科學來幫助。造房子、築橋樑、建鐵路、搭天橋、修地下道、作電纜，都需仰賴數學、幾何學之精密測量及力學之計算；天文學有利於航海。而衣服之裁剪，書籍之印刷、排版、裝訂、及運送，窗簾，椅子，磚頭等製造，都由機器代勞，學校不教這些，明顯的失去職業教育的職責。汽船之製造、礦場之通風、鑄鐵之熱火燃料、安全燈之裝配、溫度計之發明、顯微鏡、望遠鏡之使用，都需有物理科學之知識；探照燈及照明燈可以防止船隻觸礁。電力及磁場之研究、羅盤之出世，可以避免許多災難；電報使政治及貿易訊息朝發夕至甚至立即傳達，國際糾紛可以減少，世界和平有望。室內擺設小如廚房之灶具、客廳之立體鏡，都是物理學應用的結果，也帶來家居生活的舒適與滿足。而漂白劑、染色粉、印花調色產品好壞之辨別，非靠化學知識不為功。礦場中如何斷定藏有銅、鐵、錫、銀、鋅、鉛等，也是化學研究的結果。製糖，生產瓦斯、肥皂、火藥、玻璃、瓷器，一定與化學有關；蒸餾水之清濁、釀酒之醇或渣、肥料應施於何種土壤或農作物、污水處理、麵包之

96　Ibid., 14.

長霉、或由垃圾中造出香水，都得請教化學。養育家畜者應知道牛羊如經常散發熱氣，飼料就需耗費更多，因此暖房之裝置可以使牛羊豬鴨更為肥胖；品種之改良，獸疾之治療，有賴生物學。斯賓塞提出這些自然科學有助於職業謀生之外，作為社會學者，他更明言社會科學(science of society)之重要性，用科學方法來計算股市行情、匯率、生產狀況、戰爭之機率、評量供需環境以作為進出口貨物之根據，並訂定價格，不是很實用嗎？

拜科學之賜，數世紀以前連國王都購買不到的產品，現在平民皆可享用。因為科學注重「方法」(how)，並探討其「原因」(why)❼。使得過去只有上層階級的人所能享用的舒適，百姓也能分沾。最大多數的最大幸福，就是透過科學的職業教育來達成。

(三)養育子女的教育

斯賓塞在這裡又再度譴責學校教育在這方面的嚴重忽略。他做了一個非常諷刺性的假設，如果發生了奇異的機會，我們的人群中無一倖存，除了留下一疊教科書或一些大學試卷外，別無他物；則在遙遠的未來，那時的人民一定深覺困惑，為什麼在古代並無任何跡象表示學校將如何作為父母。

> 這一定是為獨身者所設計的課程。我察覺到一套頗為巧思而為許多事作準備的教材，尤其是學習已亡國家的書或古代各國的語言（但又清楚得很，那些國民卻認為用自己的語言說話，價值很低），不過，我倒未能發現有絲毫涉及到養育兒女之事。他們不應荒謬到此種地步，以致於疏忽了如此重要的訓練，以便使他們承擔最重大的責任吧！對了！那是一種修道院院規的學校課程啊！❽

當時英國士紳見面，大談獵狗如何調教與訓練，卻不知他家也有「小犬」（兒女）等待父親的呵護與教導。難道下一代孩子的教育，要沿用不合理的習俗、衝動、或幻想來進行嗎？傭女的無知，及祖母的溺愛或偏心，給孩童造成的身心異常，不也是很令人擔心嗎？作生意的人不懂算術或簿記，

---

❼　Ibid., 19.

❽　Ibid., 21.

人們會以為他很愚蠢，一定會虧本；醫生開刀卻不學解剖術，則病人多可憐；同理，家長糊裡糊塗結婚，未經子女同意就賜予生命，更不知教養方法，這那裡是正確的呢？

數以萬計的孩子夭折，不少倖存者也肢体殘缺，失去健康活潑的幸福童年。到底孩子該不該穿單薄的短衫，在冷天氣裡讓他玩得手指發紫，那要看是否影響他的未來健康而定。一個孩子該不該吃單調的食物，或缺乏營養的菜蔬，禁止歡笑吵叫的嬉戲，或禁止他日曬雨淋，這都有必要用科學態度與方法予以研究。別以為子女生病或軟弱，是命運的安排，或是天意的造訪，這些都不是真正的原因。確實有些不幸乃因遺傳，但絕大多數的病痛卻由於愚蠢的流行及任性的想法所造成。一般而言，父母是使得孩子無能或抑鬱的禍首，孩子的許多災難，父母是要負責的。

其次是道德教育，由於作母親的以前所受的教育，只是唸書背字唱歌跳舞，根本與如何陶冶品德無涉，離校到出嫁時間又忙著赴宴會，看小說，作白日夢，因此這方面的缺陷更難以彌補。為了扮演媽媽的角色，善盡母親職責，應該深悉孩子情緒的演變，使其得到正當發洩，千萬別嘴巴說要孩子有勇氣，卻常用恐嚇語句或賄賂手段，或僅注重別人之讚美而忽視內在的動機，結果勇氣盡失，換得來的是偽善、恐懼、及自私之品格。既要求孩子要有信心，作媽媽的就要在言行上信任孩子，培養學童自制，父母親就不可以怒氣相待。

有關知育的管道，不可僅限於書本上的間接資料，更應鼓勵孩子面對大自然，直接以五官與第一手資料接觸。好奇心是兒童天性，不可抑止。學習過程是「直接認知」(immediate cognition)先於「媒介認知」(mediate cognition)，因此抽象的符號文字不宜於作為學童的讀物內容。周遭環境如家裡、街道、田野等都是學習的園地。閱讀興趣在孩童時期非常明顯，由於傳統態度之不當，孩童被逼唸那遙遠又抽象的語彙，除非考試，否則是不願接近課本的；一離開考場後，書本就被擱在一邊，學校教的已置諸腦後或忘得一乾二淨了。

養育子女是雙親的重責大任。作父親的寧願絞盡腦汁來窮思他的學術著作，而與孩子疏離，以致造成父子相遇如路人；作母親的不忙於照料或

悉心研究猩紅熱發作的孩子病情，難道她以為用原文來研讀但丁的《神曲》就可以獲得安慰嗎？

有關孩子的養育，斯賓塞在他的「德育」及「体育」中會有更詳細的敘述（下詳）。

㈣公民教育

傳統學校並不欠缺公民課程，但內容則大異其趣。首先是歷史，但歷史教材的科學價值太少，因為長篇累牘的敘述權力爭奪、陣地戰場、將軍擁有多少步兵騎兵或大砲，如何演習、攻擊、退卻或成功，死傷及俘虜人數，這些與幸福生活又有什麼關係？如果又充斥著一個朝代幾個皇帝，他們的生卒年月，何時遷都，都名為何，歷史人物之本名、別名、卒名是什麼，這都是歷史垃圾。斯賓塞指出歷史教材應注重興趣，但不可完全以興趣為主，否則只供消遣，失去教育意義。學童熟背「決定世界的十五次戰爭」，且兼及人類史上其他戰役，試問這對於履行公民職責又有何相關？對於下次投票給那一位候選人又提供什麼幫助？歷史人物不可只限帝王，卻應考慮到人民疾苦、社會習俗、文明進退、國家組織、教會儀式、教條、及理念之演變，過去的兩性及親子關係，神話及迷信存在之史實及成因；工業制度的發展背景，勞資緊張之緣故，交通工具，生產分配，訊息傳達之古今異同。文明史及教育史更應作為歷史教育的主軸，而科學史、思想史、藝術史（如建築、雕刻、繪畫、服飾、音樂、詩詞、小說等）都不應刪除。至於人民日常生活之飲食、家居、及娛樂，亦不應忽略。總之，歷史必須以與幸福生活相關聯來作為取材的標準。並且，歷史是一門「敘述社會學」（descriptive sociology），也是一門「比較社會學」（comparative sociology），因此它是一門科學；社會係由個人所組成，研究人就必須具備心理學及生理學的知識，這些學門都屬科學。基於這些科學而形成的歷史學習，可以培養學子們如何進行公民活動。

㈤休閒教育

首先斯賓塞提醒讀者，他之所以把休閒教育之課程價值作為殿後來討論，並無貶低其重要性之意。缺乏繪畫、雕刻、音樂、詩詞、以及各種自然美所散發出來的情感，生活將了無情趣，也失去了滋味。不過承認美藝

對人生幸福之價值是一回事，承認它是基本需要又是一回事，它的重要性
要讓給上述四種。只有個人生存及社會活動成為可能時，美藝等休閒價值
才會凸顯。「被造成可能的，要比造其成為可能的（如枝、葉、根）延後」
(that which is made possible, must be postponed to that which makes it possi-
ble)❾。換句話說，內在價值先於外在價值，基本價值也高於附屬價值，實
用價值更優於裝飾價值。一位花匠培育一棵植物讓它開花來欣賞，認為根
及葉有價值，乃因根及葉是開花的必要工具。由於開花是最後的產物，是
花匠企盼的結果，價值當然不可小視；但需知花無根就會枯萎或甚至不可
能有花。假如急於賞花而忘了澆水施肥來照顧枝葉，這就倒果為因、車置
馬前，而變成愚不可及了，傳統教育的罪惡就在於此。「既然它們是生活的
休閒部分，所以它們也應該是教育的休閒部分。」❿美藝科目，就是休閒科
目；但美藝等科目，也是科學。

　　先以雕刻來說，熟知人体結構、筋肉、骨骼部位及機械原則，對雕像
姿態之穩定性大有幫助。如雕刻一位安閒的站立者，一腳直立一腳輕鬆，
則重心應放在直立的腳上。雕刻家若不懂平衡理論，則錯誤百出，不可能
成名。其次，繪畫師應研究空間投射學，才不會如同一些中國畫的古怪與
荒誕。而音樂之音調高低及強弱規則，並非任性或偶發；不符合音學原則，
則音調必刺耳難聞；詩詞之韻律節奏、隱喻或誇張法、倒裝法，如運用得
恰到好處，就如同令人激動的演說一般。反之則歪詩（打油詩，doggerel）
或浮誇詩(bombast)就隨時可見了。

　　要注意的是，並不是科學可以造就美藝詩詞的名人，因為「不只詩人，
並且是各行各業的美術人員，多半是天生而非人為的」⓫。但吾人確信的
是，光有先天能力是不足的，還必須靠有組織的知識之助。靈感可以成就
許多事，但並非一切都靠靈感。天才配合科學，才會有最高的成果。

　　討論完五種課程價值之時，斯賓塞有些補充。第一，休閒生活價值雖
是殿後，但當自然大為人用，生產力大增，勞力節省，教育更為普及之後，

---

❾　Ibid., 31.

❿　Ibid., 32.

⓫　Ibid., 35.

休閒時間比以前多，屆時它的重要性也相對提高。第二，五種價值中相互連貫且有重疊，其中的一種，可能就涉及其他四種。第三，各種活動雖有價值高下之分，組成各種活動中之部分活動，其價值之高下則不一。如一個人精於理財（屬於第二高價值的活動），但除了賺取利潤之外，別無其他活動，則這種概念就比另外一個人雖沒賺多少錢但卻履行了作父親的職責（第三種價值），價值來得低；或者一個人雖有浩瀚的知識與訊息來供應社會活動作正確判斷（第四種價值），但在文化陶冶，文學素養及美藝欣賞上一竅不通，則他就遠比二者兼具之價值為差。不論如何，「我們開始所提出的問題——何種知識最具價值——統一的答案就是——科學。這是全盤的判決。因為直接自我保存，或是生活及健康的維持，最重要的知識是——科學；間接的自我保存，就是我們所說的謀求生計，最大價值的知識是——科學；盡父母的正確功能，吾人所能獲得的正確指導，也只有——科學；社會生活的闡釋，包括過去與現在，無此則公民不能恰當的規範其行為，此種不可或缺的鑰匙是——科學；同理，了解最完美的作品以及各式各樣最令人賞心悅目的藝術，具備此種條件也要來自——科學。而為了陶冶目的——知識、品德、宗教，最為有效的學習，仍然是——科學」❿。「科學」一辭，斯賓塞是永不離口的。

三、智育——教期無教，德育——罰期無罰，体育——健康第一

㈠智育——教期無教

引發自我教育的動機，智育就算成功了大半。斯賓塞對智育的探討，除了抨擊傳統學校之不當，並宣揚裴斯塔洛齊等唯實論的理念之外，以他自己及其他著名學者的求學經驗，特別注重自我教育的成就，來說明主動求知，價值永遠高於被逼苦讀。教育之安排程序，如能由簡到繁，從不明確到明確，從具体到抽象，從古到今依演化原則，從經驗到理性，從一般到特殊，則學習就會有樂趣感及成就感。儘可能的不必告訴學童，卻鼓勵他們自我發現。這種基礎，從小就應奠定。當小孩驚奇的向媽媽喊著：「看

---

❿　Ibid., 43.

看這個」、「看看那個」、「聽聽這個新的聲音」，或者向保姆報告他所採集的花朵，認定那是相當的漂亮，或敘說一件他從未經歷過的事❿；此時大人的態度，就是造成喜愛繼續自我學習或厭惡研究的分水嶺。師長必須傾聽、有耐心、充滿喜悅且呼應兒童的神色與孩子融合在一起，藉此引導孩子一些還未發現的部分，或與過去經驗相互比較或予以組織，但只點出一個線索即可，不必窮盡的告訴全部。「告訴孩子這個，展示孩子那個，就不是在教導他如何觀察了，卻只有使孩子變成他人觀察之後的容受器而已。這種程序，減弱了而非強化了自我教學的力量，剝奪了活動成功所造成的快樂，也喪失了正式教學對知識的吸引力，視功課冷漠甚至噁心，乃是頗為尋常的後果。」❿

自我學習一獲得鼓勵之後，興趣乃伴隨而至。學童也許期望自我解決普通學生都退避三舍的幾何難題，來作為一週來的主要工作。甚至孩子在假期中都自願作數學習題。數學功課，在自我思索而得到答案時，真是「不亦快哉！」此時的興奮，非筆墨所可形容；且印象深刻，終生難忘。科學家丁道爾教授自承對德國人所說的「教授學」(pedagogies)是新手，無經驗，但他在負責教導數學課有關歐幾里德及古代幾何時，學童興致盎然的熱心學習，他以牛頓為例向學童說明，這位大物理學家異於其他學童的就是「耐性」(patience)，又以Mirabeau（Honoré Gabriel Riqueti Mirabeau, 1749～1791，是法國大革命初期最傑出的政治改革家）為榜樣，當僕人向這位大學者說有一些事情是不可能(impossible)時，這位大學者向僕人說不要再使用這個愚蠢的字眼。在學童面臨困境時，他面露微笑，意在鼓舞懷疑心態的學童要信心十足的不妨再試，此時或許可以看到學童的眼睛發亮，快樂無比的夾雜著阿基米德的狂喜，突然說：「老師，我已經有解了！」❿

只要自我學習的引擎一發動，知識的吸收及挖掘，就持續進行，它還帶有「陶冶」功能。主動學習及被逼背誦，從臉上表情就可分曉，且心底下累積潛藏的快樂與痛苦，將影響一個人的性格。師長的教育，再怎麼有

❿　Ibid., 67.

❿　Ibid., 68.

❿　Ibid., 78.

必要，知識成果終究屬於他人；只有自我的教育才是自己的恆產。老師或雙親為孩童批改作文，如永遠都得如此，作文才能流暢，這是作文教學的失敗。自己的文章請老師指正，一段時日之後，應該有自我批改的能力。「教期無教」，自己教自己，作文教學之目的已然完成，其他知識教學，亦莫不如是。

㈡德育──罰期無罰

1. 德育上的教條必先去除：不少家長對孩子的行為管教，純是命令。如：你沒看到爸爸是這樣做的嗎？你還小，只有大人才可以這樣做；為了你的未來；死囝仔啊，吵死了！孩子不要默不作聲的坐著；你最好服從雙親；自己管理自己吧！──類似這些相互矛盾與衝突的規定，孩子真不知如何適從。右手發出的是「命令」(orders)，但來自於左手的卻是「反命令」(counter-orders)；幸而雙親也只有兩手，比千百手臂的巨人Briareus好得多[106]。孩子的管教方法，是最艱鉅的困難工程。解決之道，師長應先檢討自己，不可把過錯全推給孩子，如同專制國家的昏君，不知自己的言行已偏差，卻要怪百姓作惡。事實告訴我們，子女道德上的缺陷，多半肇因於父母。無暴政又那有暴民，「粗暴生粗暴，溫文生溫文」(savageness begets Savageness, and gentleness begets gentleness)。因此應嚴肅認真的以科學態度來修正或捨棄不合理的家規，尤其是自己的舉動。照照自己的鏡子吧！想想看，當一個媽媽常常憤怒的搖撼她的嬰孩以處分他不吸奶時，或爸爸看到孩子的手被夾在門縫而痛苦哭叫，不幫他解除災難，卻出手掌其面頰時，又如何期望子女能有「正義感」(sense of justice)呢[107]？這些例子多得無法勝數，但我們的孩子就是在這種環境中長大的。其實師長也是經歷這種軌跡的過來人。

1854年，斯氏在*North British Review*發表一文，題目是「教育方法」(Method in Education)。時代不同，教育方法也異。「信而不問」是教會的信條，也適合過去的社會；但現在的新教主義，個人有私下的見解與判斷，訴諸理性，注重領會。支持「自我扶助」(self-help)的教育理想，「自治」(self-

---

[106]　Ibid., 85.

[107]　Ibid., 87.

government)應大力主張❿。

「少用命令，但一旦命令下來，就必須堅定且前後一致。」「勿因孩子展示自我意志而懊惱，獨立的英國孩子是獨立的英國人之父，沒有前者就難望有後者。德國教師說他們寧可管理一打的德國小孩，也不願看管一個英國小孩。但如果我們的小孩都如同德國小孩那麼好管教，而變成類似德國成人的政治奴隸及屈服性格，難道我們不能容忍我們的小孩有他們自由人的情感，並依此來修正我們的方法嗎?」❿

既以幸福生活作為教育指標，但孩童卻處於暴力陰影及非理性的教條德目之下，二者就背道而馳，更不用奢談淑世社會及進步文明了。斯賓塞痛心的指出，英國許多有名望的公學，如Eton, Winchester, Harrow等，學童簡直過的比成人社會及住家環境更為殘酷的學校生活。似乎這些學童在為肆虐的統治者及立法者作準備❿。家規及校規既是野蠻，則國規就是嚴刑峻法了。

2.自然懲罰：人為的教規應該捨棄，而代之以自然懲罰，這個盧梭早已提出的論調，斯賓塞更加以發揮。避苦求樂，這是自然天性，功利主義的思想家也早已明言。制裁或處分，不本諸於自然，卻以人為法令來約束，則拂逆天道。幸福與災難，最終的評量標準，就是快樂與痛苦。酗酒之所以不當，乃因這種行為不只傷身，且對自己及仰賴他的人都會產生經濟上的損失。「設若竊者能使自己及被竊者同感快樂，則我們不會認定偷竊是一種罪。」❿酗酒者浪費金錢又有醜態，在不清醒狀態中，言行傷人；且他荒廢了家庭責任，讓妻子痛苦。這都是「自然反應」(natural reaction)或「自然後效」(natural consequence)。偷情雖可使雙方愉快，但卻造成第三者之痛苦，所以任何情的「偷」，都是罪惡；縱使兩個人的愉快與一個人的痛苦，在量上仍然是愉快佔優勢；但米爾早已明言，不能以量取勝，並且「第三者」也許不只一個人而已呢!

---

❿　Judges, 177.

❿　Ibid., 178.

❿　引自*Essays on Education*, op. cit., 89.

❿　Ibid., 91.

其次，行為之糾正如在家靠父母，在學校靠老師，試問在離開家庭，走出校門之後，要依靠什麼呢？不是以苦樂的自然效應為準則嗎？假如他在公司上班，卻懶散不守時，疏忽職責，則會被解雇，生計頓生困難；依約但遲到者，「自然」就享受不到準時者的益處；老板售價過高，消費者就不再光顧，他的貪婪就會受到「自然」的制止。醫生不勤學習，傷害到病人，聲譽就掃地。這種「痛苦經驗」(bitter experience)，效果百試不爽。「受過燙傷的孩子怕火」(The burnt child dreads the fire)，是盡人皆知的事實。並且如果施予懲罰者是大自然，被處分者也不敢予以報復；大自然在教訓違規者的時刻，也不會讓受罰者心生情緒上的反彈。因為大自然並無喜怒哀樂，不像大人、師長或官方在約束孩童、學生、或罪犯時那種猙獰面目，因此受罰者比較能夠心平氣和的甘願接受制裁。許多牢獄用慘無人道又違反天性的手段對付囚犯，社會不只犯罪率沒有下降，反而黑道更形猖獗，生活永無寧日。斯賓塞的獻策之一，就是限制受刑人的行動自由，並且在牢房中自力謀生 ❷。有了一技之長，刑期已滿之後，就比較不會為非作歹。並且從己力謀生的經驗中，也自然体會自己的財產及他人的財產之價值，偷竊觀念就會自然消失。

小孩亂丟垃圾或玩具四散各處，不加收拾，自然的處理方式，就是當下次他再要求取玩具盒時，媽媽應該這麼說：「上次你將玩具散置地板，Jane將玩具收拾好了，但Jane很忙，不能每天去撿玩具，我也不願這麼做。所以你如果不把玩具放回原處，我就不許你玩玩具。」❸這就是自然效應，不多也不少。把東西整理得有條不紊，這種勞苦，乃是物品狼藉亂放所得自然懲罰的真正後果。孩子玩玩具的興致頗高，為了目的得逞，他不得不遵守收拾玩具的規定。並且玩具放在玩具盒裡，這是它的本來狀況，擾亂了玩具的本來位置，會造成不方便的自然後果。當孩子在房間奔跑時就會跟蹌或碰傷，為了己利，也應物歸原處。孩子總不至於向無生命的玩具動火發脾氣，或遷怒於無辜或可愛的寵物。大人如不予介入，冷眼旁觀，靜待自然之發作懲罰，也比較不會傷了親子之和氣。親自感受行為之後效，不

---

❷　Ibid., 93.

❸　Ibid., 95.

只可以建立理性的必然因果關聯，且苦樂感也最深刻與直接，更不會有損倫常之情。

親子之間友善及和樂氣氛，是道德文化中最有效的一種獎懲方式。當孩子違規或踰矩時，只要平時頗受孩子敬愛的雙親稍有冷淡的表情時，孩子就內疚不已；此種方式，對待偷錢的孩子，應該有效才對。為了償還這種良心的債，他會加倍合作。如果家庭不合，夫妻反目，視孩子為眼中釘，則苛法厲規，只有火上加油而已，無濟於事。雙親及師長應該作為孩童的友人，用科學的知識警告孩子，何種行為將會發生何種後果。孩童年幼無知，經驗淺薄，不及大人之豐富。在後果災害不會危及生命安全的範圍內，儘可能的不必予以嚴格禁止，讓孩子作自然的嘗試，但卻應利用時機說明所可能產生的結局。如此孩子在冒險好奇的試探中，也擴充了知識領域，且在印證大人的事先提示後，也比較信服大人的合理權威；在其後的日子裡，如又遇困難，他會主動的求救於大人之解析。但順應自然、聽憑自然的效應，並非表示大人就一無事事。如同上述，除了大人有職責事先明確指出危險之外，在有可能是粉身碎骨或一失足成千古恨的少數行為中，大人必須斷然堅定的拒絕孩子該種嘗試。「需要限制時，不可動搖，也抗拒不了」(Needful restraints should be unvarying and irresistible)❶❹。並且，自然告訴我們，孩子的依賴期，長過於其他動物，不能純任其自生自滅。因此養育照顧，在所難免。大自然是孩子的教師，大人應順從大自然的原則來開導孩童。

最後，斯賓塞語重心長的說，對孩子的道德標準不應懸的（目標）太高，以免造成「道德的早熟」(moral precocity)；這種災害，不下於「知識的早熟」(intellectual precocity)❶❺。從小就品行端正，「勿以惡小而為之，勿以善小而不為」，談仁說義。需知小時了了，大未必佳；這在知識上如此，道德上亦莫不如是。許多偉人在知、德上有非凡成就者，並非在小時是中規中矩或名列前茅者。樣樣要孩子就範，童真天性盡失，變成一個小大人。只要「大德不踰矩」，則「小德出入可也」。而德育之最後目標，是「自治」

---

❶❹　Judges, op. cit., 179.

❶❺　引自*Essays on Education*, op. cit., 109.

(self-governing)，而非「他律」(governed by others)⑯。從絕對的禁止，如不准三歲小孩玩鋒利的剪刀，到不必管教，這才是德育的過程。「刑期無刑」，所以「罰期無罰」。採漸進的方式，雖然每一轉型步驟都帶有冒險性，但這是必要的，且時間越快越佳。

㈢体育──健康第一

如同洛克所言，健全之心靈寓於健全之身体。在上層階級的人士聚會當中，動物應以何種飼料餵食，如何養一隻肥豬以便得獎，養馬之秘訣等，經常是主要及餘興話題，卻未討論到孩子應該用什麼富有營養以助其生長的食品才妥當。養育其他動物比養育自己子女，興趣更高，這不是十分荒誕不經的現象嗎？健康的身体，首重平衡、營養、又具消化性的食物，除了不應限定孩童的飲食而依其自然需求之外，由於孩子之好動性特強，消耗熱力及体力尤其多，所以喜愛糖果及肉類食物變成兒童的主食。不要如同修道院般的強調節食，孩子所需之營養分比大人還多。大人不再生長了，食物累積下來；孩子一眠大一寸，因此需時時供應食物，以免飢餓。「在船難或其他災禍之後的飢荒，小孩先大人而死。」⑰除此之外，還應考慮食物的消化度。歷史告訴我們，吃得好的民族，是精力充沛及支配的民族⑱。骨瘦如柴，面有菜色，這種民族在自衛上就吃了大虧，一定被別人征服。

其次，運動更是体育的重要內容。男生需要運動，女生也如此。在遼闊的校園裡，很少看到女生的跑跳，卻見她們手上帶著課本，相互挽著手溫文的漫步於草叢中。傳統觀念上似乎大家認為高頭大馬或動作敏捷的女生缺乏女人韻味，而走路婀娜多姿，說話輕聲細語，体型小巧玲瓏，食量極少等，才具貴婦風範。這種習俗觀念，是大錯特錯。「運動既不妨礙一個男生長大了成為紳士，為什麼運動會阻止女生長大成為淑女呢？」⑲女生較軟弱，請求孔武有力者之保護，如此助長了男人之虛榮心；但若病体纏身，則又怎能討得男人之喜愛呢？

---

⑯　Ibid., 112.

⑰　Ibid., 125.

⑱　Ibid., 127.

⑲　Ibid., 137.

剝奪体育活動的，乃是「過度讀書」(undue study)。斯賓塞列了兩個當時英國學校的學生作息時間表，整天當中的運動或散步只有一小時到75分鐘不等，在教室內的上課時間則多達十二小時以上，有些女生都彎腰駝背了 ⑫。結果失眠症、腹瀉、憂鬱症相當普遍，頭痛更為流行。至於其他因「過度教育」(over education)所滋生的緊張及焦慮所引起的消化不良、十二指腸潰瘍、痔瘡、近視等，都是過度強調「知育」而忽略「体育」所生的自然後果。

四、斯賓塞效應

1861年斯賓塞出版《教育：智育、德育及体育》(*Education: Intellectual, Moral, and physical*)一書，從1878～1900年之間，就賣出四萬二千本普及本及七千本精裝本。二十年之間譯成十五種語言，包括現代希臘文——「好反常啊！英國教育界叫著，本書是希臘文學而非科學著作；在希臘，希臘人卻說本書是科學作品而非希臘文學作品。」歐陸人士認定英國只出版過兩本有價值的教育經典，一本是Locke的《論叢》(*Some Thoughts Concerning Education*)，一本就是斯氏的書了。兩本都充滿實際經驗上的洞見，英國師範學校及大學教育亦熱烈討論該書 ⑫。

誠如哈佛大學名校長伊利歐特(Charles W. Eliot, 1834～1926)所言，斯賓塞在所有的教育哲學家中，是相當幸運的，他的理念問世之後，英美及其他各國立刻訴諸行動，在實際上採用他的科學課程，不似其他教育學者的構想，要等待長久的時間，才有人進行實驗 ⑫。各級學校之科學課程已與古典語文分庭抗禮，凸顯科學的專門學校及大學也競相成立 ⑫。教育課程價值之決定，這個問題，由斯賓塞首先提出，並系統的予以闡釋。如果不武斷的純以延續傳統作決定價值的標準，而以理性並合乎幸福生活的目的來衡量，則科學的確是最終的訴求。斯賓塞明確的陳述科學的「知識」

---

⑫　Ibid., 142–143.

⑫　Judges, op. cit., 161–162.

⑫　C. Eliot, ibid., Introduction, xvi–xvii.

⑫　Ibid., x.

層面及「陶冶」層面，涵蓋的範圍極為廣泛。雖然在「公民教育」一項，只取歷史作為科目，實為美中不足之處，但其他項目須以科學作底子，應無異議。以現在眼光來看，科學課程已在學科中佔了大部分，美國學校教育的目標，幾乎是斯賓塞上述五種課程價值高下的翻版。斯氏的教育學說，在目前已屬平常之論，甚至有英國作者還說：「今日已無人閱讀斯賓塞作品了」**❹**；在美國，也由新興的「實用主義」(pragmatism)或「實驗主義」(experimentalism)的哲學所取代。但是不可因為如此來否定斯賓塞在教育思想史及一般哲學史上的地位。他的著作，即令在二十一世紀晚期，仍然對世界上不少國家的教育工作者，有震耳欲聾兼啟瞶功能；至少在台灣，養兒育女的科學知識及方法，斯氏所表明的，正是一針見血值得吾人參考。

　　斯氏作品一出，除了吹皺一池傳統課程的春水外，還餘波盪漾，引來了「文」「理」之爭。老大學如牛津，牛頓的哲學是最晚才打進去的地盤，伊頓(Eton)公學在詩人雪萊(P. B. Shelley, 1792～1822)時代，化學不准開設，撰寫化學論文還會受譴責**❺**。斯賓塞一面倒的支持科學，呼應者頗多，但既得利益的文科健將，也採取反擊。其中尤以阿諾德（Matthew Arnold, 1822～1888，其父為Thomas Arnold, 1795～1842）為最，他希望儘可能避免易惹怨恨的文理優點之比較，但既然理工科學門挑起這個論戰，斷定選文史而不學理科，那是無用的，則他要出面迎擊。他說文科學者至少還能了解現代物理學所帶給人類一些一般性及重大的影響，但理科學生卻儘在研究只有專家才能深悉的知識，如月球的直徑有多少哩等事。這又有什麼價值呢？赫胥黎(Thomes H. Huxley)向新成立的倫敦大學之校董事演講，呼籲擁有理學學位的教授應研讀阿諾德的得獎名詩〈克倫威爾〉(Cromwell, 1843)，也應知它在英國歷史上的地位；而文學士若不知地心引力法則，或不知空氣不是一種元素這種化學事實，更不知体內的血液循環，則這正是巨大的醜聞。他攻擊人文學者誤解了「文藝復古」(Revival of Letters)精神，因為古代希臘的文化，不是只有包括人文學科而已，更涵蓋有自然科學之研究，

---

❹ Andreas M. Kazamias, "Herbert Spencer: Prophet of Individualism and Scientific Culture," *in Herbert Spencer on Education*, op. cit., 47. Also in Judges, op. cit., 162.

❺ H. Spencer, "National Education," Kazamias, ibid., 103.

二者皆是「理性」的發揮。並且對「人」的認識，如能透過物理科學之研究，則更能清楚的了解生命理論⑫。「我想一個人之有文雅教育，乃是他在年輕時受過訓練，使他的肉体準備服從於他的意志，並且作起事來輕鬆愉快，如同一部機器般的有能力完成此種使命；智力清楚冷靜，富有邏輯引擎，各部分均衡，強而有力，且平順的運轉，如同蒸汽機，可以適用於任何工作，可以紡薄紗，也可以鑄造心靈之錨。內心儲藏著有關自然界的法則及其運作的基本及重要原理。不是窒息生長的苦行者，卻充滿熱力與活力，熱情配合毅力，心意善良。」⑫斯諾(C. P. Snow, 1905～1980)提出有名的「兩種文化」(two-culture)，一方面向文人問：你知道熱力學的「第二原則(second law of thermodynamics)」嗎？一方面向理科學生問：「你讀過莎士比亞嗎？」⑫文理科論戰，通識課程與專門課程如何搭配，變成教育上還在思考的對象。

當時偉大的科學家Tyndall教授說，古文具有「情」及「美」的價值，非科學課程所能完全取代。「人性之圓圈中，如缺乏情感弧，就不完美。田野中的百合花給我們的價值，遠大過於植物園內的百合花。……村莊的鐘響，價值不是只有音學方面而已。落日時分，高山降雪覆蓋於盛開的玫瑰，這種景觀也遠超乎光學之上……。我很想打開這種情感的面向，而不准牧師或哲人將窗簾拉下擋住了你與自然之間的關係。……死語文確有必要用純智識角度予以科學式的襲擊，這種作為是不可抗拒的，但它們卻能彌補科學工作者提升高雅優美的官能……」⑫法史家Gabriel Compayré出版*H. Spencer and Scientific Education*數冊，一個人的性格，當然會影響他閱讀書籍的內容及思考領域的選擇。第一本討論Rousseau，第二本討論Spencer，第三本討論Pestalozzi。在序言中說：他認識的*Emile*作者（即Rousseau）之

⑫ E. D. Martin, *The Meaning of a Liberal Education*, N.Y.: W.W. Norton, 1926, 258–259.

⑫ Judges, op. cit., 188–189.

⑫ 引自James L. Jarrett, *Philosophy for the Study of Education*, Boston: Houghton Mifflin Co., 1969, 345.

⑫ Judges, op. cit., 188.

純正弟子，數量沒有那本迷人的*Education*作者（即Spencer）之弟子多。而Spencer三番兩次要Compayré相信他不曾讀過*Emile*，也不知Rousseau這個人 ❿。1925年，紀念Huxley百歲誕辰，其孫Julian Huxley說其祖父被人扭曲為反宗教、非道德、及言行粗率之人。「Huxley教授」這一稱呼，是「怪人」(bogy)的代名詞 ⓭。「Spencer」這名字，也類此。

教育史家評論斯賓塞性格，屬於主宰型，不能容忍別人之缺失，但他只對事而不對人。在藝術及文學方面，較少同情與了解；不過，卻經常擬以「系統」來組織所有知識。他渴切的思考萬種問題，且心中早有定見及答案。早期做過鐵路工程師，「建造了一個系統，就以為已築好了一座橋樑」；一生當中，也獨力自我完成一部巨著，包山包海的擬以綜合哲學來涵蓋全部的學問，書名為《綜合哲學的一個系統計畫》(*Programme of a System of Synthetic Philosophy*)，並已出版生物學、心理學、社會學、及倫理學部分。只是今日的書商如發現有人願意購買這些存貨，將會高興不已。對於柏拉圖這位古代大哲學家，斯賓塞卻不欣賞他的《對話錄》。「一次又一次，我都力圖去讀這本書，今日看這個對話，明日讀別的對話，但卻把它擱著了，因為我已感不耐煩，陷入於思慮之不定性，以及誤以文字當實物中……。當我再度披書展讀，我冥思那似乎是一種藝品，又再次將它置於一旁，但卻比以前更加憤怒。」 ⓬對洛克及康德的作品，也沒有好言。「我發現在Mr. Wilson家中有一本康德的《純粹理性批判》之英譯本。我開始讀但沒讀很多。Kant認為時間及空間只不過是主觀的形式，完全限定在意識之中，意識之外就無法說明時間及空間。這種主張(doctrine)我立即拒絕，無法接受。下了此種決定之後，我就不再讀它了。」但卻對裴斯塔洛齊及法國社會學大師孔德(Auguste Comte, 1798～1857)推崇備至 ⓭。1850年斯賓塞出版《社會靜態》(*Social Statics*)其中一章討論教育。為了消除不利生存的條件，人種

---

❿　Judges, op. cit., 176.

⓭　Martin, op. cit., 272.

⓬　Spencer, *Autobiography*, vol. 2, Williams & Norgate, 1904, 442.

⓭　S. J. Curtis, & M. E. A. Boultwood, *A Short History of Educational Ideas*, London: University Tutorial Press, Ltd., 1970, 418.

不得不發生慘酷的鬥爭及淘汰一些「假造的慈善家」(spurious philan-phropists)，因為以「嘆氣為聰明，及以呻吟為愚蠢的民族」(sigh-wise and groan-foolish people)，將帶給後代更多的詛咒而已。

最後，讓我們舉斯賓塞最自豪的心血結晶代表作《綜合哲學》(*Synthetic Philosophy*)的結局來作本章的結束。該書出版後，也毀譽參半。Sir Arthur Thomson在他的《生物學原理》(*Principles of Biology*)中稱讚該書是生物學上的經典，「有意或無意，我們都站在他的肩膀上。」Beatrice Webb試圖希望其父（Spencer密友）喜歡該書。說在整個宇宙中，有一種法則正在運作，即「在結構與功能上，殊異性及明確性(heterogeneity & definitives)都在增加」。其父回以「愛女啊！都是字啊！只是字而已了。Spencer之智力如同一部無原料的機器，它磨損了他的身體。可憐的Spencer，他缺少直覺，愛女啊！他缺少直覺——妳將發現直覺與知覺同等重要(instinct is as important as intellect)。

1902年斯賓塞去信向Alexander Bain埋怨黑格爾主義(Hegelianism)在英流行，「牛津及劍橋也都為這個老世界的無聊所攫住(captured)。蘇格蘭如何啊？我想Hegelianism仍在那相當興盛呢！」「Hegelianism, a German Idealism in England，才是真正所謂的正統之最後避難所。為不可信的教條辯護，還有那一種比提出無法想(unthinkable)的命題更好的嗎？」

Lord Hobhouse安慰他：「唉！不過時代往前進了啊！你播下的好種子有些被空中飛鳥吃了，有些掉在貧瘠的石頭上，有些則在荊棘上奄奄一息，但大部分落在好地上，產生大量的果實，並且確定能帶來更多更多的收穫，只要季節時宜。」

晚年可能是失敗感太大，處在一個黑色悲觀的深淵中。這種悲觀，隨著年歲增加而加強，新的科學發現，使人了解宇宙不是那麼單純，那麼容易解釋與掌握，如同活力的年輕人及自信滿滿者所想的那樣，熱力學(thermodynamics)的第二法則之熱量變遷(entropy)增加法則，都使人覺得宇宙邁向死亡，他的科學信仰動搖了。Lord Kelvin（1824～1907，英數學家及物理學家）是全球享高譽的學者，在得大獎之後竟然說：「一個字最足以代表我不屈不撓工作55年在推動科學進步的工作上，所獲得的結論，那個字就

是失敗(Failure)。」斯氏及他人畢生以科學至上為信念，最後卻信心破產，但吾人應學習的是：

1.對個人自由的重視，個人價值的推崇，自由是最高無上的善。

2.博大的眼光，綜合的視野(synthetic vision)，a vision of whole，整体的觀念。

3.強調科學及進步，「進步不是偶然，卻是必然。」(progress is not an accident, progress is a necessery.)「我們所稱的惡及不道德，一定要消失，人一定變成完美，這是確信不疑的。」作為歐人子孫，不能回應此種情感語言，則註定失敗，且理該「任沙塵灰土飛揚，封蓋於鐵岩山丘。」Be blown about the desert dust, and sealed within the iron hills.（桂冠詩人Alfred Tennyson 1890～1892之詩）❹

參考書目

1. Bantock, G. H. *Studies in the History of Educational Theory*. vol. II. *The Minds and the Masses, 1760～1980*. London: George Allen & Unwin, 1984.

2. Bentham, J. *Introduction to the Principles of Morals and Legislation*. In E. Halevy. *The Growth of Philosophic Radicalism*. London: Faber, 1928.

3. Curtis, S. J., & Boultwood, M. E. A. *A Short History of Educational Ideas*. London: University Tutorial Press, Ltd., 1970.

4. Garforth, F. W. (U. of Hull) *Educative Democracy: J. S. Mill on Education and Society*. Oxford University Press for the University of Hull, 1980.

5. _____. *John Stuart Mill's Theory of Education*. Oxford: Ivaotin Robertson, 1979.

6. _____. (ed.), *John Stuart Mill on Education*. N.Y.: Teachers College Press, Columbia University, 1971.

7. Harrison, John F. C. *Utopianism and Education, Robert Owen and the Owenites*. N.Y.: Teachers College Press, Columbia University, 1968.

8. Jarrett, J. L. *Philosophy for the Study of Education*. Boston: Houghton Mifflin Co., 1969.

---

❹　Judges, op. cit., 191–193.

9. Judges, A. V. (ed.). *Pioneers of English Education. A Course of Lectures Given at King's College London*. London: Faber and Faber. （無出版年代）

10. Kazamias, Andreas M. (ed.), *Herbert Spencer on Education*. N.Y.: Teachers College Press, Columbia University, 1966.

11. Martin Everett Dean, *The Meaning of a Liberal Education*. N.Y.: W. W. Norton, 1926.

12. Mill, James and John Stuart. *On Education*. In F. A. Carenagh (ed.). London: Cambridge University Press, 1931.

13. Mill, J. S. *On Liberty*. Currin V. Shields (ed.), N.Y.: The Bobbs-Merrill, 1956.

14. _____. *On Liberty*. London: Watts, 1929.

15. _____. *Utilitarianism*. In Oskar Piest (ed.). N.Y.: The Bobbs-Merrill, 1957.

16. Spencer, H. *Essays on Education*, etc. London: J. M. Dent & Sons, 1949.

17. _____. *Autobiography*. vol. 2. Williams & Norgate, 1904.

第十八章　兒童教育的科學研究

　　基礎教育的對象是兒童，兒童的生理、心理、以及認知和道德觀念之發展，自來就不為學術界所重視，導致於人們對人生的初期階段，茫然無知；或以成人的角度來衡量兒童，兩代之間形成極大的鴻溝。自盧梭以來，兒童研究，採取一種比較客觀及正確的態度，加上其他各種相關科學之進步，兒童研究的成果，也在學術園地裡大開奇葩異卉。這塊處女地，相當肥沃，有大力開墾的必要。「二十世紀是兒童的世紀」，這句由瑞典教師愛倫凱(Ellen Key, 1849～1926)於1900年寫的*The Century of the Child*，書名正足以印證二十世紀是研究兒童的熱門時代。以科學方法來研究兒童，成就最引人注目且影響力最大的，首推意大利女醫學博士蒙特梭利，以及瑞士心理學學家皮亞傑。

第一節　創辦兒童之家的蒙特梭利
(Maria Montessori, 1870～1952)

　　1870年以前，意大利並不是個完整的國家，卻是群雄割據，生民塗炭，文盲四布的地區；男女性別歧視極為嚴重，即令立國之後作了許多重大改革，但由於包袱重，沈疴深，文化水平仍然無法與西歐進步國家相比。蒙特梭利是個女性，卻立志做個改革家，她的一生事業，的確相當曲折，也頗富傳奇。意大利在古代是羅馬文明的昌盛地，出現過許多名人，但十九世紀以前的一段長時間裡，它幾乎為歐洲人所淡忘。蒙特梭利重振意大利「雌」威，她對幼兒教育的貢獻，舉目共睹。1913年她聲名大噪時搭船抵達美國，受到新大陸人士夾道歡呼。《紐約時報》(*The New York Times*)以整版版面來採訪她的行蹤，她的理念除了在社論裡有人予以闡釋之外，讀者投書也充斥在重要報刊上。《紐約論壇報》(*New York Tribune*)稱呼她是歐洲

最有趣的婦女。另有一報（即*Brooklyn Daily Eagle*）描述她是「世界教育革命者⋯⋯，一位教導白痴及精神病患如何閱讀及寫字的女性⋯⋯」。她的方法大為成功，因之一個國家接著一個國家的廣為宣揚，東到朝鮮，西到夏威夷，南到阿根廷，即令是較保守的《紐約太陽報》(*New York Sun*)也以頭條新聞報導她帶來了「一個新人種的計畫」(a new race plan)。她所到之處的新聞性，可以與達文西名畫「蒙納麗莎的微笑」失竊又復回相比❶。即令是我國台灣，各地興辦的幼兒教育機構，也競相以蒙特梭利為名。蒙氏真是意大利的國寶，她雖然已去世，但精神仍然活在人間。國際蒙特梭利會議也自1925年後陸續召開❷。

一、女醫科大學生研究兒童教育

1896年，蒙特梭利成為全意大利歷史上首位女醫學士。一位女性受過高等教育，這在民風還極為保守的十九世紀之意大利，真是駭人聽聞的消息，尤其她又堅持要唸理工科，對數學最感興趣。這種奇異的求學偏向，她的父親堅決反對，還好媽媽站在她那一邊，每次雙親吵架，作為獨生女兒的她，就在中間擺張椅子，站在上面，拉住爸媽的雙手，希望雙方言歸舊好，這種次數還真不少❸。而長輩之不合，卻可能泰半為了女兒的教育而產生。最後由於她的堅持，還勞動教皇李奧十三世(Pope LeoXIII)出面，才使羅馬大學破前例第一次在醫學院招收唯一女生❹。她入學時，眾人側目；男生頗為不屑，自大的男性至尊主義大受傷害，不只不與同行或共同作研究，還以敵意眼光待之。毅力十足的她不為任何阻礙所動，且以誠懇的態度，虛心的學習，優異的成績，從不缺課的精神，終於使異樣的氣息漸形消失。自小端莊且行為檢點的她❺，目睹赤身裸体的人体解剖，以及

❶ Rita Kramer, *Maria Montessori, A Biography*, Chicago: The University of Chicago Press, 1988, 15, 186.

❷ 本節之敘述，參看林玉体，《一方活水——學前教育思想的發展》，台北信誼基金會，1992, 179–228。

❸ Kramer, op. cit., 25.

❹ Ibid., 35.

❺ 學生皆知Montessori不准他人跟在她後面上樓梯，眾人上樓，她總要殿後，ibid., 43;

與冰冷的屍体為伍，這種考驗，非有過人的勇氣是無法克服的。實驗室裡毛骨悚然的骷髏，男性同學又羞於與她作伴，她在夜深時仍然能處於斗室中；屍体發臭的味道漫游其間，她只好以吸煙來麻醉自己。這種膽量的磨練，一般男生都承擔不起了，但蒙特梭利卻安然的渡過醫學院生活的時光。

以傑出學業成績獲得殊榮而畢業的蒙特梭利，馬上奉派代表獨立不久的意大利國家到柏林參加一項國際性的婦女會議，為弱勢團体請命。她的畢業論文是有關妄想症的醫學研究，這是精神或心理的疾病，是主觀因素所造成。她認為婦女地位的低落，並非本該如此，也是傳統的主觀觀念所致。社會改造，「革命必先革心」。掌握了這項重點，成為蒙氏畢生努力的方向。這是「盲點」的去除；俗云：不識廬山真面目，只緣身在此山中。胡適也引用王安石的一句名言：不畏浮雲遮望眼，只緣身在最高層。在她進行醫學研究時，她常到羅馬救濟院選擇數個心理失常的病人作為臨床實驗的對象。她發現這些不幸孩子的病症，不是醫學問題，而是教育問題。如果給予恰當的感官刺激，心智遲鈍者或行為乖異者也能恢復正常的反應與行為。在 *The Montessori Method* (1912)一書中，她說：idiot（白痴）的學生，好好予以教學，效果與正常學生同，因為正常學生受傳統式的教育，idiot則受蒙氏的新式教育；要是正常兒童也能接受蒙氏的教學，則idiot學生的「奇跡」將不復存在 ❻。治療這些病人的場所，應該是在學校，而非醫院。教育是心理建設最重要的工具。蒙特梭利因緣際會，從醫學園地轉移到教育領域，成為她專心一致的注意焦點。為了對教育多一層了解，她在1897～1898年間，常常以一個旁聽生的身分去聆聽過去兩百年來教育理論的課，對盧梭的作品深感喜愛。

除此之外，引發蒙特梭利研究教育的動機，或許也因大環境對女性職業的定向而來。醫科課程中「人類學」(anthropology)是重要科目，而在意大利的羅馬大學裡，教授對此科之研究也威名四播。人類學包括文化、社會、物理及生理的層面，學者仿動物學者及植物學家將動植物予以分類之

在浴室，也不准有其他人在場，ibid., 308。

❻　S. Alexander Rippa (Uuiversty of Vermont), *Educational Ideas in America, A Documentary History*, N.Y.: David McKay, 1969, 373.

方式，也將人種依其生理組織（如頭骨長短或粗細），外表的長相特徵，以及行為特質等作圖表予以比較研究。醫學系學生有必要將病人作個別的觀察與生理結構的測量，社會病理學家也有必要將犯人作類似考察。不少十七世紀以來的人類學家，肯定的指出，生理因素與生理疾病及心理疾病的相關度頗大。心理變態者肇因於生理上的反常，尤其是頭蓋骨的形態及大小有異狀所造成。這種發現給蒙特梭利兩大啟示，第一，從兒童期開始的預防或矯治，重於成人之後的監禁或處分。第二，男女兩性依其「天性」上的生理結構，「理」應扮演不同的社會角色，不可侵犯或逾越。當時在羅馬大學任人類學教授的塞基(Giuseppe Sergi)在人類學上的了解，認定兩性性格有所殊異，循此殊異性而作的職業選擇，才合乎天理。他並不反對女性接受教育，甚至上大學；但對於當時的女權運動者之攻擊男人，很難苟同。女人「自然地」(naturally)具有母性情懷，因此應該留在家裡照顧小孩；「男主外，女主內」，各守本分，否則就是「異端」。他比較女權主義者與正常的婦女，前者缺乏「性」的品味，冷淡無感情，看起來像男性，無性特徵，骨瘦如柴，胸部平平。這種例子尤以北美那些熱中於政治及解放的婦女為最，比起意大利發育良好、嫵媚、豐腴的女性（如蒙特梭利），不可同日而言。女性如作個賢妻良母，從事兒童教育，那才是社會進步不可或缺的動力❼。蒙特梭利上了這種課，雖然她在第一次國際婦女會議上表現出色，是當時會議上最引人注目與喝采的演說者，但決定選擇兒童教育一途，似乎也是受到人類學的教授之影響。

　　一天，蒙特梭利被召去看兩個已瀕臨死亡邊緣的孿生嬰孩，孩子的父親都說了，「為什麼還要麻煩醫生呢？他們早已死了！」雙親很窮，根本不可能提供幫助及養育。但蒙特梭利這位年輕的女醫師抵達時，她一看全部的狀況，馬上脫掉大衣，點了火，送婦人上床，燒了些熱水，替兩個嬰孩洗澡，「用一種特殊方式抱著她們」，餵以食物。慢慢地，一小時一小時的過去之後，終於獲得了新生。蒙氏將僕人、廚師、護士、醫生的工作，全集於一身。數年後，該婦女帶了她的小孩在街上遇見了蒙特梭利，乃催促她的小孩上前：「去向那位女士致敬，乖孩子！她是妳們的真正母親，不是

---

❼　Ibid., 67–70.

我，她給了妳們生命。」❽

　　人類學家希望女性扮演慈母角色，如此不只可以救活許多早夭的嬰孩，且母愛光輝所滋潤的心靈營養，更是掃除社會罪惡的最佳補品。

　　女性適合於兒童教育工作，這種人類學上的研究結論，爭議性頗大。但醫生要有醫德，兒童教育工作者應有愛心及耐性，卻是定論，不容置疑。

　　自裴斯塔洛齊以來特別指出的精神感召才是淑世的良方，這種人格特質也為蒙特梭利所擁有。聽她上課的學生回憶著：

> 　　大廳中擠滿了年輕的男女，講員一直站著，用一種穿透聽眾的眼睛注視著學生。我以後發現，即令聽眾很多，她仍然意識到每一個個人，似乎有一種神靈上的接觸一般。我立即注意到她是一個頗為標緻的女人；但更令我印象深刻的就是她不同於時下有學問的女人一般，她並不在衣著上有刻意的打扮。她的架勢雖然單純，但保有一份清新氣息，且富有女人味。在開講時，她並不說及人類學，卻說到教育。她強調兩點來達成學校功能：第一，教師的職責是幫助而非判決；第二，真正心靈的工作是無法窮盡的，卻是提供營養分，給予精神食糧。她是一個最富吸引力的講員，態度自然又優雅；她所說的每一件事，都含有生命的熱度。某些學生說，她的講課讓我們覺得要做好人；另一位學生也說，我們並不全部知道她教了我們什麼，但我們卻全部能夠找到一種精神刺激。❾

　　當時蒙氏已是36歲(1906)的大學教師。教學時如能提供學生一種「精神刺激」，則教育效果已然達成。不但她的講課有此種氣氛，連著作也散發此種精神。1909年她出版一本幼兒教育的書，書名為《應用於幼兒學校及兒童之家的科學教育學方法》——*The Method of Scientific Pedagogy as Applied to Infant Education and the Children's Houses*，不久來了一封信，上面貼了一張中國郵票，裡面「鼓鼓的像有個氈子」；當打開一看，原來是絲質

---

❽　E. Mortimer Standing, *Maria Montessori, Her Life and Work*, A Mentor Omega Book, 1962, 34–35.

❾　Ibid., 33–34. Kramer, op. cit., 97–98.

刺繡。信紙上寫著:

> 親愛的蒙特梭利醫師: 讀過妳的書, 我不知如何告訴妳我多快
> 樂! 我從來就認為對待小孩應該就像妳對待小孩那般——以尊敬的
> 方式——吾人應該准許孩子去做他們所要做的事。人人都說我瘋了,
> 因為我常常盼望誕生一種新式教育, 現在我知道我是正確的。請笑
> 納我附寄一個小禮物作為我的感謝與崇敬。 ❿

蒙特梭利學醫, 但她卻以醫學及人類學的學術底子來進行幼兒教育的
研究及實際工作, 在教育思想史及運動史上留下她的顯赫芳跡。小時發誓
不願做教師的她,卻因「小孩拿紅紙事件」(child-with-the-red-paper incident),
加強了她投入幼兒教育的決心。在求學生涯中, 一次為了解悶, 漫步到一
個公園(Pincio Park), 親眼看到一位衣衫襤褸的婦女抱著一個兩歲左右的幼
童在角落裡發抖, 這位在懷裡的小孩卻顯示出一臉無邪且滿足的眼神, 玩
弄著手上拿著的紅紙, 似乎很幸福的模樣❶。這個畫面給蒙氏很大的衝擊,
小孩的福祉不應由大人的災難來傷害。幼兒的照顧, 難道不是最神聖的行
業嗎?

醫生的對象是病人, 教育的對象是問題學生。正常的學童比較不需勞
動大教育家盡心去教導, 但那些「白痴」、遲鈍、低能、缺陷、情緒失控、
或犯罪者之教育, 就大費周章。如果這些異常的學童也能經過教育而導入
正軌, 則正常兒童的教育, 相形之下就易如反掌。不幸, 歷來眾人皆言上
述兒童沒有可教育性, 不是變成社會的包袱, 就是讓他們自生自滅, 或淪
落到無人照料的陰暗角落, 甚至予以監禁與酷打。結果社會負擔益形加重,
這根本不是解決問題的善策。1800年, 有名的醫生伊塔(Jean-Marc-Gaspard
Itard, 1775~1838)到巴黎的聾啞機構服務, 那年恰好有一位約十二歲左右
的「自然人」從蠻荒的叢林中被發現, 這位野孩子簡直與動物無異, 不能
用任何方式與「人」溝通或表達, 看起來相當無助。大家想盡辦法要「教
導」這位狼人, 但使盡全力, 仍然毫無所成, 最後被收容在聾啞學校中;

❿ Standing, ibid., 58.

❶ Ibid., 26. Kramer, op. cit., 45.

連當時最權威的聾啞教育家Dr. Philippe Pinel也公開宣稱，這個「孩子」無法接受教育。伊塔不表贊成，他認為這個「孩子」的野性及動物本能，並非「天生的白痴」(congenital idiocy)，只是缺乏訓練而已，以致於「潛能」受壓抑而無法伸張或開展。他設法去刺激他的感官，教導他使用語言，設計出一套各種顏色及圖形的紙板讓他玩，終於這位孩子當聽到別人拼出LAIT（意大利文，牛奶的意思）的時候，就表示他肚子餓了，想要一杯牛奶喝❷。雖然這位孩子長大成人時仍然無法使用文明社會的語言文字，但這種有限的成就使得醫學人員在進行診治時，不得不考慮「教育」問題了。其後伊塔的門徒塞根(Edward Seguin, 1812～1880)步其後塵，繼續探索白痴兒童的神秘世界，至少也讓世人了解，經過感官教學，不少低能兒也能說話，寫字，或計算。這種實驗，加強了蒙特梭利的信心，認為心理上的殘障，主要是教育層面的事。光是藥物治療，無補實際。醫生及教師沒有這層認識，就變成白痴兒童的教育劊子手。傳統的教育手段無法治療白痴，新款的教育方式應另起爐灶；同理，違法亂紀的青少年或前科累累及作惡多端的成人兇手，也種因於孩提時期不當的管教態度及方法所致。遲鈍的學童應強調重複的機械訓練，一而再，再而三，不厭其煩的練習。蒙特梭利發現，資賦優秀的孩子對這種方式會頗感不耐，但白痴兒童卻可能樂此不疲。讓他們因此學習一技之長，不仰賴他人，不只道德上獨立自主，也帶給社會一群生產者，適應社會生活，不會產生困擾。

醫學與教育，原來二者不可分。醫生與教師，同時可以集中於一身。醫學工作者不只嚮往科學，更應熱愛個人，尊重孩童，這是任何人的本分。蒙特梭利將她所學的醫學、小兒科學、心理治療學、人類學、及教育學等都融合在一塊，以科學知識來解決學童的教育問題。女權運動者如投入於兒童教育工作，那是最恰如其天分的職責。「新女性」產生「新社會」，屆時女性也不必爭著與男人穿法官禮袍，因為社會已無人犯罪；也不必學男

---

❷ Kramer, ibid., 59-60. Montessori熱心尋找Itard及Seguin的著作，尤其是後者的作品。一位紐約的友人送給她一本1866年版的英文譯作，該書乃是一位醫生的私人圖書，但放置多年，灰塵蓋滿書的封面，Montessori獲得該本書時，其父堅持要經過消毒才准許其女兒使用。Kramer, ibid., 95-96.

人著軍裝，因為和平早降臨，戰爭已絕跡。

　　一項私人的情感因素也造成了蒙特梭利轉行從事學童教育。在她畢業後聲譽鵲起之時，她與她共事的醫學學長墜入愛河，但男方（名為Dr. Giuseppe Montesano）家長反對這門婚事。蒙氏卻於1897年未婚先孕，雙方約定雖然無法廝守終生，但絕不再嫁娶；這種海誓山盟，男方卻不久毀約而另有新歡。隔年蒙氏生下一子，為了避免閒言閒語，突然離開醫院，從公共舞台上消失。有關蒙氏此種婚姻變局，在當時卻是撲朔迷離。1897年到1898年之間，也看不出她体型上有大腹便便的跡象。但確實她在某地曾私下生產了一個男嬰，且寄養在羅馬附近的鄉下，除了極少數至親好友曉得這個真情之外，多數人被蒙在鼓裡。在民風還相當保守的社會中，未婚生子是極大的醜聞。蒙氏因負心郎之背叛，又不能親自教導自己親生兒子，只好轉移注意力，去關心別人家的小孩。30歲的她，又重新入羅馬大學母校修讀哲學課程，希望給兒童教育奠定心理學及哲學的基礎，並擴大愛的對象，教師不只是愛自己的丈夫或妻子，更應關懷全部的學童。以愛作出發點，沈悶的「義務」(duty)就會變成興奮的「使命」(mission)。

二、兒童之家的教育理念

　　十九世紀晚期，都市人口暴漲變成世界趨勢，羅馬也不例外。投機商人大肆建築，企業家也投資巨額金錢興蓋公寓或別墅來滿足從鄉下湧進的人潮之居住需求。一棟一棟高達五六層的房子櫛比林立。但是由於住家品質不高，孩子沒受管教，使潔白乾淨的石灰牆壁上經常遭受破壞，不是挖個洞，就是用石頭刻上痕跡，滿目瘡痍；有時五顏六色，不忍卒睹。這種令人氣憤的現象，歸根究底，下一代兒童的教育，才是關鍵之所在 ❸。如何使「野性」的孩子接受文明的陶冶，這些商人也在思考這個課題了。1907年1月6日，羅馬正式成立「兒童之家」(Casa dei Bambini, Children's House)，

---

❸　這種令人痛心的現象也出現在目前的台北街景，一輛嶄新的轎車，經常遭到被刮的惡運，是否基於破壞心的性格，報復、嫉妒或發洩的變態反應，肇事者是否知悉，如此有心或無意的在車身上戳上一個凹痕或劃一道線，車主內心裡的痛楚是無以復加的，更不用說得花上不少金錢才能恢復舊觀呢！

蒙特梭利是眾望所歸的負責人。以前她所照顧的對象是病人、低能兒；現在她要處理正常孩子的行為。她的態度與立場沒有改變，她以醫學的知識作出發點，任何變態活動，都應先從生理的角度去思考與解決，卻不應從倫理或道德的層面出發。換句話說，智能遲滯（I.Q.甚低）或行為乖張（如刮牆壁），本身都是一種「疾病」(disease)，但不是「罪惡」(evil)。這種大方向掌握得對，教育他們，才會上軌道。其實調皮搗蛋或擾亂社會的孩子，可能就是一塊建設家園的璞玉，也是有助於國家富強的將才。

蒙特梭利接掌「兒童之家」的教育，有一些重要的教育理念，除了應用歷史上重要教育思想家的觀念之外，另有不少的發現。其中頗值一述的有如下數端：

㈠兒童獨立性的尊重

只有獨立的人才能享有自由，否則就是奴隸。兒童的好動性，是他的特色。大人不要橫加干涉或禁止，師長千萬別「指揮」或「命令」孩子，卻要讓他自己指揮自己，自己聽從自己的命令。除非自己是個寄生蟲（心理病）、或是癱瘓（生理病），否則每個人都會自己處理自己的事情，不用他人干擾或過問。「一個中風的人不能脫自己的鞋子，這是一種病態事實；一個王子不願親自卸裝，這是一種社會事實。而這兩種實情，都屬相同的狀況。」[14] 這個論點，盧梭早已強調過，蒙特梭利只不過是加以發揮而已。

尊重兒童的獨立性，兒童就自然的活動他的筋骨，健康的身体隨之而至。蒙特梭利負責兒童之家的教育任務之後，供應兒童的食物菜單並無更動，但個個臉色就已由蒼白轉為紅潤；並且心理上也從膽怯或撒野變成比較合群且容易溝通，同伴關係和諧了許多；個性上比較活潑，富有生機，又自信心增強，顯示出一副幸福與快樂的模樣。下述的一大段話，實在應該再三咀嚼：

> 一個兒童，如果沒有學會獨自一個人行動，自主的控制他的行為，自動的管理他的意志，到了成人以後，他不但容易受別人指揮，並且遇事非依賴別人不可。一個學校裡的兒童，如果不斷的受教師

---

[14]　Maria Montessori, *The Montessori Method*, N.Y.: Frederick A. Stokes, 1912, 96–97.

干涉、呵斥，以至於詬罵，結果會變成一種性格上很複雜的可憐蟲，就是一方面對自己的能力不認識，並且不信任，一方面對環境發生恐懼。此種內疑外懼的心理，在童年與青年時代我們美其名曰羞縮，而一到成年，便成為頹喪，成為委靡不振，成為逆來順受；而一遇危機，連最低限度的一些骨氣，一些道德的抵抗力，都拿不出來。家庭與學校都唯恐兒童不服從，但因為此種服從的要求往往既不講情，又不講理，已違反公允的原則。所以早年越會服從，則一到成年，對於一切環境中的盲目勢力，越是像綿羊一般的馴服。近時學校裡又有一種極普通的責罰方法，就是將過失的兒童給以公開的接受團體的譴責。實施此種方法的「教育家」以為這就是學生自治，就是團體負責，就是社會制裁，就是以一儆百而不傷於嚴峻的錦囊妙計。殊不知這是最不堪的一種懲罰方法。誰都不願意做一個就地正法的對象，真正的一個犯人，到此境地，也許是罪有應得，可以不論；如今我們的對象，只是一個尋常的學校兒童，他學得多少知識，懂得多少是非的判斷，竟也要他經歷此種折磨，其結果是可想而知的。就是教他從今以後，見了眾人不敢抬頭，遇有公論畏如蛇蠍。初不論眾人對他的態度如何，更不問公論的是非安在。總之，這一類的措施，在青年身上，第一步是養成永久的自卑或自餒的心理；而第二步，也是最後的一步，是教他們對於在上的元首(condotri-eri)油然而生一種五體投地的精神。**⑮**

　　外在的獎賞與懲罰，蒙特梭利極力反對。她發現學童獨立活動乃是心中的最愛，而非期求成人給他的獎懲。當成人以禮物作為獎賞時，蒙特梭利觀察到孩子禮貌的收下賞品，但對賞品的興致不高；倒是能夠獲准獨立活動，才是至寶，甚至情願把賞品轉送其他小朋友。至於接受處分所養成

---

⑮ Aldous Huxley（Thomas Huxley之孫）著，潘光旦譯，《赫胥黎自由教育論》，上海商務，1943，8-9。Huxley引用Montessori之文，「所謂上流的人士，在兒童時代，既然有過機會挨父母的臭罵與老師的毒打，一旦成人，他不免找尋一些地位比他低微的人，作為臭罵與毒打的對象」。同書，頁11，俗語說十年媳婦熬成婆，因此變本加厲，虐待媳婦更為嚴重。

的一種威權性格，則烙在心底深處，他在等待機會，一旦自己也能作威作福時，就對屬下予取予求作為補償，這是理所當然、勢所必至的。

㈡肅靜與活動

尊重兒童的獨立性，並非讓他為所欲為。「只要我喜歡，又有什麼不可以」，這是違反「教育」原則的。不過，先解除傳統教育對兒童的無理限制，「如同蝴蝶被大頭釘裝置成排，牢固的擺設於書桌位置上，振其無助的翅翼，猶如兒童習得貧瘠又無價值的知識一般。」❻規定孩子要一直不動的坐在整齊劃一的座位上，這就與掛在牆板上的昆蟲，沒什麼兩樣了。蒙氏此種比喻，是十足的諷刺與傳神。其實，要孩子靜寂無聲，並非沒有辦法，但絕非出之於逼迫，而是讓學童聚精會神的感到趣味十足。蒙氏曾經作了個「沈默遊戲」(game of silence)。一天，她到教室來，懷中緊抱著一位約四月大的襁褓女嬰：

> 　　她是如此的寧靜，她的沈默使我印象大為深刻，我希望小朋友大家來共同分享我的感受。我向他們說：「她沒有出一點聲音。」然後開玩笑的又說：「你們當中沒有人能做到這個地步。」超乎我驚訝之外的是我看到小朋友用極度的注意力在注視著我。他們看起來似乎要把手指擺在我的嘴唇上，敏銳的覺察到我所說的話。「注意！」我往下說：「她的呼吸多柔和啊！你們當中沒有人能夠像她呼吸那麼的平和。」同樣，他們也訝異的且不動如山的開始控制他們的呼吸。那個時光，是明顯的沈靜。時鐘的嘀嗒聲，以往是聽不到的，現在卻清晰可聞……。沒有人作出輕微的動作，他們都想要經驗此種寧靜，並自己親自執行一番……。小孩子坐得十分的靜，且盡可能的呼吸不出聲響，臉上那種安祥及顯示出來的表情，猶如在沈思冥想一般。在這段令人感受良多的安靜時段裡，就是連遙遠的小水滴聲或鳥鳴都聽得一清二楚。❼

---

❻　Montessori, *The Montessori Method*, op. cit., 14.

❼　M. Montessori, *The Secret of Childhood*, translated by M. Joseph Costelloe, N.Y.: Ballantine Books, 1966, 123–124. Kramer, op. cit., 188.

這種寧靜發乎自願，且開啟了內在的心靈世界。

新方法與舊方法都可以達到要兒童肅靜的目的，但新方法讓兒童趣味無窮，舊方法則讓孩子痛苦不堪。教育工作者不是讓孩子「隨他去」，完全不理會孩子的行為，卻應思考出一套教育的方法，來「管教」學童。蒙氏的「沈默遊戲」，只不過是蒙氏方法中的一種而已。

不過，當碰到孩子雙腳放在桌子上，手指在挖鼻孔，則教師不立即阻止，這就不對了；有些孩子故意推別人，臉上現出要用暴力的表情，蒙氏認為此時應堅決又果斷的予以制止，好讓學童分辨出好壞。此時應特別提醒的，是不可讓師生以為安靜、順從、聽話、被動就是好事；而活動或工作就是壞事❸。

此外，家長也應承擔教育孩子的責任，總不可因為將孩子送到「兒童之家」就一了百了。蒙氏向家長作如下的要求：

①準時送孩子到「兒童之家」，身体清潔，穿著乾淨，配一件合身的圍兜，否則拒絕入「校」。

②對本「校」女教師及服務人員要表現出最大的敬意與尊重，並相互合作來教導孩子。至少一週一次，媽媽應與教師懇談，告訴教師有關孩子的家居生活，以便教師藉此資料提供建言❹。

學校教育沒有家庭的父母配合，則功不及半。二者合作無間，效果才會彰顯。

設計「教具」(didactic apparatus)更是教師不可或缺的職責，也是蒙特梭利對兒童的教育最大的貢獻。這是繼福祿貝爾的「恩物」之後，兒童獲得的最大福音。有關「教具」的製作與種類，現在已家喻戶曉，且屬技術層面，不必在此細表。提供了這些教具，又在尊重兒童獨立的原則之下，教師只充當觀察者的角色就已足夠；她教得少，卻看得多。除非在極少數狀況下，教師不要干預或打擾孩子的行動。「教具」必須具有「教育」意義；既屬「具」，則五官的親自感受及操作，乃是必要的活動。孩童喜愛教具，目不轉睛的作積木遊戲，辨別顏色、形狀、重量、体積，樂此不疲。遊客

❸ Montessori, *The Montessori Method*, op. cit., 92–93.

❹ Ibid., 70–71.

或貴賓如賞以貴重禮物，或是可以吃的餅乾糖果，孩子的第一個舉動，並非垂涎欲滴，竟然不約而同的說出：那個餅乾是圓形，那塊蛋糕是四邊形等。

㈢精神勝於方法

好動既是兒童的天性，除非後天人為的壓抑，否則孩子的動態童年將是幸福無比。不少家長或老師埋怨學童不寫字，不作功課，其實孩子本來對寫字或作功課，倒是興奮異常呢！蒙特梭利說，當孩子第一次會寫字時，充滿了激動與快活，這種狀態可與母雞下好蛋時的情形相比擬。迫不及待的喔喔叫，牠一定要別人來觀看；小孩畫好一張圖後，也興致勃勃的牽拉著別人的衣裳，逼他們非去欣賞一番不可❷⓪。在這個關鍵時刻，大人的態度，就居舉足輕重地位了。如果師長也能設身處地的拋去自己的忙碌或不耐，認真且煞有介事一般的仔細瞧瞧，或讚美幾句，或趁機予以糾正或指導，臉色表情和顏悅色，則孩子就有「再增強」(reinforcement)的行為動機。反之若一臉不屑，甚至大聲斥罵，則孩子被潑了冷水，他心中必然十分委屈，一定有受辱感，畏縮不前乃是必然的結果。他以後如有「成就」，也只好孤芳自賞，絕不敢再「現醜」；但絕大多數的學童經此「教訓」後，卻極有可能斷了這條再練習寫字的路。第一次痛苦的經驗，已在小心靈上烙下了重大的傷痕，熾熱的臉去貼了冰冷的屁股，學習的火苗已然熄滅，擬重新點燃，就得費加倍的功夫。

兒童的好奇，正是主動行為的重要泉源。當兒童聚精會神的進行自己深覺好玩的活動時，依蒙特梭利觀察到的一個特殊例子，就是「泰山崩於前」，也無動於衷。一位著迷於圓柱体遊戲的小女孩，不管別人如何唱歌或行進，甚至擾動她坐的椅子，她仍然繼續重複她的練習達四十次之多❷①。蒙氏呼應福祿貝爾對於兒童把玩「恩物」的態度，孩子主動想了解奧秘，因此拆解玩具，絕對不是淘氣或故意破壞。將東西分成部分，乃是兒童的自然天性，因為他們擬明白究竟。並且大人給的玩具，在孩子眼中都是極為複雜的，也是生平第一次看到的；基於稀奇心理，孩子就有一股衝動，

---

❷⓪　Ibid., 288–289.

❷①　1913年12月16日，*The New York Times*的引語。Kramer, op. cit., 199.

要尋找底細；但是這種舉動，大人卻視之為搗蛋，兩代之見解差距就於焉造成。請看看下面一段話：

> 人們常常告訴我，如何對待調皮的孩子，妳的方法只能應用在那些年幼的天使上，他們好溫馴啊！他們能夠有個幸福的心理發展。但對付那些叛逆、多疑、頑固的小孩而無法用軟性處理時，怎麼辦呢？我根據好多年的仔細觀察，只能得到如下的結論：沒有問題孩子。那些剛愎任性的小孩，當在自然環境中有了天性上的需求，但大人竟然予以拒絕時，所以才有抗拒舉動，如此而已。 ❷❷

基於對兒童的尊重與熱愛，才會用欣賞的眼光來注意兒童的行為。蒙氏警告世人，忽略兒童的國家，註定要步入滅亡之途。歷史學家提出證據，證明埃及文明的墮落就是顯例。當她到美國時，面對美國人之擁戴，她說：「承蒙美國民眾施予熱情的禮遇，我認為不是對我個人所作的貢獻，而是因為我對兒童的尊重才贏得這種殊榮。」❷❸ 蒙氏希望她的門徒不要「主動」的想去「教」孩子，卻應該作個「旁觀者」來注視孩子的行為。唯一必須人為的，就是設計或製作許多教具。准許甚至鼓勵孩子盡情的遊玩及操弄，就是對兒童的最大尊重。教育孩子不需什麼奧秘的訣竅，當他有強烈的學習意願時，教育就已上軌道了。「若你解決了孩子的注意力問題，那麼你已解決了全部教育問題。」❷❹ 有能力去召回游移不定、浮躁、不持久，甚至即將消失的動機，必定是個成功的教師。對兒童的真正尊重，要點也集中於此。相反的，注意力不集中，心有旁騖，或對於活動不感興趣，淺嘗輒止，這些現象，都是缺乏好奇的表示。好奇心一消失，主動性就隨之而滅。其實只要隨著「尊重兒童」這個原則，就不必擔心兒童沒有好奇表現。因為兒童的經驗領域還相當狹窄，任何發生在他周圍的事情或人物，對他而言都極為新鮮。大人覺得厭倦的對象，小孩都凝神屏氣的作為「研究」的目標。小孩最討厭或憤怒的是大人的橫加干擾。「我不需要教給孩子什麼，倒

❷❷ Ibid., 199-200.

❷❸ Ibid., 200.

❷❹ Ibid., 217.

是他們若置於一個有利的環境，卻可教導我，他們的心靈若沒有扭曲變形的話，還能啟示給我精神上的奧秘呢！」㉕

蒙特梭利在兒童教育中，雖然她以「方法」見長，也有人每以學習她的「方法」或「教具」作為標榜，其實她也提醒她的門徒，方法不是一切，教具更不能代表教育的全部，如果不洞悉她的「原則」或「精神」，則徒有方法或教具，仍然無濟於事。不明究裡的追隨者，盲目的崇拜她的教學技巧，結果東施效顰。其實要達到蒙氏教學的效果，因素非常多，且頗為複雜，光是表面又具体可用的教學設備，無法保證教學的成功。教育理念仍然高居第一重要性，教具或方法只不過是它的應用而已。許多教育工作者懶於研究教育學者的教育思想，卻費心力於死守技巧，不知變通，更不會活用，暴露了自己的膚淺與頑固，實在應引以為戒。蒙氏也深知此種弊病，所以一生中都堅持除非她授權或親自指導，否則任何人如掛她的名字作招牌來訓練幼兒教師，或販賣她的教具，她都非常生氣，甚至不惜與這群人公開決裂。國際性的蒙特梭利組織之所以鬧糾紛，種因於此。吾人必須謹記一句話：

　　蒙特梭利方法的真正老師，就是兒童本身。㉖

㈣個人自由先於社會紀律

自由第一，秩序只是其次。傳統教育之強調「群性」已有數千年時光，現在必須改弦易轍，注重「個性」。蒙特梭利在1932年向英國的蒙特梭利學會發表的文章當中，以極其感性的筆調痛責孩童之受束於大人，比奴隸及工人都不如。「即令是奴隸，也不完全是主人的財產，法律也沒有全部剝奪了他們的權利；工人也沒有被強迫去做雇主所決定的事。但在家裡及在學校內的孩童，從無申訴機會，卻常屈服於成人底下，乖順的聽從師長命令孩子的工作及睡眠時間。」㉗蒙氏畢生心血，盡瘁於斯。解放兒童，是教育工作者的使命；因此，兒童個人的自由，列為優先考慮。

㉕　Ibid., 251.

㉖　Ibid., 294.

㉗　Ibid., 324.

①當時不少家長或小兒科醫生的作法，是餵奶以前先量嬰孩的体重，依此來決定提供給嬰兒的食量。蒙特梭利覺得不以為然，大人何必如此操煩，為何不依嬰孩的本能，他要吃多少，不需要限制。孩子如果飽了，他「自然」就別無所求；他如果還有需要，就繼續餵食，何忍「殘酷」對待新生嬰兒呢[28]？

②嬰兒剛離母胎而降臨人世時，那種劇烈的衝擊，是新生生命的重大考驗。這種考驗或對比，舉世罕見。不幸，習俗的作法卻罔顧了嬰兒正面臨空前未有的挑戰。由於在母胎中的環境與離開母胎後的世界，差異如此顯著，嬰兒顯然不知所措，大驚失色，因此乃啼哭不已。嬰兒一進入人世間，大人先把他安頓於育嬰房，燈光之強烈也與母胎時截然不同。到婦產科醫院探望的親友，只知叮嚀產婦要好好休息，卻到育嬰間看嬰兒，有時還抱起這個小生命搖呀搖的，甚至還親親臉。殊不知嬰兒內心裡所忍受的衝擊，遠比媽媽生產時的陣痛，強度高上數倍。這批陌生的訪客又發出「古怪」的聲音，並顯出稀奇的面容，孩子所遭遇的，平生未見。他更需要休息，不要有人打擾。這種需要比產婦生產之後所需要的寧靜，何止千倍。嬰兒之出世，猶如成人降落在其他星球一般[29]。現代的太空人在抵達月亮前，都作了萬全的準備；但嬰兒之呱呱墜地，卻是草率之至。大人之不尊重嬰孩，由此可見一斑。

基於這層考慮，蒙特梭利認定對嬰孩之尊重，列為教育工作者的首務；也因為這種原因，才滋生出「個性」重於「群性」的教育概念。兒童之家的學童活動，大部分是單獨的，少有集體行為。並且孩子在早年階段，他只知道自己，不知道他人。美國教育學者克伯屈(William Kilpatrick, 1871～1965)批評蒙氏的教育缺乏群性的陶冶及社會性的功能；合作、互助等德性隱而不見。加上教具在引發學童想像力及美的因素上，較為不足[30]，這是

---

[28]　Ibid., 347-348.

[29]　Montessori, *The Secret of Childhood*, op. cit., 21. Montessori, *Education for a New World*, India: Thirnvarniyur, Madras, 1946, 6-7, 36-37.

[30]　William Heard Kilpatrick, *The Montessori System Examined*. Boston: 1914, 27-29. Kramer, op. cit., 227ff. Lillard, op. cit., 15-16, 62-63, 65-66.

蒙氏運動在美國受到抵制的一大原因。不過，讓孩子「個人」獨自遊玩，這是幸福童年的起步。俟年歲漸長，再來培養兒童的群性，此種發展程序，也未可厚非。受到蒙氏影響並親自領受蒙氏教學經驗的其後兒童教育學者，如奧國的心理分析大師佛洛伊德(Sigmund Freud, 1856～1939)，從潛意識的角度，去解剖「性」(sex)與學童早年及大人性格二者之間的關係；瑞士兒童教育的研究支柱皮亞傑(Jean Piaget, 1896～1980)，更以自己的三個小孩作為研究對象，而發表了非常珍貴的兒童認知發展。這些都是先以「個性」的研究作為領域。

㈤童年期的秩序感

蒙特梭利發現兒童的行為特徵之一，就是秩序感。一般人都以為孩子的房間或遊樂場一定亂七八糟，把玩具或紙屑丟得滿地皆是，大人也因此相當頭疼，並認為這是孩子的嚴重教育問題，想辦法要及早培養孩子整齊清潔的習慣。然而蒙氏深信，小孩之無法將屋內安排得井然有序，始作俑者是大人。兒童本有順乎自然的秩序感，只是大人以「權力」予以弄壞而已。兒童有「物歸原位」的觀念，東西從什麼地方出來，就放回原來位置，如此才會心安。倘若違反這種自然安排，又無力糾正，他只好訴諸哭泣一途。大人要知道，小孩哭泣的原因，就是他看不慣東西擺錯位置。

嬰孩降世，他首先接受了一睜眼所目睹的世界秩序；如果有人加以「破壞」，他會極為激動。一位僅僅六個月大的女孩，一天看到一位婦女進入她的房間，並且在桌子上放了一把洋傘，她就無法忍受。因為在她的記憶當中，房間中本無洋傘，遂放聲大哭。解決之道，只好將洋傘移走。此外另有大衣「應」穿在身上，而非披在肩膀上的故事，以及小孩捉迷藏，「事先已知」要躲藏的位置，他們也會玩得興高采烈，毫無厭倦感。如果有人故作主張，擅改主意，變更了原已安排好的躲藏地點，小孩會相當生氣，認為對方故意搗蛋，整個遊興就煙消雲散了❸。克伯屈批評蒙氏教育之不重視「合作」及「社會」功能，不盡完全領會蒙氏教育的全貌。「秩序感」也是「群性」當中的一環啊！

就是由於蒙氏特別強調兒童的「秩序感」，使得當時意大利的掌權者墨

---

❸ 這些例子，詳見林玉体，《一方活水——學前教育思想的發展》，同❷。

索里尼(Benito Mussolini, 1883～1945)大為欣賞。一個高唱兒童自由的教育家與一位強權專制的法西斯政客，竟然「合作無間」，倒引起舉世的驚訝或不滿。當政者一心想拉攏蒙氏環球性的知名度，來重振古羅馬雄風，而蒙氏也擬利用政府的公權力與資源，來推廣她的學前教育理念。不過這種類似橫柴入灶、同床異夢的表面蜜月時期，維持不了多久，蒙氏就含怨遠離故鄉，客居異國了。

　　蒙特梭利的教育運動，即令到現在，也是世界性的運動，各地興辦的學前教育機構，多半以蒙特梭利的名字作招牌。不過蒙特梭利早就提醒過，不可濫用她的名聲，卻應深研她的理念。誠如英國戲劇家蕭伯納(Bernard Shaw, 1856～1950)所挖苦的：「假如妳是個窮苦潦倒的女士，想要謀求一職半業，妳還可以開設一間小學校，買一下二手的舊銅板，刻下裴斯塔洛齊學府，張掛在門口。雖然妳一點兒也不知裴氏是何許人也，也不了解裴氏的主張，或他曾經做過什麼事業。猶如一間客棧的老板，對水療法一無所悉，但也懸吊水療旅舍一般。或者妳也可以買一塊更便宜的木板，刻上幼兒園，自己想像或讓別人想像福祿貝爾乃是妳這間托兒所的管理天才。無疑地，妳現在的這塊新銅板已寫上蒙特梭利幼兒園，雖然這位女士並不在身旁……」❸❷奉勸熱心幼兒教育的朋友，不要辜負甚至假藉幼兒教育大師的心意，招搖撞騙，或趁機斂財，欺瞞社會大眾，蒙蔽家長及小孩，否則蒙氏等大師地下有知，也會含恨九泉！

第二節　研究兒童認知發展的皮亞傑
(Jean Piaget, 1896～1980)

　　瑞士雖是小國，但卻相繼出現不少傑出的學童教育思想家。皮亞傑(Jean Piaget,1896～1980)是繼盧梭、裴斯塔洛齊之後的瑞士學者，他因研究兒童的認知發展而蜚聲國際。認知發展在學術研究領域中，偏向邏輯。自盧梭以還，兒童的「心理」研究，文獻之多及實驗之夥，已屬汗牛充棟。但探討兒童的認知現象，諸如「分類」(classification)及「序列」(seriation)等，

---

❷　Kramer, op. cit., 299.

比較乏人問津，因為這是邏輯學家或數學家比較感興趣的課題❸。不過學童的行為中，類似「內涵」(intension)及「外延」(extension)等活動，卻是屢見不鮮。皮亞傑擬就這些行為進行實驗與觀察，結果開闢了兒童研究的新紀元。

以「認知」(cognition)作為發展階段的分期標準，皮亞傑的分法如下：

1.初生到二歲——感覺動作期(sensorimotor)。

2.二歲到七歲——前操作期(preoperational)。

3.七歲到十一（二）歲——具体操作期(concrete operational)。

4.十一（二）歲以上——形式操作期(formal operational)。

下面僅就初生到七歲之認知發展予以說明❸。

一、感覺動作期(sensorimotor)（初生到二歲）

皮亞傑以其過人的邏輯分析力及敏銳的觀察力，將初生嬰兒的行為鉅細靡遺的予以解釋與說明，讓世人比較清楚的了解兒童世界的面貌。

㈠初生至一個月

一般人以為呱呱墜地的嬰兒，不是想吃（吸奶）就是成天睡覺，即使在餵食當中，他也雙眼緊閉。偶爾一睜眼珠，對周遭人物及環境，也沒什麼反應。但皮亞傑的觀察，卻發現了一片天，顯示出大人對嬰兒的世界，充滿無知。依皮亞傑的研究，兒童的「認知」行為，早已隱隱若現。嬰兒的吸乳動作，並不完全是機械式的生理本能反應；相反的，「主動」及「智慧」似乎已運作其間。他的初生兒子(Lawrent)在出世後第二天，就在非吮奶期間也有吮奶動作。他張開了嘴唇，然後又閉上嘴唇；這種動作頻頻出現，且出現在已餵完奶之後（滿足了生理上的本能需求）。皮亞傑對此種現象提出了他的看法：①嬰兒並不因為餓而有吸吮動作。②這不是反射本能，

---

❸ Jean Piaget & Bärbel Inhelder, *The Early Growth of Logic in the Child, Classification and Seriation*, translated from the French by E. A. Lunzer & D. Papert, N.Y.: The Norton Library, 1969, 281.

❸ 本節的敘述，引自林玉体，《一方活水——學前教育思想的發展》，第六章，同❷，239–272。

因為並無奶瓶或奶嘴觸其嘴唇。③也非因為吸吮所獲快感而產生的動作，因為該吸吮動作並不持續長久時間。在這裡，皮亞傑的學術術語就紛紛出籠了。他說這是由於嬰兒的機体組織在發揮「同化」(assimilation)的功能。所謂「同化」，就是一再地重複原先存在的動作，如吮奶。他又提出三種「同化」的操作：

①功能上的同化(functional assimilation)：即多次的練習，這是最常見也最普遍的動作。皮亞傑的孩子微開嘴唇吸奶的動作，似乎在嘴上含有乳頭，其實卻空無一物，但是他仍然持續地在吸吮。

②類化(generalizing assimilation)：本來嬰兒只吮奶頭或指頭，但不久卻吸吮觸其嘴唇的東西，如床單或玩具等，似乎一切東西都屬同類——可以吸吮。

③認知同化(recognitory assimilation)：當飢餓時，嬰兒「認知」了吸吮奶頭與吸吮指甲或乳房是有所不同的。他的孩子出生後的第二十天，先咬著媽媽之乳頭邊約五公分處的乳房，吮了乳房的皮膚，然後轉移他的嘴唇在靠近乳頭二公分的地方，他又開始吸吮，但立即停止吸吮動作，因為並無乳汁溢出。他繼續尋找，最後突然在母親乳頭碰上他所張開的上唇時，就頓時調整他的嘴而開始吸乳了。這種主動的尋找乳頭以滿足自己的需求，皮亞傑稱為「調適」(accommodation)。調適一成功，再經數次練習，孩子每次吸奶就不會左衝右撞，而恰好吸個正著。

被動的「同化」與主動的「調適」，就是皮亞傑對於兒童認知發展所提出的兩大原則。皮亞傑這種主張，不僅調和了教育思想史上，知識論的兩大派別——主動認知的理性主義與被動灌輸的經驗主義二者之間的爭執，而且也使二者相互補足，不可偏廢。嬰兒的自動尋找乳頭，並非機械式的盲目，他是有所欲求的，並且還輔以五官感覺之助。例如嬰兒看到了乳房，「認知」了乳房的某些區域（如乳頭）與眾不同，且此一部分所給的觸覺也異於其他部分，並有乳汁分泌出來；而母親餵乳時的固定姿勢，也使嬰兒每次遇到母親將他往懷裡抱時，他就体會出是餵奶的時間已到了 ❸❺。

<hr>

❸❺　Herbart Ginsburg & Sylvia Opper, *Piaget's Theory of Intellectual Development*, New Jersey: Prentice-Hall, Inc., Englewood Cliffs, 1969, 30–42.

㈡一個月至四個月

此階段的嬰兒，手指及嘴唇交互合作，他經常把手指放在嘴裡吸吮，即使大人試著把他的手從嘴唇中拿開，他仍然迅速地又將手指放回嘴裡。但此時，孩子的行為卻有如下數項特徵，作為日後發展或變遷的共同現象：

1.預期(anticipation)：皮亞傑的孩子在出生後二個月，每當餵奶的時刻到來，被母親抱在懷裡時，他就不再對自己的手發生興趣，只有嘴唇在「蠢蠢欲動」。顯然地，孩子除了乳頭之外，他並不尋求什麼，他只想吃奶而已。到了月底，他只在母親懷裡才讓母親或其他人餵食，但在化妝台上卻不肯吃。因為據以往習慣，這並不是他的預期。到了三個半月或四個月，當他躺在皮亞傑的懷裡時，竟然眼睛四下尋找，而無吃的意圖。但換回到他媽媽懷裡，還未碰到乳頭時，他會向媽媽注視，並且嘴唇張得大大的。這個孩子已經在行為上進行選擇了。選擇一經運作，就是「調適」功能展現的表示。孩子從小就並不只是被動的反應而已。

2.好奇(curiosity)：皮亞傑的孩子在出生後還不到一個月，就目不轉睛地注視皮亞傑的手背，此種注意方式又加上他的嘴唇往上翹，皮亞傑以為這個孩子可能想要吸吮他的手背，但後來他卻發現這個孩子只是視覺上的興趣而已，並無口腹上的胃口。另外有一次，孩子在搖籃裡靜靜地張大他的小眼睛，集中注意搖籃裡毛毯上的一片鬚邊，並且注視良久。這種現象，一方面是對外物的好奇，另一方面也是眼睛的功能練習。事實上，這個時候，嬰兒的心田裡到底進行著什麼工作，的確也是頗值得研究的課題。皮亞傑這種發現，也印證了蒙特梭利「聚精會神」的說法。

3.模仿(imitation)：與動物一樣，孩子此時開始有模仿的行為，但最早的模仿是聲音模仿，若陪伴者或玩具發出與孩子所能發出的聲音相同，孩子就會繼續不斷地重複發出相同的聲音，並且那種重複性會持續甚久，一直延續到發音者發出新音為止。藉由發音器官不停的練習，孩子會經常自個兒發音，也自個兒模仿。

4.對實物的注意(object concept)：聽覺與視覺開始合作，如聽到聲音，他會轉頭去注視發音的來源；並且眼睛也開始注視移動的東西，實物往左轉，他的眼睛也跟著往左移動，反之亦然。在超出他的視覺領域之外，他

就不去注意；但當該實物又出現於眼前時，他又會將它作為注意的對象。因此當東西消失時，他會「靜靜的期待」(passive expectation)該東西的再現。

(三)四個月至一歲

此時的孩子開始爬行，伸手抓東西；並且對外物不只注意，還對於經由感官而產生的符號印象(signifier)，賦予外物意義(signified)。先是身體上的動作，如看到鳥或球的搖擺，孩子就手舞足蹈；其後就變成智力上的了解與領會，如看到旁座的人站起來，因意會到那個人即將離去而開始哭起來。

1.預期：皮亞傑的女兒Jacqueline於出生後九個月又十六日時，「她喜歡杯子裡的葡萄汁，而不喜歡碗裡的湯，她觀察媽媽的動作，湯匙如果來自於杯子，她就張嘴迎接，若來自於碗，她就緊閉雙唇。」隔兩天，她只要用聽的，就可以判斷湯匙來自於碗或杯子了。

2.模仿：當孩子咬下唇而發出聲音時，皮亞傑模仿孩子的這個動作；但孩子卻在大人模仿時，停止了他自己的行為，開始注意觀看大人的動作。當大人停止之後，小孩又再度咬住下唇；皮亞傑學了，小孩又停止該動作。如此反反覆覆，持續不斷。

3.對實物的注意：第一次把東西放在A處，掩蓋起來之後，孩子如在A處找到，但第二次放置時，即令是在孩子面前慢慢的從A處轉到B處，然後掩蓋起來，此時孩子仍然從A處開始找失物。

皮亞傑另外一個孩子Lucienne於出生後八個月三十日時，本來抓著一個粉盒在玩，看到皮亞傑出現時即捨棄粉盒而與他一起玩；但不多久，這個孩子就又重新抓著粉盒玩了。**㊱**

(四)一歲至二歲

此時開始學習走路，新的動作也就跟著出現。除了模仿動作增強之外，運用腦筋的情況也比以前明顯。孩子在嘗試各種錯誤的過程中，有時會突然停下來，「嘴唇張開，先是輕微的，後則張得較大。」這似乎是思考的操作。

由於肢体的動作較靈活，手會拋擲各種東西。孩子坐在高腳椅上，向

㊱ Ibid., 46–55.

地下拋麵包屑；他會嘗試用各種不同的姿勢——如手稍彎、或斜、或直，及各種不同速度去拋擲，然後觀察實物落地後的狀況，而深覺好奇與愉快。對於尋找隱藏物的方式，這時就比前一階段高明。他不會徒勞費力在明知不在的地方尋覓。皮亞傑先張開手掌讓他的孩子看看手裡藏有一安全別針，然後他偷偷地再把安全別針放在手掌下的毛巾裡，並且合緊手掌。他的孩子用手撥開皮亞傑手掌要找回別針，由於沒能找到，乃改向毛巾裡去找。

　　這是皮亞傑觀察他的三個孩子的認知發展所得的一般結果。這裡，我們應該要記住的是各階段年歲的劃分，只是大略性質，其中還具有伸縮性；並且孩子的個別差異也不容忽視。皮亞傑認為其中一個小孩(Jacqueline)由於冬天出生，穿衣服較多，因此手及眼的聯合動作較晚出現。不過，各階段卻是先後有序，前者為後者鋪路，後者乃是前者之累積，二者是一種繼續不斷的歷程。最後，環境影響了個体的發展，但個体也並非僅是容受器而已。兒童的心智，會因環境的變化，而加以調適與反應。皮亞傑的主張，既非環境萬能論(Environmentalism)，也非遺傳決定論(Maturationalism)，而是持二者互為作用(Interactionalism)的說法。對於哈佛大學名教授布魯納(J. Bruner)所說，「只要提供適當可行的方式，則任何學科都可教給任何年齡的兒童了解」，這種過分樂觀的教學萬能論說法是否正確，皮亞傑認為是個「美國問題」 ❸❼。當然，皮亞傑對於各階段的發展，並不停止於現象的描述，卻另提出理論的解析與說明。就如同他的大弟子，也是著作的共同作者殷赫德(Bärbel Inhelder)所說：「皮亞傑每次提到一種行為，即使是很細小又瑣碎的行為，他都尋求一種理論架構上的解釋，使得該理論架構變成很精緻，且意義繁複。皮亞傑的經驗事實從不與理論分離。」 ❸❽

　　從事幼兒教育的教師或家長，對於史上第一位如此觀察入微的皮亞傑之研究報告，不妨也以自己的孩子作為觀察對象，來印證或反駁皮亞傑的發現與闡釋。皮亞傑把這段時間的發展，稱為「感覺動作期」(sensorimotor)，即兒童的各種行為，泰半依五官感覺而起，並且皆有外表的「動作」，所以觀察頗為方便與直接。因兒童之語言學習還未開始，其內在心靈狀態

---

❸❼ Mary Ann Spencer Pulaski, *Understanding Piaget*, N.Y.: Harper & Row, 1971, 34.

❸❽ Ginsburg & Opper, op. cit., vii.

則須仰賴父母「心領神會」予以說明了。

二、前操作期(preoperational)（二歲到七歲）

在第二認知發展階段的年齡（二歲到七歲）中，因有許多認知行為乃是前期的延續，並且認知變化在生長期間上沒有類似上一階段那麼迅速，所以不再以「月」為劃分標準，而以「歲」為依據。

(一)語言學習

如同盧梭所說，一般的孩子到了二歲左右，由於發音器官的「成熟」，語言的學習乃是自然之歸趨。

剛開始時，兒童的語言並不清晰，語句又不完整，要不是日夜與其為伴，例如父母或兄姊，否則很難從兒語中体會話中之意。所以大人經常用揣摩或猜測來與孩子溝通——切記，盧梭在這裡曾經給成人做了警告。皮亞傑卻認為小孩漸長，投入較為廣闊的孩子群中，這些孩子對於對方那種斷斷續續，以及不相連貫的說話，較無大人般的耐性，經常彼此質問說話者的語意。此種挑戰，有助於兒童語言之充分發展，並且也考慮了他人存在的這個事實❸❾。

兒童在牙牙學語後，經常重複已學得的語言，而自得其樂且不覺厭倦。一個句子或一個名詞，一而再、再而三地反覆「練習」，就因為這種現象，難怪兒童學習外語，比大人有利得多。語言是一種習慣——「熟能生巧」(practice makes perfect)，兒童沒有羞愧心，他說同樣的話數十次，卻極為平常；「大人應以小孩為師」，在學習各種語言上，此處再多了一項證據。

兒童又有「獨語」(monologue)習慣，尤其獨處時為然。他擬靠「語言的魔力」(word magic)來完成心目中所想達到的目標。比如說想要箱子移動，但箱子太重，僅靠兒童的力量不足以移動它，乃發話要箱子動。在自個兒玩玩具時，兒童的獨語最為普遍。其實，在兒童心目中，這並非獨語，他正是在與玩具「交談」，只不過是自己說話，並代替玩具說話而已。這種獨語習慣還存在於數個小孩共處時，因為每個小孩都以「自我為中心」(ego-centric)，都依自己內心的高興而高聲或低聲獨語，不管他人是否注意傾聽，

---

❸❾　Ibid., 94.

他也無意引起別人注意；而且並不干擾他人的獨語，兩不相犯。這種情況，大概以四歲到七歲時居多；但五、六歲以後，語言的「社會性」(communicative or socialized)功能就漸漸顯著，比如說他會向別人說明玩具的玩法，請教別人問題，甚至指責別人。此時，自我中心的色彩就較淡了。

　　兒童說故事，也是此階段的特徵之一。但故事情節發生的時間次序，經常先後顛倒，因為「時間」的正確觀念還未建立。且講述內容都會遺漏大部分或重要部分。他以為聽者已知，所以可以省略，既不連貫而又重疊(juxtaposition)。不過，此時大人如果反問所遺漏的部分，他也慢慢地會全盤托出，但有時也支吾其詞，讓聽者一知半解，如墜五里霧中。

(二)守恆觀念(conservation)

　　兒童對於第一次所「感受」的經驗，保存得最為完整與牢固。此種感受的經驗如有變化，就會發生適從的困難。當新刺激無法與舊有經驗相聯繫時，必須經過多次的練習與調整，才能領會原來二者之間相同的關係。皮亞傑的第二個孩子Lucienne一穿上洗澡用的衣服，他的長女Jacqueline則以為妹妹是別人家的孩子，一再追問她叫什麼名字。等她洗完澡又穿上平常服裝後，才莊重的說，原來是Lucienne。皮亞傑記載此事的時間，是Jacqueline二歲七個月又十二天，她有時也誤認陌生人為爸爸，而令皮亞傑難堪❹。

　　其實，皮亞傑所提的「守恆」觀念，頗類似於蒙特梭利所言之「秩序感」。皮亞傑也發現，兒童一向以第一印象為基礎，改變或消失第一印象，兒童即感困擾或憤怒。有一次，皮亞傑對孩子的此種觀念頗為不解，還因此惹來了蒙特梭利的調侃。皮亞傑把一個東西藏在椅墊下，叫孩子到外邊去，然後再把該東西藏在對面的椅墊下，皮亞傑認為在第一張椅墊下找不到藏物時會到對面椅子去找，想不到孩子入內後卻拼命地在第一張椅子的上下翻來翻去，然後說「丟了！」他根本不到其他椅子試看看。皮亞傑重複此種實驗數次，每次皆如此，他乃告訴孩子，他已把東西從第一張椅墊下，拿到另一張椅墊下。但孩子卻仍然故我，且一再地說：「東西丟了。」皮亞傑感嘆地說：「我的孩子好笨啊！」隨即翻開另一張椅子的椅墊問孩子

---

❹　Pulaski, op. cit., 49.

說:「你沒有看到我把東西放在這裡嗎?」孩子說:「沒有。」並且指著第一張椅子說:「這個東西應放在這裡!」❹此事為蒙特梭利所知悉,蒙氏解釋此種現象,即是皮亞傑自己所提出的「守恆」,也是蒙氏所言之「秩序感」。孩子不滿皮亞傑「不聽話」,以為早跟他約好要藏的椅子,怎可賴皮呢!這就是兒童的觀念世界異於大人的所在。

這種守恆觀念,在遊戲規則中尤其明顯。皮亞傑發現四歲以後的孩子在遊玩時,絕對按照第一次所知道的規則來玩,不會更易。試看下面一段對話:

問: 你怎麼知道規則?
答: 當我很小時,我哥哥告訴我的,而我哥哥是我爸爸告訴他的。
問: 你爸爸怎麼知道?
答: 我爸爸就是知道,沒有人告訴他。
問: 告訴我,誰先出生?是你爸爸或是你爺爺?
答: 我爸爸在我祖父之前先出生。
問: 誰發明玩彈珠遊戲?
答: 我爸爸。❷

(三)推理

「前操作期」即是以具体的、自我中心的、自以為是的理由來說明或解釋「因果」關係。皮亞傑記載他的長女在五歲六個月又十一天的晚上與她弟弟的對話。

弟弟: 我怕黑暗。
長女: 不要怕。
弟弟: 為什麼會有黑夜呢?
長女: 黑夜從湖那邊來,因為白天時,黑夜就在湖裡。

---

❹ Maria Montessori, *The Secret of Childhood*, translated by M. Joseph Costelloe, N.Y.: Ballantine Books, 1966, 53–54.

❷ Jean Piaget, *The Moral Judgment of the Child*, N.Y.: Macmillan, 1955, 55.

但在第二十二天時，皮亞傑又聽到長女在花園裡獨語：「我要白天來，我正要白天來(做白天從地上升起的手勢)。現在我又要它離開(又做手勢)，現在黑夜來了。當我走到湖邊，我要黑夜上來。」❹

兒童的思考世界，與成人的並不相同。但是他們也會提出一些大人所思考的問題，只是他們的解答，並不具成人世界中所滿足的科學要求。在一般的經驗中，我們也會遇到孩子問到下述的問題：

1. 為何只在湖邊才出現波浪？

2. 為何蝴蝶生命很短，死得很快？

3. 你為何要離開？

4. 為什麼黑夜裡看閃電，比較清楚？

差不多六歲左右的孩子都會向大人質問上述問題。皮亞傑告訴我們，碰到此種狀況時，教師或大人最好不必立即回答，有時倒應反問孩子讓他提出答案。這樣做一方面可以刺激他們的思考，另一方面也可從他們的答案中探測他們的心態。

此段時期的兒童所作的推理（答案），具有下述兩個特色：

①以自我為中心(egocentric)：孩子回答各種問題，皆環繞著「我」作考慮，以為自己的想法就是別人的想法，別人的經驗與觀念一定也是自己的經驗與觀念，世界為他而造，他也支配整個宇宙。例如，孩子認為太陽與月亮都跟著他走動而走動，他靜止下來，太陽及月亮也就停止不動了。這種例子俯拾即是，底下就是其中的部分：

a.一位六歲的小孩對於「為什麼晚上是暗的?」提出的回答是：「因為我們可以睡得更好，所以晚上屋子裡應該是暗的。」

b.試看一位六歲小孩的下述對答：「我的嘴巴給我觀念。」「用什麼方式?」「當我說話時，我的嘴巴幫我思考。」「但是動物也會思考嗎?」「不，只有鸚鵡會一點點，因為牠們也會說一點點的話。」❹

c.孩子叫爸爸，爸爸不應，乃認為爸爸未聽到；爸爸用熱水，乃以

---

❹　Pulaski, op. cit., 40–41.

❹　Ruth M. Beard, *An Outline of Piaget's Developmental Psychology*, New American Library, 1969, 81–83.

為爸爸要刮鬍子。

　　d.長女二歲十個月又八天時想吃橘子，父母親說還太青，未熟不好吃。她乃喝了甘菊茶，卻說「甘菊茶不是青色的，已是黃色的了。給我一些橘子吧！」她認為既然她已喝的甘菊茶是黃色的，則橘子也會是黃色的。

　　e.次女有一天沒午睡，乃說：「我沒午睡，所以沒有下午。」**❹❺**

　　②只具「原因」(cause)而非「理由」(reason)：此階段的兒童回答各種問題，所提供的答案，皆只是「原因」，但卻非「理由」。這種現象，皮亞傑稱為「泛答」(syncretism)，即將不相關的知識堆積在一起，以作為解答問題的訊息。每當遇到「為什麼」的問題時，也會說「因為」(because)，他們會道道地地的提出「原因」(cause)，但是這些「因」，因為不是造成「為什麼」的真正原因，而只是孩子一廂情願，或自以為是的說明。只有科學上的解釋才構成為「理由」。換句話說，有些「原因」，是既非事實也不符合邏輯，所以不是「理由」。真正的「理」有兩要件，一方面是事實，一方面也滿足邏輯推論的法則。

　　問孩子「為什麼太陽不掉下來？」答案是「因為太陽很熱，太陽要停在那兒！」或是「因為太陽是黃色的」。類似這種問題，都可以提「反例」(counterexample)予以駁倒。其實小孩在這個階段很難領會因果關係。比如說，有人從腳踏車上掉下來，孩子就答以「因為他掉了下來，而弄傷了自己。」「我丟掉了筆，因為當時我沒有寫字。」或是「我洗個澡，因為洗後我就乾淨了！」諸如此類的對話，不勝枚舉。這些回答，根本不構成因果關係，有些甚至是因果倒置。

　　這種「泛答」，更在繪畫中顯現出來。小孩如畫腳踏車，他所畫出的鐵鍊卻不與車輪連在一起，畫的座位也不在車架上。這從大人的角度來看，實在是滑稽。

　　皮亞傑如讀過中國古書《世說新語》中，所記載晉元帝問坐在他膝上的兒子（晉明帝），到底長安遠還是太陽比較遠的對話，更可證明他的觀察結果是「中外皆然」了。晉明帝（小孩）初次作答時，因朝廷上有人從長安來，乃答以「日遠」。他的「原因」是「不聞人從日邊來，居然可知。」

---

❹❺　Jean Piaget, *Play, Dreams, and Imitation in Childhood*, N.Y.: Norton, 1962, 231–232.

但隔日，他在其父擬褒獎這位「天才」兒子於眾官大臣之面前時，卻又答以「日近」。而他之所以一反前日的作答，原因是「舉目望日，不見長安。」

《列子》書中也提及孔子東遊，見兩小孩爭辯太陽於一天當中何時離地球較近的問題。其中一位小孩說：早上的太陽離地球較近，中午則較遠。「原因」是日出之時，「大如車蓋」；但到了中午，卻如同「盤盂」。但另外一位小孩的作答恰與此相反，他提出的「原因」是「日初出，滄滄涼涼，及其日中如探湯。」前者以為「遠者小，近則大」來判斷；後者則以「近者熱、遠者涼」為標準。

這些「原因」皆屬於部分的「理由」，未必滿足因果之間「充足又必要」的條件關係。這種回答問題在「理由」上的欠缺，非獨幼兒如此，大人也不能免除。迷信式的解釋，就是最為人所知的「原因」，而非「理由」。比如說，「天為何下雨?」乃因為「關公在天上磨刀」；「為何打雷?」乃因為「雷公發威」；而地震的原因，就是「地牛翻身」。這些「原因」皆經不起考驗，所以都不是「理由」。

試看下面的對話，是由「原因」而發展到「理由」的過程：

「爸爸! 為什麼巧克力冰淇淋是棕色的?」

「是啊! 這樣子在冰淇淋店裡，才能分辨出巧克力冰淇淋和香草冰淇淋的不同。當你要買哪一種時，他就不會拿錯!」

「這我是知道的。但是為什麼巧克力冰淇淋是棕色的呢?」

「因為巧克力是棕色的嘛!」

「但是為什麼呢?」

「因為光線在虹上產生各種顏色，這些光的顏色照在巧克力冰淇淋上，其他顏色被巧克力吸收，只有棕色沒有；棕色就反應在你的眼睛上，所以你就看到巧克力是棕色的!」

「哦! 我現在知道了……那麼你認為就是由於其他光線，被巧克力冰淇淋吸收才使得它嘗起來如此甜美嗎?」㊻

㊻ J. F. Soltis, *An Introduction to the Analysis of Educational Concepts*, Reading Mass.: Addison Wesley, 1966, 57.

其實，這個階段的孩子是不明「理由」的。他提的「原因」，或是大人和教師所給的「理由」，大多超出他的領會範圍之外，這也就是為什麼盧梭極力反對向兒童「說理」的緣故了。時間未到，不必急。

㈣實際操作以表達認知觀念

皮亞傑1940年以後的著作，改變了以往用文字或語言來了解兒童對各種認知發展的實況，而採取呈現具体實物來讓兒童操作的方式，予以探測兒童心靈上的奧秘。這種方法是一大進步，因為孩子的語言表達未臻完美，有時候孩子不盡然能聽懂問話，即使懂得，也不一定用精確的語言來回答問題。所以他在1940年以後所發表的文章中或所作的研究裡，就以實物的操作為主，如陳列一堆幾何圖形或積木，孩子就以操作這些實物來回答研究者的問題。

眾人皆知實物是兒童的「玩具」，歷來學前教育思想家也一再主張玩具是兒童「遊戲」的對象，但是他們似乎只注意兒童在玩玩具時的能力發展而已。皮亞傑卻從兒童對實物的「操作」，來進行兒童對認知領域的研究，的確開闢了一塊非常有意義的園地。皮亞傑有個朋友是數學家，這位朋友在四、五歲時就玩石子，當他排列這些石子為圓排、直排、或橫排時，同樣都是十個，這種發現使他日後追憶起來時說：「真是奇異！」 [47]

皮亞傑以具体實物的操作來研究兒童的認知發展，年齡上從此一階段，持續到形式操作期（即十二歲以上）。他發現，影響認知的因素若較為複雜，則非兒童所能領會。比如說，關於浮体之操作上，一位四歲的小孩認為石頭會下沈的原因，是因為：「它都在下面。」五歲的孩子估計木板會沈於水底，但操作的結果卻非如此，他不相信，乃按住木板往下壓，口中還說：「你應該往下沈，笨瓜！」 [48]

物体浮在水面的條件很多，例如物體要輕、接觸液体面要廣、液体比重要大等，這些因素的混合作用，皆非此階段的兒童所能領會。此外，天平兩端要維持平衡，條件也不少；斜坡上物体之升降(t)，取決於該物之重

---

[47] Pulaski, op. cit., 10.

[48] Jean Piaget & Bärbel Inhelder, *The Growth of Logical Thinking from Childhood to Adolescence*, translated by Anne Parsons & Stanley Milgram, Basic Books, 1958, 22.

量(q)、拉力(p)及斜度之大小(r)。依此為例，皮亞傑乃運用一般邏輯上的符號，來表達他的研究結果。不過，這都屬形式操作階段的年齡了。

$$t \longrightarrow \quad (p \qquad V \ \bar{q} \qquad V \ \bar{r})$$

　(車子上升)　(拉力加大)　(車重減少)　(斜度較小)

或　$\bar{t} \longrightarrow \quad (\bar{p} \qquad V \ q \qquad V \ r)$

　(車子下降)　(拉力減少)　(車重增加)　(斜度增高)

　　皮亞傑的著作中，不只充斥著學術上及邏輯上的術語，而且邏輯符號以及邏輯符號的運算非常多。未習邏輯者，實在很難領會這些著作的要旨❹。

　　看看底下一位年齡七歲的兒童如何回答試驗者的問題：

　　問：如何使車子往上爬？

　　答：拉它。

　　問：不用拉的呢？

　　答：推它。

　　問：不用推的呢？

　　答：拿掉載物。（取下兩單位）

　　問：還有其他方法嗎？

　　答：有，放重量在W上。

　　問：還有嗎？（暗示他軌道可以移動）

　　答：軌道放低些。

　　問：好，如果我放兩單位重量在W，則會有什麼變化？

　　答：車子會往上升。（實驗）

　　問：你如何使它往上升？

　　答：再加上重量。（放一單位在W）

　　問：如果不如此作呢？

　　答：在M處取掉一些重量。

　　問：如果軌道下降呢？

---

❹　Ibid., 192.

答：我認為車子不會動。（認為重量的平衡與斜度無關。但實驗結果，車子卻往上升。）

問：為什麼會這樣？

答：因為W處有許多重量。[50]

其次，某些認知發展上極為重要的詞，如「全部」或「一些」，兒童有可能未必清楚地了解其中的分別，所以觀察者若向兒童作此類測驗，通常都會得到不正確的結果。下面的反應來自於一個五歲又二個月的孩子：

研究者的問話	兒童的反應
給我一些藍色的。	給一個。
你說那是一些還是一個？	一個。
現在拿一些來。	又拿一個。
現在全部拿走。	只拿一個。
給我全部方形的。	拿兩個。
給我全部圓形的。	拿了全部。
拿一些藍色的。	先拿兩個，然後三個，最後拿了全部。[51]

上面的反應，有的正確，但是那種正確反應是「碰巧的」(contingent)。這種狀況的改善，要等到兒童清晰又能明辨(clear & distinct)「全部」與「部分」這兩個詞之後，才能完成。

將「重量」與「顏色」的實物混合，以分辨二者之間的關係，就可以知道年齡上的大小在正確度的反應上，有了明顯的差別。如下表：

		1	2	3	4	1+4	2+3
年 齡	人 數	HR	BL	RH	LB	HR+LB	BL+RH
5	20	35	82	100	20	27.5	91
6	20	40	91.5	100	53	46.5	95.5
7	25	47	100	100	44	45.5	100
8	20	67.5	97	100	55.5	61.5	98.5

[50] Ibid., 183–185.

[51] Inhelder & Piaget, *The Early Growth of Logic in the Child*, op. cit., 70–74.

9	16	89	98	100	62	75.5	99

說明：　1.HR：所有重的東西都是紅色的。

　　　　2.BL：所有藍色的東西都是輕的。

　　　　3.RH：所有紅色的東西都是重的。

　　　　4.LB：所有輕的東西都是藍色的。

上表提示了：⑴年齡越大，答對越多，⑵辨別重量，難於辨別色彩，如1與4，2與3。可見視覺（色彩）的發展先於觸覺（輕重）。因此，先辨別輕重然後再辨別色彩（1＋4），較難於先辨別色彩後辨別輕重（2＋3）❷。在皮亞傑的著作中，尤其自1940年以後，已出現諸如此類的統計表。

三、兒童的時間觀念

1928年，在一次國際知名學者討論「科學的哲學」會議上，名聞遐邇的物理學諾貝爾獎得主愛因斯坦當主席，他對皮亞傑研究的兒童思考，興致頗高，尤其對時間與速度之關係，特別注重。到底在兒童的認知世界裡，時間觀念與速度觀念孰先出現？在愛因斯坦的相對論裡，時間是以速度來衡量，而速度是以時間來定義的。至於兒童的認知發展中，對於時間的概念如何，愛因斯坦希望皮亞傑能夠理出一個所以然來。皮亞傑受此鼓勵，遂作了系統性的觀察與記錄，從中了解兒童在時間的認知中藏有什麼奧秘。

1.嬰兒因肚餓而哭，但當他看到媽媽正在廚房，或聽到媽媽正準備沖牛奶的聲音時，他就停止不哭了。因為，嬰兒知道「不久」他的肚子餓就會獲得解決，他已有了時間先後的具體概念。

2.皮亞傑觀察他十三個月大的侄兒，有一天在客廳裡找球，球跑到搖椅下，孩子就到搖椅下把球拿出來；但當球跑到沙發椅下時，因為孩子看不到球，他就不在沙發椅下找，反而到搖椅下左右察看。皮亞傑遂作了另一項實驗，把一個玩具放在椅墊下，然後在孩子面前讓他看到玩具，從甲椅墊移到乙椅墊下，不到一歲的孩子，雖然眼睜睜地看到玩具已不在甲椅墊下了，卻仍然先在甲椅墊下找。經過三個禮拜後，孩子才開始在乙椅墊

---

❷　Ibid., 88–89, 64–65.

下找尋玩具，但如果一時不能馬上找到，他又到甲椅墊下去摸來摸去。孩子認為玩具先放在甲椅墊下，所以先從甲椅墊找起；孩子是以「感官知覺」作判斷的。

3.兒童常以高矮來分辨年齡的大小。小孩子有時以為，皮亞傑所教過的一位大學生是皮亞傑的爸爸，因為該大學生是高個子。如果大人的高矮差異不大，兒童就以為大人的年齡略同。一位四歲半的孩子告訴皮亞傑，他有一個比他大兩歲的哥哥，他期望有一天可以趕上他的哥哥，「只要我多喝一些湯」❸。這種童真的話真是有趣，但也可讓我們領會兒童在時間概念上的看法。

4.這種現象不斷出現在學前教育階段，即使在其後的年齡中，仍然無法擺脫「具體運作」的概念發展。試看下面一段一位七歲半兒童的答話：

A：你幾歲?

B：七歲半。

A：有兄弟姊妹嗎?

B：沒有。

A：有朋友嗎?

B：有。

A：比你年紀大或年紀小?

B：大，他十二歲。

A：比你大幾歲?

B：五歲。

A：比你早生或晚生?

B：我不知道。

A：想一想啊! 你不是告訴我他的年紀了嗎? 他早生還是晚生?

B：他沒告訴我。

A：沒辦法知道他比你早生或晚生嗎?

B：我沒問他。

---

❸ Pulaski, op. cit., 168.

A：沒問他，你也可以告訴我答案啊！

B：不能。

A：他以後做了爸爸時，他會比你年紀大還是小？

B：大。

A：大多少？

B：五歲。

A：你跟一般人一樣會年老嗎？

B：是。

A：當你年紀大時，他會是什麼樣子？

B：他會變成祖父。

A：他會與你同年齡嗎？

B：不，我比他少五歲。

A：當你非常老時，你們倆都有這種差別嗎？

B：是的，永遠如此。❺④

　　七歲半的兒童不以身高做年齡的依據，看樣子似乎在時間觀念上較有正確的掌握，但早生晚生概念仍十分模糊。至於以出生的紀元多寡來判斷年齡之老少，更足以造成此階段年齡的兒童在心理上的困擾。因為紀元的數目大者表示年齡較小，紀元的數目較少者則表示歲數較大；這種「多少」與「大小」成反比的狀況，會弄昏了兒童的腦袋。英國的心理學家貝爾德(Ruth M. Beard)，於1960年曾測驗一個六歲的兒童：「瑪麗生於1952年，她的弟弟湯姆生於1954年；誰的年紀較大，大多少？」這孩子頓覺困惑，答道：「54比52多，所以湯姆的年紀較大；但52早於54，所以瑪麗先出生！」然後重複數次，最後加重語氣地說：「52早於54，但湯姆年紀較大。」❺⑤

　　時間上的不變觀念，可因個別的個體在相同的時間內，產生了不同的外觀而有所改變，這種現象，也可以在下述的圖畫中看出明顯的例證：

---

❺④　Jean Piaget, *The Child's Conception of Time*, N.Y.: Basic Books, 1970, 209.

❺⑤　Beard, op. cit., 87–88.

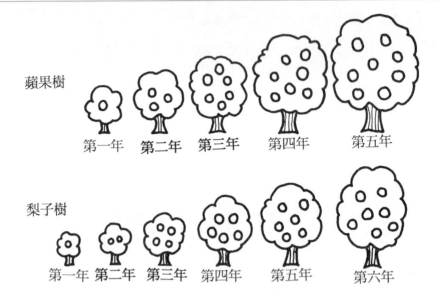

孩子憑外觀或直覺，發現第五年的梨子樹，與第三年的蘋果樹長得一樣高，就認定二者的「年齡」一樣大；相同的，孩子也認為第三年的蘋果樹，年長於同樣是第三年的梨子樹。他不知道二者的生長雖有高矮，時間卻雷同。這段時期的兒童，習慣上是「以貌」取人（物）的。

四、兒童的空間觀念

兒童的空間觀念，與兒童認識環境的能力，二者關係密切。兒童如何從熟悉的住處（小環境）擴大到陌生的場所（可能是大環境），就涉及到「空間推理」(spatial reasoning) 了 ❺❻。

1.距離的觀念：兒童的先入為主或未經思索的「前操作」之思考，在距離觀念上表現無遺，「單純」的腦筋才會產生此種反應模式。試看下面的實驗：實驗者在三種彎彎曲曲的道路上行走或開車，當他抵達某一定點時，問孩子如果他在平直的路上走路或開車，要與實驗者走相同距離的話，則

❺❻　Gerhard Steiner, "Spatial Reasoning in Small-size & Large-size Environments: In Search of Early Prefigurations of Spatial Cognition in Small-size Environments", in Bärbel Inhelder, and Denys de Caprona, & Angela Cornu-Wells (ed.), *Piaget Today*, London: Lawrence Erlbaum Associates (U.K.), 1987, 203–216.

他應停在何處。

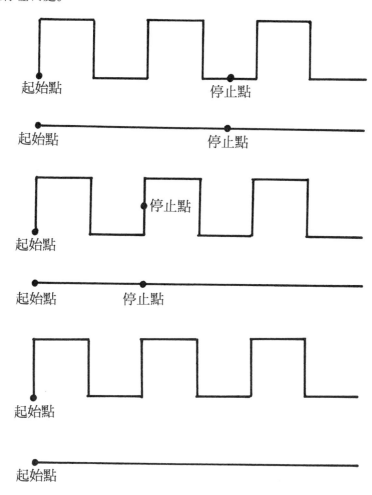

　　上述圖中的問題，兒童即遭遇困難，而陷入沈思❺❼。

　　2.水平面的觀念：七歲以前的兒童畫，他們的水平面空間概念未臻成熟，他們的「眼界」還未能思慮及水平面，並不因物体傾斜、垂直或平放而有所改變。看看下面這些圖：

---

❺❼　Pulaski, op. cit., 187–188.

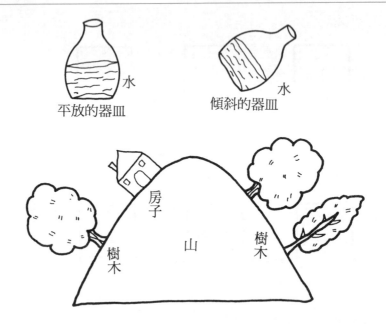

孩子即使每日「細心」觀察，發現實際的狀況，是山坡上的屋子並不如此傾斜，樹木也不是那種樣子，但是一開始作畫，卻每一樣都與山坡成垂直。至於如下圖的畫作，有些還與山坡成垂直，有些則有水平的畫法，即已超過七歲年齡的階段，不在學前教育範圍了❺❽。

五、兒童的道德認知觀念

兒童對於行為善惡的認知還不十分清楚，但對於行為後果之獎懲，倒

---

❺❽ Molly Brearley, & Elizabeth Hitchfield, *A Guild to Reading Piaget*, N.Y.: Schocken Book, 1972, 90.

有明確的看法。根據皮亞傑的研究，兒童認為自己做錯事，就該立即接受處分，這才算正義與公平。並且也認為執行此種措施的家長或老師，才是公正的爸爸媽媽或公正的老師。六歲左右的兒童，還認為家長或老師在孩子犯錯時，不必向孩子說明或解釋，就可以「理直氣壯」的体罰孩子，俟年齡漸長，才捨棄此種看法。

看看下面兩個實驗故事：

（故事一）：一個小男孩在他的房間裡玩，爸爸在城裡工作；不多久，這位小男孩想要畫畫，但卻找不到紙。他想起來了，爸爸抽屜裡有一些白色漂亮的紙；他就靜靜地去找，找到後就拿走了那些白紙去作畫，爸爸回家後發覺桌子上不乾淨，白紙也不見了，他走向小男孩房間，看到地板上蓋滿了他的白紙，且塗了五顏六色。這位父親非常生氣，就狠狠地打了孩子一頓。

（故事二）：情節完全與上述故事相同，但結局有別。父親並不打孩子，他向孩子說明，偷取紙張是不對的。他說：「當你不在家而到幼兒園時，如果我去拿走你的玩具，你也會不高興的。因此當我不在時，你就不可以拿走我的白紙，這對你來說並不好，這樣做是不對的。」

幾天之後，上述故事中的兩位主角各自在花園裡玩，發現了一枝父親的鋼筆。他們各自都知道他們的父親曾經說過，丟了珍貴的鋼筆到現在還沒有找到，所以心裡很難過。

實驗者說完這兩個故事後向孩子問道：「好了，現在其中一個小孩把鋼筆留為己用，另一位還給爸爸，猜猜看，哪一位把鋼筆還給他爸爸——是被狠狠地修理過的，還是聽取說明而沒挨打的？」

1.一位六歲的小孩認為是那位挨打過的。底下是一段對話：

A：挨打的小孩會再犯錯嗎？

B：不會。

A：沒挨打的呢？

B：他會偷。

A：假如你是爸爸，發現孩子偷紙，你怎麼辦？向孩子說明？還是打

孩子？

B：打。

A：哪一位才是好爸爸？打小孩的？還是向小孩說明的？

B：說明的。

A：哪一位才是公正的？

B：打小孩的。

A：如果你是那個小孩，你認為那種方式最公正？

B：向小孩說明的。

A：如果向你說明了，你還會再做嗎？

B：不。

A：如果你被打了，你還會再做嗎？

B：不，兩種我都不會再做。

A：哪一種小孩比較不會再犯錯？

B：被打的。

A：為什麼挨打比較好？

B：因為那是壞小孩。

2. 一位七歲的小孩認為，挨打的孩子會還筆，因為擔心他的父親會責罵他，但另外一位呢？——他留作自己用，他知道父親已在戶外丟了筆。

A：哪一位父親公正？

B：打小孩的父親。

A：哪一位父親討人喜歡？

B：向孩子說明的。

A：小孩較喜歡哪一種父親？

B：較討人喜歡的爸爸。

A：哪位小孩對爸爸最好？

B：還筆的。

A：是挨打的？還是沒挨打的？

B：挨打的。

3.兩位八歲的孩子作如下的對答：

①A：挨打的小孩，還是沒挨打的小孩會還筆？

　B：挨打的。

　A：挨打的小孩怎麼想？

　B：他想，我不願再挨打。

　A：另一位呢？

　B：他想，既然上次未挨打，這一次也不會。

　A：哪一個爸爸公正？

　B：打小孩的爸爸。

　A：假如你是爸爸，你要打那個小孩嗎？

　B：我想我會。

　A：哪一位爸爸討人喜歡？

　B：不打人的。

　A：哪一位小孩較好？

　B：挨打的。

　A：討人喜歡的爸爸好，還是公正的爸爸？

　B：公正的爸爸。

　A：如果你偷了人家東西，你願意挨打呢？還是人家向你說明為何不
　　　能偷東西？

　B：挨打。

　A：一個人做錯事該受處分嗎？

　B：是。

　A：因為挨打的人較好是嗎？

　B：那會使你改善。

②A：哪位小孩還了筆？

　B：挨打的。

　A：為什麼？

　B：因為他挨了打。

A：另一位呢？

B：他把筆留作自己用，因為他沒被挨打。

A：哪位父親公正？

B：打人的。

A：哪位父親討人喜歡？

B：不打人的。

A：為何他討人喜歡？

B：因為他做了說明。

A：哪個小孩較好？

B：挨打的。

A：哪個父親較好？

B：不打人的。

A：你願意還筆給哪位父親？

B：不打人的。

A：為什麼？

B：因為他較好。

A：如果你是父親，你要如何？

B：我不會打小孩，我要向他說明。

A：為什麼？

B：如此他就不會再偷。

A：哪位父親公正？

B：打人的。

　　另外亦有小孩認為為了讓父親高興，應該還筆給父親。不過七、八歲的兒童，都一再認為打小孩的爸爸是比較公正的；不打小孩的爸爸則比較討人喜歡。他們的答話有時出現前後不一致(inconsistent)，但從他們的應對中，也多多少少了解他們對於「道德」觀念的認知❺。總括言之，他們絕少注意行為的「動機」，卻著重於行為的「後果」。

---

❺　Piaget, *The Moral Judgment of the Child*, op. cit., 217ff.

從上面所舉的例子當中，皮亞傑也取類似盧梭在《愛彌兒》一書中所述的情節。愛彌兒踐踏農夫的花苗，或當眾出魔術師的醜，農夫和魔術師都以「假如你是我」，那種「設身處地」的方式予以說教。兒童在七歲以前，他憑最直接的經驗，來作為行為善惡的標準，他能否「設身處地」為當事人著想，恐怕不太容易。至於兒童認為用体罰方式來處分犯錯的孩子，比用「說理」的方式來得「公正」，是否囿於傳統觀念所致，倒不無可議。其實兒童對於「公正」的意義了解多少，也是令人懷疑的問題。

六、兒童的邏輯觀念

處於具体操作期及形式操作期的正常兒童，才能領會邏輯觀念，他會分辨「全部」與「部分」的區別，知悉「所有的黃花都是花」與「所有的花並不都是黃花」的正確使用。以邏輯符號來表示，即A→B（A小於B，則－B→－A，B大於A）。並且「全部的A是B」並不等於「全部的A是所有的B」。因為「全部的A」有可能是「全部的B」，但也有可能只是「部分的B」而已。這就是邏輯中→及↔的不同，也是「充足條件」(sufficient condition)及「充要條件」(necessary and sufficient condition)的差異所在 **❻⓪**。→指的是「涵蓋」(inclusion)，↔則是指「同一」(identity)。當「主詞」(subjcet)只是「述詞」(predicate)的一部分時，則「述詞」包含了「主詞」，當「主詞」與「述詞」相等時，則二者就「同一」。

其次，當各種顏色、形狀、及重量的物体要讓兒童分類時，兒童優先以形狀作分類依據，其次是色彩，最後才以重量作選擇標準。此種現象，說明了兒童的視覺認知早於觸覺認知 **❻①**。邏輯觀念是抽象觀念，在空間上比較遙遠；觸覺的認知遠較視覺缺乏具体感。因此在作邏輯分類上，當兒童要回答「所有重的東西是紅的嗎?」其困難度就遠比「所有紅色的東西都是重的嗎?」為難。

在作「二分」(dichotomy)時，開始体認到「謬誤」(fallacy)的出現。八歲又八個月的孩子將動物分成「兇猛」及「溫馴」兩類，而溫馴類又分為

---

❻⓪　Inhelder & Piaget, *The Early Growth of Logic in the Child*, op. cit., 50–59.

❻①　Ibid., 88, 126, 129.

家畜的及在田野的。他以為「不兇猛」就是「溫馴」，反之「不溫馴」就等於「兇猛」；但當「松鼠」出現時，他對原先的二分觀念開始懷疑了，因為松鼠既不兇猛，但也並不溫馴 ❷。動物的性情，不能只用「溫馴」或「兇猛」二者來區分就已「窮盡」(exhaustive)。介於「溫馴」與「兇猛」之間的動物（既不溫馴，但也不算兇猛）不少，不能把牠們單純化的歸類，否則「反例」(counter-examples)就頻頻出現。學童在「形式操作期」（約十三歲以後）才比較有能力去思考免於墜入二分法的謬誤當中。當他認定－A的領域時，他是以全部「討論界域」(domain of discourse)為範圍，而不會停留在－A的鄰近層級——上層級(ascending method)或下層級(descending method)。試看下面的試題：「人是動物」或「樓梯是動物」，這兩句話那句比較可笑？ 十二歲又三個月的學童回答：「樓梯是動物」這句話比較可笑。這是用「正面的」(positive)問題要學童回答，答案是正確的；但是如用「反面的」(negative)問題時，同年齡的學童之答案就很有意思了。問題：「牛不是鳥」或「屋子不是鳥」，那一句比較正確，或者二者皆正確？ 答：「屋子不是鳥」這句話比較好笑。問：牛呢？ 答：牛是動物啊！

「非鳥」(－A)的領域包括牛及屋子等，不是只有屋子而已。在問及「非鳥」的對象而指涉「牛」時，學童以牛的「上層級」是動物而作了上述的回答 ❸。

類似此種邏輯觀念的認知實驗，皮亞傑及其同僚，設計了數以萬計的「教具」，其種類及數量之多，遠超出福祿貝爾及蒙特梭利之上。皮亞傑等人也深知抽象推理的認知活動比較枯燥，引不起學童強烈的動機 ❹。因此乃製作了許多圖形及物體供學童「操作」，從感覺動作到具體操作，都可看出學童認知發展的層級變化。即令在形式操作中，也可在「教具」的操作中觀察出學童內心裡的思惟，已不只是外表形体的動作而已，他已在作「預期」(anticipation)及「返思」(hindsight)，這是思考周密的重要條件。

探討兒童世界的奧秘，心理學家的貢獻最大。實驗心理學建立以還，

---

❷　Ibid., 136.

❸　Ibid., 140–141.

❹　Ibid., 64, 74, 100.

教育心理學隨之興起；教育心理學變成教育學界與「教育哲學」分庭抗禮的重要學科。皮亞傑的研究，是介乎邏輯與心理學之間，尤其對學童「認知」領域的挖掘，更令人一新耳目，讓幼兒教育工作者，多了一份學理的依據。不過Piaget對兒童的研究，有偏向數理、抽象、邏輯思考的現象，其著作也不易讀懂。其後有Piaget的追隨者，重視兒童活動或兒童教學的「情境」或「脈絡」(context)關係，這就與「母語」或「鄉土」教學接上軌了。因為母語及鄉土最能與兒童生活經驗產生最密切的關係。

參考書目

1. Beard, Ruth M. *An Outline of Piaget's Developmental Psychology*. New American Library, 1969.

2. Brearley, Molly, & Hitchfield, Elizabeth. *A Guide to Reading Piaget*. N.Y.: Schocken Book, 1972.

3. Ginsburg, Herbart, & Opper, Sylvia. *Piaget's Theory of Intellectual Development*. New Jersey: Prentice-Hall, Inc., Englewood Cliffs, 1969.

4. Huxley, Aldous, 潘光旦譯，《赫胥黎自由教育論》，上海商務，1943。

5. Inhelder, Bärbel, & Denys de Caprona, & Angela Cornu-Wells (ed.), *Piaget Today*. London: Lawrence Erlbaum Associates (U.K.), 1987.

6. Kilpatrick, William Heard. *The Montessori System Examined*. Boston: 1914.

7. Kramer, Rita. *Maria Montessori, A Biography*. Chicago: The University of Chicago Press, 1988.

8. Montessori, Maria. *The Montessori Method*. N.Y.: Frederick A. Stokes, 1912.

9. _____. *The Secret of Childhood*. M. Joseph Costelloe (tr.). N.Y.: Ballantine Books, 1966.

10. _____. *Education for a New World*. India: Thirnvarniyur, Madras, 1946.

11. Piaget, Jean. *Play, Dreams, and Imitation in Childhood*. N.Y.: Norton, 1962.

12. _____. *The Child's Conception of Time*. N.Y.: Basic Books, 1970.

13. _____. *The Moral Judgment of the Child*. N.Y.: Macmillan, 1955.

14. Piaget, Jean, & Inhelder, Bärbel. *The Early Growth of Logic in the Child, Classifi-*

cation and Seriation. Translated from the French by E. A. Lunzer & D. Papert. N. Y.: The Norton Library, 1969.

15. Piaget, Jean, & Inhelder, Bärbel. *The Growth of Logical Thinking from Childhood to Adolescence*. Anne Parsons, & Stanley Milgram (tr.). Basic Books, 1958.

16. Soltis, J. F. *An Introduction to the Analysis of Educational Concepts*. Reading Mass.: Addison Wesley, 1966.

17. Standing, E. Mortimer. *Maria Montessori, Her Life and Work*. A Mentor Omega Book, 1962.

第十九章　民主教育的大師杜威

(John Dewey, 1859～1952)

美國自立國(1776)以來，雖然政治上脫離英國而獨立，但文化及學術上，幾乎是步歐洲後塵，尤其是師法她的祖國——英國。在教育思想上，美國本土並無出色的一流學者足以與歷史上的重要思想家相抗衡；這個人類文明史上第一個民主國家，非常有雅量的模仿並匯聚歐洲新興的學術。每當舊大陸有了新學說，美國就幾乎毫無保留的高舉雙臂熱情歡迎。既無傳統包袱的累贅，這塊處女地遂孕育著各種學術品種。即以1859年出版曠世名著而轟動學術界的達爾文《物種源由》(*The Origin of Species*)為例，美國文化界之支持與擁護，且那種迫不及待而搶先宣揚傳播的態勢，的確讓西方世界驚訝不置。該書出版後十年(1869)，美國哲學學會(American Philosophical Society)即授給達爾文榮譽會員資格，比達爾文的母校劍橋頒給他榮譽學位還早十年(1879)。此外，達爾文的學說純是生物科學領域的事，但擴大適者生存、優勝劣敗的進化論及於其他所有學科的健將斯賓塞，在美國的名氣遠超過英國 ❶ 。

就在達爾文發表他的成名作而改變世界學術理論的那一年誕生的杜威(John Dewey, 1859～1952)，使美國本土出產的思想家，不但躋身於世界一流學者之林，並且也是二十世紀以來民主教育的領航者，更是教育哲學界最閃爍的巨星。自杜威以還，美國教育思想在全球教育思想界上佔了極為重要的地位。套上林肯(Abraham Lincoln, 1809～1865)的民主政治名言，杜威期望民主教育就是「民有、民治、民享」(of the people, by the people, for the people)的教育 ❷ 。

---

❶　Richard Hofstadter, *Social Darwinism in American Thought*, Boston: Beacon Press, 1971, 4–5.

❷　Robert Ulich, *History of Educational Thought*, N.Y.: American Book Company, 1968, 318.

第一節　民主教育的真諦

「民主」(Democracy)一詞，現在的人已耳熟能詳。但「民主」的意涵相當複雜，它不是一個單純的理念。人類史上第一個民主革命立國的美國，在建立民主楷模的社會基礎上，歷盡滄桑；如何消除人種的歧視，以尋求眾生平等的幸福生活，是民主鬥士奮力以求的目標。因黑人白人之膚色種族糾紛而引發的美國內戰，更是民主發展歷程上的一項重大考驗。杜威恰好生在美國南北戰爭之前夕，對於民主如何紮根，民主教育如何落實，用力最多。他在教育思想界的成名代表作，就是以「民主」與「教育」命名(*Democracy and Education*)。

一、民主的理念

「民主」，顧名思義，即是人民當家作主，任何社會上的個體，都非奴隸。社會是個人的集合体，但是光是單個個体的組合，並不能構成為一個民主社會，否則螞蟻及蜜蜂或其他禽獸的集体生活，也可以為民主社會了。民主社會有兩項特徵❸：

1.全民參與，利益均霑：民主社會的成員，都能積極又主動的參與公共決策，個人自覺與社會團体息息相關，自己絕不是過客或受冷落的個体，則向心力必相當明顯。公共政策因為涉及每個成員的利害關係，在以往專制社會中，是全部或大部分由少數的「寡人」所裁決，或由獨夫所專斷。這些少數或「最高當局」(層峰)多半為自己族群的利益作為政策決定的依據。所以公共政策一形成，則廣大群眾的庶黎就受難無窮，民不聊生；因此有「朱門酒肉臭，路有凍死骨」的諷刺場面。如果有幸出個「英明」的君主，他立意体恤百姓，但決策如未經全民參與，則即令公共政策恰好符合民意，那是湊巧，百姓謝天謝地，感激皇恩浩蕩。不過這種令人興奮或雀躍的機會只是千載難逢；歷史上告訴我們，昏君的數量及在位的時日，

---

❸　John Dewey, *Democracy and Education*, N.Y.: The Free Press, (1916), 1966, 86–87, 99.

皆比良君為多。

「公共利益」(Common interest)必須由全民均享，不能只是少數人或單個人的禁臠。否則幫派或黑道社會也夠資格稱為民主社會了。民主社會保證更多的人及更不同的觀點者，都可以參與公共決策，因此是多元的。意見分殊，理念分途，是民主社會的常態。民主社會並不以此為憂，反而因此更能「生長」(growth)，更具持續性(continuity)，及「進步性」(progressive)，而在價值上超過人類史上所已存在的社會組織型態。這種理由相當明顯。因為公共政策很可能是一種愚蠢的決定，此時大家也許不計較其品質上的優劣，或以「認命」的立場來處理個體的前途，或以懶惰的心態將整個社會的福祉托交給「主人」定奪。除非社會的領導階層如同柏拉圖所設計的「哲學王」，由於智慧高人一等，他的判斷非全民所及；但是這種可能性又是微乎其微，且不少歷史上的暴君又自認是「天縱英明」。相反的，如能累積眾人的思慮，則公共政策必較周全，面面俱到，失誤的機會將大為減少。

2.「異見」的自由溝通與交流：個人之見都是一種「主觀」，對不認同者之他人而言，都是一種「異見」；但每一個人的主觀，經由自由溝通與交流的手續，則也有「共識」的可能。人們由於天賦及環境之殊異，觀念難免有出入，如果自己孤芳自賞，自我封閉，禁絕他人想法或其他觀念之闖入，則社會將形同不流動的死水，這就是「靜態社會」(static society)。風俗習慣、典章制度、法令條文等數千年未變革，這種社會與動物社會或野人社會無異。

杜威非常強調「明智」(intelligence)的重要性。每個人的「主見」，只是一種「成果」(product)或「目的」(aims)，更具意義的是他形成其「主見」的「理由」(reason)或「過程」(process)。民主社會中，每個人都可「自由」的發表看法，但更應提出支持他此種看法的理由，依此來說服他人，尤其是與他不同觀點的人。在非民主社會裡，尤其是獨裁國家中，眾人以「主人」之意見為意見；如人民之意見與皇上的看法相左，而還有勇氣直陳以道，則會招來殺身之禍；絞刑、上斷頭台、鞭屍、凌遲、焚書坑儒、滅九族等，史不絕書。不敢公然反對者，只好噤如寒蟬，作消極抵抗，或成為

偽君子，虛與委蛇、口是心非、陽奉陰違。這種性情都有違人格尊嚴，失去作人的意義，也了無「民主」的品味。

「異見」不一定就是邪說或妖言，或是洪水猛獸，卻很有可能是「高見」；經過自由的陳述與表達，有機會說服對方，使對方修正或放棄自己的「己見」，以免有「偏見」、「成見」或「下見」之虞。如果不同的想法或行為，自己仍然無法接受，但也不會侵害到自己的生存，則應以一種尊重的立場，甚至「欣賞」的角度，來肯定「異」見的價值，如此可以豐富民主社會的內容；使民主社會充滿多彩多姿的美麗畫面。

民主的上述兩種觀念，在人生所追求的「真善美」三種價值層次上，都極為吻合。唯有在民主社會中，真相才能水落石出（真），明智的判決容易凸顯（善），五花十色的格局於焉形成（美）。

二、兩極化的批判

民主強調溝通，注重協商。因此不會有雙方之敵對，兩極化的現象遂比較不會存在，二元的哲學理念也無法堅持。「正」(thesis)與「反」(antithesis)，就會出現「合」(synthesis)，這種黑格爾(Georg Friedrich Wilhelm Hegel, 1770～1831)學說，給杜威極大的啟示。杜威也以撰寫康德心理學一文而獲取美國第一所現代化大學——Johns Hopkins University（約翰霍布金斯大學）的哲學博士學位。兩極化容易造成衝突，民主社會是和諧的社會，促進相互交流(intercommunication)及彼此「互動」(interaction)，就可以化干戈為玉帛。擷取雙方優點，汰除其缺失，勿落入「二分法的謬誤」(fallacy of dichotomy)，才能步上民主的康莊大道。

思想史上對立的學說很多，杜威一一加以調和。茲舉其重要者，敘述如下：

1.社會與個人：柏拉圖是史上第一位最典型的國家主義的學者，他依人性的能力來分配社會階級，所有的人都按照自己的才華，適如其分的擔任自己的工作，進行自己的活動，這就是「社會正義」(social justice)。任何人如果逾越本分，則造成社會的紊亂。教育任務，就在於發現學生的稟賦，然後教導適合其稟賦的社會職責。杜威批評柏拉圖的說法是不民主的

(undemocratic)❹。一來，人的稟賦並不是單純到如同柏拉圖所描述的三種而已，社會結構也極為複雜，絕非只是由生產階級、軍人、及官吏所組成。當然，這種指責，有以今批古的時代倒置(anachronism)意味，吾人倒是可以了解柏拉圖時代的希臘社會而同情他的社會三階級說。其次，經由哲學王所制訂的法律規章，就是「理念」(Idea)的具体化，它代表「理想」(Ideal)的極致，現代人及萬世萬代永不得更改，連細節也不例外。這種學說就與民主理念之「經驗重組及再造」(Reorganization and reconstruction of experience)完全背道而馳。第三，依時序而言，首次出現的哲學王既是理念的化身，他代表完美無缺，當他培養出接班人後，則第二代的哲學王之理念，勢必完全雷同於他自己，後代的哲學王只有蕭規曹隨的分，絕不可更動前任哲學王的理念，這種返顧式(backward)的哲學觀，與民主之前瞻式(forward)思想觀大異其趣。並且，第一位哲學王不知從何而生，這種理論上的困難，是柏拉圖學說的致命傷。

　　十八世紀產生的個人主義，是另一極端。突破社會的宰制，重新拾回個人的自由，是盧梭及裴斯塔洛齊等學者所歌頌的目標。其實他們的旨趣，是以人道主義的立場，去追求比當前的社會組織更為遠大的「大同主義」(cosmopolitanism)❺，那是一種更無束縛及枷鎖的社會。這種主張的最大困難，是由誰來執行此種教育目的。康德非常擔心由政府來承擔此種任務，他希望教育不是只有投現狀之所好，卻應尋覓一種較具人性化的未來；不過即令裴斯塔洛齊那麼身体力行的創辦慈善性質的學校，他也發現他的理想之實現，有必要政府機構伸出援手來經辦教育事業。只是人性的本質，並非純是消極被動的只有接受國家社會所已安排就緒的教材而已，「教育」(education)與「訓練」(training)不是同義語。學童的依賴性(dependence)及可塑性(plasticity)雖然保證教育的極大可能性，但人性不是形同蠟板或白紙，任環境所宰割或塗繪，否則人就與豬狗同列，而永無法作為「萬物之靈」了。個人之尊嚴及主動性之注重，是「教育」一辭由「人」所專用的理由。

　　2.教材與興趣：教育如同「型塑」(education as formation)❻，但型塑

---

❹　Ibid., 89.

❺　Ibid., 91.

必有楷模與質料，赫爾巴特乃以歷史及文學作為「核心」課程，希望以此「呈現」(presentation)在學童面前，而「聯合」(association)成觀念或知識；強烈的「呈現」，力道超過「意識門檻」(threshold of consciousness)之上，則觀念或知識就極為清晰明白，否則則潛伏於意識門檻之下，但並沒消失，它等待新的「呈現」能否與其產生「聯合」關係，這就是「統覺」(apperception)作用。因此，精選教材與編製課程，遂變成教育界的大事。與此有關的理論，是所謂的「復演說」(recapitulation)或「文化期理論」(theory of culture epoch)，認為人的初生到死亡，在生理上是復演從低等動物到高等動物的歷程，或是從遊牧活動、侵劫活動一直到現代工商社會的活動。教育應該若合符節的呼應此種歷程。比如說，孩子時期喜愛動物，且愛玩槍動刀，這是人類歷史上某一階段的行為特徵。換句話說，「過去」就有太多的材料可以作為型塑學童觀念或品格的讀物。這種文化寶藏，實是取材之所寄。

不過，杜威指出，教育之走向這一極，容易造成只重教師而忽視學童的結果。赫爾巴特的方法，只是教師的教學法，卻沒有學童的學習法；而文化期理論或復演說，雖然指出豐富的人類歷史可以作為取材的寶庫，但人類的學習活動，不是只由「重複」一詞就可以完全涵蓋。如果過去無法與現在聯繫，則失去學童的興趣。興趣一失，教育就註定失敗。教育不能單純的只停留在「上所施，下所效」，或「學之為言，效也」這種低層次的機械化反應而已。否則就「保守有餘」，而「創新不足」了。如此的場面，頂多維持了過去祖先的文化成績水平，擬提升文化層次，那就是妄想。並且一味的復古，而不考慮眼前，則古非但為索然無味的死資料，還變成學童厭惡的對象。學童避之唯恐不及，那能奢想產生「聯合」作用呢！赫爾巴特雖也指出興趣、且是多方面興趣的重要性，來彌補他的教育思想之不足，但興趣的範圍如果仍然跳不出傳統文化的藩籬，以為祖先的活動必為學童所喜愛，則這種興趣仍是一種「外鑠」(without)而非「內發」(within)，興趣無法持久。

人類活動，包括教育，如果只是復古，則在人類演進史上，只會停留在原有的階段而已。因為原始狀態的重複，必定還是原始狀態。其實，原

---

❻ Ibid., 69.

始狀態有其價值，就猶如成人世界有成人世界的珍貴一般；但目前或學童
價值也不可蔑視。這種兩極是可以調和的，二者也是一種連續性的歷程，
而非孤立於兩個時空中。

3.未來的準備與潛能的引出：為未來作準備，這種學說，自古至今，
都相當流行，且也為多數人所認可與贊同。犧牲這一代，以便下一代享受。
不少家長或教師也以此為訓，來期勉孩童及子弟要為將來著想。宗教上的
天國理念，也是這種學說的反映；而斯賓塞的預備說，更是當時的顯學。
教育上以美好的未來作誘因，正是自古皆然。不過，杜威指出，預備說含
有下述四種缺點。第一，行為動機不強：由於未來很難捉摸，甚至目的未
成，生命已結束；最能掌握的是眼前，而非遠在天邊的未來。與其憧憬遙
不可及的彩虹，不如緊抓足下的玫瑰。第二，「未來」一辭，在時間上並不
明確，何時才是未來的到臨，界說不一；「未來」絕不可解說為「現在」，
因此「未來」永無出現的時候；由於「預備」說者偏愛未來，而小看現在；
所以「未來的準備」，恆久都在準備當中，一生辛苦或歷代努力，不眠不休
也不能達到目的。加上未來的理想太高又太遠，現在多一份盡心或懶惰，
在逼近或遠離目標的衡量上，看不出明顯差距；好逸惡勞的心情，遂造成
「延宕拖遲」(Shilly-shallying and procrastination)的習慣❼。第三，個別能
力遭受忽視，因為所謂「未來」的目標，勢必非常美好完善，非一般平庸
或低劣之才所可達成。此種理想只對精英稍有激勵性，顯然不是全民教育
應有之目標。第四，由於教育及學習欠缺動機，因此只好仰賴苦樂後果的
獎懲，這種依外在制裁的方式，在倫理規範上，層級太低。

承認孩童本來就具有某些主要的性能或潛力，教育工作就是由內往外
引出，這是福祿貝爾的學術用語；既然肯定學童與生俱來就有察覺(perceiv-
ing)、保存(retaining)、回憶(recalling)、注意(attending)、意願(willing)、感
觸(feeling)、想像(imagining)、思考(thinking)等潛力，則訓練這些潛力，遂
變成教育的主要工作。這種說法，洛克是代表人物。但福祿貝爾以「符號」
解釋他所設計的恩物，並依此來引發學童內在的潛力，誇大了學童具體經
驗的抽象功能。玩具所代表的「意義」，超出學童的領會範圍❽。並且藉助

---

❼ Ibid., 55.

遊戲活動來滿足學童的內在驅策力，如果遊戲不能擴大並加深經驗且增強行動力的控制，則遊戲只不過是一種娛樂而失去了教育價值❾。而洛克學說所涉及的「形式訓練論」(formal discipline)，將教材內容抽離於教學活動之外，犯了心物二元論的缺失。「精力旺盛比体力虛弱，有助於打網球，玩高爾夫，或駕舟航行；但也得藉由球及拍子，球及棍子，航行及舵柄，於特定的方式下才能使他成為行家。」❿光是天天練習揮棒「動作」，甚至只是比比手勢，手中既無棒也無球可擊，是無法成為棒球打擊手的。就好比游泳教練只要求學童在陸上一再重複的練習手划腳踢，但卻不准他下水；這種學習會產生遷移效果，根本是異想天開。學童入泳池，將有滅頂之虞。洛克所舉的例子是數學及古文，他說數學教學不是在培養數學專才，而是在訓練推理能力，古文學習則旨在增強記憶能力；但如果數學只是符號的操作，古文只作背誦，這就與熟記無意義音節無別。咬橡皮可以增強消化能力，吃牛排也能達到此種效果，但學童必然選擇後者而放棄前者。

三、學校的民主教育功能

　　杜威一一指名道姓的批判傳統教育思想之得失，認為民主社會中，這些以往具有高度影響力的學說都有其一偏的價值，但卻未必代表全部真理。對立理論之允許存在，使吾人更能作謹慎且周全的思慮。兩極不是兩個孤立的點，卻是連續不斷的演化程序，為求方便說明而暫用的名詞而已。透過公開的討論，深層的解析，則過去所謂的對立，都因概念之清晰化而可以相互調適(readjustment)，彼此非但不是水火不容，且可互為補足或看齊。即以成人與孩童的價值而言，民主教育理念絕不堅持「成人至上」說，也不主張「兒童中心」論。在過去，孩童必須以大人為模範，事實上，大人應以孩童為師的地方也不少；稱呼孩童為「幼稚」，這是刻板印象對孩童的

---

❽　John Dewey, "Froebel's Educational Principles," in John Dewey, *The Child and the Curriculum, the School and Society*, Chicago: The University of Chicago Press, 1971, 124.

❾　Ibid., 128.

❿　Dewey, Democracy and Education, op. cit., 65.

誤解；在許多判斷上，大人之幼稚不下於幼童。如果孩童被譴責有天性上的自私，這種現象，有可能是因為孩童的自私乃是衝著大人的自私而來。成人執迷於自己的事務因而忽略了兒童的言行，孩童當然只好自求多福，也「自私」起來了 ❶。就天真無邪及無做作而言，孩童的道德及知識，遠在成人之上。「抱持一種同情的好奇，不偏不倚的反應，開放的心胸，我們可以說，大人應該成長為小孩。但虔心於應付特殊之科學及經濟問題，則吾人就可以說，小孩應該成長為大人了。」❷因此，相互尊重並吸取對方優點，不只可以化解隔閡，還可雙方拉近距離。並且民主教育側重溝通協商，過去許多被目為「非此即彼，非彼即此」(either-or)的現象，都可以經過民主教育程序而達成「二者得兼」(both-and)的結局。

其次，民主社會中的學校，正扮演著民主教育的重責大任。學校是一個社會環境，它提供給每一個新社會的成員（學生）較為寬闊的生活空間，接觸更多更複雜的觀念，因此他的經驗內容更為豐富。學校是民主社會的雛型，俟學校規模越大，學生更為異質，背景更為懸殊，則學校的民主性越趨明顯。大學比中小學更適宜孕育民主幼苗，但先決條件是學校充分發揮教育的意涵。民主本身就具有十分明顯的教育作用，民主與教育幾乎可以劃上等號。民主所強調的多元理念，且理念與理念之間的交流與分享，就是經驗的再生與環境的調適，這是民主的旨趣，也是教育的目的。教育的目的，不待他求；杜威說，捨教育之外，教育無目的，教育的目的，就是再教育；而教育與再教育的歷程，是永無止境的。教育絕不應屈服於其他的目的之下，教育本身就是教育目的。過程與結局合而為一，教育並非沒有目的；教育是一種價值行為，那會沒有目的？但是教育目的的建立，不必在教育之外尋找，只要繼續再接受教育，就是教育目的 ❸。比如說，一個學童學數學，假如能讓他經驗到很想繼續學數學，或心生一種敬重數

❶　Ibid., 44.

❷　Ibid., 50.

❸　Ibid., 100–101. John Dewey, *My Pedagogic Creed, in Dewey on Education, Selections*. Martin S. Dworkin (ed.), N.Y.: Teachers College Press, Columbia University, 1979, 27.

學知識之忱，則他的數學教育就算成功。這是教育的「內在目的」(intrinsic aim)。民主社會的生活型態就是如此，在民主社會生活的人民，對民主的嚮往極為執著，向心力頗強，一心一意願意「繼續」生存在民主環境中，因此自發自動的動機及興趣，就是民主及教育所彰顯出來的具體行為。不良社會及被扭曲的教育，違背了這個原則，因此人類悲劇及教育災難頻傳。這種不幸，唯有賴民主政治及民主教育才能獲得最佳的解決。

第二節　教育目的的解析

教育思想的核心，就是教育目的；因為目的指揮一切，不過教育目的的爭議性卻最多。教育目的一確立，則所有教育活動都依教育目的而設計。但教育目的的探討，卻是教育思想中最棘手的難題。

一、目的的性質

如果教育是一種連續不斷的歷程，則教育的「目的」，並不是「終點」(end)，因為教育活動沒有結束或完成的時日。其次，教育本身就是目的，但如果將過程與結果視為一體的兩面，則似乎有混淆「實然」（過程）與「應然」（結果）之嫌。既然將過程（活動）本身看成價值，則一切任性的活動都將成為教育目的，這種學說就毫不足取了，教育目的的難題不是如此輕易就獲得答案的。目的指向未來，不是眼前；過程則歷歷在目。把現在與未來視為同一，則現在到底應往何方向活動，難道是隨便亂動也具有高度的可欲性(desirability)嗎？果真如此，則這種教育學說必定立刻遭受迎頭痛擊的指斥。目的須有前瞻性的「先見」(foresight)，但這種「先見」，卻與預備說有極大的差別。杜威所說的民主式教育目的，享有下述特性：

1.目的本身含有抵達目的的方法，並顯現出有那些阻礙；立定目的者必先經過審慎的觀察與衡量，評估主客觀情勢；因此目的絕不是好高騖遠，遙不可及。

2.在選擇方法時，不是粗枝大葉，卻步驟井然，秩序安排既經濟又有效。

3.達成目的的方法，不只一種；當選擇一種方法不能順利達成目的時，就得另謀他策❹。若是知其不可而為之，一味的蠻幹，則顯然欠缺「智慧」，造成「精神可嘉，行為愚蠢」的結局。

簡言之，杜威的說法與「預備說」最大的差別所在，就是前者所言之「目的」，是根據「當前」而訂，後者則忽視此種條件。因此，不同的個人，不同的時空，必有不同的目的。目的隨人而異，絕不雷同。每個人必須審慎的評估自己的斤量，了解自我，不強求與賢者看齊；如果自己是智能不足，或生理殘廢，就別期望以牛頓或愛因斯坦作為人生的「目的」，或企盼成為体育競技界高手。此外，思考目的時，不把目的當成「靜態」。一來，該目的也只不過是作為下一目的起跑站，並非終點；二來，目的如果欠缺方法來達成，結果該目的永遠無法實現，結果目的成為空談，束之高閣，又有何用處。並且，目的屬未來或未成事實之境界，在邁向該境界的過程中，如遭遇阻力，且阻力之大，在想盡辦法也無法克服時，則應有變通之道，也不必完全按原計畫進行，不達目的死不罷休。此一目的既為下一目的的跳板，則眼觀四方，再挑選下一較可行的目的作為奮鬥的目標。「停、看、聽」(stop, look, listen)，是訂目標最明智的手續❺。可見目的不是一成不變，卻含有高度的動態感。這種狀況，也就是要充分運用「智慧」(intelligent)的時刻。現時已抵達的目的，正是提供經驗重新組織並重新調整的最佳資源及教訓。緬懷過去，正可以展望未來；二者之關係相當緊密。無視於過去及目前，一味的以未來為念，不但目的落空，也造成身心的痛苦。犧牲現在，成全未來，這種說法的災難，種因於此。此外，每個個体之目的不盡相同，正十足的彰顯出多元社會的成員扮演不同角色的景觀；彼此目的不同，可以豐富文化面貌，也滿足了相互欣賞的心願。有些人的志向是發展於詩詞，有些人則埋首於理工。此種文化教育必非單調乏味，因此教育目的，顧及了個別差異性，且尊重各自目的的價值。這種說法，正為彌補上述杜威指陳思想史上對教育目的的各派學說之缺失。

目的如經過這道手續，則目的的意義就能為個人或群体所珍惜，並熱

---

❹　Ibid., 102.

❺　Ibid., 103.

切的追求，目的的達成也較為容易。相反的，胡亂賭注式的目的，除了湊巧性的機緣之外，都不是在吾人掌握之中；對目的的了解相當模糊，或非出於本願，因而被迫採取機械式的反應，則目的達成之日，卻正是心性敗壞之時。「人」的行為特質，淪落為與動物同列了。

二、目的的實用性

1.杜威是「實用主義」(Pragmaticism)的健將。目的不具實用，則目的等於空談，形同一堆虛話。最實用的經驗或知識，莫過於「解決問題」(problem solving)；凡是能夠解決問題的知識，價值最高。因此，目的也常有強烈的工具性，「工具主義」(Instrumentalism)因之也是杜威學說的標籤。困難消失了，就是目的的完成。目的的實用性或工具性，也等於是目的的具体性，它絕不抽象，更不遙遠。並且，目的也不能僵化，它有變通性。目的的價值，隱含在行動中；而行動的選項是多種的，並非只有一條。在充分運用智慧之後所決定採用的一項活動方式，充其量也只不過是「暫時的」(tentative)而已。如果行得通，當然就不必另謀他策；萬一失敗，則也有備胎。所以目的又具「實驗主義」(Experimentalism)性質。充分領會這種意義，才會避免目的之形成異想天開或如同作白日夢一般。

教育目的，指陳教育思想的全部。根據個別差異的事實而擬訂的教育目的，對每個個体而言，實用性最高。強調天性本能的重要性，是盧梭教育學說的貢獻，教育目的不得不考慮教育的出發點。不過，教育活動如果也僅停止在教育的出發點上而已，則此種教育目的，又失去其「暫時性」意義。誠然，兒童天性之善良純真，這種「自然」(nature)之稟賦不容污染而應保存；但「天性」不等於「上帝」，「自然」也是不完全皆善。杜威說，人性無善惡可言，但是天性之運用，卻可往善或惡兩方向分途發展❶❻。如果教育目的就是在維持人性的「本然狀態」(primitive state)，則以語言而言，人類將永遠是呀唔兒語而不知所云，更無法出現文明成果。這種現象，對人類社會問題之解決，太無「實用」價值。其次，就發展階段來看，學童或成人「暫時」所追求的目的，只是「過渡」性而已。時間過了，追求該

---

❶❻　Ibid., 114–115.

種目的的熱衷就會減弱或消失，他人不必大驚小怪，引以為喜或引以為憂。各人隨興之所至，各遂其所好，這種目的，也最能滿足大家的需求。

　　產業革命後，教育的實用性大增。過去偏重文字符號或古典語言的學習目的，現在已由「工廠效能」(industrial competency or efficiency)所取代。「泛道德主義」(pan-moralism)退潮之後，民主社會的教育目的，已不強調「思想純正」的倫理教條口號，而換上真理的探討及真相的追究根底為目標。教育目的的實驗性色彩又大為濃厚，自小開始，教育就應該培養「如何思考」(How We Think?)為職志，從「背誦答案」(Knowing That, Knowing When, Knowing Where)轉移為「思考方法」(Knowing How, Knowing Why)。後者目的的價值性高於前者，雖然前者比較速成，後者必較拖延，但「知其然而不知其所以然」，則死背活記、生吞活剝某人生卒年代或五胡十六國名稱等瑣碎資料，倒不如鼓勵學童思考「如何得知」及「為什麼會如此」，這是智慧結晶必花的代價。教育目的朝著這個方向，不只學生可以適應工業社會日新月異的產品製造需要，也可以在民主社會中扮演一個稱職的角色。鼓勵並提供經驗與他人共享，尊重異己，和樂相處；這些條目，也是最具實用性的民主教育目的。封建社會之治人階級與治於人階級，主人身分與奴隸身分，勞心（白領）職業與勞力（藍領）職業等之劃分，都容易造成二者之對立與衝突，不是和諧社會所應有。教育目的的實用性，因材施教，機會平等（有教無類），擴充選擇機會，正可以解決傳統社會或當代社會所滋生的現實生活問題。

　　2.教育即生活，這是杜威的教育名言。在過去「安於現狀」(status quo)的社會中，生活型態幾乎千年如一日，大變沒有，小變也不多。教育目的亦然。由於人們或教育工作（設計）者，都清楚的了解，未來的時日，與現在及過去沒什麼兩樣，所以他們所制訂的生活目的或教育目的，古今皆同，無需變更。這種現象，在過去，或許也相當具有實用性。但是隨著工業革命及民主社會之來臨，即令短短二十年後之文明社會是什麼樣子，由於變數太多也太複雜，任何人都沒把握逆料 ❶，更不用說數百年之後了。所以過去認為實用的教育目的，未必現在也實用；同理，現在認為實用的

❶　John Dewey, *My Pedagogic Creed*, op. cit., 21.

教育目的，也不能保證未來也實用。不過，杜威所提出的「教育是生活過程，而非未來生活的預備」❶，當然更非過去生活的翻版，是與過去所稱之「實用」目的，二者意義有所差別。過去之「實用」目的，禁止更動；實用主義的教育目的，恰與此相反。既言經驗的更為擴大及更加豐富，則判斷及適應的智慧層次就提高。無生物世界中，物與物相撞，不是兩敗俱傷，就是一毀一存；但人的適應就與此大異其趣。現代的生活所孕育出來的教育目的，必須注重如何逃避不可抗拒的外力，或順勢借力使力，如此不但可化解對個人或團體的殺傷，還有益於人生（如水力發電、灌溉等），否則在變動不居、競爭強烈、且優勝劣敗、適者生存的場合裡，一定慘遭淘汰的惡運。最實用的教育目的，是培養學生應變的能力，在「個体」(organism)與外在「刺激」(stimulus)之間能產生「互動」(interaction)，而非只是機械式的反應而已。而「互動」卻是以「生長」(growth)為指標。個体的發展與環境的變遷，使得眼前遭遇的問題，絕無法與過去雷同；因此藉用老祖先的解決模式，如果管用，則不妨步其後塵；但由於滋生問題的時空有別，當事人之氣質或心向也有異，因此老藥方要原封不動的拿來作為處理個人及社會的問題，就不盡然是萬應靈丹了。另闢蹊徑以尋求出路，才是最具價值的實用性教育目的。

「生活」不是萬年如一，而生活經驗之累積，也變成一種「教訓」。其實，教訓只不過是「經驗」的一種含義而已。杜威說，「經驗」(experience)包括「嘗試行動」(trying)以及「承擔後果」(undergoing)兩種❶。個体必須有所作為，才會產生經驗，但經驗之具有意義，乃是在作為中吸取苦樂結局以作為今後繼續嘗試或改變行為的參考。小孩以手插入火堆裡，他如果不能從燙手的經驗中獲取教訓，不知該種行為的利害關係，則該種行為了無意義。「經驗」一詞的完全領會，就是教育最具實用的目的。如能充分運用各種資訊，研究並了解火的性質，手指頭的結構，神經組織等，則經驗的內涵必從先前的比較貧瘠性提升到比較豐富性。況且，經驗無法從周遭情境予以孤離，此種特質，可見隨時隨地都是「經驗」。因此，教育活動從經

---

❶　Ibid., 22. Also in *Democracy and Education*, 239–240.

❶　Dewey, *Democracy and Education*, op. cit., 139.

驗取材，不正是最具啟發性及興趣的資源嗎？

　　生活具有連續性，這與經驗的意義相吻合。活動不只是「嘗試錯誤」而已，卻應知悉嘗試錯誤二者之連帶關係。一再的嘗試而不從嘗試當中獲取教訓，則嘗試永遠都處於錯誤當中，永遠無法有成功的一日。在嘗試行為的同時，必須警覺到那些是造成失敗的因素；偶有成功的結果，則那些又是符合成功的條件。在不同的新情境場合中，思考那些是與舊情境異同的狀況，則可以減少錯誤，而不致發生盲目的衝動。生活是個有機体，過去、現在、與未來都息息相關，絕非各自孤立。面對古今相同的生活困難時，如果今人所嘗試錯誤的次數不減於古人，甚至增多，則已完全失去「經驗」的真正意義，行為的實用性也大為遜色。經驗的正面價值，就是今人在遭逢困難時，能一試即成功。過去經驗之含有教育性，在於免除走了許多冤枉路，不必重蹈覆轍。人的生活異於動物的生活，在這一點上最為顯然。

三、教育目的的未來性及過去性

　　一般人誤解杜威，以為他主張教育無目的。這一方面是由於杜威的著作文字有時太過晦澀，一方面則是評論者不深究杜威的意旨所造成。教育是一種價值行為，而價值與目的是同義語。「教育」一詞，也為人所特有；而大凡人類的行為，多半會有目的的追求。小孩出生後，即有強烈的「期望」意願與表示，「期望」指向「未來」。目的表示現在未實現，希求於未來完成。「現在」的實然性，與「未來」的應然性，二者之關係，乃是自古以來教育學者殫精竭慮思謀予以解決的難題。

　　1.教育目的由各個學生來訂定，它不只含有「認知」(cognitive)性，還有「感情」(affective)性，更有「動作」(psycho-motor)性。依「認知性」而言，學生要充分「知悉自己」，了解當前的處境，以及完成目的所應配合的條件；不自大，但也不降低自己的抱負水平。就「情感性」而言，學生自訂目標，他會珍惜並下功夫去拼命完成，目的已與自我合而為一，對命運（目的）採取「情懷上的認同」(sympathetic identification)[20]。不達目的，

---

[20]　Ibid., 147.

死不罷休。目的的達成與否，攸關自己的面子，而不只是知識程度之高下而已。最後，目的訂定之後，不是就大功告成了，或坐著等待收穫，或徒託空言，卻要訴諸行動。現代的教育目標所要求的三大分類，早已隱含於杜威所說的教育目的之中；而他的大弟子克伯屈(William H. Kilpatrick, 1871～1965)引申出來的「主學習」、「輔學習」、及「附學習」，正是闡釋杜威思想的最佳真傳。

　　2.未來性意謂未確定性，也具冒險性及不穩定性。未來的目的如無達成之一日，則目的就無價值可言。目的必須大到足以構成學生視之為一種挑戰，但也應該小到能暗示一些據點擺在眼前，只要努力，大概就會有佔領該據點的希望。如此，現在與未來就可以縮短距離，朦朧模糊的天地已曙光漸明，目的的明確性已輪廓可見。相反的，如果未來的目的與眼前的條件，二者鴻溝越來越大，漸行漸遠，則安全感越來越消失，自信心必將蕩然無存。此種教育目的，對學童缺乏吸引力，除非動用糖衣式的獎勵及逼迫式的懲罰，否則動機不存，興趣不生，造成教育的悲劇與不幸。

　　目的（理想）必以現實（事實）為基點，如此的目的，才不會如蓋在沙灘上的高塔。未來也必先考慮現在，否則也會成為無根的浮萍，永遠都處於飄搖之中。二者之關係，當落實在實際教學情境時，如教師代表將來的一方，學生代表現在的一方，則教師不可目的一定，就袖手旁觀，置身度外，猶如陌生客或局外人，以一種冷漠的態度隔岸觀火，不問學生死活；更不能取而代之，揠苗助長式的伸出援手，一手包辦。「任其生長」或「助其生長」都非良方，「導其生長」(education as direction)才是正途。師生雙方都是伙伴，目前與將來都是同侶。雙方的傾聽與參與正可多方領會彼此的心態與想法；俗云「教學相長」，就是這層旨意❷1。此時此刻，師生之分際，未來及現在的界限，必可消除。感嘆世風日下，人心不古；或唏噓於

---

❷1　Ibid., ch. 3, 4, 160. 尤須注意的是「教育(education)」一辭，只能用「比喻」(analogically)方式來了解，其奧祕性或本質性，是人類智力難以領會的，因此，不能用教育「是」什麼(education is...)，卻只能說教育「似」什麼(education as...)；「是」與「似」二者意義有別，現在的分析哲學或稍習邏輯者對此極為用心，參見本書第二十章。

現在學生已不如從前；甚至有些教育學者也埋怨目前教師之敬業精神遜於往昔；這些聲音，正足以顯示未來的目的與當前的現實二者不搭調的現象。需知，目的不能憑空而起，卻應就地取材。眼前也不能原地踏步，它的範圍及內容應有擴大與加深的可能，這就是未來的指向。當然，天國式的宗教理想，大同世界型的政治目標，就實用性的教育目的而言，都無法與現實世界建立親密關係，也失去了學生冒險主動追求的意願。

　　3.未來的理想，可能就是過去成就的結晶，將來是歷史的代名詞。許多教育思想家托古改制，認定理想的境界已存在於祖先當中。從保存及傳遞文化的角度來看，教育活動就是使新生的學童以過去的文化成果作為追求的鵠的；即令以創新文化的立場而言，課程內容也以從前的文化經驗作為選擇的對象。因此唸古文及讀古書乃為必要的學習活動。

　　但是，並非所有的先人經驗都應毫無條件的作為後代子孫的教科書。依民主的理念來衡量，有兩項標準不可違背。第一，最基本的教材(essentials)列為最優先，「精緻的科目」(refinement)列為其次；杜威這種論調，大抵同意斯賓塞在〈何種知識最具價值〉一文中的等級分法。第二，有利於全民的教材優先於少數專業人士所需要的教材❷。民主教育必以人文教育作底子，但民主的人文教育迥異於往昔之只重視少數階級嫻熟古文而已。民主教育也以「功利」為依歸，但絕不狹隘的淪為純技術性或機械性的常規活動，二者都有害於明智的判斷，對於瞻望未來，相當不利。不如將過去集體的經驗作為素材，貢獻新格局的開創。教育活動是人（師長）與人（學童）之間經驗的相互交流，全以師長之成長經驗作為圭臬，要求學童毫無保留的步其後塵，這是傳統教育的最大弊病。其實，傳統當中，也深藏有民主的種子及精神，關鍵及差別落在如何精選文化財上。

　　民主教育精神反映在為學態度上，其中之一，就是「開放的心胸」(open-mindedness)，這正是民主教育最應培養的氣質——雅量與風度，如此才可以掃除過去停滯不前的陰霾及障礙。過去，並非一無所有，所以「開放的心胸」並不是說「請進，裡面沒人」，就表示是一種好客❸。但以冷靜及理

---

❷　Ibid., 191.

❸　Ibid., 175–176.

性的舉止來歡迎新客人，這才是民主式的待人接物之道。為反對而反對，為排拒而排拒，其惡果正如同為歡迎而歡迎，為贊同而贊同一般。在是非善惡及美醜的判斷中，智慧已遠走高飛。Intelligence這個字，是杜威教育思想的核心，更是解決教育史上所有教育目的的問題應該訴求的字眼。過去與現在，大人與小孩，新與舊之間，如何減少摩擦，增進和氣，就有賴大家發揮「智慧」了。

第三節　教材

學習，必有學習的材料；就如同吃，必有東西可吃才可算「吃」，不是只有「吃」本身而已❷。能力也不能憑空運作，否則就犯了「官能心理學」(faculty psychology)的缺失，以為光訓練各種心智能力，就可以使心智能力增強，且在必要時可轉移在各種層面上。教材是教學活動的骨肉，如何提供、安排、或尊重學童的學習活動，是困擾教育思想家的主要課題。

一、教材必具有教育性

教材就是一種實際的學習經驗，經驗的一体性及整合性，是它的本然；強為分科，是為了敘述、說明、或研究上的方便。小孩的發展過程中，並沒有明顯的在意識上察覺他正在學習走路或說話，他的活動是多方面的，是整個機體的發展，其中就有知識上、品德上、情感上、体能上及技巧上的成長與改變。將幼兒教育的學習時間作明確的劃分，也列舉出明確的科目學習，都非恰當的作法。而培養幼兒師資的機構裡，也分科設系，更是不宜。支離破碎而失去統整經驗，將是此種作法的嚴重弊端。「新教育」以來，學習活動的名稱有了較佳的意涵。其中最重要的是：

(一)遊戲與工作(play and work)

在福祿貝爾的語彙裡，它叫做occupation（可譯為作業活動）。這種學習，不只在幼兒階段具有價值，還在各種年齡中佔有地位。第一，它不是只具消遣、打發時間、娛樂性質、或鬆懈身心的作用而已，它還擁有知識

---

❷　Ibid., 166–167.

上及社會上的意義。玩具如何與他人共享，欣賞他人的操作，吸引別人的注意，及了解玩物的功能，控制並支配自己的肢体行為，使得身心合一，手腦並用。所以此種教育功能是不容予以忽視的。第二，在以往農業社會或鄉下環境中，類似此種戶外的活動，機會甚多；但現在工商業發達，城市林立，因此在文明都會裡的孩童，此種經驗，極端貧瘠，亟待補足。學校就應扮演此種功能。第三，福祿貝爾及蒙特梭利的恩物或教具，太過精緻，不如採用最自然、最粗糙的原始材料。從自然取材，就應從最源頭開始，不必從中截斷。大人或商人製作了精巧細緻的教具，在孩子眼光中，都有失「真」的感覺。雖然學童依此而玩弄出來的產品，品質較佳，但人為性太強，做作性太濃；不如讓孩子在雜亂無章的自然環境中，隨意創作；這當中難免錯誤連連，但錯誤是有代價的。「並非錯誤是可欲的，但過度謹慎的選擇材料及儀器工具，禁止錯誤的機會發生，會限制了原創性，也將判斷力減少到最低」❷⑤。這種後果，的確不是吾人所欲想的。第四，教師應該與學童共同合作，擬訂一個適合學童現有條件的成果目標，恰到好處的作為追求的目的，不吹噓自己的能力，也不自我作賤，自卑式的貶損自己稟賦，則遊戲與活動就具有高度的教育價值。「建構態度」(constructive attitude)的獲得，遠超過「外表完美」(external perfection)的成品。不含思考、不具目的指向的遊戲或活動，頂多只是例行又呆板性的重複動作而已，速度再快，持續再久，也與「生長」無緣，更不用說屬於教育範圍了。

杜威及其夫人於芝加哥大學創辦的小學「杜威學校」(Dewey's School)異於福祿貝爾的幼兒學校，要旨就在於此。二者都有唱遊、繪畫、手工、話劇等，但精神不同。所以杜威學校也不用「幼兒園」(kindergarten)此字眼❷⑥。而裴斯塔洛齊心理學之分析整体為部分，並以部分之訓練為活動或遊戲的主要內容，似乎是認為兒童在學會製作東西之前，必先充分了解工具之使用。而工具之熟練，如果是只練習完成「標的」(target)過程所需之敲、打、擊、鎚等，則這種學習既痛苦又乏味，毫無興趣與動機可言❷⑦。

---

❷⑤ Ibid., 197.

❷⑥ Dewey, "Froebel's Educational Principles," op. cit., 116–117.

❷⑦ 幸虧裴氏此種心理學在教育上的應用，不是他辦校的重點活動，否則他的學校不

傳統哲學上的心物二元論及罔顧經驗的整体性，都應去除。專業人士視之為簡易的個別動作（分析性），對初學者而言，是極為繁雜與困難的。

以花園的經營為例，學校並不在於要求學童日後成為園藝專家，更非用於虛擲時光；卻是一條通往知識的大道，讓學童領會栽種花草在人類史上的地位以及它在目前社會組織中的價值。在這種教育環境裡，師生共同探討生長的事實，土壤的化學性，陽光的性質，空氣、濕氣對動植物的利害關係等。植物學的初步知識都可以在種子的萌芽這階段來學習；「植物學」(botany)這個專業學科，與人文之關係，就建立起緊密的關係。年齡漸長後，更可由中滋生一種尋根探秘的興趣，以植物的營養、品種的改良、或生命的奧秘作為發明創造的思考主題❷。這種活動，不是意義極為豐富嗎？

科學理論之問世及演進，大都起源於原始粗糙材料的應用。木材刨製或食物烹飪，都應該作為學生活動或工作的對象。工具、機器、槓桿、車輪等，發展成為物理學；訊息之交換，交通之便捷，城市及屋子燈光之需要等，研究結果產生電學；染料、漂色等產生化學。這種例子到處皆是，現在的教育反而棄之如敝屣，文明的源頭因而斷根，實在極為不該。至少在初學者心中，這都是彌足珍貴的教材。科學研究的停頓，就是由於科學研究者不屬於這些活生生的經驗，尤其是手工勞動所致。他們只熱衷於在理論與原則中打滾，結果就如同培根所諷刺的蜘蛛結網一般。

活動及遊戲，正可提供學童獲得一手資料。不少歷史上的偉大發明、以及推翻或修正前人的理論，乃種因於學者在接觸實地經驗時的感觸。在具體的「心物」交接時，印象之深刻，久久不能磨滅。客体之「偶有性」(accidents)遠超出吾人之預期，前賢雖予以抽象或概括，但也無法窮盡而不遺漏許多「異例」。如果只步先人後塵，則有硬化心靈的結局。激動的描繪或觀看一張圖，與冷靜的旁觀，二者心情不同；而冷靜的旁觀又與聆聽別人描述（圖不在眼前），二者又大有區別。學習光速的數學平方，與在濃霧中感受耀眼的燈光，二者經驗形同霄壤。唯實論與經驗主義所唱導的教育，價值不可小視。

會有巨大的影響力。

❷ Dewey, *Democracy and Education*, op. cit., 200.

(二)歷史與地理

歷史是人文學科，地理則是自然學科；前者是時間關係，後者則是空間關係。這兩門學科是自古以來的重要教育科目，卻也是問題重重而廣受指責的科目。由於這兩科提供最多的資料，變成學童特別要下苦工夫去記憶的對象。但資料之堆積，卻又像堆放破碎布的袋子(rag-bag)一般，這裡記一下山的高度，那裡寫下一條河的長度，這個城市生產小圓石的數量，那個海港的船位噸數是多少，這個國家的邊界到那裡，那個國家的首府在何處 ❷⁹。這是典型的地理科教材，杜威極為憤慨。不幸，杜威指責美國地理教科書所犯的弊病，在一百年之後的台灣，竟然如法炮製。因為台灣的地理教科書上也出現中國的地理位置東從經度幾度幾分，南起緯度幾度幾分等資料，這是台灣學生上地理課的夢魘。地理科如此，歷史科也好不到那裡去，甚至更等而下之。

1.地理：含有經驗成長意義的地理教材，應該是充滿好奇性的。擴展自己狹窄的鄉土地理(當然，應該先充分認識自己周遭的環境)，研究地理，形同一種旅行。視野的增加，想像力就活潑起來。地球是人類的家，不只強調自然地理的種種，更應重視人文地理。客觀環境與主觀環境二者如何相互影響，地理與歷史二者，如影之隨形，不可單獨存在。地理更以自然的事實為主要內容，而自然也是一個有機的整体。比如說，研究花朵，不能將花朵純粹當花朵看，它卻是植物的一部分；而植物又依土壤、空氣、陽光等條件而生存。可見地理與自然科學，是一体之兩面。珍禽怪獸，奇花異草，無垠的沙漠，尖聳的山脈，無邊無際的海洋，寬闊的江河，火熱的赤道，冰冷的極帶，或太空來的隕石等，最足以吸引學童的注意力與探測心。至於庭前花草之觀察與研究，屋後山丘溪流之生態，附近農作物之了解，正是地理研究最不可或缺的出發點。如此的地理教材，學童必定喜愛不置，勤加研讀。

2.歷史：杜威認為歷史教材應包括下述部分：

①傳記歷史(biographical history)：偉人、英雄、領袖等傳記，是最具体也最生活化的歷史教材。發明家、戰爭將領、哲人、音樂家、美術家、建

---

❷⁹　Ibid., 211.

築師、教育家的生平事跡，既然他（她）們在人類史上有超人的貢獻，則其性格、判斷、言論，必有令人欽佩或引發思考之處。尤其這些人物的生活背景，在逆境中的奮鬥與掙扎，在志得意滿時的豪邁，對生命的見解或詮釋，都可以作為現代人及後代子孫所取用或參考的借鏡。

人類歷史雖然在整個宇宙中還相當短，但具有意義又能引發思考的偉人事跡，卻多得不可勝數。傳記史不是充斥著生卒年代、別號、謚號、家居地名、或列舉著作書名，這些都是垃圾般的死資料，毫無實用價值。其次，偉人也是大家所公認，不是少數人用顯微鏡放大的阿諛結果；更不可以牽強附會的賦予神話外衣。

②初民生活史(primitive history)：歷史是記載過去的事，過去的事不能因為它是過去，就長埋地下。鑑古以知今，並從中掌握演變的軌跡，以便預測未來。未來的變數極多且複雜，但現在及過去的了解，正是預見未來的唯一參照座標。

社會演進的結果，目前問題已較過去不單純，為了釐清問題的癥結所在，追本探源，是一種可行的辦法。根部的領會，才能了解枝幹及樹葉。來龍去脈的爬梳，就可以理出頭緒，才不會治絲益棼，越理越亂；重視「發生學的方法」(genetic method)是科學突飛猛進的一大原因❸。不過，吾人應謹記的是，初民生活這種發生於最早時期的人類史跡，與現代生活，必有臍帶式的線索可尋。簡化當前的迷惘與困惑，只好從頭找起。並且引發思古之幽情，憑弔祖先之刻苦與辛勞，設身處地胸懷之萌芽，將初民生活之實況展現於眼前，是一種絕佳的教材。

③工業歷史(industrial history)及經濟歷史(economic history)：食衣住行的工業化因素，使學童分辨現代生活與原始生活的異同，以及工業革命對人類歷史的重大改變；了解理論科學對自然的控制，旨在促進安全及社會生活的繁榮。人如何與大自然搏鬥，人如何了解自然，利用自然，最後征服自然，而有利於人生，使人免於貧窮飢餓，衣食足又倉廩實，這是經濟歷史的領域。從飢寒交迫到豐衣足食，也就是從手工過渡到機器操作，這種大變局帶來人類心態及社會組織上的衝擊，都是學歷史所應關注的課題。

❸　Ibid., 214.

杜威如果活到二十世紀晚期，他必定注意工業及經濟發展導致的環境污染惡果。這種探討，必也是歷史不可或缺的教材。

④思想史(intellectual history)：歷史教材上能稱為偉人的，不應是政治人物、將軍、及外交官，卻應該是科學發明家及各種領域的發現者，這些偉人才真正「正面」的提升人類的命運。國家領袖或戰爭將官，雖為部分人所擁護，但「一將功成萬骨枯」，他們對人群有恩亦有怨；只有藝術家、詩人、思想家、音樂家等，憑他們的天分，捐出他們的作品給世人品嘗與欣賞，他們只對人類有功，少有人會惡言以向，人們感激都已來不及，頂禮膜拜者有之，心儀模仿者也不乏其人。他們的智慧才華高人一等，是人群之菁英。學生研讀思想史，如能從中激盪出靈感的火花，心電感應，則人類各種瓶頸問題的解決及痛苦的減輕或消失，將大有可能。換言之，歷史教材富有強烈的道德規範性，哲人的一句智慧之言，容易產生極大的震撼，使人陷入沈思，或受用不盡。並且趣聞軼事不勝枚舉，足堪玩味之處甚夥。歷史教材如充滿思想性，則研讀歷史教材，對思考力之增強，將大有幫助。

歷史這個科目，也使自然學科與人文學科二者合而為一。自然科學再怎麼進步，從教育的觀點而言，都是人文學科的一部分，那是人如何征服自然的結果；而文明社會之異於初民社會，正是自然服務於人文之有無而判定。「無知於自然科學史者，不懂人類如何奮鬥，如何使得常規與任性，迷信與屈服於神祇，仰賴魔術奇跡等，過渡到明智的自我掌握(intellectual self-possession)。」㉛文理對立，兩種文化成為水火，歷史教育恰好可以化干戈為玉帛。思想史告訴我們，科學思想家如何解除人類的無知與偏見，擴大人群的關懷與同情，消弭不幸者淒慘的命運，這就是活生生的「教育」材料。

二、教材的「價值論」

1.就「內在價值」(intrinsic value)而言，任何活動，本身都具價值；因此任何活動的價值，彼此並無高下可言。吾人不能安排一個價值秩序表，

㉛　Ibid., 228–229.

由低價值的活動循序而上到最高價值的學科活動。依教材科目而言，每一學科的重要性，地位相同，不能分出主科副科而有歧視。「一個人在某一時間中充分的享受與友人交談，另一時間欣賞交響樂，又另一時間吃一頓晚餐，另一時間閱讀一本書，另一時間賺一些錢」❸。這些活動，本身就是生活的一部分，若在時間上並無衝突，則這些活動的地位相埒，絕無主從關係。既然生活本身就是教育，教育本身就是過程，則每種學科或每種教材，都有經驗的重新改造或組合之意義。杜威修正了斯賓塞「知識價值」的等級排列，就斯氏所言的五種知識而言，價值性均等。

　　一個人如果已經健康良好，体格健壯，營養充足，則教育活動就不必把斯賓塞所高舉第一的教材視為價值最高。同理，一個人在快要餓荒的狀況下，他就以吃一頓飯作為滿足自己需求的主要價值。在處於寂寞難耐的心境中，找朋友聊天，變成他的最愛。「找朋友聊天」與「吃一頓飯」，二者之價值是不能比較的，要看個人的條件及時空的配合而有不同的選擇。難得有機會欣賞音樂，對一位酒足飯飽的人而言，他將拋棄走入餐館，轉向而步入歌劇廳。應用此種道理於教材價值上，各科教材都具獨特價值，不能由別科所取代。語文、數學、詩詞、工藝、或美勞等，價值都是至高無上的，絕不能偏重某一學科而挪用其他學科的教學時間。

　　2. 依「外在價值」(external value)來說，教材本身就是價值，但教材在「使用」時，它的價值就非本身所能自我決定。教材的價值顯然就具有工具性了，它變成達到其價值的手段。舉例來說，科學的價值雖然不能與其他教材互比高下，但有些國家以科學作為軍事用途，有些政府則作為增強攻擊或防衛之用，或視科學為一種科技工程，或作為解除人類痛苦而具慈善價值，有人則取之作為裝扮自己領受科學洗禮而提高社會身分，科學都可以服侍這些目的。

　　外在價值是中介的，不似內在價值之終極性。以時間而言，前者比較眼前，後者則指向未來；以空間來說，前者是周遭就可觸及，後者則是遙遠的。工具價值必須考慮到後果，後果有正負面之別，而以是否有助於繼續生長來評定好壞。對一位胃腸健全但肚子餓的小孩，食物對他而言，價

---

❸　Ibid., 239.

值太高了，飲食就是他的行為動機，但他要「計較」吃了食物之後的效應，不能貪圖一時之快，爽了口腹之欲，飢不擇食，結果病從口入。對一位胃口不佳，或好吃糖果餅乾而不食肉類蔬菜的學童，吃一頓飯引不起他的興趣。一位求知若渴的學生，只要他保有亢奮的求知欲，則任何人都無法精確的預知他的未來。但亦步亦趨的局勢，正是他決定邁向何方的參照點，不能像無頭蒼蠅那樣團團轉，「思慮」(intelligent)在此際就應發揮它的功能。繼續生長的結果，如果使生長變成畸型，或甚至斷了生路，或眼前的坦途只是假相，好比迴光返照一般，絕境即將來臨。這些考慮，都是生理及心理活動應該顧及的。智慧(wisdom)之有無，在此最能看出端倪。最佳的情況是一種教材，既有立即的工具（外在）價值，且正也是達成內在價值的轉站❸。二者如有衝突，當然應以內在目的為重。能夠抵達內在目的的途徑很多，並非別無他法。傳統遺留下來的工具，後人不必然要悉數收訖；孩童即興式的活動，即令興高采烈（富有外在價值），也不必然有利於他的未來生長。外在價值的變通，天地相當寬廣，正可提供英雄（雌）去施展。這種多元性，就是民主社會的常態。

　　傳統教材之缺失，是只顧及內在價值，對學童而言，失去其實用性；即令外在價值也一併考慮，但如該種考慮只是單向（成人為本位或兒童至上），或失彈性，則也非善策。內在價值通常指的是健康、財富、效率、社會性、功利、文化氣質、及幸福；這些都是極為抽象的概念，涵蓋了無數的具体個例。但具体個例又因人而異，需視不同的情境而設計。數學具推理價值，但就外在價值而言，鄉下孩童學習數學的「用途」，顯然不能等同於都市學生。並且每個學生學習數學教材的意圖，也不盡相同，其他教材亦然。此外，外在價值如彼此不相侵犯，則應各自擁有地盤去完成，或另謀出路（如設立新學校，開設新課程）。過去當作工具價值而成立的學習場所（教育機構）及學習科目（課程）或材料（教科書），在現時已失去其外在的價值時，自然就消失在歷史洪流裡，至少也無法壟斷所有的教育資源。往昔輝煌的手段性教材，已暗淡無光，而為現代實用性的教材（也是一種手段價值）所取代。「價值」(value)具有「評量」(evaluate)性；因此，淘汰

<hr />

❸ Ibid., 242–243.

性及批判性隨之而生。

其實，教材的內在價值與外在價值，二者很難作非此即彼的二分。任何一種教材在教學時所應培養的心態，本身就是該科教材的內在價值；而該學科在日常上的應用，就是該科教材的外在價值了。

第四節　實驗主義的教育哲學

杜威的教育著作中，經常以新意來界定古名，「經驗」(experience)就是其中最顯著的一個。教育上高唱「經驗」的思想家，稱為「經驗主義學者」(Empiricists)。但杜威對「經驗」另有新解，也不完全認同經驗主義學派，他的教育學說，比較符合「實驗主義」(Experimentalism)的精神。

一、實驗主義在教育上的特質

(一)實驗與經驗的差別

經驗指涉過去，且視人心為一被動的容受器，完全由外來經驗予以填補。被動性愈強，容受性越大。但根據心理學的研究與觀察，這些都不是人性的真實狀態。杜威說，即令一位初生嬰孩，也不是全然受外界環境所左右，卻正受著個体與環境的交互作用，這些包括摸索、丟擲、敲打、撕碎等，含有主動性在內。加上知識的獲得或觀念之建立，如果只仰賴個人經驗或直接印象，則顯然有所不足。除了取自一手資料之外，間接知識及依邏輯推理而來的結論，三者都是健全知識的基柱。實驗主義的知識論，恰是這種觀點。第一，「實驗」表示訴諸行動，「做中學」(learning by doing) ❸，絕不看輕勞動的價值。從字眼來看，「實驗室」(laboratory)就是「勞動者」(labor)的房間 ❸，知識的動態性極為明顯。第二，實驗不是任由自然界的好運臨頭，卻先有「假設」(hypothesis)，然後安排「印證」(verification)，成功了，則變為「公理」(axioms)，否則重新提出另一假設，或檢驗印證的過程。如果「公理」可以解釋新的疑難，則公理的「有效性」(validity)仍存，

---

❸　Ibid., 184, 275.

❸　Ibid., 275.

否則「異例」(anomalies)一多，公理只好修正或推翻❸。真理沒有絕對性，它只不過是此時此地最能解決問題的方案，當有更佳的方案出現時，就應捨棄舊有「真理」。因此，真理具有推陳出新的變易性，絕非「放諸四海皆準，俟之百世不惑」。每個為學者根據他的稟賦、經驗、或靈感，所提出的假設不可能完全相同，印證的程序也有所差異，更不是光只等待結果之出現，卻要用各種方法來控制實驗之進行，主動的填加或去除某些足以妨礙實驗的因素，以便觀察不同的實驗結果。這些特色，都與純然放任經驗之作用於機体之經驗主義，大異其趣。並且，即令在設想周到又資料齊全的實驗情境中，有時也難免出現不可預料的狀況。解開舊有經驗的禁閂，實驗主義正是一把鑰匙。

實驗主義勃興，歐洲文明遂主宰世界文明，傳統社會的藩籬倒塌，新的科學理論輩出，對人及宇宙的真相了解，大有幫助。本來東西方的文明水平不相上下，但實驗主義帶給西方人一日千里的文明進步，而東方因欠缺此種科學主張，因此仍停滯不前，絕大部分的思想觀念訴諸於傳統與習俗。「存在即價值」(Whatever is, is right; to be is to be right)，個人的才華沒有管道展現，眾人沈醉於「經驗談」(rule of thumb)當中。嘴上無毛，作事不牢；不聽老人言，吃虧在眼前；老年人渡過的橋，多過年輕人走過的路。這些以「經驗」為尚的社會風氣，是不知「經驗」的真諦所造成，結果個人常遭社會的壓抑。杜威說：

> 新理念無疑的，經常會發芽萌苗，但訴諸傳統的社會並不鼓勵它們發展。相反的，它進行壓抑，只是因為它們背離時尚潮流。對事情的看法，有別於眾人者，處於此種社區裡，品德受人懷疑，他如果堅持己見，對他是致命傷。即令社會對信念的管制不是很嚴屬，但社會條件也無法提供各種儀器，那是新理念要充分探討時所必要的裝備。如有人熱衷於新理念，社會也不能供應物質上的贊助與酬勞。因此這些人只不過是停留在幻想階段，空中樓閣、海市蜃樓，或毫

---

❸ 中國近代史上的名學者胡適，是杜威的及門弟子，自Columbia大學畢業後鼓吹其師的為學方法，以「大膽的假設，小心的求證」為口號。

無目的的空想冥思。現代的科學革命所需的觀察自由及想像自由，得來不易，還得繼續搏鬥。許多人在思想自由的爭取中受盡摧殘。不過，整体而言，現代的歐洲社會首先准許，且在某些領域中，至少還盡力鼓勵個人來反擊傳統的指令。發現、研究、探討新的路線，終於成為社會的流行風氣，至少在某種程度上也受到容忍的對待。**㊲**

　　實驗主義不是一味的依據經驗，它是有所選擇的；並且經過安排及組織，因此經驗的新意義就容易凸顯出來。實驗主義更重視證據，只向事實彎腰，不向權勢低頭。達爾文的進化論帶給當時宗教世界的衝擊，「如同犁鋤對蟻堆」**㊳**。但新主張仍屹立不搖，乃因證據充分所致。所有人類文明史上尤其是歐洲十八世紀以來的各種新觀念、新學說、與新理論之實驗，都有過類似的經歷。杜威一再詮釋「經驗」，但為了要免除洛克以來學術史上「經驗主義」一辭所帶來的誤解，遂以「實驗主義」名之。而「實驗主義」一辭，也比較符合「民主」精神。

(二)實驗主義在教育上的應用

　　1.實驗主義講究步驟，注重方法。它不是一味的等待奇跡式的經驗出現，這需費時曠日；它也不是蠻幹，成事不足敗事有餘；卻是有計畫而非即興式的活動。因此對思慮能力之激發，最有幫助。

　　2.實驗主義強調原創性(originality)，不墨守成規，卻能自我裁量；這種態度之培育，重於成品之製作完成。吾人不能苛求一位平庸或年幼孩童，能夠實驗出驚天動地或劃時代的原創性理論或發明，但任何實驗，如果大部分由自己設計、自己設想，則感受與印象一定特別深刻。因此實驗過程不要求千篇一律，否則只在重複別人的手續而已。原創性之強調，比較有可能真出現一流或前所未有的結論，並且經由自己努力設計的實驗架構，對於美的心靈層面，也是一大享受。

　　3.實驗主義的活動面：理論不能紙上談兵，應該有所行動。只有在實

㊲ Dewey, *Democracy and Education*, op. cit., 296–297.

㊳ A. D. White, *The Warfare of Science and Theology*, vol. I, 70, in E. P. Cubberley, *The History of Education*, Boston: Houghton Mifflin Company, 1920, 726.

驗作為中才能看出理論的正誤或優劣。傳統教育要求學童肅靜，當然，在學童只在作符號的純記憶，或停留在行動之初的構思階段，則靜止不動的確也是自然狀態。但實驗一開始發動，就必須尋找儀器，準備資料，就教於他人，探討文獻，操作工具，記錄詳情；手腦及肌体都在行動中。如果實驗結果，真如原先預期，則手舞足蹈或高聲歡呼，也是人性天真的一面。要是實驗失敗，有些則垂頭喪氣，頓足搥胸，甚至號叫痛哭，眉毛緊鎖，這也是本能的發洩。二者都不值得大驚小怪。在實驗的教育場合中，師生都忙於行動，外表上不是如釘在木板上供觀賞的蝴蝶標本，卻是有目的的行為。這不是「亂」，卻是充滿生機與活力的現象。

4.實驗主義消弭了傳統文化中的兩極或二分：教育上勞力與勞心、工作與閒暇、理論與實際、手及腦、肉体與精神、心與物之對立，都可因實驗主義而減少彼此之鴻溝，縮短雙方之距離，甚至二者合而為一。杜威似乎借用黑格爾哲學之正反合(Thesis, Antithesis, Synthesis)以過去學說各走極端者為「正」及「反」，而統「合」於實驗主義中。萬流歸宗，百慮而趨於一致。實驗主義在教育上的應用，使本來的兩極不只成為互補，且缺一不可。實驗主義不只適用於理工科，且也符合文史科的學習。「假設與求證」的歷程，是人類經驗的全部。由於實驗主義並不認定真理為永恆，卻相信真理都還在變動或修正當中。因此實驗主義似乎可以避免傳統學說的各種缺點，又可集各種學派之優點。所以它已成為當代的顯學，也是教育哲學中的主流。

5.實驗之有成效，必先能提出高明的假設。假設是實驗的前提，只有想像力豐富，又具多方面興趣的人，才有可能構思出原創性的假設。因此廣博的知識，自由的學風，乃是實驗主義在教育上的要求。學童不能自限於一隅，只精一業，對於他途卻完全無知。這不但不能「專精」，且形同「低度發展的人類，一種怪物」 **❸❾**。實驗主義重視嘗試，聚集各種活動經驗或學科知識，才能冒出智慧的靈感火花。在民主社會變動性極為強烈的職業教育中，不可從小就心無旁騖的只進行一種職業的準備，否則違反了實驗主義的教育精神。因此，「科學研究者不應該只是個科學家，教師只是個教

---

❸❾　Dewey, *Democracy and Education*, op. cit., 307.

學工作者，牧師只是個穿道袍的傳教士」❹。一個人若一業不成，轉業竟
然就形同末路，結果痛苦連連，適應不良了；這種情況就好比在實驗過程
中，假設無法獲得滿意的印證，就不知所措，不會變通，宣告實驗無法再
繼續進行，承認失敗一般。殊不知別的假設或許才是正確的答案。同理，
別的行業選擇正也可開創新天地。實驗主義的職業教育觀，是譴責只重單
一技術或純技術性的訓練，而不兼顧文雅學科的陶冶及彈性思考空間的教
育。專精沒有廣博作底子，它的基礎是相當脆弱的；精而不博，則精的意
義及內容會越來越貧瘠，缺乏博的養分予以滋潤。並且精與精的距離會越
來越遠，隔行如隔山，轉業形同跨山而行，是很難克服的障礙。其實該種
專精，可能只是假相，只是熟練的技巧性或機械反應而已，對於心靈價值
之提升沒有意義，從此人生乏味的悲觀心態隨之而起。職業訓練落到此一
地步，已違「教育」原理，也不是實驗主義應用於教育的本意。此外，職
業「技術」之不落傳統窠臼，有必要原創性的發明；而瓶頸之突破，多半
來自於從業者「不務正業」之時。實驗主義能夠步出科學光輝的一片天，
正是高舉實驗中的原創力大旗而來。

　　實驗主義的實驗性，在職業選擇上具有相當意義。千萬別一業定終生，
否則就是奴隸了。奴隸的職業就是奴隸，一業定終生者之「業」，雖非服侍
他人──奴隸，但他只知他的業，且終生不改，不就等於變成該業之奴了
嗎？如果有他業作準備，就形同實驗中有另一假設作備胎，則在心態上也
比較有安全感。其實，業與業中之相容性與共通性很多，並非絕緣体；實
驗中之假設前提一一列舉，則可以看出彼此的相關性很強。解決一個問題
的方案（假設），不可能只有一個，否則就犯了思慮欠周且閉塞的毛病。奴
隸註定為人所支使，這絕非他的本願，因為行為動機薄弱，是社會勞動力
的浪費。他很有可能具備了其他社會服務的才華，但禁絕這種管道，社會
和諧及進步就無指望了。實驗主義的職業教育觀，絕非如此！有效的公理
當然可以取作解決問題的方案，但其他未經證實的假設多的是，也不必然
比已建立的公理在問題的解決效應上失色，反而更經濟更管用。柏拉圖的
職業三分法，在「質」上極為可取；但在職業種類的「量」上，就犯了上

---

❹　Ibid., 308.

述毛病。柏拉圖哲學以絕對為其標榜，當然不符合實驗主義的精神。

二、教育與哲學的關係

1.哲學之內涵與教育若合符節：哲學之原意為愛智之學。智慧指涉全面性(totality)的通觀，全面性並非單純只是量的總和，卻是對各種特殊個例有前後一致(consistency)的反應模式，沒有瓜葛與衝突。並且，同一事情不可能重複毫無改變的再度發生，蕭規曹一定隨的行為，變成適應失調，這是愚蠢的象徵。智慧形同一個環環相扣的有機體，也是一種連續(continuity)生長的結晶。當現成的經驗足以克服難關時，當然可以借用；但問題的性質絕不可能前後雷同，因此有必要多用智力。此外，心胸開放且敏於新奇的知覺，又全神貫注，承擔責任者，已具備了哲學家的氣質。常見的哲學觀，是在困難或損失壓境時，耐力十足，心情平靜；面臨痛苦，但並不怨天尤人。這種意境，是教育所嚮往的目標。民主社會的成員具備這種條件，民主的基礎絕不會動搖。

2.教育是哲學的實驗室，哲學是教育的一般性理論：哲學思惟本來與實際生活息息相關，但形成一種整合性的通觀後，其抽象性就越來越顯著，專門術語屢見不鮮，非一般人所能領會。但哲學絕不能陷入純符號或純文字而為少數人縱樂玩弄的對象，更非任憑獨斷、偶思、或作興式所形成的教條，卻應該在行為上看出它的後效。行為的後效，作用於人生、自然、及超自然上。此種現象，就是廣義的教育歷程。但哲學派別林立，各家學說並起；理論的層次或許無法分辨其優劣短長，但在具體的行為中，卻能顯出其得失。教育就是印證哲學理論好壞的最佳實驗室❹。歐洲哲學，起源於教育問題的爭辯不休，知識是什麼，學習是可能的嗎？透過感官還是經由理性才是獲取知識的唯一管道。諸如此類的問題層出不窮，這些問題的「一般性理論」(general theory)都變成哲學問題。而當前教育之有必要改造，乃因哲學改造而生。哲學是一種思想，哲學家就是思想家。而思想乃因不確定而起，經過一番「思想」，結果使得不確定變成確定，模糊變成明晰，這正是「教育」的功能。當前的社會急速變遷，不確定的量與質都比

❹ Ibid., 328–329.

以往增加，因此哲學與教育的角色也越來越重。在實驗室（教育）中看出一般理論（哲學）是否有「思想」（從不確定到確定）的實效，而一般理論也可指導實驗的進行，二者相得益彰，缺一不可。「思想家」就是動用「腦筋」的人，「智力」(intelligence)為「哲學」及「教育」二者所共有。一用智力，一用腦筋，則求變通，而不為習慣之奴。哲學理論雖多，但實驗就知其貨色。而實驗也不能草率，總要根據理論，二者互補有無。

　　3.從知識論(epistemology)的角度來看，它與教育上的「智育」關係太密切了。知識活動的主體(subject)與客體(object)二者之間「交互活動」(interaction)，有機體視反應的結果，作為繼續下一活動的參考，經驗變成累積的，且時時都會更新與重組。神經系統尤其是腦部組織，都會因知識情境的變易而作了調適性的反應。加上實驗方法之採用，使「知識」(knowledge)不同於「意見」(opinion)；前者的可靠度及適用性比後者大得多。求知過程如符合實驗方法的要求，比較不會走冤枉路，知識成果也比較可以預期。因為實驗方法有兩個層面，①一種知識如果不在行動上產生與別種知識有所差別的現象，則兩種知識就沒什麼兩樣，甚至可以二者合一。換句話說，兩種自稱是截然有別的知識，如果在訴諸行為上並無不同的後果，則二者只是名詞之爭而已；其次，一種新的主張如果並不能在行為上產生與其他主張或舊有主張有顯著的差別，則該主張只是一種理論、假設、猜測、建議而已，是暫時性的。甚至該新主張並無存在的價值。②實驗絕非盲目的衝動，卻是謹慎且步驟井然的程序。因此未來可在吾人的掌控中，非如博弈之只靠機運。即令預測失效，也可以從中獲取教訓，知悉原因，使後來的實驗減少先前的錯誤。實驗法不僅在自然科學的知識探討中管用，且也適合於人文及社會科學的知識研究中。這種觀點，前已述及。掃除唯唯諾諾、言聽計從的「門徒」(disciples)角色，而以追根究底的「探尋者」(inquirers)代之❷，則真相之獲得，事實之水落石出，將呈現樂觀的遠景。

　　實驗哲學的知識論，恰與民主式的教學相合。即以土著面對急速奔馳而來的彗星火團為例，他們就用老祖先留下來對付的方式來處理這些危害他們安全的威脅。由於他們習慣於用大聲尖叫、敲鑼打鼓、揮舞武器來震

---

❷　Ibid., 339.

懼野獸或敵人，因此也拋出此種技倆來嚇跑彗星。以實驗法的標準來看，這些方法相當荒謬，也無法平息人們的不安。掃除迷信的教育，有賴實驗方法所獲得的真正知識。彗星之出現，絕非一項孤立的事件，它屬於整個天文學系統中的現象。實驗知識使人類知道因果關係，惶恐心態才會絕跡。基於實驗知識來提供教材(what to teach)，而非僅限定於如何教這些教材(how to teach)，也是師資培育機構更大的重點責任❸。教學的實質內容（教材）與教學方法（教法）的改善，都是師範院校的重要職務。

4.從道德學說(theories of morals)來講，有下述層面：

①行為的動機或意圖（內在）與行為的後果或效應（外在）二者也是連續的歷程，而仍以「智力」為中介。內在或外在的懲罰，都是一「偏」。即以「自然制裁」說為例，赫胥黎(T. H. Huxley, 1825～1895)早就指出，靠自然制裁，是因為「缺乏能力」(incapacity)，其後果與「有意犯罪」(crime)相同。並且，「自然的教訓，是既不說一句話就狠狠的一擊，經常都先是狠狠的一擊，但擊後也不說一個字。只留待你去想，為何你的耳朵遭受拳打了」❹。其他理論亦然。至於動機論的弊端是，有了善意，並不必然能得善果，必須通過知識這一關。用意雖佳，但如意境太高，非現時能力所能達成；或莽撞衝動，或方法太過笨拙，則易造成「大清帝國時代義和團」的結局。審度各種主觀客觀條件，定下實現目的的井然步驟，並準備在出現變數時的因應措施，都是道德教育的重點。一個人的動機即令崇高或神聖得令人感動，但如不在行為中看出後效，且用智力予以達成，則立意人人會騙，受騙者將比比皆是。道德觀念、德目、意旨等應受知識的洗禮；但求道德目的而不擇手段，所造成的災難，實在令人悲痛。

此外，內藏的動機如果不能或不願顯示在外表的行為上，則有時是逃避惡劣的客觀環境所造成。自我滿足於意願上的善，而無視於實際社會上

---

❸　Dewey, The School and Society, in Martin S. Dworkin (ed.), *Dewey on Education*, N. Y.: Teachers College Press, Columbia University, 1979, 75.

❹　T. H. Huxley, *Collected Essays*, vol. 3, Macmillan, 1905, 85. In S. J. Curtis, & M. E. A. Boultwood, *A Short History of Educational Ideas*, London: University Tutorial Press, Ltd., 1970, 424.

的苦痛及罪惡，有遠離塵世的傾向，頂多獨善其身而已，道德提升之作用打了很大的折扣，道德教化功能也就相形失色了。

②「義」(duty)與「利」(interest)之辨，「無我」(unselfishness)及「自私」(selfishness)之對立，其實也不是絕對沒有協調的餘地。一個全然不考慮「興趣」(利益，英文的 interest 一字，有利益與興趣兩義)的活動，顯然形同機器；一位不顧他人卻只為自己者的行為，除非他與世隔絕，或離群索居，則此種行為也絕無僅有。利己及利他並不是兩個敵對的點，卻是連續線上的階段。全神投入的敬業者，也最為樂業，他甚至可以不計自己安危或報酬，勇往直前。一種具有生長意義的道德行為，猶如一位開業行醫的醫生一般，他在執壺以前，可能沒有料到身處疫區的惡劣環境之經驗；但成熟與幼稚的醫生之最大差別，就在於前者會打開心胸接納這種冒險的來臨，因為這是醫生這門行業整体中的一部分，並不退縮，這就是「醫德」，也是醫學教育的旨趣。這種人的見解與視野必高人一等，他努力在調適自己，並掌控外在環境，這種經驗重組的情趣，使他優遊自在，樂在其中。他的活動中，義利兼而有之，二者已融合在一起。因為他在遭逢不愉快的行為後果時，並不會秉持抽象的原則來安慰自己，因為那是於事無補的，並且是不知變通的「固執」表現。相反的，原則的意義幅度相當寬廣，會因經驗之成長而印證原則之可行性。道德名詞中之「義」和「利」，猶如實驗方法中之「假設」與「求證」。

舉例來說，「讀書」的行為目的，有「動機論」與「功利說」兩種主張。如只以「書中自有黃金屋」或「書中自有顏如玉」的「讀書樂」說法，則經驗就停頓了，不具「生長」的教育意義。但若讀書中毫無樂趣可言，甚至痛苦不堪，還待懸樑刺股，鑿壁偷光，囊螢照書，雞窗夜讀、目不窺園，則教育場所成為地獄。簡單言之，二者都欠缺「智力」這個因素。

③傳統上所言之「無知便是德」是一種錯誤。其實，無知本身就是惡。德而無知，就變成愚德；行為缺乏「智力」，則愚忠愚孝就是結局。一般而言，善的德目，都應該透過知識予以概念解析，否則都是「空詞」(empty term)❹。改變一個人的行為，先得改變他的觀念。經過冷靜的思考，及經

---

❹　Dewey, *Democracy and Education*, op. cit., 355.

驗重組所帶來的利害關係之解剖,才比較有可能保證調整自己的行為方向,或放棄當前的行動。以「理」說服他人,正是民主式教育的最佳方式,也最能贏得別人的「效忠」。因為打從內心深處的服膺,才不會見利忘義,並且理念既明,則赴湯蹈火,在所不辭。知識之德與無知之德,差別在此。無知之德,在行德的過程中,如有幸補入知識(思考)這一因素,則有「變節」或「反正」之可能。

　　科學方法或實驗知識所需要的條件,本身就是道德;如開放的心胸、心無旁鶩、誠實不欺、認真嚴謹、負責任等,無一不是最佳的道德性格。不過,也只有在民主式的社會及教育場合中,才能使如此的知識和品德二者合一。訴諸權威、扭曲事實、刻意掩蓋、堅持成見,這些不但妨礙知識的進步,也是最典型的惡劣品格。並且以整個民主的教育來看,民主式成員的培育,就是最具体的道德教育。而透過知識的了解,既認定民主價值最具可欲性,則上一代與下一代訴諸行動,奮鬥爭取,民主社會就能早日實現。

　　5. 哲學與教育一樣,都有必要「再造」(Reconstruction),填加於再造中的主角,就是「智力」(intelligence)❹。杜威認為「智力」一辭,既非傳統所言心智官能中的「理性」(reason)或「純悟」(pure intellect),而是一種經常處於活動狀態中的觀察、實驗、及反覆推理的能力。此種能力在十九世紀及二十世紀之後,已在物理學界及生理學界帶來巨大的革命,因此也應影響於人文學科、政府組織、及生活方式中。「民主」就是這種方法的開花結果。

　　傳統哲學研究「終極」(eternal),如「存有」、「寰宇」、「實体」等,視這些研究對象為永恆、固定、不能轉換、超越時空、無所不包❹。然而,實驗方法將「哲學」中的「科學」部分剝離而出,而與哲學分庭抗禮;但哲學仍高踞主宰地位,權威仍存。當自然科學「不安於位」而移轉其研究方法於傳統道德、宗教、及習俗概念時,學界的舊有安寧秩序開始解体,

---

❹　Dewey, *Reconstruction in Philosophy*, Boston: Beacon Press, 1972, viii.

❹　「坦白說,哲學能提供的,除了假設之外,沒有什麼。而假設之價值,也在於能夠促使人的心思更關心周遭的生活。」Ibid., 22.

這也是哲學亟需重造的良機。教育領域亦然，過去的教育理念與措施，已面臨嚴厲的挑戰，新的教育思想之建構正在加緊趕工中，引進實驗方法於哲學與教育圈內，雖造成殺傷力，但積極的建設意味更強。掃除殘渣，廢除腐朽，乃是營造嶄新樓房所必需。

改造後的哲學及教育，都視哲學與教育之主題本身，就是一種「過程」(process)，它都在變遷之中。因此處於流動狀態時的最佳境界，就是將智力發揮到最高限度，生生不息，持續向前與向上邁進；過程本身的自我改正及自我調整，在成敗中警惕於前進方向的重新擬訂，可以在站穩基點之後，環顧四方，進而往下一基點奮進。過去、現在、與未來連成一條不可分割的線。個体與環境、主体與客体、教師與學生、成人與學童、文化資產及學童興趣等，都融合而為不可分的整体。這種觀念的建立，是新哲學及新教育，與舊哲學及舊教育最大的分野。

杜威在世歲數很高 (93歲)，又在美國名大學 (芝加哥大學及哥倫比亞大學) 任教，著作等身，且譯成世界各國語言。不只是學術界中影響力深遠的大學教授，且關心人權及學術自由。為了本國的教育民主化，他在一次大戰期間，擔任過美國全國性教師聯盟(American Federation of Teachers)會長，美國大學教授學會(American Association of University Professors, 簡稱A.A.U.P.)會長；1929年，是「人民遊說團」(People's Lobby)主席，也是「獨立政治行動同盟」(League for Independent Political Action)主席。1930年接受巴黎大學名譽學位，社會學大師涂爾幹(Emile Durkheim)恭稱為「表達最有深度也最完整的美國天才」 **❹** 。又為了關懷他國之社會民主化，他遠渡重洋，到土耳其及蘇聯過問他國之人權保障，並東遊日本及中國，播種他的民主教育理念。杜威不是坐擁書城而躲在象牙塔內的書蟲，卻是步入人群，參與群眾。這種行徑，是典型的民主風範。民主式的教育重視關懷與投入，不可置身度外，作個冷漠的袖手旁觀者。只有身歷其境，才知悉社會問題的癥結，然後發揮「問題解決」(problem-solving)的實驗主義精神，親自掌控，才最能領會民主的精髓。

---

❹ Curtis, op. cit., 468.

　　杜威的教育學說，不走極端；教育史上所有對立的理念，都在他的「經驗」一詞的闡釋中獲得調和。傳統或現代，課程或興趣，成人本位或兒童至上等，都有可取之處，但絕不能包辦全部，卻應截長補短，去蕪存菁。只有民主式的開放心胸，才能包容各家學說如同江海之匯聚百川一般。各種主張都找到了它應有的定位，合乎其本分的取得應有的價值。在真理的大餅之下，大家都能分一杯羹。就如同民主社會的各種不同成員，大家都能彼此肯定各自的尊嚴。貧富之敵對，師生之反目，都可以在民主雅量的教育措施中一筆勾消。杜威一生橫跨兩次世界大戰，也生在美國立國以來唯一的一次內戰之後，深感民主教育才是奠定世界和平、重建社會秩序、並提升道德水平的最佳指標。「民主」(Democracy)與「教育」(Education)是一體之兩面，二者如影之隨形。民主教育思潮為當代顯學，杜威之教育學說，功不可沒。

　　雖然在著名大學任教，但杜威的教育著作，卻十分關心中小學的民主化，頗有平民教育色彩，有時引用常人能解的比喻來解說教育及哲學的深奧道理。洛克以「經驗」起家，杜威卻對「經驗」另有新解。一改Experience（經驗）之為被動式的Empiricism（經驗主義），而成為帶有強烈主動性的「實驗主義」(Experimentalism)❹。從而，經驗也可以涵蓋哲學及教育的全部了，甚至包括「藝術」❺及「道德」❺。由於教育理念的平民化，掀起了「進步主義」(Progressivism)運動，但也引起不少誤解及指責。杜威去世後，美國南伊州大學(Southern Illinois University)將他的著作、演講、及手稿，集結成書，有數十冊之多。「名滿天下」所招來的「毀謗」，自是難免。不過，奉勸一般政客或汲汲於權力的教育工作者，應詳讀杜威作品，並把握住他的中心主張，才不會扭曲或誤導杜威所倡導而成為當今世人耳熟能詳的教育口號，如「教育似生長」、「學校即社會」、「教育即生活」、或「教育無外在目的，本身就是目的」。由於他的學說已經國際化，又加上台灣及中國留美學生接受他直接指導及間接啟迪者，不計其數。杜威教育思想，

---

❹　Ibid., 94.

❺　Dewey, *Art as Experience*, N.Y.: Capricorn Books, 1958.

❺　Dewey, *Human Nature and Conduct*, N.Y.: The Modern Library, 1930.

在中國及台灣兩國，幾乎人人皆知其一二；但是膚淺的認識，不足以深透領會這位民主教育大師的精髓。費時花神去研究他的思想，是推動我國教育民主化的最起碼條件。

最後，以兩則有關杜威的生活及教學實情之描述，來結束本章。年輕時，杜威「習慣於將領帶套在衣領之外，長褲穿在吊帶上，有一次，整個禮拜他都披一件有裂罅的大衣來上課，襯裡飄出肩膀，看起來像是天使的翅膀一般；頭髮像是用毛衣梳過的。」教學時，「他是在思考，而不是在講課，他的時間就耗在那，這種過程，學生是沒有感受到的⋯⋯直到其中一名學生提出問題，然後那些瞪大的眼睛才會從天花板移轉下來而照亮了那位學生，從該天真的問題中，引出該學生在腦海裡從未曾想過的明智答案。」❷

「名滿天下，謗亦隨之」，這句話也應驗在杜威身上。在美國國境，他任職的哥倫比亞大學，校長艾森豪曾經未指名道姓地埋怨，美國教育之嚴重缺失，該校教育學教授應負極大的責任。杜威的得意門生，曾到台北耕莘文教院演說的胡克教授(Sidney Hook, 1902～1989)即將杜威對號入座，他怪校長未詳讀杜威作品。其實沒精研杜威學說而胡亂批評杜威者甚多。此外，杜威支持「進步主義運動」(Progressivism)，又與教師工會過從甚密，且插手調查俄國十月革命領袖托洛斯基(Leon Trotsky, 1879～1940)之被暗殺事件，也被美國「右派」(right-wing)列為「共黨同路人」(fellow travelers)名單之中。而杜威力唱民主，更為中國共產黨所要「回槍」的對象。

參考書目

1. Curtis, S. J., & Boultwood, M. E. A. *A Short History of Educational Ideas*. London: University Tutorial Press, Ltd., 1970.

2. Dewey, John. *Democracy and Education*. N.Y.: The Free Press, 1966.

3. _____. *The Child and the Curriculum, the School and Society*. Chicago: The Uni-

❷ Curtis, op. cit., 469–470. 杜威的大弟子Kilpatrick承認，第一次上杜威的課，印象不深，Ibid., 579。

versity of Chicago Press, 1971.

4. _____ . *My Pedagogic Creed*. In *Dewey on Education, Selection*. Martin S. Dworkin (ed.). N.Y.: Teachers College Press, Columbia University, 1979.

5. _____ . *Reconstruction in Philosophy*. Boston: Beacon Press, 1972.

6. _____ . *Art as Experience*. N.Y.: Capricorn Books, 1958.

7. _____ . *Human Nature and Conduct*. N.Y.: The Modern Library, 1930.

8. Hofstadter, Richard. *Social Darwinism in American Thought*. Boston: Beacon Press, 1971.

9. Ulich, Robert. *History of Educational Thought*. N.Y.: American Book Company, 1968.

第二十章　當代教育思想簡介

　　民主式的教育理論一建立之後，「多元」(plural)思想即呈現出來。二十世紀結束之前，教育思想界已不若以往般的出現全盤性又單一性的主導學說；並非當前缺少具有深度及鋒利的思想家，而是同時代及同一地區中，學者輩出，他們就個別的特殊教育問題下功夫去探討，不採往昔那種無所不包的氣勢。教育學說紛然雜陳，權威型的教育一受民主式教育之衝擊之後，教育似乎面臨了交叉路❶。民主教育之醒覺人心，是文藝復興以來第二度的對人性起震撼作用。二千多年前，蘇格拉底所說的檢驗人生意義，十九世紀德國哲學家尼采(Friedrich Wilhelm Nietzsche, 1844～1900)所倡導的「重新估定一切價值」，二者作用於教育的結果，教育領域中之所有理念與措施，都幾乎陷入十字路口中；往昔堅定的想法，已受到挑戰。從前「見山是山，見水是水」，現在已變成「見山不是山，見水不是水」。不過，真正的山或真正的水，不必擔心此一層次的擾亂，並且經過此一階段後所形成的理念與措施，其穩固性將異於以往。

　　1.二十世紀以來，共產主義以社會之先於個人立場，推行與西方對立的教育措施。重要的蘇聯教育家馬卡連柯(Anton Semyonovitch Makarenko, 1888～1939)就是代表。地球上各地的社會背景不同，經濟條件殊異；權威型的整齊劃一式軍隊訓練，或許有助於解決「暫時」的社會秩序問題。比如說，「在飽嘗二次大戰的子彈所攻擊的城市，集體的命令可以阻止竊盜及暴動，因為共同的威脅反而滋生出勞動的意願。相反的，在吾人城市（歐美）的貧民窟中，由於較具安全感，又加上內在的疏懶性，以及欠缺生活

---

❶　法國天主教思想家，心儀多瑪斯的馬利丹 (Jacques Maritain, 1882～1973)於1934年的名著，即以《交叉路上的教育》(*Education at the Crossroads*)為名。而美國Ohio州立大學校長Boyd H. Body （1878～1953） 於1938年也出版一本書，書名為《進步主義教育在十字路口》(*Progressive Education at the Crossroads*)。

的旨趣，以致犯罪叢生」❷。馬克斯(Karl Marx, 1818～1883)之以物質及階級鬥爭來解釋社會及歷史，正好喊出廣大弱勢民眾的叫聲，共產勢力頓時席捲世界各地而成為地球上的「幽靈」(spectre)。「唯物論」(Materialism)是二十世紀思想中的顯學，共黨國家的教育地盤幾乎佔據了全球的一半，而多數人民也接受共產主義的教育方式。

2. 「邏輯實證論」(Logical Positivism)是抨擊傳統形上學最為兇猛的哲學運動。這種運動旨在掃除文字語言及概念上的「晦澀」(Vagueness)及「歧義」(Ambiguity)，以達到「清晰」(clear)及「顯然有別」(distinct)的境界。凡不合乎認知意義的，都不能歸屬於知識的層次，頂多是如詩詞謎樣般的情性發洩而已。真理的指標有二，在經驗世界中，以「實證」作為訴求；在符號世界裡，則以「邏輯」作為判準。這種學說，始乎奧地利的「維也納學派」(Vienna Circle)，其後風行於英美兩國。掃除冥思空想上的濃霧，治療故弄玄虛的思想病症，邏輯實證論居功最偉。因此，《知識的條件》(*Conditions of Knowledge*)及《教育的語言》(*The Language of Education*)❸等，變成教育工作者注意的焦點。

英國邏輯實證的哲學大師，懷德海(Alfred North Whitehead, 1861～1947)及羅素(Bertrand Russell, 1872～1970)，都有教育上的作品❹。前者譴責當時教育只重文字而欠缺實物的「實證」，「在伊甸樂園中，亞當先看到動物，然後才給動物名字；但在傳統學校裡，學童卻要先給動物命名，然後才親自去見動物」❺。誠如有人挖苦的指出：「羅馬人多幸運啊！好在他們不必學拉丁文法，否則他們那來時間去征服世界呢?」❻並且觀念要訴諸

---

❷　R. Ulich, *History of Educational Thought*, N.Y.: American Book Company, 1968, 351–352.

❸　這兩本是哈佛大學解析學者教育思想家謝富樂（Israel Scheffler）的著作書名。

❹　Alfred North Whitehead, *Adventures of Ideas*, N.Y.: The Free Press, 1967. *The Aims of Education and Other Essays*, N.Y.: The Free Press, 1957. B. Russell, *Education and the Good Life*, N.Y.: Liveright, 1954.

❺　Whitehead, *Science and the Modern World*, Cambridge University Press, 1927, 247.

❻　S. J. Curtis, & M. E. A. Boultwood, *A Short History of Educational Ideas*, London: University Tutorial Press, Ltd., 1970, 444.

行動，帶有冒險性，不能有「靜止的觀念」(inert ideas)。也就是說：「觀念如果僅是心靈所接受而未曾用過、試驗過、或投入於嶄新的聯合中」這是錯誤的❼。實用，仍然是觀念的最重要價值，尤其是教育。「冬烘先生對實用教育嗤之以鼻。但是如果教育不是實用的，那它又是什麼呢？難道才華要隱藏在餐巾裡嗎？當然，教育應該是實用的，不管你的生活目的是什麼。」❽教育如同一種律動，邁向「良好生活」(Good Life)，這正是羅素的主張。可見邏輯實證論的教育學者，也注重它的應用性。

杜威的教育口號是教育不可與生活脫節，學校不能孤立於社會，但「教育」與「生活」，「學校」與「社會」，二者是不「等同」的，這種分辯，必須藉邏輯解析才能一清二楚。"education is life"及"school is community"，與"education as life"及"school as community"二者不能視為意義相同。杜威極其嚴謹的使用字詞，他只言education as life，或as growth，或as direction，但卻不言is，school亦然，as與is的差別，不可小視。

⑴as是中文的「似」或「好比是」，卻不是「是」(is)。因為教育的「價值」意味濃，教育必須含有「知識上的正確性」、「道德上的光輝性」及「人群生活的團契性」，即「真、善、美」目的的追求，但「生活」或「社會」則不一定如此。單就「知識上的正確性」而言，雖然生活領域或社會活動也會帶給學生「知識」，但該種知識卻不一定是「正確的知識」。街上小販叫賣「一包水餃35元，三包100元」，這是「算數」或「數學」(教學科目)該有的知識嗎？至於「道德」上的善，及「情意」上的美，也是如此！可見教育與生活二者有「似」的部分，也有「不似」的領域。

⑵就「is」而言，如A is B，能否說B is A呢？A與B的邏輯條件關係，有「充足性」、「必要性」，及「充足兼必要性」三種，三種的「真假值」在「真值表」(truth table)上皆不相同，就邏輯符號的使用上：

①A→B，A是B的充足條件。

②-A→-B，A是B的必要條件

③A↔B，或(A→B)&(-A→-B)，A是B的「充足兼必要條件」，三者不

❼　Whitehead, *The Aims of Education*, op. cit., 1.

❽　Ibid., 3.

可混同。

　　以英國倫敦大學教育研究所為大本營的邏輯解析哲學家皮特斯(P. S. Peters, 1919～)及美國哈佛大學教育哲學教授謝弗勒(Israel Scheffler, 1923～)，都對教育辭彙提出批判性的邏輯解析，其目的在回應笛卡兒的為學兩大訴求——「清晰」(clear)及「彼此有別」(distinct)。謝弗勒曾為文剖析「教育似生長」(education as growth)這句杜威取之為章節之名句，另舉出一些教育宣傳口號如「教兒童，不是教課本」(teach children, not subjects)。皮特斯也為文評述教育、灌輸、訓練、洗腦(education, indoctrination, training, brainwashing)之間的區別，旨在釐清觀念，返回兩千多年前蘇格拉底向他人討教時所提的兩大問題：「你的意思是?」(What do you mean?)，及「你怎知如此?」(How do you know?)

　　當聽到「不孝有三，無後為大」此種敘述句時，不妨回問：「何謂孝?」，以及「為何不孝有三，而非有二或有四?」「為何無後為大?」「你憑什麼知悉這些或斷定這些?」

　　解析哲學要求：

　　⑴邏輯解析是教育哲學的基本方法。

　　⑵教育哲學必與一般哲學密切相關。

　　⑶教學是一種道德辭彙，而非行為辭彙，含有高度價值性而非客觀性或中立性。換句話說，教學是高度「乘載價值的」(values-laden)。

　　⑷理性力(rationiality)的培養乃是教育的主題。

　　至於教育應合乎三大規準(criterior)，更為解析哲學家對教育論題的共識。三大規準即「合價值性」(worth-while)、「合認知性」(cognitive)、「合自願性」(wittingness and voluntariness)。其實這三規準正有必要麻煩解析學者取他們的解剖刀解析清楚。

　　1859年英學者早就提出一文〈何種知識最有價值?〉("What knowledge is of most worth?")指出教育是沒有「價值中立地帶」的(value free, value impartiality, or value neutrality)。可惜與遺憾的是迄今甚囂塵上的一些教育名句，如由行為科學心理學家喊出「給我一打健壯的孩子，在我的特殊教養環境裡，可以培養出醫生、律師，或地痞、乞丐、流氓。」以及哈佛大學名

教授布魯納(Jerome S. Bruner, 1915～)下述一句樂觀又撼動人心的話：

We begin with the hypothesis that any subject can be taught effectively in some intellectually honest form to any child at any stage of development.
(*The Process of Education*, Cambridge, M.A.: H. U. P., 1960, 33)

至少上述句子中，何謂「健壯」、「特殊教養環境」，及intellectually honest form到底是何意，有必要進一步靜候分解。「現代」的關鍵字是「理性」，後現代則較具「情意性」。前者齊一，後者多元，但二者都以「民主」為整合。「學校」應二者得兼，不應偏袒，否則就給師生帶來很多弊端。尤其現在的學校林立，也視「學校」乃是達成「教育」功能中位居重要的場所。布魯納在1996年的《教育的文化》(*The Culture of Education*)一書中提出警告：「就目前的學校組成方式，若不能把教育當成是學校的功能，則學校非但不在於解決教育問題，反而構成為該問題的一部分」(Cambridge, M.A.: H. U. P., 1996, 198)。努力辦學校與努力辦教育，二者是大相逕庭的。學校有獨特之教育功能，杜威早已提及。

3.「存在主義」(Existentialism)更對人性之尊嚴及個人之價值，特別予以注重。透過小說及戲劇等媒体，存在主義思想家影響於一般大眾，已非邏輯實證學派之只左右學術界可以比擬。体認到非人性、無可掌握、或無可選擇的世界中，焦慮、徬徨、不安、嘔吐、掙扎、衝突等心境，正是多數人的生活寫照。「存在時間」(existence time)之被提出，更是當今教育工作者應該面臨的問題。自我意識萌芽之時，也正是批判存在意義之際。「活著代表什麼？」「人生目的何在？」這些問題，困擾著青少年，自殺念頭緊隨而至。這些問題不可迴避，更不可壓抑；但如何疏解，卻是存在主義思想家所關心的主要課題。解決這些問題，單靠冷硬的「知性」無能為力，卻要倚靠豐沛的感情，才有濟於事。邏輯實證論者用心於語法之解析、語意結構之探討、語用學之效力等，存在主義思想家則特別注視「存在之自覺」(existential awareness)，以免落入「自我疏離」(self-alienation)之困境，防止生活之單調，甚至克服「萬劫不復」(perdition)的命運死海。存在主義對於處在戰亂、疾病、災難等地區的人民，影響力非同小可。而當代科學之昌

明，機器文明之普遍使用，卻造成自我的迷失，這種人生缺憾，存在主義
都有赤裸裸的針砭。存在主義的教育學者期望師生地位同處於相等位階，
沒有尊卑差別，彼此視同「我」與「你」(I and Thou)之關係，而非「我」
與「它」(I and It)。將It（物）變成Thou（人）是最高目標。但即令是最佳
朋友或最親密的愛人，這種目標也很難達成。「這是吾人命運中可悲之處，
每一個Thou在吾人世界中，都會變成一個It。」❾世界上如無It，人不可能
活下去，但若「只與It過活，那就不是人了。」❿台灣有不少老師向學生說：
「不聽話，就修理。」把人當機器看，才會有這種用語。機器(It)壞了，要
修理，難道人壞了，也要修理嗎？

　　人類遭逢兩次史無前例的世界大戰，相隔時間並不長，而戰後和平並
不緊隨而至。冷戰、韓戰、越戰、及中東戰爭，到處烽火遍地。加上官僚
政治之僵化，科層体制之關卡限制重重，「個人」似乎已埋沒在「團体」中。
重振個性之價值，恢復人性無拘無束的本來面目，正是存在主義大聲疾呼
的要求。教育史家期望今後的教育，能將科學與心靈傳統，政府的要求與
個人的良心，二者作一完善的統合❶。這正是存在主義的教育思想擬施展
的抱負。人不只是「經濟動物」(*homo economicus*)而已，只關心物質生活；
人也不只是「政治動物」(*homo politicus*)而已，只顧及外在的社會組織；人
更不只是「理性動物」(*homo sapiens*)而已，只從事思考活動；人尤其不只
是「冥思動物」(*homo contemplativus*)而已，只樂於與上帝為伍；最後，人
也不只是「實用性動物」(*homo practicus*)而已，只進行冒險或實際行動；
人卻是上述動物的全部❷。任何將人分崩離析的教育，都會種下惡果。

　　高唱自由，是存在主義學者的共同呼聲，即使在戰時，也不可因社會
處於危急狀態而來剝奪人類這種最不可侵犯的人權。英國自由主義大師南
恩(Sir Percy Nunn)於二次大戰時嚴厲譴責德國納粹主義，尤其是根源於黑

❾　Martin Buber, *I and Thou*, translated by Walter Kaufmann, N.Y.: Charles Scribner's
　　Sons, 1970, 16.

❿　Ibid., 34.

❶　Ulich, op. cit., 373.

❷　Ibid., 374.

格爾的「絕對國家」觀念，因為那是造成德國全國從小學兒童到大學生都變成國家機器因而掀起戰爭的罪魁。存在主義思想家雖然深受黑格爾哲學的影響，但卻遠離他而去，齊克果(Sören Kierkeggard, 1813～1855)就是顯例。

　　現代人生活之緊張，更非古人能比，學童所受的學業壓力讓他透不過氣來。法國存在主義大師馬色爾(Gabriel Marcel, 1889～1973)是獨生子，全家目光都集中在他身上，使他渾身不自在。「這種緊繃的狀態，使我好似受到烤刑一般，有時到了幾乎不能忍受的地步。我意識到因我是獨子，別人過度關照我，但我卻因而受苦。我感受到別人在注意我，偵探我，即令我已上床，我猜測在客廳中的談話，仍然針對著我有那些缺失，或對我有什麼企盼。」⓭這種「愛」，適足以產生「害」。關心過度，或只重視課業，這種人生還值得留戀嗎？學校應該能夠像托爾斯泰(Leo Tolstoy, 1828～1910)所倡言的，學生自由入學，沒有負擔，可以拒絕聽課，教師也有權拒絕收他所不願教的學生。

　　4.「溝通理論」(Communication Theory)及「詮釋學」(Hermeneutik)亦為當代思想界中的主流。以誠意解決問題為前提，並追求安全的溝通環境，相互以理性的態度及雅量的氣度，則所有人類的問題，相信都可以在彼此意見的溝通中獲得圓滿的解決。溝通理論也是屬於民主式教育的思想層次。在思考問題或批判觀念時，如不把對象孤立起來，而顧及社會背景，歷史成因，個性偏好，並以設身處地的立場，用同情的眼光來作研究，似乎更可体認教育思想家之所以主張某種教育理念的「真相」。舉例來說，設若讀者不把盧梭的著作解剖成片斷，或將其文字從上下左右的脈絡中(Context)割裂出來，而將自己置身於盧梭所處的環境中，親領與其雷同或類似的遭遇，則在閱讀《愛彌兒》一書時的心境，必與純以第三者的角度來領會該書，大為不同；在批評盧梭之反文明或反社會時，不但較能「手下留情」，並且對盧梭也比較公平。詮釋學這種主張，是為學態度中的重大轉變，實在不無參考價值。

　　「溝通」在教育政治上太具實用價值了，溝通理論的大師是哈布馬斯

⓭　Curtis, op. cit., 614–615.

(Jürgen Habermas, 1929～)，他認定教師及研究者在教育領域上不可能是意識型態上的「不沾鍋」(innocence)者，卻持著「批判理論家」(critical theorists)及「批判教育家」(critical educationalists)的立場，承擔下述四種任務：

⑴說明(description)及「闡釋」(interpretation)現有狀況，作客觀毫無保留的真情告白，此刻保持「價值中立性」(neutrality)。

⑵理性深入現有狀況的底層，探討其因及目的，且作出評價，分析其利害關係及其意識型態，微觀也巨觀出操弄該情境的力道及其合法性(legitimacy)。這是社會學所採取的方法。也可採用心理分析為工具，使「病人」之遭受別人壓抑、扭曲(repressed, distorted)，及自己壓抑他人(oppressive)之因素及經驗，皆一覽無遺的暴露出來，精確度十足，如此才能澈底解放自己，重獲自由身(liberatory and emancipatory)。

⑶定下改變情境的方案，邁向平等式的民主社會。

⑷評價平等式的民主社會。

「有價值的知識」(worthwhile knowledge)必合乎下述三種認知定義：

⑴「技術性的」(technical)：預測(prediction)與控制(control)。

⑵「實用性的」(practical)：領會(understanding)與闡釋(interpretation)。

⑶「解脫性的」(emancipatory)：解放(emancipation)與自由(freedom)。

溝通之成敗端視有否營造出「理想的對話情境」(ideal speech situation)：

⑴自由進出討論，檢查有問題的說法，評價各種解釋，修正各種概念、結構，評定各種論證，改變常模，質問政治意圖。

⑵雙方對等，相互尊重，彼此了解。

⑶只憑論證取得共識，不問地位或身分。

⑷以追求真理為要務，坦誠以告，鍾愛博通性的見解。

5.後現代主義(postmodernism)的教育思想：歷史流程，向來有古代(ancient)、中世紀(medieval)、現代(modern)之分，「古代」概指古希臘羅馬到十世紀之前的黑暗時代；「中世紀」則指十六世紀之前羅馬天主教神權大肆擴張時代；「現代」的世紀則從「啟蒙」運動開始。在人性三分說中，這三個階段是「理性」與「情性」互奪主導權的時代。就「現代」而言，「理性」掛帥，以康德為主的思想大師，無不高唱理性的重要性。理性也促進了全

球人民的文明進步、教育昌隆、國家與人民的富足，但卻也爆發出人類史上最殘酷無比的世界大戰。思想家對「理性」因素所發揮出來之主宰性，開始存疑，乃在「現代」之後新興一種思潮，此思潮因在時間流程中位於「現代」之後，因此名之為「後現代」。就概念或用字遣詞而言，此一詞彙並不十分妥當，試問「中世紀」可以以「後古代」名之，「現代」也該用「後中世紀」來取代嗎？

簡言之，「後現代」有三種特性：

⑴以「局部性」(local)代替「普世性」(universal)；以「適然性」(contingent)代替「先驗性」(a priori)；以「時空相對性」(fallibility)代替「絕對性」(absolute)，這也是「理性」角色下台而「情性」角色粉墨登場的現象。

⑵啟蒙時代認定理性的個體及自主性的個體，本身是超然的；後現代反是堅信無所謂的超然個人存在，人人都是中心，自己說的就算數，外在的拘束不必刻意的理會，「我行我素」或許才真能發揮自我，也才是自我實現的境界。

⑶知識或真理含有「個人性」、「主觀性」及「意識性」。力學上無阿基米德點，人文學裡也無歷史性的中立地帶。**❹**

「個人性」的重要性，在後現代裡地位陡增，在「理性」口號的肆虐之下，弱勢團體如黑人、女生、殘障、原住民等失去發言權；在「資本家」威力橫掃中，「普勞(proletariat)」階級不得翻身。人類之幸福，不是單依「理性」之「啟蒙」就能達到目的。杜威早在1939年就提出警告，他說：

> 不可能再持有一種簡單的信念以為啟蒙運動就能確保科學的進步，
> 倒應以自由的學府來驅散無知及迷信，無知與迷信這二者是人類淪
> 為苦役之源，也是政府壓制措施的台柱。**❺**

二十世紀的教育思想家，重要者也不少，此處無法一一列舉。這部分的撰寫，應該另成專書，否則本書的篇幅將擴增甚多；並且該項研究，也

---

❹ Wilfred Carr, "Confronting The Postmodernist Challenge", in Philosophy of Education, ed by Paul H. Hirst and Patricia White. Vol.III, London and New York, Routledge.1998, 437–438.

❺ J. Dewey, 1939.131.ibid,433.

與「教育哲學」一科重疊。本書作者也有志於此，俟另日為文，向同好請教。二十一世紀已經開始，返觀過去歷史，西洋人在十世紀左右時，驚嚇或企盼於人類末日的來臨；二十世紀的地球，雖歷經無窮戰禍與災難，但人類往月球及外太空之探險，卻成就非凡；在悲觀中也欣見和平與繁榮降臨人間。由於科技的尖端發展，世界各地人民的有形距離大為縮小，不只朝發夕至，甚至朝發也可朝至。不過如果各種族或各人民之心理距離拉長，則世界也將永無寧日。聯合國組織之成立，UNESCO(教育科學文化組織)之運作，在相互消除誤解上，成效卓著。教育尤其是學校教育，功能有二，一在啟迪心智，二在提升性靈。前者是知識，後者是品德。知識雖無法保證善行，但無知顯然是罪惡之源。知行之合一，有賴貨真價實的民主教育之推動，以知識作底，來作為正確觀念的基礎。吾人雅不願「精神可嘉但行為愚蠢」的歷史悲劇重演，更希望從事教育工作者深以教育思想的研究為念，不應只停止在技術或方法上的改善而已，如此才能奠定教育學的宏基，使之擠入學術之林。赫爾巴特及蒙特梭利的警語，教育圈內的人應銘記在心。

　　教育的民主化及自由化，理應是今後全球教育的主流。不幸，二十一世紀的今日，地球上還有不少人口生活在專制與極權的統治之下，導致於教育仍然處於黑暗中。共黨陣營及號稱民主但實質獨裁的國家，還是殘民以逞，倒行逆施。1935年9月4日，斯達林(Stalin, 1879～1953)下達學校改革令。組織一個委員會，起草章程，全國各校必須絕對服從。共產主義青年團要成立一個機構，在校內外督察學生、偵探他的思想及行為。全國學生，自小學到大學，一律穿制服，且格式完全相同。各校特別注重運動比賽，重點不在於增進友誼，而是認為與學校榮譽休戚相關。國際比賽更是如此。如果勝利，則舉國歡騰若狂，相信是毀滅了敵國的一個象徵，更認定是種族與國勢優越的表示；如果失利，則政府不肯承認此種事實，更不會漠視，或虛心檢討技術上的欠精熟，卻一口咬定是受了敵國的暗算，或是裁判員有所偏袒。經此宣傳烘托，把國民的情緒激動起來之後，似乎不進行真正的火拼，便不足以報仇雪恥。並且，一個人從兒童年齡開始，就成為接受來自四面八方而來的宣傳對象，教育已變成訓練或宣傳了。學生離開學校

而步入社會之後，報紙、電影、讀物、電視及廣播電台、雜誌等，更組合而成一個天羅地網，這些工具，無一不在黨國的操控當中。甚至藥物的使用，不只支配肉体，且更直抵心靈。下一代的成年男女，就如此的成為獨裁者宣傳的釜中魚，俎上肉，任人宰割。野心家一登台之後，只要握住宣傳機器，便可以大刀闊斧的實行宰割天下的任務 ❻。

上述的描述，活靈活現的在我國台灣，也似乎可以作為印證。今後，如何加強民主式及自由式的教育，讓學童警覺到，政府的政令或宣傳，其中的一部分或大部分，只不過是微笑裡藏的刀，蜜口中含的劍，是餌底的魚鉤，是圖窮的匕首。進而積極的運用理性的分析力及批判力，來顯露出政治口號及宣傳標語背後所隱藏的卑鄙面目，勿為表面動聽的詞句所欺瞞，也不為對仗押韻的歌曲所迷惑，這或許是中國及台灣兩個國家的教育工作者最應注意的當前急務，也是兩國人民研讀西洋教育思想史最應探討的課題。

「民主」這個辭，的確十分弔詭，它是與「專制」對衝的。世人公認最典型的民主國家是美國，最「模範」的專制國家莫過於解體前的蘇聯及現在的中國，荒謬的是後二者卻經常大罵美國是「帝國主義」者，那是「專制」的同義語，倒有必要恭請解析哲學家把這些語彙作一下邏輯解析。當然，民主意涵非常複雜，與教育有關者大概有下述數端：

1.教育與政治脫離不了關係：現在有不少人一談教育，就立即接上「勿染上政治」，這是犯了傳統意識型態的恐慌症。其實教育思想家的作品，許多都與政治掛勾，柏拉圖的《共和國》(*Republic*)、亞里士多德的《政治學》(*Politics*)，與杜威的《民主與教育》(*Democracy and Education*)就是代表。「教育」一辭是高度具有價值色彩的。人生的價值，「自由」第一：「生命誠可貴，愛情價更高，若為自由故，兩者皆可拋。」價值層面有高下，心理學家馬斯洛(Maslow)的「自我實現」(self-actualization)為最高目標，那也是「自由」的意境。「民主」顧名思義，即人民當家作主；但人民作主人是有條件的，「民主教育」是必備條件之一。人民若欠缺民主式教育，則人人淪

---

❻ Aldous Huxley著，潘光旦譯，《赫胥黎自由教育論》，上海商務，1943，15–19, 67, 72–75。

為奴役，又哪是「主人」呢？

放眼人類的教育史，反民主式的教育，時間甚長，受其毒害的人口甚多；體會民主的真諦，充實民主教育的內涵，乃是二十世紀以來不少教育思想家奮力以求的目標。藉政治力展現，民主與教育接軌，教育思想家必要過問政治，民主式的教育才可望有實現的一日；透過理性的公開辯論、開闢「理想的說話情境」、注重批判見解、尊重個人的獨特想法，這才是民主教育、民主社會、民主政治，以及民主文化的最重要症候。

2.提供教育機會的平等：教育史上的教育對象，本來僅限於貴族、知識上的精英，或白色人種、或男人。現有不少教育思想家為文鼓吹女性教育，廢除性別歧視，大量提供黑人、印地安人及其他有色人種的教育機會，並澤及原住民、殘障、學習遲滯者。全民教育(Education for all)的運動，遍及寰宇，尤其對殖民式教育口誅筆伐。

比杜威早生20年的西班牙學者霍斯特斯(Eugenio Maria De Hostos, 1839～1903)為南美各國受壓抑國家的教育大表不滿，希望波多黎各(Puerto Rico)脫離美國而獨立或自治，1899年還向美總統麥京利(William Mckinley, 1843～1901)求情。殖民式教育製造了病態的心靈，缺乏良心的自由，真理埋沒，正義消失；而民主式的教育注重心靈的發展，包括心智及道德的，以情感、愛、思考為主要活動。為遭受壓抑者直接發聲的教育思想家莫過於巴西的弗雷業(Panto Freire, 1921～1997)，教學上的著作，書名就掛上「受壓抑者」，如1982年的*Pedagogy of the Oppressed*，直言無諱地指出教育絕非中立性，卻帶有高度的價值性、政治性、文化性、美學性及道德性，他說：

> 越來越清楚的一件事，是我之選擇教學及夢想，那是實質上屬於政治的，也可歸屬於教育的。我也體認到作為一位教育者，也同時是個政治的當事人；我更了解到為什麼我擔心，也體認到我們是多麼的需要改善民主。我也了解，一旦我們實際上採取教學行動，批判性地激勵了學習者的意識，我們有必要反擊欺騙我們的神話。一旦我們遭逢這種神話，我們也面對了掌權者的武力，因為那種神話都只不過是該武力的展現，也是該武力的意識型態。❼

換句話說，不把教育當政治看，這本身就是問題。轉變此局面，本身就是一種特有的政治計劃。「壓抑他人的教學」(oppressed pedagogy)，是一種政治力的運作，要扭轉此種局面，「遭受壓抑者」(suppressed)也得採取政治力來以牙還牙，進行一種「希望」(Hope)工程，帶給不幸者曙光。他說：

> 進步教育工作者的一種任務，經由一段嚴肅的、正確的政治分析，乃在於揭露出希望的機會，不管阻礙是什麼……。當我們的奮鬥像是無望的，或沒什麼前途，則我們的掙扎將是「自殺式的」(suicidal)。**⑱**

邪不勝正，光明終將結束黑暗，自由取代奴役，人人是主人也將成真，這不是「歷史上的必然嗎」? 壓抑、迫害殖民他國人民者，採取雙軌制教育，那算是平等式的教育機會呢**⑲**?

3.多元性：教育既富有高度的價值性，則經過數千年人類智慧的累積，教育活動滋生兩種顯然有別的現象：一是價值齊一性，如理性的注重，但也不忽視情意性的培育。「共識」因之形成，現有的許多教育措施，已漸漸接近普世性、環宇性、全球性；一是價值的分歧性仍然存在。現有人類的智慧還未有足夠能力來分出高下，只好分途發展，不予偏袒。一言堂不可得，就容許甚至鼓動多言堂，讓百花齊放、萬家爭鳴。「自由」價既最高，與其如黑格爾(Hegel)所言東方（支那）是一人自由的社會，那一個人就是獨夫、寡人、朕；古希臘羅馬是少數人才享有自由，歐美則是多數人享有自由，民主社會希望全民皆均沾自由福澤。

以大學教育的辦校方針而言，英牛津三一學寮(Trinity College, Oxford

---

⑰ Freire, *Teachers as Cultural Workers: Letters to Those Who Dare Teach*, Boulder Co.: Westview Press, 1998, 41, in *Fifty Modern Thinkers on Education*, 130.

⑱ Freire, *Pedagogy of Hope*, N.Y.: Continuum, 1998, 4.

⑲ 美賓州州立大學(Penn. State University) 教育學教授(Henry Giroux, 1943～)更直言，「教學更具政治味，政治也更具教學味」(to make the pedagogical more political and the political more pedagogical). *Theory and Resistance in Education*, London：Heinemann, 1983, 242. in *Fifty Modern Thinkers on Education*, 281.

University)出身的紐曼(John Henry Newman, 1801～1890)之名著《一所大學的理念》，挾其羅馬天主教會的神學傳統，力主以「博雅」(liberal)為大學教育的旨趣，深信那是一種終生的心態習慣，包括自由(freedom)、平等性(equitableness)、冷靜(calmness)、持平(moderation)，及智慧(wisdom)；這也是一種哲學習慣(a philosophical habit)。大學的此種功能，顯示出大學及其他教學場合，如中小學、教會等不同。但在美國高等教育名人克爾(Clark Kerr, 1911～)的措施中，倒提一個大學教育的新名詞，即「多元性大學」(Multiversity)，在當加州柏克萊大學校長(Chancellor of U.C.B., University of California, Berkeley)及其後全部加州大學系統的「總監」(President of U.C.)時，即把「兩年制或四年制」的初級學院(junior college)、四年制州立大學大學部，及設有研究院的加州大學，都包括在大學系統裡，這個名詞就是multiversity，取代單一性的university。1967年因加州大學學生大暴動，促使他下台，但馬上接卡內基高等教育基金會主席(head of Carnegie Commission on Higher Education)。把職業色彩較濃的地方型社區學院、人文博通性的四年制大學部，以及求精求專的研究所都一視同仁，因材施教，這是大學教育多元化的典型。

學生既有個別差異，性向懸殊，也是常情。在多元教育中，人人發揮各自潛能，此種教育性最具學習意義，也是最能為人人所接受的教育目的。學校能如此，就變成人人愛去的場所(attention)，而非拘留囚所(detentions)[20]。學校功能不一，就如人心之不同：有人愛改變現狀，喜愛批判性思考、獨立心志，喜歡向錯誤挑戰的口味，以改變現狀為滿足，「顛覆活動」(subversive activity)居多，進取、以未來為導向、前瞻、冒險是尚。相反的，有些學生則認定現狀已美好，接納傳統、歌頌成規，「保守活動」(conservative activity)比例較高，故又何必期求整齊劃一，單調無彈性呢？反顧緬懷過去，或向前看勇往直衝，二者應視各種複雜狀況而定。

---

[20]　Neil Postman（1931～，紐約大學，NYU英文教育副教授）, *The End of Education: Redefing the Value of School*, N.Y.: Alfred A. Knopf, in *Fifty Modern Thinkers on Education*, 235.

附　表

表一　路德與康米紐斯

	路德 (Luther, 1483～1545)	康米紐斯 (Comenius, 1592～1670)
人的哲學	早期：個人與上帝可直接交往，富有民主意味（注重個人性），不過人的敗壞也是不爭的事實，必要接受宗教教育才能得救 晚年：不信個人的決定，壓抑農民爭取自由	人的善性勝過人的敗壞性，人人皆有可教育性，因人性皆含有「知、德、誠」的種子，人種改善，樂觀可預期
教育目的	1.成為好信徒 2.人人皆受教育，特強調文字及宗教教育，精明者可接受法、醫、神科教學	1.泛智論(pansophia)：無所不包的百科知識，利用科學方法進行研究 2.善用教法以激發潛能
教學方法	宗教教學法：一行一行的教學，格言式的，利用教義問答書(catechism)	1.「遊戲式的識字」(Ludus lit-erarius)，邊遊戲邊學習、競爭、合作 2.班級教學（非個別式教學），順自然的方式學習
課程	1.初級：宗教、語文、歷史、歌唱、樂器音樂、數學、伊索寓言	1.一般理論：唯實感官教學，初級學校重母語教學，中等學校，古文為重，另有特

2.中高級（拉丁學校）：拉丁、希臘、希伯來、歷史、詩詞、音樂 3.高級：專業預備	殊科目如文法、修辭、辯證、算數、幾何、天文、音樂、物理、地理、紀年學、歷史、道德及宗教 2.學校分四級

表二　William Torrey Harris (1835～1908)

	保守心態期	進步心態期
教育目的	注重社會功能，使學生適應當前社會，參與社會生活及活動，延續祖先經驗	著重個人發展
教學方法	1.採用Hegel的辯證法，正、反、合以迎向永恆真理的目標 2.演繹為主	1.持科學方法，注重事實而非先驗或絕對真理 2.歸納為主，觀察、假設、印證
訓育	學子必須崇敬長上，嚴禁體罰，以自制、愛、仁代之	重兒童的自然能力，取之為道德行為的基礎
影響	1.於St. Louis學制裡介紹幼兒園觀念，也介紹杜威的理念來取代官能心理學說 2.分年級的課程教學	1.反對職業教育於公立學校 2.不承認遊戲及工藝的生物學及教育學意義

表三　盧梭及裴斯塔洛齊，教育態度之比較（異同）

	盧梭(Rousseau)	裴斯塔洛齊(Pestalozzi)
著作	兩本富有哲學味的教育作	某些暢銷書或教育小說，以

	品:《愛彌兒》(*Emile*)、《民約論》(*The Social Contract*)	Gertrud當女主人，言及教育觀念及教學措施
生活教育	現存社會的準備，錯而無用	務實，接受此一現實社會，準備之、教育之；除了「社會我」之外，另有「道德我」作理想境界
團體教育vs個別教育	教育社會化大錯特錯，自我教育、不受他人染污，家教最佳	班級教學是最佳管道
教學性質	12歲以前，無正式教育，自然本身即教育	只有自然是不足的，也不實際；不過孩童的自然學習在指導之下，收穫良多
教育對象	1.貧者命途注定無法享有教育機會 2.只上層人士子弟才有入學機會	1.貧民教育之父 2.弱勢子女之照顧
訓育	1.孩子無拘束過自然生活 2.自然懲罰即夠	以愛為主，但嚴守紀律
公立教育	持反對態度，不必設一般性的國民學校	全民教育
正式教學	全面性地持憎惡態度	持正面態度
二者相合之點	1.教學程序或階梯應悉依自然 2.教師要負教學全責 3.提供學童之健康、體育及衛生教育 4.不宜提供宗教教學 5.注重判斷力及推理能力之培育 6.以觀察代替課本或文字學習、方式多樣化	

表四　福祿貝爾教育（幼兒園）

	原先的幼兒園	美國修正過的幼兒園
緣起	1837年福祿貝爾創幼兒學校，1840年取名為「幼兒園」	1.1855年Wisconsin設德語的幼兒園 2.1860年Boston首設英語的幼兒園 3.1873年St. Louis首設公立幼兒園
動機	理想化的機構，為一切教育奠基	本諸財務及福音傳播理由，貧童入校由財團補助，如此母親就可在工廠做工，宗教團體也補助興建幼兒園
初辦狀態	1.只少數德人興致高，一般人不了解，普魯士當局不滿孩童之社會主義傾向及自由化傾向 2.福祿貝爾去世前，政府禁止設立幼兒園	1.普受支持，傳遍各地，但德式幼兒園與美式幼兒園卻分道揚鑣 2.一次大戰後，染有德國色彩的一切，悉數遭排斥，加上Dewey的批評，德式風味的幼兒園已為美式所取代
符號主義，神秘主義	1.球代表一個整體 2.開展說(unfolding)，神秘的潛能透過玩具或象徵來呈現於外 3.復演論(recapitulation)，文化階層的發展	符號有「明指」(denote)，也有「暗指」(connote)。如「母親」的明指是媽媽，那是必然的，但暗指為愛、慈，則是或然的。神秘主義太過牽強、荒謬，不合開朗直率又充滿科學幹勁氣氛的美國人口味

教師	1.兒童本人自學、自為教師 2.兒童如植物，學校如花園，教師如園丁	書及師皆需要，社會經驗可以把神秘或抽象符號予以具體化
目的與方法	個別發展，動作表達是主要方法，社會合作可當工具	社會化與個別化並重
教具（恩物）故事、工作材料 (occupations)	1.首重玩具的教育家（但帶有神秘的象徵或符號意） 2.立方體、球型為主的「恩物」——上帝所賜 3.工作材料如泥土、沙子、卡片，可移動與變化做作	1.教具種類較多，性質也異於福祿貝爾 2.功能性的玩具而非神秘性的恩物 3.注重戶外活動

表五　早期的美國州立大學

	佛琴尼亞大學(U. of Virginia)，傑佛遜(T. Jefferson) 的典範	中西部大學，密西根(Michigan)
州立大學背景	1.十八世紀啟蒙運動的產物 (Enlightenment) 2.課程擴充 3.人道精神 (Humanitarianism)——知識用以減輕人類痛苦與不幸 4.F. Bacon的知識即權力說、Franklin的功利實用說 5.私立大學院校無法滿足民主需求，只收一階級生	1.中西部應新職者日移 2.聯邦政府捐地興建公立學院 (Ohio, 1804)，演變為1855年的Morrill Act (莫里爾法案) 3.新設大學的州，立即繁榮：Wisconsin 的乳牛業，Michigan的農業

行政權	過去為私立性質，Virginia首先宣布該州大學為州（公）立	Michigan州政府設校，1850年以前，高等教育皆公立，之前州政府也掌控教派大學
大學理念	歐洲型取Edinburgh及Geneva為範本而非Berlin U.（新設），但素質形同德之Gymnasium（中學性質）	仿Virginia為中西部範本，但Michigan於1837立校時，即仿Berlin，以創新知識而非保守知識為主
選修課程擴充	1.古語及今語 2.數學、自然及道德哲學、解剖、醫、法 3.調查、地質、科學農業	1.如左，仿歐陸而非英倫 2.四學門：法、醫、文、哲學及科學，選修
非教派	不設神學院，各教派反對，貼上「異教」(pagan)標籤	1.禁設神學院 2.Michigan宣布神學院為非法書院
非地方型	1.由各州選取最優生入學 2.邀最優歐洲學者來校任教的首要學府 3.Jefferson希望本校媲美北方，是南方的首要學府	1.廣招一流生入校，全國型學府 2.採法國中央集權式治校，後融入德國式大學理念
批評與問題	1.教派橫中作梗 2.只為富者著想（Virginia以獎學金方式解決此一問題） 3.中等教育素質不佳	1.聯邦資助不足，經費仰賴州政府 2.中西部開拓時，知識無用論大行其道 3.教派出面干涉 4.空想為「大學」，實際上只是「學院」

| 影響 | 1.在南方有主要且立即的影響，但Kentucky也受波及
2.哈佛的Tichnor大表讚美，Brown U及M. I. T.校長取Virginia理念為榜樣 | Minnesota大學仿之 |

表六　曼恩與巴納

	曼恩(Horace Mann)	巴納(Henry Barnard)
生卒年代	1796～1859， 主要影響1837～1859	1811～1900， 主要影響1845～1870
封號	教育政治家	喚醒美國人的學者
哲學（教育目的）	教育的社會性及政治性，完美社會效率，公民品德，品格發展；取代流行的讀書識字，或教派利益	為貧者提供廉價又最佳的好學校
影響地帶	麻州，星星之火足以燎原	康州、羅德島，後因當全美教育總長而影響及於全美國
理念源頭	當時學校情境堪憂，赴歐考查教育，是麻州教育視導官	1.早他15年的曼恩 2.赴歐學習（創見性不如曼恩）
負責的主要活動	編《國民學校雜誌》(The Common School Journal)，麻州《教育年報》(Annual Reports)	主編《美國教育雜誌》(American Journal of Education)，美國教育總長，康州及羅德島教育局局長
需加強的地方	1.喚醒民眾體認教育的重要 2.教育民主化	同曼恩，州民對教育抱持負面態度、私立學校品質優於

	3.教學面擴大，不窄化 4.強化教育行政效率 5.增加教育經費 6.改善教育的質與量 7.教學法多樣化 8.強化課堂管理、紀律及視導	公立、師資之專業性不足、全州入學率不及50%
立即效果	1.12年任內，教育預算加倍成長 2.麻州撥200萬改善學校建築 3.薪資提高 4.增設3所師校 5.學年上課數增加 6.設新中學，上課率上升 7.設全州性中心及社區學校 8.普及教育，不分教派，免費教育 9.教學法依裴斯塔洛齊式，重視學校衛生，設圖書館 10.學校行政的先驅人物	1.1839～1842於康州、1845～1849於羅德島擔任教育局長 2.學校建築大受重視 3.廣設學校圖書館 4.喚起民眾對教育的興趣 5.建第一所師院 6.1851～1855年返康州擔任局長，重寫學校法 7.增加學校稅收 8.學區權縮小 9.為全州制定學制

書後語

　　本書之撰述，歷經數十年，實際之寫作，也耗時兩三年時間，是作者寫作以來最浩大也最艱鉅的工程。自台灣師範大學教育研究所業師賈馥茗教授的引薦而與三民書局簽約以來，已超過交稿期限甚久，實在愧對賈師並對三民書局之「寬宏大量」，衷心致謝。作者忝為該書局大學教育叢書之策劃人，責任重大，本書也是該叢書之一。

　　約五十多萬言的大部頭「巨」著，筆者儘可能的遍讀西洋教育史上重要教育思想家的作品，數量有數百本之多。但其中概念之領會及整理，分類及評述，都用盡心思。本書完稿之時有如釋重負之輕鬆快感。放眼查看中文此方面的寫作，實是教育研究中的沙漠，有待灌溉與開墾。不只本島是如此，中國甚至遠落在台灣之後。教育研究者每視「思想」之研究為畏途，在戒嚴及權威宰制的恐怖時代，研究思想這種學術界最不可或缺的職責，反而會引來眾多麻煩。海峽兩岸何其不幸，同遭此種厄運。導致教育思想之探討，乏人問津，這種時代的錯誤，有必要糾正。台灣的政治民主化及言論的自由，是可歌可泣的偉大成就，中國應加速學

習。教育學術界不再視教育思想之撰寫研究為禁忌，不只西洋教育思想有必要費神研析，東洋教育思想更應著力探討與批判。

　　一般短視的學者或研究生，只求近利急功，僅注重實用性的教育問題加以探討，卻迴避思想性的領域。其實，理論最具實用性，只要透徹了解思想的意涵，融會貫通，配以思考力的活潑，則教育理論可以在實際教學中活用無窮，絕不會拘限於機械式的方法操作。輕視理論者，一方面可能是疏懶習慣所造成，一方面卻可能受限於自身的資質。

　　了解一流教育思想家的書，心靈上會滋生快感及共鳴，這種享受，實在也是知識分子的「特權」，筆者願社會大眾來分享這份私產。

林玉体

寫於完稿之日
1994年3月24日於台北青田書房

附錄1　西方重要學者的生卒時日

1月6日　B. Franklin生日（1706,1.6～1790,4.17.）

　　12日　Pestalozzi生日（1744,1.12～1827,2.17.）

　　16日　Edward Gibbon去世（1737,5.8～1794,1.16.）

　　21日　F. Bacon生日（1561,1.21～1626,4.9.）

2月2日　Vittorino去世（1378～1446,2.2.）

　　6日　Thomas More生日（1478,2.6～1535,7.6.）

　　11日　R. Descartes去世（1596,3.31～1650,2.11.）

　　12日　I. Kant去世（1726,4.22～1804,2.12.）

　　17日　Rudolph Agricola生日（1444,2.17～1485,10.27.）

　　　　　Pestalozzi去世（1744,1.12～1827,2.17.）

　　18日　Martin Luther去世（1483,11.10～1546,2.18.）

3月6日　Juan Luis Vives生日（1492,3.6～1540,5.6.）

　　7日　St. Thomas Aquinas去世（1224～1274,3.7.）

　　22日　Goethe去世（1749,8.28～1832,3.22.）

　　26日　Sir Thomas Elyot去世（1490～1546,3.26.）

　　　　　Ludwig van Beethoven去世（1770～1827,3.26.）

　　28日　Comenius生日（1592,3.28～1670,11.13.）

　　31日　R. Descartes生日（1596,3.31～1650,2.11.）

4月7日　La Salle去世（1651～1719,4.7.）

　　8日　Condorcet去世（1743～1794,4.8.）

　　9日　F. Bacon去世（1561,1.21～1626,4.9.）

　　13日　T. Jefferson生日（1743,4.13～1826,7.4.）

　　15日　R. Mulcaster去世（1531～1611,4.15.）

17日　B. Franklin去世（1706,1.6～1790,4.17.）

19日　Charles Darwin去世（1809～1882,4.19.）

21日　Froebel生日（1782,4.21～1852,6.21.）

22日　I. Kant生日（1724,4.22～1804,2.12.）

5月4日　Herbart生日（1776,5.4～1841,8.14.）

　　　Horace Mann生日（1796,5.4～1859,8.2.）

6日　Montessori去世（1870,8.31～1952,5.6.）

　　　Juan Luis Vives去世（1492,3.6～1540,5.6.）

8日　Edward Gibbon生日（1737,5.8～1794,1.16.）

　　　J. S. Mill去世（1806,5.20～1873,5.8.）

9日　J. C. F. Schiller去世（1759,11.10～1805,5.9.）

20日　J. S. Mill生日（1806,5.20～1873,5.8.）

27日　John Calvin去世（1509,7.10～1564,5.27.）

　　　（585 B.C. Thales 預測此日日蝕）

30日　Voltaire去世（1694～1778,5.30.）

6月1日　Dewey去世（1859,10.20～1952,6.1.）

8日　Mohammed去世（571～632,6.8.）

21日　Froebel去世（1782,4.21～1852,6.21.）

28日　Rousseau生日（1712,6.28～1778,7.2.）

7月2日　Rousseau去世（1712,6.28～1778,7.2.）

4日　T. Jefferson去世（1743,4.13～1826,7.4.）

　　　John Adams去世（1735～1826,7.4.）

6日　Thomas More去世（1478,2.6～1535,7.6.）

　　　John Huss去世（1369～1415,7.6.）

10日　John Calvin生日（1509,7.10～1564,5.27.）

12日　Erasmus去世（1466～1536,7.12.）

8月2日　Goethe生日（1749,8.2～1832,3.22.）

　　　Horace Mann去世（1796,5.4～1859,8.2.）

14日　Herbart去世（1776,5.4～1841,8.14.）

17日　　Federick the Great去世（1712～1786,8.17.）

22日　　Guillaume Budé去世（1467～1540,8.22.）

28日　　St. Augustine去世（354,11.13～430,8.28.）

　　　　Goethe生日（1749,8.28～1832,3.22.）

31日　　Montessori生日（1870,8.31～1952,5.6.）

9月13日　Montaigne去世（1533～1592,9.13.）

10月17日　Alexander Sutherland Neill生日（1883,10.17～）

20日　　Dewey生日（1859,10.20～1952,6.1.）

27日　　Erasmus生日（1469,10.27～1536.）

　　　　Rudolph Agricola去世（1444,2.17～1485,10.27.）

11月1日　　（Lisbon 大地震1755,11.1.）

10日　　Martin Luther生日（1483,11.10～1546,2.18.）

　　　　J. C. F. Schiller生日（1759,11.10～1805,5.9.）

　　　　St. Augustine生日（354,11.13～430,8.28.）

　　　　Comenius去世（1592,3.28～1670,11.13.）

12月6日　Castiglione生日（1478,12.6～1529.）

13日　　Samuel Johnson去世（1709～1784,12.13.）

註：1.有些學者之生卒時日，還未查出，故從缺。

2.有些學者之生卒時日，史家記載有出入，如Comenius去世日子，有11月13日及11月15日兩種記載。

3.新曆與舊曆之記載又不一致，Jefferson之生日，舊曆上是4月2日，新曆改為4月13日。

4.回教創始者穆罕默德死於1111年11月（1058年生），他床底下有一紙，寫下詩句：勿以為你所看的屍體是我本人，我是靈，這具屍體則是肉體，此外別無所有。我是一顆珍珠(pearl)，但留下的是它的殼，是我的囚房，我憂鬱的費時於此。我是一隻鳥，這是一個籠，我飛不出去，像是個因住地(token)。感謝上帝，祂現在讓我自由。（引自Hani A. Tawil, Al-Ghazzali, *Fifty Major Thinkers on Education*, Joy A. Palmer (ed.), London: Routledge, 2001, 32.）

附錄2　本書作者譯作表

1. 西洋教育史（譯）　　　　　　　台北教育文物　1978.1.　770頁
2. 邏輯導論　　　　　　　　　　　台北教育文物　1978.9.　293頁
3. 教育與人類進步　　　　　　　　台北問學　　　1978.11.　284頁
4. 教育價值論　　　　　　　　　　台北文景　　　1980.4.　206頁
5. 西洋教育史　　　　　　　　　　台北文景　　　1980.11.　604頁
6. 邏輯　　　　　　　　　　　　　台北三民　　　1982.3.　320頁
7. 西洋教育史專題研究論文集　　　台北文景　　　1984.4.　298頁
8. 教育概論　　　　　　　　　　　台北東華　　　1984.5.　498頁
9. 教育改造與學校革新　　　　　　台北文景　　　1984.9.　328頁
10. 台灣教育面貌四十年　　　　　台北自立晚報　1987.10.　144頁
11. 不做稻草人　　　　　　　　　台北生活文化　1988.3.　266頁
12. 開放教育　　　　　　　　　　台北敦理　　　1989.1.　248頁
13. 台灣人的教育願望　　　　　　台北前衛　　　1989.2.　296頁
14. 民主政治與民主教育　　　　　台北師大書苑　1989.7.　222頁
15. 醒醒！大學生　　　　　　　　台北文景　　　1989.12.　178頁
16. 台灣教育與政治問題　　　　　台北前衛　　　1990.5.　334頁
17. 一方活水——學前教育思想的發展　台北信誼　　　1990.9.　284頁
18. 老師，請妳走出洞外　　　　　台北前衛　　　1993.5.　248頁
19. 西洋教育思想史　　　　　　　台北三民　　　1995.1.　764頁
20. 民主與教育（譯）　　　　　　台北師大書苑　1996.9.　420頁
21. 台灣教育與國家定位　　　　　台北師大書苑　1998.3.　196頁
22. 教育改造與政治革新　　　　　台北師大書苑　2000.7.　282頁
23. 學前教育思想　　　　　　　　台北五南　　　2001.8.　262頁
24. 實用邏輯　　　　　　　　　　台北五南　　　2002.4.　400頁

25.台灣教育的主体性	台北高等教育	2002.6.	271頁
26.哈佛大學史	台北高等教育	2002.7.	389頁
27.美國高等教育史	台北高等教育	2002.7.	718頁
28.高等教育哲學（譯）	台北高等教育	2003.7.	335頁
29.美國教育史	台北三民	2003.8.	578頁
30.美國教育思想史	台北三民	2003.8.	425頁
31.教育哲學	台北文景	2002.6.	360頁
32.台灣教育史	台北文景	2003	371頁
33.教育史	台北文景	2004	224頁
34.教改與政改	台北文景	2004	315頁
35.美國大學的誕生	台北文景	2004	438頁
36.西洋教育史	台北三民	2005	539頁
37.中國教育史	台北文景	2006	400頁
38.台灣文教批判	台北文景	2007	427頁
39.台北前衛	台北前衛	2007	261頁
40.邏輯入門	台北文景	2008	298頁
41.歐洲中世紀大學	台北文景	2008	461頁
42.學術自由史	台北心理	2009	743頁
43.希臘的文教理念(*Paideia*)	（付梓中）		

索　引

A

D

G

H

Q

R

S

T

U

V

W

X

Y

Z

比較教育與國際教改　周祝瑛／著

　　本書嘗試跳脫傳統的比較教育範疇，透過「時間歷史縱軸」與「國家地區橫軸」的方式，鋪陳五大洲、二十多個國家與地區的教育現況與改革挑戰。書中除了包括比較教育學科的歷史發展、主要理論、分析單位與研究主題外，也針對當前重要的研究範例、國際組織與各國教改逐一討論。作者希望透過本書，能為比較教育初學者、關心國際教改人士，或公共政策制訂者，略盡棉薄之力。

教育哲學——本土教育哲學的建構　溫明麗／著

　　本書扣緊「主體性」與「簡約性」，呈顯「知即德」的傳統教育精神，探究傳統教育哲學、存在主義、現象學、詮釋學、批判理論及後現代等教育哲學觀，並呼喚教師專業倫理素養的風華再現。舉凡對教育哲學心生畏懼，或有心鑽研教育理論及擬進行教育行動研究者，本書均能發揮奠定基礎、激發思想、強化理論建構之效，也期能有助於建構與推動臺灣本土教育哲學。